# EDUGORILLA PUBLICATION

# भारतीय नौसेना

## आर्टिफिसर अप्रेंटिस (AA)

नवीनतम संस्करण
अभ्यास किट

**20 टेस्ट्स**
08 मॉक टेस्ट्स
12 सेक्शनल टेस्ट्स

वास्तविक परीक्षा प्रारूप पर आधारित टेस्ट

✓ पूर्णतः संशोधित और अद्यतन

✓ सभी बहुविकल्पीय प्रश्नो का विस्तृत विश्लेषण

शीर्षक : भारतीय नौसेना आर्टिफिसर अप्रेंटिस ( AA )

लेखक का नाम : Mr. Rohit Manglik

प्रकाशक : EduGorilla Community Pvt. Ltd.

प्रकाशक का पता : 12/651 प्रथम तल, अरविन्दो पार्क के सामने, निकट जामा मस्जिद, इंदिरा नगर लखनऊ, उत्तर प्रदेश, 226016, भारत।

## कॉपीराइट EduGorilla

ISBN : 978-93-90297-15-3

द्वितीय संस्करण



## अस्वीकरण EduGorilla





**EduGorilla Community Pvt. Ltd. द्वारा मुद्रित**

**रोहित मांगलिक**
सीईओ, EduGorilla

प्रिय छात्रों,

एक बहुत ही प्रचलित कहावत है कि "सफलता उन्हीं को मिलती है जो उसके लिए कड़ी मेहनत करते हैं।" लेकिन मैंने लोगों को उनकी परीक्षाओं के लिए दिन-रात एक करके मेहनत करते हुए देखा है, पर फिर भी वे सफल नहीं हो पाते। तो वहीं दूसरी ओर, कुछ लोग बस आधी मेहनत करके परीक्षा में सफलता प्राप्त करते हैं। तो, क्या वे किस्मत वाले हैं? नहीं मेरा मानना है, कि ऐसा इसलिए है क्योंकि वे सिर्फ कड़ी नहीं बल्कि कुशल तरीके से अपनी तैयारी करते हैं। इसी तरह आपको भी अपनी परीक्षाओं की तैयारी के लिए अपनी योजना बनानी चाहिए, ताकि आपकी भी सफलता की संभावना बढ़ सके। तो तैयार हो जाइये EduGorilla के साथ अपनी परीक्षा में चयन होने की संभावना को 16 गुना बढ़ाने के लिए।

EduGorilla आपको न केवल कड़ी मेहनत करने में मदद करता है, बल्कि एक स्मार्ट और योजनाबद्ध तरीके से तैयारी करने में भी सहायता प्रदान करता है। EduGorilla की तैयारी पैकेज के साथ आप अपने परीक्षा में चयन होने के रास्ते को सहज और मनोरंजक बना सकते हैं। अपनी तैयारी के लिए सही रास्ता खोजना मुश्किल हो सकता है, यदि आप ये नहीं जानते कि आपको किस दिशा में जाना है। चिंता न करें हम आपके साथ खड़े हैं! EduGorilla आपकी सफलता में आपका मार्गदर्शक बनेगा। हमारे तैयारी पैकेज के साथ आप रणनीतिक रूप से तैयारी कर, अपनी परीक्षा में सिर्फ एक ही प्रयास में सफल हो सकते हैं।

EduGorilla के तैयारी पैकेज में शामिल हैं-

• टेस्ट सीरीज़　　　　　• किताबें

हमारे तैयारी पैकेज को सभी तरह के नये बदलवों, विशेषज्ञों की राय एवं छात्रों के प्रतिक्रिया के अनुसार तैयार किया गया है। जो आपको परीक्षा के प्रत्येक चरण की चयन प्रक्रिया को पार करने के योग्य बनाता है।

हमारी किताबें शिक्षकों और विशेषज्ञों द्वारा आपकी परीक्षा के लिए तैयार की गई हैं, 150+ वर्षों के अनुभव के साथ; ताकि आपको आसान, कुशल और प्रभावी शिक्षण प्रदान किया जा सके। हमारी स्मार्ट किताबें न सिर्फ आपको प्रश्नों के उत्तर देने की समझ देती हैं, अपितु आपके अभ्यास के लिए समान रूप के प्रश्न भी प्रदान करती हैं।

EduGorilla की सक्षम टेस्ट सीरीज आपको वास्तविक अनुभव और आत्मविश्वास प्रदान करती हैं, जिसके माध्यम से आप केवल एक प्रयास में अपनी ऑफलाइन अथवा ऑनलाइन परीक्षा पास कर सकते हैं। वर्तमान में हम 83,000+ मॉक टेस्ट्स और 1,440+ प्रतियोगी एवं शैक्षणिक परीक्षाओं की तैयारी कराते हैं।

अर्थात, EduGorilla आपकी तैयारी में आपकी सहायता करने का कोई भी मौका नहीं छोड़ता है और परीक्षा के सभी चरणों को कवर करता है, ताकि परीक्षा की तैयारी के लिए आपको कहीं और भटकना ना पड़े।

हम आपको डिफेन्स, बैंकिंग, टीचिंग और अन्य राष्ट्रीय एवं राज्य स्तरीय परीक्षाओं के लिए सम्पूर्ण तैयारी पैकेज प्रदान करते हैं। अत: इससे कोई फर्क नहीं पड़ता कि आप किस परीक्षा के लिए तैयारी कर रहे हैं, क्योंकि आप सफलता हासिल करेंगे।

आपको परीक्षा की शुभकामनाएं!

रोहित मांगलिक,
संस्थापक और मुख्य कार्यकारी अधिकारी, EduGorilla

# प्रस्तावना

EduGorilla छात्रों को उनकी परीक्षा में सफल होने के लिए मार्गदर्शन प्रदान करता है। जिसको ध्यान में रखते हुए हमारे कुल 150+ वर्षों का अनुभव रखने वाले प्रतिष्ठित विशेषज्ञों ने कड़े प्रयासों के द्वारा "भारतीय नौसेना : आर्टिफिसर अप्रेंटिस (AA)" को तैयार किया है। इस किताब के प्रश्नों को हाल ही में परीक्षा के पाठ्यक्रम और पैटर्न में हुए सभी बदलावों को ध्यान में रखकर बनाया गया है। वो प्रश्न जिनकी UP Police SI & ASI परीक्षा में आने कि संभवना काफी प्रबल है, उनको इस किताब मे रखा गया है। आप EduGorilla की "भारतीय नौसेना : आर्टिफिसर अप्रेंटिस (AA)" के माध्यम से अपनी सफलता की संभावना को 16 गुना बढ़ा सकते हैं।

EduGorilla ये अपनी संपूर्ण तैयारी पैकेज के माध्यम से साकार करता है। इस किट में आपको प्रश्न अच्छी तरह अवधारित एवं संरचित रूप मे मिलेंगे जिन्हे आपकी जरूरतों के अनुसार बनाया गया है। इसके माध्यम से आपको स्मार्ट तरीके से परीक्षा के लिए अभ्यास करने में मदद मिलेगी। साथ ही आपको सहायक, समाधान और स्मार्ट उत्तर पत्रिका भी प्रदान की जायेंगी। जिससे आप अपना मूल्यांकन स्वयं कर सकते हैं। आप स्वयं की समीक्षा कर, उन सभी बिन्दुओं पर खुद को बेहतर तरीके से तैयार कर सकते हैं।

EduGorilla आपको अपनी परीक्षा में सफ़लता दिलाने और आपके लक्ष्य को हासिल करने में आपकी सहायता करने का वादा करता हैं। हम अपने प्रतिभागियों पर पूरा भरोसा करते हैं और उन्हें मेरिट सूची के शीर्ष पर देखते हैं। शीर्ष स्थान की ओर आपका पहला कदम है हमारे साथ तैयारी शुरू करना। EduGorilla की "भारतीय नौसेना : आर्टिफिसर अप्रेंटिस (AA)" की विशेषताएं कुछ इस प्रकार हैं।

► अच्छी तरह से शोध किया हुआ पाठ्यक्रम

► उच्च गुणवत्ता

► विस्तृत उत्तर और विश्लेषण

► स्मार्ट उत्तर पत्रिका

► परीक्षा सुसंगत प्रश्न

इस प्रकार EduGorilla आपकी तैयारी को मजबूत और आपको परीक्षा में सफल होने के योग्य बनाता है।

**UP Police SI - ASI**
परीक्षा की योग्यता, परीक्षा पैटर्न, विषय को जानने
के लिए QR कोड को स्कैन करें।

**Book ID: 0353**

# विषय–सूची

# English

**Q.1 Direction**: In the following question, some part of the sentence is underlined. Which of the options given below, the sentence should replace the part underlined to make the sentence grammatically correct? If the sentence is correct as it is given then choose option (D) 'No Correction required' as the answer.

A student was arrested for displaying an <u>indecently</u> art work in public.

**A.** Indecent
**B.** Unindecently
**C.** The indecently
**D.** No correction required

**Q.2 Direction**: In the following question, some part of the sentence is underlined. Which of the options given below, the sentence should replace the part underlined to make the sentence grammatically correct? If the sentence is correct as it is given then choose option (D) 'No Correction required' as the answer.

He did not like <u>me to smoking</u> in the presence of our teacher yesterday.

**A.** that I smoke
**B.** my smoking
**C.** me smoking
**D.** No correction required

**Q.3 Direction**: Fill in the blank with a suitable preposition from those given in the options.

The new employee complied _________ whatever instructions given by the manager.

**A.** on          **B.** at          **C.** to          **D.** with

**Q.4 Direction**: Fill in the blank with a suitable preposition from those given in the options.

We sit ______ the dining table for dinner.

**A.** by          **B.** on          **C.** at          **D.** upon

**Q.5 Direction**: In this question, you have to choose the word which is opposite in meaning to the given word.

Sullen

**A.** Dirty          **B.** Cheerful          **C.** Clean          **D.** Risen

**Q.6 Direction**: In this question, choose the word that best expresses the meaning of the given word.

Astute

**A.** Illustrative          **B.** Shrewd
**C.** Skillful          **D.** Informative

**Q.7 Direction**: The sentences have been given in Active/Passive voice. From the given alternatives, choose the one which best expresses the given sentence in Passive/Active voice.

Mona was writing a letter to her father.

**A.** A letter was written to her father by Mona.
**B.** A letter has been written to her father by Mona.
**C.** A letter was being written by Mona to her father.
**D.** A letter was written by Mona to her father.

**Q.8 Direction**: The sentences have been given in Active/Passive voice. From the given alternatives, choose the one which best expresses the given sentence in Passive/Active voice.

The French surrendered Quebec to the English in 1759.

**A.** Quebec was surrendered by the French to the English in 1759.
**B.** Quebec was surrendered to the English in 1759 by the French.
**C.** The English were surrendered Quebec in 1759 by the French.
**D.** Quebec was surrendered in 1759 by the French to the English.

**Q.9 Direction**: In the following question, a sentence has been given in Direct/Indirect speech. Out of the four alternatives suggested, select the one, which best expresses the same sentence in Indirect/Direct speech.

Gokul said to Sumit, "Why did you not attend the meeting yesterday?"

**A.** Gokul asked Sumit if he did not attend the meeting the day before.
**B.** Gokul asked Sumit if he had not attended that meeting yesterday.
**C.** Gokul asked Sumit if he had not attended the meeting the day before.
**D.** Gokul asked Sumit if he did not attend that meeting yesterday.

**Q.10 Direction**: In the following question, a sentence has been given in Direct/Indirect speech. Out of the four alternatives suggested, select the one, which best expresses the same sentence in Indirect/Direct speech.

He said, "Why didn't you send your application to me?"

**A.** He enquired why I had not sent my application to him.
**B.** He enquired why I did not send my application to him.
**C.** He enquired why had I not sent my application to him.
**D.** He enquired why did I not send my application to him.

**Q.11 Direction**: Complete the sentence with the correct form of the verb given in the bracket.

By this time tomorrow, I ______ home. (reach)

**A.** would have reached          **B.** will have reached
**C.** shall have reached          **D.** will reach

**Q.12 Direction**: Choose the option that fills in the blank with the most appropriate verb form:

He _________ by the time you telephone his house.

**A.** had left          **B.** will have left
**C.** has left          **D.** was leaving

**Q.13** "did you take the subway or the bus" - How should this sentence be punctuated?

**A.** Question mark (?)

**B.** First letter of first word in capitals and question mark (?)

**C.** Full stop (.)

**D.** Exclamation mark (!)

**Q.14** "Ayesha wants to know when she will be given her pocket money." Is the punctuation correct? If not, what should it be?

**A.** The full stop is wrong and should be a question mark.

**B.** The full stop is wrong and should be an exclamation mark.

**C.** The full stop is right and pocket money should be written as Pocket Money.

**D.** The full stop is right.

**Q.15 Direction**: Fill in the blank with a suitable adjective from those given in the options.

Hugh may be cuter than Guerra, but the adorable Kit is the _____ scout.

**A.** cute          **B.** cuter

**C.** more cuter     **D.** cutest

**Ques (16-20):Direction**: Read the following passage and answer the question given below it in the context of the passage. Some words in the passage are printed in bold to help you locate them while answering the question.

Over the past thousands of years, we have generated an enormous amount of wealth. Living standards have improved dramatically. It is clear that the key driver behind all of this wealth is a technological innovation that started with the ability to use tools.

There are three board steps in wealth creation: invent a new method, perfect it, apply it. Indian businesses and industry, in general, have generated most of their wealth from the last step, a little from the second and almost nothing from the first. We tend to go backwards and end up with severely limited opportunities compared with those who start from the first step. That is a fundamental difference between Indian businesses and businesses of the highly developed world. Many of the things that define modern life were invented by Europeans and Americans. They created wealth not only from the first step, they also established the first claim on the second and third steps.

Unsurprisingly, then, their share dominates the global wealth. The Chinese, Japanese and Koreans excelled in perfecting production techniques; as a result, they have managed to corner a substantial **chunk** of the wealth.

Once things like roads, electricity, televisions, cars, malls, toasters, soaps and so on have been invented and their use or implementation-defined, it is possible to create wealth simply by making more of them and selling them to the population neglected by the inventors and the improvisers. That has largely been the market for Indian companies. But they have just not focused on innovation. In terms of valuation, India's largest companies are in the region of about $40-50 billion depending upon the stock market.

Those companies took generations to get there, and not to forget, many of them were generously helped by what is euphemistically called **crony** capitalism. On the other hand, a 17-year-old student in the US named Mark Zuckerberg built a company in 10 years that had an IPO values at $100 billion! (Facebook, in spite of a lower valuation now, is still bigger than Reliance or DLF.) Consider Google, founded **barely** 15 years ago by two students. It now stands at a whopping $300 billion. Then there are more mature companies such as Apple that are worth over $400 billion. These achievements are entire to the credit of the founders.

Many Indian 'experts' in business and finance tend to dismiss these companies as vapourware, paper money, mere websites, luck or even as companies that do no real work. However, if we examine our daily living standards, it would be hard to find any contribution from Indian companies.

Virtually everything around us, from the internet to lighting to healthcare, was invented by the developed countries. If they had not been, we would have still been living in the Stone Age; on the other hand, if Indian industry had not been there, no one would have noticed.

While this comparison may seem **odious**, it highlights the one-way relationship as far as innovation is concerned.

Government at various levels periodically **exhorts** scientists and engineers to push the boundaries. But focusing on technologists is like putting the cart before the horse. Innovation is not the domain of technologists. They are one link in the chain. US companies such as Intel, IBM and Google routinely outsource the development of their latest technologies to Indian engineers; yet these cannot be called Indian innovations. In the same way if an Indian company were to innovate and if the work related to technology were outsourced to American engineers, that would still be Indian innovation.

The most crucial element of innovation is building a business case, funding it and commercialising it. That is the domain of businessmen and finance experts; it is also the weakest link in India. There is little knowledge of how to assess the risks and rewards of innovation.

**Q.16** How have Indian businesses generated most of their wealth?

**A.** By selling their products at low margin

**B.** By applying new methods

**C.** By inventing new methods

**D.** By setting up industries in foreign countries

**Q.17** What is the basic difference between Indian businesses and businesses of the highly developed world?

1. Indian businesses depend mostly on following the methods invented by the highly developed world whereas the highly developed world believes in inventing a new method.

2. Indian businesses are mostly agriculture-based whereas businesses of the highly developed world depend mostly on technological innovation.

3. Indian businesses are still in a primitive stage whereas businesses of the highly developed world are in an advanced stage.

**A.** Only 1          **B.** Only 2

**C.** Only 3    **D.** Only 1 and 3

**Q.18** Find the incorrect statement on the basis of the given passage.

**A.** The Chinese, the Japanese and the Koreans have excelled in perfecting production techniques.

**B.** A lot of things used in modern life were invented by Americans and Europeans.

**C.** Europeans and Americans not only created wealth by inventing new methods but also established claim on perfecting and applying these methods.

**D.** Despite technical excellence, China, Japan and Korea have failed to accumulate a substantial chunk of the wealth.

**Q.19**

Which of the following is not based on the facts mentioned in the given passage?

**A.** The net worth of India's largest companies is not more than USD 45 billion.

**B.** In monetary terms Facebook is bigger than DLF or Reliance.

**C.** As per the latest valuation, Apple is smaller than Google.

**D.** Had the developed countries not invented what they have, we would have still been living in the Stone Age.

**Q.20**

What is the main intention of the writer behind writing the given passage?

**A.** To show that Indian industries are in a developed stage.

**B.** To establish that India's businesses are based on applications, not on innovations.

**C.** To prove that we don't have the brain to innovate anything.

**D.** To establish that only foreign companies know how to commercialise innovations.

**Q.21**

**Direction**: Fill in the blank with a suitable adjective from those given in the options.

After eating the tarragon, Tammy's tongue was as ______ as Akash's.

**A.** green    **B.** most green

**C.** more green    **D.** greenest

**Q.22 Direction**: Select a suitable pronoun.

I'm glad I live with other people. I wouldn't like to live on _____

**A.** your own    **B.** my own

**C.** his own    **D.** their own

**Q.23 Direction**: Select a suitable pronoun.

Mike eats cheeseburgers because _________ likes _________.

**A.** he, their    **B.** him, they

**C.** he, them    **D.** him, them

**Q.24 Direction**: In this question, choose the word that best expresses the meaning of the given word.

Concise

**A.** Aphoristic    **B.** Lengthy

**C.** Prolix    **D.** Cogent

**Q.25 Direction**: In this question, you have to choose the word which is opposite in meaning to the given word.

Maladroit

**A.** Clumsy    **B.** Sanguine

**C.** Deft    **D.** Unwelcome

# Science

**Q.26** बंदूक से दागी गई गोली अपनी _________ के कारण लक्ष्य को भेद सकती है।

**A.** ताप    **B.** यांत्रिक ऊर्जा

**C.** त्वरण    **D.** गतिज ऊर्जा

**Q.27** स्थिर तरंगों में, एंटीनोड्स ऐसे बिंदु होते हैं जहां _________ होता है।

**A.** न्यूनतम विस्थापन और अधिकतम दबाव परिवर्तन

**B.** न्यूनतम विस्थापन और न्यूनतम दबाव परिवर्तन

**C.** अधिकतम विस्थापन और अधिकतम दबाव परिवर्तन

**D.** अधिकतम विस्थापन और न्यूनतम दबाव परिवर्तन

**Q.28** यदि किसी माध्यम से निर्वात में कुल आंतरिक प्रतिबिंब के लिए क्रांतिक कोण $30°$ है, तो माध्यम में प्रकाश का वेग _____ है।

**A.** $3 \times 10^8$ मी/से    **B.** $1.5 \times 10^8$ मी/से

**C.** $0.5 \times 10^8$ मी/से    **D.** $0.2 \times 10^8$ मी/से

**Q.29** प्रतिरोध $n$, प्रत्येक $r\Omega$, जब समानांतर में जुड़ा हुआ है, तो $R\Omega$ के समतुल्य प्रतिरोध देते हैं। यदि इन प्रतिरोधों को श्रृंखला में जोड़ा गया था, तो संयोजन में $\Omega$ के समतुल्य प्रतिरोध होगा-

**A.** $n^2R$    **B.** $\frac{R}{n^2}$    **C.** $\frac{R}{n}$    **D.** $nR$

**Q.30** लैसेन के परीक्षण में, कार्बनिक यौगिक सोडियम धातु के साथ _____ जुड़ा हुआ है।

**A.** यौगिक हाइड्रोलाइज करने के लिए

**B.** एक सोडियम व्युत्पन्न करने के लिए

**C.** घुलनशील आयनिक सोडियम यौगिक में उपस्थित होने पर नाइट्रोजन, सल्फर या हैलोजेन को परिवर्तित करने के लिए

**D.** कंपाउंड को जलाने के लिए

**Q.31** विद्युत चुम्बकीय तरंग के विद्युत और चुंबकीय क्षेत्र _________ होते हैं।

**A.** विपरीत चरण में और एक दूसरे के लंबवत

**B.** विपरीत चरण में और एक दूसरे के समानांतर

**C.** एक दूसरे के चरण में और लंबवत

**D.** चरण में और एक दूसरे के समानांतर

**Q.32** रॉकेट प्रणोदन का सिद्धांत निर्भर करता है-

**A.** न्यूटन का गति का तीसरा नियम

**B.** संवेग के संरक्षण का सिद्धांत

**C.** या तो (A) और (B)

**D.** (A) और (B) दोनों

**Q.33** चंद्रमा का द्रव्यमान पृथ्वी के द्रव्यमान का लगभग $1.2\%$ है। तुलना करने पर, गुरुत्वाकर्षण बल जिससे पृथ्वी चंद्रमा को अपनी ओर खींचती है तथा गुरुत्वाकर्षण बल जिससे चंद्रमा पृथ्वी को अपनी ओर खींचता है वह _______ है।

**A.** बराबर है

**B.** छोटा है

**C.** बड़ा है

**D.** अपने चरण के साथ बदलता रहता है

**Q.34** बल की चुंबकीय रेखाएं ___________ निर्धारित करती हैं।
A. चुंबकीय क्षेत्र का आकार
B. केवल चुंबकीय क्षेत्र की दिशा
C. केवल चुंबकीय क्षेत्र की सापेक्ष शक्ति
D. चुंबकीय क्षेत्र की दिशा और सापेक्ष शक्ति दोनों

**Q.35** एक इकाई धनात्मक आवेश $Q$ से $x$ दूरी पर अनंत दूरी से एक इकाई धनात्मक आवेश लाने में किया गया कार्य $W$ है। तब उस बिंदु पर संभावित विभव $\phi$ है:
A. $\frac{WQ}{x}$　　　B. $W$　　　C. $\frac{W}{x}$　　　D. $WQ$

**Q.36** जब एक निकाय पूरी तरह से तरल में डूब जाता है तो निकाय के वजन में स्पष्ट नुकसान ___________ के बराबर होता है।
A. निकाय द्वारा विस्थापित तरल की मात्रा
B. तरल का घनत्व
C. निकाय द्वारा विस्थापित तरल के वजन
D. इनमें से कोई नहीं

**Q.37** एक अपरिवर्तनीय प्रक्रिया में, सिस्टम प्रारंभिक अवस्था A से अंतिम अवस्था B तक जाता है। निम्नलिखित में से कौन सा सत्य है?
A. अवस्था A से अवस्था B तक किया गया कार्य शून्य है।
B. अवस्था A से अवस्था B तक की ऊष्मा गैर-शून्य है।
C. अवस्था A से अवस्था B तक और वापस अवस्था A में ऊष्मा गैर-शून्य है।
D. अवस्था A से अवस्था B तक और वापस अवस्था A में ऊष्मा गैर-शून्य हो सकती है।

**Q.38** यदि एक प्रोटॉन और एक इलेक्ट्रॉन में एक डी ब्रोगली तरंग दैर्ध्य होता है, तो इलेक्ट्रॉन के वेग के लिए प्रोटॉन के वेग का अनुपात लगभग_____ होगा।
A. 1　　　B. 1840　　　C. $\frac{1}{1840}$　　　D. 44

**Q.39** निम्नलिखित में से किस बंध द्वारा एक अर्धचालक का गठन किया जाता है?
A. सहसंयोजक
B. विद्युत संयोजी
C. संयोजी
D. इनमे से कोई भी नहीं

**Q.40** नाभिक की द्रव्यमान संख्या है:
A. कभी-कभी इसके परमाणु संख्या के बराबर।
B. कभी-कभी इससे कम और कभी-कभी इसकी परमाणु संख्या से भी अधिक।
C. हमेशा अपनी परमाणु संख्या से कम।
D. हमेशा इसकी परमाणु संख्या से अधिक।

**Q.41** _____ अधातु कमरे के तापमान पर तरल है।
A. क्लोरीन　　　B. फ्लोरीन　　　C. ब्रोमीन　　　D. आयोडीन

**Q.42** निम्नलिखित में से कौन सी कंप्यूटर भाषा कृत्रिम बुद्धिमत्ता के लिए उपयोग की जाती है?
A. FORTRAN　　　B. PROLOG
C. C　　　D. COBOL

**Q.43** छोटी आंत में सतह क्षेत्र को बढ़ाने वाले उंगली जैसे प्रक्षेपण _______ कहलाते हैं।
A. स्यूडोपोडिया　　　B. विली
C. लुमेन　　　D. इनमे से कोई भी नहीं

**Q.44** फेफड़ों को दो झिल्ली द्वारा संरक्षित किया जाता है जिन्हें _______ कहा जाता है।
A. फुप्फुस झिल्ली　　　B. मेनिंजेस
C. श्लेष्मा झिल्ली　　　D. इनमे से कोई भी नहीं

**Q.45** ऑपरेटिंग सिस्टम ______ सॉफ्टवेयर का सबसे सामान्य प्रकार है।
A. संचार　　　B. आवेदन
C. सिस्टम　　　D. वर्ड प्रोसेसिंग सॉफ्टवेयर

**Q.46** जब एक चुंबक एक कुंडली में लगाया जाता है तब एक प्रेरित e.m.f उत्पन्न होता है। प्रेरित e.m.f. की तीव्रता _____ से स्वतंत्र है।
A. चुंबक की तीव्रता
B. कुंडली में घर्षण के कारण
C. कुंडली के तार की प्रतिरोधकता
D. गति जिसके साथ चुंबक को स्थानांतरित

**Q.47** फैराडे के विद्युत चुम्बकीय प्रेरण के नियम के अनुसार, एक e.m.f. एक कुंडली में प्रेरित होता है यदि:
A. कुंडली के साथ इलेक्ट्रिक प्रवाह लिंक है।
B. कुंडली के साथ चुंबकीय प्रवाह लिंक है।
C. कुंडली परिवर्तन के साथ जुड़ा हुआ चुंबकीय प्रवाह है।
D. कुंडली परिवर्तन के साथ जुड़ा इलेक्ट्रिक प्रवाह है।

**Q.48** पृथ्वी की सतह का अनुसरण करने वाले एक बिंदु से दूसरे बिंदु तक फैलने वाले रेडियो तरंग सिग्नल को कहा जाता है-
A. आसमानी तरंग　　　B. अल्ट्रासोनिक तरंग
C. ध्वनि तरंग　　　D. भूमि तरंग

**Q.49** आवृति मॉड्यूलेशन में, जब आवृति विचलन दोगुना हो जाता है, तब
A. मॉड्यूलेशन आधा हो जाता है।
B. कैरियर स्विंग को आधा कर दिया जाता है।
C. मॉड्यूलेशन दोगुना हो जाता है।
D. मॉड्यूलेशन इंडेक्स घटा दिया जाता है।

**Q.50** ऊष्मीय प्रतिरोध का आयामी सूत्र है-
A. $[ML^2\,T^{-3}\,K^{-1}]$　　　B. $[ML^2\,T^{-2}\,A^{-1}]$
C. $[ML^2\,T^{-3}\,K^{-2}]$　　　D. $[M^{-1}\,L^{-2}\,T^3\,K]$

# Mathematics

**Q.51** $2(\sin^6\theta + \cos^6\theta) - 3(\sin^4\theta + \cos^4\theta) + 1$ बराबर है-
A. 2　　　B. 0　　　C. 4　　　D. 6

**Q.52** यदि $^nP_r = 3024$ और $^nC_r = 126$ है तो $n$ और $r$ का मान ज्ञात करें।
A. 9,4　　　B. 10,3　　　C. 12,4　　　D. 11,4

**Q.53** एक सम संख्या प्राप्त करने की संभावना क्या है जब पासा एक बार फेका जाता है?
A. $\frac{1}{2}$　　　B. $\frac{1}{3}$　　　C. $\frac{1}{6}$　　　D. $\frac{5}{6}$

**Q.54** यदि $a$, $\vec{a} \times (\hat{i} + 2\hat{j} + \hat{k}) = \hat{i} - \hat{k}$, को संतुष्ट करता है। $\vec{a}$ बराबर है-
A. $\lambda\hat{i} + (2\lambda - 1)\hat{j} + \lambda\hat{k}, \lambda \in R$
B. $\lambda\hat{i} + (1 - 2\lambda)\hat{j} + \lambda\hat{k}, \lambda \in R$
C. $\lambda\hat{i} + (2\lambda + 1)\hat{j} + \lambda\hat{k}, \lambda \in R$
D. $\lambda\hat{i} - (1 + 2\lambda)\hat{j} + \lambda\hat{k}, \lambda \in R$

**Q.55** यदि $X$ और $Y$ दो सेट हैं। $n(X) = 17, n(Y) = 23$ और $n(X \cup Y) = 38$, है। तो $n(X \cap Y)$ ज्ञात कीजिए।

**A.** 1      **B.** 2      **C.** 3      **D.** 4

**Q.56** निम्नलिखित में से कौन सा कथन सही नहीं है?

**A.** $\log_{10} 10 = 1$

**B.** $\log(2 + 3) = \log(2 \times 3)$

**C.** $\log_{10} 1 = 0$

**D.** $\log(1 + 2 + 3) = \log 1 + \log 2 + \log 3$

**Q.57** यदि $\log_x \left(\frac{9}{16}\right) = -\frac{1}{2}$ है तब $x$ बराबर है-

**A.** $-\frac{3}{4}$      **B.** $\frac{3}{4}$      **C.** $\frac{81}{256}$      **D.** $\frac{256}{81}$

**Q.58** यदि $\frac{1}{3+i} + \frac{i}{3-i} = a + ib$, जहां $i = -1$, तो $\frac{a}{b}$ क्या होगा?

**A.** 1      **B.** $-\frac{3}{5}$      **C.** $-1$      **D.** $\frac{3}{5}$

**Q.59** यदि 2 समीकरण $x^2 + bx + 12 = 0$ का मूल है और समीकरण $x^2 + bx + q = 0$ के मूल बराबर हैं, तो $q =$?

**A.** 8      **B.** $-8$      **C.** 16      **D.** $-16$

**Q.60** क्या 51 समान्तर श्रेणी 5,8,11,14, ... का पद है?

**A.** हाँ      **B.** नहीं

**C.** अस्पष्ट      **D.** डेटा अपर्याप्त है

**Q.61** दीर्घवृत्त $\frac{(x+y-2)^2}{9} + \frac{(x-y)^2}{16} = 1$ का केंद्र होगा -

**A.** (0,0)      **B.** (1,0)      **C.** (0,1)      **D.** (1,1)

**Q.62** बहुलक और माध्य क्रमशः 7 और 8 दिया गया है, तो माध्यिका का मान ज्ञात कीजिए।

**A.** $\frac{1}{13}$      **B.** $\frac{13}{3}$      **C.** $\frac{23}{3}$      **D.** 33

**Q.63** यदि पहले $n$ प्राकृतिक संख्याओं का मान $\frac{3n}{5}$ है, तो $n$ का मान है:

**A.** 3      **B.** 4      **C.** 5      **D.** 6

**Q.64** एक बिंदु का बिन्दुपथ, जिसका भुजांक और कोटि अक्ष हमेशा समान होता है

**A.** $x + y + 1 = 0$      **B.** $x - y = 0$

**C.** $x + y = 1$      **D.** इनमें से कोई नहीं

**Q.65** उस रेखा का समीकरण ज्ञात कीजिए जो अक्षों से समान और धनात्मक प्रतिच्छेद काटता है और बिंदु $(\alpha, \beta)$ से होकर गुजरता है।

**A.** $x + y = \alpha + \beta$      **B.** $x + y = \alpha$

**C.** $x + y - \beta$      **D.** इनमें रो कोई नहीं

**Q.66** निम्नलिखित समीकरण का मान ज्ञात कीजिए।

$$\cot 17° \left( \cot 73° \cos^2 22° + \frac{1}{\cot 17° \sec^2 68°} \right)$$

**A.** 0      **B.** 1      **C.** 27      **D.** $\sqrt{3}$

**Q.67** $A = \begin{bmatrix} 1 & -2 \\ -1 & 5 \end{bmatrix}$ का स्थानांतरित आव्यूह ज्ञात कीजिए।

**A.** $A = \begin{bmatrix} -1 & -2 \\ -1 & -5 \end{bmatrix}$      **B.** $A = \begin{bmatrix} 1 & 2 \\ 1 & 5 \end{bmatrix}$

**C.** $A = \begin{bmatrix} -1 & 2 \\ -1 & 5 \end{bmatrix}$      **D.** $A = \begin{bmatrix} 1 & -1 \\ -2 & 5 \end{bmatrix}$

**Q.68** दी गई आकृति में, $O$ वृत्त का केंद्र है। यदि $\angle PRQ = 40°$ है तो $\angle OPQ$ क्या होगा ?

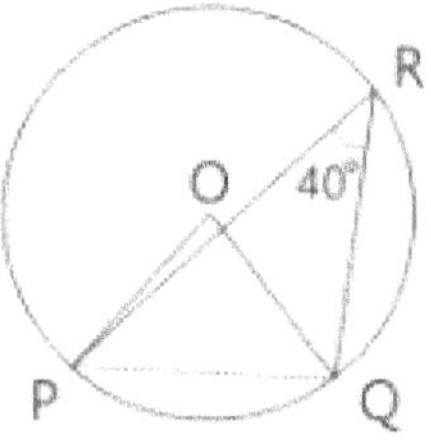


**A.** 30°      **B.** 40°      **C.** 150°      **D.** 50°

**Q.69** व्यास 10 सेमी के एक वृत्त में 6 सेमी लंबाई के दो समानांतर जीवा के बीच की दूरी है

**A.** 8 सेमी      **B.** 7 सेमी      **C.** 6 सेमी      **D.** 5.5 सेमी

**Q.70** $\frac{1}{2}(\log x + \log y)$, $\log\left(\frac{x+y}{2}\right)$ के बराबर होगा यदि-

**A.** $y = 0$      **B.** $x = \sqrt{y}$      **C.** $x = y$      **D.** $x = \frac{y}{2}$

**Q.71** निम्नलिखित व्यंजक का मान क्या है?

$$\log\left(\frac{9}{14}\right) - \log\left(\frac{15}{16}\right) + \log\left(\frac{35}{24}\right)$$

**A.** 0      **B.** 1      **C.** 2      **D.** 3

**Q.72** $\int \frac{(x-1)e^x}{(x+1)^3} dx$ का मान ज्ञात करें।

**A.** 0

**B.** $\frac{(x+1)^2}{e^x} + C$

**C.** $\frac{e^x}{(x+1)^2} + C$

**D.** $\frac{e^x}{(x-1)^2} + (x+1)^2 + C$

**Q.73** $\int \frac{x \cos x \log x - \sin x}{x(\log x)^2} dx =$

**A.** $\frac{\sin x}{\log x} + C$      **B.** $\frac{\cos x}{\log x} + C$

**C.** $\frac{\log x}{\sin x} + C$      **D.** $\frac{\log x}{\cos x} + C$

**Q.74** $(1 + x)^m$ के द्विपद विस्तार में तीसरा पद $-\frac{1}{8}x^2$ है तब $m$ का परिमेय मान है ?

**A.** 2      **B.** $\frac{1}{2}$      **C.** 3      **D.** 4

**Q.75** $(x - 1)(x - 2)(x - 3) \dots (x - 18)$ के विस्तार में $x^{17}$ का गुणांक होगा -

**A.** 164      **B.** $-171$      **C.** 194      **D.** 221

# General Awareness

**Q.76** निम्नलिखित में से किस राष्ट्रीय उद्यान में आठ अफ्रीकी चीतों को स्थानांतरित किया गया है?

*[Delhi Forest Guard, 2020]*

**A.** कुनो पालपुर नेशनल पार्क

**B.** जिम कॉर्बेट नेशनल पार्क

**C.** रणथंभौर नेशनल पार्क

**D.** काजीरंगा नेशनल पार्क

**Q.77** हाल ही में चल रहे स्वच्छता सर्वेक्षण 2021 में बिहार को किस स्थान पर शामिल किया गया है?

*[Delhi Forest Guard, 2021], [UPSSSC Rajasva Lekhpal, 2015]*

**A.** 1    **B.** 10    **C.** 12    **D.** 13

**Q.78** बिहार में एकमात्र जीनोम सीक्वेंसिंग लैब कहाँ से शुरू हुई है?

*[Delhi Forest Guard, 2021]*

**A.** पटना    **B.** दरभंगा    **C.** गया    **D.** वैशाली

**Q.79** सुल्तान अजलान शाह कप निम्नलिखित खेलों में से किससे संबंधित है?

**A.** बैडमिंटन      **B.** हॉकी

**C.** टेबल टेनिस      **D.** गोल्फ़

**Q.80** अगस्त प्रस्ताव _______1940 में जारी किया गया था।

**A.** 08 अगस्त    **B.** 15 अगस्त    **C.** 20 अगस्त    **D.** 30 अगस्त

**Q.81** अंतर्राष्ट्रीय तिथि रेखा के संबंध में निम्नलिखित में से कौन सा कथन सही है?

**A.** यह 180 डिग्री देशांतर है।

**B.** यह एक सीधी रेखा है।

**C.** यह एक बड़ा चक्र है।

**D.** यह पृथ्वी से परे एक घुमावदार रेखा है।

**Q.82** श्रीलंका की राजधानी(वैधानिक) क्या है?

**A.** टोक्यो      **B.** श्री जयवर्धनेपुरा कोट्टे

**C.** अनुराधापुरा      **D.** मनकुलम

**Q.83** भारत के लौह पुरुष के रूप में किसे जाना जाता था?

**A.** गोविंद बल्लभ पंत      **B.** जवाहर लाल नेहरू

**C.** सुभाष चंद्र बोस      **D.** सरदार वल्लभभाई पटेल

**Q.84** अफ़ग़ानिस्तान की मुद्रा _______ है।

**A.** अफगानी    **B.** रुपया    **C.** रूबल    **D.** दीनार

**Q.85** भारत सरकार की आधिकारिक भाषा _______ है।

**A.** अंग्रेज़ी    **B.** मलयालम    **C.** हिन्दी    **D.** मराठी

**Q.86** भारत का राष्ट्रीय जलीय पशु क्या है?

**A.** गंगा नदी डॉल्फिन      **B.** मोर

**C.** नागराज      **D.** मछली

**Q.87** "BPR" का पूर्ण रूप क्या है?

**A.** बिज़नेस प्रोसेस री-इंजीनियरिंग

**B.** ब्यूरो ऑफ फिजिक्स एंड रिसर्च

**C.** बिज़नेस प्लान एंड रिसर्च

**D.** बिल्डिंग ऑन प्रॉब्लम रिलेशन

**Q.88** बौद्ध स्थल तबो मठ भारत के निम्नलिखित में से किस राज्य में स्थित है?

**A.** अरुणाचल प्रदेश      **B.** हिमाचल प्रदेश

**C.** सिक्किम      **D.** असम

**Q.89** इरिडियम परत की खोज किसने की और नोबेल पुरस्कार भी जीता?

**A.** हेनरी मोसले      **B.** पियरे क्यूरी

**C.** सैंटियागो रेमन      **D.** लुइस अल्वारेज़

**Q.90** _______ की कमी से रक्तस्राव रोग होता है।

**A.** विटामिन A      **B.** विटामिन D

**C.** विटामिन E      **D.** विटामिन K

**Q.91** प्रसिद्ध हिंदुस्तानी शास्त्रीय गायक और पद्म श्री पुरस्कार का नाम बताइए?

**A.** वाल्टर डिसूजा      **B.** शांति हीरानंद

**C.** ससि कलिंग      **D.** एम के अर्जुनन

**Q.92** "द व्हाइट टाइगर" के लेखक कौन हैं?

**A.** अमिताव घोष      **B.** अरविंद अडिग

**C.** अरुंधति रॉय      **D.** झुम्पा लाहिड़ी

**Q.93 निर्देश**: प्रश्नचिह्न के स्थान पर क्या आएगा?

5690,5121,4552,3983,3414,2845,?

**A.** 2276    **B.** 2516    **C.** 2356    **D.** 2456

**Q.94** यदि 84 x 13 = 8, 37 x 13 = 6 और 26 x 11 = 6 है तो 56 x 22 क्या होगा?

**A.** 36    **B.** 39    **C.** 7    **D.** 11

**Q.95** जैन धर्म में त्रिरत्न के अर्थ हैं?

**A.** सम्यक श्रद्धा, सम्यक ज्ञान, सम्यक आचरण

**B.** उपवास, नेगारहना, ध्यान

**C.** पार्श्व, महावीर और संघ

**D.** सत्य, अहिंसा, अपरिग्रह

**Q.96** _______ वेद आंशिक रूप से गद्य में और आंशिक रूप से छंद में है।

**A.** ऋग्वेद    **B.** सामवेद    **C.** यजुर्वेद    **D.** अथर्ववेद

**Q.97 निर्देश**: उस वैकल्पिक आकृति का पता लगाएं जिसमें उसके भाग के रूप में आकृति (X) हो।

(X)    (1)    (2)    (3)    (4)

**A.** 1    **B.** 2    **C.** 3    **D.** 4

**Q.98** एक निश्चित कोड में FIRE को DGPC के रूप में कोडित किया गया है। SHOT के लिए कोडित शब्द का अंतिम अक्षर क्या होगा?

**A.** Q    **B.** R    **C.** S    **D.** P

**Q.99** यदि TOUR को 1234, CLEAR को 56784 और SPARE को 90847 के रूप में एक निश्चित कोड में लिखा गया है, तो उसी कोड में SCULPTURE के लिए 5 वां अंक क्या होगा?

**A.** 3    **B.** 4    **C.** 6    **D.** 0

**Q.100** ब्रिटिश भारत के किस अधिनियम के द्वारा, गवर्नर-जनरल को अध्यादेश जारी करने का अधिकार दिया गया था?

**A.** भारतीय परिषद अधिनियम, 1861

**B.** 1853 का चार्टर अधिनियम

**C.** भारत सरकार अधिनियम, 1858

**D.** भारतीय परिषद अधिनियम, 1892

# // स्मार्ट उत्तर पुस्तिका //

**सही उत्तर** — उन छात्रों का प्रतिशत जिन्होंने प्रश्नों का सही उत्तर दिया था।    **छोड़ दिया** — उन छात्रों का प्रतिशत जिन्होंने प्रश्नों को छोड़ दिया था।

| प्रश्न संख्या | उत्तर | सही उत्तर / छोड़ दिया | प्रश्न संख्या | उत्तर | सही उत्तर / छोड़ दिया | प्रश्न संख्या | उत्तर | सही उत्तर / छोड़ दिया | प्रश्न संख्या | उत्तर | सही उत्तर / छोड़ दिया | प्रश्न संख्या | उत्तर | सही उत्तर / छोड़ दिया | प्रश्न संख्या | उत्तर | सही उत्तर / छोड़ दिया |
|---|---|---|---|---|---|---|---|---|---|---|---|---|---|---|---|---|---|
| 1 | A | 41.03 % / 0.0 % | 18 | D | 7.69 % / 23.08 % | 35 | B | 12.82 % / 20.51 % | 52 | A | 10.26 % / 17.95 % | 69 | A | 10.26 % / 23.07 % | 86 | A | 43.59 % / 20.51 % |
| 2 | B | 30.77 % / 5.13 % | 19 | C | 7.69 % / 25.64 % | 36 | C | 17.95 % / 20.51 % | 53 | A | 41.03 % / 17.94 % | 70 | C | 15.38 % / 23.08 % | 87 | A | 10.26 % / 20.51 % |
| 3 | C | 23.08 % / 15.38 % | 20 | B | 10.26 % / 25.64 % | 37 | D | 2.56 % / 20.52 % | 54 | C | 10.26 % / 17.95 % | 71 | A | 7.69 % / 23.08 % | 88 | B | 15.38 % / 20.52 % |
| 4 | C | 23.08 % / 15.38 % | 21 | A | 33.33 % / 25.64 % | 38 | C | 20.51 % / 20.52 % | 55 | B | 43.59 % / 17.95 % | 72 | C | 5.13 % / 23.08 % | 89 | D | 7.69 % / 20.52 % |
| 5 | B | 25.64 % / 15.39 % | 22 | B | 28.21 % / 25.64 % | 39 | A | 30.77 % / 20.51 % | 56 | B | 28.21 % / 17.94 % | 73 | A | 5.13 % / 23.08 % | 90 | D | 28.21 % / 20.51 % |
| 6 | B | 15.38 % / 15.39 % | 23 | C | 41.03 % / 25.64 % | 40 | D | 20.51 % / 23.08 % | 57 | D | 17.95 % / 20.51 % | 74 | B | 2.56 % / 23.08 % | 91 | B | 20.51 % / 20.52 % |
| 7 | C | 33.33 % / 17.95 % | 24 | A | 17.95 % / 25.64 % | 41 | C | 38.46 % / 23.08 % | 58 | A | 17.95 % / 20.51 % | 75 | B | 7.69 % / 23.08 % | 92 | B | 7.69 % / 20.52 % |
| 8 | A | 17.95 % / 17.95 % | 25 | C | 7.69 % / 20.52 % | 42 | B | 10.26 % / 23.07 % | 59 | C | 10.26 % / 20.51 % | 76 | A | 23.08 % / 15.38 % | 93 | A | 23.08 % / 20.51 % |
| 9 | C | 33.33 % / 17.95 % | 26 | D | 38.46 % / 7.69 % | 43 | B | 17.95 % / 23.08 % | 60 | B | 30.77 % / 20.51 % | 77 | D | 5.13 % / 17.95 % | 94 | C | 15.38 % / 20.52 % |
| 10 | A | 41.03 % / 17.94 % | 27 | C | 5.13 % / 7.69 % | 44 | A | 30.77 % / 23.08 % | 61 | D | 7.69 % / 20.52 % | 78 | A | 17.95 % / 17.95 % | 95 | A | 23.08 % / 20.51 % |
| 11 | C | 20.51 % / 20.52 % | 28 | B | 20.51 % / 12.82 % | 45 | C | 20.51 % / 23.08 % | 62 | C | 17.95 % / 20.51 % | 79 | B | 23.08 % / 20.51 % | 96 | C | 12.82 % / 20.51 % |
| 12 | B | 12.82 % / 23.08 % | 29 | A | 17.95 % / 12.82 % | 46 | C | 5.13 % / 25.64 % | 63 | C | 17.95 % / 20.51 % | 80 | A | 23.08 % / 20.51 % | 97 | D | 53.85 % / 20.51 % |
| 13 | B | 38.46 % / 23.08 % | 30 | C | 10.26 % / 12.82 % | 47 | C | 28.21 % / 25.64 % | 64 | B | 25.64 % / 23.08 % | 81 | A | 28.21 % / 20.51 % | 98 | B | 35.9 % / 20.51 % |
| 14 | D | 25.64 % / 23.08 % | 31 | C | 25.64 % / 12.82 % | 48 | D | 10.26 % / 25.64 % | 65 | A | 17.95 % / 23.08 % | 82 | B | 41.03 % / 20.51 % | 99 | D | 41.03 % / 20.51 % |
| 15 | D | 35.9 % / 23.07 % | 32 | D | 28.21 % / 12.82 % | 49 | C | 12.82 % / 25.64 % | 66 | B | 7.69 % / 23.08 % | 83 | D | 46.15 % / 20.52 % | 100 | A | 12.82 % / 17.95 % |
| 16 | B | 5.13 % / 23.08 % | 33 | A | 5.13 % / 15.38 % | 50 | D | 10.26 % / 23.07 % | 67 | D | 38.46 % / 23.08 % | 84 | A | 41.03 % / 20.51 % |  |  |  |
| 17 | D | 7.69 % / 23.08 % | 34 | D | 28.21 % / 17.94 % | 51 | B | 35.9 % / 12.82 % | 68 | D | 17.95 % / 23.08 % | 85 | C | 56.41 % / 20.51 % |  |  |  |

# //संकेत और समाधान//

**1.** 'Art work' is a noun phrase, before which an appropriate adjective should be used.

The underlined part 'indecently', which is an adverb, so must be replaced with the adjective 'indecent' to make it a grammatically correct sentence.

Hence, the correct option is (A).

**2.** The underlined part 'me to smoking' must be replaced with 'my smoking' to make it a grammatically correct sentence.

As per the basic usage rules, 'like' is one of the verbs which are followed by a gerund. For example- swimming, dancing or travelling etc.

So, the correct sentence is: He did not like my smoking in the presence of our teacher yesterday.

Hence, the correct option is (B).

**3.** The new employee complied to whatever instructions given by the manager.

Certain verbs like comply, propose, prefer, order etc. are always followed by the preposition 'to'.

The only option that has the preposition 'to' is an option (C).

Hence, the correct option is (C).

**4.** We sit at the dining table for dinner.

From the given options, 'by' is incorrect as it means 'sitting beside' the dining table for dinner. 'On' and 'upon' are incorrect as they mean sitting on top of the dining table for dinner. 'At' is used generally for indicating a specific location or place. So, the most appropriate answer is at.

Hence, the correct option is (C).

**5.** Sullen (Adjective): bad-tempered, gloomy

For example - People did not care for him as he always remained sullen.

Synonyms - gloomy, glum, hostile, etc.

Antonyms - bright, cheerful, friendly, etc.

Hence, the correct option is (B).

**6.** Astute (Adjective): having or showing an ability to accurately assess situations or people and turn this to one's advantage.

For example - It is the story of an astute businessman that went on to make a lot of money with a simple idea.

Synonyms: shrewd, sharp, sharp-witted, razor-sharp, acute, quick, quick-witted, ingenious, clever, etc.

Antonyms: stupid

Hence, the correct option is (B).

**7.** A letter was being written by Mona to her father.

Given sentence is in past continuous tense and it is in active voice.

Rule :

Subject + (was /were) + being + V3 + Other agents

Hence, the correct option is (C).

**8.** Quebec was surrendered by the French to the English in 1759.

Given sentence is in simple past tense and it is in active voice.

Rule :

Subject + (was/were) + V3 + Other agents

Hence, the correct option is (A).

**9.** Gokul asked Sumit if he had not attended the meeting the day before.

'Yesterday' should be changed to 'the day before'. The given sentence is in the simple past tense. Therefore, the reported speech must be in the past perfect tense.

The correct sentence is: Gokul asked Sumit if he had not attended the meeting the day before.

Hence, the correct option is (C).

**10.** Rules for changing the direct speech into indirect speech are given below:

Say/Said is changed to ask/asked/wonder/wondered/enquire of/enquired of etc as per the sense of the sentence.

Inverted commas (" ") are removed.

The sign of interrogation (?) is removed and a full stop is used.

The words like, this, these, tomorrow, yesterday change to that, those, the next day, the previous day respectively.

Present tense changes to past tense.

Second-person pronoun changes according to the subject of reporting speech i.e. 'you' will be changed into 'I'.

Hence, the correct option is (A).

**11.** By this time tomorrow, I shall have reached home.

For the future perfect tense, we use 'shall' for first-person pronouns (I/we) while 'will' is used for second and third-person pronouns (he/she/it/they/etc.).

Option (A) would have reached is in the past perfect tense.

Option (B) I will have reached is not the best answer since here we are using the pronoun 'I' which is in the first person. So, we need to use 'shall'.

Option (D) I will reach is incorrect because it is in the simple future tense.

So, the correct answer is option (C) I shall have reached.

Hence, the correct option is (C).

**12.** He will have left by the time you telephone his house.

Here, 'will have left' in future perfect tense is correct because it is used to indicate an action that will be complete before another event takes place. Here, 'by the time' indicates an action that will be complete before another event takes place.

Hence, the correct option is (B).

**13.** Did you take the subway or the bus?

The correct answer is the first letter of the first word in capitals and question mark (?)

The sentence is an interrogative sentence and so, needs to end with a question mark. Also, the first letter of the first word of the sentence needs to be in capitals.

Hence, the correct option is (B).

**14.** Ayesha wants to know when she will be given her pocket money.

Although there is a question implicit in the sentence, it is an indirect one and the sentence qualifies as a declarative or assertive sentence needing a full stop.

Hence, the correct option is (D).

**15.** Hugh may be cuter than Guerra, but the adorable Kit is the cutest scout.

Superlative degrees are used to describe something or someone with the maximum amount of quality that is mentioned. If the quality is hungry, then the superlative degree will be applied to that person who has the maximum hunger. He will be mentioned as "the hungriest".

Hence, the correct option is (D).

**16. There are three broad steps in wealth creation: invent a new method, perfect it, apply it. Indian businesses and industry, in general, have generated most of their wealth from the last step.**

We can clearly infer from the 1st sentence of the 2nd paragraph that India businesses so far have kept their focus on applying new methods instead of inventing ones.

Hence, the correct option is (B).

**17.** Statement 1 can easily be inferred from the 1st sentence of the 2nd paragraph of the passage and Statement 3 can also be inferred taking the theme of the whole passage into consideration.

Hence, the correct option is (D).

**18. The Chinese, Japanese and Koreans excelled in perfecting production techniques; as a result, they have managed to corner a substantial chunk of the wealth.**

The above statement is the 2nd sentence of the 3rd paragraph of the passage and it clearly states the opposite of what's stated in option (D).

Hence, the correct option is (D).

**19. Google, founded barely 15 years ago by two students. It now stands at a whopping $300 billion. Then there are more mature companies such as Apple that are worth over $400 billion.**

The above statement which is the last sentence of the 5th paragraph of the passage clearly states the opposite of what's stated in option (C).

Hence, the correct option is (C).

**20.** Taking the theme of the passage into consideration, the writer's main intention behind writing the given passage would be to establish that India's businesses are mainly based on applications, not of innovations.

Hence, the correct option is (B).

**21.** After eating the tarragon, Tammy's tongue was as green as Akash's.

"As" + adjective + "As" structure is used to mention an equal level of the quality in the objects getting compared.

Hence, the correct option is (A).

**22.** I'm glad I live with other people. I wouldn't like to live on my own.
Possessive adjectives are not pronouns but rather determines. Possessive adjectives function as adjectives, so they appear before the noun they modify. They do not replace a noun as pronouns do.
The adjective pronoun of 'I' is 'my'. Thus option (B) is the correct answer.
'Your' is the adjective pronoun for 'You'.
'His' is the adjective pronoun for 'He'.
'Their' is the adjective pronoun for 'Them'.
Hence, the correct option is (B).

**23.** Mike eats cheeseburgers because he likes them.

A pronoun is used to refer to a noun.

Mike will be referred to by a masculine pronoun i.e. he.

Cheeseburgers will be referred to by a neuter gender pronoun i.e. them.

Him is incorrect because it is always the object in a sentence. Whereas Mike is the subject in the given sentence.

Hence, the correct option is (C).

**24.** Concise: giving a lot of information clearly and in a few words; brief but comprehensive

If something is concise, it's short and gets right to the point. A concise edition of your diary might be 50 pages of the most important entries.

For example - The book presents a concise account of the country's history.

Synonyms: brief, compact, curt, succinct, laconic, aphoristic

Antonyms: circuitous, circumlocutory, verbose, wordy, prolix

Hence, the correct option is (A).

**25.** Maladroit (adj): inefficient or inept; showing or marked by a lack of skill and tact

If you are clumsy, you are maladroit. But the word can mean all kinds of clumsy. Trip over your words - You are verbally maladroit. Stumble in social situations - You're socially maladroit. When someone is adroit, they are graceful and nimble, they show a lot of dexterity. Maladroit is the opposite of that. It means clumsy, but with a hint of overall incompetence.

For example - It was politically maladroit to discuss the two issues in the same meeting.

Synonyms: inept, tactless, awkward, clumsy, bumbling, bungling, graceless

Antonyms: adroit, deft, dexterous, sure-handed

Hence, the correct option is (C).

**26.** बंदूक से दागी गई गोली अपनी गतिज ऊर्जा के कारण लक्ष्य को भेद सकती है जो इसे त्वरण के दौरान हासिल करती है। इस ऊर्जा को तब तक बनाए रखती है जब तक कि गोली मारते समय इस गतिज ऊर्जा को लक्ष्य पर स्थानांतरित न कर दें।

अत: विकल्प (D) सही है।

**27.** स्थिर तरंगों में, एंटीनोड्स ऐसे बिंदु होते हैं जहां अधिकतम विस्थापन और अधिकतम दबाव होता है। नोड्स कण के शून्य विस्थापन के बिंदु हैं और यहां दबाव भी न्यूनतम है।

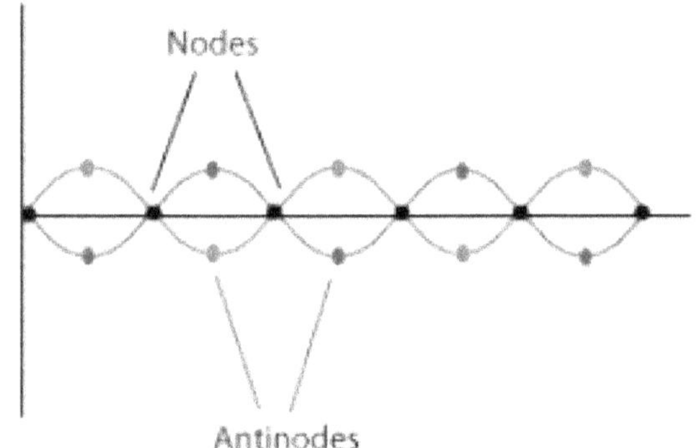


अत: विकल्प (C) सही है।

**28.** दिया हुआ,

क्रांतिक कोण $= C = 30°$

किसी माध्यम का अपवर्तनांक $= \mu = \dfrac{1}{(\sin C)} = \dfrac{1}{(\sin 30°)} = 2$

अपवर्तनांक $=$ निर्वात में प्रकाश की गति / माध्यम में प्रकाश की गति $= \dfrac{3 \times 10^8}{v}$

$\Rightarrow 2 = \dfrac{3 \times 10^8}{v}$

$\Rightarrow v = \dfrac{3 \times 10^8}{2} = 1.5 \times 10^8$ मी/से

अत: विकल्प (B) सही है।

**29.** जब $n$ प्रतिरोधक के $R$ प्रतिरोध, समानांतर में संयुक्त होते हैं।

तब उनके समतुल्य प्रतिरोध $\left(\dfrac{r}{n}\right) = R \Rightarrow r = nR$

जब $n$ प्रतिरोधक के $R$ प्रतिरोध, श्रृंखला में संयुक्त होते हैं।

तब उनके समतुल्य प्रतिरोध $= nr = n(nR) = n^2R$

अत: विकल्प (A) सही है।

**30.** लैसेन के परीक्षण में, घुलनशील आयनिक सोडियम यौगिक में उपस्थित होने पर नाइट्रोजन, सल्फर या हैलोजन को परिवर्तित करने के लिए सोडियम धातु के साथ कार्बनिक यौगिक का उपयोग किया जाता है।

लैसेन का परीक्षण एक कार्बनिक यौगिक में हैलोजन, नाइट्रोजन और सल्फर का पता लगाने के लिए एक सामान्य परीक्षण है। यह सोडियम धातु के साथ कार्बनिक यौगिक को फ्यूज करके किया जाता है। संलयन के दौरान गठित आयनिक यौगिकों को एक जलीय घोल में निकाला जाता है और सरल रासायनिक परीक्षणों द्वारा इसका पता लगाया जा सकता है।

अत: विकल्प (C) सही है।

**31.** एक विद्युत चुम्बकीय तरंग में, विद्युत और चुंबकीय क्षेत्र एक दूसरे के चरण और लंबवत होते हैं और विद्युत चुम्बकीय तरंग के प्रसार की दिशा में भी लंबवत होते हैं।

अत: विकल्प (C) सही है।

**32.** रॉकेट प्रणोदन का सिद्धांत 'न्यूटन के तीसरे नियम' पर काम करता है। इसमें कहा गया है कि 'प्रत्येक क्रिया के लिए हमेशा एक समान और विपरीत प्रतिक्रिया होती है।'

एक रॉकेट के मामले में, इंजन नीचे की दिशा में गर्म जलती गैसों का उत्सर्जन करता है। ये गैसें ऊपर की दिशा में रॉकेट के बराबर और विपरीत प्रतिक्रिया बल लगाती हैं।

इस तरह एक रॉकेट को चालित किया जाता है।

संवेग के संरक्षण का सिद्धांत कहता है कि जब भी दो पिण्ड टकराते हैं या अलग हो जाते हैं, तो टकराव या अलगाव से पहले उनकी कुल गति टकराव या अलगाव के बाद उनकी कुल गति के बराबर होती है।

चूंकि रॉकेट और रॉकेट की गैसें शुरुआत में स्टेशनरी हैं, इसलिए उनकी कुल गति शून्य है। गैसों के जलने के बाद रॉकेट को प्रदान की जाने वाली गति गैसों के बराबर और विपरीत होती है। इसलिए उनकी कुल गति शून्य है।

अत: विकल्प (D) सही है।

**33.** दो निकायों के बीच आकर्षण का गुरुत्वाकर्षण बल $F = -\dfrac{Gm_1m_2}{r^2}$

जहाँ,

$G =$ गुरुत्वाकर्षण स्थिरांक

$m_1, m_2 =$ निकायों का द्रव्यमान

और $r =$ उनके बीच की दूरी

गुरुत्वाकर्षण बल द्रव्यमान के गुणनफल और उनके बीच की दूरी पर निर्भर करता है, जिससे दोनों निकायों पर समान बल कार्य करेगा।

अत: विकल्प (A) सही है।

**34.** बल की चुंबकीय रेखाओं का उपयोग चुंबकीय क्षेत्र की सापेक्ष शक्ति को निर्धारित करने के लिए किया जा सकता है तथा दिशा निर्धारित करने के लिए भी किया जा सकता है।

अत: विकल्प (D) सही है।

**35.** एक विद्युत क्षेत्र में एक बिंदु पर विद्युत क्षमता को प्रति इकाई आवेश में संभावित ऊर्जा के रूप में परिभाषित किया जाता है, और जो उस बिंदु पर अनंत से एक इकाई धनात्मक आवेश लाने में किए गए कार्य के बराबर है।

$\therefore \phi = W$

अत: विकल्प (B) सही है।

**36.** आर्किमिडीज सिद्धांत कहता है कि: "जब एक निकाय को किसी तरल पदार्थ में डुबोया जाता है, तो ऊपर की ओर रखे गए तरल के भार के बराबर एक उर्ध्व जोर होता है।" इस प्रकार, जब एक ठोस पूरी तरह से एक तरल में डूब जाता है, तो यह वजन खो देता है जो तरल के विस्थापित के वजन के बराबर होता है।

अत: विकल्प (C) सही है ।

**37.** एक अपरिवर्तनीय प्रक्रिया ब्रह्मांड के एन्ट्रापी को बढ़ाती है क्योंकि एन्ट्रापी एक अवस्था कार्य है, एन्ट्रापी सिस्टम में परिवर्तन समान होता है, चाहे वह प्रक्रिया प्रतिवर्ती या अपरिवर्तनीय हो। एक अपरिवर्तनीय प्रक्रिया में, सिस्टम प्रारंभिक अवस्था A से अवस्था B तक और वापस अवस्था A में ऊष्मा गैर-शून्य हो सकती है।

अत: विकल्प (D) सही है ।

**38.** डी ब्रोगली तरंग दैर्ध्य द्वारा दिया जाता है:

$$\lambda = \frac{h}{p}$$

यदि दो निकायों (इलेक्ट्रॉन और प्रोटॉन) में एक डी ब्रोगली तरंग दैर्ध्य है, तो उनकी गति समान होती है।

$$p_1 = p_2$$

$$\Rightarrow m_e v_e = m_p v_p$$

$$\therefore \frac{m_e}{m_p} = \frac{v_p}{v_e}$$

जैसा कि हम जानते हैं,

$$\frac{m_e}{m_p} = \frac{9.10938356 \times 10^{-31}}{1.6726219 \times 10^{-27}}$$

$$\Rightarrow \frac{m_e}{m_p} = \frac{1}{1836.15267343} \approx \frac{1}{1840}$$

$$\therefore \frac{v_p}{v_e} = \frac{1}{1840}$$

अत: विकल्प (C) सही है ।

**39.** अर्धचालक, जैसे कि सिलिकॉन व्यक्तिगत परमाणुओं से बने होते हैं, एक नियमित, आवधिक संरचना में एक साथ व्यवस्थित होते हैं जिससे प्रत्येक परमाणु 8 इलेक्ट्रॉनों से घिरा होता है। एक अर्धचालक में प्रत्येक परमाणु के आसपास के इलेक्ट्रॉनों एक सहसंयोजक बंध का एक हिस्सा होते हैं। सहसंयोजक बंध में दो परमाणु होते हैं जो एकल इलेक्ट्रॉन "साझा" करते हैं। प्रत्येक परमाणु चार आसपास के परमाणुओं के साथ चार सहसंयोजक बंध बनाता है। इसलिए, प्रत्येक परमाणु और उसके चार आसपास के परमाणुओं के बीच, 8 इलेक्ट्रॉनों को साझा किया जा रहा है। उदाहरण के लिए, अर्धचालक की संरचना निम्नानुसार है:

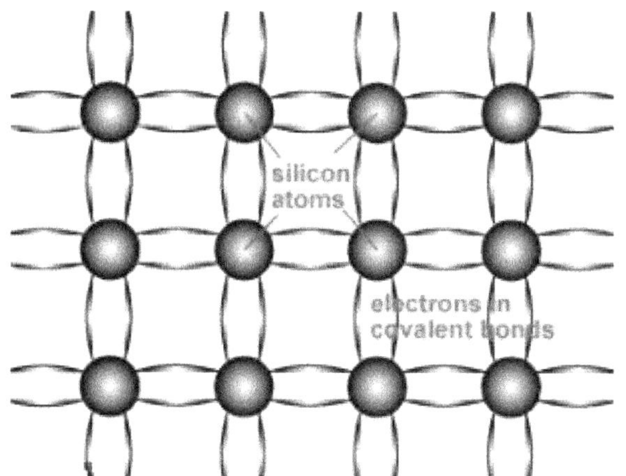


अत: विकल्प (A) सही है ।

**40.** किसी तत्व की द्रव्यमान संख्या, तत्व के परमाणु नाभिक के अंदर मौजूद प्रोटॉन और न्यूट्रॉन की कुल संख्या है। यह A द्वारा दर्शाया जाता है। द्रव्यमान संख्या विभिन्न तत्वों के लिए अलग है। एक नाभिक की द्रव्यमान संख्या कभी-कभी इसकी परमाणु संख्या के बराबर होती है, उदाहरण के लिए हाइड्रोजन में न्यूट्रॉन की संख्या 0 होती है।

तो, द्रव्यमान संख्या = परमाणु संख्या

अत: विकल्प (D) सही है ।

**41.** ब्रोमीन एकमात्र अधातु है जो कमरे के तापमान पर तरल और द्विपरमाणुक अणु है।

यह एक घने, लाल-भूरे रंग का तरल है जो मानक तापमान पर वाष्पीकरण करता है और नारंगी वाष्प देता है। यह आवर्त सारणी पर केवल दो तत्वों में से एक है जो पारा के अलावा कमरे के तापमान पर तरल पदार्थ हैं।

अत: विकल्प (C) सही है ।

**42.** PROLOG एक कंप्यूटर भाषा है जिसका उपयोग कृत्रिम बुद्धिमत्ता के लिए किया जाता है।

PROLOG एक घोषणात्मक भाषा है जहां संबंधों के संदर्भ में कार्यक्रम व्यक्त किए जाते हैं, और इन संबंधों पर प्रश्न चलाकर निष्पादन होता है। PROLOG प्रतीकात्मक तर्क, डेटाबेस और भाषा पार्सिंग अनुप्रयोगों के लिए विशेष रूप से उपयोगी है। PROLOG का इस्तेमाल कृत्रिम बुद्धिमत्ता में व्यापक रूप से किया जाता है।

अत: विकल्प (B) सही है ।

**43.**

- विली छोटी आंत के भीतर उंगली की तरह के प्रक्षेपण हैं जो आंत की सतह को बढ़ाकर पचे भोजन से पोषक तत्वों के अवशोषण में मदद करते हैं।

- स्यूडोपोडिया अस्थायी बहिर्गत भाग है जो यूकेरियोटिक अमीबीय कोशिकाओं और एककोशिकीय प्रोटिस्ट के भीतर कोशिका द्रव से भरे होते हैं। स्यूडोपोडिया, जिसे "झूठे पैर" के रूप में भी जाना जाता है, का उपयोग भोजन, पोषक तत्वों और अन्य कण पदार्थों के संचलन और अंतर्ग्रहण के लिए किया जाता है।

- लुमेन जठरांत्र संबंधी मार्ग के अंदर की जगह है, जिसके माध्यम से भोजन को मुंह से गुदा तक पचाते समय पहुंचाया जाता है।

अत: विकल्प (B) सही है ।

**44.** फेफड़े को दो झिल्ली द्वारा संरक्षित किया जाता है जिसे फुफ्फुस झिल्ली कहा जाता है। बाहरी फुफ्फुस झिल्ली को फुस्फुस का आवरण कहा जाता है और भीतरी को आंत या फुफ्फुसीय परत कहा जाता है। दो परतों के बीच एक जगह होती है जिसे आंतरिक स्थान कहा जाता है। यह फेफड़ों को झटके और चोटों से बचाने के लिए द्रव से भरा होता है।

- फुफ्फुस के चारों ओर फुफ्फुस झिल्ली मौजूद होती है।

- मस्तिष्क और रीढ़ की हड्डी के चारों ओर मस्तिष्कावरण मौजूद रहता है।

- श्लेष्म झिल्ली आंतों के अंगों के आसपास मौजूद होते हैं।

अत: विकल्प (A) सही है ।

**45.** ऑपरेटिंग सिस्टम सबसे सामान्य प्रकार का सिस्टम सॉफ्टवेयर है।

एकल-उपयोगकर्ता, मल्टी-टास्किंग ऑपरेटिंग सिस्टम एकल उपयोगकर्ता को अपने कंप्यूटर पर एक साथ कई एप्लिकेशन चलाने की अनुमति देता है। यह अधिकांश व्यक्तिगत डेस्कटॉप और लैपटॉप कंप्यूटरों पर पाया जाने वाला ऑपरेटिंग सिस्टम का प्रकार है। माइक्रोसॉफ्ट विंडोज, मैक ओएस, और लिनक्स इस प्रकार के सिस्टम के तीन प्रसिद्ध उदाहरण हैं।

एक ऑपरेटिंग सिस्टम के तीन मुख्य कार्य हैं:

(1) कंप्यूटर के संसाधनों को प्रबंधित करें, जैसे - केंद्रीय प्रसंस्करण इकाई, मेमोरी, डिस्क ड्राइव और प्रिंटर।

(2) एक यूजर इंटरफेस स्थापित करना।

(3) एप्लिकेशन सॉफ्टवेयर के लिए सेवाओं को निष्पादित करना और प्रदान करना।

अत: विकल्प (C) सही है।

**46.** $\epsilon = -\dfrac{Nd\phi}{dt}$

$\Rightarrow \epsilon \propto N$ और $\epsilon \propto \dfrac{d\phi}{dt}$

यदि ऐसा है तो चुंबक की गति तेज होती है, इसी प्रकार फ्लक्स के परिवर्तन की दर $\epsilon$ बढ़ जाती है। यह कुंडली के प्रतिरोध से स्वतंत्र है।

अत: विकल्प (C) सही है।

**47.** फैराडे नियम के अनुसार, कंडक्टर में एक धारा प्रेरित होगी जब यह एक चुंबकीय क्षेत्र के संपर्क में होता है जो बदलता रहता है।

इसे विद्युत चुम्बकीय प्रेरण के रूप में जाना जाता है।

$$E = \dfrac{d\phi}{dt}$$

जहाँ

$E$ = विद्युत प्रभावन बल

$\phi$ = चुंबकीय प्रवाह

$t$ = समय

यहाँ समीकरण कह रहा है कि विद्युत प्रभावन बल समय के संबंध में चुंबकीय प्रवाह में बदलता रहता है। यहां पर कुंडली के साथ जुड़े इलेक्ट्रिक प्रवाह में बदलाव से कुंडली का उत्पादन नहीं होगा, साथ ही इलेक्ट्रिक प्रवाह जो समय के साथ नहीं बदल रहा है और सिर्फ कुंडली से जुड़ा है इलेक्ट्रिक प्रवाह का उत्पादन नहीं करेगा।

इसलिए, फैराडे के विद्युत चुम्बकीय प्रेरण के पहले नियम के अनुसार, जब भी कुंडली से जुड़े चुंबकीय प्रवाह में बदलाव होता है, तो एक e.m.f. प्रेरित होता है।

अत: विकल्प (C) सही है।

**48.** रेडियो प्रसार रेडियो तरंगों का व्यवहार है क्योंकि वे एक बिंदु से दूसरे बिंदु पर या वायुमंडल के विभिन्न भागों में यात्रा करते हैं, या प्रचारित होते हैं। विद्युत चुम्बकीय विकिरण के रूप में, प्रकाश तरंगों की तरह, रेडियो तरंगें प्रतिबिंब, अपवर्तन, विवर्तन, अवशोषण, ध्रुवीकरण और प्रकीर्णन की घटनाओं से प्रभावित होती हैं। रेडियो प्रसार पर बदलती परिस्थितियों के प्रभावों को समझना, अंतर्राष्ट्रीय लघु प्रसारणकर्ता के लिए आवृत्तियों को चुनने से लेकर, विश्वसनीय मोबाइल टेलीफोन प्रणालियों को डिजाइन करने, रेडियो नेविगेशन तक, रडार सिस्टम के संचालन के लिए कई व्यावहारिक अनुप्रयोग हैं। इन्हें सतही तरंगें या भूमि तरंगें कहते हैं।

अत: विकल्प (D) सही है।

**49.** $m = \dfrac{(\Delta f)_{\text{actmal}}}{(\Delta f)_{\text{max}}}$

$\therefore m \propto (\Delta f)_{\text{actual}}$

जहाँ

$m$ = मॉड्यूलेशन

तो, अगर आवृत्ति विचलन दोगुना हो जाता है तो मॉड्यूलेशन भी दोगुना हो जाता है।

अत: विकल्प (C) सही है।

**50.** ऊष्मीय प्रतिरोध एक ऊष्मा गुण और तापमान अंतर का माप है जिसके द्वारा कोई वस्तु या सामग्री ऊष्मा प्रवाह (प्रति इकाई समय या ऊष्मा प्रतिरोध) को रोकती है।

ऊष्मीय प्रतिरोध = तापमान अंतर/ऊष्मीय करंट = $\Delta T$ / ऊष्मा के प्रवाह की दर

ऊष्मा के प्रवाह की दर = $\dfrac{\Delta Q}{\Delta t}$

$\because$ ऊष्मीय प्रतिरोध = $\dfrac{\Delta T}{\frac{\Delta Q}{\Delta t}}$

$\therefore$ ऊष्मीय प्रतिरोध का आयामी सूत्र = $\dfrac{[K]}{\left(\frac{[ML^2T^{-2}]}{|T|}\right)}$

$= \dfrac{[K]|T|}{[ML^2T^{-2}]}$

$= [M^{-1}L^{-2}T^3K]$

अत: विकल्प (D) सही है।

**51.** दिया हुआ,

$2(\sin^6\theta + \cos^6\theta) - 3(\sin^4\theta + \cos^4\theta) + 1$

$\left(a^3 + b^3 = (a+b)^3 - 3 \cdot a \cdot b(a+b)\right)$ और $\left(a^2 + b^2 = (a+b)^2 - 2ab\right)$ का उपयोग करते हुए,

हम प्राप्त करते हैं

$= 2\left((\sin^2\theta + \cos^2\theta)^3 - 3\sin^2\theta\cos^2\theta(\sin^2\theta + \cos^2\theta)\right)$

$- 3((\sin^2\theta + \cos^2\theta)^2 - 2\sin^2\theta\cos^2\theta) + 1$

$= 2 - 6\sin^2\theta\cos^2\theta - 3 + 6\sin^2\theta\cos^2\theta + 1 = 0$

अत: विकल्प (B) सही है।

**52.** $\dfrac{^nP_r}{^nC_r} = \dfrac{3024}{126} = 24$

जैसा कि हम जानते हैं,

$^nP_r = \dfrac{n!}{(n-r)!}$

$^nC_r = \dfrac{n!}{(n-r)! \times r!}$

इसलिए, $\left[\dfrac{n!}{(n-r)!}\right] \div \left[\dfrac{n!}{(n-r)! \times r!}\right] = 24$

$\Rightarrow 24 = r!$

इस प्रकार, $r = 4$

अब, $^nP_4 = 3024$

$\Rightarrow \dfrac{n!}{(n-4)!} = 3024$

$\Rightarrow n(n-1)(n-2)(n-3) = 9 \times 8 \times 7 \times 6$

$\Rightarrow n = 9$

अत: विकल्प (A) सही है।

**53.** नमूना स्थान के $6$ संभावित परिणाम $S = \{1,2,3,4,5,6\}$ सभी परिणामों को समान रूप से होने की संभावना (निष्पक्ष पासा) है।

तो, किसी एक परिणाम के होने की संभावना $= \dfrac{1}{6}$

हमें जो परिणाम मिलता है वह पासा को उछालने पर एक सम संख्या 3 संभावित तरीकों से हो सकती है।

माना $E$ इस घटना को निरूपित करता है।

तो $E = \{2, 4, 6\}$

अब, $P(E) = 3 \times \dfrac{1}{6} = \dfrac{1}{2}$

अत: विकल्प (A) सही है।

**54.** दिया हुआ,

$$\vec{a} \times (\hat{i} + 2\hat{j} + \hat{k}) = \hat{i} - \hat{k} = \left(\hat{j} \times (\hat{i} + 2\hat{j} + \hat{k})\right)$$

जैसा कि हम $\hat{j}$ गुणा करके देख सकते हैं हम $\hat{i} + 2\hat{j} + \hat{k}$ वेक्टर प्राप्त करते हैं

$$\left(\vec{a} - \hat{j}\right) \times (\hat{i} + 2\hat{j} + \hat{k}) = \vec{0}$$

$$\Rightarrow \vec{a} - \hat{j} = \lambda(\hat{i} + 2\hat{j} + \hat{k})$$

$$\Rightarrow \vec{a} = \lambda\hat{i} + (2\lambda + 1)\hat{j} + \lambda\hat{k}, \lambda \in R$$

अत: विकल्प (C) सही है।

**55.** दिया हुआ,

$n(X) = 17, n(Y) = 23, n(X \cup Y) = 38$

हम जानते हैं कि

$n(X \cup Y) = n(X) + n(Y) - n(X \cap Y)$

$\therefore 38 = 17 + 23 - n(X \cap Y)$

$\Rightarrow n(X \cap Y) = 40 - 38 = 2$

$\Rightarrow n(X \cap Y) = 2$

अत: विकल्प (B) सही है।

**56.** (A) $\log_a a = 1,$ तो $\log_{10} 10 = 1$

(B) $\log(2 + 3) = \log 5$

और $\log(2 \times 3) = \log 6$

$= \log 2 + \log 3$

$\therefore \log(2 + 3) \neq \log(2 \times 3)$

(C) $\log_a 1 = 0,$ तो $\log_{10} 1 = 0$

(D) $\log(1 + 2 + 3) = \log 6$

$= \log(1 \times 2 \times 3)$

$= \log 1 + \log 2 + \log 3$

अत: विकल्प (B) सही है।

**57.** दिया हुआ,

$$\log_x \left(\dfrac{9}{16}\right) = -\dfrac{1}{2}$$

$$\Rightarrow x^{-\frac{1}{2}} = \dfrac{9}{16}$$

$$\Rightarrow \dfrac{1}{\sqrt{x}} = \dfrac{9}{16}$$

$$\Rightarrow \sqrt{x} = \dfrac{16}{9}$$

$$\Rightarrow x = \left(\dfrac{16}{9}\right)^2$$

$$\Rightarrow x = \dfrac{256}{81}$$

अत: विकल्प (D) सही है।

**58.** हम जानते है कि,

$(a + b)(a - b) = a^2 - b^2$

$i^2 = -1$

दिया गया है कि,

$$\dfrac{1}{3+i} + \dfrac{i}{3-i} = a + ib$$

$$\Rightarrow \dfrac{3-i}{(3+i)(3-i)} + \dfrac{i(3+i)}{(3-i)(3+i)} = a + ib$$

$$\Rightarrow \dfrac{(3-i+3i+i^2)}{3^2-i^2} = a + ib \text{ (उपरोक्त पहचान का उपयोग करते हुए)}$$

$$\Rightarrow \dfrac{2+2i}{10} = a + ib \quad \left(\because i^2 = -1\right)$$

$$\Rightarrow \dfrac{1}{5} + \dfrac{1}{5}i = a + ib$$

दोनों पक्षों की तुलना करने पर,

$$a = \dfrac{1}{5} \text{ और } b = \dfrac{1}{5}$$

इसलिए, $\dfrac{a}{b}$ 1 होगा।

अत: विकल्प (A) सही है।

**59.** दिए गए समीकरण $x^2 + bx + 12 = 0$ का मूल 2 है।

तो, $x = 2$ रखने पर,

$4 + 2b + 12 = 0$

$\Rightarrow 2b = -16$

$\Rightarrow b = -8$

अब, समीकरण $x^2 + bx + q = 0$ के मूल बराबर हैं,

इसलिए, $D = 0$

$b^2 - 4q = 0$

$\Rightarrow (-8)^2 - 4q = 0$

$\Rightarrow 4q = 64$

$\Rightarrow q = 16$

अत: विकल्प (C) सही है।

**60.** दी गई श्रेणी $5, 8, 11, 14, \dots$ है।

माना 51 $n$ वां पद है।

$$\therefore a_n = 51$$

$$a = 5, d = 3$$

हम जानते है, $a_n = a + (n-1)d$

$$\therefore 51 = a + (n-1)d$$

$$\Rightarrow 51 = 5 + (n-1)3$$

$$\Rightarrow \frac{46}{3} = n - 1$$

$$\Rightarrow \frac{46+3}{3} = n$$

$$\Rightarrow n = \frac{49}{3}$$

चूंकि $n$ एक प्राकृतिक संख्या नहीं है।

इसलिए, $51$ समान्तर श्रेणी का पद नहीं है।

अत: विकल्प (B) सही है।

**61.** दीर्घवृत्त का केंद्र प्रतिच्छेदन बिंदु है

$$x + y - 2 = 0 \dots (1)$$

$$x - y = 0 \dots (2)$$

समीकरण $(2)$ से समीकरण $(1)$ में $x$ का मान रखने पर

$$2y = 2$$

$$y = 1$$

प्रतिस्थापित करके, हम प्राप्त करते हैं $x = 1$

$\therefore (1,1)$ केंद्र है।

अत: विकल्प (D) सही है।

**62.** मूलानुपाती सूत्र का प्रयोग करते हुए,

बहुलक $= 3$ माध्यिका $-2$ माध्य

$3$ माध्यिका $=$ बहुलक $+2$ माध्य

माध्यिका $=$ (बहुलक $+2$ माध्य) / $3$

माध्यिका $= \frac{(7+2(8))}{3} = \frac{(7+16)}{3} = \frac{23}{3}$

अत: विकल्प (C) सही है।

**63.** प्राकृतिक संख्याओं का योग $= \frac{n(n+1)}{2}$

दिया हुआ, माध्य $= \frac{3n}{5}$

माध्य $=$ प्राकृतिक संख्याओं का योग$/ n$

$$\frac{3n}{5} = \frac{n(n+1)}{2n}$$

$$\Rightarrow \frac{3n}{5} = \frac{(n+1)}{2}$$

$$\Rightarrow 6n = 5n + 5$$

$$\Rightarrow n = 5$$

अत: विकल्प (C) सही है।

**64.** माना चर बिंदु $P$ का $(x, y)$ निर्देशांक है।

अब, इस बिंदु की भुजांक = x

और इसका निर्देशांक = y

दिया हुआ, भुजांक = निर्देशांक

$\Rightarrow$ x = y

$\Rightarrow$ x – y = 0

तो, बिंदु  x - y बिन्दुपथ = 0

अत: विकल्प (B) सही है।

**65.** माना रेखा का समीकरण $\frac{x}{\alpha} + \frac{y}{\beta} = 1$ है जो समन्वित अक्षों के साथ प्रतिच्छेद $a$ और $b$ को काटता है।

यह दिया गया है कि $\alpha = \beta$, इसलिए रेखा का समीकरण $\frac{x}{\alpha} + \frac{y}{\beta} = 1$ है।

$$\Rightarrow x + y = a \dots (1)$$

लेकिन यह $(\alpha, \beta)$ से गुजरता है।

इसलिए, $\alpha + \beta = 0$

इस मान को समीकरण $(1)$ में रखकर, हम प्राप्त करते हैं

$$x + y = \alpha + \beta$$

अत: विकल्प (A) सही है।

**66.** दिया गया समीकरण है,

$$\cot 17° \left( \cot 73° \cos^2 22° + \frac{1}{\cot 17° \sec^2 68°} \right)$$

$$\Rightarrow \cot 17° \left[ \cot(90° - 17°) \cos^2(90° - 68°) + \tan 17° \cos^2 68° \right]$$

$$\Rightarrow \cot 17° (\tan 17° \sin^2 68° + \tan 17° \cos^2 68°)$$

$$\Rightarrow \cot 17° \tan 17° (\sin^2 68° + \cos^2 68°)$$

हम जानते हैं कि, $\sin^2 x° + \cos^2 x° = 1$ और $\cot x° \tan x° = 1$ इसलिए,

$$\Rightarrow 1(1) = 1$$

अत: विकल्प (B) सही है।

**67.** A$= \begin{bmatrix} 1 & -2 \\ -1 & 5 \end{bmatrix}.$

स्थानांतरित आव्यूह को ज्ञात करने  के लिए, पंक्तियों को स्तंभों के साथ और स्तंभों को पंक्तियों के साथ बदलते हैं।

इसलिए,

A'$= \begin{bmatrix} 1 & -1 \\ -2 & 5 \end{bmatrix}$

अत: विकल्प (D) सही है।

**68.** दिया गया है कि, $\angle PRQ = 40°$, तो
$\angle POQ = 80°$  (∵एक चाप द्वारा केंद्र पर अंतरित कोण, उसी चाप द्वारा शेष वृत्त के एक बिंदु पर अंतरित कोण का दोगुना होता है।)

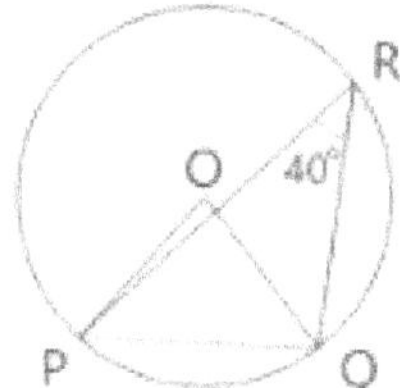

त्रिभुज $OPQ$ में,

$OP = OQ$ (त्रिज्या)

$\therefore \angle OPQ = \angle OQP$(∵ बराबर भुजा के विपरीत कोण   )

$\angle OPQ + \angle OQP + \angle POQ = 180°$

$\Rightarrow \angle OPQ + \angle OQP + 80 = 180°$

$\Rightarrow \angle OPQ = 50°$

अतः विकल्प (D) सही है ।

**69.**

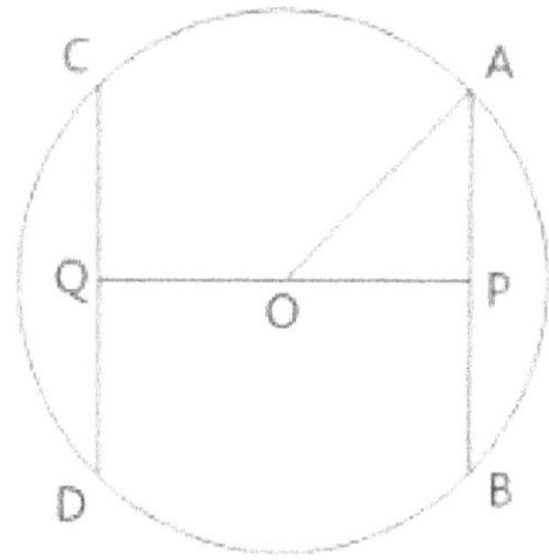

$AB = CD$ (जीवा)

$OP = OQ$ (त्रिज्या)

$\triangle\, OAP$ से,

$OP = OA^2 - AP^2$

$= \sqrt{(5^2 - 3^2)}$

$= \sqrt{(25 - 9)}$

$= \sqrt{16}$

$= 4$ सेमी

$\therefore QP = 2 \times OP = 8$ सेमी

अतः विकल्प (A) सही है ।

**70.** दिया हुआ,

$\frac{1}{2}(\log x + \log y) = \log\left(\frac{x+y}{2}\right)$

$\Rightarrow \frac{1}{2}\log(xy) = \log\left(\frac{x+y}{2}\right)$

$\Rightarrow \log(xy)^{\frac{1}{2}} = \log\left(\frac{x+y}{2}\right)$

$\Rightarrow (xy)^{\frac{1}{2}} = \left(\frac{x+y}{2}\right)$

$\Rightarrow xy = \left(\frac{x+y}{2}\right)^2$

$\Rightarrow 4xy = x^2 + y^2 + 2xy$

$\Rightarrow x^2 + y^2 - 2xy = 0$

$\Rightarrow (x-y)^2 = 0$

$\Rightarrow x - y = 0$

$\Rightarrow x = y$

अतः विकल्प (C) सही है ।

**71.** दिया हुआ,

$\log\left(\frac{9}{14}\right) - \log\left(\frac{15}{16}\right) + \log\left(\frac{35}{24}\right)$

गुणनफल नियम के अनुसार:

$\log_a(MN) = \log_a\mathbf{M} + \log_a\mathbf{N}$

भागफल नियम के अनुसार:

$\log_a\left(\frac{M}{N}\right) = \log_a M - \log_a N$

इसलिए, $\log\left(\frac{9}{14}\right) - \log\left(\frac{15}{16}\right) + \log\left(\frac{35}{24}\right)$

$= \log\left(\frac{9}{14} \div \frac{15}{16} \times \frac{35}{24}\right)$

$= \log\left(\frac{9}{14} \times \frac{16}{15} \times \frac{35}{24}\right)$

$= \log 1$

$= 0$

अतः विकल्प (A) सही है ।

**72.** माना $I = \int \frac{(x-1)e^x}{(x+1)^3}dx$

$\Rightarrow I = \int \left\{\frac{x+1-2}{(x+1)^3}\right\}e^x dx$

$= \int \left\{\frac{1}{(x+1)^2} - \frac{2}{(x+1)^3}\right\}e^x dx$

$= \int e^x \cdot \frac{1}{(x+1)^2}dx - 2\int e^x \frac{1}{(x+1)^3}dx$

समाकलन के भागों द्वारा, हम प्राप्त करते है $= \left(\frac{1}{(x+1)^2}e^x - \right.$

$\left. \int e^x \frac{(-2)}{(x+1)^3}dx\right) - 2\int e^x \frac{1}{(x+1)^3}dx$

$= \frac{e^x}{(x+1)^2} + C$

अतः विकल्प (C) सही है ।

**73.** $\int \frac{x\cos(x)\log(x) - \sin(x)}{x\left(\log(x)\right)^2}dx$

$= \int \frac{\cos(x)}{\log(x)} - \frac{\sin(x)}{x(\log(x))^2}dx$

$= \int \frac{\cos(x)}{\log(x)}dx - \int \frac{\sin(x)}{x(\log(x))^2}dx$

$= \frac{1}{\log(x)}\sin(x) - \int \frac{1}{x(\log(x))^2}(-\cos(x))dx - \int \frac{\sin(x)}{x(\log(x))^2}dx + C$

$= \frac{\sin(x)}{\log(x)} + \int \frac{\sin(x)}{x(\log(x))^2}dx - \int \frac{\sin(x)}{x(\log(x))^2}dx + C$

$= \frac{\sin(x)}{\log(x)} + C$

अतः विकल्प (A) सही है ।

**74.** दिया हुआ,

$(1 + x)^m$

तीसरा पद $\frac{-1}{8} x^2$ है।

$(1 + x)^n$ के लिए विस्तार,

$$(1 + x)^n = 1 + nx + \frac{n(n-1)}{2!} x^2 + \cdots$$

$(1 + x)^m$ में तीसरा पद $\frac{m(m-1)}{2!} x^2$ है।

$$\Rightarrow \frac{m(m-1)}{2} x^2 = \frac{-1}{8} x^2$$

$$\Rightarrow \frac{m(m-1)}{2} = \frac{-1}{8}$$

$$\Rightarrow m(m - 1) = \frac{-1}{4}$$

$$\Rightarrow m^2 - m + \frac{1}{4} = 0$$

$$\Rightarrow 4m^2 - 4m + 1 = 0$$

$$\Rightarrow (2m - 1)^2 = 0$$

$$\therefore m = \frac{1}{2}$$

अत: विकल्प (B) सही है।

**75.** $x^{17}$ का गुणांक दिया जाता है-

$$-1 + (-2) + (-3) + \cdots (-18)$$
$$= -1 - 2 - 3 \ldots - 18$$
$$= -\left(\frac{18(18+1)}{2}\right)$$
$$= -9(19)$$
$$= -171$$

अत: विकल्प (B) सही है।

**76.** दक्षिण अफ्रीका के नामीबिया के आठ अफ्रीकी चीतों को मध्य प्रदेश के कुनो पालपुर राष्ट्रीय उद्यान में स्थानांतरित किया गया है।

चीतों के राष्ट्रीय उद्यान में आने के बाद, वे बड़े बाड़ों में स्थानांतरित होने से पहले संगरोध चरण के दौरान छोटे बाड़ों में रहेंगे। 1952 के बाद से भारत में धीरे-धीरे चीते विलुप्त होने शुरू हो गए, उसके बाद तब 2009 में 'अफ्रीकी चीता इंट्रोडक्शन प्रोजेक्ट इन इंडिया' शुरू किया गया था।

अतः विकल्प (A) सही है।

**77.** केंद्र सरकार ने स्वच्छता सर्वेक्षण 2021 की राज्य रेंकिंग जारी की, जिसमें बिहा 100 से अधिक नगर निकायों वाले राज्यों में 13वें स्थान पर है, जबकि गया जिल अखिल भारतीय की जिला रेंकिंग में देश भर के 659 जिलों में से 289वें स्थान है। वहीं सुपौल को 300वां, पटना को 313वां और मुजफ्फरपुर को 351वां स्थान मिला है।

अतः विकल्प (D) सही है।

**78.** पटना के पास राज्य की एकमात्र जीनोम सीक्वेंसिंग लैब है। पटना स्थित इंदिरा गांधी इंस्टीट्यूट ऑफ मेडिकल साइंसेज (आईजीआईएमएस) में बिहार की पहली और एकमात्र जीनोम-अनुक्रमण सुविधा अभिकर्मकों की कमी के कारण पिछले सप्ताह से गैर-संचालन हो गई है। कोविड - 19 के ओमिक्रॉन

संस्करण का पता लगाने के लिए इस समय राज्य में किसी भी नमूने का परीक्षण नहीं किया जा रहा है।

अतः विकल्प (A) सही है।

**79.** सुल्तान अजलान शाह कप मलेशिया में आयोजित एक वार्षिक अंतरराष्ट्रीय पुरुष फील्ड हॉकी टूर्नामेंट है। इसकी शुरुआत 1983 में द्विवार्षिक प्रतियोगिता के रूप में हुई थी। यह टूर्नामेंट 1998 के बाद एक वार्षिक कार्यक्रम बन गया, जिसने इसकी वृद्धि और लोकप्रियता को बढ़ाया। इस टूर्नामेंट का नाम मलेशिया के नौवें यांग डी-पर्टुआन एगोंग (राजा), फील्ड हॉकी के शौकीन सुल्तान अजलान शाह के नाम पर रखा गया है।

अत: विकल्प (B) सही है।

**80.** अगस्त प्रस्ताव ब्रिटिश सरकार द्वारा 08 अगस्त 1940 को भारत के वायसराय के कार्यकारी परिषद के विस्तार का वादा करते हुए एक प्रस्ताव था, जिसमें अधिक भारतीयों को शामिल करना, एक सलाहकार युद्ध परिषद की स्थापना, अल्पसंख्यक राय को पूरा महत्व देना, और भारतीयों को अपने स्वयं के संविधान (युद्ध के अंत के बाद) को मान्यता देने का अधिकार था।

अत: विकल्प (A) सही है।

**81.** अंतर्राष्ट्रीय तिथि रेखा (IDL) ग्रीनविच मेरिडियन के लगभग 180 डिग्री पूर्व (या पश्चिम) में स्थित पृथ्वी की सतह पर देशांतर की एक काल्पनिक रेखा है।

अत: विकल्प (A) सही है।

**82.** श्रीलंका की वर्तमान राजधानी श्री जयवर्धनपुरा कोट्टे है। इतिहास के दौरान, राष्ट्रीय राजधानी श्री जयवर्धनपुरा कोट्टे के अलावा कई स्थानों पर रही है।

अत: विकल्प (B) सही है।

**83.** सरदार वल्लभभाई पटेल को भारत के लौह पुरुष के रूप में जाना जाता था। वह भारत के स्वतंत्रता संग्राम में एक राजनीतिक नेता थे। सरदार वल्लभभाई पटेल ने रियासतों के टुकड़ों को भारतीय संघ में मिलाने के लिए अपना सारा प्रयास लगा दिया। एक राष्ट्र में रियासतों के एकीकरण के लिए उनकी मजबूत राय, महिला सशक्तीकरण के प्रति उनका सकारात्मक दृष्टिकोण और भारत के निर्माण के लिए उनकी सक्रिय भूमिका थी।

अत: विकल्प (D) सही है।

**84.** अफगानी इस्लामी गणतंत्र अफ़ग़ानिस्तान की मुद्रा है, जिसे देश के केंद्रीय बैंक 'दा अफगानिस्तान बैंक' द्वारा जारी किया जाता है। यह मुख्य रूप से 100 पल्स में विभाजित है, हालांकि वर्तमान में प्रचलन में कोई पल्स सिक्के नहीं हैं। 2020 में, लगभग 77 अफगानों के लिए एक अमेरिकी डॉलर का आदान-प्रदान किया गया था।

अत: विकल्प (A) सही है।

**85.** भारत सरकार की आधिकारिक भाषा हिंदी है। भारत के संविधान का अनुच्छेद 343 (1) कहता है "केंद्र सरकार की राजभाषा देवनागरी लिपि में हिंदी होगी।" जब तक संसद ने फैसला नहीं किया, तब तक आधिकारिक उद्देश्यों के लिए अंग्रेजी का उपयोग होता था। संविधान लागू होने के 15 साल बाद यानी 26 जनवरी 1965 को अंग्रेजी का उपयोग समाप्त हो गया।

अत: विकल्प (B) सही है।

**86.** गंगा नदी डॉल्फिन या जिसे 'सुसु' भी कहा जाता है, भारत का राष्ट्रीय जलीय पशु है। यह भारत के राष्ट्रीय प्रतीकों में से एक है। गांगेय डॉल्फिन नेपाल, भारत और बांग्लादेश में गंगा, ब्रह्मपुत्र, मेघना और कर्णफुली- सांगू की नदी प्रणालियों में पाई जाती हैं।

अत: विकल्प (A) सही है।

**87.** BPR का पूर्ण रूप बिज़नेस प्रोसेस री-इंजीनियरिंग है।

बिज़नेस प्रोसेस री-इंजीनियरिंग (BPR) एक संगठन के मिशन को बेहतर ढंग से समर्थन देने और लागत को कम करने के लिए जिस तरह से काम किया जाता है, उसे फिर से जोड़ने और पुन: डिजाइन करने का अभ्यास है।

अत: विकल्प (A) सही है।

**88.** तबो मोनेटरी की स्थापना तिब्बती वर्ष में 996 CE में पश्चिमी हिमालय राज्य के राजा के नाम से की गई थी, जिसका नाम बौद्ध लोत्सवा रिनचेन ज़ंगपो था। यह उत्तरी भारत के हिमाचल प्रदेश के स्पीति घाटी के तबो गाँव में स्थित है।

अत: विकल्प (B) सही है।

**89.** लुइस अल्वारेज़ ने इरिडियम परत की खोज की थी और उन्होंने यह भी एक सिद्धांत दिया था कि डायनासोर पृथ्वी पर एक बड़े उल्कापिंड के प्रभाव के बाद विलुप्त होने के लिए प्रेरित थे। 1968 में, उन्होंने भौतिकी में नोबेल पुरस्कार जीता।

अत: विकल्प (D) सही है।

**90.** विटामिन K की कमी से रक्तस्राव होता है। रक्तस्राव की समस्या है जो जीवन के पहले कुछ दिनों के दौरान कुछ नवजात शिशुओं में होती है। विटामिन K की कमी को पहले नवजात शिशु का रक्तस्रावी रोग कहा जाता था।

अत: विकल्प (D) सही है।

**91.** शांति हीरानंद (1932 - 10 अप्रैल 2020) एक भारतीय गायक, शास्त्रीय संगीतकार और लेखक थे, जो गज़ल गायक के रूप में अपनी दक्षता के लिए जाने जाते थे। वह बेगम अख्तर पुस्तक की लेखिका थीं।

प्रसिद्ध हिंदुस्तानी शास्त्रीय गायक को ठुमरी, दादरा और गजल सहित संगीत की कई शैलियों में प्रशिक्षित किया गया था। उन्होंने भारतीय और विदेश में कई मंचीय प्रदर्शन किए। 2007 में उन्हें प्रतिष्ठित पद्म श्री पुरस्कार से सम्मानित किया गया था।

अत: विकल्प (B) सही है।

**92.**

- अरविंद अडिग उपन्यास 'द व्हाइट टाइगर' के लेखक हैं।
- 2008 में सिर्फ 33 साल की उम्र में अरविंद अडिग ने अपने पहले उपन्यास द व्हाइट टाइगर के लिए बुकर पुरस्कार जीता।
- अरविंद अडिग का जन्म 1974 में मद्रास (जिसे अब चेन्नई कहा जाता है) में हुआ था और भारत के दक्षिण में मैंगलोर में बड़े हुए।

अत: विकल्प (B) सही है।

**93.** 569 घटाकर, हमें अगला पद मिलता है।

5690-569 = 5121

5121-569 = 4552 और इसी तरह

इसलिए, लुप्त संख्या = 2845-569

= 2276

अत: विकल्प (A) सही है।

**94.** (8 + 4) - (1 + 3) = 8,

(3 + 7) - (1 + 3) = 6

(2 + 6) - (1 + 1) = 6

∴ (5 + 6) - (2 + 2) = 7

अत: विकल्प (C) सही है।

**95.** त्रिरत्न एक संस्कृत शब्द है, जिसका शाब्दिक अर्थ है- तीन रत्न। पालि भाषा में इसे ति-रतन लिखा जाता है। इसे त्रिद् या त्रिगुण शरण भी करते हैं, जो बौद्ध धर्म एवं जैन धर्म के तीन घटक हैं। जैन धर्म के त्रिरत्न – सम्यक ज्ञान, सम्यक दर्शन, सम्यक आचरण हैं।

अत: विकल्प (A) सही है।

**96.** यजुर्वेद के अध्यायों ने आंशिक रूप से छंदों का और आंशिक रूप से गद्य का, कई प्रार्थनाओं और यज्ञीय सूत्रों का समावेश किया है। एक प्राचीन वैदिक संस्कृत पाठ, अनुष्ठान की पेशकश करने वाले सूत्रों का संकलन है।

अत: विकल्प (C) सही है।

**97.**

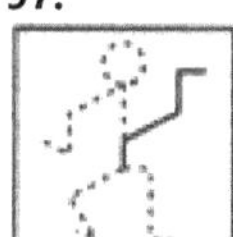

अत: विकल्प (D) सही है।

**98.** $\underset{D}{\overset{F}{-2\downarrow}}$  $\underset{G}{\overset{I}{-2\downarrow}}$  $\underset{P}{\overset{R}{-2\downarrow}}$  $\underset{C}{\overset{E}{-2\downarrow}}$

इसी प्रकार,

$\underset{Q}{\overset{S}{-2\downarrow}}$  $\underset{F}{\overset{H}{-2\downarrow}}$  $\underset{M}{\overset{O}{-2\downarrow}}$  $\underset{R}{\overset{T}{-2\downarrow}}$

Hence, the correct option is (B).

**99.** $\underset{1}{\overset{T}{\downarrow}}$  $\underset{2}{\overset{O}{\downarrow}}$  $\underset{3}{\overset{U}{\downarrow}}$  $\underset{4}{\overset{R}{\downarrow}}$

$\underset{5}{\overset{C}{\downarrow}}$  $\underset{6}{\overset{L}{\downarrow}}$  $\underset{7}{\overset{E}{\downarrow}}$  $\underset{8}{\overset{A}{\downarrow}}$  $\underset{9}{\overset{R}{\downarrow}}$

और,

$\underset{9}{\overset{S}{\downarrow}}$  $\underset{0}{\overset{P}{\downarrow}}$  $\underset{8}{\overset{A}{\downarrow}}$  $\underset{4}{\overset{R}{\downarrow}}$  $\underset{7}{\overset{E}{\downarrow}}$

इसी तरह,

$\underset{9}{\overset{S}{\downarrow}}$  $\underset{5}{\overset{C}{\downarrow}}$  $\underset{3}{\overset{U}{\downarrow}}$  $\underset{6}{\overset{L}{\downarrow}}$  $\underset{0}{\overset{P}{\downarrow}}$  $\underset{1}{\overset{T}{\downarrow}}$  $\underset{3}{\overset{U}{\downarrow}}$  $\underset{4}{\overset{R}{\downarrow}}$  $\underset{7}{\overset{E}{\downarrow}}$

जैसा कि SCULPTURE का 5 वां अक्षर P है और P के लिए '0' का प्रयोग किया गया है।

अत: विकल्प (D) सही है।

**100.** भारतीय परिषद अधिनियम 1861 यूनाइटेड किंगडम की संसद का एक अधिनियम था, जिसने भारत के कार्यकारी परिषद के वायसराय को पोर्टफोलियो प्रणाली पर चलने वाले कैबिनेट में बदल दिया। गवर्नर-जनरल आपातकाल के दौरान, विधान परिषद की सहमति के बिना, अध्यादेशों को लागू कर सकता है।

अत: विकल्प (A) सही है।

# English

**Q.1 Direction:** In the following question, some part of the sentence is highlighted. Which of the options given below the sentence should replace the part highlighted to make the sentence grammatically correct?

The scenery around the hill station of Himachal Pradesh is **quite picturesque and enjoyed.**

**A.** quite picturesque and enjoyable

**B.** quite picturesque and enjoyed

**C.** quietly picturesque and enjoyed

**D.** quietly picturesque and enjoyable

**Q.2 Direction:** In the following question, some part of the sentence is highlighted. Which of the options given below the sentence should replace the part highlighted to make the sentence grammatically correct?

Within three years, he demonstrated **a dramatic improved** business performance.

**A.** the dramatic improved

**B.** the dramatically improved

**C.** a dramatically improved

**D.** a dramatic improvement

**Q.3 Direction:** In this question, you have to choose the word which is opposite in meaning to the given word.

Welter

**A.** Sustain  **B.** Freeze  **C.** Waiver  **D.** Order

**Q.4 Direction:** In this question, choose the word that best expresses the meaning of the given word.

Babel

**A.** Din  **B.** Pounce  **C.** Recoup  **D.** Euphony

**Q.5 Direction:** Fill in the blank with a suitable preposition from those given in the options.

Had I left my glasses _______ work?

**A.** in  **B.** on  **C.** at  **D.** near

**Q.6 Direction:** Fill in the blank with a suitable preposition.

We stopped for three-quarters of an hour _______ Heathrow Airport.

**A.** at  **B.** off  **C.** over  **D.** on

**Q.7 Direction:** The sentence have been given in Active/Passive voice. From the given options, choose the one which best expresses the given sentence in Passive/Active voice.

My uncle promised me a present.

**A.** A present was promised by my uncle to me.

**B.** I was promised a present by my uncle.

**C.** I had been promised a present by my uncle.

**D.** I was promised by my uncle a present.

**Q.8 Direction:** The sentence have been given in Active/Passive voice. From the given options, choose the one which best expresses the given sentence in Passive/Active voice.

They are building a house next door to our school.

**A.** Next door to our school a house is being built by them.

**B.** Next door to our school is being built a house by them.

**C.** A house next door to our school is being built by them.

**D.** A house is being built by them next door to our school.

**Q.9 Direction:** In the following question, a sentence has been given in Direct/Indirect speech. Out of the four alternatives suggested, select the one, which best expresses the same sentence in Indirect/Direct speech.

The tailor said to him, "Will you have the suit ready by tomorrow evening?"

**A.** The tailor asked him that he will have the suit ready by next evening.

**B.** The tailor asked him that he would had the suit ready by the next evening.

**C.** The tailor asked him that he would had the suit ready by the next evening.

**D.** The tailor asked him if he will like to have the suit ready by the next evening.

**Q.10 Direction:** In the following question, a sentence has been given in Direct/Indirect speech. Out of the four alternatives suggested, select the one, which best expresses the same sentence in Indirect/Direct speech.

He said to me, "I have often told you not to play with fire."

**A.** He said that he has often been telling me not to play with fire.

**B.** He told me that he had often told me not to play with fire.

**C.** He reminded me that he often said to me not to play with fire.

**D.** He said to me that he often told me not to play with fire.

**Q.11 Direction:** The following question has a word. Choose the option that gives a similar meaning

The train _____ before we reach the station. (Leave)

**A.** will have left  **B.** should have left

**C.** left  **D.** is leaving

**Q.12 Direction:** Fill in the blank with the correct form of future tense of the verb given in the brackets.

By the time you come back, the students ____ (start) their work.

**A.** will start  **B.** will have started

**C.** starting  **D.** will be starting

**Q.13** "what a blast I had at the party" - How should this sentence be punctuated?

**A.** First letter of first word in capitals

**B.** Question mark (?)

**C.** Full stop (.)

**D.** First letter of first word in capitals and exclamation mark (!)

**Q.14** "Ramesh invited all his friends to the party?" - Is the punctuation correct? If not, what should it be?

A. The question mark is right and Ramesh should be written as ramesh.

B. The question mark is wrong and it should be an exclamation mark.

C. The question mark is right.

D. The question mark is wrong and it should be a full stop.

**Q.15 Direction**: Fill in the blank with a suitable adjective from those given in the options.

Julian is not as _______ as Joshua or Kleen.

A. fast
B. more fast
C. faster
D. fastest

**Q.16 Direction**: Fill in the blank with a suitable adjective from those given in the options.

Tammy is ______ than Ashish, even if Ashish is very muscular.

A. heavy
B. more heavy
C. heavier
D. heaviest

**Q.17 Direction:** Select a suitable pronoun.

Is Catherine _________ sister?

A. he
B. you
C. your
D. yours

**Q.18 Direction:** Select a suitable pronoun.

Anna likes Joanna, But Maria doesn't like ________.

A. her
B. them
C. your
D. their

**Q.19**

**Direction:** In this question, you have to choose the word which is opposite in meaning to the given word.

Distend

A. Bloat
B. Separate
C. Confine
D. Shrink

**Q.20 Direction:** In this question, choose the word that best expresses the meaning of the given word.

Efficacy

A. Ineffectiveness
B. Potency
C. Extremity
D. Speciality

**Ques (21-25):Direction:** Read the passage carefully and answer the question given beside.

The Indian scouting tiger is on the prowl again. India remains among the top three investment destinations for global investors looking at emerging markets. In the last three years alone, offshore long-term investment flows into India through FII/FDI route is nearly $150 billion, one of the strongest ever witnessed. India has increasingly become a hotspot for global investments not just in the listed equity & fixed income markets, but in the unlisted/private market space as well. Recently, we witnessed one of the largest ever private investments in an Indian technology company by an offshore investor adding further impetus to yet another pool of investment into India; the growing start-up eco-system.

India's growing prominence is backed by India's growing clout in the macro-economic and asset class space at the global stage. Growth is expected to gain further momentum over the next few years as consumption picks up on the back of the 7th pay commission payouts, normal monsoons and lagged benefits of lower rates, and long-term structural reforms start bearing fruits bringing in efficiency gains.  Fiscal policy continues to focus on consolidation with expenditure targeted on rural, housing and infrastructure (roads, railways) capex providing a larger multiplier impetus to growth.

On the external front, India has never been in a better position with FX reserves at a record high of $390 billion. This is a far cry from the humble beginnings of less than $1 billion in 1991 at the dawn of our liberalization reforms. Trade deficit remains under control as commodity prices remain low on the back of structural developments in the crude oil market that are keeping prices capped at $50 per barrel.

Aware of these gradual tectonic changes underway in the economy, domestic investors including HNIs have been swift in shifting their gaze inward rather than outward. The Mutual Funds annual SIP book is now upwards of $10 billion, acting as a strong stabilizing factor for liquidity. Falling interest rates and lower inflation is causing a structural shift into financials assets from physical assets with the bulk of domestic flows into equities. In fact, household financial savings has for the first time in years exceeded household physical savings, which should help in channeling savings into investments. This paradigm shift is underway not just among the population elite but in the mid-to lower-income strata as well, making this a long term structural change in investing patterns.

Despite skepticism over near term performance given rich valuations, domestic investors remain growth believers and continue to see equities as the best asset class. This view is based on the earnings cycle to have bottomed out, with the high likelihood of 15-20 per cent earnings growth over the next few years, aided by a low base and sustainable recovery in growth. New equity opportunities are arising with greater formalization and value migration post GST and demonetization.

**Q.21** 'Investors including HNIs have been swift in shifting their gaze inward rather than outward.' Which of the following option/options corroborate the same?

I. Increase in import of physical gold from other nations.

II. Increase in corporate houses setting up manufacturing facilities in low cost nations.

III. RBI's recently changed the rules for overseas investment-effectively doubling the annual ceiling for individuals to $250,000.

A. Only I
B. Only II
C. Only III
D. None of the above

**Q.22** What does the author mean by 'tectonic changes underway in the economy'?

A. Changes in the environment due to economic pressure that would lead to an increase in the seismic phenomenon experienced in Delhi.

B. Changes in the economy which are rapid and mind-numbing and will lead to exponential growth in the near future.

C. Changes in the economy that are structural in nature and would lead to long term changes in the economy.

D. Changes specifically targeted at the taxation structure for corporate India which would lead to inflow of investments and increase our foreign reserves.

**Q.23** As per the passage, which of the following are true?

I. FX reserves are at their second highest and reached $390 billion recently.

II. The trade deficit has steadily decreased over the past 20 years and is currently at its lowest.

III. The crude oil market has played an important role in keeping the economy in a robust shape.

**A.** Only II

**B.** Only III

**C.** Only I and II

**D.** Only II and III

**Q.24** Why is it said that India remains among the top three investment destinations?

I. India has incurred a huge current account deficit with the exchange rate depreciating steadily over the past two quarters.

II. Offshore long-term investment flows into India through FII/FDI route is nearly $150 billion.

III. India has become a hotspot for global investments in both the listed as well as unlisted/private market space respectively.

**A.** Only I

**B.** Only II

**C.** Only I and III

**D.** Only II and III

**Q.25** As per the passage, which of the following can be considered as depicting a change in investing patterns?

I. Household financial savings exceeding household physical savings.

II. Shifting from financial assets to physical assets.

III. More and More investors opting for mutual funds SIP.

**A.** Only I and II

**B.** Only I and III

**C.** Only II and III

**D.** None of the above

# Science

**Q.26** वृत्ताकार पथ में गतिमान पिंड के लिए केन्द्रक बल द्वारा किया गया कार्य है-

**A.** नकारात्मक

**B.** शून्य

**C.** स्थिर

**D.** सकारात्मक

**Q.27** $f$ फोकल लंबाई का एक उत्तल दर्पण एक छवि बनाता है जो वस्तु का $\frac{1}{n}$ गुना है। दर्पण से वस्तु की दूरी है:

**A.** $\left(\frac{n-1}{n}\right)f$

**B.** $\left(\frac{n+1}{n}\right)f$

**C.** $(n+1)f$

**D.** $(-n-1)f$

**Q.28** $3$ नोड्स और $2$ एंटीनोड्स वाली एक स्थायी तरंग दो परमाणुओं के बीच बनाई जाती है, जिनके बीच की दूरी $1.21A$ होती है। स्थायी तरंग की तरंग दैर्ध्य है:

**A.** $1.21A$

**B.** $1.42A$

**C.** $6.05A$

**D.** $3.63A$

**Q.29** बल्ब A, B और C जुड़े हुए हैं जैसा कि नीचे दिए गए आरेख में दिखाया गया है। बल्ब B और C समान हैं। अगर बल्ब C फ्यूज हो गया है तो:

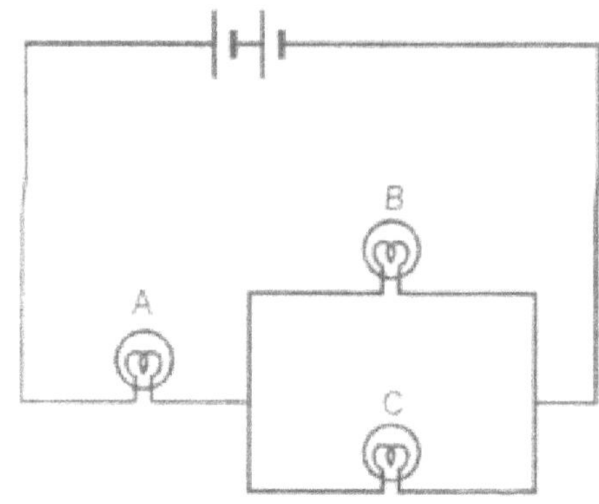

**A.** A और B दोनों अधिक चमकेंगे।

**B.** A और B दोनों कम चमकेंगे।

**C.** A कम चमकेगा और B अधिक चमकेगा।

**D.** A अधिक चमकेगा और B कम चमकेगा।

**Q.30** एक हाइड्रोकार्बन में द्रव्यमान का $20\%$ हाइड्रोजन होता है। यौगिक का मूलानुपाती सूत्र है:

**A.** $CH$

**B.** $C_2H_3$

**C.** $CH_2$

**D.** $CH_3$

**Q.31** निम्नलिखित में से कौन एक विद्युत चुम्बकीय तरंग नहीं है?

**A.** प्रकाश किरणें

**B.** एक्स-रे किरणें

**C.** अल्फा किरणें

**D.** गामा किरणें

**Q.32** पृथ्वी $10^{20}$ न्यूटन के गुरुत्वाकर्षण बल के साथ चंद्रमा को आकर्षित करती है और फिर चंद्रमा पृथ्वी को किस गुरुत्वाकर्षण बल के साथ आकर्षित करता है-

**A.** $10^{-20}$ न्यूटन

**B.** $10^2$ न्यूटन

**C.** $10^{20}$ न्यूटन

**D.** $10^{10}$ न्यूटन

**Q.33** जब कोई बस अचानक मोड़ लेती है, तो यात्री बाहर की ओर झुक जाते है -

**A.** गति का जड़त्व

**B.** गति का त्वरण

**C.** चाल की गति

**D.** दोनों (B) और (C)

**Q.34** ऑप्टिकल फाइबर _________ पर कार्य करता है।

**A.** विक्षेपण

**B.** व्यतिकरण

**C.** कुल आंतरिक परावर्तन

**D.** विवर्तन

**Q.35** समविभव सतहों-

**A.** निचले विद्युत क्षेत्रों की तुलना में बड़े विद्युत क्षेत्रों के करीब हैं।

**B.** सुचालक के तीव्र किनारों पर अधिक सघन होगी।

**C.** हमेशा समान रूप से स्थान दिया जाएगा।

**D.** (A) और (B) दोनों सही हैं।

**Q.36** आर्किमिडीज सिद्धांत किसी पिंड पर कब काम करता है?

**A.** आंशिक रूप से तरल में डुबा हुआ

**B.** पूरी तरह से तरल में डुबा हुआ

**C.** (A) और (B) दोनों

**D.** इस सिद्धांत का पिंड के आप्लावन के स्तर के साथ कोई संबंध नहीं है

**Q.37** किरचॉफ के समीकरण में कौन सा कारक प्रतिक्रिया की ऊष्मा को प्रभावित करता है:

**A.** दबाव

**B.** तापमान

**C.** आयतन

**D.** परमाणु

**Q.38** 4 मी द्रव्यमान का एक कण $m$ और $4m$ के दो कणों में विघटित हो जाता है गैर-शून्य वेग होता है। 1 और 2 कणों के डी ब्रोगली तरंग दैर्ध्य का अनुपात है-

A. $\frac{1}{2}$　　B. $\frac{1}{4}$　　C. 2　　D. 1

**Q.39** जैसे ही शुद्ध अर्धचालक के लिए डोपिंग बढ़ती है, अर्धचालक का विस्तृत प्रतिरोध-

A. वैसा ही रहता है　　B. बढ़ता है
C. घट जाता है　　D. इनमे से कोई नहीं

**Q.40** एक तत्व के परमाणु में 10 इलेक्ट्रॉन, 10 प्रोटॉन और 12 न्यूट्रॉन होते हैं। तत्व की द्रव्यमान संख्या ज्ञात कीजिए:

A. 10　　B. 12　　C. 22　　D. 32

**Q.41** पृथ्वी की परत में सबसे प्रचुर धातु है:

A. ऑक्सीजन　　B. एल्यूमीनियम
C. कैल्शियम　　D. सोना

**Q.42** निम्नलिखित में से कौन सी बीमारी वायरस से होती है?

A. आंत्र ज्वर　　B. हैजा　　C. इंफ्लुएंजा　　D. डिप्थीरिया

**Q.43** मनुष्यों में, फेफड़ों को विभाजित किया जाता है

A. 3 दाएं और 2 बाएं भाग　　B. 2 दाएं और 3 बाएं भाग
C. 2 दाएं और 2 बाएं भाग　　D. इनमे से कोई नहीं

**Q.44** RAM को______भी कहा जाता है

A. Read-only memory
B. Programmable read-only memory
C. Read-write memory
D. Erasable programmable read-only memory

**Q.45** ALU का पूर्ण रूप ______ है।

A. Arithmetic Legal Unit
B. Arithmetic Logic Unit
C. Arithmetic Local Unit
D. Arithmetic Logic Utility

**Q.46** एक ट्रांसफार्मर ______ के सिद्धांत पर काम करता है।

A. स्व-प्रेरण
B. विद्युत जड़ता
C. विद्युत-चुम्बकीय प्रेरण
D. विद्युत धारा का चुंबकीय प्रभाव

**Q.47** कुंडली में प्रेरित ईएमएफ निर्भर करता है:

A. कुंडली की चालकता
B. फ्लक्स की मात्रा
C. चुंबकीय प्रवाह के परिवर्तन की दर
D. कुंडली का प्रतिरोध

**Q.48** न्यूटन के गति का दूसरा नियम किराका माप देता है?

A. बल　　B. त्वरण　　C. गति　　D. आवेग

**Q.49** न्यूटन के गति के दूसरे नियम के अनुसार -

A. $f = m \times v$　　B. $f = m \times a$
C. $f = \frac{m}{a}$　　D. $f = \frac{m}{v}$

**Q.50** पारसेक किस भौतिक मात्रा की इकाई है?

A. समय　　B. दूरी
C. आवृत्ति　　D. कोणीय त्वरण

# Mathematics

**Q.51** यदि $\sec\theta - \cos\theta = 1$, तो $\tan^2\theta =$

A. $\frac{\sqrt{3}+1}{2}$　　B. $\frac{\sqrt{7}+1}{2}$　　C. $\frac{\sqrt{5}+1}{3}$　　D. $\frac{\sqrt{5}+1}{2}$

**Q.52** यदि $^{20}C_{r+2} = {}^{20}C_{2r-3}$ है तो $^{12}C_r$ ज्ञात करें।

A. 554　　B. 113　　C. 792　　D. 132

**Q.53** एक बैग में 2 लाल गेंद और 3 नीली गेंद और 5 हरी गेंद हैं। यदि एक समय में एक गेंद निकाली जाती है, तो एक नीली या हरी गेंद की प्रायिकता ज्ञात करें।

A. $\frac{1}{2}$　　B. $\frac{8}{10}$　　C. $\frac{7}{10}$　　D. $\frac{1}{10}$

**Q.54** यदि कोई कण बिंदु $P(2,3,5)$ से बिंदु $Q(3,4,5)$ गति करता है। इसका विस्थापन वेक्टर हो सकता है:

A. $\hat{i} + \hat{j} + 10\hat{k}$　　B. $\hat{i} + \hat{j} + 5\hat{k}$
C. $\hat{i} + \hat{j}$　　D. $2\hat{i} + 4\hat{j} + 6\hat{k}$

**Q.55** यदि $n(U) = 60, n(A) = 35, n(B) = 24$ और $n(A \cup B)' = 10$ है। तो $n(A \cap B)$ होगा-

A. 9　　B. 8　　C. 6　　D. 7

**Q.56** यदि $\log 27 = 1.431$ है। तो $\log 9$ का मान क्या होगा?

A. 0.934　　B. 0.945　　C. 0.954　　D. 0.958

**Q.57** यदि $\log_8 p = 25$ और $\log_2 q = 5$ है। तो-

A. $p = q^{15}$　　B. $p^2 = q^3$　　C. $p = q^5$　　D. $p^3 = q$

**Q.58** सम्मिश्र संख्या $(i^{25})^3$ का मान ज्ञात कीजिए।

A. $i$　　B. $-i$
C. 1　　D. इनमें से कोई नहीं

**Q.59** $k$ का मान ज्ञात कीजिए जिसके लिए निम्नलिखित समीकरण में समान घाते हैं।

$$x^2 + 4xkx + k^2 - k + 2 = 0$$

A. $k = \frac{2}{3}, k = 1$　　B. $k = \frac{3}{2}, k = 1$
C. $k = \frac{2}{3}, k = -1$　　D. $k = \frac{3}{2}, k = -1$

**Q.60** यदि समांतर श्रेणी का 7 वें पद का 7 गुना उसके 11 वें पद के 11 गुना के बराबर है, तो उसका 18 वां पद होगा -

A. 7　　B. 11　　C. 18　　D. 0

**Q.61** $\int \frac{\cos 2x}{(\sin x + \cos x)^2} dx$ बराबर है -

A. $\frac{-1}{(\sin x + \cos x)} + C$
B. $\log|\sin x + \cos x| + C$
C. $\log|\sin x - \cos x| + C$
D. $\frac{1}{(\sin x + \cos x)^2}$

**Q.62** एक समबाहु त्रिभुज की भुजाएँ 2 सेमी/से की दर से बढ़ रही हैं अगर भुजा 10 सेमी है। तो क्षेत्रफल किस से दर बढ़ता है ?

A. $\sqrt{3}$ सेमी $^2$/से　　B. 10 सेमी $^2$/से
C. $10\sqrt{3}$ सेमी $^2$/से　　D. $\frac{10}{\sqrt{3}}$ सेमी $^2$/से

**Q.63** एक उल्टे मैट्रिक्स $A$ के लिए यदि $A(adjA) = \begin{bmatrix} 10 & 0 \\ 0 & 10 \end{bmatrix}$, है, तो $|A| =$

A. 100    B. $-100$    C. 10    D. $-10$

**Q.64** त्रिज्या 3.5 सेमी के तीन वृत्त इस तरह से रखे गए हैं कि प्रत्येक वृत्त अन्य दो को छूता है। वृत्त द्वारा संलग्न भाग का क्षेत्रफल है-

A. 1.967 सेमी $^2$      B. 1.975 सेमी $^2$
C. 19.67 सेमी $^2$      D. 21.21 सेमी $^2$

**Q.65** एक वृत्त की परिधि और व्यास का अनुपात $22:7$ है। यदि परिधि $1\frac{4}{7}$ मी है, तो वृत्त की त्रिज्या है:

A. $\frac{1}{3}$ मी    B. $\frac{1}{2}$ मी    C. $\frac{1}{4}$ मी    D. 1 मी

**Q.66** बिंदु $(1,2)$ और $y = 3x - 1$ लंबवत रेखा से गुजरने वाली रेखा का समीकरण है-

A. $x + 3y + 7 = 0$      B. $x + 3y - 7 = 0$
C. $x + 3y = 0$      D. $x - 3y = 0$

**Q.67** बिंदु $(2,3)$ से होकर गुजरने वाली रेखा के समीकरण ज्ञात करें जो रेखा $2x - 3y + 8 = 0$ के समानांतर है।

A. $2x - 3y = -5$      B. $2x - 3y = 12$
C. $x - 3y = 4$      D. $3x - 2y = 7$

**Q.68** बिंदु $(3, -2)$ और $(7,2)$ से गुजरने वाली सीधी रेखा का ढलान ज्ञात करें।

A. $\frac{1}{5}$    B. $-\frac{1}{5}$    C. 1    D. 0

**Q.69** यदि $A$ और $B$ ऐसी दो घटनाएँ हैं कि $P(A) = \frac{1}{4}, P(A \cup B) = \frac{1}{3}$ और $P(B) = p$, है। यदि $A$ और $B$ स्वतंत्र हैं तो $p$ का मान है -

A. $\frac{1}{9}$    B. $\frac{2}{9}$    C. $\frac{4}{9}$    D. $\frac{5}{9}$

**Q.70** $\alpha$ और $\beta$ द्विघात समीकरण $x^2 - x - 1 = 0$ के मूल हैं। $\alpha^8 + \beta^8$ का मान क्या है?

A. 47    B. 54    C. 59    D. 68

**Q.71** एक समांतर श्रेणी में यदि $d = -4, n = 7, a_n = 4$ है। तो $a$ का मान ज्ञात करें।

A. 12    B. 24    C. 23    D. 28

**Q.72** $2\sin^2\theta + 3\cos^2\theta$ का न्यूनतम मान बताइए।

A. 0    B. 3    C. 2    D. 1

**Q.73** यदि $\cos^4\theta - \sin^4\theta = \frac{2}{3}$ है तो $1 - 2\sin^2\theta$ का मान क्या होगा?

A. $\frac{4}{3}$    B. 0    C. $\frac{2}{3}$    D. $\frac{1}{3}$

**Q.74** एक चुनाव में, एक मतदाता किसी भी संख्या में उम्मीदवारों को वोट दे सकता है जो चुने जाने की संख्या से अधिक नहीं है। 10 उम्मीदवार हैं और 5 सदस्यों को चुना जाना है। मतदाता के वोट देने के तरीकों की संख्या है:

A. 630    B. 632    C. 637    D. 640

**Q.75** $\frac{\log\sqrt{8}}{\log 8}$ बराबर है:

A. $\frac{1}{6}$    B. $\frac{1}{4}$    C. $\frac{1}{2}$    D. $\frac{1}{8}$

# General Awareness

**Q.76** 2022 लॉरियस स्पोर्ट्समैन ऑफ द ईयर किसे चुना गया है?

*[Delhi Forest Guard, 2021]*

A. मार्सेल ह्यूगो      B. मैक्स वर्स्टपिन
C. राफेल नडाल      D. रॉबर्ट लेवानडॉस्की

**Q.77** निम्नलिखित में से किसे फरवरी 2022 में राष्ट्रीय शैक्षिक अनुसंधान और प्रशिक्षण परिषद (NCERT) के निदेशक के रूप में नियुक्त किया गया है?

A. दिनेश प्रसाद सकलानी      B. वी. अनंत नागेश्वरनी
C. डॉ शंकर आचार्य      D. जैतीर्थ राव

**Q.78** भारत का राष्ट्रीय खेल दिवस कब मनाया जाता है?

A. 6 अप्रैल      B. 29 अगस्त
C. 14 सितंबर      D. 11 अक्टूबर

**Q.79** 'मर्डेका कप' किस खेल से संबंधित है?

A. बैडमिंटन    B. फुटबॉल    C. हॉकी    D. टेनिस

**Q.80** भारतीय राष्ट्रीय कांग्रेस 1896 का अधिवेशन निम्नलिखित में किसके लिए विख्यात है?

A. पहली बार राष्ट्रगान गाया गया।
B. पहली बार राष्ट्रीय गीत गाया गया।
C. पहली बार तिरंगा लहराया गया।
D. इनमें से कोई नहीं

**Q.81** कौन सा तारा पृथ्वी के सबसे नजदीक है?

A. सूर्य    B. मित्र तारा    C. ध्रुव तारा    D. चित्रा

**Q.82** पोर्ट ब्लेयर किस केंद्र शासित प्रदेश की राजधानी है?

A. अंडमान और निकोबार द्वीप समूह
B. दमन और दीव
C. पुदुचेरी
D. उपरोक्त में से कोई नहीं

**Q.83** भारत में पहली यूरोपीय बस्ती किस स्थान पर स्थापित की गयी थी?

A. कोच्चि    B. चिनसुरा    C. सूरत    D. चेन्नई

**Q.84** नागालैंड की आधिकारिक भाषा क्या है?

A. अंग्रेजी    B. हिंदी    C. असमिया    D. मणिपुरी

**Q.85** अल्बानिया की मुद्रा क्या है:

A. ड्राम    B. लेक    C. येन    D. दीनार

**Q.86** बहामास की मुद्रा क्या है:

A. येन    B. डॉलर    C. टका    D. फ्रैंक

**Q.87** "BIT" का पूर्ण रूप क्या है?

A. Bureau of Information Technology
B. Business on Investment Trading
C. Binary Digit
D. Basic Input Technology

**Q.88** भारत के सांस्कृतिक इतिहास के अनुसार, 'पंचायतन' है:

A. गाँव के बुजुर्गों की एक सभा
B. एक धार्मिक संप्रदाय
C. मंदिर रचना शैली

D. एक प्रशासन का कार्य

**Q.89** इंसुलिन की खोज किसने की थी?
A. जेनर
B. फ्रेडरिक जी बैंटिंग
C. विलियम कोलफ
D. वाल्टन विली

**Q.90** फ्लोरोसिस किस के कारण होता है?
A. फ्लोरीन की कमी
B. फ्लोराइड का अत्यधिक सेवन
C. कैल्शियम और फ्लोरीन की कमी
D. उपरोक्त में से कोई नहीं

**Q.91** 'वेटिंग फॉर द महात्मा' पुस्तक के लेखक कौन हैं?
A. मनोहर मालगांवकर
B. एन ए पालखीवाला
C. अमृता प्रीतम
D. आर. के. नारायण

**Q.92** "प्लेइंग इट माई वे" के लेखक कौन हैं?
A. कपिल देव
B. रवि शास्त्री
C. सचिन तेंदुलकर
D. युवराज सिंह

**Q.93** प्रश्न चिह्न के स्थान पर क्या आएगा?
6, 13, 28, 59, ?, 249
A. 124
B. 122
C. 120
D. 118

**Q.94** प्रश्न चिह्न के स्थान पर क्या आएगा?
4,7,12,19,28, ?
A. 49
B. 36
C. 30
D. 39

**Q.95** नाटी किस राज्य से संबंधित नृत्य शैली है?
A. उत्तर प्रदेश
B. मध्य प्रदेश
C. दिल्ली
D. हिमाचल प्रदेश

**Q.96** निम्नलिखित में से कौन सा भौगोलिक शब्द " उप-महाद्वीपीय भूमि के टुकड़े से संबंधित है जो पानी से घिरा हुआ है "?
A. प्रायद्वीप
B. खाड़ी
C. जलसंधि
D. द्वीप

**Q.97** एक कोडिंग भाषा में, अंग्रेजी वर्णमाला के अक्षरों को इस तरह से व्यवस्थित किया जाता है कि सभी स्वरों को अंत में रखा जाता है और शेष अक्षरों को पहले अक्षर से व्यवस्थित किया जाता है। पुनर्व्यवस्थित वर्णमाला का उपयोग मूल वर्णमाला में अक्षरों द्वारा अधिकृत स्थिति को दर्शाने के लिए किया जाता है।
META का कोड क्या है?
A. TEAM
B. PWLV
C. LWPV
D. QGYB

**Q.98** सही वर्तनी खोजें:
A. Abbreviate
B. Abreviate
C. Abrrviate
D. Abbreviat

**Q.99** निम्नलिखित में से कौन केरल के शास्त्रीय नृत्य में से एक है?
A. कोलाट्टम
B. महासू
C. मोहिनीअट्टम
D. कुचिपुड़ी

**Q.100** भारत का राष्ट्रीय कैलेंडर है-
A. ग्रेगोरियन कैलेंडर
B. विक्रम संवत कैलेंडर
C. हिंदू कैलेंडर
D. साका कैलेंडर

# // स्मार्ट उत्तर पुस्तिका //

**सही उत्तर** — उन छात्रों का प्रतिशत जिन्होंने प्रश्नों का सही उत्तर दिया था।    **छोड़ दिया** — उन छात्रों का प्रतिशत जिन्होंने प्रश्नों को छोड़ दिया था।

| प्रश्न संख्या | उत्तर | सही उत्तर % / छोड़ दिया % |
|---|---|---|
| 1 | A | 76.35 % / 11.21 % |
| 2 | C | 85.66 % / 12.9 % |
| 3 | C | 60.25 % / 35.75 % |
| 4 | A | 67.39 % / 31.9 % |
| 5 | C | 81.48 % / 18.32 % |
| 6 | A | 79.64 % / 10.76 % |
| 7 | B | 89.76 % / 10.0 % |
| 8 | D | 88.31 % / 11.32 % |
| 9 | C | 55.06 % / 37.96 % |
| 10 | B | 42.1 % / 30.19 % |
| 11 | A | 81.9 % / 10.38 % |
| 12 | B | 78.73 % / 15.64 % |
| 13 | D | 82.7 % / 14.18 % |
| 14 | D | 78.74 % / 10.18 % |
| 15 | B | 80.79 % / 13.44 % |
| 16 | C | 50.28 % / 41.28 % |
| 17 | C | 89.89 % / 10.03 % |

| प्रश्न संख्या | उत्तर | सही उत्तर % / छोड़ दिया % |
|---|---|---|
| 18 | A | 86.12 % / 10.12 % |
| 19 | D | 41.6 % / 45.89 % |
| 20 | B | 63.3 % / 30.49 % |
| 21 | D | 65.53 % / 33.55 % |
| 22 | C | 64.53 % / 30.05 % |
| 23 | B | 68.91 % / 30.08 % |
| 24 | D | 54.62 % / 39.23 % |
| 25 | B | 52.31 % / 32.18 % |
| 26 | B | 86.15 % / 10.78 % |
| 27 | D | 58.37 % / 32.37 % |
| 28 | A | 46.64 % / 31.15 % |
| 29 | C | 83.25 % / 10.74 % |
| 30 | D | 50.36 % / 40.3 % |
| 31 | C | 78.82 % / 11.77 % |
| 32 | C | 77.05 % / 18.32 % |
| 33 | A | 82.44 % / 13.11 % |
| 34 | C | 50.63 % / 47.62 % |

| प्रश्न संख्या | उत्तर | सही उत्तर % / छोड़ दिया % |
|---|---|---|
| 35 | D | 89.69 % / 10.05 % |
| 36 | C | 85.47 % / 13.83 % |
| 37 | B | 89.95 % / 10.02 % |
| 38 | D | 83.18 % / 13.3 % |
| 39 | C | 81.05 % / 11.94 % |
| 40 | C | 63.83 % / 36.12 % |
| 41 | B | 55.83 % / 37.85 % |
| 42 | C | 89.83 % / 10.02 % |
| 43 | A | 53.48 % / 32.35 % |
| 44 | C | 84.43 % / 14.36 % |
| 45 | B | 85.77 % / 12.67 % |
| 46 | C | 86.51 % / 10.77 % |
| 47 | C | 88.58 % / 10.11 % |
| 48 | A | 51.64 % / 30.26 % |
| 49 | B | 77.31 % / 16.89 % |
| 50 | B | 81.06 % / 14.74 % |
| 51 | D | 87.45 % / 10.1 % |

| प्रश्न संख्या | उत्तर | सही उत्तर % / छोड़ दिया % |
|---|---|---|
| 52 | C | 69.26 % / 30.67 % |
| 53 | B | 85.47 % / 11.57 % |
| 54 | C | 82.4 % / 10.73 % |
| 55 | A | 78.44 % / 20.35 % |
| 56 | C | 56.37 % / 36.03 % |
| 57 | A | 80.16 % / 15.1 % |
| 58 | B | 86.68 % / 13.26 % |
| 59 | C | 46.74 % / 48.45 % |
| 60 | D | 64.04 % / 32.02 % |
| 61 | B | 59.27 % / 36.5 % |
| 62 | C | 40.93 % / 46.45 % |
| 63 | C | 76.83 % / 20.31 % |
| 64 | A | 67.46 % / 30.15 % |
| 65 | C | 89.06 % / 10.41 % |
| 66 | B | 43.13 % / 40.66 % |
| 67 | A | 54.02 % / 43.48 % |
| 68 | C | 89.15 % / 10.57 % |

| प्रश्न संख्या | उत्तर | सही उत्तर % / छोड़ दिया % |
|---|---|---|
| 69 | A | 77.41 % / 15.96 % |
| 70 | A | 56.45 % / 33.35 % |
| 71 | D | 86.84 % / 10.47 % |
| 72 | C | 82.49 % / 11.0 % |
| 73 | C | 78.17 % / 11.22 % |
| 74 | C | 83.35 % / 13.51 % |
| 75 | C | 83.9 % / 12.2 % |
| 76 | C | 56.58 % / 31.71 % |
| 77 | A | 43.01 % / 55.56 % |
| 78 | B | 88.38 % / 10.88 % |
| 79 | B | 84.8 % / 10.57 % |
| 80 | B | 84.19 % / 10.32 % |
| 81 | A | 80.68 % / 12.47 % |
| 82 | A | 76.66 % / 21.32 % |
| 83 | A | 88.11 % / 10.49 % |
| 84 | A | 84.17 % / 11.46 % |
| 85 | B | 88.3 % / 10.35 % |

| प्रश्न संख्या | उत्तर | सही उत्तर % / छोड़ दिया % |
|---|---|---|
| 86 | B | 84.37 % / 14.19 % |
| 87 | C | 85.9 % / 11.02 % |
| 88 | C | 50.94 % / 31.42 % |
| 89 | B | 80.97 % / 13.95 % |
| 90 | B | 80.9 % / 16.52 % |
| 91 | D | 83.52 % / 12.47 % |
| 92 | C | 83.51 % / 15.84 % |
| 93 | B | 44.17 % / 54.36 % |
| 94 | D | 84.42 % / 12.39 % |
| 95 | D | 77.42 % / 17.91 % |
| 96 | D | 64.72 % / 35.05 % |
| 97 | D | 86.74 % / 12.69 % |
| 98 | A | 78.5 % / 18.8 % |
| 99 | C | 54.37 % / 32.41 % |
| 100 | D | 60.29 % / 34.31 % |

# //संकेत और समाधान//

**1.** The word 'enjoyed' must be replaced with the adjective 'enjoyable' to make it a grammatically correct sentence.

Hence, the correct option is (A).

**2.** In the sentence the word before the phrase 'improved business performance' must be an adverb as it has to add information to the adjective 'improved'.

The underlined part 'a dramatic improved' hence must be replaced with 'a dramatically improved' to make it a grammatically correct sentence.

Hence, the correct option is (C).

**3.** Welter (Noun): a large number of items in no order; a confused mass.

For example: The company was facing huge losses as the whole system was in welter.

Synonyms: jumble, confusion, toss, etc.

Antonyms: order, peace, rest, etc.

Hence, the correct option is (D).

**4.** Babel (Noun): a confused noise made by a number of voices.

For example:

I. The babel of voices on the road.

II. She hushed the babel of her thoughts and tried to sleep.

Synonyms: clamour, din, racket, confused noise, tumult, uproar, etc.

Antonyms: silence

Hence, the correct option is (A).

**5.** Had I left my glasses at work?
A preposition is a word that comes before a noun or a pronoun and establishes a relationship between the elements of a clause or words.
At indicates a location.
'In', 'on' and 'near' cannot be used here as they indicate a place within a larger area, a position and a place not far in distance respectively.
Hence, the correct option is (C).

**6.** Prepositions are words that indicate relationships with the other words in the sentence. Prepositions of place are used to refer to a place, usually to denote the location of something or someone.
At refer to an exact place where something is situated / event.
In the sentence, as a reference to a specific location, i.e. Heathrow Airport. Therefore, the suitable preposition here is "at".
Thus, the correct complete sentence is:
We stopped for three-quarters of an hour at Heathrow Airport.
Hence, the correct option is (A).

**7.** I was promised a present by my uncle.

Given sentence is in the simple past tense and it is in active voice.

Rule :

Subject + (was / were) + V3 + Other agents

Hence, the correct option is (B).

**8.** A house is being built by them next door to our school.

Given sentence is in present continuous tense and it is in active voice.

Rule :

Subject + (is /am /are) + being + V3 + Other agents

Hence, the correct option is (D).

**9.** The tailor asked him if he would have the suit ready by the next evening.

The given sentence is in interrogative form. To convert such sentences into the direct narration, the below rules are followed:

Said/say is changed to ask/asked/wonder/wondered/enquire of/enquired of.

Inverted commas (" ") are removed.

If the reported speech is in yes/no question form then if/whether is used before the reported speech.

If the reported speech is in the form of Wh-Question (who/what/why/how/where/when/which etc), no conjunction is used before the question word. The question word itself works as conjunction.

The reported verb is made assertive i.e. it is kept in the order of subject + verb.

The sign of interrogation (?) is removed and a full stop is used.

So, with the help of the above rules, we can convert the given sentence into indirect speech.

Hence, the correct option is (C).

**10.** He told me that he had often told me not to play with fire.

The given sentence is of direct speech. While we convert it into indirect speech, we'll make the following changes in it:

1. "said to me" will change to "told".

2. Since the reporting verb "said" is in the past tense, changes will be made to the tense of reported speech. So, "have" will change to "had".

3. The pronoun "I" is the first-person pronoun and it will change to "he" according to the subject of the reporting speech.

4. "You" is a second-person pronoun that will change to "me" according to the object of the reporting speech.

Hence, the correct option is (B).

**11.** The train will have left before we reach the station.

The future perfect tense form of a verb is used to describe an event that is expected or planned to occur before a time of reference in the future. In the given sentence, 'before we reach the station' indicates an event that will occur or is expected to occur in the future. 'Will have' is a verb form used to indicate future present perfect tense and so the most appropriate option is will have left.

Hence, the correct option is (A).

**12.** By the time you come back, the students will have started their work.

A verb is used to express an occurrence, action, or state. It is the grammatical centre of the predicate in a sentence. Option (B) will have started is correct as the future perfect tense is used to indicate an action that is planned to happen before sometime in the future. The other options are wrong as no other tense can be used here.

Hence, the correct option is (B).

**13.** What a blast I had at the party!

The first letter of the first word in capitals and exclamation mark (!).

The sentence is expressing a feeling and so is an exclamatory sentence. This justifies the use of an exclamation mark at the end of the sentence. The first letter of the first word of the sentence needs to be in capitals. Do not confuse this sentence with an interrogative sentence.

Hence, the correct option is (D).

**14.** The question mark is wrong and it should be a full stop. Assertive and imperative sentences end at a full stop.

"Ramesh invited all his friends to the party." is an assertive sentence.

Hence, the correct option is (D).

**15.** Julian is not as fast as Joshua or Kleen.

"As"+ adjective + "As" structure is used to mention an equal level of the quality in the objects getting compared.

Hence, the correct option is (A).

**16.** Tammy is heavier than Ashish, even if Ashish is very muscular.

Comparative degrees are used to compare one or more objects with other objects (he is stronger, they are weaker, etc. Many of them use the "er" structure in comparison by adding either "er" or "ier" after the adjective. For example - nearer, heavier.

Hence, the correct option is (C).

**17.** A possessive adjective is usually used to describe a noun, and it comes before the noun, like other adjectives. They describe who something belongs to.

The given sentence is a question that is being asked to another person.

So, a second person pronoun must be used.

The possessive adjective for the second person singular 'you' is 'your'.

Hence, the correct option is (C).

**18.** A pronoun is used in place of a noun. In the given sentence, Joanna is the person liked by Anna but disliked by Maria. Since Joanna is a female the corresponding female pronoun is to be used.

So, her is the correct answer.

The remaining options are incorrect because:

Option (B) and (D) are third-person plural pronouns whereas only 1 person is referred to in the given sentence.

Option (C): Your is a second person pronoun. In the given sentence we are talking of a third person.

Hence, the correct option is (A).

**19.** Distend (verb): cause to expand as it by internal pressure.

A soda and pizza binge might make your stomach distend, meaning your stomach will swell as a result of pressure from the inside.

For example: The enormous distended udders of dairy cattle are the result of a human interest in milk and cheese.

Synonyms: swell, bloat, bulge, expand, dilate, inflate, enlarge

Antonyms: shrink, contract

Hence, the correct answer is (D).

**20.** Efficacy: The ability to produce a desired or intended result.

The degree to which a method or medicine brings about a specific result is its efficacy. YA scientist does research to determine the efficacy of a vaccine or medicine under development. If it is efficacious, it will cure or prevent disease.

For example, There is little information on the efficacy of this treatment.

Synonyms: edge, effectiveness, efficiency, potency

Antonyms: ineffectiveness, inefficiency

Hence, the correct option is (B).

**21.** Statement I implies an increase in gold imports increases our dependency on other nations and is opposite to the demand of the question.

Statement II implies investors venturing out of India (setting up facilities outside of India) rather than investing here.

Statement III again encourages investors to look for outside avenues for investments and is opposite to what the question asks.

So, none of the options are correct.

Hence, the correct option is (D).

**22.** According to the passage, India is undergoing many changes which are structural in nature and target the foundation of the economy. Such changes have a long term impact. Tectonic here basically means a change in the very foundations on which India is built

Out of all the options, option (C) conveys this perfectly.

Hence, the correct option is (C).

**23.** According to the third paragraph of the passage, '**on the external front, India has never been in a better position with FX reserves at a record high of \$390 billion. This is a far cry from the humble beginnings of less than \$1 billion in 1991 at the dawn of our liberalization reforms. Trade deficit remains under control as commodity prices remain low on the back of structural developments in the crude oil market that are keeping prices capped at \$50 per barrel'.**

From the fragments highlighted above, Statement I is incorrect as the passage states FX reserves to be at a record high and not second highest.'

Statement II is nowhere mentioned in the passage.

Statement III is correct as it is mentioned in the passage.

Hence, the correct option is (B).

**24.** According to the first paragraph of the passage, '**the Indian scouting tiger is on the prowl again. India remains among the top three investment destinations for global investors looking at emerging markets. In the last three years alone, offshore long-term investment flows into India through FII/FDI route is nearly \$150 billion, one of the strongest ever witnessed. India has increasingly become a hotspot for global investments not just in the listed equity & fixed income markets, but in the unlisted/private market space as well. Recently, we witnessed one of the largest ever private investments in an Indian technology company by an offshore investor adding further impetus to yet another pool of investment into India; the growing start-up eco-system**'.

According to the passage, statements II and III can be seen in the highlighted fragments while statement I is nowhere mentioned.

Hence, the correct option is (D).

**25.** According to the fourth paragraph of the passage, '**aware of these gradual tectonic changes underway in the economy, domestic investors including HNIs have been swift in shifting their gaze inward rather than outward. The Mutual Funds annual SIP book is now upwards of \$10 billion, acting as a strong stabilizing factor for liquidity. Falling interest rates and lower inflation is causing a structural shift into financial assets from physical assets with the bulk of domestic flows into equities. In fact, household financial savings has for the first time in years exceeded household physical savings, which should help in channelling savings into investments. This paradigm shift is underway not just among the population elite but in the mid-to lower-income strata as well, making this a long term structural change in investing patterns**'.

The highlighted fragments make it clear that:

Statement I is correct.

Statement II is the opposite of what is stated in the passage.

Statement III is correct.

Hence, the correct option is (B).

**26.** एक ऐसे पिंड के लिए जो एक वृत्ताकार पथ में गतिमान है, विस्थापन और केन्द्रक बल एक दूसरे के लंबवत होते हैं। इस प्रकार, केन्द्रक बल द्वारा किया गया कार्य शून्य है।

अतः विकल्प (B) सही है।

**27.** दिया हुआ,

आवर्धन, $m = \dfrac{1}{n}$

इसलिए, $\dfrac{1}{n} = -\dfrac{v}{u}$

या $v = -\dfrac{u}{n}$

दर्पण सूत्र का उपयोग करके,

$$\frac{1}{f} = \frac{1}{v} + \frac{1}{u}$$
$$= \frac{1}{\frac{-u}{n}} + \frac{1}{u}$$
$$\Rightarrow u = -(n-1)f$$

अतः विकल्प (D) सही है।

**28.** दी गयी आकृति में स्थायी तरंग को दर्शाया गया है:

दी गयी स्थायी तरंग में 2 खंड है। एक लूप या खंड की लंबाई $\dfrac{\lambda}{2}$ है।

तो 2 खंडों की लंबाई $= 2\left(\dfrac{\lambda}{2}\right)$

प्रश्न के अनुसार,

$$\therefore 2\frac{\lambda}{2} = 1.21\overset{\circ}{A}$$
$$\Rightarrow \lambda = 1.21\overset{\circ}{A}$$

अतः विकल्प (A) सही है।

**29.** जब C फ्यूज हो जाता है तो सर्किट का समग्र प्रतिरोध बढ़ जाता है और A के माध्यम से करंट कम हो जाता है जिसके कारण यह मद्धिम हो जाता है।

इसके अलावा, बल्ब B से गुजरने वाला करंट बढ़ेगा ताकि यह अधिक चमके।

अतः विकल्प (C) सही है।

**30.** माना हाइड्रोकार्बन का द्रव्यमान $100$ ग्राम है।

इसलिए, $H = 20$ ग्राम $= 20$ मोल

$$C = 80 \text{ ग्राम} = \frac{80}{12} \text{ मोल} = 6.67 \text{ मोल}$$

$$C:H = 6.67:20 = 1:3$$

इसलिए, हाइड्रोकार्बन का मूलानुपाती सूत्र $CH_3$ है।

अतः विकल्प (D) सही है।

**31.** विद्युत चुम्बकीय तरंग में रेडियो तरंगें, माइक्रोवेव, अवरक्त तरंगें, दृश्यमान स्पेक्ट्रम, पराबैंगनी तरंगें, एक्स-रे और गामा किरणें होती हैं। इसमें अल्फा किरणें शामिल नहीं हैं। अल्फा किरणों को कणों (परिमित द्रव्यमान) के रूप में माना जाता है और किरणों के रूप में नहीं माना जाता है।

अतः विकल्प (C) सही है।

**32.** न्यूटन के तीसरे नियम और न्यूटन के सार्वभौमिक गुरुत्वाकर्षण के नियम के अनुसार, जिस गुरुत्वाकर्षण बल से पृथ्वी चंद्रमा को अपनी ओर आकर्षित करती है ठीक उसी प्रकार चंद्रमा गुरुत्वाकर्षण बल से पृथ्वी को अपनी ओर आकर्षित करता है।

F (पृथ्वी) $=$ F (चंद्रमा)

इसलिए, चंद्रमा $10^{20}$ न्यूटन के गुरुत्वाकर्षण बल के साथ पृथ्वी को आकर्षित करता है।

अत: विकल्प (C) सही है।

**33.** गति की जड़त्व के नियम के अनुसार एक पिंड निरंतर वेग के साथ आगे बढ़ना जारी रखेगा जब तक कि कोई बल उस पर कार्य नहीं कर रहा हो। जब एक बस सीधी चलती है तो अंदर के यात्री भी सीधे चलते हैं लेकिन जब अचानक बस मुड़ जाती है तो यात्री फिर भी सीधे चलते रहते हैं क्योंकि कोई भी बल यात्रियों पर कार्य नहीं कर रहा है इसलिए वे बस के मुड़ने पर भी उसी परिमाण और दिशा की ओर बढ़ेंगे।

अत: विकल्प (A) सही है।

**34.** कुल आंतरिक परावर्तन ऑप्टिकल घटना तब होती है जब प्रकाश किरणें अधिक सघन माध्यम से कम सघन माध्यम की यात्रा करती हैं।ऑप्टिकल फाइबर को इस तरह से डिज़ाइन किया गया है कि आंतरिक कोर का उच्च अपवर्तक सूचकांक प्रकाश किरण के कुल परावर्तन का कारण बनता है। इसलिए, ऑप्टिकल फाइबर कुल आंतरिक परावर्तन के सिद्धांत पर कार्य करता है।

अत: विकल्प (C) सही है।

**35.** विद्युत क्षेत्र $E = -\dfrac{dV}{dr}$ या $dr \propto \dfrac{1}{E}$

समविभव सतह निचले विद्युत क्षेत्र के क्षेत्रों की तुलना में बड़े विद्युत क्षेत्रों के करीब होती है। सुचालक के तीव्र किनारों पर आवेश घनत्व अधिक है और विद्युत क्षेत्र अधिक मजबूत है। इसलिए, समविभव सतहों पर अधिक सघन होगी।

अत: विकल्प (D) सही है।

**36.** आर्किमिडीज के सिद्धांत में कहा गया है कि उत्लावक बल, जो द्रव में डूबे हुए पिंड पर डाला जाता है, चाहे पूरी तरह से या आंशिक रूप से, उस तरल पदार्थ के वजन के बराबर है जिसे पिंड विस्थापित करता है।

अत: विकल्प (C) सही है।

**37.** किरचॉफ का नियम तापमान परिवर्तन के साथ एक प्रतिक्रिया की भिन्नता की तापीय धारिता का वर्णन करता है। सामान्य तौर पर, तापमान के साथ किसी भी पदार्थ की तापीय धारिता बढ़ जाती है।

अत: विकल्प (B) सही है।

**38.** रैखिक गति के संरक्षण के नियम के अनुसार, दो कणों में समान और विपरीत गति होगी।

डी ब्रोगली तरंग दैर्ध्य द्वारा दिया जाता है

$$\lambda = \frac{h}{p}$$

$$\therefore \frac{\lambda_1}{\lambda_2} = 1$$

अत: विकल्प (D) सही है।

**39.** डोपिंग एक अर्धचालक में अशुद्धियों को जोड़ने की प्रक्रिया है। अशुद्धता के आधार पर, चार्ज वाहक के रूप में या तो मुक्त इलेक्ट्रॉन या छेद बनाए जाते हैं। ये वाहक सामग्री के चालकता को बढ़ाते हैं। अधिक अशुद्धता जोड़कर, अधिक चार्ज वाहक बनाए जाते हैं जो चालकता को बढ़ाते हैं और प्रतिरोध को कम करते हैं।

अत: विकल्प (C) सही है।

**40.** नाभिक में प्रोटॉन और न्यूट्रॉन की कुल संख्या को परमाणु की द्रव्यमान संख्या कहा जाता है। यह आम तौर पर अक्षर A द्वारा दर्शाया जाता है।

द्रव्यमान संख्या (A) = प्रोटॉन की संख्या + न्यूट्रॉन की संख्या

जैसा कि दिया गया है, एक तत्व के परमाणु में 10 प्रोटॉन और 12 न्यूट्रॉन होते हैं, इसलिए, द्रव्यमान संख्या = 10 + 12 = 22

तो, तत्व की द्रव्यमान संख्या 22 है।

अत: विकल्प (C) सही है।

**41.** पृथ्वी की परत में दिए गए तत्वों की प्रतिशतता निम्न है:

ऑक्सीजन - 46.6%

एल्यूमीनियम - 8.1%

कैल्शियम - 3.63%

सोना - 0.0011%

लेकिन ऑक्सीजन एक गैर-धातु है और एल्यूमीनियम, कैल्शियम और सोना धातु हैं।

इसलिए, एल्यूमीनियम पृथ्वी की परत में सबसे प्रचुर धातु है।

अत: विकल्प (B) सही है।

**42.** इन्फ्लुएंजा (फ्लू के रूप में भी जाना जाता है) एक संक्रामक श्वसन बीमारी है जो इन्फ्लूएंजा वायरस के कारण होती है। टाइफाइड बुखार एक तीव्र बीमारी है जो साल्मोनेला टाइफी बैक्टीरिया के कारण होने वाले बुखार से जुड़ी है। हैजा एक संक्रामक बीमारी है जो पानी के गंभीर दस्त का कारण बनती है, जो कि वाइब्रियो कोलेरी नामक जीवाणु के कारण होती है। डिप्थीरिया कोरिनेबैक्टीरियम डिप्थीरिया जीवाणु के कारण होता है।

अत: विकल्प (C) सही है।

**43.** मानव में, हृदय की स्थिति के कारण बाएं फेफड़ा दाहिने फेफड़े से थोड़ा छोटा होता है। दिल का दो तिहाई हिस्सा शरीर के बाईं ओर स्थित है। दाहिने फेफड़े में 3 भाग होते हैं। छोटे बाएं फेफड़े में केवल 2 भाग होते हैं।

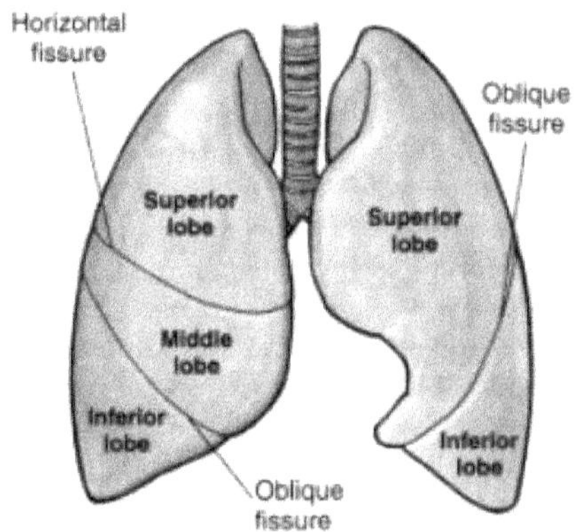


अत: विकल्प (A) सही है।

**44.** RAM को Read-write memory के रूप में भी जाना जाता है।

Read-write memory एक प्रकार की कंप्यूटर मेमोरी है जिसे अपेक्षाकृत आसानी से लिखा जा सकता है और साथ ही साथ पढ़ा जा सकता है, अर्थात, विद्युत सिगनल का उपयोग सामान्य रूप से रनिंग सॉफ्टवेयर से जुड़ा हुआ है।

अत: विकल्प (C) सही है।

**45.** एक Arithmetic Logic Unit (ALU) एक संयोजन डिजिटल इलेक्ट्रॉनिक सर्किट है जो पूर्णांक बाइनरी संख्याओं पर अंकगणितीय और बिटवाइज़ संचालन करता है।

अत: विकल्प (B) सही है।

**46.** ट्रांसफार्मर विद्युत-चुम्बकीय प्रेरण के सिद्धांत पर आधारित है। एक नरम लोहे की कोर पर प्राथमिक और माध्यमिक नाम की दो कुंडली हैं। जब AC को प्राथमिक कुंडली पर लागू किया जाता है, तो परिणामस्वरूप धारा में लगातार बदलती चुंबकीय प्रवाह का उत्पादन होगा।

अत: विकल्प (C) सही है।

**47.** फैराडे के नियम के अनुसार, "एक बंद लूप में प्रेरित ईएमएफ लूप के माध्यम से चुंबकीय प्रवाह के परिवर्तन की समय दर के बराबर है"।

$$\Rightarrow e = \frac{-d\phi}{dt}$$

अत: विकल्प (C) सही है।

**48.** न्यूटन के गति के दूसरे नियम में कहा गया है कि किसी पिंड के रैखिक गति के परिवर्तन की दर पिंड पर लागू बाहरी बल के सीधे आनुपातिक होती है।

$$F \propto \frac{dp}{dt}$$

$$F = k\frac{dp}{dt}$$

चूँकि $p = mv$

$$\therefore F = k\frac{d(mv)}{dt}$$

$$F = km\frac{dv}{dt}$$

$$F = kma \left(\frac{dv}{dt} = a = \text{त्वरण}\right)$$

इस प्रकार, न्यूटन का नियम बल का माप देता है।

अत: विकल्प (A) सही है।

**49.** न्यूटन के गति के दूसरे नियम के अनुसार,

जब किसी वस्तु पर बाहरी बल लगाया जाता है, तो बल की दिशा में वस्तु त्वरित हो जाती है।

इसलिए, बल त्वरण के लिए आनुपातिक है।

तो, $f = m \times a$

जहाँ,

$m =$ पिंड का द्रव्यमान

$a =$ पिंड का त्वरण

अत: विकल्प (B) सही है।

**50.** पारसेक दूरी की एक इकाई है जिसे उस दूरी के रूप में परिभाषित किया जाता है जिस पर एक खगोलीय इकाई एक आर्कसेकंड के कोण को घटाती है, जो 3.26 प्रकाश वर्ष के बराबर होती है।

अत: विकल्प (B) सही है।

**51.** मान लिया $\cos\theta = x$

तो, $\sec\theta = \frac{1}{x}$

$\sec\theta - \cos\theta = \frac{1}{x} - x = 1$

$\Rightarrow x^2 + x - 1 = 0$

श्रीधराचार्य सूत्र $x = -b \pm \sqrt{\frac{b^2 - 4ac}{2}}$ का उपयोग करते हुए, हम प्राप्त करते हैं

$$x = \frac{\sqrt{5}-1}{2}$$

तो, $\cos\theta = \frac{\sqrt{5}-1}{2}$ और $\sec\theta = \frac{2}{\sqrt{5}-1}$

$\sec\theta$ के हर को तर्कसंगत बनाते हुए, हम प्राप्त करते हैं

$$\sec\theta = \frac{\sqrt{5}+1}{2}$$

अब, $\sec^2\theta = 1 + \tan^2\theta$

$\Rightarrow \tan^2\theta = \sec^2\theta - 1$

$\Rightarrow \tan^2\theta = \frac{\sqrt{5}+1}{2}$

अत: विकल्प (D) सही है।

**52.** दिया हुआ,

$^{20}C_{r+2} = {}^{20}C_{2r-3}$

$r + 2 = 20 - 2r + 3$

$\Rightarrow r + 2 + 2r - 3 = 20$

$^nC_x = {}^nC_y$

$\Rightarrow x = n - y$

$\Rightarrow 3r - 1 = 20$

$\Rightarrow 3r = 21$ or $r = \frac{21}{3} = 7$

$\therefore {}^{12}C_7 = \frac{12!}{5!7!}$

$$= \frac{12 \times 11 \times 10 \times 9 \times 8 \times 71}{5 \times 4 \times 3 \times 2 \times 7!}$$

$$= 792$$

अत: विकल्प (C) सही है।

**53.** गेंदों की कुल संख्या $= 2 + 3 + 5 = 10$

नीले और हरे रंग की गेंदों की संख्या $= 3 + 5 = 8$

जैसा कि हम जानते हैं,

$P(A) =$ अनुकूल परिणामों की संख्या / संभावित परिणामों की कुल संख्या

$\therefore$ एक नीली या हरी गेंद की प्रायिकता $= \frac{8}{10}$

अत: विकल्प (B) सही है।

**54.** यदि कोई कण गति करता है -

$P(2,3,5) = 2\hat{\imath} + 3\hat{\jmath} + 5\hat{k}$

$Q(3,4,5) = 3\hat{\imath} + 4\hat{\jmath} + 5\hat{k}$

अब, उनके बीच की दूरी $= \left(3\hat{\imath} + 4\hat{\jmath} + 5\hat{k}\right) - \left(2\hat{\imath} + 3\hat{\jmath} + 5\hat{k}\right)$

$= \hat{\imath} + \hat{\jmath}$

इसका विस्थापन वेक्टर $\hat{\imath} + \hat{\jmath}$ है।

अत: विकल्प (C) सही है।

**55.** जैसा कि हम जानते हैं,

$n(A \cup B) = n(U) - n(A \cup B)'$

$\therefore n(A \cup B) = 60 - 10 = 50$

अब,

$n(A \cup B) = n(A) + n(B) - \mathbf{n}(A \cap B)$

$\Rightarrow 50 = 35 + 24 - n(A \cap B)$

$\Rightarrow n(A \cap B) = 9$

अत: विकल्प (A) सही है।

**56.** दिया हुआ,
$\log 27 = 1.431$
$\Rightarrow \log(3^3) = 1.431$
$\Rightarrow 3\log 3 = 1.431$
$\Rightarrow \log 3 = 0.477$
$\therefore \log 9 = \log(3^2)$
$= 2\log 3$
$= 2 \times 0.477$
$= 0.954$

अत: विकल्प (C) सही है।

**57.** दिया हुआ,
$\log_8 p = 25$ और $\log_2 q = 5$
$\therefore p = 8^{25}$ और $q = 2^5$
$\Rightarrow p = (2^3)^{25}$
$\Rightarrow p = 2^{75}$
$\Rightarrow p = (2^5)^{15}$
$q = 2^5$ रखने पर, हम प्राप्त करते हैं
$\Rightarrow p = q^{15}$

अत: विकल्प (A) सही है।

**58.** दिया हुआ,
$(i^{25})^3$
$(i^{25})^3 = i^{75}$
$= i^{72+3}$
$= i^{72} \times i^3$
$= i^{4 \times 18} \times i^3$
$= (1)^{18} \times (-i)$
$= -i$

अत: विकल्प (B) सही है।

**59.** दिया हुआ,
$x^2 + 4kx + k^2 - k + 2 = 0$
समीकरण की घाते समान हैं,
इसलिए, $D = 0$
$\therefore b^2 - 4ac = 0$
$\Rightarrow (4k)^2 - 4(k^2 - k + 2) = 0$
$\Rightarrow 16k^2 - 4k^2 + 4k - 8 = 0$
$\Rightarrow 12k^2 + 4k - 8 = 0$
समीकरण को $4$ से विभाजित करके, हम प्राप्त करते हैं
$3k^2 + k - 2 = 0$
$\Rightarrow 3k^2 + 3k - 2k - 2 = 0$
$\Rightarrow 3k(k + 1) - 2(k + 1) = 0$
$\Rightarrow (3k - 2)(k + 1) = 0$
$(3k - 2) = 0$ और $(k + 1) = 0$
$\therefore k = \dfrac{2}{3}$ $k = -1$

अत: विकल्प (C) सही है।

**60.** माना पहला पद और सामान्य अंतर क्रमशः $a, d$ है।
$n$ वां पद $(t_n) = a + (n - 1)d$
$\therefore$ 7 वां पद $= a + 6d$

और 11 वां पद $= a + 10d$
दिया हुआ,
7 वें पद का 7 गुना $=$ 11 वें पद का 11 गुना
$\Rightarrow 7 \times (a + 6d) = 11 \times (a + 10d)$
$\Rightarrow 7a + 42d = 11a + 110d$
$\Rightarrow 4a + 68d = 0$
$\Rightarrow a + 17d = 0$
$\therefore$ 18 वां पद $= a + 17d$
तुलना करने पर, हम प्राप्त करते हैं
18 वां पद $= 0$
अत: विकल्प (D) सही है।

**61.** माना $I = \int \dfrac{\cos 2x}{(\sin x + \cos x)^2} dx$
$= \int \dfrac{\cos^2 x - \sin^2 x}{(\cos x + \sin x)^2} dx$
$= \int \dfrac{(\cos x + \sin x)(\cos x - \sin x)}{(\cos x + \sin x)^2} dx$
$= \int \dfrac{\cos x - \sin x}{\cos x + \sin x} dx$
माना $\cos x + \sin x = t$
$\Rightarrow (\cos x - \sin x)dx = dt$
$\therefore I = \int \dfrac{dt}{t} = \log|t| + C$
$= \log|\cos x + \sin x| + C$

अत: विकल्प (B) सही है।

**62.** मान $x$ एक समबाहु त्रिभुज की भुजा है और $A$ क्षेत्रफल है।
$\therefore A = \dfrac{\sqrt{3}}{4} x^2$
$t$ के संबंध में दोनों पक्षों में अवकलन करने पर हम प्राप्त करते हैं -
$\dfrac{dA}{dt} = \dfrac{\sqrt{3}}{4} 2x \dfrac{dx}{dt}$
दिया हुआ,
$x = 10$ सेमी
और $\dfrac{dx}{dt} = 2$ सेमी/से
$\therefore \dfrac{dA}{dt} = \dfrac{\sqrt{3}}{4} \times 2 \times (10) \times 2$
$= 10\sqrt{3}$ सेमी $^2$/से

अत: विकल्प (C) सही है।

**63.** दिया हुआ,
$A(adjA) = \begin{bmatrix} 10 & 0 \\ 0 & 10 \end{bmatrix} = 10\begin{bmatrix} 1 & 0 \\ 0 & 1 \end{bmatrix} = 10I$
हम जानते हैं कि,
$A^{-1} = \dfrac{1}{|A|} Adj(A)$
$\Rightarrow A(adjA) = |A|I$
$\Rightarrow |A| = 10$

अत: विकल्प (C) सही है।

**64.** आवश्यक क्षेत्रफल $=$ (7 सेमी भुजा के एक समबाहु $\Delta$ का क्षेत्रफल ) $-$ ($3 \times$ वृत्त-खंड का क्षेत्रफल $\theta = 60°$ और $r = 3.5$ सेमी)

$$= \left[\left(\frac{\sqrt{3}}{4} \times 7 \times 7\right) - \left(3 \times \frac{22}{7} \times 3.5 \times 3.5 \times \frac{60}{360}\right)\right] \text{सेमी}^2$$

$$= \left(\frac{49\sqrt{3}}{4} - 11 \times 0.5 \times 3.5\right) \text{सेमी}^2$$

$$= (21.217 - 19.25) \text{सेमी}^2$$

$$= 1.967 \text{सेमी}^2$$

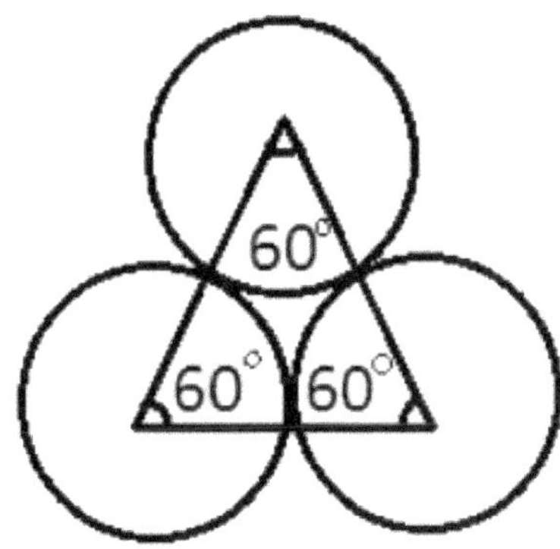


अत: विकल्प (A) सही है।

**65.** दिया हुआ,

वृत्त की परिधि / वृत्त का व्यास $= \frac{22}{7}$

$\therefore$ वृत्त की परिधि / त्रिज्या का दो गुना $= \frac{22}{7}$

$$\Rightarrow \frac{1\frac{4}{7}}{2r} = \frac{22}{7}$$

$$\Rightarrow \frac{\frac{11}{7}}{2r} = \frac{22}{7}$$

$$\Rightarrow \frac{11}{14r} = \frac{22}{7}$$

$$\Rightarrow 14r \times 22 = 11 \times 7$$

$$\Rightarrow r = \frac{11 \times 7}{14 \times 22}$$

$$\Rightarrow r = \frac{1}{4}$$

अत: विकल्प (C) सही है।

**66.** दिया हुआ,

$$y = 3x - 1$$

रेखा का सामान्य समीकरण $y = mx + c$ है।

$\therefore m = 3$

यदि दो रेखाएँ लंबवत हैं, तो,

$$m_1 \cdot m_2 = -1$$

रेखा का ढलान $y = 3x - 1$ के लंबवत $\frac{-1}{3}$ होगा।

$\therefore$ रेखा का समीकरण $y = \frac{-1}{3}x + c$

$$3y + x = c$$

यह रेखा बिंदु $(1,2)$ से होकर गुजरती है।

$\therefore 3(2) + 1 = c$

$$\Rightarrow c = 7$$

रेखा का समीकरण $x + 3y = 7$ हो जाता है।

$\therefore x + 3y - 7 = 0$

अत: विकल्प (B) सही है।

**67.** सबसे पहले हम रेखा $2x - 3y + 8 = 0$ का ढलान ज्ञात करते हैं।

$$2x - 3y + 8 = 0$$

$$2x - 3y + 8 = 0$$

$$\Rightarrow -3y = -2x - 8$$

$$\Rightarrow 3y = 2x + 8$$

$$\Rightarrow y = \frac{2}{3}x + \frac{8}{3}$$

रेखा का समीकरण $y - y_1 = m(x - x_1)$ जो ढलान $m$ के साथ $(x_1, y_1)$ बिंदु से होकर गुजरता है।

यहाँ बिंदु $(2,3)$ है और ढलान $m = \frac{2}{3}$ है।

इसलिए, रेखा का समीकरण है

$$y - 3 = \frac{2}{3}(x - 2)$$

$$\Rightarrow 3(y - 3) = 2(x - 2)$$

$$\Rightarrow 3y - 9 = 2x - 4$$

$$\Rightarrow 2x - 3y = -9 + 4$$

$$\Rightarrow 2x - 3y = -5$$

इसलिए, रेखा का समीकरण $2x - 3y = -5$ है।

अत: विकल्प (A) सही है।

**68.** दिए गए बिंदुओं $(3, -2)$ और $(7,2)$ को ध्यान में रखकर,

हम जानते हैं कि रेखा का ढलान जो दो बिंदुओं $(x_1, y_1)$ और $(x_2, y_2)$ से होकर गुजरता है $= \frac{y_2 - y_1}{x_2 - x_1}$

$$= \frac{2 + 2}{7 - 3}$$

$$= \frac{4}{4} = 1$$

अत: विकल्प (C) सही है।

**69.** यदि $A$ और $B$ स्वतंत्र हैं, तो

$$P\left(\frac{A}{B}\right) = P(A)$$

$$\Rightarrow P\left(\frac{A}{B}\right) = \frac{P(A \cap B)}{P(B)}$$

तो, $P(A \cap B) = P(A)P(B) = \frac{1}{4}p$

$$P(A \cup B) = P(A) + P(B) - p(A \cap B)$$

$$\Rightarrow \frac{1}{3} = \frac{1}{4} + p - \frac{1}{4}p$$

$$\Rightarrow p = \frac{1}{9}$$

अत: विकल्प (A) सही है।

**70.** मूलो का गुणनफल, $\alpha \times \beta = -1$

मूलो का योग, $\alpha + \beta = \dfrac{-\beta}{\alpha}$

$\Rightarrow a + \beta = 1 (\because b = -1)$ और $a = 1)$

दोनों ओर वर्ग करने पर,

$\Rightarrow (a + \beta)^2 = 1^2$

$\Rightarrow a^2 + \beta^2 + 2\alpha\beta = 1$

$\Rightarrow a^2 + \beta^2 + 2(-1) = 1$

$\Rightarrow a^2 + \beta^2 = 3$

पुन: दोनों ओर वर्ग करने पर,

$\Rightarrow (a^2 + \beta^2)^2 = 3^2$

$\Rightarrow a^4 + \beta^4 + 2a^2\beta^2 = 9$

$\Rightarrow a^4 + \beta^4 = 7$

पुन: दोनों ओर वर्ग करने पर,

$\Rightarrow (a^4 + \beta^4)^2 = 7^2$

$\Rightarrow a^8 + \beta^8 + 2a^4\beta^4 = 49$

$\therefore a^8 + \beta^8 = 47$

अत: विकल्प (A) सही है।

**71.** जैसा कि हम जानते हैं,

$$a_n = a + (n-1)d$$

दिए गए मान को रखकर, हम प्राप्त करते हैं

$$4 = a + (7-1)(-4)$$

$$\Rightarrow a = 4 + 24$$

$$\Rightarrow a = 28$$

अत: विकल्प (D) सही है।

**72.** माना $x = 2\sin^2\theta + 3\cos^2\theta$

$\Rightarrow x = 2\sin^2\theta + 2\cos^2\theta + \cos^2\theta$

$\Rightarrow x = 2(\sin^2\theta + \cos^2\theta) + \cos^2\theta$

$\Rightarrow x = 2 + \cos^2\theta\,[\text{since } \sin^2\theta + \cos^2\theta = 1]$

इसलिए $x$ न्यूनतम होगा जब $\cos\theta = 0$

$x$ का न्यूनतम मान $2\sin^2\theta + 3\cos^2\theta = 2$ है।

अत: विकल्प (C) सही है।

**73.** दिया हुआ,

$$\cos^4\theta - \sin^4\theta = \frac{2}{3}$$

$\Rightarrow (\cos^2\theta - \sin^2\theta)(\cos^2\theta + \sin^2\theta) = \frac{2}{3}$

$\Rightarrow \cos^2\theta - \sin^2\theta = \frac{2}{3}[\because \sin^2\theta + \cos^2\theta = 1]$

$\Rightarrow 1 - \sin^2\theta - \sin^2\theta = \frac{2}{3}$

$\Rightarrow 1 - 2\sin^2\theta = \frac{2}{3}$

अत: विकल्प (C) सही है।

**74.** 10 उम्मीदवार हैं, जिनमें से 5 सदस्यों को चुना जाना है और एक व्यक्ति 5 तक वोट कर सकता है।

इस प्रकार एक व्यक्ति 10 में से 1,2,3,4 या 5 वोट कर सकता है।

तो, आवश्यक तरीकों की संख्या $= {}^{10}C_1 + {}^{10}C_2 + {}^{10}C_3 + {}^{10}C_4 + {}^{10}C_5 = 637$

अत: विकल्प (C) सही है।

**75.** दिया हुआ,

$$\frac{\log\sqrt{8}}{\log 8}$$

$$= \frac{\log(8)^{\frac{1}{2}}}{\log 8}$$

$$= \frac{\frac{1}{2}\log 8}{\log 8}$$

$$= \frac{1}{2}$$

अत: विकल्प (C) सही है।

**76.** एफ 1 चैंपियन मैक्स वेरस्टैपेन को 2022 लॉरियस स्पोर्ट्समैन ऑफ द ईयर चुना गया है।

जमैका ओलंपिक स्प्रिंटर एलेन थॉम्पसन-हेरा को स्पोर्ट्सवुमेन ऑफ द ईयर चुना गया है।

अत: विकल्प (C) सही है।

**77.** प्रोफेसर दिनेश प्रसाद सकलानी को राष्ट्रीय शैक्षिक अनुसंधान और प्रशिक्षण परिषद (एनसीईआरटी) का नया निदेशक नियुक्त किया गया है।

उन्हें पांच साल की अवधि के लिए या 65 वर्ष की आयु प्राप्त करने तक, जो भी पहले हो, के लिए नियुक्त किया गया है।

एनसीईआरटी एक स्वायत्त निकाय है, जो स्कूली शिक्षा में सुधार के लिए नीतियों पर सरकार की सहायता और सलाह देता है।

अत: विकल्प (A) सही है।

**78.** भारत में राष्ट्रीय खेल दिवस 29 अगस्त को मनाया जाता है। भारत सरकार ने 29 अगस्त को मेजर ध्यानचंद के सम्मान में खेल दिवस के रूप में घोषित किया है।

अत: विकल्प (B) सही है।

**79.** 'मर्डेका कप' फुटबॉल से संबंधित है।

पेस्ताबोला मर्डेका या मर्डेका टूर्नामेंट स्वतंत्रता दिवस का सम्मान करने के लिए मलेशिया में आयोजित एक फुटबॉल टूर्नामेंट है।

अत: विकल्प (B) सही है।

**80.** भारत का राष्ट्रीय गीत 'वंदे मातरम' 1896 में भारतीय राष्ट्रीय कांग्रेस के पहले अधिवेशन में गाया गया था। वंदे मातरम बंकिम चंद्र चटर्जी के उपन्यास आनंद मठ का एक अंश है। यह 1937 तक भारत का राष्ट्रगान था।

अत: विकल्प (B) सही है।

**81.** सूर्य जो कि एक तारा भी है, पृथ्वी का निकटतम तारा है। सूर्य के अलावा, प्रॉक्सिमा सेन्टॉरी सौर मंडल का सबसे निकटतम तारा है। सूर्य पृथ्वी का सबसे नजदीकी तारा है, जो लगभग 93 मिलियन मील दूर है।

अत: विकल्प (A) सही है।

**82.** पोर्ट ब्लेयर केंद्र शासित प्रदेश अंडमान व निकोबार द्वीप समूह की राजधानी है। यह दक्षिण अंडमान द्वीप के पूर्वी तट पर स्थित है। पोर्ट ब्लेयर प्राचीन द्वीपों का प्रवेश द्वार है।

अत: विकल्प (A) सही है।

**83.** केरल के एर्नाकुलम जिले में स्थित कोच्चि फोर्ट भारत में पहली यूरोपीय बस्ती थी। यह जल से घिरा हुआ स्थान है, यह कोच्चि के दक्षिण-पश्चिम में स्थित है।

अत: विकल्प (A) सही है।

**84.** 1967 में, नागालैंड विधानसभा ने भारतीय अंग्रेजी को नागालैंड की आधिकारिक भाषा के रूप में घोषित किया और यह नागालैंड में शिक्षा का माध्यम है। अंग्रेजी के अलावा, नागामी, असमिया पर आधारित एक क्रेओल भाषा व्यापक रूप से बोली जाती है।

अत: विकल्प (A) सही है।

**85.** लेक अल्बानिया की आधिकारिक मुद्रा है। फरवरी 1926 में लेक को पहली अल्बानियाई मुद्रा के रूप में पेश किया गया था।

अत: विकल्प (B) सही है।

**86.** बहामास की आधिकारिक मुद्रा बहमियन डॉलर है। $ प्रतीक का उपयोग बहमियाई डॉलर के लिए किया जाता है। B$ प्रतीक का उपयोग अन्य डॉलर मुद्राओं से अलग करने के लिए किया जाता है।

अत: विकल्प (B) सही है।

**87.** BIT का पूर्ण रूप Binary Digit है। यह सूचना सिद्धांत, कंप्यूटिंग और डिजिटल संचार में बुनियादी सूचना इकाई है। एक बाइनरी डिजिट (बिट) कंप्यूटर में सूचना की सबसे छोटी इकाई है।

अत: विकल्प (C) सही है।

**88.** पंचायतन मंदिर रचना शैली है। इस रचना में चारो कोनों पर सहायक मंदिर और मध्य में मुख्य मंदिर है। वास्तुकला में इस प्रकार के मंदिरों को पंचायतन शैली में निर्मित मंदिर कहा जाता है यानी कि एक मंदिर जिसमें एक केंद्रीय पूजा-स्थल के इर्द-गिर्द चार अन्य पूजा स्थल हैं। मंदिर के तल से लेकर शिखर तक सुन्दर कारीगरी का दिग्दर्शन होता है। रत्नागिरी (महाराष्ट्र) जनपद में गुहाकार में स्थिति श्रीदेव व्यमेश्वर मंदिर पंचायतन शैली का प्रमुख मंदिर है।

अत: विकल्प (C) सही है।

**89.** इंसुलिन की खोज सर फ्रेडरिक जी बैंटिंग, चार्ल्स एच बेस्ट और जेजेआर मैकलोड ने 1921 में टोरंटो विश्वविद्यालय में की थी और बाद में इसे जेम्स बी कोलिप द्वारा शुद्ध किया गया था।

इंसुलिन का उपयोग मधुमेह के रोगी रक्त में शर्करा के स्तर को नियंत्रित करने के लिए करते हैं।

अत: विकल्प (B) सही है।

**90.** फ्लोरोसिस फ्लोराइड का अत्यधिक सेवन के कारण होता है। बड़ी मात्रा में फ्लोराइड के संपर्क में आने वाले लोगों में कंकाल के प्रभाव की तुलना में फ्लोरोसिस के दंत प्रभाव बहुत पहले विकरित हो जाते हैं।

अत: विकल्प (B) सही है।

**91.** आर. के. नारायण 'वेटिंग फॉर द महात्मा' पुस्तक के लेखक थे। वेटिंग फॉर द महात्मा' एक अंग्रेजी उपन्यास है। इस पुस्तक में अध्ययन किया गया है कि भारतीय जनता में गांधीवादी क्रांति की क्या प्रतिक्रिया थी।

अत: विकल्प (D) सही है।

**92.** 'प्लेइंग इट माई वे' पूर्व भारतीय क्रिकेटर सचिन तेंदुलकर की आत्मकथा है। इसे 5 नवंबर 2014 को मुंबई में लॉन्च किया गया था।

अत: विकल्प (C) सही है।

**93.** प्रथम पद = 6

दूसरा पद = 6 ✕2 + 1 = 13

तीसरा पद = 13 ✕2+2 = 28

चौथा पद = 28 ✕2+3 = 59

पांचवां पद = 59 ✕2 + 4 = 122

अंतिम पद = 122 ✕2 + 5 = 249

इसलिए, लुप्त पद = 122

अत: विकल्प (B) सही है।

**94.** प्रथम पद = 4

दूसरा पद = 4 + 3 = 7

तीसरा पद = 7+5 = 12

चौथा पद = 12+7 = 19

पांचवां पद = 19+9 = 28

इसलिए,

अगला पद = 28 + 11 = 39

अत: विकल्प (D) सही है।

**95.** नाटी हिमाचल प्रदेश का सबसे प्रसिद्ध नृत्य है। इसे गिनीज वर्ल्ड रिकॉर्ड बुक में सबसे बड़े लोक नृत्य के रूप में भी सूचीबद्ध किया गया है। इसकी उत्पत्ति कुल्लू और शिमला जैसे जिलों से हुई और यह पूरे राज्य में लोकप्रिय है।

अत: विकल्प (D) सही है।

**96.** "पानी से घिरे उपमहाद्वीपीय भूमि के टुकड़े" से संबंधित भौगोलिक शब्द द्वीप है। द्वीप, किसी महाद्वीप से छोटा और पूरी तरह से पानी से घिरा भूमि का क्षेत्र है। द्वीप महासागरों, समुद्रों, झीलों या नदियों में हो सकते हैं। द्वीपों के एक समूह को एक द्वीपसमूह कहा जाता है।

अत: विकल्प (D) सही है।

**97.** मूल और पुनर्व्यवस्थित अक्षर अनुक्रम निम्नानुसार हैं:

ABCDEFGHIJKLMNOPQRSTUVWXYZ

BCDFGHJKLMNPQRSTVWXYZAEIOU

इस प्रकार, META के लिए कोड QGYB है।

अत: विकल्प (D) सही है।

**98.** Abbreviate का अर्थ किसी शब्द या पदबंध को संक्षिप्त करना है।

अत: विकल्प (A) सही है।

**99.** मोहिनीअट्टम भारत के प्रसिद्ध शास्त्रीय नृत्यों में से एक है जो केरल राज्य में विकसित और लोकप्रिय रहा है। कथकली केरल का एक और शास्त्रीय नृत्य है। इनके अलावा, केरल में थेयम, कुथू, कृष्णनट्टोम और कूटियट्टम भी प्रचलित हैं।

अत: विकल्प (C) सही है।

**100.** भारतीय राष्ट्रीय कैलेंडर (जिसे कभी-कभी शक कैलेंडर कहा जाता है) भारत में आधिकारिक नागरिक कैलेंडर है। इसका उपयोग भारत के राजपत्र, अखिल भारतीय रेडियो द्वारा समाचार प्रसारण, और भारत सरकार द्वारा जारी कैलेंडर और संचार में किया जाता है।

अत: विकल्प (D) सही है।

# English

**Ques (1-3):Direction:** Read the following passage carefully and choose the most appropriate answer to the question out of the four alternatives.

Is there any difference between "genius" and "talent"? We generally feel that a man of genius is in some way higher than a man of talent; and that talented men are more common than genius. This is true, but it is rather vague. Genius implies "very extraordinary gifts or native powers, especially as displayed in original creation, discovery, expression or achievement; phenomenal capacity regarded as relatively independent of instruction and training". Talent, on the other hand, consists of "mental endowments or capacities of superior character; marked mental ability". "Talent" is more the capacity to learn to do a thing well; but "genius" is an inborn inspiration that drives a man to do a thing with original excellence. As Meredith said, "Genius does what it must, and talent does what it can".

Shakespeare in drama and poetry, Isaac Newton in science, Napoleon in war, Beethoven in music, were geniuses; many well-known poets, scientists, generals and musicians have been men of talent.

**Q.1** What is the general view of a "genius" and a "talented" man?

**A.**  A genius is more superior than other men

**B.**  A talented man is a skillful man.

**C.** A genius is superior to a man of talent and that talented men are more common than genius.

**D.**  A genius looks down on a talented man.

**Q.2** A genius is a man with _________ ideas.

**A.** common

**B.** original

**C.** clever

**D.** bright

**Q.3** To learn to do a thing well is to be _________.

**A.** professional

**B.** skillful

**C.** talented

**D.** a genius

**Q.4** Choose the sentence below with the correct punctuation.

**A.** Ted and Janice, who had been friends for years, went on vacation together every summer.

**B.** Ted and Janice, who had been friends for years, went on vacation together, every summer.

**C.** Ted, and Janice who had been friends for years, went on vacation together every summer.

**D.** Ted and Janice who had been friends for years went on vacation together every summer.

**Q.5** Past participle of the verb 'swim' is:

**A.** Swam

**B.** Swum

**C.** Swimming

**D.** Swimmer

**Q.6 Direction**: Select the word that is most similar in meaning to the following word.

Synchronicity

**A.** Conformity

**B.** Conflict

**C.** Vendetta

**D.** Altercation

**Q.7 Direction:** Select the word that is most opposite in meaning to the following word.

Constancy

**A.** Dedication

**B.** Allegiance

**C.** Treachery

**D.** Loyalty

**Q.8 Direction**: In the following question, the sentence is given with blank to be filled in with an appropriate word. Select the correct alternative out of the four and indicate it by selecting the appropriate option.

She _____ recovering in the hospital.

**A.** Were

**B.** Were to

**C.** Has

**D.** Has been

**Q.9 Direction**: Point out the word which can be substituted for the given sentence.

The act of killing a king:

**A.** Homicide

**B.** Dominicide

**C.** Deicide

**D.** Regicide

**Q.10 Direction**: In the following question, a word has been given, form an adjective from the word.

Understand

**A.** Understanding

**B.** Understanded

**C.** Understandings

**D.** Understandable

**Q.11 Direction**: In the following question, a sentence is given with a blank to be filled in with an appropriate word. Select the correct alternative out of the four and indicate it by selecting the appropriate option.

Put your own house _____ order before preaching others.

**A.** Within

**B.** Into

**C.** In

**D.** To

**Q.12 Direction**: Fill in the blank with the correct preposition.

The match _________ India and Pakistan are always very crucial.

**A.** Both

**B.** Between

**C.** Among

**D.** By

**Q.13 Direction**: In the following questions, some of the sentences have errors and some have none. Find out which part of the sentence has an error. The number of that part is your answer. If there is no error, the answer would be (D).

Raju had made a list (A)/ of all the toys (B)/ he wants to purchase. (C)/ No error (D)

**A.** A

**B.** B

**C.** C

**D.** D

**Q.14 Direction**: In the following questions, some of the sentences have errors and some have none. Find out which part of the sentence has an error. The number of that part is your answer. If there is no error, the answer would be (D).

Under no circumstances (A)/ have I harmed (B)/ him, and he knows. (C)/ No Error. (D)

**A.** A **B.** B **C.** C **D.** D

**Q.15 Direction**: In the following questions, some of the sentences have errors and some have none. Find out which part of the sentence has an error. The number of that part is your answer. If there is no error, the answer would be (D).
The beggar (A)/ whom we had suspected (B)/ to be guilty turned out to be innocent. (C)/ No Error. (D)

**A.** A **B.** B **C.** C **D.** D

**Q.16 Direction:** In the following questions, some of the sentences have errors and some have none. Find out which part of the sentence has an error. The number of that part is your answer. If there is no error, the answer would be (D).
How much persons (A)/ do you have (B)/ in your family. (C)/ No error(D)

**A.** A **B.** B **C.** C **D.** D

**Q.17 Direction**: In the following questions, a sentence has been given in Active Voice/ Passive Voice. Out of the four alternatives suggested, select the one which best expresses the same sentence in Passive/Active Voice.
Women like men to flatter them.

**A.** Men are liked by women to flatter them.
**B.** Women like to be flattered by men.
**C.** Women like that men should flatter them.
**D.** Women are liked to be flattered by men.

**Q.18 Direction**: In the following questions, a sentence has been given in Active Voice/ Passive Voice. Out of the four alternatives suggested, select the one which best expresses the same sentence in Passive/Active Voice.
Has a dog ever bitten you?

**A.** Has you ever been bitten by a dog?
**B.** Have you ever bites you?
**C.** You are bitten by a dog.
**D.** Have you ever been bitten by a dog?

**Q.19 Direction:** Sentences are given with blanks to be filled in with an appropriate Preposition. Some alternatives are suggested for each question. Choose the correct alternative out of the given alternatives.
What are the main ingredients _____ this casserole?

**A.** on **B.** about **C.** to **D.** of

**Q.20 Direction:** Sentences are given with blanks to be filled in with an appropriate Preposition. Some alternatives are suggested for each question. Choose the correct alternative out of the given alternatives.
My best friend, John, is named _____ his great-grandfather.

**A.** after **B.** to **C.** about **D.** in

**Q.21 Direction:** Sentences are given with blanks to be filled in with an appropriate Preposition. Some alternatives are suggested for each question. Choose the correct alternative out of the given alternatives.
Grandpa stayed up _____ two in the morning.

**A.** till **B.** until **C.** since **D.** for

**Q.22 Direction:** In the following question, out of the four alternatives, choose the one which can be substituted for the given words/sentence.
Government by a few people.

**A.** Aristocracy **B.** Oligarchy
**C.** Dictatorship **D.** Bureaucracy

**Q.23 Direction**: In the following question, out of the four alternatives, choose the one which best expresses the meaning of the given word.
Enigma

**A.** Attractive **B.** Riddle
**C.** Flare-up **D.** Dream

**Q.24** Adjective of "audacity" is:

**A.** Audi **B.** Audacious
**C.** Audaciously **D.** Audaciate

**Q.25** Verb form of "rejuvenation" is:

**A.** Rejuvenate **B.** Rejun
**C.** Rejuvenaous **D.** Rejuvenatiously

# Science

**Q.26** मैक्सवेल किसकी इकाई है?

**A.** चुम्बकत्व की तीव्रता **B.** भेद्यता
**C.** चुंबकीय प्रवाह **D.** चुंबकीय सुग्राह्यता

**Q.27** ठोस कोण की एसआई इकाई है:

**A.** डिग्री **B.** रेडियन
**C.** स्टेरेडियन **D.** रेडियन-सेकंड

**Q.28** निम्नलिखित में से कौन सा एक वेक्टर मात्रा नहीं है?

**A.** विद्युत प्रवाह **B.** विद्युत क्षेत्र
**C.** त्वरण **D.** रैखिय संवेग

**Q.29** ऑप्टिक फाइबर का उपयोग किया जाता है:

*[Territorial Army Officer, 2019]*

**A.** सीएटी स्कैन में **B.** एक्स-रे फोटो में
**C.** अल्ट्रासाउंड स्कैन में **D.** एंडोस्कोपी में

**Q.30** पहाड़ों पर बर्फ, सूरज द्वारा गर्म किये जाने पर है एक साथ नहीं पिघलती है क्योंकि:

**A.** यह बहुत कठोर हो जाती है
**B.** यह सूर्य की अधिकांश ऊष्मा को प्रतिबिंबित करता है
**C.** इसकी निम्न विशिष्ट ताप क्षमता है
**D.** इसमें संलयन की एक उच्च अव्यक्त ऊष्मा होती है

**Q.31** रेलवे प्लेटफॉर्म पर खड़ा व्यक्ति आने-जाने वाली ट्रेनों की सीटी सुनता है। सुनाई देने वाली सीटी __________ होती है।

**A.** सभी में दोनों मामलों में समान
**B.** ट्रेन आने पर अधिक तीव्रता की
**C.** ट्रेन आने पर उच्च पिच की
**D.** ट्रेन जाने पर उच्च पिच की

**Q.32** किससे गुजरते समय प्रकाश की गति न्यूनतम होती है?

**A.** कांच **B.** शून्यक **C.** पानी **D.** हवा

**Q.33** दूरसंचार के लिए किस प्रकार की तरंगों का उपयोग किया जाता हैं?

**A.** दृश्य प्रकाश **B.** अवरक्त
**C.** पराबैंगनी **D.** माइक्रोवेव

**Q.34** निम्नलिखित में से किसे "कृत्रिम चीनी" भी कहा जाता है?

**A.** ग्लूकोज **B.** फ्रुक्टोज **C.** सेलूलोज़ **D.** सैकरीन

**Q.35** बॉक्साइट ________ धातु का एक अयस्क है।
**A.** एल्युमिनियम **B.** सोना
**C.** तांबा **D.** चांदी

**Q.36** ________ में तत्वों के परमाणु में समान परमाणु संख्या लेकिन विभिन्न द्रव्यमान संख्या होती हैं।
**A.** आइसोबार **B.** आइसोटोन
**C.** आइसोटोप **D.** आइसोइलेक्ट्रॉनिक

**Q.37** निम्नलिखित में से कौन-सा आवर्त सरणी के समूह 17 का हिस्सा है, जिसे "हैलोजन" भी कहा जाता है?
**A.** ब्रोमीन **B.** क्लोरीन
**C.** आर्गन **D.** 1 और 2 दोनों

**Q.38** लैक्टिक अम्ल निम्नलिखित में से किसमें पाया जाता है?
**A.** फल **B.** दूध **C.** टमाटर **D.** सिरका

**Q.39** निम्नलिखित में से किसका पीएच मान 7 से कम है?
**A.** लार **B.** सिरका
**C.** दूध **D.** B और C दोनों

**Q.40** गेमेक्सीन, डी. डी. टी. और ब्लीचिंग पाउडर निम्न में से किसके महत्वपूर्ण यौगिक हैं?
**A.** सल्फर **B.** नाइट्रोजन **C.** क्लोरीन **D.** फास्फोरस

**Q.41** यूरिया, $CO(NH_2)_2$ में कार्बन की प्रतिशत संरचना है:
**A.** 40% **B.** 30% **C.** 20% **D.** 10%

**Q.42** सम्मोहक और पारितोषिक किसके लिए आवश्यक होते हैं?
**A.** वायुपरागण **B.** कीट-परागण
**C.** जलपरागण **D.** अनुन्मील्यपरागण

**Q.43** निम्नलिखित में से कौन-सा ईंधन न्यूनतम पर्यावरणीय प्रदूषण उत्पन्न करता है?
**A.** डीजल **B.** केरोसीन **C.** हाइड्रोजन **D.** कोयला

**Q.44** 'लिबरकुहन के तहखाने' में से कौन सी कोशिकाएँ जीवाणुरोधी लाइसोजाइम का स्राव करते हैं?
**A.** रजतरंजी कोशिकाएँ **B.** पैनेथ कोशिकाएँ
**C.** जाइमोजिन कोशिकाएँ **D.** कुप्फर कोशिकाएँ

**Q.45** व्यस्क मानव की आरबीसी अकेन्द्रकी होती हैं। निम्न में कौन सा/से कथन इस लक्षण की सबसे उचित व्याख्या करता/करते हैं?
(a) इन्हें प्रजनन करने की आवश्यकता नहीं है।
(b) ये कायिक कोशिकाएँ हैं।
(c) ये उपापचय नहीं करती।
(d) इनका समस्त आंतरिक स्थान ऑक्सीजन संवहन के लिए उपलब्ध है।
**A.** केवल (d) **B.** केवल (a)
**C.** (a), (c) एवं (d) **D.** (b) एवं (c)

**Q.46** यकृत निवाहिका शिरा द्वारा यकृत में रक्त कहाँ से आता है?
**A.** हृदय **B.** आमाशय **C.** वृक्क **D.** आंत

**Q.47** डी.एन.ए. एक आनुवंशिक पदार्थ है, इसका अन्तिम प्रमाण किसके प्रयोग से आया?
**A.** ग्रिफिथ
**B.** हर्शे और चेस
**C.** अवरी, मैकलॉड और मैककार्टी
**D.** हरगोबिन्द खुराना

**Q.48** निम्नलिखित में से कौन सबसे छोटी जीवित कोशिकाएं हैं, जिन्हें एक निश्चित कोशिका भित्ति के बिना होते हैं, पौधों के साथ-साथ जानवरों के लिए रोगजनक है और ऑक्सीजन के बिना जीवित रह सकते हैं?
**A.** बेसिलस **B.** स्यूडोमोनास
**C.** माइकोप्लाज्मा **D.** नॉस्टक

**Q.49** निम्नलिखित में से कौन सा विकल्प सूत्री विभाजन के दौरान, होने वाली घटनाओं का सही अनुक्रम दर्शाता है ?
**A.** संघनन → केन्द्रक झिल्ली का विघटन → जीन विनिमय→ पृथक्करण → अंत्यावस्था
**B.** संघनन → केन्द्रक झिल्ली का विघटन → मध्य रेखा पर व्यवस्था → गुणसूत्रबिंदु का विभाजन → पृथक्करण → अंत्यावस्था
**C.** संघनन → जीन विनिमय → केन्द्रक झिल्ली का विघटन → पृथक्करण → अंत्यावस्था
**D.** संघनन → भूमध्य रेखा पर व्यवस्था → गुणसूत्रबिंदु का विभाजन → पृथक्करण → अंत्यावस्था

**Q.50** एंजाइमों के संदर्भ में कौन सा कथन उचित है ?
**A.** एपोएंजाइम = होलोएंजाइम + कोएंजाइम
**B.** होलोएंजाइम = एपोएंजाइम + कोएंजाइम
**C.** कोएंजाइम = एपोएंजाइम + होलोएंजाइम
**D.** होलोएंजाइम = कोएंजाइम + कोफैक्टर

# Mathematics

**Q.51** $(-1-i)$ का मुख्य तर्क क्या है, जहां $i = \sqrt{(-1)}$?
**A.** $\frac{5\pi}{4}$ **B.** $-\frac{\pi}{4}$ **C.** $-\frac{3\pi}{4}$ **D.** $\frac{3\pi}{4}$

**Q.52** यदि $n \in N$ तो $121^n - 25^n + 1900^n - (-4)^n$ का विभाज्य निम्नलिखित में से कौन सा है?
**A.** 1904 **B.** 2000 **C.** 2002 **D.** 2006

**Q.53** यदि $n = (2017)!$ तो $\frac{1}{\log_2 n} + \frac{1}{\log_3 n} + \frac{1}{\log_4 n} + \cdots + \frac{1}{\log_{2017} n}$ किसके बराबर है?
**A.** 0 **B.** 1 **C.** $\frac{n}{2}$ **D.** $n$

**Q.54** $(1 + x)^{43}$ के विस्तार में $(2r + 1)$ वें और $(r + 2)$ वें पदों के गुणांक बराबर हैं, फिर $r(r \neq 1)$ का मान क्या है?
**A.** 5 **B.** 14 **C.** 21 **D.** 22

**Q.55** यदि सेट A की गणनीयता 4 है और सेट B की गणनीयता 3 है, तो सेट $A \Delta B$ की गणनीयता कितना है?
**A.** 1
**B.** 5
**C.** 7
**D.** निर्धारित नहीं किया जा सकता

**Q.56** A और B, X और C = $(A \cap B') \cup (A' \cap B)$, के उपसमुच्चय हैं, जहां A' और B' X में क्रमशः A और B के पूरक हैं। C किसके बराबर है?
**A.** (A ∪ B') - (A ∩ B') **B.** (A' ∪ B) - (A ∩ B)
**C.** (A ∪ B) - (A ∩ B) **D.** (A' ∪ B') - (A' ∩ B')

**Q.57** 100 और 1000 के बीच, अंकों 5,6,7,8,9, से कितनी संख्याएं बन सकती हैं, यदि अंकों की पुनरावृत्ति नहीं की जाये?
**A.** $3^5$ **B.** $5^3$ **C.** 120 **D.** 60

**Q.58** समीकरण $|1 - 2i|^x = 5^x$ के अशून्य अभिन्न हलों की संख्या है:

**A.** 0      **B.** 1      **C.** 2      **D.** 3

**Q.59** यदि दो धनात्मक संख्याओं $a$ और $b$ के $AM$ (समांतर माध्य) और $GM$ (गुणोत्तर माध्य) का अनुपात $5:3$ है, तो $a:b$ किसके बराबर है?

**A.** 3:5      **B.** 2:9      **C.** 9:1      **D.** 5:3

**Q.60** $r!$ द्वारा विभाजित, $r$ का क्रमागत धनात्मक पूर्णांक का गुणनफल है -

**A.** एक उचित अंश      **B.** $r$ के बराबर
**C.** एक सकारात्मक पूर्णांक      **D.** इनमे से कोई नहीं

**Q.61** यदि $\cos T = \dfrac{3}{5}$ और $\sin R = \dfrac{8}{17}$, जहाँ $T$ चतुर्थ चतुर्थांश और $R$ द्वितीय चतुर्थांश में है तब $\cos(T - R)$ बराबर है :

**A.** $\dfrac{77}{85}$      **B.** $\dfrac{13}{85}$      **C.** $-\dfrac{13}{85}$      **D.** $-\dfrac{77}{85}$

**Q.62** अंकों की पुनरावृत्ति किए बिना $1,5,0,6,7$ का प्रयोग करके $10$ से विभाजित होने वाली चार अंकों की कितनी संख्याएं बनायी जा सकती है?

**A.** 24      **B.** 36      **C.** 44      **D.** 64

**Q.63** एक कक्षा में, $54$ विद्यार्थी केवल हिन्दी में अच्छे हैं, $63$ विद्यार्थी केवल गणित में अच्छे हैं और $41$ विद्यार्थी केवल अंग्रेजी में अच्छे हैं। $18$ विद्यार्थी ऐसे हैं जो हिन्दी और गणित दोनों में अच्छे हैं। $10$ विद्यार्थी तीनों विषयों में अच्छे हैं।
ऐसे विद्यार्थियों की संख्या कितनी है जो या तो हिन्दी या गणित में अच्छे हैं लेकिन अंग्रेजी में अच्छे नहीं हैं?

**A.** 99      **B.** 107      **C.** 125      **D.** 130

**Q.64** एक कक्षा में, $54$ विद्यार्थी केवल हिन्दी में अच्छे हैं, $64$ विद्यार्थी केवल गणित में अच्छे हैं और $41$ विद्यार्थी केवल अंग्रेजी में अच्छे हैं। $18$ विद्यार्थी ऐसे हैं जो हिन्दी और गणित दोनों में अच्छे हैं। $10$ विद्यार्थी तीनों विषयों में अच्छे हैं।
ऐसे विद्यार्थियों की संख्या कितनी है जो या तो हिन्दी या गणित में अच्छे हैं लेकिन अंग्रेजी में अच्छे नहीं हैं?

**A.** 18      **B.** 12      **C.** 10      **D.** 8

**Q.65** यदि $\alpha, \beta$ विभिन्न जटिल संख्याएँ हैं जहां $|\beta| = 1$, फिर $\left|\dfrac{\beta - \alpha}{1 - \bar{\alpha}\beta}\right|$ के बराबर क्या है?

**A.** $|\beta|$      **B.** 2      **C.** 1      **D.** 0

**Q.66** यदि अनंत गुणोत्तर श्रेणी का योग $\dfrac{4}{3}$ है और पहला पद $\dfrac{3}{4}$ है तब इसका उभयनिष्ठ अंतर है:

**A.** $\dfrac{7}{16}$      **B.** $\dfrac{7}{16}$      **C.** $\dfrac{7}{16}$      **D.** $\dfrac{7}{16}$

**Q.67** $\int \dfrac{dx}{e^x + e^{-x}}$ बराबर:

**A.** $\log(e^x + e^{-x}) + c$      **B.** $\log(e^x - e^{-x}) + c$
**C.** $\tan^{-1}(e^x) + c$      **D.** $\tan^{-1}(e^{-x}) + c$

**Q.68** $i^{1000} + i^{1001} + i^{1002} + i^{1003}$ किसके बराबर है (जहाँ $i = \sqrt{-1}$)?

**A.** 0      **B.** $i$      **C.** $-i$      **D.** 1

**Q.69** $\dfrac{1}{\log_2 N} + \dfrac{1}{\log_3 N} + \dfrac{1}{\log_4 N} + \cdots + \dfrac{1}{\log_{100} N}$ किसके बराबर है, $(N \neq 1)$?

**A.** $\dfrac{1}{\log_{100!} N}$      **B.** $\dfrac{1}{\log_{99!} N}$      **C.** $\dfrac{99}{\log_{100!} N}$      **D.** $\dfrac{99}{\log_{99!} N}$

**Q.70** $\sqrt{3} + i$, जहाँ $i = \sqrt{-1}$ है का मापांक-आयाम रूप है-

**A.** $2\left(\cos\dfrac{\pi}{3} + i\sin\dfrac{\pi}{3}\right)$
**B.** $2\left(\cos\dfrac{\pi}{6} + i\sin\dfrac{\pi}{6}\right)$
**C.** $4\left(\cos\dfrac{\pi}{3} + i\sin\dfrac{\pi}{3}\right)$
**D.** $4\left(\cos\dfrac{\pi}{6} + i\sin\dfrac{\pi}{6}\right)$

**Q.71** त्रिभुज जिसके शिरोबिंदुओं A(0, 6), B(8, 12) और C(8, 0) हैं के अंत: केंद्र के साथ का निर्देशांक होगा।

**A.** $\left(\dfrac{16}{3}, 0\right)$      **B.** (8,11)      **C.** (– 4,3)      **D.** (5,6)

**Q.72** इनमें से कौन सा एक दूसरे क्रम का अंतर समीकरण है?

**A.** $y' + x = y^2$      **B.** $y'y'' + y = \sin x$
**C.** $y'''y'' + y = 0$      **D.** इनमें से कोई नहीं

**Q.73** विभेदक समीकरण $(1 + y^2)dx = xy\,dy$ वाले वक्र का समीकरण ज्ञात कीजिए, जो $(1,0)$ से गुजर रहा है।

**A.** $x^2 - y^2 = 1$      **B.** $4x^2 - y^2 = 4$
**C.** $x^2 + y^2 = 1$      **D.** $4x^2 + y^2 = 4$

**Q.74** मैट्रिक्स $A = \begin{pmatrix} \cos\theta & \sin\theta & 0 \\ -\sin\theta & \cos\theta & 0 \\ 0 & 0 & 1 \end{pmatrix}$ का विलोम क्या है?

**A.** $\begin{pmatrix} \cos\theta & -\sin\theta & 0 \\ \sin\theta & \cos\theta & 0 \\ 0 & 0 & 1 \end{pmatrix}$

**B.** $\begin{pmatrix} \cos\theta & 0 & -\sin\theta \\ 0 & 1 & 0 \\ \sin\theta & 0 & \cos\theta \end{pmatrix}$

**C.** $\begin{pmatrix} 1 & 0 & 0 \\ 0 & \cos\theta & -\sin\theta \\ 0 & \sin\theta & \cos\theta \end{pmatrix}$

**D.** $\begin{pmatrix} \cos\theta & \sin\theta & 0 \\ -\sin\theta & \cos\theta & 0 \\ 0 & 0 & 1 \end{pmatrix}$

**Q.75** अगर $\begin{vmatrix} x & 2 \\ 18 & x \end{vmatrix} = \begin{vmatrix} 6 & 2 \\ 3x & 6 \end{vmatrix}$, तब फिर $x$ बराबर है:

**A.** 6      **B.** $\pm 6$      **C.** $-6$      **D.** 0

# General Awareness

**Q.76** किस संस्थान ने 'इंडिया डिजिटल समिट 2022' की शुरुआत की?

*[UPSSSC Rajasva Lekhpal, 2015]*

**A.** इंटरनेट एंड मोबाइल एसोसिएशन ऑफ इंडिया (आईएएमएआई)
**B.** भारतीय उद्योग परिसंघ (सीआईआई)
**C.** इलेक्ट्रॉनिक्स और आईटी मंत्रालय
**D.** नीति आयोग

**Q.77** मानव विकास सूचकांक - 2016 में भारत को कितने अंक प्राप्त हुए हैं?

*[UPPSC Staff Nurse, 2017], [UPSSSC Rajasva Lekhpal, 2015]*

**A.** 0.623      **B.** 0.624      **C.** 0.625      **D.** 0.626

**Q.78** दृष्टिबाधित लोगों के लिए देश का पहला रेडियो चैनल, जिसका नाम 'रेडियो अक्ष' है, किस शहर में लॉन्च किया गया है?

*[Delhi Forest Guard, 2021]*

A. दिल्ली    B. नागपुर    C. इलाहाबाद    D. आगरा

**Q.79** 2020 में टूर डे फ्रांस किसने जीता?

*[SSC MTS, 2021]*

A. सेप कुस (Sepp Kuss)
B. रूडी मोलार्ड (Rudy Molard)
C. रोमैन सिकार्ड (Romain Sicard)
D. तडज पोगाकर (Tadej Pogacar)

**Q.80** सॉफ्ट बैंक, __________ और फॉक्सकॉन टेक्नोलॉजी ग्रुप ने एक संयुक्त उपक्रम SBG क्लीनटेक बनाया है, जो ग्रीन एनर्जी प्रोजेक्टों में 10 वर्षों में लगभग $20 बिलियन का निवेश करेगा।

A. भारती एन्टरप्राइजेज़    B. अडानी लिमिटेड
C. टाटा ग्रुप    D. रिलायन्स इण्डस्ट्रीज़

**Q.81** भारत में सर्वोच्च वीरता पुरस्कार कौन सा है?

A. परम विशिष्ट सेवा पदक    B. परम वीर चक्र
C. कीर्ति चक्र    D. वीर चक्र

**Q.82** किस पत्रकार ने 'पद्म भूषण' लेने से इनकार कर दिया था?

A. शेखरन नायर    B. खुशवंत सिंह
C. रतन थियम    D. अरुण शौरी

**Q.83** बॉलपॉइंट पेन का आविष्कार किसने किया था?

A. बिरो ब्रदर्स    B. वाटरमैन ब्रदर्स
C. बिस्क ब्रदर्स    D. राइट ब्रदर्स

**Q.84** जेबी डनलप ने क्या आविष्कार किया था?

A. वायवीय रबर टायर
B. ऑटोमोबाइल पहिया रिम
C. रबर बूट
D. मॉडल हवाई जहाज

**Q.85** अंतर्राष्ट्रीय मैच में भारत को हराने वाला पहला गैर टेस्ट खेलने वाला देश कौन सा था?

A. कनाडा    B. श्री लंका
C. जिम्बाब्वे    D. पूर्वी अफ्रीका

**Q.86** ट्रैक एंड फील्ड स्टार कार्ल लुईस ने 1984 के ओलंपिक खेलों में कितने स्वर्ण पदक जीते?

A. दो    B. तीन    C. चार    D. आठ

**Q.87** प्रसिद्ध पुस्तक 'आनंदमठ' के लेखक थे -

A. सरोजिनी नायडू    B. बंकिम चंद्र चट्टोपाध्याय
C. श्री अरबिंदो    D. रबीन्द्रनाथ टैगोर

**Q.88** "वह सरकार सबसे अच्छी है जो कम से कम शासन करती है" प्रसिद्ध कथन के लेखक कौन हैं?

A. हर्बर्ट स्पेंसर    B. हेरोल्ड लास्की
C. एलेक्सिस डी टोकेविले    D. हेनरी डेविड थोरयू

**Q.89** अक्किनेनी नागेश्वर राव निम्नलिखित में से किस क्षेत्र से जुड़े हैं?

A. खेल    B. साहित्य
C. फिल्म अभिनेता    D. राजनीति

**Q.90** सत्येन बोस ने निम्नलिखित क्षेत्रों में से किसमें अपनी उत्कृष्टता दिखाई है?

A. स्टेज एक्टिंग    B. चित्रांकन और रंगाई
C. शास्त्रीय नृत्य    D. चलचित्र

**Q.91** अंतरिक्ष में पहली महिला थी:

A. वैलेंटिना टेरेशकोवा    B. सैली राइड
C. नादिया कोमांसी    D. तमारा प्रेस

**Q.92** हर्यंका वंश का संस्थापक कौन है?

A. अजातशत्रु    B. हर्षवर्धन    C. बिम्बिसार    D. घनानंद

**Q.93** अशफाकउल्ला खान, चंद्र शेखर आजाद, राम प्रसाद बिस्मिल, रोशन सिंह और राजेंद्र लाहिड़ी जैसे क्रांतिकारी जुड़े हुए थे:

A. काकोरी षड्यंत्र मामला (1925)
B. 1857 का विद्रोह
C. चौरी चौरा का मामला
D. जलियांवाला बाग़ नरसंहार

**Q.94** मालाबार में 1921 में मोपला विद्रोह किसके खिलाफ एक मुस्लिम किसान विद्रोह था?

A. मुस्लिम भूमि धारकों
B. अंग्रेजी सरकार प्राधिकरण
C. गैर-आदिवासी बाहरी
D. हिंदू भूमि धारकों

**Q.95** रौलट एक्ट पारित किया गया था:

A. 1905    B. 1913    C. 1919    D. 1925

**Q.96** कलगुरली-बोल्डर - जो सोने की खानों के लिए प्रसिद्ध है कहाँ स्थित है?

A. ऑस्ट्रेलिया    B. यूएसए
C. इंग्लैंड    D. दक्षिण अफ्रीका

**Q.97** अपातनिश जनजातियां कहाँ पायी जाती हैं?

A. हिमाचल प्रदेश    B. नगालैंड
C. सिक्किम    D. अरुणाचल प्रदेश

**Q.98** जेनोआ किसका प्रमुख बंदरगाह है?

A. स्पेन    B. ब्राज़िल    C. इटली    D. कनाडा

**Q.99** तेल और प्राकृतिक गैस आयोग का मुख्यालय पहले कहाँ स्थित था?

A. देहरादून    B. वडोदरा    C. डिगबोई    D. मुंबई

**Q.100** विश्व प्रसिद्ध 'खजुराहो' की मूर्तियां कहाँ स्थित हैं?

A. गुजरात    B. मध्य प्रदेश    C. ओडिशा    D. महाराष्ट्र

# // स्मार्ट उत्तर पुस्तिका //

**सही उत्तर** उन छात्रों का प्रतिशत जिन्होंने प्रश्नों का सही उत्तर दिया था।    **छोड़ दिया** उन छात्रों का प्रतिशत जिन्होंने प्रश्नों को छोड़ दिया था।

| प्रश्न संख्या | उत्तर | सही उत्तर / छोड़ दिया | प्रश्न संख्या | उत्तर | सही उत्तर / छोड़ दिया | प्रश्न संख्या | उत्तर | सही उत्तर / छोड़ दिया | प्रश्न संख्या | उत्तर | सही उत्तर / छोड़ दिया | प्रश्न संख्या | उत्तर | सही उत्तर / छोड़ दिया | प्रश्न संख्या | उत्तर | सही उत्तर / छोड़ दिया |
|---|---|---|---|---|---|---|---|---|---|---|---|---|---|---|---|---|---|
| 1 | C | 82.46 % / 11.03 % | 18 | D | 64.13 % / 31.9 % | 35 | A | 80.42 % / 11.52 % | 52 | B | 61.63 % / 35.78 % | 69 | A | 46.02 % / 46.04 % | 86 | C | 16.69 % / 68.72 % |
| 2 | B | 51.73 % / 40.31 % | 19 | D | 78.4 % / 11.05 % | 36 | C | 79.3 % / 13.54 % | 53 | B | 65.09 % / 33.37 % | 70 | B | 47.89 % / 40.68 % | 87 | B | 47.33 % / 41.79 % |
| 3 | C | 41.83 % / 34.19 % | 20 | A | 87.44 % / 12.23 % | 37 | D | 81.02 % / 18.28 % | 54 | B | 62.6 % / 34.14 % | 71 | D | 63.78 % / 35.04 % | 88 | D | 19.51 % / 67.66 % |
| 4 | A | 21.61 % / 72.57 % | 21 | B | 66.81 % / 30.87 % | 38 | B | 86.94 % / 10.25 % | 55 | D | 78.83 % / 10.93 % | 72 | B | 54.68 % / 43.28 % | 89 | C | 40.39 % / 59.42 % |
| 5 | B | 81.95 % / 15.38 % | 22 | B | 43.98 % / 41.53 % | 39 | D | 61.6 % / 31.87 % | 56 | C | 49.82 % / 32.84 % | 73 | A | 23.65 % / 69.91 % | 90 | D | 60.33 % / 38.59 % |
| 6 | A | 63.85 % / 30.29 % | 23 | B | 29.14 % / 68.22 % | 40 | C | 40.8 % / 36.38 % | 57 | D | 44.92 % / 46.33 % | 74 | A | 68.65 % / 30.88 % | 91 | A | 65.83 % / 31.38 % |
| 7 | C | 45.36 % / 54.06 % | 24 | B | 64.17 % / 34.65 % | 41 | C | 51.08 % / 37.79 % | 58 | A | 56.29 % / 39.39 % | 75 | A | 52.54 % / 30.8 % | 92 | C | 82.41 % / 16.41 % |
| 8 | D | 78.9 % / 16.07 % | 25 | A | 54.75 % / 31.9 % | 42 | B | 23.5 % / 67.46 % | 59 | C | 41.32 % / 44.16 % | 76 | A | 16.01 % / 70.59 % | 93 | A | 84.89 % / 11.89 % |
| 9 | D | 16.29 % / 77.93 % | 26 | C | 89.93 % / 10.01 % | 43 | C | 78.52 % / 11.53 % | 60 | C | 88.75 % / 10.91 % | 77 | B | 26.51 % / 72.58 % | 94 | D | 10.87 % / 73.7 % |
| 10 | D | 65.61 % / 31.73 % | 27 | C | 50.21 % / 46.93 % | 44 | B | 11.35 % / 76.05 % | 61 | D | 44.83 % / 38.52 % | 78 | B | 55.2 % / 41.44 % | 95 | C | 81.51 % / 13.64 % |
| 11 | C | 85.9 % / 10.73 % | 28 | A | 64.97 % / 30.74 % | 45 | A | 48.78 % / 50.07 % | 62 | A | 77.84 % / 11.8 % | 79 | D | 29.28 % / 68.07 % | 96 | A | 62.75 % / 33.06 % |
| 12 | B | 78.46 % / 21.07 % | 29 | D | 88.07 % / 10.77 % | 46 | D | 50.64 % / 45.84 % | 63 | C | 49.83 % / 39.59 % | 80 | A | 30.05 % / 68.02 % | 97 | D | 11.87 % / 67.71 % |
| 13 | C | 52.26 % / 38.61 % | 30 | B | 46.04 % / 48.07 % | 47 | B | 15.78 % / 68.51 % | 64 | D | 63.33 % / 34.49 % | 81 | B | 52.81 % / 44.89 % | 98 | C | 66.38 % / 30.37 % |
| 14 | C | 47.82 % / 43.53 % | 31 | C | 69.72 % / 30.03 % | 48 | C | 60.06 % / 36.84 % | 65 | C | 54.91 % / 41.35 % | 82 | B | 20.17 % / 68.06 % | 99 | A | 21.74 % / 77.73 % |
| 15 | D | 43.15 % / 48.94 % | 32 | A | 63.79 % / 35.58 % | 49 | B | 57.74 % / 31.66 % | 66 | A | 46.0 % / 32.59 % | 83 | A | 67.07 % / 30.71 % | 100 | B | 88.51 % / 10.42 % |
| 16 | D | 78.34 % / 16.35 % | 33 | D | 64.69 % / 30.29 % | 50 | B | 28.73 % / 67.32 % | 67 | C | 60.62 % / 37.1 % | 84 | A | 53.58 % / 40.37 % | | | |
| 17 | B | 56.93 % / 34.64 % | 34 | D | 49.89 % / 39.97 % | 51 | C | 57.05 % / 41.96 % | 68 | A | 50.04 % / 48.74 % | 85 | B | 65.87 % / 32.85 % | | | |

## //संकेत और समाधान//

**1.** A genius is superior to a man of talent and that talented men are more common than genius.

Refer line, 'We generally feel that a man of genius is in some way higher than a man of talent'.

Hence, the correct option is (C).

**2.** A genius is a man with original ideas.

Refer line - '"very extraordinary gifts or native powers, especially as displayed in original creation, discovery, expression or achievement; phenomenal capacity regarded as relatively independent of instruction and training',

Hence, the correct option is (B).

**3.** To learn to do a thing well is to be **talented**.

Refer line - "Talent" is more the capacity to learn to do a thing well.

A genius is superior to a man of talent and that talented men are more common than genius.

Refer line, 'We generally feel that a man of genius is in some way higher than a man of talent'.

Hence, the correct option is (C).

**4.** Ted and Janice, who had been friends for years, went on vacation together every summer.

Use a comma to separate phrases.

A genius is superior to a man of talent and that talented men are more common than genius.

Refer line, 'We generally feel that a man of genius is in some way higher than a man of talent'.

Hence, the correct option is (A).

**5.** Base form: swim, Past: swam, Past participle: swum.

Hence, the correct option is (B).

**6.** Synchronicity = the simultaneous occurrence of events that appear significantly related but have no discernible causal connection.

Conformity = compliance with standards, rules, or laws.

Conflict = a serious disagreement or argument, typically a protracted one.

Vendetta = a prolonged bitter quarrel with or campaign against someone.

Altercation = a noisy argument or disagreement, especially in public.

Hence, the correct option is (A).

**7.** Constancy means the quality of being faithful and dependent.

Dedication means the quality of being addicted or committed to a task or purpose.

Allegiance means loyalty or commitment to a superior or to a group or cause.

Treachery means betrayal of trust.

Loyalty means the quality of being loyal.

Hence, the correct option is (C).

**8.** She **has been** recovering in the hospital.

Firstly, 'she' is a singular noun. According to sub-verb concord, the singular verb 'was' should be used. Thus, options A & B are eliminated. Secondly, when 'has' is used as a helping verb, it takes the verb's 3rd form. So, option C is eliminated.

Hence, the correct option is (D).

**9.** Regicide: The act of killing a king.

Homicide: The killing of one person by another.

Dominicide: The act of killing one's master.

Deicide: The act of killing a god or divine being.

Hence, the correct option is (D).

**10.** The correct adjective is understandable which means able to be understood.

Understanding and understandings are nouns which means the ability to understand something.

"Understanded" is not a word. So, it is incorrect.

Hence, the correct option is (D).

**11.** Put your own house in order before preaching others.

The correct preposition here is 'in' as things are set 'in' order. The phrase 'in order' means 'in the correct condition for operation or use'.

Hence, the correct option is (C).

**12.** The match between India and Pakistan are always very crucial.

The correct preposition to be used is "between" as it is used to refer to two things that are clearly separated. Among is used when there are more than two entities involved. Both is not a preposition. It is a determiner and a pronoun and it is used to refer to two things or people together.

Hence, the correct option is (B).

**13.** It should be 'wanted' in place of 'wants' following the rule of consistency of tense.

Hence, the correct option is (C).

**14.** The correct sentence will be: Under no circumstances have I harmed him, and he knows it.

'It' should be used after 'knows'.

Hence, the correct option is (C).

**15.** No error. This sentence is clear and free from error.

Hence, the correct option is (D).

**16.** Correct sentence – How many persons do you have in your family.

Much is used for uncountable noun while many is used for countable. So use of many is correct.

Hence, the correct option is (D).

**17.** Women like to be flattered by men.

The given sentence contains an infinite verb thus the rule is -

S + to + V1 + O (active voice)

O + to + be + V3 + S (passive voice)

Hence, the correct option is (B).

**18.** Have you ever been bitten by a dog?

The given sentence is an interrogative sentence thus the rule for change active/passive is:

Has/Have/Had + S + V3 + O (active voice)

Has/Have/Had + O + been + V3 + by + S (passive voice)

Hence, the correct option is (D).

**19.** What are the main ingredients **of** this casserole?

Hence, the correct option is (D).

**20.** My best friend, John, is named **after** his great-grandfather.

Hence, the correct option is (A).

**21.** Grandpa stayed up **until** two in the morning.

Hence, the correct option is (B).

**22.** Oligarchy: A small group of people having control of a country or organization.

Aristocracy: The highest class in certain societies, typically comprising people of noble birth holding hereditary titles and offices.

Bureaucracy: A system of government in which most of the important decisions are taken by state officials rather than by elected representatives.

Dictatorship: Government by a dictator.

So, Oligarchy is the correct answer.

Hence, the correct option is (B).

**23.** Enigma - A person, thing, or situation that is difficult to understand.

Riddle - A mystifying, misleading, or puzzling question posed as a problem to be solved or guessed.

Attractive - That pleases or interests you.

Flare-up - to start suddenly or to become suddenly worse.

Dream - A series of events or pictures which happen in your mind while you are asleep.

So, riddle is the correct alternate of enigma.

Hence, the correct option is (B).

**24.** Audacious is the correct adjective of audacity as it describes its attributes.

Hence, the correct option is (B).

**25.** Rejuvenate is the correct verb form of rejuvenation.

Hence, the correct option is (A).

**26.** मैक्सवेल चुंबकीय प्रवाह की इकाई है।

एसआई-व्युत्पन्न चुंबकीय प्रवाह घनत्व की इकाई टेसला है, जिसे प्रति वर्ग मीटर वोल्ट सेकंड के रूप में परिभाषित किया गया है।

अत: विकल्प (C) सही है।

**27.** स्टेरेडियन रेडियन ठोस कोण की एसआई इकाई है।

इसका उपयोग त्रि-आयामी ज्यामिति में किया जाता है, और यह रेडियन के अनुरूप होता है, जो प्लैनर कोणों को मापता है।

अत: विकल्प (C) सही है।

**28.** विद्युत धारा एक वेक्टर मात्रा नहीं है।

विद्युत प्रवाह को एक वेक्टर माना जाना चाहिए क्योंकि इसमें परिमाण और दिशा दोनों हैं। लेकिन इसके अलावा, वैक्टर, वेक्टर के समांतर चतुर्भुज के नियम का पालन करते हैं, जो विद्युत प्रवाह का पालन नहीं करता है। इस कारण से, धारा एक अदिश राशि है और एक वेक्टर नहीं है।

अत: विकल्प (A) सही है।

**29.** ऑप्टिकल फाइबर का उपयोग एंडोस्कोपिक उपकरणों में किया जाता है जो डॉक्टरों को सर्जरी करे बिना आंतरिक शरीर के अंगों को देखने में सक्षम बनाता है। पुर्तगाल के फर्नांडो अल्वेस मार्टिंस ने 1963-64 में पहला फाइबर ऑप्टिक एंडोस्कोप का आविष्कार किया था।

अत: विकल्प (D) सही है।

**30.** नवगठित बर्फ सूर्य के प्रकाश के लगभग 90 प्रतिशत को प्रतिबिंबित करती है जो उस पर गिरती है। इसका मतलब है कि सूरज स्वच्छ बर्फ को पिघलाने में शक्तिहीन है। और जब बर्फ पिघलती है, तो यह सूर्य के प्रकाश के कारण नहीं होती है। सूरज की गर्मी के कारण वसंत के दिनों में बर्फ नहीं पिघलती है। यह समुद्र से गर्म हवा के कारण पिघलता है।

अत: विकल्प (B) सही है।

**31.** सुनाई देने वाली सीटी ट्रेन आने पर उच्च पिच की होती है।

ध्वनि दबाव की तरंगों का एक क्रम है जो हवा या पानी जैसे संकुचित मीडिया के माध्यम से फैलता है। (ध्वनि ठोस के माध्यम से भी प्रचार कर सकते हैं, लेकिन प्रचार के अतिरिक्त तरीके हैं)। मनुष्यों द्वारा बोधगम्य ध्वनि में लगभग 20 हर्ट्ज से 20,000 हर्ट्ज तक की आवृत्ति होती है। मानक तापमान और दबाव में हवा में, ध्वनि तरंगों की संबंधित तरंग दैर्ध्य 17 मीटर से 17 मिमी तक होती है। प्रसार के दौरान, तरंगों को परावर्तित, अपवर्तित या माध्यम से परावर्तित किया जा सकता है। अब यदि हम इन मामलों पर विचार करते हैं, तो जो ट्रेन हमारी ओर आ रही है, वह ऊंची पिच की सीटी है क्योंकि यह एक माध्यम से फैलती है जो हमारी ओर आ रही है लेकिन जो ट्रेन प्रचार को छोड़ती हुई है वह श्रोता से आगे बढ़ते हुए एक माध्यम को छोड़ देती है और इस प्रकार निचली पिच की सीटी उत्पादित होती है।

अत: विकल्प (C) सही है।

**32.** कांच से गुजरते समय प्रकाश की गति न्यूनतम होगी।

किसी भी वस्तु या सामग्री, जिसमें सबसे अधिक अपवर्तक सूचकांक होता है, में प्रकाश की न्यूनतम गति होती है। कांच में शून्यक, पानी और हवा जैसे अन्य माध्यमों के बीच उच्चतम अपवर्तनांक है।

अत: विकल्प (A) सही है।

**33.** माइक्रोवेव का उपयोग अक्सर पॉइंट-टू-पॉइंट दूरसंचार के लिए किया जाता है।

माइक्रोवेव 300 मेगाहर्ट्ज से 300 गीगाहर्ट्ज रेंज में उच्च-आवृत्ति वाले सिग्नल हैं। यह सिग्नल एक ही समय में हजारों चैनल ले जा सकते हैं, जिससे यह एक बहुत ही बहुमुखी संचार प्रणाली है। आज माइक्रोवेव को दूरसंचार उद्योग द्वारा स्थलीय रिले और उपग्रह संचार दोनों के रूप में नियोजित किया जाता है।

अत: विकल्प (D) सही है।

**34.** सैकरीन को "कृत्रिम चीनी" भी कहा जाता है।

सैकरीन का उपयोग कम-कैलोरी वाली कैंडी, जाम, जेली और कुकीज़ को मीठा करने के लिए किया जाता है। सैकरीन एक शून्य-कैलोरी कृत्रिम स्वीटनर है। यह चीनी की तुलना में 300 - 400 गुना अधिक मीठा है और आमतौर पर इसे प्रतिस्थापन के रूप में उपयोग किया जाता है।

सच्चरिन को अक्सर अन्य कृत्रिम मिठास के साथ मिश्रित किया जाता है ताकि प्रत्येक स्वीटनर की कमियों की भरपाई हो सके।

अत: विकल्प (D) सही है।

**35.** एल्यूमीनियम के सभी अयस्कों में, बॉक्साइट एल्यूमीनियम का मुख्य अयस्क है।

चेलकोपीराइट तांबे का प्रमुख अयस्क है।

प्लवन द्वारा बरामद किए गए अधिकांश आम चांदी-असर वाले खनिज हैं आर्गेनिफेरस गैलिना, देशी चांदी, और आर्गेनाइट (Ag2S)।

अत: विकल्प (A) सही है।

**36.** आइसोटोप में तत्वों के परमाणु में समान परमाणु संख्या लेकिन विभिन्न द्रव्यमान संख्या होती है। उदाहरण परमाणु संख्या 6 के साथ कार्बन, द्रव्यमान संख्या 12, 13 और 14 के साथ तीन रूपों में होता है।

अत: विकल्प (C) सही है।

**37.** हैलोजेन तत्व, छह गैर-धातु तत्वों में से एक तत्व है, जो आवर्त सारणी के समूह 17 (7a) का गठन करते हैं। हैलोजन तत्व में फ्लोरीन (F), क्लोरीन (Cl), ब्रोमीन (Br), आयोडीन (I), एस्टैटीन (At), और टेनेसीन (Ts) शामिल हैं।

अत: विकल्प (D) सही है।

**38.** दूध में लैक्टिक अम्ल पाया जाता है।

| पदार्थ | अम्ल |
|---|---|
| फल | साइट्रिक अम्ल |
| दूध | लैक्टिक अम्ल |
| टमाटर | ऑक्सालिक अम्ल |
| सिरका | एसेटिक अम्ल |

अत: विकल्प (B) सही है।

**39.** लार और दूध का पीएच मान 7 से कम है।

| पदार्थ | पीएच |
|---|---|
| लार | 7.4 |
| सिरका | 2.4 |
| दूध | 6.7-6.5 |

अत: विकल्प (D) सही है।

**40.** गैमैक्सिन, डी.डी.टी. और ब्लीचिंग पाउडर क्लोरीन के महत्वपूर्ण यौगिक हैं।

गेमेक्सीन: $C_6H_6Cl_6$

डी.डी.टी.: $C_{14}H_9Cl_5$

ब्लीचिंग पाउडर: $Ca(ClO)_2$

अत: विकल्प (C) सही है।

**41.** यूरिया का फॉर्मूला $CO(NH_2)_2$ है

60 ग्राम यूरिया में 12 ग्राम कार्बन होता है।

यूरिया में कार्बन का द्रव्यमान प्रतिशत $=$ कार्बन का द्रव्यमान/यूरिया का द्रव्यमान $\times 100$

$= \frac{12}{60} \times 100$

$= 20\%$

अत: विकल्प (C) सही है।

**42.** सम्मोहक और पारितोषिक कीट-परागण के लिए आवश्यक होते हैं।

कीट-परागण वह परागण है जहाँ कीट पराग को पराग से फूल के एंथर से स्टिग्मा तक ले जाते हैं। पशु की यात्रा को बनाए रखने के लिए फूल अमृत और पराग अनाज को पुरस्कार के रूप में देते हैं।

अत: विकल्प (B) सही है।

**43.** हाइड्रोजन न्यूनतम पर्यावरणीय प्रदूषण उत्पन्न करता है।

पर्यावरण और स्वास्थ्य लाभ तब और अधिक होते हैं जब हाइड्रोजन को निम्न- या शून्य-उत्सर्जन स्रोतों से उत्पन्न किया जाता है, जैसे कि सौर, पवन, और परमाणु ऊर्जा और जीवाश्म ईंधन जिसमें उन्नत उत्सर्जन नियंत्रण और कार्बन अनुक्रम होता है।

अत: विकल्प (C) सही है।

**44.** 'लिबरकुहन के तहखाने' में से पैनेथ कोशिकाएँ जीवाणुरोधी लाइसोजाइम का स्राव करते हैं।

- पैनेथ कोशिकाएँ लाइसोजाइम को स्रावित करता है जो एंटी-बैक्टीरियल एजेंट के रूप में काम करता है।
- कुप्फर कोशिकाएँ यकृत की फ़ैगोसाइटिक कोशिकाएँ हैं।
- ज़ीमोज़न कोशिकाएँ एंजाइम उत्पादक कोशिकाएँ हैं।
- रजतरंजी कोशिकाएँ हार्मोन उत्पादक कोशिकाएँ हैं।

अत: विकल्प (B) सही है।

**45.** "इनका समस्त आंतरिक स्थान ऑक्सीजन संवहन के लिए उपलब्ध है" इस लक्षण की सबसे उचित व्याख्या करता है।

मानव आरबीसी में, नाभिक परिपक्वता के दौरान पतित होता है जो ऑक्सीजन ले जाने वाले वर्णक (हीमोग्लोबिन) के लिए अधिक स्थान प्रदान करता है। इसमें माइटोकॉन्ड्रिया सहित अधिकांश सेल ऑर्गेनेल की कमी है, इसलिए यह एनारोबिक रूप से श्वसन करता है।

अत: विकल्प (A) सही है।

**46.** यकृत निवाहिका प्रणाली में, यकृत निवाहिका शिरा आंत से यकृत रक्त पहुंचाती है।

यकृत पोर्टल प्रणाली पाचन तंत्र और यकृत के बीच संवहनी संबंध है। यकृत पोर्टल शिरा प्रणालीगत परिसंचरण में पहुंचाने से पहले रक्त को आंत से यकृत तक ले जाती है।

अत: विकल्प (D) सही है।

**47.** हर्षे और चेज़ ने असमान सबूत दिए जिससे आनुवंशिक सामग्री के रूप में प्रोटीन और डीएनए के बीच बहस समाप्त हो गई।

अत: विकल्प (B) सही है।

**48.** माइकोप्लाज्मा सबसे छोटी जीवित कोशिकाएं हैं, जो एक निश्चित कोशिका भित्ति के बिना होते हैं, ये पौधों और जानवरों दोनों पर रोगजनक हैं और ऑक्सीजन के बिना जीवित रह सकते हैं।

माइकोप्लाज्मा बैक्टीरिया का एक जीनस है, जिनमें मॉलिक्यूट्स वर्ग के अन्य सदस्यों की तरह, कोशिका झिल्ली के चारों ओर एक कोशिका की दीवार की कमी होती है। इनमें पेप्टिडोग्लाइकन (म्यूरिन) अनुपस्थित होता है। यह विशेषता उन्हें एंटीबायोटिक दवाओं के लिए स्वाभाविक रूप से प्रतिरोधी बनाती है जो कोशिका दीवार संश्लेषण को लक्षित करती हैं।

अत: विकल्प (C) सही है।

**49.** माइटोसिस के दौरान घटनाओं का सही क्रम निम्नानुसार होगा:

1. डीएनए का संघनन ताकि क्रोमोसोम मध्य-प्रारम्भिक काल में दिखाई देने लगें।

2. केन्द्रक झिल्ली के विघटन की शुरुआत लेट प्रोफ़ेज़ या मेटाफ़ेज़ में संक्रमण से होती है।

3. मध्य रेखा पर गुणसूत्रों की व्यवस्था मेटाफ़ेज़ के दौरान होती है, जिसे कांग्रेशन कहा जाता है।

4. गुणसूत्रबिंदु का विभाजन, संतति गुणसूत्रों के गठन के दौरान होता है।

5. पृथक्करण भी संतति गुणसूत्रों के अलग होने के दौरान होता है और विपरीत ध्रुवों की ओर बढ़ता है।

6. अंत्यावस्था दो संतति नाभिक का गठन करती है।

अत: विकल्प (B) सही है।

**50.** होलोएंजाइम = एपोएंजाइम + कोएंजाइम एंजाइमों के संदर्भ में कथन उचित है।

होलोएंजाइम संयुग्मित एंजाइम होता है जिसमें प्रोटीन वाला भाग एपोनेजाइम होता है जबकि गैर-प्रोटीन भाग कोफ़ैक्टर होता है।

कोएंजाइम भी कार्बनिक यौगिक हैं लेकिन एपोएंजाइम के साथ उनका जुड़ाव केवल क्षणिक होता है और कोफ़ैक्टर्स के रूप में काम करता है।

अत: विकल्प (B) सही है।

**51.** दिया हुआ $1Z = -1 - i$

$Z = r(\cos\theta + i\sin\theta)$

यहाँ, $r$ मापांक है और '$\theta$' तर्क है।

$r\cos\theta = -1$ तथा $r\sin\theta = -1$

$\Rightarrow r^2 = 2 \Rightarrow r = \sqrt{2}$

$\therefore \sqrt{2}\cos\theta = -1 \Rightarrow \cos\theta = \frac{-1}{\sqrt{2}}$

$\sqrt{2}\sin\theta = -1 \Rightarrow \sin\theta = \frac{-1}{\sqrt{2}}$

यहाँ दोनों $\cos\theta$ तथा $\sin\theta$ नकारात्मक हैं।

इसलिये '$\theta$' तीसरे चतुर्भुज में निहित है तीसरे चतुर्भुज।

तर्क $= \frac{-3\pi}{4}$

अत: विकल्प (C) सही है।

**52.** $(121)^n - 25^n + 1900^n - (-4)^n$

$n = 1$ के लिये

$121 - 25 + 1900 - (-4)$

$= 121 - 25 + 1900 + 4$

$= 2025 - 25$

$= 2000$

अत: विकल्प (B) सही है।

**53.** यदि $n = (2017)!$

$$\frac{1}{\log_2 n} + \frac{1}{\log_3 n} + \cdots + \frac{1}{\log_{207} n} \ldots \ldots \ldots (i)$$

अब हम जानते हैं कि, $\frac{1}{\log_a b} = \log_b a$

$\therefore$ हम (i) को फिर से लिख सकते हैं,

$$\frac{1}{\log_2 n} + \frac{1}{\log_3 n} + \cdots + \frac{1}{\log_{207} n}$$

$$= \log_n 2 + \log_n 3 + \log_n 4 + \cdots + \log_n 2017$$

$$= \log_n(2.3.4 \ldots \ldots 2017) \text{ as } [\log_a b + \log_a c + \log_a(b \times c)]$$

$\because n = (2017)!$

$\therefore \log_n(2.3.4 \ldots 2017)$

$= \log_{2017!}(2017)!$

$= 1$

इसलिए,

$$\frac{1}{\log_2 n} + \frac{1}{\log_3 n} + \cdots + \frac{1}{\log_{2017} n} = 1$$

अत: विकल्प (B) सही है।

**54.** दिया है,

$(1 + x)^{43}$

जैसा कि हम जानते हैं, $(1 + x)^n$ के विस्तार में $r$ पद का गुणांक $^nC_{r-1}$ है।

इसलिए, $(2r + 1)$ तथा $(r + 2)$ पदों के गुणांक हैं $^{43}C_{2r+1-1}$ तथा $^{43}C_{r+2-1}$

इन गुणांक के बराबर होने के लिए, हमारे पास होना चाहिए

$^{43}C_{2r+1-1} = {}^{43}C_{r+2-1}$

$^{43}C_{2r} = {}^{43}C_{r+1}$

$2r = r + 1$ (या) $2r + r + 1 = 43$ [क्योंकि, $^nC_r = {}^nC_s \Rightarrow r = s$

(या) $r + s = n$]

$2r - r = 1$ (या) $3r + 1 = 43$

$r = 1$ (या) $3r = 43 - 1$

$r = 1$ (या) $3r = 42$

$r = 1$ या) $r = \frac{42}{3}$

$r = 1$ (या) $r = 14$

$\therefore r = 14$ [चूंकि, 1 वही पद देता है]

अत. विकल्प (B) सही है।

**55.** चूंकि, सेट A और B ज्ञात नहीं हैं, फिर सेट A $\Delta$B की गणनीयता निर्धारित नहीं किया जा सकता है।

अत: विकल्प (D) सही है।

**56.** C = (A ∩ B') ∪ (A' ∩ B)

आइए हम वेन आरेख बनाते हैं और विकल्पों के साथ इसकी तुलना करते हैं।

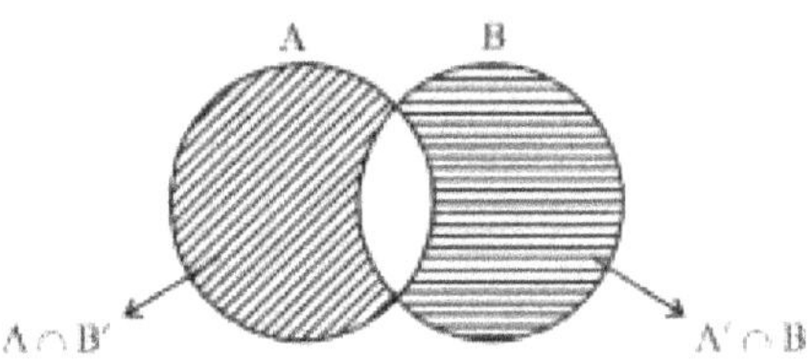



यह (A ∪ B) - (A ∩ B) का भी प्रतिनिधित्व करता है।

अतः विकल्प (C) सही है।

**57.** 100 और 1000 के बीच की संख्या 3 अंकों से बनती है।

और हर अंक के 5 विकल्प $(1,2,3,4,5))$ में से होंगे जिससे एक संख्या बनेगी।

लेकिन पुनरावृत्ति की अनुमति नहीं है।

इतनी संख्या $= {}^5P_3$

$$= \frac{5!}{(5-3)!}$$

$$= \frac{5!}{2!}$$

$$= 60$$

अतः विकल्प (D) सही है।

**58.** दिया गया है, $|1 - 2i|^x = 5^x$

हमें $'x'$ का मान ज्ञात करना होगा जिसके लिए पूर्णांक होना चाहिए लेकिन शून्य नहीं।

पहले मान लेते हैं, $|1 - 2i|$

$\therefore |1 - 2i| = \sqrt{(1)^2 + (2)^2} = \sqrt{5}$

$\left[ \because z = x + iy \Rightarrow |z| = \sqrt{x^2 + y^2} \right]$

इसलिये, $|1 - 2i|^x = 5^x \Rightarrow \left(\sqrt{5}\right)^x = 5^x$

$\therefore \left(\sqrt{5}\right)^x + \left(\sqrt{5}\right)^{2x}$

घातों की तुलना करने पर,

$\Rightarrow x = 2x$

$\Rightarrow x - 2x = 0$

$\Rightarrow -x = 0$

$\Rightarrow x = 0$

अतः विकल्प (A) सही है।

**59.** $\frac{AM}{GM} = \frac{5}{3}$

$$\frac{\frac{a+b}{2}}{\sqrt{ab}} = \frac{5}{3}$$

$$\frac{a+b}{2\sqrt{ab}} = \frac{5}{3}$$

$$\frac{\frac{a}{b}+1}{2\sqrt{\frac{a}{b}}} = \frac{5}{3} \qquad [\text{हर अंश को } b \text{ से विभाजित करें}]$$

मान ले, $\frac{a}{b} = y$

$$\frac{y+1}{2\sqrt{y}} = \frac{5}{3}$$

$$3y + 3 = 10\sqrt{y}$$

दोनों पक्षों में वर्ग करने पर,

$$9y^2 + 9 + 18y = 100y$$

$$9y^2 - 82y + 9 = 0$$

$$9y^2 - 81y - y + 9$$

$$9y(y - 9) - 1(y - 9) = 0$$

$$y = \frac{1}{9} \text{ या } y = 9$$

i.e. $\frac{a}{b} = \frac{1}{9}$ या $\frac{a}{b} = \frac{9}{1}$

अतः विकल्प (C) सही है।

**60.** मान लें $r$ निरन्तर सकारात्मक संखाएं हैं,

$$n + 1, \ldots \ldots, n + r - 1, n + r$$

फिर $(n + 1) \ldots (n + r)$

$$= \frac{n!(n+1)\cdots\ldots(n+r)}{n \cdot r!} = n + r C_r$$

जो एक सकारात्मक पूर्णांक है।

अतः विकल्प (C) सही है।

**61.** हमारे पास है,

$$\cos T = \frac{3}{5}$$

$$\sin T = \sqrt{1 - \frac{3^2}{5^2}}$$

$$= \sqrt{1 - \frac{9}{25}}$$

$$= \sqrt{\frac{16}{25}} = -\frac{4}{5} \qquad (\text{क्योंकि } T \text{ IV चतुर्थांश में है})$$

$$\sin R = \frac{8}{17}$$

$$\cos R = \sqrt{1 - \frac{64}{289}}$$

$$= \sqrt{\frac{225}{289}} = -\frac{15}{17} \qquad (\text{क्योंकि } R \text{ II चतुर्थांश में है})$$

अब,

$$\because \cos(T - R) = \cos T \cos R + \sin T \sin R$$

$$= \frac{3}{5} \times \frac{-15}{17} + \frac{-4}{5} \times \frac{8}{17}$$

$$= \left[\frac{-45 - 32}{85}\right]$$

$$= -\frac{77}{85}$$

अतः विकल्प (D) सही है।

**62.** चार अंकों की संख्या $'10'$ से विभाज्य होती है है $1,5,0,6,7$ का उपयोग करते हुए,

$'10'$ द्वारा विभाज्यता $\rightarrow$ संख्या को शून्य से ख़तम होना चाहिए।

यूनिट स्थान पर 'शून्य' को रखने के बाद हमारे पास $'4'$ संख्या बचती हैं।

दसवें स्थान पर कोई भी संख्या रखने के बाद हमारे पास $'3'$ संख्या बचती हैं।

किसी भी संख्या को दसवें और सौवें स्थान पर रखने के बाद।

कुल $= 4 \times 3 \times 2 = 24$

$= 24$

अतः विकल्प (A) सही है।

**63.**

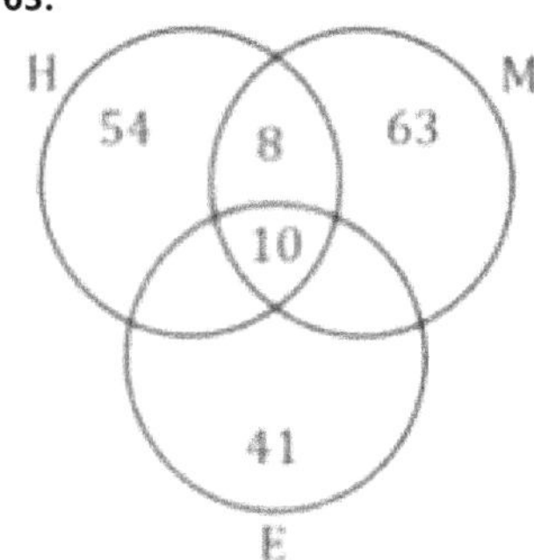

मान लेते हैं $H, M, E$ हिंदी, गणित और अंग्रेजी पढ़ने वाले छात्रों के सेट को निरूपित करते हैं।

$$n(H) + n(M) + n(H \cap M) - n(H \cap M \cap E)$$
[अंग्रेजी को छोड़कर]
$$= 54 + 63 + 18 - 10$$
$$= 125$$

अत: विकल्प (C) सही है।

**64.**

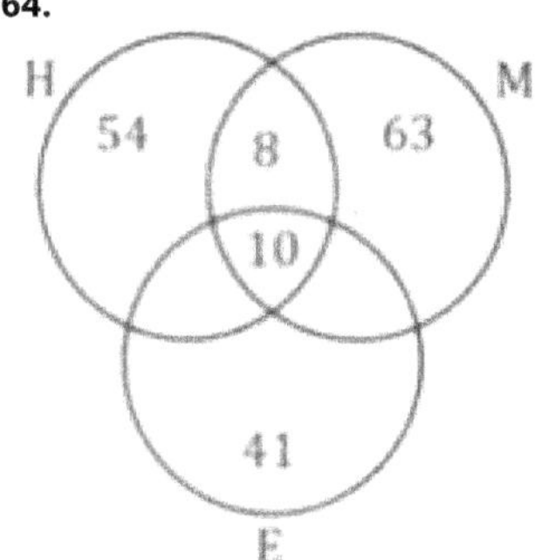

मान लेते हैं $H, M, E$ हिंदी, गणित और अंग्रेजी पढ़ने वाले छात्रों के सेट को निरूपित करते हैं।

$$n(H \cap M) - n(H \cap M \cap E)$$
$$= 18 - 10$$
$$= 8$$

अत: विकल्प (D) सही है।

**65.** $\left| \dfrac{\beta - \alpha}{1 - \overline{\alpha}\beta} \right|^2 = \left( \dfrac{\beta - \alpha}{1 - \overline{\alpha}\beta} \right) \left( \dfrac{\overline{\beta - \alpha}}{1 - \overline{\alpha}\beta} \right)$

$\Rightarrow \left| \dfrac{\beta - \alpha}{1 - \overline{\alpha}\beta} \right|^2 = \left( \dfrac{\beta - \alpha}{1 - \overline{\alpha}\beta} \right) \left( \dfrac{\overline{\beta} - \overline{\alpha}}{1 - \alpha\overline{\beta}} \right)$

$\Rightarrow \left| \dfrac{\beta - \alpha}{1 - \overline{\alpha}\beta} \right|^2 = \dfrac{(\beta - \alpha)(\overline{\beta} - \overline{\alpha})}{(1 - \overline{\alpha}\beta)(1 - \alpha\overline{\beta})}$

$\Rightarrow \left| \dfrac{\beta - \alpha}{1 - \overline{\alpha}\beta} \right|^2 = \dfrac{\beta\overline{\beta} - \beta\overline{\alpha} - \alpha\overline{\beta} + \alpha\overline{\alpha}}{(1 - \overline{\alpha}\beta)(1 - \alpha\overline{\beta})}$

$\Rightarrow \left| \dfrac{\beta - \alpha}{1 - \overline{\alpha}\beta} \right|^2 = \dfrac{|\beta|^2 - \beta\overline{\alpha} - \alpha\overline{\beta} + |\alpha|^2}{1 - \alpha\overline{\beta} - \overline{\alpha}\beta + |\alpha|^2|\beta|^2}$

$\Rightarrow \left| \dfrac{\beta - \alpha}{1 - \overline{\alpha}\beta} \right|^2 = \dfrac{|\alpha|^2 - \beta\overline{\alpha} - \alpha\overline{\beta} + 1}{1 - \alpha\overline{\beta} - \overline{\alpha}\beta + |\alpha|^2}$

$\Rightarrow \left| \dfrac{\beta - \alpha}{1 - \overline{\alpha}\beta} \right| = 1 \quad [\because |\beta| = 1]$

अत: विकल्प (C) सही है।

**66.** $S_\infty = \dfrac{a}{1-r}$ जहाँ ' $a$ ' गुणोत्तर श्रेणी का पहला पद और $r$ उभयनिष्ठ अंतर है।

$\therefore \dfrac{4}{3} = \dfrac{\frac{3}{4}}{1-r}$

$\Rightarrow 1 - r = \dfrac{\frac{3}{4}}{\frac{4}{3}}$

$\Rightarrow r = 1 - \dfrac{9}{16}$

$\Rightarrow r = \dfrac{7}{16}$

अत: विकल्प (A) सही है।

**67.** $I = \int \dfrac{e^x}{e^{2x}+1} dx$

मान लें, $e^x = t \Rightarrow e^x dx = dt$

$I = \int \dfrac{1}{t^2+1} dt = \tan^{-1} t + c$

$= \tan^{-1} e^x + c$

अत: विकल्प (C) सही है।

**68.** $i^{1000} + i^{1001} + i^{1002} + i^{1003}$

$= i^{1000} + i^{1000} \cdot i + i^{1002} + i^{1002} \cdot i$

$= (i^2)^{500} + (i^2)^{500} \cdot i + (i^2)^{501} + (i^2)^{501} \cdot i$

$= (-1)^{500} + (-1)^{500} \cdot i + (-1)^{501} + (-1)^{501} \cdot i$

$= 1 + i - 1 - i$

$= 0$

अत: विकल्प (A) सही है।

**69.** $\dfrac{1}{\log_2 N} + \dfrac{1}{\log_3 N} + \dfrac{1}{\log_4 N} + \cdots + \dfrac{1}{(\log_{100} N)}$

अब हम जानते हैं कि, $\dfrac{1}{\log_n b} = \log_b a$

$= \log_N 2 + \log_N 3 + \log_N 4 + \cdots + \log_N 100$

$= \log_N(2.3.4 \ldots \ldots 100)$

$\log_N(100!)$

$= \dfrac{1}{\log_{100!} N}$

अत: विकल्प (A) सही है।

**70.** रूप का मापांक आयाम:

$(\sqrt{3} + i)$

$z = r(\cos\theta + i\sin\theta)$

$r\cos\theta = \sqrt{3}, r\sin\theta = 1$

$\Rightarrow r^2(\cos^2\theta + \sin^2\theta) = 4$

$\Rightarrow r^2 = 4$

$\Rightarrow r = 2$

$2\cos\theta = \sqrt{3}$ और $2\sin\theta = 1$

$\Rightarrow \cos\theta = \dfrac{\sqrt{3}}{2}$ और $\sin\theta = \dfrac{1}{2}$

$\Rightarrow \theta = \dfrac{\pi}{6}$ और $\theta = \dfrac{\pi}{6}$

$\therefore z = 2\left(\cos\dfrac{\pi}{6} + i\sin\dfrac{\pi}{6}\right)$

अत: विकल्प (C) सही है।

अत: विकल्प (B) सही है।

**71.** मान लेते हैं $A(x_1, y_1) = (0,6), B(x_2, y_2) = (8,12)$ और $C(x_3, y_3) = (8,0)$ त्रिभुज $ABC$ शिरोबिंदु हैं।

तब,

$$c = AB$$
$$= \sqrt{(0-8)^2 + (6-12)^2}$$
$$= 10$$
$$b = CA$$
$$= \sqrt{(0-8)^2 + (6-0)^2}$$
$$= 10$$
$$a = BC$$
$$= \sqrt{(8-8)^2 + (12-0)^2}$$
$$= 12$$

अंतः केंद्र के निर्देशांक हैं $\left(\dfrac{ax_1+bx_2+cx_1}{a+b+c}, \dfrac{ay_1+by_2+cy_3}{a+b+c}\right)$

$$\Rightarrow \left(\frac{12\times0+10\times8+10\times8}{12+10+10}, \frac{12\times6+10\times12+10\times0}{12+10+10}\right)$$
$$\Rightarrow \left(\frac{160}{32}, \frac{192}{32}\right)$$
$$\Rightarrow (5,6)$$

अत: विकल्प (D) सही है।

**72.** एक अंतर समीकरण का क्रम उच्चतम क्रम व्युत्पन्न का क्रम है।

इसलिए $y'y'' + y = \sin x$ का क्रम 2 है।

अत: विकल्प (B) सही है।

**73.** दिया है,

$$(1 + y^2)dx = xy\,dy$$
$$\Rightarrow \frac{2x}{d}x = \frac{2y}{1+y^2}dy \dots \text{(i)}$$

मान लें,

$$t = 1 + y^2 \Rightarrow dt = 2y\,dy \dots \text{(ii)}$$

(i) और (ii) का समाकलन करने पर,

उपयोग करते हुए $\Rightarrow \int \frac{2}{x}dx = \int \frac{dt}{t} + \log c$

इसलिए $\log x^2 = \log ct$
$$\Rightarrow x^2 = c(1 + y^2)$$

डालते हुए $(x, y) = (1,0)$
$$\Rightarrow 1 = c(1 + 0)$$
$$\Rightarrow c = 1$$

तो वक्र का समीकरण होगा $x^2 - y^2 = 1$

अत: विकल्प (A) सही है।

**74.** हम जानते हि कि,

$$A^{-1} = \frac{adj(A)}{|A|}$$

अब,

$$|A| = \cos\theta(\cos\theta) - \sin\theta(-\sin\theta)$$
$$= \cos^2\theta + \sin^2\theta$$
$$= 1$$

अब,

$$\text{Adj } A = \begin{pmatrix} \cos\theta & -\sin\theta & 0 \\ \sin\theta & \cos\theta & 0 \\ 0 & 0 & 1 \end{pmatrix}$$

$$\therefore \begin{pmatrix} \cos\theta & -\sin\theta & 0 \\ \sin\theta & \cos\theta & 0 \\ 0 & 0 & 1 \end{pmatrix}$$

अत: विकल्प (A) सही है।

**75.** $\begin{vmatrix} x & 2 \\ 18 & x \end{vmatrix} = \begin{vmatrix} 6 & 2 \\ 3x & 6 \end{vmatrix}$

$$\Rightarrow x^2 - 36 = 36 - 6x \quad \left(\begin{bmatrix} a & b \\ c & d \end{bmatrix} = ad - bc\right)$$
$$\Rightarrow x^2 + 6x - 72 = 0$$
$$\Rightarrow x = \frac{-6 \pm \sqrt{6^2 + 4\times72}}{2}$$
$$= \frac{-6 \pm \sqrt{36(1+8)}}{2}$$
$$= -3 \pm 9 = 6 \text{ या } -12$$

अत: विकल्प (A) सही है।

**76.** इंडिया डिजिटल समिट 2022 के 16वें संस्करण का आयोजन इंटरनेट एंड मोबाइल एसोसिएशन ऑफ इंडिया (आईएएमएआई) द्वारा किया गया था।

शिखर सम्मेलन के दौरान '10 मिलियन डिजिटल रूप से सक्षम सूक्ष्म उद्यमियों का निर्माण' शीर्षक वाली रिपोर्ट भी जारी की गई। रिपोर्ट में कहा गया है कि रोजगार सृजन और जीडीपी में योगदान दोनों के लिए सूक्ष्म-उद्यमी भारतीय अर्थव्यवस्था का एक महत्वपूर्ण हिस्सा हैं।

अत: विकल्प (A) सही है।

**77.** मानव विकास सूचकांक - 2016 में भारत को 0.624 अंक प्राप्त हुए हैं।

मानव विकास सूचकांक 2016:

- 2016 के मानव विकास सूचकांक (HDI) में 188 देशों में भारत 131वें स्थान पर था।
- भारत ने 0.624 अंक प्राप्त किया और उसे मध्यम मानव विकास श्रेणी में रखा गया।
- संयुक्त राष्ट्र विकास कार्यक्रम (UNDP) द्वारा प्रकाशित मानव विकास रिपोर्ट (HDR) 2016 शीर्षक के तहत हाल ही में सूचकांक का अनावरण किया गया था।

अत: विकल्प (B) सही है।

**78.** दृष्टिबाधित लोगों के लिए देश का पहला रेडियो चैनल, जिसका नाम 'रेडियो अक्ष' है, नागपुर में लॉन्च किया गया है। द ब्लाइंड रिलीफ एसोसिएशन नागपुर और समदृष्टि क्षमता विकास एवं अनुसंधान मंडल (सक्षम) इस अवधारणा के अग्रदूत हैं। यह दृष्टिबाधित लोगों को शिक्षा संसाधनों और ऑडियोबुक तक निर्बाध पहुंच प्राप्त करने में मदद करेगा।

अत: विकल्प (B) सही है।

**79.** 2020 में टूर डे फ्रांस तडज पोगाकर ने जीता।

तडज पोगाकर एक स्लोवेनियाई साइकिल चालक है जो वर्तमान में यूसीआई वर्ल्डटीम यूएई टीम अमीरात के लिए सवारी करता है। उन्होंने टूर डी फ्रांस के 2020 और 2021 संस्करण जीते, प्रत्येक टूर के दौरान तीन अलग-अलग जर्सी जीती, लगभग चार दशकों में कुछ अनदेखी।

2019 में, वह 20 साल की उम्र में टूर ऑफ़ कैलिफ़ोर्निया जीत के साथ यूसीआई वर्ल्ड टूर रेस जीतने वाले सबसे कम उम्र के साइकिलिस्ट बन गए। बाद में वर्ष में, अपने पहले ग्रैंड टूर में, पोगाकर ने वुट्टा एन एस्पाना के तीन चरणों में जीत हासिल की। एक समग्र तीसरे स्थान की समाप्ति और युवा राइडर का खिताब। अपने टूर डी फ्रांस की शुरुआत और अगले वर्ष दोनों में, उन्होंने तीन चरणों और कुल मिलाकर दौड़, साथ ही साथ पहाड़ों और युवा-सवार वर्गीकरण जीते, इन तीन वर्गीकरणों को एक साथ जीतने वाले एकमात्र सवार बन गए।

अतः विकल्प (D) सही है।

**80.** सॉफ्ट बैंक, भारती एन्टरप्राइजेज़ और फॉक्सकॉन टेक्नोलॉजी ग्रुप ने एक संयुक्त उपक्रम SBG क्लीनटेक बनाया है, जो ग्रीन एनर्जी प्रोजेक्टों में 10 वर्षों में लगभग $20 बिलियन का निवेश करेगा।

जापान मुख्यालय दूरसंचार और इंटरनेट प्रमुख सॉफ्टबैंक कॉर्प ("सॉफ्टबैंक"), प्रमुख भारतीय व्यापार समूह भारती एंटरप्राइजेज लिमिटेड ("भारती") और ताइवान स्थित शीर्ष डिजाइन और विनिर्माण सेवा प्रदाता फॉक्सकॉन टेक्नोलॉजी ग्रुप ("फॉक्सकॉन"), योजनाओं के साथ आए। भारत में स्वच्छ और सुरक्षित ऊर्जा को अपनाने को बढ़ावा देने के लिए एक संयुक्त उद्यम, एसबीजी क्लीनटेक लिमिटेड ("एसबीजी क्लीनटेक") बनाने के लिए। कुछ शर्तों के अधीन, तीनों कंपनियां संयुक्त रूप से उद्यम में निवेश करेंगी।

अतः विकल्प (A) सही है।

**81.** परमवीर चक्र (पीवीसी) भारत का सर्वोच्च वीरता पुरस्कार है जिसको शत्रु की उपस्थिति में सर्वोच्च डिग्री वीरता या आत्म-बलिदान के लिए दिया जाता है, जो ब्रिटिश विक्टोरिया क्रॉस, यूएस मेडल ऑफ ऑनर, पाकिस्तानी निशान-ए-हैदर, फ्रेंच लीजन ऑफ ऑनर या रूसी क्रॉस सेंट जॉर्ज के समान होता है।

अतः विकल्प (B) सही है।

**82.** खुशवंत सिंह (पत्रकार): ने ऑपरेशन ब्लू स्टार (1984) के विरोध में अपना पद्म भूषण लौटा दिया था। उन्हें 2007 में पद्म विभूषण से सम्मानित किया गया था।

अतः विकल्प (B) सही है।

**83.** हंगेरियन ब्रदर्स, लासज़लो और जॉर्ज बिरो ने 1894 में पहली बॉल पॉइंट पेन बनाया था। इसके बाद पहली काम करने योग्य फाउंटेन पेन का आविष्कार किया गया था, जिसका आविष्कार एल.ई. 1884 में वाटरमैन द्वारा किया गया था।

अतः विकल्प (A) सही है।

**84.** स्कॉट्समैन जॉन डनलप ने 1888 में पहला व्यावहारिक वायवीय रबर टायर विकसित किया था।

अतः विकल्प (A) सही है।

**85.** श्रीलंका को 1981 में टेस्ट खेलने वाले देश का दर्जा मिला और उसने 1979 विश्व कप में भारत को हराया। इससे पहले, वे आई सी सी गैर-टेस्ट खेलने वाले देशों के चैंपियन थे।

अतः विकल्प (B) सही है।

**86.** कार्ल लुईस ने कुल नौ ओलंपिक स्वर्ण पदक जीते हैं: 1984 में चार (100 मीटर, 200 मीटर, 4 गुणा 100 मीटर, लंबी कूद), 1988 में दो (100 मीटर और लंबी कूद), 1992 में दो (4 गुणा 100 मीटर और लंबी कूद), और 1996 में एक ( लंबी छलांग)।

अतः विकल्प (C) सही है।

**87.** बंकिम चंद्र चट्टोपाध्याय द्वारा प्रसिद्ध पुस्तक 'आनंदमठ' का लेखन किया गया था।

'आनंदमठ' 1882 में बंकिम चंद्र चट्टोपाध्याय द्वारा लिखा गया एक प्रसिद्ध बंगाली उपन्यास है। यह उपन्यास संन्यासी विद्रोह की घटनाओं पर आधारित है, जो 18 वीं शताब्दी के अंत में पूर्वी भारत, विशेषकर बंगाल में हुआ था।

अतः विकल्प (B) सही है।

**88.** हेनरी डेविड थोरो ने 1849 में कहा था-

"हमने सुना है कि यह कहा गया है, कि सरकार सबसे अच्छी है जो कम से कम शासन करती है।

वह सरकार सबसे अच्छी है जो कभी शासन नहीं करती है,

और जब पुरुष इसके लिए तैयार होते हैं,

उस तरह की सरकार उनके पास होगी"।

अतः विकल्प (D) सही है।

**89.** अक्किनेनी नागेश्वर राव, जिन्हें व्यापक रूप से एएनआर के रूप में जाना जाता है, एक भारतीय फिल्म अभिनेता और निर्माता थे, जो मुख्य रूप से तेलुगु सिनेमा में अपने काम के लिए जाने जाते थे।

अतः विकल्प (C) सही है।

**90.** सत्येन बोस (22 जनवरी 1916 - 9 जून 1993) भारत के एक फिल्म निर्देशक थे। उन्होंने बंगाली और हिंदी दोनों फिल्मों का निर्देशन किया है। उनकी सबसे उल्लेखनीय फ़िल्में हैं: रात और दिन, चलती का नाम गाड़ी, दोस्ती और जागृति। जागृति ने 1956 में फिल्मफेयर का सर्वश्रेष्ठ फिल्म पुरस्कार जीता और दोस्ती ने 1964 में वही पुरस्कार जीता।

अतः विकल्प (D) सही है।

**91.** वैलेंटिना व्लादिमीरोवाना टेरेशकोवा एक सेवानिवृत्त सोवियत कॉस्मोनॉट और अंतरिक्ष में उड़ान भरने वाली पहली महिला थी, जिन्हें 16 जून 1963 को वोस्तोक 6 को चलाने के लिए चार सौ से अधिक आवेदकों और पांच फाइनलिस्ट में से चुना गया था।

अतः विकल्प (A) सही है।

**92.** हर्यंक वंश का संस्थापक बिंबिसार था।

प्रारंभ में, यह राजधानी राजगृह थी। बाद में, इसे भारत में वर्तमान पटना के पास पाटलिपुत्र में स्थानांतरित कर दिया गया। बौद्ध ग्रंथ के अनुसार, महावमसा, बिंबिसार पंद्रह वर्ष की आयु में अपने पिता द्वारा राजा अभिषिक्त किये गये थे।

अतः विकल्प (C) सही है।

**93.** अशफाकउल्ला खान, चंद्र शेखर आजाद, राम प्रसाद बिस्मिल, रोशन सिंह, और राजेंद्र लाहिड़ी जैसे क्रांतिकारी काकोरी षड्यंत्र मामले (1925) से जुड़े थे।

काकोरी षड्यंत्र (या काकोरी ट्रेन डकैती या काकोरी मामला) एक ट्रेन डकैती थी जो ब्रिटिश भारत सरकार के खिलाफ भारतीय स्वतंत्रता आंदोलन के दौरान 9 अगस्त 1925 को काकोरी और लखनऊ के बीच हुई थी। डकैती का आयोजन हिंदुस्तान रिपब्लिकन एसोसिएशन (एचआरए) द्वारा किया गया था।

अतः विकल्प (A) सही है।

**94.** मालाबार में 1921 में मोपला विद्रोह हिंदू भूमि धारकों के खिलाफ एक मुस्लिम किसान विद्रोह था।

मालाबार विद्रोह (जिसे मलप्पा विद्रोह भी कहा जाता है और मलयालम में मापीला लाहा) को 1921 में मपिल्लास द्वारा दक्षिण भारत के मालाबार क्षेत्र में ब्रिटिश अधिकार के खिलाफ सशस्त्र विद्रोह और 19 वीं शताब्दी में हुई मप्पिला विद्रोह की श्रृंखला की परिणति के रूप में जाना गया। 20 वीं सदी के प्रारंभ में।

अतः विकल्प (D) सही है।

**95.** 1919 का अराजक और क्रांतिकारी अपराध अधिनियम, जिसे लोकप्रिय रूप से रोलेट एक्ट या ब्लैक एक्ट के रूप में जाना जाता है, 10 मार्च 1919 को दिल्ली में इंपीरियल लेजिस्लेटिव काउंसिल द्वारा पारित एक विधायी अधिनियम था, जिसमें निवारक अनिश्चितकालीन नजरबंदी, आपातकालीन परीक्षण के आपातकालीन उपायों को अनिश्चित काल तक विस्तारित किया गया था। प्रथम विश्व युद्ध के दौरान भारत अधिनियम की रक्षा 1915 में न्यायिक समीक्षा की गई।

अत: विकल्प (C) सही है।

**96.** कलगुरली-बोल्डर, पश्चिमी ऑस्ट्रेलिया के गोल्डफील्ड्स-ऐक्रेलेंस क्षेत्र में एक शहर है, जो ग्रेट ईस्टर्न हाइवे के अंत में पर्थ के उत्तर-पूर्व में 595 किमी (370 मील) पर स्थित है।

अत: विकल्प (A) सही है।

**97.** अपातनिश, या तंव, जिसे अपा और अपातानी द्वारा भी जाना जाता है, भारत में अरुणाचल प्रदेश के निचले सुबानसिरी जिले में जीरो घाटी में रहने वाले लोगों का एक जनजातीय समूह है।

अत: विकल्प (D) सही है।

**98.** जेनोआ का बंदरगाह प्रमुख इतालवी बंदरगाह है और यह भूमध्य सागर में सबसे बड़े होने के लिए मार्सिले और बार्सिलोना के बंदरगाहों के साथ प्रतिस्पर्धा में है। 51.6 मिलियन टन के व्यापार की मात्रा के साथ, यह कार्गो टन भार द्वारा इटली का सबसे व्यस्त बंदरगाह है।

अत: विकल्प (C) सही है।

**99.** तेल और प्राकृतिक गैस निगम (ओएनजीसी) एक भारतीय बहुराष्ट्रीय तेल और गैस कंपनी है जिसका मुख्यालय पहले देहरादून, उत्तराखंड, भारत में था। निगम के रूप में, इसका पंजीकृत कार्यालय अब दीनदयाल उर्जा भवन, वसंत कुंज, नई दिल्ली 110070 भारत में है।

अत: विकल्प (A) सही है।

**100.** खजुराहो समूह, नई दिल्ली के दक्षिण पूर्व में 620 किलोमीटर (385 मील) पर स्थित, छतरपुर जिले में भारतीय राज्य मध्य प्रदेश के एक शहर खजुराहो में स्तिथ, भारत के सबसे लोकप्रिय पर्यटन स्थलों में से एक है।

अत: विकल्प (B) सही है।

# English

**Ques (1-5):Direction:** Read the passage carefully and answer the question that follows.

At this stage of civilization, when many nations are brought in to close and vital contact for good and evil, it is essential, as never before, that their gross ignorance of one another should be diminished, that they should begin to understand a little of one another's historical experience and resulting mentality. It is the fault of the English to expect the people of other countries to react as they do, to political and international situations. Our genuine goodwill and good intentions are often brought to nothing, because we expect other people to be like us. This would be corrected if we knew the history, not necessarily in detail but in broad outlines, of the social and political conditions which have given to each nation its present character.

**Q.1** According to the author 'Mentality' of a nation is mainly product of its:

**A.** Present character

**B.** International position

**C.** Politics

**D.** History

**Q.2** The character of a nation is the result of its:

**A.** Gross ignorance

**B.** Cultural heritage

**C.** Socio-political conditons

**D.** Mentality

**Q.3** The need for a greater understanding between nations:

**A.** Is more today than ever before

**B.** Was always there

**C.** Is no longer there

**D.** Will always be there

**Q.4** Englishmen like others to react to political situations like:

**A.** Others

**B.** Us

**C.** Themselves

**D.** Each others

**Q.5** According to the author his countrymen should:

**A.** Read the story of other nations

**B.** Have a better understanding of other nations

**C.** Not react to other actions

**D.** Have vital contact with other nations

**Q.6** Choose the antonym for the given word:

Rapport

**A.** Unfriendliness

**B.** Unrapport

**C.** Disrapport

**D.** Unbehaviour

**Q.7** Choose the synonym for the given word:

Scorn

**A.** Disallow

**B.** Disdain

**C.** Highlight

**D.** Willful

**Q.8** Choose the correct sentence from the following:

**A.** There going to help us?

**B.** They're going to help us.

**C.** Is they go to help us?

**D.** Are they going to help us?

**Q.9** Choose the correct meaning of the phrase:

Bear a grudge

**A.** Take offence

**B.** Take a decision

**C.** Follow right path

**D.** Choose right option

**Q.10** Choose the correctly punctuated sentence.

**A.** Sir. I would like you to grant me leave.

**B.** Sir; I would like you to grant me leave.

**C.** Sir! I would like you to grant me leave.

**D.** Sir, I would like you to grant me leave.

**Q.11** Pick out the exact meaning of the word:

Enigmatic

**A.** Mysterious

**B.** Silence

**C.** Precise

**D.** Vault

**Q.12** Change Active to Passive Voice or vice - versa as the case may be.

The boy expected the ball.

**A.** The ball is expected by the boy.

**B.** The ball had been expected by the boy.

**C.** The ball has been expected by the boy.

**D.** The ball was expected by the boy.

**Q.13** Change Active to Passive Voice or vice - versa as the case may be.

Peter was opening the window.

**A.** The window was opened by Peter.

**B.** The window was being opened by Peter.

**C.** The window is being opened by Peter.

**D.** The window has been opened by Peter.

**Q.14** Change Direct to Indirect Speech or vice - versa as the case may be.

The man said, "No, I refuse to confess guilt."

**A.** The man was stubborn enough to confess guilt.

**B.** The man refused to confess his guilt.

**C.** The man emphatically refused to confess guilt.

**D.** The man told that he confesses guilt.

**Q.15** Change Direct to Indirect Speech or vice - versa as the case may be.

The Prime Minister said that no one would be allowed to disturb the peace.

**A.** The Prime Minister said, "We will not allow anyone to

**B.** The Prime Minister said, "No one can disturb the peace."

**C.** The Prime Minister said, "We would not allow no one to disturb the peace."

**D.** The Prime Minister said, "No one will disturb the peace."

**Q.16 Choose the most appropriate alternative to complete the sentence:**

Susan watched a movie at the theatre _________ a friend.

**A.** of     **B.** on     **C.** in     **D.** with

**Q.17** Choose the most appropriate alternative to complete the sentence:

He had been in prison _______ 2 years at the time when he was still interested in cards.

**A.** at     **B.** in     **C.** since     **D.** for

**Q.18** Choose the most appropriate alternative to complete the sentence:

She has been given a topic to write ______.

**A.** About     **B.** on     **C.** over     **D.** upon

**Q.19 Choose the most appropriate alternative to complete the sentence:**

After he _________ painting, he had a shower.

**A.** finished     **B.** had finished

**C.** has finished     **D.** finish

**Q.20 Choose the most appropriate alternative to complete the sentence:**

Anil was stopped by the police because he _______ fast.

**A.** was driving     **B.** has drive

**C.** drive     **D.** has driven

**Q.21** In the following, a sentence is given with a blank followed by the four options given. Find the correct option, out of four, and fill in the given blank in order to complete the sentence.

When ______?

**A.** did you arrive     **B.** you have arrived

**C.** has you arrived     **D.** did you arrived

**Q.22** Choose the most appropriate alternative to complete the sentence:

She _________ in this house for years.

**A.** lived     **B.** have lived

**C.** has lived     **D.** has been living

**Q.23**

Choose the most appropriate alternative to complete the sentence:

The man is an important element _________ the environment.

**A.** to     **B.** in     **C.** over     **D.** of

**Q.24 Direction:** Choose the adjective in the given sentence.

Kolkata is one of the liveliest cities in the world.

**A.** World     **B.** One     **C.** Liveliest     **D.** City

**Q.25**

Choose the pronoun in the given sentence:

Pray, do not inconvenience yourself.

**A.** Do     **B.** Yourself     **C.** Not     **D.** Pray

# Science

**Q.26** 2 मीटर लंबाई की एक छड़ एक चिकने क्षैतिज तल पर टिकी हुई है। यदि छड़ को 0°C से 20°C तक गर्म किया जाता है, लम्बाई में परिवर्तन के कारण अनुदैर्घ्य तनाव का विकास हुआ ($\propto$ = $5 \times 10^{-5}$/°C)।

**A.** $10^{-3}$ मी     **B.** $2 \times 10^{-3}$ मी

**C.** 0 मी     **D.** $10^{-4}$ मी

**Q.27** यदि डायोड के फ़ॉरवर्ड वोल्टेज को बढ़ाया जाता है, तो अवक्षय परत की चौड़ाई-

**A.** बढ़ेगी     **B.** घटेगी

**C.** घटेगी-बढ़ेगी     **D.** इनमें से कोई नहीं

**Q.28** विद्युत चुम्बकीय तरंगों की गति _______समान होती है।

**A.** सभी तरंग दैर्घ्यों के लिए     **B.** सभी माध्यमों में

**C.** सभी तीव्रताओं के लिए     **D.** सभी आवृत्तियों के लिए

**Q.29** एक विद्युत चुम्बकीय तरंग में, चुंबकीय क्षेत्र से संबंधित औसत ऊर्जा घनत्व है:

**A.** $2\mu_0 B^2$     **B.** $\frac{B^2}{2\mu_0}$     **C.** $\frac{\mu_0 B^2}{2}$     **D.** $\frac{\mu_0}{2B^2}$

**Q.30** रेडियो द्वारा निर्मित ध्वनि की प्रबलता ______ बढ़ जाती है।

**A.** आवृत्ति बढ़ाकर     **B.** आयाम बढ़ाकर

**C.** तरंगदैर्ध्य बढ़ाकर     **D.** पिच बढ़ाकर

**Q.31** निम्नलिखित में से कौन सी प्रणाली एक एनालॉग मॉडुलन प्रणाली है?

**A.** पीसीएम     **B.** अवकलित पीसीएम

**C.** डेल्टा     **D.** पीडब्ल्यूएम

**Q.32** निम्नलिखित में से किस प्रणाली को शास्त्रीय भौतिकी द्वारा पर्याप्त रूप से वर्णित किया जा सकता है?

**A.** एक क्रिकेट गेंद की गति

**B.** एक हाइड्रोजन परमाणु

**C.** एक न्यूट्रॉन जो प्रोटॉन में परिवर्तन ला रहा हो

**D.** इनमें से कोई नहीं

**Q.33** एक विद्युत द्विध्रुव एक एकसमान विद्युत क्षेत्र में रखा गया है। द्विध्रुवीय पर शुद्ध विद्युत बल कितना होगा?

**A.** सदैव शून्य

**B.** सदैव ऋणात्मक

**C.** द्विध्रुव के अभिविन्यास पर निर्भर करेगा

**D.** इनमें से कोई नहीं

**Q.34** एक इलेक्ट्रॉन धनात्मक x- अक्ष के अनुरूप घूम रहा है। एक एकसमान विद्युत क्षेत्र ऋणात्मक y- अक्ष की ओर मौजूद है। उपयुक्त परिमाण के चुंबकीय क्षेत्र की दिशा क्या होनी चाहिए ताकि इलेक्ट्रॉन पर शुद्ध बल शून्य हो?

**A.** धनात्मक z- अक्ष     **B.** ऋणात्मक z- अक्ष

**C.** धनात्मक y- अक्ष     **D.** ऋणात्मक y- अक्ष

**Q.35** एक $L - C$ परिपथ में $L = 3.3H$ और $C = 840pF$ है और संधारित्र पर आवेश $t = 2.0\ ms$ पर $105\ \mu C$ है। परिपथ में कुल ऊर्जा की गणना कीजिए।

**A.** $6.56J$     **B.** $5.67J$

**C.** $4.56J$     **D.** इनमें से कोई नहीं

**Q.36** एक संवेदनशील बीम संतुलन में पीतल भार से एक कांच बल्ब संतुलित होता है। अब संतुलन को घंटी - जार द्वारा ढका जाता है, फिर इसे खाली किया जाता है। फिर:

**A.** बीम क्षैतिज रहेगा

**B.** बल्ब वाला पैन नीचे जाएगा

**C.** बल्ब वाला पैन ऊपर जाएगा

**D.** पैन अपनी धुरी के चारों तरफ घूमेगा

**Q.37** आभासी बलों द्वारा किया जाने वाला कार्य _____ होता है।

**A.** धनात्मक

**B.** ऋणात्मक

**C.** शून्य

**D.** इनमें से सभी

**Q.38** रेडियोधर्मी श्रृंखला के अंतिम उत्पाद का क्षय स्थिरांक है:

**A.** शून्य

**B.** अनंत

**C.** अनिश्चित

**D.** अन्य नाभिक के भांति

**Q.39** एक $5\Omega$ की नियत तार को एक अंगूठी बनाने के लिए मोड़ा जाता है। तार के व्यास के पार प्रतिरोध ज्ञात कीजिये।

**A.** $2.5\Omega$ **B.** $1.25\Omega$ **C.** $5\Omega$ **D.** $0.625\Omega$

**Q.40** एक पत्थर को $500$ मीटर ऊंची मीनार से झील में गिराया जाता है। छप की आवाज़ व्यक्ति द्वारा लगभग _____ बाद सुनी जाएगी।

**A.** 11.5 sec **B.** 21 sec **C.** 10 sec **D.** 14 sec

**Q.41** एक सरल आवर्ती दोलक के लिए स्थितिज ऊर्जा गतिज ऊर्जा के बराबर कब है?

**A.** प्रत्येक आवर्तन के दौरान एक बार

**B.** प्रत्येक आवर्तन के दौरान दो बार

**C.** जब $x = \frac{A}{2}$

**D.** जब $x = A$

**Q.42** निम्नलिखित में से कौन सा कार्बोहाइड्रेट सबसे मीठी शर्करा है?

**A.** ग्लूकोज **B.** फ्रक्टोज **C.** सेलूलोज **D.** माल्टोज

**Q.43** निम्नलिखित में से किस प्रक्रिया में संवहन मुख्य रूप से नहीं होता है?

**A.** समुद्री एवं स्थलीय समीर

**B.** जल कथन

**C.** फिलामेंट के कारण बल्ब के कांच का गर्म होना

**D.** एक भट्टी के चारों ओर हवा का तापन

**Q.44** टनेल डायोड किसका अन्य नाम है?

**A.** शक्ति डायोड

**B.** वेरेक्टर डायोड

**C.** फोटो डायोड

**D.** एसाकी डायोड

**Q.45** एप्लेट एक _____ डॉक्यूमेंट एप्लीकेशन प्रोग्राम है।

**A.** निष्क्रिय **B.** सक्रिय **C.** स्थैतिक **D.** गतिशील

**Q.46** $L - R$ परिपथ में समय स्थिरांक निम्न द्वारा दिया जाता है।

**A.** $LR$ **B.** $\frac{R}{L}$ **C.** $\frac{L}{R}$ **D.** $\frac{1}{LR}$

**Q.47** त्रिभुज बनाने के लिए तीन $2\Omega$ प्रतिरोधक जोड़े गए हैं। किन्ही भी दो कोनों के बीच प्रतिरोध होगा:

**A.** $\frac{4}{3}\Omega$ **B.** $6\Omega$ **C.** $2\Omega$ **D.** $\frac{3}{4}\Omega$

**Q.48** विद्युत चुम्बकीय तरंगे _____ द्वारा उत्पादित होती है।

**A.** आवेशहीन कण

**B.** एक स्थैतिक आवेश

**C.** एक गतिशील आवेश

**D.** एक त्वरण आवेश

**Q.49** द्रव्यमान $'M'$ और अनुप्रस्थ काट क्षेत्रफल $'A'$ की एक समान छड़ का एक छोर दृढ़ अवलम्ब से लटकाया गया है और एक समान द्रव्यमान $M$ दूसरे छोर से लटकाया गया है। छड़ के मध्य-बिंदु पर प्रतिबल होगा:

**A.** $\frac{2Mg}{A}$ **B.** $\frac{3Mg}{2A}$ **C.** $\frac{Mg}{A}$ **D.** 0

**Q.50** व्यतिकरण घटना देखी जाती है:

**A.** केवल अनुप्रस्थ तरंगों में

**B.** केवल अनुदैर्ध्य तरंगों में

**C.** दोनों प्रकार की तरंगों में

**D.** कोई नहीं

# Mathematics

**Q.51** यदि $\times, a \times b = \frac{ab}{5}$ के रूप में परिभाषित परिमेय संख्या के समूह $Q$ पर एक द्विआधारी संचालन है। तो के लिए पहचान लिखिए।

**A.** 1

**B.** 0

**C.** 5

**D.** उपरोक्त में से कोई नहीं

**Q.52** यदि $a, b, c$ तीन क्रमागत धनात्मक पूर्णांक है, तो $(1 + ca)$ का मान क्या है?

**A.** $\log b$ **B.** $\log \frac{b}{2}$ **C.** $\log 2b$ **D.** $2\log b$

**Q.53** यदि $m, n, p, q$ क्रमागत पूर्णांक है, तो $i^m \cdot i^n \cdot i^p \cdot i^q$ का मान क्या है?

**A.** 1

**B.** 4

**C.** 0

**D.** इनमें से कोई नहीं

**Q.54** गुणन $x^2 - 11x + 30 = 0$ का उपयोग करके द्विधाती समीकरण का मूल ज्ञात कीजिए।

**A.** मूल 5 और 6 हैं

**B.** मूल $-5$ और $-6$ हैं

**C.** मूल $-5$ और 6 हैं

**D.** इनमें से कोई नहीं

**Q.55** अनुक्रम $-8, -5 \, -2, …, 7$ का योग ज्ञात कीजिए।

**A.** $-3$

**B.** $-6$

**C.** 3

**D.** इनमें से कोई नहीं

**Q.56** $\left(1 + \cos\frac{\pi}{8}\right)\left(1 + \cos 3\frac{\pi}{8}\right)\left(1 + \cos 5\frac{\pi}{8}\right)\left(1 + \cos 7\frac{\pi}{8}\right)$ के मान का मूल्यांकन कीजिए।

**A.** $\frac{1}{8}$ **B.** $\frac{1}{4}$ **C.** $\frac{1}{2}$ **D.** 8

**Q.57** केंद्र $(4, -5)$ वाला एक वृत्त मानक $(x, y)$ निर्देशांक तल में $y$ - अक्ष की एक स्पशरिखा है। तो इस वृत्त की त्रिज्या क्या है?

**A.** 4 **B.** 5 **C.** $\sqrt{41}$ **D.** 16

**Q.58** यदि $P(1,4)$ और $Q(k, 3)$ को जोड़ने वाले रेखाखंड के लंबवत द्विभाजक में $y$ अंतःखंड $-4$ है। तो $k$ का संभव मान क्या है?

**A.** $-2$ **B.** $-4$ **C.** 1 **D.** 2

**Q.59** एक वृत्त की सबसे लंबी जीवा वृत्त का _____ है।

**A.** रेखा

**B.** व्यास

**C.** स्पशरिखा

**D.** इनमें से कोई नहीं

**Q.60** यदि $F_1$ और $F_2$ बिंदु $(0, -4)$ और $(0,4)$ है। तो बिंदु $P$ का लोकस क्या है जिससे $|PF_1| + |PF_2| = 6$ है?

**A.** दीर्घवृत्त

**B.** $F_1$ और $F_2$ वाली एक सीधी रेखा

**C.** रेखाखण्ड $[F_1 F_2]$

**D.** इनमें से कोई नहीं

**Q.61** यदि आपके पास 6 नए वर्ष के ग्रीटिंग कार्ड हैं और आप उन्हें अपने 4 दोस्तों को भेजना चाहते हैं, तो इसे कितने तरीकों से भेजा जा सकता है?

**A.** 360
**B.** 420
**C.** 630
**D.** इनमें से कोई नहीं

**Q.62** वह सदिश क्या कहलाता है जिसका मापांक एकल होता है?

**A.** शून्य सदिश
**B.** इकाई सदिश
**C.** समरूप सदिश
**D.** इनमें से कोई नहीं

**Q.63** e का मान कितना होता है?

**A.** e < 2
**B.** e > 3
**C.** 2 < e < 3
**D.** इनमें से कोई नहीं

**Q.64** निम्नलिखित को सूची रूप C = {x : x ∈ N और 50 ≤ x ≤ 60} में लिखिए।

**A.** C = {50, 51, 52, 53, 54, 55, 56, 57, 58, 59, 60}
**B.** C = {51, 52, 53, 54, 55, 56, 57, 58, 59}
**C.** C = {51, 52, 53, 54, 55, 56, 57, 58, 59, 60}
**D.** इनमें से कोई नहीं

**Q.65** यदि अवलोकन $x_1, x_2, x_3 \dots x_n$ के समूह का माध्य $\overline{X}$ है, तो अवलोकन $x_i + 2i$ का माध्य क्या है, जहाँ $= 1,2,3 \dots n$ है?

**A.** $\overline{X} + 2$
**B.** $\overline{X} + 2n$
**C.** $\overline{X} + (n + 1)$
**D.** $\overline{X} + n$

**Q.66** किरण $P(1, -2, 4)$ से $Q(-1, 1, -2)$ तक की दिशा कोसाइन क्या हैं?

**A.** $< -2, 3, -6 >$
**B.** $< 2, -3, 6 >$
**C.** $\left\langle \frac{2}{7}, -\frac{3}{7}, \frac{6}{7} \right\rangle$
**D.** $\left\langle -\frac{2}{7}, \frac{3}{7}, -\frac{6}{7} \right\rangle$

**Q.67** 7 सफ़ेद गेंद और 3 काले गेंदों को यादृच्छिक से एक पंक्ति में रखा गया हैं। तो इसकी प्रायिकता क्या है कि कोई भी दो गेंद एक-दूसरे के सन्निकट नहीं हैं?

**A.** $\frac{1}{2}$
**B.** $\frac{7}{15}$
**C.** $\frac{2}{15}$
**D.** $\frac{1}{3}$

**Q.68** हल कीजिए: $\lim_{x \to 0} \tan x =$

**A.** 0
**B.** 1
**C.** −1
**D.** इनमें से कोई नहीं

**Q.69** $\frac{d(e^x)}{dx} =$

**A.** $e^x$
**B.** $e^{2x}$
**C.** $2e^x$
**D.** इनमें से कोई नहीं

**Q.70** एक शंकु के आधार की त्रिज्या $3 \, cm/min$ की दर से बढ़ती है और ऊंचाई $4 \, cm/min$ की दर से कम होती है। जब त्रिज्या $= 7$ और ऊंचाई $= 24 \, cm$ है, तो पार्श्व सतह के परिवर्तन की दर क्या है?

**A.** $54\pi \, cm^2/min$
**B.** $7\pi \, cm^2/min$
**C.** $27\pi \, cm^2/min$
**D.** इनमें से कोई नहीं

**Q.71** $\int \frac{(\sin^{-1} x)^3}{\sqrt{1-x^2}} dx$ किसके बराबर है?

**A.** $\frac{(\sin^{-1} x)^2}{2} + C$
**B.** $\frac{(\sin^{-1} x)^3}{3} + C$
**C.** $\frac{(\sin^{-1} x)}{x} + C$
**D.** $\frac{(\sin^{-1} x)^4}{4} + C$

**Q.72** $1 + (1 + x) + (1 + x)^2 + (1 + x)^3 + \cdots (1 + x)^n$ के विस्तार में $x^r$ का गुणांक क्या है , जहाँ $0 \le r \le n$ है?

**A.** $^nC_r$
**B.** $n + 1C_r$
**C.** $^{n+2}C_r$
**D.** इनमें से कोई नहीं

**Q.73** यदि AB = A और BA = B है, जहाँ A और B वर्ग आव्यूह हैं, तो निम्न में से कौन-सा सही है?

**A.** B² = B और A² = A
**B.** B² ≠ B और A² = A
**C.** B² = B और A² ≠ A
**D.** B² ≠ B और A² ≠ A

**Q.74** सारणिक

$$\begin{vmatrix} \sin\theta & \cos\theta & \sin 2\theta \\ \sin\left(\theta + \frac{2\pi}{3}\right) & \cos\left(\theta + \frac{2\pi}{3}\right) & \sin\left(2\theta + \frac{4\pi}{3}\right) \\ \sin\left(\theta - \frac{2\pi}{3}\right) & \cos\left(\theta - \frac{2\pi}{3}\right) & \sin\left(2\theta - \frac{4\pi}{3}\right) \end{vmatrix}$$ का मान क्या है?

**A.** $\sin\theta$
**B.** $\cos\theta$
**C.** $\sin\theta\cos\theta$
**D.** इनमें से कोई नहीं

**Q.75** $I = \int_0^{\frac{\pi}{2}} \frac{(\sin x + \cos x)^2}{\sqrt{1 + \sin 2x}} dx$ का मान क्या है?

**A.** 3
**B.** 1
**C.** 2
**D.** 0

# General Awareness

**Q.76** अंतर्राष्ट्रीय वित्तीय सेवा केंद्र प्राधिकरण (IFSCA) और _________ ने अप्रैल 2022 में एक समझौता ज्ञापन पर हस्ताक्षर किए हैं।

**A.** बजाज फाइनेंस लिमिटेड
**B.** आदित्य बिड़ला फाइनेंस लिमिटेड
**C.** मुथूट फाइनेंस लिमिटेड
**D.** GVFL लिमिटेड

**Q.77** मणिपुर की राजधानी है?

**A.** आइजोल
**B.** इम्फाल
**C.** कोहिमा
**D.** शिलोंग

**Q.78** पुरी में रथ यात्रा किस हिंदू देवता के सम्मान में मनाई जाती है?

**A.** राम
**B.** जगन्नाथ
**C.** शिव
**D.** विष्णु

**Q.79** उस खेल/समारोह का नाम बताइए जिसके साथ संजीता चानू सम्बन्धित हैं जिन्होंने इसमें 21वें राष्ट्रमंडल खेलों में भारत के लिए दूसरा स्वर्ण पदक जीता?

**A.** भारोत्तोलन
**B.** सायक्लिंग
**C.** निशानेबाजी
**D.** मुक्केबाजी

**Q.80** एन.सी.एच का पूर्ण रूप क्या है:

**A.** राष्ट्रीय उपभोक्ता हेल्पलाइन
**B.** राष्ट्रीय ग्राहक हेल्पलाइन
**C.** राष्ट्रीय स्वच्छता महाविद्यालय
**D.** राष्ट्रीय शिल्प प्रमुख

**Q.81** आईओसी किसका संक्षिप्त नाम है?

**A.** अंतरराष्ट्रीय ओलंपिक समिति
**B.** अंतर्राष्ट्रीय ओलंपियाड समिति
**C.** अंतर्राष्ट्रीय अपराध न्यायालय संगठन
**D.** अंतर्राष्ट्रीय बाल संगठन

**Q.82** हमारे राष्ट्रीय ध्वज की चौड़ाई और लंबाई का अनुपात क्या है?

**A.** 3 : 5
**B.** 2 : 3
**C.** 2 : 4
**D.** 3 : 4

**Q.83** "डोंग" मुद्रा किस देश से संबंधित है?
**A.** कम्बोडिया **B.** लाओस **C.** म्यांमार **D.** वियतनाम

**Q.84** जिस प्रकार सवारी, घोड़े से संबंधित है, उसी प्रकार धुआं किससे संबंधित है?
**A.** चिमनी **B.** उज्जवल **C.** पाइप **D.** राख

**Q.85** जिस प्रकार अपव्यय धन से संबंधित है उसी प्रकार नष्ट करना किस्से संबंधित है?
**A.** प्रकाश **B.** वित्त **C.** बचत **D.** ऊर्जा

**Q.86** यदि CHAIR को FKDLU लिखते हैं तब RAID को किस प्रकार लिखा जायेगा?
**A.** ULGD **B.** ULKG **C.** ULDG **D.** UDLG

**Q.87** यदि CONDEMN को CNODMEN लिखते हैं, तब TEACHER को किस प्रकार लिखा जायेगा?
**A.** TEACHER **B.** TAEECHR
**C.** TCAEEEHR **D.** TAECEHR

**Q.88** कौन सी संख्या दी गयी श्रृंखला को पूरा करेगी?
8, 48, 16, 96, 32, ?
**A.** 192 **B.** 150 **C.** 64 **D.** 288

**Q.89** दी गयी श्रृंखला में गलत संख्या ज्ञात कीजिये।
97, 91, 86, 83, 79, 77, 76, 76
**A.** 86 **B.** 76 **C.** 91 **D.** 83

**Q.90** सही वर्तनी पहचानिए।
**A.** Aceelerate **B.** Acelerate
**C.** Accelerate **D.** Acellrate

**Q.91** होशंगाबाद किस नदी के किनारे स्थित है?
**A.** यमुना नदी **B.** नर्मदा नदी **C.** सोन नदी **D.** शिप्रा नदी

**Q.92** धौलासिध हाइड्रो प्रोजेक्ट निम्नलिखित में से किस राज्य में बनाने का प्रस्ताव है?
**A.** हिमाचल प्रदेश **B.** उत्तर प्रदेश
**C.** मध्य प्रदेश **D.** उत्तराखंड

**Q.93** गोंडवाना रॉक प्रणाली किस खनिज के लिए प्रसिद्ध है?
**A.** कोयला **B.** चूना पत्थर **C.** तांबा **D.** हीरा

**Q.94** सैन्य विद्रोह के समय भारत का गवर्नर जनरल कौन था?
**A.** लॉर्ड हार्डिंग **B.** लॉर्ड कैनिंग
**C.** लॉर्ड लिटन **D.** लॉर्ड डलहौजी

**Q.95** मीर कासिम ने बिहार में बंदूकें और तोपों का कारखाना कहाँ स्थापित किया था?
**A.** पटना **B.** भागलपुर **C.** मुंगेर **D.** बक्सर

**Q.96** बैक्टीरिया का नाम बताएँ जो पेचिश का कारण बनते हैं।
**A.** शिगेला
**B.** विब्रियो कोलरा
**C.** स्ट्रेप्टोकोकस पाइोजेन्स बैक्टीरिया
**D.** माइकोबैक्टीरियम ट्यूबरक्लोसिस

**Q.97** मलेरिया और कालाजार निम्न में से किसके कारण होता है?
**A.** जीवाणु **B.** कवक **C.** प्रोटोजोआ **D.** विषाणु

**Q.98** इनमें से योग दर्शन का प्रभावकारी कौन है?

**A.** कपिल **B.** गौतम **C.** पतंजलि **D.** जैमिनी

**Q.99** कलमकारी चित्रकारी किस राज्य से संबंधित है?
**A.** आंध्र प्रदेश **B.** मणिपुर
**C.** पश्चिम बंगाल **D.** महाराष्ट्र

**Q.100** निम्नलिखित में से किसे फ्रंटियर गांधी के नाम से भी जाना जाता है?
**A.** डॉ. राजेंद्र प्रसाद
**B.** खान अब्दुल गफ्फार खान
**C.** शेख मुजीबुर रहमान
**D.** वल्लभाई पटेल

# // स्मार्ट उत्तर पुस्तिका //

**सही उत्तर** — उन छात्रों का प्रतिशत जिन्होंने प्रश्नों का सही उत्तर दिया था।  **छोड़ दिया** — उन छात्रों का प्रतिशत जिन्होंने प्रश्नों को छोड़ दिया था।

| प्रश्न संख्या | उत्तर | सही उत्तर / छोड़ दिया | प्रश्न संख्या | उत्तर | सही उत्तर / छोड़ दिया | प्रश्न संख्या | उत्तर | सही उत्तर / छोड़ दिया | प्रश्न संख्या | उत्तर | सही उत्तर / छोड़ दिया | प्रश्न संख्या | उत्तर | सही उत्तर / छोड़ दिया | प्रश्न संख्या | उत्तर | सही उत्तर / छोड़ दिया | प्रश्न संख्या | उत्तर | सही उत्तर / छोड़ दिया |
|---|---|---|---|---|---|---|---|---|---|---|---|---|---|---|---|---|---|---|---|---|
| 1 | D | 57.31 % / 36.61 % | 18 | A | 86.03 % / 11.66 % | 35 | A | 21.34 % / 74.34 % | 52 | D | 45.8 % / 50.84 % | 69 | A | 66.53 % / 31.9 % | 86 | D | 14.44 % / 68.96 % |
| 2 | C | 16.77 % / 80.87 % | 19 | B | 61.96 % / 38.01 % | 36 | B | 22.02 % / 70.19 % | 53 | D | 29.4 % / 68.25 % | 70 | A | 10.47 % / 79.56 % | 87 | D | 13.42 % / 84.94 % |
| 3 | A | 17.13 % / 74.69 % | 20 | A | 64.33 % / 34.43 % | 37 | C | 43.89 % / 36.86 % | 54 | A | 81.8 % / 12.17 % | 71 | D | 12.87 % / 70.67 % | 88 | A | 44.28 % / 51.55 % |
| 4 | C | 28.76 % / 67.79 % | 21 | A | 28.81 % / 67.43 % | 38 | A | 12.27 % / 81.96 % | 55 | A | 44.2 % / 33.0 % | 72 | D | 32.76 % / 67.12 % | 89 | D | 76.48 % / 18.62 % |
| 5 | B | 25.11 % / 74.83 % | 22 | D | 69.71 % / 30.01 % | 39 | B | 76.69 % / 12.62 % | 56 | A | 28.96 % / 67.46 % | 73 | A | 44.52 % / 48.2 % | 90 | C | 61.92 % / 37.73 % |
| 6 | A | 65.63 % / 30.58 % | 23 | D | 44.18 % / 50.16 % | 40 | A | 57.78 % / 36.42 % | 57 | A | 43.62 % / 55.18 % | 74 | D | 32.43 % / 67.56 % | 91 | B | 65.71 % / 33.17 % |
| 7 | B | 14.81 % / 78.53 % | 24 | C | 85.89 % / 12.38 % | 41 | B | 17.86 % / 80.81 % | 58 | B | 13.49 % / 69.99 % | 75 | C | 63.47 % / 32.4 % | 92 | A | 17.89 % / 76.57 % |
| 8 | D | 62.78 % / 34.9 % | 25 | B | 81.82 % / 15.12 % | 42 | B | 45.06 % / 36.41 % | 59 | B | 80.58 % / 17.67 % | 76 | D | 63.38 % / 35.21 % | 93 | A | 53.3 % / 42.38 % |
| 9 | A | 21.4 % / 78.48 % | 26 | B | 27.92 % / 71.31 % | 43 | C | 78.11 % / 12.19 % | 60 | A | 42.84 % / 50.19 % | 77 | B | 88.6 % / 10.73 % | 94 | B | 44.07 % / 32.13 % |
| 10 | D | 69.48 % / 30.52 % | 27 | B | 59.22 % / 36.99 % | 44 | D | 48.76 % / 38.94 % | 61 | A | 54.73 % / 34.79 % | 78 | B | 55.27 % / 30.99 % | 95 | C | 28.44 % / 70.56 % |
| 11 | A | 65.44 % / 32.59 % | 28 | C | 62.46 % / 33.31 % | 45 | B | 28.86 % / 68.37 % | 62 | B | 77.72 % / 11.98 % | 79 | A | 44.87 % / 38.19 % | 96 | A | 82.1 % / 16.83 % |
| 12 | D | 57.72 % / 35.57 % | 29 | B | 23.66 % / 69.0 % | 46 | C | 20.74 % / 68.15 % | 63 | C | 67.52 % / 31.34 % | 80 | A | 57.68 % / 32.21 % | 97 | C | 61.78 % / 32.57 % |
| 13 | B | 67.91 % / 31.09 % | 30 | B | 45.86 % / 51.14 % | 47 | A | 50.57 % / 39.43 % | 64 | A | 85.06 % / 12.87 % | 81 | A | 57.83 % / 38.66 % | 98 | C | 67.05 % / 31.01 % |
| 14 | B | 30.76 % / 67.34 % | 31 | D | 31.52 % / 68.22 % | 48 | D | 10.38 % / 70.45 % | 65 | C | 56.83 % / 41.71 % | 82 | B | 20.81 % / 70.44 % | 99 | A | 12.01 % / 71.33 % |
| 15 | A | 68.93 % / 30.16 % | 32 | A | 48.11 % / 39.02 % | 49 | B | 12.37 % / 70.5 % | 66 | D | 44.37 % / 30.42 % | 83 | D | 49.4 % / 38.94 % | 100 | B | 58.39 % / 37.3 % |
| 16 | D | 66.61 % / 33.29 % | 33 | A | 66.3 % / 31.52 % | 50 | C | 51.79 % / 42.87 % | 67 | B | 59.65 % / 34.83 % | 84 | A | 56.16 % / 39.8 % |  |  |  |
| 17 | D | 46.97 % / 41.84 % | 34 | B | 32.68 % / 67.2 % | 51 | C | 60.2 % / 34.76 % | 68 | A | 56.18 % / 38.77 % | 85 | D | 53.35 % / 42.09 % |  |  |  |

# //संकेत और समाधान//

**1.** According to the author 'Mentality' of a nation is mainly product of its history.

It is clearly mentioned in the passage that 'they should begin to understand a little of one another's historical experience and resulting mentality'.

Hence, the correct option is (D).

**2.** The character of a nation is the result of its Socio-political conditons.

It is clearly mentioned in the passage that 'This would be corrected if we knew the history, not necessarily in detail but in broad outlines, of the social and political conditions which have given to each nation its present character'.

Hence, the correct option is (C).

**3.** The need for a greater understanding between nations is more today than ever before.

It is clearly mentioned in the passage that 'At this stage of civilisation, when many nations are brought in to close and vital contact for good and evil, it is essential, as never before, that their gross ignorance of one another should be diminished, that they should begin to understand a little of one another's historical experience and resulting mentality'.

Hence, the correct option is (A).

**4.** Englishmen like others to react to political situations like themselves.
It is clearly mentioned in the passage that 'It is the fault of the English to expect the people of other countries to react as they do, to political and international situations'.
Hence, the correct option is (C).

**5.** It is clear from the passage that at this stage of civilization when nations are getting close, the author wants his countrymen to get a better understanding of other nations. The ignorance between them should decline and they should gain an understanding of each other's historic experiences.

Hence, the correct option is (B).

**6.** The antonym of rapport is unfriendliness.

Rapport means a close and harmonious relationship in which the people or groups concerned understand each other's feelings or ideas and communicate well.

Unfriendliness means the quality or state of not being friendly.

For example; His unfriendliness with us grew with time.

Hence, the correct option is (A).

**7.** The synonym of scorn is disdain.

Scorn means a feeling and expression of contempt or disdain for someone or something.

For example: Do not become an object of scorn.

Disdain means the feeling that someone or something is unworthy of one's consideration or respect.

For example: His lips curled in disdain.

Hence, the correct option is (B).

**8.** Are they going to help us?

There is used to denote a location. It is often used to denote a location in an abstract way too.

For example: Stay there.

Option A is incorrect.

They're is an incorrect word. The correct contraction for they are is they're.

Option B is incorrect.

Is is used when we talk about a singular thing like he/she/it whereas are is used when we talk about other people or things in plural form like we/they.

For example: He is studying.

Option C is incorrect as it uses is. Also, the present continuous form of go i.e going should be used in order to denote the action that is going to place in the near future.

Hence, the correct option is (D).

**9.** Bear a grudge means to take offence.

Bear a grudge means to remain angry with someone about past slights or misdeeds.

For example: My best friend bore a grudge with me for years after she found the truth.

Take offence means to be or feel insulted, offended, or humiliated by something.

Take a decision means to decide on a path or plan.

Follow the right path means to do what is the right thing.

Hence, the correct option is (A).

**10.** Sir, I would like you to grant me leave.

A full stop (.) is used to mark the end of a statement and start a new sentence,

For example: I live in India. My house is big.

A semicolon (;) is used when we need to connect independent clauses and to show a close relationship between them.

For example: She was hurt; she knew he had said that to upset him.

An exclamation mark (!) is used to denote a sudden outcry or emphasis.

For example: His behaviour made me furious!

The comma (,) is used to separate ideas or elements. Also, it is used after salutation or ending.

For example: Thanks for your help, Tom.

Hence, the correct option is (D).

**11.** The exact meaning of enigmatic is mysterious.

Enigmatic means difficult to interpret or understand; mysterious.

For example: She took the money with an enigmatic smile.

Mysterious means are difficult or impossible to understand, explain, or identify.

Hence, the correct option is (A).

**12.** The ball was expected by the boy.

When we change the active voice to passive voice, the subject i.e. boy becomes the object and the object i.e. ball becomes the subject.

Hence, the correct option is (D).

**13.** The window was being opened by Peter.

The sentence in active voice is in past continuous tense so, we use the past tense - was to denote the action being performed in the past and we use being opened to show continuous tense.

Hence, the correct option is (B).

**14.** The man refused to confess his guilt.

While converting from direct to indirect speech, we narrate the words that were said in the past while changing the form of pronouns and tenses. We do not convey any additional information or feeling.

Hence, the correct option is (B).

**15.** The Prime Minister said, "We will not allow anyone to disturb the peace."

Option A is correct because it correctly changes the tense and the auxiliary verb to present tense from the past tense of the given sentence.

Option B is incorrect because if can is used in direct speech, it will be replaced by could in indirect speech. But, could is not present in the question.

Option C is incorrect because we would not allow no one is a double negative.

Option D is incorrect as it changes the meaning of the given sentence, which says no one would be allowed to disturb, but option D does away with the allow or permission part.

Hence, the correct option is (A).

**16.** Susan watched a movie at the theatre with a friend.

With is used to indicate in the company or in the presence of something or in the company of someone, using something or having something.

For example: She lives with her parents.

In the given sentence, Susan was accompanied to the theatre by a friend, so with will be used.

Hence, the correct option is (D).

**17.** He had been in prison **for** 2 years at the time when he was still interested in cards.

For is used to denote a period of time- how long something has happened.

For example: I have known her for 3 years.

In the given sentence,for will be used to denote the time period i.e 2 years during which he was in prison.

Hence, the correct option is (D).

**18.** She has been given a topic to write **about**.

About is used while talking about something ordinary or general whereas on is used when talking about something serious. On give deeper information.

For example: I was talking about money.

In the given sentence, about will be used as it is talking about being given as a topic for writing.

Hence, the correct option is (A).

**19.** After he **had finished** painting, he had a shower.

This is a sentence in the past perfect tense where two actions happened one after another.

In such cases, we translate the previous action in the past perfect tense and the later one in the past indefinite tense.

So, we will use past perfect tense i.e. had finished.

Hence, the correct option is (B).

**20.** Anil was stopped by the police because he **was driving** fast.

Was driving denotes the past continuous tense which means that the action was going on at some point in the past i.e Anil was driving fast (past continuous tense).

Hence, the correct option is (A).

**21.** When **did you arrive?**

Option A is in the simple past tense as it refers to a time in the past. So, it is correct.

Option B is incorrect. Since auxiliary verb cannot come after subject in an interrogative, it is incorrect.

In option C, the pronoun has is not in agreement with the pronoun you. With you we use the plural form of the verb i.e have.

For example: Have you ever loved me?

In option D, the helping verb did is not followed by the V3 form of verb.

For example:  Did you hang this?

Hence, the correct option is (A).

**22.** She **has been living** in this house for years.

Option D is in present perfect continuous tense. It is used when an action began in the past and is still continuing. Adverbs of time are used with them.

For example: I have been reading since morning.

In the given sentence, have been living is used because for years is given i.e an adverb of time is given which indicates that she is still continuing to live in the house.

Hence, the correct option is (D).

**23.** Of is used when a thing belongs to, is related or connected to another.

For example: I always dreamed **of** getting this role.

In the given sentence, of will be used to indicate the relationship or belonging i.e man belongs to the environment.

Hence, the correct option is (D).

**24.** In the given sentence, liveliest is used to describe the noun  Kolkata.

So,

Liveliest is an adjective.

World is a noun.

One is used as a pronoun in the given sentence.

City is a noun.

Hence, the correct option is (C).

**25.** In the given sentence, yourself is a reflexive pronoun or the reflexive form of you that is used when the person being spoken to is the same as the subject, it is used to emphasize the subject of the sentence.

Do is a verb that denotes an action.

Not is an adverb that is used with an auxiliary verb to form the negative.

Pray is a verb. It is also used in the above sentence as a preface to polite requests or instructions. ex: Pray, continue

Hence, the correct option is (B).

**26.** दिया गया- L = 2 m, $\alpha$ = 5 × 10-5/° C, $T_1$ = 0°C और $T_2$ = 20°C

धातु की छड़ की लंबाई गर्म करने पर $\Delta L$ से बढ़ जाएगी इसलिए

$\Delta L = L - L_1$

तापमान में परिवर्तन है-,

$\Delta T = T_1 - T_2$

$\Delta T$ = 20°C - 0°C = 20°C

अनुदैर्ध्य विकृति तापन से इस प्रकार संबंधित है-

$$\frac{\Delta L}{L} = \alpha \Delta T$$

$\Delta L = L \alpha \Delta T$

जहां $\alpha$ को ताप विस्तार गुणांक के रूप में जाना जाता है और इसे तापमान में इकाई परिवर्तन के कारण सामग्री की इकाई लंबाई में परिवर्तन के रूप में परिभाषित किया जाता है।

L, $\alpha$ और $\Delta T$ के मान प्रतिस्थापित करने पर

$\Delta L$ = 2 × 5 × 10-5 × 20 = 2 × 10-3 मी

∴ जब छड़ 0°C से 20°C तक गर्म होती है तब अनुदैर्ध्य विकृति विकसित होती है जो 2 × 10-3 मी होती है।

अत: विकल्प (B) सही है।

**27.**

- फ़ॉरवर्ड बायसिंग में बैटरी का अनुप्रयुक्त वोल्टेज V अधिकतर अवक्षय क्षेत्र में कम हो जाता है और p-पक्ष में वोल्टेज कम हो जाती है और p-n जंक्शन का n-पक्ष नगण्य रूप से छोटा होता है।

- यह इस तथ्य के कारण है कि अवक्षय क्षेत्र का प्रतिरोध बहुत अधिक है क्योंकि इसमें कोई मुक्त आवेश वाहक नहीं होते हैं।

- फ़ॉरवर्ड बायसिंग में फ़ॉरवर्ड वोल्टेज विभव अवरोध Vb का प्रतिरोध करता है। इसके परिणामस्वरूप विभव अवरोध ऊंचाई कम हो जाती है और अवक्षय परत की चौड़ाई कम हो जाती है।

- जैसे-जैसे फ़ॉरवर्ड बायसिंग में वृद्धि होती है, एक विशेष मान पर अवक्षय क्षेत्र बहुत अधिक संकीर्ण हो जाता है ताकि बड़ी संख्या में अधिकांश आवेश वाहक जंक्शन को पार कर सकें।

अत: विकल्प (B) सही है।

**28.** गति एक ही माध्यम में सभी तीव्रताओं के लिए समान होगी।

सभी विद्युत चुम्बकीय तरंगे आवृत्तियों के निरपेक्ष निर्वात में प्रकाश की गति पर चलती है अर्थात c = v × λ जहाँ v आवृत्ति है, λ तरंग दैर्घ्य है और c प्रकाश की गति है।

एक तरंग की गति और तीव्रता के बीच संबंध इस प्रकार दिया जाता है: $I = \frac{1}{2}\epsilon_o E_o^2 c$ जहां ε0 मुक्त स्थान (निर्वात) की विद्युत पारगम्यता है और 8.85 × 10-12 C2 N-1 m-2 के बराबर है, c तरंग की गति और है E0 विद्युत क्षेत्र का आयाम है।

एक माध्यम के लिए: λ x v = v, इस प्रकार सभी आवृत्तियों और तरंग दैर्घ्यो के लिए गति समान नहीं होगी, इसलिए विकल्प (A) और (D) गलत हैं।

जैसा कि हम जानते हैं कि जब तरंग एक माध्यम से दूसरे माध्यम में जाती है, तो इसकी गति बदल जाती है इसलिए विकल्प (B) गलत है।

अत: विकल्प (C) सही है।

**29.** प्रति इकाई आयतन ऊर्जा जो कि विद्युत क्षेत्र से संबंधित तात्क्षणिक ऊर्जा घनत्व है इस प्रकार दी जाती है:

$$\mu = \frac{1}{2}\epsilon_o E^2 \qquad ...(1)$$

जहां $\mu$ विद्युत क्षेत्र का ऊर्जा घनत्व है, मुक्त स्थान (निर्वात) की विद्युत पारगम्यता $\epsilon_o$ है और $E$ विद्युत क्षेत्र है।

विद्युत क्षेत्र और चुंबकीय क्षेत्र के बीच संबंध इस प्रकार है।

$$E = Bc$$

जहाँ B चुंबकीय क्षेत्र है और $c$ प्रकाश की गति है।

हम जानते हैं कि  $c = \frac{1}{\sqrt{\mu_o \epsilon_o}}$

$E$ और $\epsilon_0$ का मान समीकरण  1  में प्रतिस्थापित करने पर

$$\mu = \frac{1}{2}\frac{1}{c^2 \mu_o} x c^2 B^2$$

$$\mu = \frac{1}{2}\frac{B^2}{\mu_o}$$

∴ चुंबकीय क्षेत्र से संबंधित औसत ऊर्जा घनत्व $\frac{1}{2}\frac{B^2}{\mu_o}$ है।

अत: विकल्प (B) सही है।

**30.**

- रेडियो द्वारा उत्पादित ध्वनि की प्रबलता आयाम बढ़ाकर बढ़ जाती है।

- ध्वनि एक तरंग है और एक उच्च आयाम तरंग में बड़ी मात्रा में ऊर्जा होती है। इसका मतलब है कि एक कम आयाम तरंग ऊर्जा की एक छोटी राशि वहन करती है।

- ध्वनि तरंग की प्रबलता आयाम के वर्ग के समानुपाती होती है।

अत: विकल्प (B) सही है।

**31.** पीडब्ल्यूएम एक उपयोगी एनालॉग मॉड्यूलन प्रणाली है।

यह एक ऐसी प्रक्रिया है जिसमें उच्च आवृत्ति के इनपुट स्पंद से निम्न आवृत्ति के आउटपुट संकेत उत्पन्न होते हैं।

अत: विकल्प (D) सही है।

**32.** एक क्रिकेट गेंद की गति को शास्त्रीय भौतिकी द्वारा पर्याप्त रूप से वर्णित किया जा सकता है।

क्रिकेट की गेंद का आकार मूल कणों के आकार से अधिक होता है और उन्हें आसानी से हमारी आंखों के माध्यम से देखा जा सकता है, इस प्रकार इसे शास्त्रीय यांत्रिकी द्वारा समझाया जा सकता है क्योंकि क्रिकेट गेंद की गति प्रक्षेप्य गति में होती है।

अत: विकल्प (A) सही है।

**33.** जब एक द्विध्रुव को विद्युत क्षेत्र में रखा जाता है तो प्रत्येक आवेश एक बल का अनुभव करता है जो $F = qE$ के बराबर होता है।

ऋणात्मक आवेश पर बल $F_{-q} = -qE$ है और इसकी दिशा विद्युत क्षेत्र की दिशा के विपरित है।

धनात्मक आवेश q पर बल $F_q = qE$ है और इसकी दिशा विद्युत क्षेत्र की दिशा के समान है।

द्विध्रुव पर शुद्ध बल $F = F_{-q} + F_q = -qE + qE = 0$

अत: विकल्प (A) सही है।

**34.** प्रश्न के अनुसार:

एक इलेक्ट्रॉन धनात्मक x-अक्ष (i) के अनुरूप घूम रहा है। एक एकसमान विद्युत क्षेत्र ऋणात्मक y- अक्ष (-j) की ओर मौजूद है। चुंबकीय क्षेत्र की दिशा =?

अगर शुद्ध बल = 0

$E = v \times B$

$E (-\hat{j}) = v (\hat{i}) \times B (?)$

$-\hat{j} = \hat{i} \times -\hat{k}$

तो चुंबकीय क्षेत्र की दिशा ऋणात्मक z- अक्ष दिशा में होगी।

अत: विकल्प (B) सही है।

**35.** दिया है $L = 3.3H, C = 840 \times 10^{-12} F$ और $q_0 = 105 \times 10^{-6} C$

परिपथ में कुल ऊर्जा है-

$$U = \frac{1}{2} \frac{q_0^2}{C} \quad ........(i)$$

जहां $q_0$ संधारित्र पर प्रारंभिक आवेश है और U परिपथ में कुल ऊर्जा है।

(i) में $C$ के लिए $840 \times 10^{-12} F$ और $q_0$ के लिए $105 \times 10^{-6} C$ रखने पर,

$$U = \frac{1}{2} \frac{\left(105 \times 10^{-6}\right)^2}{840 \times 10^{-12}}$$

$$U = \frac{1}{2} \frac{11025 \times 10^{-12}}{840 \times 10^{-12}} = 6.56J$$

अत: विकल्प (A) सही है।

**36.** बल्ब वाला पैन नीचे जाएगा।

प्रारंभ में, कांच के बल्ब को पीतल के वजन से संतुलित किया गया था क्योंकि इसे वायु में तौला गया था और दोनों समान वायु को विस्थापित करते हैं, लेकिन कांच का बल्ब अधिक आयतन का होने के कारण वायु की एक बड़े आयतन को विस्थापित करता है, लेकिन फिर भी, यह संतुलित था क्योंकि विस्थापित वायु के कारण उत्क्षेप कांच के बल्ब के पास अधिक है।

माना कि W वजन को दर्शाता है और F उत्प्लावक बल है (F = $\rho$तरल Vविस्थापित g):

$W_{बल्ब} - F_{बल्ब} = W_{पीतल} - F_{पीतल}$

चूँकि कांच के बल्ब का आयतन पीतल के वजन से अधिक है:

$V_{बल्ब} > V_{पीतल} \Rightarrow F_{बल्ब} > F_{पीतल}$

As $W_{बल्ब} - F_{बल्ब} = W_{पीतल} - F_{पीतल} \Rightarrow F_{बल्ब} > F_{पीतल} \Rightarrow W_{बल्ब} > W_{पीतल}$

इसी तरह, जब बीम का संतुलन एक घंटी - जार से ढंका जाता है, जिसे फिर खाली कर दिया जाता है, तब विस्थापित वायु के कारण उत्क्षेप नहीं होगा और इसलिए कांच बल्ब का वजन अधिक होगा, इसलिए बल्ब नीचे जाएगा।

अत: विकल्प (B) सही है।

**37.** जैसा कि हम जानते हैं कि आभासी बल वास्तविक बल नहीं हैं, इस प्रकार वे किसी भी वस्तु को विस्थापित करने में सक्षम नहीं हैं, इसलिए आभासी बल द्वारा किया गया कार्य शून्य है।

अत: विकल्प (C) सही है।

**38.** रेडियोधर्मी क्षय नियम के अनुसार, किसी भी क्षण में रेडियोधर्मी परमाणुओं के विघटन की दर उस तात्कालिक प्रतिदर्श में वस्तुतः मौजूद रेडियोधर्मी परमाणुओं की संख्या के समान आनुपातिक होती है।

$$-\frac{dN}{dt} \alpha N$$

$$R = -\frac{dN}{dt} = \lambda N$$

या $N = N_0 e^{-\lambda t}$

जहां $\lambda$ क्षय स्थिरांक है, $dN$ परमाणुओं की वह छोटी संख्या है जो समय के छोटे से अंतराल $dt$ में विघटित होती है, $N$ प्रतिदर्श में $t$ समय पर बचे अक्षय परमाणुओं की कुल संख्या है एवं $N_0$

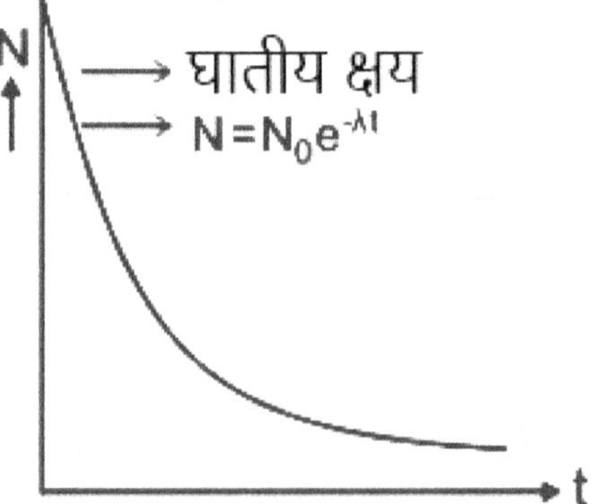

उपरोक्त समीकरण से पता चलता है कि रेडियोधर्मी क्षय घातांकीय है।

हम पाते हैं कि $N = 0$ केवल $t = \infty$ पर है, इस प्रकार एक रेडियोधर्मी श्रृंखला के अंतिम उत्पाद का क्षय स्थिरांक शून्य होता है।

अत: विकल्प (A) सही है।

**39.** व्यास के पार हम दो अर्ध-वृत्त देख सकते हैं एक व्यास के ऊपर और एक व्यास के नीचे। एक वृत्त के व्यास के छोर पर दो बिंदुओं के बीच तार की लंबाई पूरे तार का आधा है।

इसलिए, ऊपरी अर्धवृत्त और निचले अर्धवृत्त में प्रतिरोध $2.5\Omega$ है और दोनों प्रतिरोध समानांतर में हैं।

इसलिए समकक्ष प्रतिरोध है-

$$\frac{1}{R} = \frac{1}{R_1} + \frac{1}{R_2}$$

$$\frac{1}{R} = \frac{1}{2.5\Omega} + \frac{1}{2.5\Omega}$$

$$\frac{1}{R} = \frac{2.5\Omega + 2.5\Omega}{2.5\Omega \times 2.5\Omega}$$

$$R = \frac{2.5\Omega \times 2.5\Omega}{2.5\Omega + 2.5\Omega}$$

$$R = \frac{6.25\Omega}{5\Omega}$$

$$R = 1.25\Omega$$

अत: विकल्प (B) सही है।

**40.** न्यूटन के गति के समीकरण का प्रयोग करने पर-

$$s = ut + \frac{1}{2}at^2$$

जहाँ $s$ दूरी है, $u$ आरम्भिक वेग है, $t$ समय है और $a$ त्वरण है। चूँकि पत्थर $500$ मीटर की ऊँचाई से गिराया है, इसलिए पत्थर का प्रारंभिक वेग $u = 0 \, m/s$ $s = 500 \, m$ और $a = g = 10 \, m/t^2$ है। इसलिये,

$$500 = \frac{1}{2} \times 10 \times t^2$$

$$t = \sqrt{\frac{2 \times 500}{10}} = 10 \, sec$$

यह पत्थर द्वारा झील पर पहुंचने के लिए लिया गया समय है।

जैसा कि हम जानते हैं कि ध्वनि का वेग $= 332 \, m/s$

$$\text{Time} = \frac{\text{Distance}}{\text{Speed}}$$

$$t = \frac{500}{332} = 1.5 \, sec$$

छप की आवाज व्यक्ति द्वारा लगभग $10 + 1.5 = 11.5 \, sec$ के बाद सुनी जाएगी।

अत: विकल्प (A) सही है।

**41.** माना कि द्रव्यमान '$m$' का दोलक वेग '$v$' और स्प्रिंग स्थिरांक '$k$' के साथ गति में है।

वस्तु की गतिज ऊर्जा है -

$$KE = \frac{1}{2}mv^2$$

स्प्रिंग की स्थितिज ऊर्जा है -

$$PE = \frac{1}{2}kx^2$$

जहां $x$ विस्थापन है,

ऊर्जा के संरक्षण के अनुसार, वस्तु की कुल ऊर्जा गतिज ऊर्जा और स्थितिज ऊर्जा के योग के बराबर है, इसलिए,

$$E = KE + PE$$

कुल ऊर्जा $E$ हमेशा स्थिर रहती है क्योंकि गतिज और स्थितिज ऊर्जा का योग हमेशा समान होता है।

एक ब्लॉक और स्प्रिंग की प्रणाली की कुल ऊर्जा स्प्रिंग में संग्रहीत स्थितिज ऊर्जा का योग और ब्लॉक की गतिज ऊर्जा के बराबर होती है -

$$E = \frac{1}{2}kA^2$$

$$E = \frac{1}{2}kA^2 \quad \text{......(i)}$$

$A$ प्रणाली का आयाम (अधिकतम विस्थापन) है।

प्रश्न के अनुसार, $KE = PE$, तो,

$$E = 2PE$$

$$E = kx^2$$

तब समीकरण (i) को निम्न रूप में लिखा जा सकता है,

$$kx^2 = \frac{1}{2}kA^2$$

$$x^2 = \frac{1}{2}A^2$$

$$x = \pm \frac{A}{\sqrt{2}}$$

इस प्रकार $\frac{A}{\sqrt{2}}$ और $-\frac{A}{\sqrt{2}}$ पर स्थितिज ऊर्जा गतिज ऊर्जा के बराबर है।

अत: विकल्प (B) सही है।

**42.** फ्रक्टोज - इन सब में फ्रक्टोज सबसे मीठी शर्करा है।

1. यह प्राकृतिक रूप से होने वाली शर्करा है।

2. मूल रूप से, फ्रक्टोज एक 'मोनोसैकराइड' है, जिसका अर्थ है शर्करा का सबसे सरल रूप, अर्थात इसे अधिक मूलभूत शर्करा इकाइयों में नहीं खंडित किया जा सकता है।

3. मोनोसैकराइड के अन्य सामान्य उदाहरण ग्लूकोज और गैलेक्टोज हैं।

4. फ्रक्टोज का रासायनिक सूत्र $C_5H_{10}O_5$ है।

अत: विकल्प (B) सही है।

**43.**

- फिलामेंट से कांच बल्ब का ऊष्मा स्थानांतरण विकिरण के माध्यम से होता है। संवहन में, ऊष्मा के हस्तांतरण के लिए माध्यम की आवश्यकता होती है। जैसा कि हम जानते हैं कि बल्ब को खाली कर दिया जाता है इसलिए ऊष्मा को विकिरण के माध्यम से स्थानांतरित किया जा सकता है।

- दिन के दौरान, भूमि जल की तुलना में तेजी से तप्त हो जाती है। भूमि पर वायु तप्त हो जाती है और ऊपर उठती है। समुद्र से ठंडी वायु उसकी जगह लेने के लिए भूमि की ओर बढ़ती है। भूमि से तप्त वायु चक्र को पूरा करने के लिए समुद्र की ओर बढ़ती है। समुद्र से आने वाली वायु को समुद्री समीर कहा जाता है।

- भूमि की तुलना में जल धीरे-धीरे ठंडा होता है। तो भूमि से ठंडी वायु समुद्र की ओर बढ़ती है। इसे स्थलीय समीर कहते हैं।

- जब जल तप्त होता है, तो अग्निशिखा के निकट का जल गर्म हो जाता है। गर्म जल ऊपर उठता है। बाजुओं से ठंडा जल गर्मी के स्रोत की ओर बढ़ता है। यह जल भी गर्म हो जाता है और ऊपर उठता है और बाजुओं से पानी नीचे जाता है। यह प्रक्रिया तब तक जारी रहती है जब तक कि पूरा पानी गर्म न हो जाए।

अत: विकल्प (C) सही है।

**44.**

- एक टनल डायोड को एसाकी डायोड के रूप में भी जाना जाता है क्योंकि इसका अगस्त 1957 में लियो एसाकी द्वारा आविष्कार किया गया था। मूल रूप से, यह एक भारी डोपित p-n जंक्शन अर्धचालक है और अत्यधिक तीव्र संचालन में सक्षम है।

- टनेल डायोड ऋणात्मक प्रतिरोध को दर्शाता है जब वोल्टेज का मान धारा के प्रवाह को कम करके बढ़ता है। टनेल डायोड टनेल प्रभाव के आधार पर काम करता है।

अत: विकल्प (D) सही है।

**45.** एक एप्लेट एक **सक्रिय** डॉक्यूमेंट एप्लीकेशन प्रोग्राम है।

अत: विकल्प (B) सही है।

**46.** जैसे दिखाया है कुंडल एक परिपथ है जिसमें प्रतिरोधक और प्रेरकत्व श्रृंखला में जोड़े गए हैं:

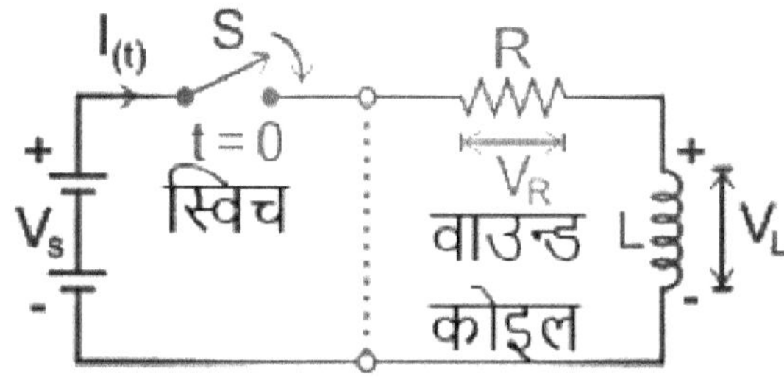


$RC$ श्रृंखला परिपथ में समय स्थिरांक इसके द्वारा दिया गया है, $T = RC$

जहाँ $C = $ समकक्ष धारिता रेखा परिपथ

$R$ परिपथ में समकक्ष है

$RL$ परिपथ में समय स्थिरांक,

$$\tau = \frac{L}{R}$$

अत: विकल्प (C) सही है।

**47.** यह दिया गया है कि त्रिभुज बनाने के लिए तीन $2\Omega$ के प्रतिरोधक जुड़े हुए हैं। इसलिए उपरोक्त आकृति से, यह स्पष्ट है कि प्रतिरोधक $R_i$ और $R_2$ श्रृंखला में हैं इसलिए, उनका समकक्ष प्रतिरोध होगा-

$$R = R_1 + R_2$$
$$R = 2\Omega + 2\Omega$$
$$R = 4\Omega$$

अब प्रतिरोधक $R_3$ और $R$ एक दूसरे के समानांतर में हैं।

इसलिए, उनका समक्ष प्रतिरोध होगा -

$$\frac{1}{R'} = \frac{1}{R_3} + \frac{1}{R}$$
$$\frac{1}{R'} = \frac{1}{2} + \frac{1}{4}$$
$$\frac{1}{R'} = \frac{3}{4}$$
$$R' = \frac{4}{3}\Omega$$

अत: विकल्प (A) सही है।

**48.** विद्युत चुम्बकीय तरंगे एक त्वरण आवेश द्वारा उत्पादित होती है।

- जैसा कि हम जानते हैं कि आवेशित कण एक विद्युत क्षेत्र का उत्पन्न करता है और यह अन्य आवेशित कणों पर बल लगाता है। चूँकि विद्युत क्षेत्र की दिशा धनात्मक आवेश से ऋणात्मक आवेश की ओर होती है, इसलिए धनात्मक आवेश क्षेत्र की दिशा में त्वरित होते हैं और ऋणात्मक आवेश क्षेत्र के विपरीत दिशा में त्वरित होते हैं।

- हान्स क्रिश्चियन ओर्स्टेड प्रयोग के अनुसार हमें पता चलता है कि एक गतिमान आवेशित कण एक चुंबकीय क्षेत्र का निर्माण करता है। यदि एक आवेशित कण चुंबकीय क्षेत्र में गति करता है तो वह एक बल का अनुभव करता है। इन आवेशों पर बल हमेशा उनके वेग की दिशा के लंबवत होता है और इसलिए केवल वेग की दिशा बदलती है, न कि गति।

- एक त्वरित आवेशित कण एक विद्युत चुम्बकीय (EM) तरंग उत्पन्न करता है।

- मूल रूप से, विद्युत चुम्बकीय तरंगें या EM तरंगें वे तरंगें होती हैं जो किसी विद्युत क्षेत्र और एक चुंबकीय क्षेत्र के बीच कंपन के परिणामस्वरूप बनती हैं और वे एक-दूसरे के और तरंग की दिशा के लंबवत होती हैं।

- एक साम्यवस्था स्थिति के चारों तरफ दोलन करने वाला आवेशित कण एक त्वरित आवेशित कण है।

अत: विकल्प (D) सही है।

**49.** द्रव्यमान $'M'$ और अनुप्रस्थ काट क्षेत्रफल $'A'$ की एक समान छड़ का एक छोर वृढ़ अवलम्ब से लटकाया गया है।

इसलिए, मध्य बिंदु पर कार्यरत छड़ का वजन होगा-

$$W_1 = \frac{Mg}{2}$$

एक समान द्रव्यमान $M$ दूसरे छोर से लटकाया गया है।

इसलिए, लटकाये गए द्रव्यमान का वजन,

$$W_2 = Mg$$

छड़ के मध्य बिंदु पर प्रतिबल है-

$$\text{Stress} = \frac{\frac{Mg}{2} + Mg}{A} = \frac{\frac{3Mg}{2}}{A}$$
$$\text{Stress} = \frac{3Mg}{2A}$$

अत: विकल्प (B) सही है।

**50.** जैसा कि हम जानते हैं कि अनुदैर्ध्य तरंगें वे तरंगें होती हैं जिनमें कण, तरंग के प्रसार की दिशा के समान अथवा विपरीत दिशा में गति करते हैं।

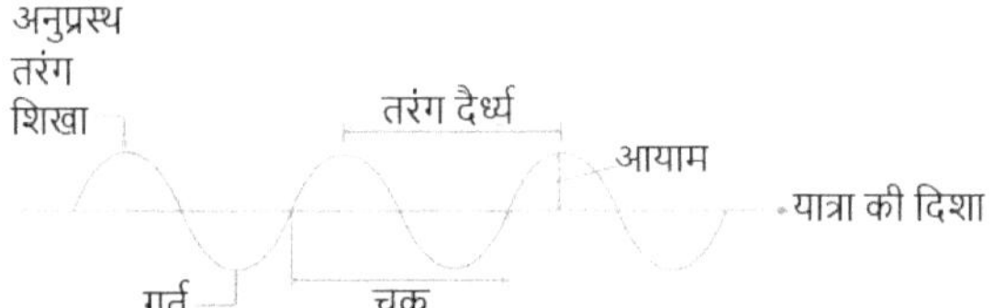


इसी प्रकार, अनुप्रस्थ तरंगें वे तरंगें होती हैं जिनमें कण प्रसार की दिशा के लंबवत विस्थापित होते हैं।



यह घटना दोनों प्रकार की तरंगों में अनुप्रस्थ तरंगों के साथ-साथ अनुदैर्ध्य तरंगों में देखी जाती है क्योंकि दोनों तरंगें एक दूसरे पर अध्यारोपण कर सकती हैं।

अत: विकल्प (C) सही है।

**51.** हम जानते हैं कि, $q \in Q$ को एक तत्समक अवयव कहा जाता है, यदि

$$a \times q = a = q \times a \forall a \in Q$$
$$a \times q = \frac{aq}{5}\left(\because a \times b = \frac{ab}{5}\right)$$
$$a \times q = a(\because q \text{ तत्समक अवयव है}) \qquad ... 1$$

समीकरण $(1)$ में $a \times q$ का मान रखने पर, हमें निम्न प्राप्त होता है,

$$\Rightarrow \frac{aq}{5} = a$$

$$\Rightarrow q = 5$$

इसलिए, 5 दिए गए संचालन $\times$ के लिए तत्समक अवयव है।

अत: विकल्प (C) सही है।

**52.** $\because a, b$ और $c$ क्रमागत पूर्णांक हैं और $a$ को पहला पद लीजिए। हम अन्य धनात्मक पूर्णांक को निम्न रूप में व्यक्त कर सकते हैं: $b = a + 1$ और $c = a + 2$

$\Rightarrow \log(1 + ca) = \log(1 + (a + 2)a)$ ( $a$ के संदर्भ में $c$ का मान रखने पर)

$\Rightarrow \log(1 + ca) = \log(1 + a^2 + 2a)$

$\Rightarrow \log(1 + ca) = \log\left[(a + 1)^2\right]$
$(\because (a + 1)^2 = a^2 + 1 + 2a)$

$\Rightarrow \log(1 + ca) = 2 \times \log(a + 1)$
$(\because \log(x^2) = 2 \times \log(x))$

$\Rightarrow \log(1 + ca) = 2\log b (\because b = a + 1)$

अत: विकल्प (D) सही है।

**53.** $\because m, n, p$ और $q$ क्रमागत पूर्णांक हैं और $m$ को पहला पद लीजिए। हम अन्य पूर्णांक को निम्न रूप में व्यक्त कर सकते हैं: $n = m + 1, p = m + 2$ और $q = m + 3$.

$\Rightarrow i^m \times i^n \times i^p \times i^q = i^{(m+n+p+q)} (\because a^x \times a^y = a^{(x+y)})$

$\Rightarrow i^m \times i^n \times i^p \times i^q = i^{(m+(m+1)+(m+2)+(m+3))}$ ($m$ के संदर्भ में $n, p$ और $q$ को व्यक्त करने पर )

$\Rightarrow i^m \times i^n \times i^p \times i^q = i^{(4m+6)}$

$\Rightarrow i^m \times i^n \times i^p \times i^q = i^{4m} \times j^6$

$\Rightarrow i^m \times i^n \times j^p \times i^q = -i^{4m} (\because i^6 = -1)$

$\Rightarrow i^m \times i^n \times i^p \times i^q = -1 (\because i^{4m} = 1, \forall m \in Z)$

अत: विकल्प (D) सही है।

**54.** दिया गया द्विघाती समीकरण: $x^2 - 11x + 30 = 0$ है।
दिए गए द्विघाती बहुपद, $x^2 - 11x + 30$ को रेखिक बहुपद में निम्न रूप से खंडित किया जा सकता है:

$\Rightarrow x^2 - 11x + 30 = x^2 - 5x - 6x + 30 = x \times (x - 5) - 6 \times (x - 5) = (x - 6) \times (x - 5)$

शून्य के लिए रेखिक बहुपद को बराबर करने पर, हमें द्विघाती समीकरण का मूल प्राप्त होता है:

$\Rightarrow x^2 - 11x + 30 = (x - 6) \times (x - 5) - 0$

$\Rightarrow x = 6$ या $5$

अत: विकल्प (A) सही है।

**55.** दिए गए अनुक्रम $-8, -5, -2, \ldots, 7$ के लिए, हमारे पास है,

$a = -8$

$d = 3$

$n = ($अंतिम पद $-$ प्रथम पद$) / d + 1$

$\Rightarrow n = \frac{7 - (-8)}{d} + 1$

$n = 6$

$S_n = \frac{n}{2} \times [2 \times a + (n - 1) \times d]$

$\Rightarrow S_6 = \frac{6}{2} \times [2 \times (-8) + (6 - 1) \times 3]$ ($a, n$ और $d$ के मानों को रखने पर )

$\Rightarrow S_6 = -3$

अत: विकल्प (A) सही है।

**56.** $\dfrac{\left(1 + \cos\left(\frac{\pi}{8}\right)\right)\left(1 + \cos\left(\frac{3\pi}{8}\right)\right)\left(1 + \cos\left(\frac{5\pi}{8}\right)\right)}{\left(1 + \cos\left(\frac{7\pi}{8}\right)\right)}$

$= \left(1 + \cos\left(\frac{\pi}{8}\right)\right)\left(1 + \sin\left(\frac{\pi}{2} - \frac{3\pi}{8}\right)\right)\left(1 + \sin\left(\frac{\pi}{2} - \frac{5\pi}{8}\right)\right)\left(1 + \cos\left(\pi - \frac{\pi}{8}\right)\right)$

$= \left(1 + \cos\left(\frac{\pi}{8}\right)\right)\left(1 + \sin\left(\frac{\pi}{8}\right)\right)\left(1 + \sin\left(\frac{-\pi}{8}\right)\right)\left(1 - \cos\left(\frac{\pi}{8}\right)\right)$

( $\cos(\theta) = \sin\left(\frac{\pi}{2} - \theta\right)$ और $\cos(\pi - \theta) = -\cos(\theta)$ का उपयोग करने पर)

$= \left(1 + \cos\left(\frac{\pi}{8}\right)\right)\left(1 + \sin\left(\frac{\pi}{8}\right)\right)\left(1 - \sin\left(\frac{\pi}{8}\right)\right)\left(1 - \cos\left(\frac{\pi}{8}\right)\right)$

( $\sin(-\theta) = -\sin(\theta)$ का उपयोग करने पर)

$= \left(1 - \cos^2\frac{\pi}{8}\right)\left(1 - \sin^2\frac{\pi}{8}\right)$
$(\because (a - b) \times (a + b) = a^2 - b^2)$

$= \sin^2\frac{\pi}{8} \times \cos^2\frac{\pi}{8} (\because 1 - \cos^2\theta = \sin^2\theta$ और $1 - \sin^2\theta = \cos^2\theta)$

$= \frac{1}{4} \times \left(2 \times \sin\left(\frac{\pi}{8}\right) \times \cos\left(\frac{\pi}{8}\right)\right)^2$

$= \frac{1}{4} \times \sin^2\left(2 \times \frac{\pi}{8}\right)$ ( $\sin(2\theta) = 2 \times \cos\theta \times \sin\theta$ का उपयोग करने पर)

$= \frac{1}{8}$

अत: विकल्प (A) सही है।

**57.** $(h, k)$ पर केंद्र और त्रिज्या $r$ इकाइयों वाले वृत्त का समीकरण निम्न दिया गया है: $(x - h)^2 + (y - k)^2 = r^2$

यहाँ, $(h, k) = (4, -5)$ और माना कि त्रिज्या $r$ इकाई है।
आवश्यक वृत्त का समीकरण निम्न है: $(x - 4)^2 + (y + 5)^2 = r^2$
$\because y$ - अक्ष वृत्त $(x - 4)^2 + (y + 5)^2 = r^2$ की स्पशरिखा है।
इसलिए वृत्त $(x - 4)^2 + (y + 5)^2 = r^2$ के लंब बिंदु का निर्देशांक और $y$ - अक्ष की स्पशरिखा $(0, -5)$ है।
$\therefore$ बिंदु $(0, -5)$ वृत्त के समीकरण को संतुष्ट करेगी।

$\Rightarrow (0 - 4)^2 + (-5 + 5)^2 = r^2$

$\Rightarrow r = 4$

इसलिए, वृत्त की त्रिज्या $4$ इकाई है।

अत: विकल्प (A) सही है।

**58.** यहाँ, $P$ और $Q$ का निर्देशांक बिंदु क्रमशः $(1, 4)$ और $(k, 3)$ हैं

मान लीजिए रेखा $S$ (अर्थात) बिंदु $R$ पर रेखाखंड $PQ$ को प्रतिच्छेदित करने वाला लंबवत द्विभाजक है।

$x_1 = 1, y_1 = 4, x_2 = k$ और $y_2 = 3$

$\because R$ रेखाखंड $PQ$ का मध्य-बिंदु है।

$\therefore$ बिंदु $R$ का निर्देशांक है:

$$\left(\frac{x_1+x_2}{2}, \frac{y_1+y_2}{2}\right) = \left(\frac{1+k}{2}, \frac{4+3}{2}\right)$$

$$\Rightarrow \left(\frac{x_1+x_2}{2}, \frac{y_1+y_2}{2}\right) = \left(\frac{k+1}{2}, \frac{7}{2}\right)$$

रेखाखंड $PQ$ का ढलान $(m_1) = \frac{y_2-y_1}{x_2-x_1} = \frac{3-4}{k-1}$

$$\Rightarrow \frac{y_2-y_1}{x_2-x_1} = \frac{-1}{k-1}$$

रेखा $S$ रेखाखंड $PQ$ के लंबवत है।

$\therefore$ रेखाखंड $PQ(m_1)$ का ढलान $\times$ रेखा $S(m_2)$ का ढलान $= -1$

$$\Rightarrow m_1 \times m_2 = -1$$

$$\Rightarrow \left(\frac{-1}{k-1}\right) \times m_2 = -1$$

$$\Rightarrow m_2 = k - 1$$

यह दिया गया है कि रेखा $S$ में $y -$ अंत:खंड है, $b = -4$

$\therefore$ ढलान $m_2$ वाले रेखा $S$ का समीकरण और $y$ -अंत:खंड $B: y = m_2 \times x + b = (k-1)x - 4$ है। हम जानते हैं कि बिंदु $R$ रेखा $S$ पर है।

$$\Rightarrow \frac{7}{2} = (k-1) \times \left(\frac{k+1}{2}\right) - 4$$

$$\Rightarrow k = \pm 4$$

चूँकि $+4$ विकल्प में उपस्थित नहीं है इसलिए $k$ का संभव मान $-4$ होगा।

अत: विकल्प (B) सही है।

**59. व्यास** को वृत्त की सबसे लंबी जीवा के रूप में जाना जाता है।

अत: विकल्प (B) सही है।

**60.** दीर्घवृत्त एक तल में सभी बिंदुओं का समूह है जिससे दो निर्दिष्ट बिंदुओं से इन बिंदुओं की दूरी का योग स्थिर होता है।

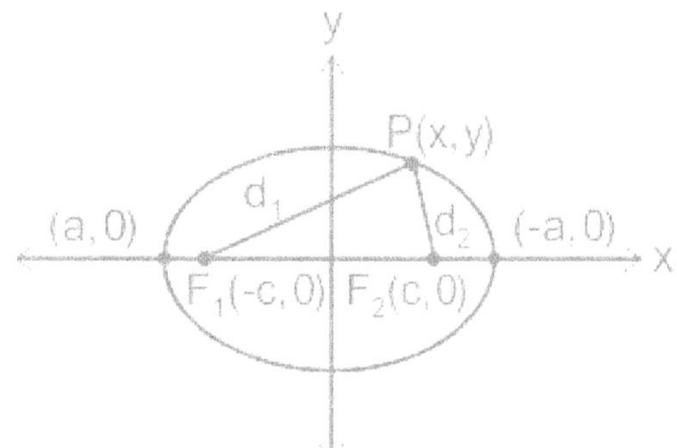

यहाँ, निर्दिष्ट बिंदु $F_1$ और $F_2$ हैं और पूरे $X$ - $Y$ तल में इन निर्दिष्ट बिंदुओं से बिंदु $P$ की दूरियों का योग $6$ है।

अत: विकल्प (A) सही है।

**61.** प्रश्नानुसार, हमारे पास नए वर्ष के $6$ ग्रीटिंग कार्ड हैं जिसे $4$ दोस्तों को भेजा जाना है।

$$\Rightarrow n = 6 \text{ और } r = 4$$

$\therefore$ 4 दोस्तों को नए वर्ष के $6$ कार्डो को भेजने के तरीकों की संख्या निम्न दी गयी है: $^nP_r = \frac{n!}{(n-r)!}$

$$\Rightarrow {}^6P_4 = \frac{6!}{2!}$$

$$= 360$$

अत: विकल्प (A) सही है।

**62.** इकाई परिमाण के एक सदिश को इकाई सदिश के रूप में जाना जाता है।

अत: विकल्प (B) सही है।

**63.** संख्या e, जिसे यूलर संख्या कहा जाता है, एक महत्वपूर्ण गणितीय स्थिरांक है जो लगभग 2.71828 के बराबर है।

e का अनुमानित मूल्य 2.71828 है।

$\therefore 2 < e < 3$

अत: विकल्प (C) सही है।

**64.** दिया गया है: C = {x : x ∈ N और 50 ≤ x ≤ 60}

समूह का आवश्यक सूची रूप = {51, 52, 53, 54, 55, 56, 57, 58, 59, 60}.

अत: विकल्प (A) सही है।

**65.** $\bar{x} = \frac{\sum_{i=1}^{n} x_i}{n} \Rightarrow \sum_{i=1}^{n} x_i = n\bar{x}$

तो, $\frac{\sum_{i=1}^{n}(x_i+2i)}{n}$

$$= \frac{\sum_{i=1}^{n} x_i + 2(1+2+3+\cdots+n)}{n}$$

$$= \bar{x} + \frac{2n(n+1)}{2n} = \bar{x} + (n+1)$$

अत: विकल्प (C) सही है।

**66.** सदिश $\overrightarrow{PQ}$ का निर्देशांक $(-2, 3, -6)$ है।

माना कि $\overrightarrow{A}$ निर्देशांक $(x, y, z)$ के साथ एक सदिश है।

तो सदिश $\overrightarrow{A}$ की दिशा कोसाइन निम्न दी गयी हैं:

$$\left\langle \frac{x}{\sqrt{(x^2+y^2+z^2)}}, \frac{y}{\sqrt{(x^2+y^2+z^2)}}, \frac{z}{\sqrt{(x^2+y^2+z^2)}} \right\rangle$$

यहाँ $x = -2, y = 3, z = -6$

$\therefore$ सदिश $\overrightarrow{PQ}$ की दिशा कोसाइन $\left\langle \frac{-2}{7}, \frac{3}{7}, \frac{-6}{7} \right\rangle$ हैं।

अत: विकल्प (D) सही है।

**67.** माना कि घटना $A =$ कोई भी दो काले गेंद एक-दूसरे के स्निकट नहीं हैं।

इसलिए, कुल $10$ गेंद हैं जिसमें से $7$ सफ़ेद और $3$ काले हैं।

पहले $7$ सफ़ेद गेंदों को रखने पर $7$ गेंदों के बीच $8$ ख़ाली स्थान हैं जहाँ $3$ काले गेंदों को इस प्रकार रखा जा सकता है जिससे कोई भी दो काले गेंद एक-दूसरे के सन्निकट नहीं हैं।

$P(A) = \frac{n(A)}{n(S)}$, जहाँ $n(A) =$ घटना $A$ के लिए अनुकूल स्थितियों की संख्या और $n(S) =$ प्रतिदर्श समष्टि की गणनीयता

$\Rightarrow n(A) = {}^{8}C_{3}$ और $n(S) = {}^{10}C_{3}$

$P(A) = \frac{n(A)}{n(S)} = \frac{7}{15}$

अत: विकल्प (B) सही है।

**68.** $\lim_{x \to 0} \tan x = \lim_{x \to 0} \left( \frac{\sin x}{\cos x} \right)$

$\Rightarrow \lim_{x \to 0} \tan x = \frac{\lim_{x \to 0} \sin x}{\lim_{x \to 0} \cos x}$

$\Rightarrow \lim_{x \to 0} \tan x = \frac{0}{1}$

$\Rightarrow \lim_{x \to 0} \tan x = 0$

अत: विकल्प (A) सही है।

**69.** यहाँ, हमें $\frac{d(e^{x})}{dx}$ ज्ञात करना है।

हम जानते हैं,

$\frac{d(e^{ax})}{dx} = e^{ax} \times \frac{d(ax)}{dx}$

$\frac{d(e^{ax})}{dx} = a \times e^{ax}$

चूँकि, हम देख सकते हैं कि यहाँ $a = 1$ है।

$\Rightarrow \frac{d(e^{1 \times x})}{dx} = e^{1 \times x} \times \frac{d(1 \times x)}{dx}$

$= 1 \times e^{1 \times x}$

$= e^{x}$

अत: विकल्प (A) सही है।

**70.** माना कि $C = $ शंकु का पार्श्व पृष्ठीय क्षेत्रफल $= \pi \times r \times l$

जब $r = 7, h = 24$ है, तो $l = 25$ है।

$\frac{dr}{dt} = 3$ और $\frac{dh}{dt} = -4$ (दिया गया है)

$C^{2} = \pi^{2} \times r^{2} \times l^{2}$

$C^{2} = \pi^{2} \times r^{2} \times (r^{2} + h^{2})$

$C^{2} = \pi^{2} \times r^{4} + \pi^{2} \times r^{2} \times h^{2}$

$t$ के संबंध में दोनों पक्षों का अवकलन करने पर, हमें प्राप्त होता है

$2 \times C \times \frac{dC}{dt} = 2\pi^{2}rh \left( \frac{2r^{2}}{h} \frac{dr}{dt} + r \frac{dh}{dt} + h \frac{dr}{dt} \right)$

$2 \times \pi rl \times \frac{dC}{dt} = 2\pi^{2}rh \left( \frac{2r^{2}}{h} \frac{dr}{dt} + r \frac{dh}{dt} + h \frac{dr}{dt} \right)$

उपरोक्त समीकरण में $r, h, l, \frac{dr}{dt}$ और $\frac{dh}{dt}$ का मान रखने पर हमें निम्न प्राप्त होता है,

$\frac{dC}{dt} = 54\pi \, cm^{2}/min$

अत: विकल्प (A) सही है।

**71.** $I = \int \frac{(\sin^{-1}x)^{3}}{\sqrt{1-x^{2}}} dx$

माना कि $\sin^{-1}x = t$ का अवकलन $x$ द्वारा दोनों पक्षों से करने पर, हमें निम्न प्राप्त होता है:

$\frac{d}{dx}(\sin^{-1}x) = \frac{dt}{dx}$

$\Rightarrow \frac{dx}{\sqrt{(1-x^{2})}} = dt$

$\Rightarrow I = \int t^{3} dt = \frac{t^{4}}{4} + C$

$t$ को $\sin^{-1}x$ से प्रतिस्थापित करने पर

$\Rightarrow I = \frac{(\sin^{-1}x)^{4}}{4} + C$

अत: विकल्प (D) सही है।

**72.** माना कि

$S = 1 + (1+x) + (1+x)^{2} + (1+x)^{3} + \ldots + (1+x)^{n}$

यहाँ, हम देख सकते हैं कि श्रृंखला $S$ के पद $G.P$ में हैं।

$\Rightarrow$ पहला पद $a = 1$ है, श्रृंखला में पदों की संख्या $d = n + 1$ और सार्व अनुपात $r = (1+x)$ है।

$\Rightarrow S = \frac{1 \times ((1+x)^{d} - 1)}{(1+x) - 1}$

$= \frac{(1+x)^{n+1} - 1}{x}$

$= \frac{(1+x)^{n+1}}{x} - \frac{1}{x}$

$(x + a)^{n}$ के द्विपद विस्तार में $x^{r}$ का गुणांक $= {}^{n}C_{r} \times a^{n-r}$ है।

$S$ में $x^{r}$ का गुणांक ज्ञात करने के लिए हमें $S$ में $x^{r+1}$ का गुणांक ज्ञात करना चाहिए जो $n + 1C_{r+1}$ है।

अत: विकल्प (D) सही है।

**73.** B² = B × B

B² = (B × A) × B (∵ B = B × A)

B² = B × (A × B) (∵ आव्यूह गुणा साहचर्य होता है)

B² = B × A (∵ A = A × B)

B² = B × A = B (∵ B = B × A)

तो, B² = B.

A² = A × A

A² = (A × B) × A (∵ A = A × B)

A² = A × (B × A) (∵ आव्यूह गुणा साहचर्य होता है)

A² = A × B (∵ B = B × A)

A² = A × B = A (∵ A = A × B)

तो, A² = A.

अत: विकल्प (A) सही है।

**74.** $D = $

$\begin{vmatrix} \sin\theta & \cos\theta & \sin 2\theta \\ \sin\left(\theta + \frac{2\pi}{3}\right) & \cos\left(\theta + \frac{2\pi}{3}\right) & \sin\left(2\theta + \frac{4\pi}{3}\right) \\ \sin\left(\theta - \frac{2\pi}{3}\right) & \cos\left(\theta - \frac{2\pi}{3}\right) & \sin\left(2\theta - \frac{4\pi}{3}\right) \end{vmatrix}$

$C_{3} \leftrightarrow C_{3} - 2 \times C_{1} \times C_{2}$

हम जानते हैं,

$\sin 2\theta = 2 \times \sin\theta \times \cos\theta$

$\sin\left(2\theta + \frac{4\pi}{3}\right) = 2 \times \sin\left(\theta + \frac{2\pi}{3}\right) \times \cos\left(\theta + \frac{2\pi}{3}\right)$

$\sin\left(2\theta - \frac{4\pi}{3}\right) = 2 \times \sin\left(\theta - \frac{2\pi}{3}\right) \times \cos\left(\theta - \frac{2\pi}{3}\right)$

$$D = \begin{vmatrix} \sin\theta & \cos\theta & 0 \\ \sin\left(\theta + \frac{2\pi}{3}\right) & \cos\left(\theta + \frac{2\pi}{3}\right) & 0 \\ \sin\left(\theta - \frac{2\pi}{3}\right) & \cos\left(\theta - \frac{2\pi}{3}\right) & 0 \end{vmatrix} = 0 \,(\because C_3 \text{ की}$$

सभी प्रविष्टियां $0$ है।)

अत: विकल्प (D) सही है।

**75.** $I = \int_0^{\frac{\pi}{2}} \frac{(\sin x + \cos x)^2}{\sqrt{1 + \sin 2x}} dx$

$I = \int_0^{\frac{\pi}{2}} \frac{(\sin x + \cos x)^2}{\sqrt{(\sin x + \cos x)^2}} dx$

$I = \int_0^{\frac{\pi}{2}} \frac{(\sin x + \cos x)^2}{\sin x + \cos x} dx$

$I = \int_0^{\frac{\pi}{2}} (\sin x + \cos x)\, dx$

$I = \int_0^{\frac{\pi}{2}} \sin x\, dx + \int_0^{\frac{\pi}{2}} \cos x\, dx$

$I = \left(\cos(0) - \cos\left(\frac{\pi}{2}\right)\right) + \left(\sin\left(\frac{\pi}{2}\right) - \sin(0)\right)$

$I = 2$

अत: विकल्प (C) सही है।

**76.** अंतर्राष्ट्रीय वित्तीय सेवा केंद्र प्राधिकरण (IFSCA) और GVFL लिमिटेड ने गिफ्ट सिटी, गुजरात में IFSCA के कार्यालय में एक समझौता ज्ञापन पर हस्ताक्षर किए।

GIFT IFSC में फिनटेक पारितंत्र को समर्थन और सुविधा प्रदान करने के लिए सहयोग और सहभागिता के लिए इस पर हस्ताक्षर किए गए हैं। IFSCA एक एकीकृत नियामक है जो IFSC में वित्तीय उत्पादों, वित्तीय सेवाओं और संस्थानों के विकास और विनियमन के लिए जिम्मेदार है।

अत: विकल्प (D) सही है।

**77.**
- मणिपुर की आधिकारिक भाषा मणिपुरी है।
- राजधानी: इंफाल।
- राज्य पशु: संगाई।
- राज्य पक्षी: मिसिस हूमेस तीतर।
- राजकीय वृक्ष: तून।
- राज्य फूल: शिरुई लिली।

अत: विकल्प (B) सही है।

**78.**
- रथ यात्रा या रथ यात्रा महोत्सव का सबसे प्रतीक्षित वार्षिक उत्सव ओडिशा के पुरी में शुरू होता है। यह देश के सबसे प्रसिद्ध हिंदू त्योहारों के साथ-साथ पूरी दुनिया में से एक है।
- यह आमतौर पर जून-जुलाई के महीने में मनाया जाता है जब भगवान जगन्नाथ के रथों को उनके बड़े भाई बलभद्र और बहन देवी सुभद्रा के साथ पुरी की मुख्य सड़क पर लाया जाता है।

अत: विकल्प (B) सही है।

**79.**
- भारोत्तोलक खुमुकचम संजीता चानू ने महिलाओं के 53 किलोग्राम वर्ग के आयोजन में स्वर्ण पदक जीतकर भारत को गोल्ड कोस्ट राष्ट्रमंडल खेलों में अपना दूसरा स्वर्ण पदक दिलाया।

- उन्होंने कुल 192 किलोग्राम भार उठाकर खेल में एक नया कीर्तिमान स्थापित किया, जिसमें एक स्नैच में 84 किलोग्राम और क्लीन एंड जर्क में 108 किलोग्राम शामिल हैं।
- पापुआ न्यू गिनी को रजत पदक मिला जबकि कनाडा ने कांस्य पदक जीता।

अत: विकल्प (A) सही है।

**80.**
- भारत सरकार ने उपभोक्ताओं के बीच इंटरनेट सुरक्षा के बारे में जागरूकता बढ़ाने के लिए गूगल के साथ समझौता किया है।
- राष्ट्रीय उपभोक्ता हेल्पलाइन (एनसीएच) ने उपभोक्ता शिकायतों और शिकायतों के तेजी से निवारण के लिए 230 कंपनियों के साथ समझौता किया है।

अत: विकल्प (A) सही है।

**81.**
- अंतर्राष्ट्रीय ओलंपिक समिति या आईओसी, 23 जून 1894 को पियरे डी कॉउबर्टिन द्वारा निर्मित स्विट्जरलैंड के लॉज़ेन, में स्थित एक अंतरराष्ट्रीय, गैर-लाभकारी, गैर-सरकारी संगठन है।
- यह आधुनिक ग्रीष्मकालीन और शीतकालीन ओलंपिक खेलों के आयोजन के लिए जिम्मेदार प्राधिकरण है।

अत: विकल्प (A) सही है।

**82.**
- ध्वज की चौड़ाई और लंबाई का अनुपात 2 : 3 है।
- 22 जुलाई 1947 को भारत के संविधान सभा द्वारा राष्ट्रीय ध्वज को अपनाया गया था।
- यह शीर्ष पर गहरे केसर (केसरी) का एक क्षैतिज तिरंगा है, मध्य में सफेद और बराबर अनुपात में नीचे गहरे हरे रंग का है।
- यह 15 अगस्त 1947 को डोमिनियन ऑफ इंडिया का आधिकारिक ध्वज बन गया।
- प्रधानमंत्री स्वतंत्रता दिवस पर लाल किले से राष्ट्रीय ध्वज फहराते हैं।
- पिंगली वेंकय्या भारतीय राष्ट्रीय ध्वज के अभिकल्पक हैं।

अत: विकल्प (B) सही है।

**83.** "डोंग" मुद्रा वियतनाम से संबंधित है।

| देश | मुद्रा | राजधानी |
|---|---|---|
| कम्बोडिया | कंबोडियन रिअल | नोम पेन्ह |
| लाओस | लाओ किप | वियनतियाने |
| म्यांमार | बर्मी कायत | नेपीडॉ |
| **वियतनाम** | **डॉंग** | **हनोई** |

अत: विकल्प (D) सही है।

**84.** घोड़े का उपयोग सवारी के लिए किया जाता है,

इसी प्रकार,

चिमनी का उपयोग धुएँ के लिए किया जाता है।

अत: विकल्प (A) सही है।

**85.** धन के व्यय को अपव्यय कहते हैं।

इसी प्रकार,

ऊर्जा के व्यय को नष्ट करना कहते हैं।

अत: विकल्प (D) सही है।

**86.**

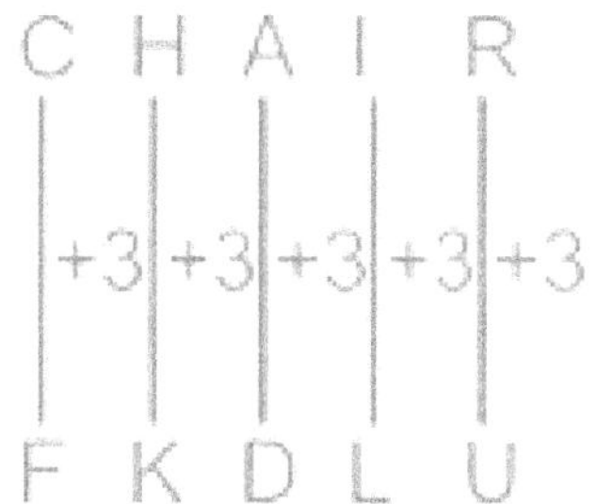

इसी प्रकार,

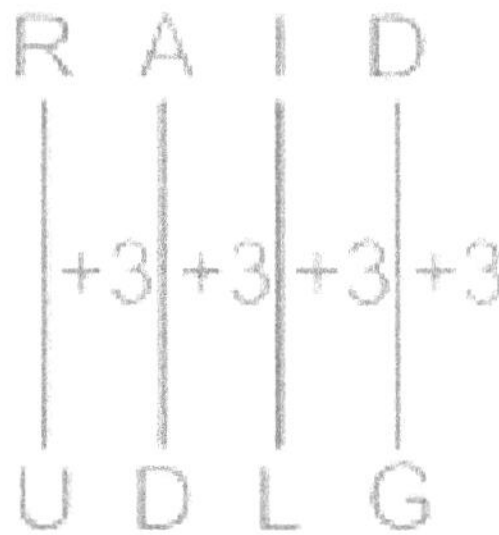

अत: विकल्प (D) सही है।

**87.** अनुसरण किया गया स्वरूप निम्न प्रकार है:

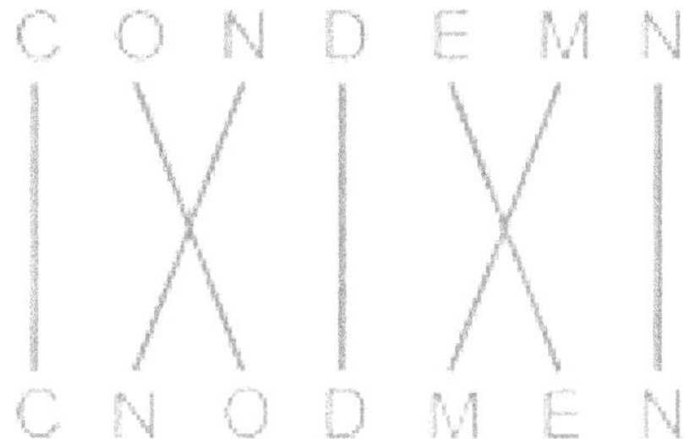

इसी प्रकार,

अत: विकल्प (D) सही है।

**88.** यहाँ दो अलग श्रृंखला एकसाथ मिली हुई हैं।

पहली: 8 → 16 → 32 (पिछली संख्या का दुगना)

दूसरी: 48 → 96 → 192 (पिछली संख्या का दुगना)

अत: विकल्प (A) सही है।

**89.** अनुसरण किया गया स्वरूप निम्न प्रकार है:
97 – 6 = 91
91 – 5 = 86

86 – 4 = 82 ≠ 83
82 – 3 = 79
79 – 2 = 77
77 – 1 = 76
76 – 0 = 76

इसलिए, दी गयी श्रृंखला में गलत संख्या 83 है।

अत: विकल्प (D) सही है।

**90.** Accelerate सही वर्तनी है।

अत: विकल्प (C) सही है।

**91.**

- होशंगाबाद नर्मदा नदी के दक्षिण तट पर स्थित है।
- होशंगाबाद को नर्मदापुरम के नाम से भी जाना जाता है।

अत: विकल्प (B) सही है।

**92.** धौलासिध हाइड्रो प्रोजेक्ट हिमाचल प्रदेश में बनाया जाना प्रस्तावित है।

अत: विकल्प (A) सही है।

**93.**

- गोंडवाना चट्टानों में भारत का लगभग 98% कोयला भंडार है।
- इसमें कार्बन की मात्रा बहुत कम है।

अत: विकल्प (A) सही है।

**94.**

- लॉर्ड कैनिंग (1856-62) 1857 के विद्रोह के दौरान भारत के गवर्नर-जनरल थे।
- लॉर्ड कैनिंग ने 1856 से 1862 तक भारत के गवर्नर-जनरल के रूप में कार्य किया था।

अत: विकल्प (B) सही है।

**95.**

- मीर कासिम ने मुंगेर में बंदूकें और तोपों का कारखाना स्थापित किया।
- वह 1760 से 1763 तक बंगाल के नवाब थे।
- मुंगेर 18वीं शताब्दी के उत्तरार्ध में मीर कासिम के युग से बंदूक का निर्माण कर रहा है।
- उन दिनों और 1969 के शुरुआती दिनों तक, मुंगेर के विभिन्न स्थानों पर बंदूकें कानूनी रूप से निर्मित थीं।
- प्रथम विश्व युद्ध के दौरान मुंगेर बंदूक निर्माताओं ने सशस्त्र बलों की भी मदद की।

अत: विकल्प (C) सही है।

**96.** पेचिश का कारण: शिगेला, बैक्टीरिया का एक प्रकार है जो शिगेलोसिस नामक संक्रमण का कारण बनता है। यह विश्व भर में बैक्टीरियल डायरिया (रोटावायरस के बाद) का दूसरा तथा 5 वर्ष से कम उम्र के बच्चों में मृत्यु का तीसरा प्रमुख कारण है।

पेचिश पेट में संक्रमण की वजह से होती है, जो खाने में लापरवाही और साफ-सफाई का ध्यान नही रखने से ज्यादा होती है। बासी खाना खाने, ज्यादा मसालेदार खाना खाने, और कच्चा खाने से भी यह बीमारी होती है। खाना खाने से पहले हाथ जरूर धोने चाहिए। पानी की शुद्धता का भी ध्यान रखना चाहिए।

अत: विकल्प (A) सही है।

**97.** मलेरिया और कालाजार प्रोटोजोआ के कारण होते हैं। प्रोटोज़ोआ एक एककोशिकीय जीव हैं। इनकी कोशिका यूकरयोटिक प्रकार की होती है। ये

साधारण सूक्ष्मदर्शी यंत्र से आसानी से देखे जा सकते हैं। कुछ प्रोटोज़ोआ जन्तुओं या मनुष्य में रोग उत्पन्न करते हैं, उन्हे रोगकारक प्रोटोज़ोआ कहते हैं।

अत: विकल्प (C) सही है।

**98.** सही उत्तर पतंजलि है।

- योग सूत्र को योगिक तकनीकों के आधार के रूप में कार्य करने के लिए माना जाता है।

- महर्षि पतंजलि को "योग के जनक" के रूप में भी जाना जाता है।

- उन्होंने 195 सूत्र संकलित किए थे, जो योग को दैनिक दिनचर्या में एकीकृत करने और एक नैतिक जीवन जीने के लिए एक रूपरेखा के रूप में काम करते हैं।

- योग सूत्र के संकलन की सही तारीख ज्ञात नहीं है।

- हालांकि, यह माना जाता है कि उन्हें लगभग 200 ईसा पूर्व लिखा गया था।

- पतंजलि की शिक्षाओं का मूल योग के आठ गुना मार्ग में निहित है।

- यह मार्ग योग के माध्यम से बेहतर जीवन जीने की ओर निर्देशित करता है।

अत: विकल्प (C) सही है।

**99.** कलमकारी चित्रकारी आंध्र प्रदेश राज्य से संबंधित है।

| राज्य | पारंपरिक चित्रों के नाम |
|---|---|
| महाराष्ट्र | वारली, पिंगुली चित्रकारी |
| आंध्र प्रदेश | लेपाक्षी चित्रकारी, कलमकारी चित्रकारी, सवारा चित्रकारी, |
| मणिपुर | खंबाना काओ फाबा |
| पश्चिम बंगाल | डोकरा, कालीघाट चित्रकारी |

अत: विकल्प (A) सही है।

**100.**

- खान अब्दुल गफ्फार खान को फ्रंटियर गांधी के नाम से भी जाना जाता था

- उन्हें बादशाह खान के नाम से भी जाना जाता था।

अत: विकल्प (B) सही है।

# English

**Ques (1-5):Direction: Read the passage given below and then answer the question.**

The effect produced on the mind by travelling depends entirely on the mind of the traveller and on the way in which he conducts himself. The chief idea of one very common type of traveller is to see as many objects of interest as he possibly can. If he can only after his return home say that he has seen such and such temple, castle, picture gallery, or museum, he is perfectly satisfied. Therefore, when he arrives at a famous city, he rushes through it, so that he may get over as quickly as possible to the task of seeing its principal sights, enter them by name in his notebook as visited or, in his own phraseology 'done', and then hurry on to another city. Far different is the effect of travels upon who leave their native country with minds prepared by culture to feel intelligent admiration for all the beauties of nature and art to be found in foreign lands. Their object is not to see much, but to see well. When they visit Paris, or Athens or Rome, instead of hurrying from temple to museum, and from the museum to picture gallery, they allow the spirit of the place to sink into their minds and only visit such monuments as the time they have at their disposal allows them to contemplate without irreverent haste.

**Q.1** Which of the following could be an apt title for the passage?

**A.**  Different kinds of travellers

**B.**  Travel logs

**C.**  The journey of a man

**D.**  The fast-paced traveller

**Q.2** Which of the following words is a synonym of the word 'irreverent'?

**A.** Respectful **B.** Contemptuous

**C.** Dire **D.** Difficult

**Q.3** What does the effect produced on the mind by travelling depend entirely on?

**A.**  The mind of the traveller

**B.**  The way in which the traveller conducts himself

**C.**  Both options 1 and 2

**D.**  None of these

**Q.4** What is the objective of the travellers who travel with the mindset to not merely see much?

**A.** To see a museum **B.** To see a little

**C.** To see much **D.** To see well

**Q.5** Which of the following words is an antonym of the word 'admiration'?

**A.** Disgust **B.** Veneration

**C.** Adulation **D.** Sensation

**Q.6 Direction:- Which of the phrases given below each sentence should replace the phrase printed in bold type to make the grammatically correct?**

The small child does whatever his father **was done.**

**A.** has done **B.** did **C.** had done **D.** does

**Q.7 Direction:- Which of the phrases given below each sentence should replace the phrase printed in bold type to make the grammatically correct?**

When ice and water **existed together on** the same volume, the temperature remains constant.

**A.**  exist together in

**B.**  will exist together on

**C.**  had existed together in

**D.**  No correction required

**Q.8 Direction:- Read the following sentences and rewrite them into passive voice. Choose the right answer from the given alternatives:**

Our task had been completed before sunset.

**A.**  We completed our task before sunset.

**B.**  We have completed our task before sunset.

**C.**  We complete our task before sunset.

**D.**  We had completed our task before sunset.

**Q.9 Direction:- Read the following sentences and rewrite them into passive voice. Choose the right answer from the given alternatives:**

The boy laughed at the beggar.

**A.**  The beggar was laughed by the boy.

**B.**  The beggar was being laughed by the boy.

**C.**  The beggar was being laughed at by the boy.

**D.**  The beggar was laughed at by the boy.

**Q.10 Direction:- Convert the given direct speech into indirect speech:**

He said, "I saw her the day before yesterday."

**A.**  He said that he had seen her two days before.

**B.**  He said that I saw her the day before yesterday.

**C.**  He said that he saw her the day before yesterday.

**D.**  He said that he had been seen here the day before yesterday.

**Q.11 Direction:- Convert the given direct speech into indirect speech:**

They asked, "Who are you and what do you want?"

**A.**  They asked who he was and what he wanted.

**B.**  They asked who are you sir and what you want.

**C.**  They asked who he was and what did he want.

**D.**  They asked who was he and what he wanted.

**Q.12 Direction:- Choose the word which best expresses the meaning of the given word:**

Indict

A. Condemn
B. Reprimand
C. Accuse
D. Allege

**Q.13 Direction:- Against the given word, there are some alternatives, one of which is either similar in meaning (synonym) or opposite in meaning (antonym) to the word. Find out which of the given alternatives is either a synonym or an antonym of the word.**

Dainty
A. Delectable
B. Coarse
C. Obedient
D. Graceful

**Q.14 Direction:- Choose the option which best expresses the meaning of the given word.**

Sanguine
A. Clever
B. Proud
C. Hopeful
D. Modest

**Q.15 Direction:- Find the synonym of the underlined word.**

Gardening is the **cultivation** of plants usually in or near home.
A. Generation
B. Growing
C. Classification
D. Sowinc

**Q.16 Direction:- Find the synonym of the underlined word.**

After listening to the testimony, the members of the jury delivered their **verdict.**
A. Sentence
B. Cross-examination
C. Foremar
D. Decision

**Q.17 Direction:- Fill in the blank with the most suitable non-finite verb to complete the sentence:**

My favourite pastime is _____ video games.
A. play
B. playing
C. to be playing
D. have been playing

**Q.18 Direction:- Find the non-finite verb from the sentence:**

I have made that sauce with some freshly picked tomatoes from the market.
A. have
B. that
C. picked
D. freshly

**Q.19 Direction:- Choose the sentence with the correct punctuation marks:**

is seema coming to the andaman islands
A. Is seema coming to the andaman islands?
B. Is Seema coming to the Andaman Islands?
C. Is Seema coming to the Andaman islands?
D. Is Seema coming to the Andaman Islands

**Q.20 Direction:- Choose the sentence with the correct punctuation marks:**

Are you coming with us
A. Are you coming with us
B. Are you coming with us,
C. Are you coming with us!
D. Are you coming with us?

**Q.21 Direction:- Fill in the blank with the most appropriate word:**

Is this proposal acceptable _____you?
A. by
B. in
C. to
D. from

**Q.22 Direction:- Fill in the blank with a suitable preposition:**

The baby was crying _____ the night, so no one was able to sleep.
A. throughout
B. for
C. behind
D. until

**Q.23 Direction:- Fill in the blank with the most appropriate word:**

Either title _____ age-appropriate, but I suggest the former.
A. is
B. are
C. come
D. go

**Q.24 Direction:- Fill in the blank with the most appropriate word:**

"What is ________ name?" "My name is Carlos."
A. his
B. her
C. your
D. my

**Q.25 Direction: Fill in the blank with the most appropriate option.**

She prepared dessert and put it to set in the fridge _____ she began cooking dinner.
A. beyond
B. behind
C. before
D. within

# Science

**Q.26 न्यूटन का कौन सा नियम जड़त्व के गुण को परिभाषित करता है?**
A. प्रथम नियम
B. द्वितीय नियम
C. तृतीय नियम
D. इनमें से कोई नहीं

**Q.27 ऊर्जा का निर्माण सूर्य पर _____ से होता है।**
A. परमाणु विखंडन
B. नाभिकीय संलयन
C. ऑक्सीकरण प्रतिक्रियाओं
D. क्षीण प्रतिक्रियाओं

**Q.28 एक दोलक 5 सेकेंड में 45 बार दोलन करता है, तो इसकी आवृत्ति क्या होगी?**
A. 0.2 Hz
B. 9 Hz
C. 0.11 Hz
D. 5 Hz

**Q.29 स्थिर तापमान पर ध्वनि की गति _____ पर निर्भर करती है।**
A. दबाव
B. गैस का घनत्व
C. (A) और (B) दोनों
D. इनमे से कोई भी नहीं

**Q.30 बर्फ पर चलना कठिन होता है क्योंकि _____।**
A. घर्षण का अभाव होता है
B. जड़त्व कम होता है
C. जड़त्व अधिक होता है
D. द्रव्यमान अधिक होता है

**Q.31** $T_1$ और $T_2$ तापमान पर एक चालक के लिए $V - I$ वक्र आलेख में दर्शाया गया है, तो $(T_2 + T_1)$ किसके समानुपाती हैं?

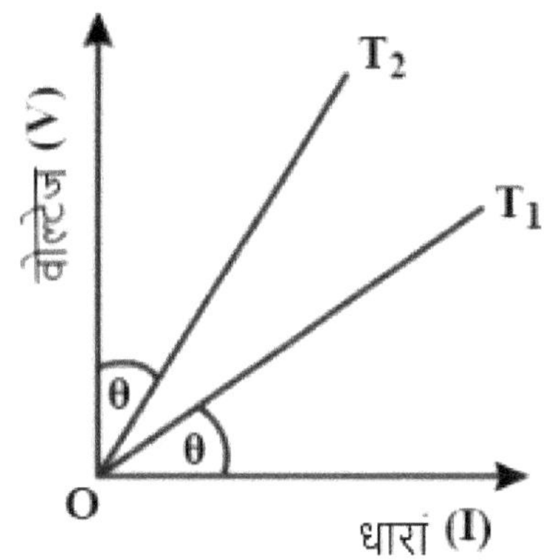

**A.** $\cos 2\theta$    **B.** $\sin 2\theta$    **C.** $\cot 2\theta$    **D.** $\tan 2\theta$

**Q.32** तार के प्रतिरोध का तापमान गुणांक $12.5 \times 10^{-4}/C°$ है। $300\,K$ पर तार का प्रतिरोध $1\Omega$ है। किस तापमान पर प्रतिरोध $2\Omega$ होगा?

**A.** $1127\,K$    **B.** $1100\,K$    **C.** $600\,K$    **D.** $1400\,K$

**Q.33** समय पर निर्भर स्थायी विकृति को ______ कहा जाता है।

A. प्लास्टिक विकृति
B. प्रत्यास्थता विकृति
C. क्रीप
D. विषम प्रत्यास्थता विकृति

**Q.34** एक पिण्ड पर किया गया कार्य ______ पर निर्भर करता है।

A. केवल पिण्ड पर लागू बाह्य बल बल के परिमाण पर
B. केवल पिण्ड के विस्थापन पर
C. विस्थापन और उसके विस्थापन की दिशा में कार्य करने वाले बाह्य बल के घटको पर
D. इनमे से कोई भी नहीं

**Q.35** एक आदर्श गैस को $27°C$ स्थिर दबाव में तब तक गरम किया जाता है जब तक कि इसकी मात्रा तीन गुना नहीं हो जाती। तब गैस का तापमान क्या होगा?

**A.** $81°C$    **B.** $627°C$    **C.** $900°C$    **D.** $927°C$

**Q.36** किसी दिए गए स्थान पर पृथ्वी के क्षेत्र का क्षैतिज घटक 0.2 G है। यदि एक ऊर्ध्वाधर तार 30 A धारा का वहन ऊपर की ओर कर रहा है, तो 1 मीटर की तार पर बल का परिमाण और दिशा क्या है?

**A.** 6 E to W    **B.** $6 \times 10^{-3}$ E to W
**C.** $6 \times 10^{-3}$ W to E    **D.** $6 \times 10^{-4}$ E to W

**Q.37** जब एक इलेक्ट्रॉन की गतिज ऊर्जा में वृद्धि हुई है तो संबंधित तरंग की तरंगदैर्घ्य ______ जाएगी।

A. बढ़
B. घट
C. गतिज ऊर्जा पर स्वतंत्र रहें
D. इनमें से कोई भी नहीं

**Q.38** पृथ्वी का द्रव्यमान $6 \times 10^{24}\,kg$ है तथा चंद्रमा का द्रव्यमान $7.4 \times 10^{22}\,kg$ है। यदि पृथ्वी तथा चंद्रमा के बीच की दूरी $3.84 \times 10^5\,km$ है तो पृथ्वी द्वारा चंद्रमा पर लगाए गए बल का परिकलन कीजिए।

**A.** $1.02 \times 10^{20}\,N$    **B.** $2.02 \times 10^{20}\,N$

**C.** $3.02 \times 10^{20}\,N$    **D.** इनमें से कोई नहीं

**Q.39** पृथ्वी के कक्षीय कोणीय गति (सूर्य के बारे में) और द्रव्यमान का अनुपात $4.4 \times 10^{15}$ मी² से⁻¹ है। पृथ्वी की कक्षा से घिरा क्षेत्र लगभग______ मी² है।

**A.** $6.94 \times 10^{22}$ मी²    **B.** $4.24 \times 10^{22}$ मी²
**C.** $4.92 \times 10^{22}$ मी²    **D.** $5.54 \times 10^{22}$ मी²

**Q.40** किसी भी समय 't' पर कण की स्थिति $S(t) = \frac{V_0}{a}[1 - e^{-at}]$ जहाँ $a > 0$ और $V_0$ निरंतर वेग द्वारा दी जाती है। a का आयाम ______ हैं।

**A.** T¹    **B.** T⁻¹    **C.** L¹T⁻¹    **D.** L⁻¹T

**Q.41** प्रेरित ई.एम.एफ. की दिशा ______ से पायी जाती है।

**A.** लेंज का नियम    **B.** लाप्लास का नियम
**C.** फ्लेमिंग का नियम    **D.** इनमे से कोई भी नहीं

**Q.42** विद्युत चुम्बकीय प्रेरण के सिद्धांत पर निम्नलिखित में से कौन सा विद्युत उपकरण काम करता है?

**A.** बिजली का पंखा    **B.** बिजली के बल्ब
**C.** विद्युत संचालित कूकर    **D.** एल. ई. डी.

**Q.43** पवन ऊर्जा के बारे में गलत कथन को चुनिए:

**A.** खुले स्थान में पवन ऊर्जा के अधिकतम उत्पादन की अपेक्षा होती है।
**B.** उच्च ऊंचाई पर हवा बहने की संभावित ऊर्जा पवन ऊर्जा का स्रोत है।
**C.** एक पवन चक्की के ब्लेड पर टकराने वाली हवा उन्हें घुमाती है, इस प्रकार प्राप्त घूर्णन का आगे उपयोग किया जा सकता है।
**D.** एक पवन चक्की के ब्लेड की घूर्णन गति के ऊर्जा का उपयोग करने की एक संभावित विधि एक विद्युत जनरेटर के टरबाइन को चलाना है।

**Q.44** परमाणु भट्टी में प्रयुक्त ईंधन ______ है।

**A.** कैडमियम    **B.** रेडियम    **C.** यूरेनियम    **D.** थोरियम

**Q.45** हथौड़ा मारने पर धातुएँ पतली चादरों में बदल जाती हैं। धातुओं की इस संपत्ति को ______ के रूप में जाना जाता है।

**A.** घनत्व    **B.** आघातवर्धनीयता
**C.** तन्यता    **D.** शक्ति

**Q.46** ओर्थो और पैरा-नाइट्रोफेनोल्स के 1: 1 मिश्रण को अलग करने की सबसे उपयुक्त विधि है:

**A.** भाप आसवन    **B.** उर्ध्वपातन
**C.** वर्णलेखन    **D.** क्रिस्टलीकरण

**Q.47** निम्नलिखित में से कौन सी बीमारी भारत से लगभग समाप्त हो गई है?

**A.** पोलियो    **B.** कुष्ठ रोग    **C.** खसरा    **D.** चेचक

**Q.48** ऑपरेटिंग सिस्टम ______ है।

A. आवेदन कार्यक्रमों का संग्रह
B. एक सीडी पर उपलब्ध सैकड़ों विभिन्न प्रकार के सॉफ्टवेयरों का संग्रह
C. कंप्यूटर के काम को नियंत्रित करने वाले प्रोग्राम का संग्रह
D. उच्च स्तरीय भाषा को मशीनी भाषा में बदलने वाले प्रोग्राम का संग्रह

**Q.49** विभिन्न उपयोगकर्ताओं द्वारा प्रस्तुत रूप से प्रोसेसिंग प्रोग्राम की एक प्रणाली को ______ कहा जाता है।

**A.** मल्टी-प्रोग्रामिंग    **B.** मल्टी-प्रोसेसिंग
**C.** मल्टी-टास्किंग    **D.** कह नहीं सकते

**Q.50** बच्चों का उचित पोषण और स्वास्थ्य ______ द्वारा बनाए रखा जा सकता है।

**A.** स्कूलों में उचित शैक्षिक सुविधाएं और मध्याह्न भोजन के माध्यम से

**B.** सार्वजनिक वितरण प्रणाली के माध्यम से भोजन का वितरण

**C.** सभी के लिए बुनियादी स्वास्थ्य देखभाल का प्रावधान

**D.** ऊपर के सभी

# Mathematics

**Q.51** यदि $A = \begin{bmatrix} 1 & 1 \\ 1 & 1 \end{bmatrix}$ तो $A^{100}$ का मान क्या होगा?

**A.** $2^{100}\,A$          **B.** $2^{99}\,A$

**C.** $2^{101}\,A$         **D.** इनमे से कोई नही

**Q.52** एक छात्र द्वारा बहुविकल्पीय प्रश्न का सही उत्तर जानने की संभावना $\frac{2}{3}$ है। यदि छात्र उत्तर नहीं जानता है, तो छात्र उत्तर का अनुमान लगाता है। अनुमानित उत्तर के सही होने की संभावना $\frac{1}{4}$ है। यह देखते हुए कि छात्र ने प्रश्न का सही उत्तर दिया है, छात्र द्वारा सही उत्तर देने की नियमबद्ध संभावना है:

**A.** $\frac{2}{3}$     **B.** $\frac{3}{4}$     **C.** $\frac{5}{6}$     **D.** $\frac{8}{9}$

**Q.53** $(1 + x)^{10}$ के प्रमेय में मध्य पद का गुणांक क्या है?

**A.** $\frac{10!}{5!6!}$          **B.** $\frac{10!}{(5!)^2}$

**C.** $\frac{10!}{5!7!}$        **D.** इनमें से कोई नहीं

**Q.54** $\left(2x^2 - \frac{1}{3x^2}\right)^{10}$ के गुणांक में 6 वां पद पद होगा:

**A.** $\frac{4580}{17}$          **B.** $-\frac{896}{27}$

**C.** $\frac{5580}{17}$        **D.** इनमें से कोई नहीं

**Q.55** गणना कीजिये $\int \ln(x)\,dx$

**A.** $\ln(x) - x + c$      **B.** $x\ln(x) - 1 + c$

**C.** $x\ln(x) - x + c$      **D.** $\ln(x) - 1 + c$

**Q.56** तीन संख्याएँ एक बढ़ते क्रम में गुणोत्तर श्रेणी बनाती हैं। यदि बीच वाली संख्या को दोगुना किया जाता है, तब नयी संख्याएँ समांतर श्रेणी में होती हैं। गुणोत्तर श्रेणी का सामान्य अनुपात होगा:

*[JEE Main Advanced, 2014]*

**A.** $\sqrt{2} + \sqrt{3}$        **B.** $3 + \sqrt{2}$

**C.** $2 - \sqrt{3}$          **D.** $2 + \sqrt{3}$

**Q.57** वृत्त $(x - 3)^2 + (y - 4)^2 = 5$ का केंद्र है

**A.** $(3,4)$         **B.** $(-3, -4)$

**C.** $(4,3)$         **D.** $(-4, -3)$

**Q.58** यदि '$a$' और '$b$' द्विघात समीकरण $x^2 - 2x + n = 0$ के मूल हैं तो समीकरण $8b - 5a = 68$ को भी संतुष्ट करें तब द्विघात समीकरण $7x^2 - (n + 1)x + b = 0$ के मूल ज्ञात कीजिए।

**A.** $-3$ और $\frac{-2}{7}$      **B.** $-4$ और $\frac{-1}{7}$

**C.** $-2$ और $\frac{-3}{7}$      **D.** $-1$ और $\frac{-4}{7}$

**Q.59** यदि एक द्विघात समीकरण का परिमेय गुणांक का एक मूल $5 - 2\sqrt{5}$ है, तब द्विघात समीकरण क्या है?

**A.** $x^2 - 10x - 5 = 0$      **B.** $x^2 + 10x + 5 = 0$

**C.** $x^2 - 10x + 5 = 0$      **D.** इनमें से कोई नहीं

**Q.60** $x^{\sin x},\, x > 0$ का $x$ के सापेक्ष अवकलन कीजिये।

**A.** $\left[\frac{\sin x}{x}\right]$

**B.** $x^{\sin x}\left[\frac{\sin x}{x} + \cos x\right]$

**C.** $\left[\frac{\sin x}{x} + \cos x \log x\right]$

**D.** $x^{\sin x}\left[\frac{\sin x}{x} + \cos x . \log x\right]$

**Q.61** यदि दो सदिश $\left(5\vec{i} - x\vec{j} + 9\vec{k}\right)$ और $\left(3\vec{i} - 7\vec{j} + 2y\vec{k}\right)$ संरेख हैं, तो $x$ और $y$ का मान ज्ञात कीजिये।

**A.** $x = \frac{35}{3},\, y = \frac{27}{10}$      **B.** $x = \frac{11}{13},\, y = \frac{5}{9}$

**C.** $x = \frac{27}{17},\, y = \frac{13}{15}$      **D.** $x = \frac{2}{5},\, y = \frac{3}{7}$

**Q.62** $\begin{bmatrix} 1 \\ -1 \\ 2 \end{bmatrix} \begin{bmatrix} 2 & 1 & -1 \end{bmatrix}$ का मान है-

**A.** $[-1]$         **B.** $\begin{bmatrix} 2 \\ -1 \\ -2 \end{bmatrix}$

**C.** $\begin{bmatrix} 2 & 1 & -1 \\ -2 & -1 & 1 \\ 4 & 2 & -2 \end{bmatrix}$      **D.** इनमे से कोई भी नहीं

**Q.63** वक्र $\sqrt{x} + \sqrt{y} = \sqrt{a}$ से स्पर्शरेखा द्वारा निर्देशांक अक्षों द्वारा बनाये प्रतिच्छेदों का योग है-

**A.** $2a$         **B.** $a$

**C.** $\frac{a}{2}$         **D.** इनमे से कोई भी नहीं

**Q.64** $2x + 3y - z + 1 = 0$ और $x + y - 2z + 3 = 0$, और सतह के लंबवत $3x - y - 2z - 4 = 0$ समतल के प्रतिच्छेदन की रेखा से गुजरने वाले समतल का समीकरण ज्ञात कीजिए।

**A.** $7x + 13y + 4z - 9 = 0$

**B.** $7x + 13y + 3z - 10 = 0$

**C.** $7x + 3y + 4z - 5 = 0$

**D.** इनमें से कोई नहीं

**Q.65** सामान्य जीवा $x^2 + y^2 - 4x - 4y = 0$ और $x^2 + y^2 = 16$ को मूल पर घटता है, कोण के बराबर है?

**A.** $\frac{\pi}{6}$     **B.** $\frac{\pi}{4}$     **C.** $\frac{\pi}{3}$     **D.** $\frac{\pi}{2}$

**Q.66** सम्मिश्र संख्या $\frac{1+2i}{1-2i}$ किस चतुर्थांश में है?

**A.** प्रथम    **B.** द्वितीय    **C.** तृतीय    **D.** चतुर्थ

**Q.67** यदि $\cot\theta = \frac{2xy}{x^2 - y^2}$ है, तो $\cos\theta$ का मान क्या होगा?

**A.** $\frac{x^2 - y^2}{x^2 + y^2}$    **B.** $\frac{x^2 + y^2}{x^2 - y^2}$    **C.** $\frac{2xy}{x^2 + y^2}$    **D.** $\frac{2xy}{\sqrt{x + y^2}}$

**Q.68** जब त्रिज्या 2 सेमी/सेकंड की दर से बढ़ रही है, तब $r$ त्रिज्या वाले गोले के पृष्ठफल के परिवर्तन की दर समानुपाती है-

**A.** $\frac{1}{r}$    **B.** $\frac{1}{r^2}$    **C.** $r$    **D.** $r^2$

**Q.69** वृत्त $(x - 5)(x - 1) + (y - 7)(y - 4) = 0$ की त्रिज्या है-

**A.** $3$     **B.** $4$     **C.** $\frac{5}{2}$     **D.** $\frac{7}{2}$

**Q.70** माना $f(x) = \begin{cases} 1 + |x|, & x < -1 \\ [x], & x \geq -1 \end{cases}$ जहां [.] सबसे बड़े पूर्णांक फलन को दर्शाता है। तो $f\{f(-2.3)\}$ का मान होगा?

**A.** 4     **B.** 2     **C.** $-3$     **D.** 3

**Q.71** $(2,3)$ और $(-6,5)$ को मिलाने वाली रेखा का मध्य बिंदु ज्ञात करें।

**A.** $(2,4)$     **B.** $(-2,4)$
**C.** $(4,2)$     **D.** $(-4,-2)$

**Q.72** यदि $\begin{vmatrix} 6i & -3i & 1 \\ 4 & 3i & -1 \\ 20 & 3 & i \end{vmatrix} = x + iy$, है, तो $(x,y)$ का मान क्या होगा?

**A.** $(3,1)$     **B.** $(1,3)$     **C.** $(0,3)$     **D.** $(0,0)$

**Q.73** $\int \dfrac{e^x}{x}(1 + x \cdot \ln x)\,dx$

**A.** $e^x \ln x - c$     **B.** $e^x \ln x + c$
**C.** $e^x x - c$     **D.** $e^x x + c$

**Q.74** एक पंक्ति की दिशा कोज्या का पता लगाएं जो समन्वित अक्षों के साथ समान कोण बनाती है।

**A.** $\pm\frac{1}{\sqrt{3}}, \pm\frac{1}{\sqrt{3}}, \pm\frac{1}{\sqrt{3}}$     **B.** $\pm\frac{1}{\sqrt{2}}, \pm\frac{1}{\sqrt{2}}, \pm\frac{1}{\sqrt{2}}$
**C.** $+\frac{1}{\sqrt{3}}, +\frac{1}{\sqrt{3}}, +\frac{1}{\sqrt{3}}$     **D.** $\pm 1, \pm 1, \pm 1$

**Q.75** फलन $x^5 + 2x^{-3}$ का अवकलन ज्ञात कीजिये।
**A.** $6x^4 - 5x^{-4}$     **B.** $6x^4 + 5x^{-4}$
**C.** $5x^4 - 6x^{-4}$     **D.** $5x^4 + 6x^{-4}$

# General Awareness

**Q.76** जून 2022 में सशस्त्र सीमा बल के नए महानिदेशक के रूप में किसे नियुक्त किया गया है?

**A.** सुजॉय लाल थाओसेन     **B.** संजय अरोड़ा
**C.** संजीव शर्मा     **D.** रंजीत सिंह राणा

**Q.77** विश्व प्रतिस्पर्धात्मक सूचकांक 2022 में भारत की रैंक क्या है?

**A.** 37वां     **B.** 41वां     **C.** 45वां     **D.** 49वां

**Q.78** खिरगंगा राष्ट्रीय उद्यान इनमें से किस राज्य में स्थित है?

**A.** उत्तराखंड     **B.** उत्तर प्रदेश
**C.** हिमाचल प्रदेश     **D.** पश्चिम बंगाल

**Q.79** "CAT" का पूर्ण रूप क्या है?

**A.** कॉमन एप्लीकेशन टेस्ट
**B.** कॉमन एडमिशन टेस्ट
**C.** कोड ऑफ़ एडमिशन टेस्ट
**D.** कोड ऑफ़ ऑथेंटिकेशन टेक्निक्स

**Q.80** भारत का सबसे बड़ा नदी द्वीप _______ है।

**A.** माजुली द्वीप     **B.** बराक
**C.** बरली     **D.** इनमें से कोई नहीं

**Q.81** रेगुर शब्द निम्नलिखित में से किस मिट्टी से संबंधित है?
**A.** लेटराइट मिट्टी     **B.** काली मिट्टी
**C.** लाल मिट्टी     **D.** इनमें से कोई भी नहीं

**Q.82** 1975 में आपातकाल के समय, भारत के राष्ट्रपति के रूप में कौन सेवा कर रहा था?

**A.** मोरारजी देसाई     **B.** फखरुद्दीन अली अहमद
**C.** वी पी सिंह     **D.** इंदिरा गांधी

**Q.83** साल्ट लेक स्टेडियम का दूसरा नाम क्या है?

**A.** विवेकानंद युवा भारती स्टेडियम
**B.** ईडन गार्डन
**C.** भारत भारती स्टेडियम
**D.** कोलकाता स्टेडियम

**Q.84** केंद्रीय कपास अनुसंधान संस्थान (CICR) का मुख्यालय _______ में है।

**A.** राजस्थान    **B.** नई दिल्ली    **C.** गुजरात    **D.** महाराष्ट्र

**Q.85** नागार्जुन सागर परियोजना निम्नलिखित में से किस नदी पर बनाई गई है?

**A.** सतलज नदी     **B.** झेलम नदी
**C.** नर्मदा नदी     **D.** कृष्ण नदी

**Q.86** फतेहपुर सीकरी _________ में स्थित है।

**A.** उत्तराखंड     **B.** उत्तर प्रदेश
**C.** झारखंड     **D.** राजस्थान

**Q.87** पहला राष्ट्रमंडल खेल कब आयोजित किया गया था?
**A.** 1930    **B.** 1934    **C.** 1938    **D.** 1942

**Q.88** निम्नलिखित में से कौन सा राष्ट्रीय धरोहर पशु है?

**A.** भेड़    **B.** गाय    **C.** हिरन    **D.** हाथी

**Q.89** माउंटबेटन योजना (जून 1947) निम्नलिखित में से किस प्रांत में जनमत संग्रह के लिए प्रदान की गई?

*[Jharkhand PSC (JPSC), 2016]*

**A.** सिंध
**B.** पंजाब
**C.** बलुचिस्तान
**D.** उत्तर-पश्चिमी सीमांत प्रांत

**Q.90** सर्वप्रथम सुरक्षा लिफ्ट का आविष्कार किसने किया था?

**A.** बिल गेट्स     **B.** एलीशा ओटिस
**C.** पॉल एलन     **D.** डेव हयात

**Q.91** निर्देशन:- एक अनुक्रम दिया गया है, जिसमें एक शब्द गायब है। दिए गए विकल्पों में से सही विकल्प चुनें जो अनुक्रम को पूरा करेगा।

11, 13, 17, 19, ?

**A.** 23     **B.** 27
**C.** 31     **D.** इनमें से कोई भी नहीं

**Q.92** निर्देशन:- एक अनुक्रम दिया गया है, जिसमें एक शब्द गायब है। दिए गए विकल्पों में से सही विकल्प चुनें जो अनुक्रम को पूरा करेगा।

6, 12, 36, 144, 720, 4320, ?

**A.** 30420    **B.** 30240    **C.** 31240    **D.** 32240

**Q.93** निर्देशन:- एक अनुक्रम दिया गया है, जिसमें एक शब्द गायब है। दिए गए विकल्पों में से सही विकल्प चुनें जो अनुक्रम को पूरा करेगा।

CNL, BLI, AJF, ZHC, ?

**A.** XDY    **B.** YFZ    **C.** YFA    **D.** YFY

**Q.94** निर्देशन:- एक अनुक्रम दिया गया है, जिसमें एक शब्द गायब है। दिए गए विकल्पों में से सही विकल्प चुनें जो अनुक्रम को पूरा करेगा।

44 : DK :: 65 : ?

**A.** EM  **B.** YP  **C.** ZX  **D.** IW

**Q.95** एक निश्चित कोड में, 'MISSIONS' को 'MSIISNOS' लिखा जाता है। उस कोड में 'ONLINE' कैसे लिखा जाता है?

**A.** OLNNIE  **B.** ONILEN

**C.** NOILEN  **D.** LNOENI

**Q.96** एक निश्चित कोड में 'LIMCA' को 'HJLDZ' लिखा जाता है। निम्नलिखित में से किस शब्द को 'IFWJBP' लिखा जाता है?

**A.** MEXICO  **B.** MERCURY

**C.** JAPAN  **D.** MIDNIGHT

**Q.97** यदि 'MEANDER' को '4515459' के रूप में कोडित किया जाता है, तो 'MATHEMATICS' को इस प्रकार कोडित किया जाता है

**A.** 6 7 2 5 0 6 2 3 0 7 6

**B.** 4 1 2 8 5 4 1 2 9 3 1

**C.** 4 5 0 3 8 4 0 1 8 5 6 4

**D.** 5 7 1 5 9 4 1 3 9 5 5

**Q.98** धारा के विपरीत दिशा में एक नाव को एक निश्चित दूरी तय करने में 8 घंटे 48 मिनट का समय लगता है, जबकि धारा के साथ समान दूरी को तय करने में 4 घंटे लगते हैं। क्रमशः नाव की गति और पानी के प्रवाह की गति के बीच का अनुपात क्या है?

**A.** 2 : 1

**B.** 3 : 2

**C.** 8 : 3

**D.** निर्धारित नहीं किया जा सकता है

**Q.99** एक आदमी तीन-चौथाई किलोमीटर की धारा के विपरीत दिशा में $11\frac{1}{4}$ मिनट और धारा की ओर $7\frac{1}{2}$ मिनट में नाव की सैर कर सकता है। शांत जल में आदमी की चाल (किमी/घंटा में) है:

**A.** 2  **B.** 3  **C.** 4  **D.** 5

**Q.100** दिए गए विकल्पों में से विषम शब्द का चयन करे:

**A.** UPJM  **B.** WKLA  **C.** PEELS  **D.** UNR

# // स्मार्ट उत्तर पुस्तिका //

| **सही उत्तर** | उन छात्रों का प्रतिशत जिन्होंने प्रश्नों का सही उत्तर दिया था। | **छोड़ दिया** | उन छात्रों का प्रतिशत जिन्होंने प्रश्नों को छोड़ दिया था। |
|---|---|---|---|

| प्रश्न संख्या | उत्तर | सही उत्तर | छोड़ दिया |
|---|---|---|---|
| 1 | A | 31.81 % | 67.31 % |
| 2 | B | 66.9 % | 30.17 % |
| 3 | C | 31.37 % | 68.13 % |
| 4 | D | 76.85 % | 18.22 % |
| 5 | A | 16.14 % | 69.05 % |
| 6 | D | 79.17 % | 13.69 % |
| 7 | A | 80.3 % | 11.2 % |
| 8 | D | 47.46 % | 52.28 % |
| 9 | D | 41.96 % | 57.74 % |
| 10 | A | 43.07 % | 44.56 % |
| 11 | A | 16.78 % | 73.07 % |
| 12 | C | 89.72 % | 10.16 % |
| 13 | B | 56.41 % | 40.26 % |
| 14 | C | 78.95 % | 16.42 % |
| 15 | B | 66.28 % | 32.55 % |
| 16 | D | 42.13 % | 55.6 % |
| 17 | B | 88.35 % | 11.4 % |

| प्रश्न संख्या | उत्तर | सही उत्तर | छोड़ दिया |
|---|---|---|---|
| 18 | C | 87.14 % | 12.03 % |
| 19 | B | 81.68 % | 10.38 % |
| 20 | D | 85.47 % | 11.01 % |
| 21 | C | 83.11 % | 10.76 % |
| 22 | A | 79.57 % | 12.29 % |
| 23 | A | 62.74 % | 36.45 % |
| 24 | C | 30.56 % | 67.85 % |
| 25 | C | 82.44 % | 13.14 % |
| 26 | A | 85.01 % | 13.09 % |
| 27 | B | 81.45 % | 17.26 % |
| 28 | B | 52.67 % | 32.33 % |
| 29 | D | 89.56 % | 10.27 % |
| 30 | A | 85.7 % | 12.73 % |
| 31 | C | 31.23 % | 67.45 % |
| 32 | B | 18.7 % | 73.33 % |
| 33 | C | 89.02 % | 10.78 % |
| 34 | C | 54.19 % | 36.02 % |

| प्रश्न संख्या | उत्तर | सही उत्तर | छोड़ दिया |
|---|---|---|---|
| 35 | B | 52.9 % | 37.86 % |
| 36 | D | 52.14 % | 42.64 % |
| 37 | B | 69.42 % | 30.06 % |
| 38 | B | 76.0 % | 16.89 % |
| 39 | A | 78.14 % | 15.77 % |
| 40 | B | 21.74 % | 68.3 % |
| 41 | C | 78.04 % | 20.66 % |
| 42 | A | 66.84 % | 31.18 % |
| 43 | B | 86.7 % | 10.95 % |
| 44 | C | 88.95 % | 11.03 % |
| 45 | B | 54.66 % | 36.66 % |
| 46 | A | 49.05 % | 41.95 % |
| 47 | D | 79.18 % | 17.69 % |
| 48 | C | 67.45 % | 31.7 % |
| 49 | A | 78.07 % | 19.72 % |
| 50 | D | 61.91 % | 31.89 % |
| 51 | B | 43.55 % | 52.46 % |

| प्रश्न संख्या | उत्तर | सही उत्तर | छोड़ दिया |
|---|---|---|---|
| 52 | D | 32.26 % | 67.72 % |
| 53 | B | 69.37 % | 30.31 % |
| 54 | B | 51.89 % | 41.75 % |
| 55 | C | 12.54 % | 84.6 % |
| 56 | D | 67.79 % | 31.02 % |
| 57 | A | 86.75 % | 12.95 % |
| 58 | A | 45.77 % | 53.83 % |
| 59 | C | 76.51 % | 20.03 % |
| 60 | D | 29.33 % | 69.91 % |
| 61 | A | 69.92 % | 30.03 % |
| 62 | C | 82.47 % | 11.62 % |
| 63 | B | 14.55 % | 75.18 % |
| 64 | A | 46.17 % | 47.29 % |
| 65 | D | 25.85 % | 69.28 % |
| 66 | B | 78.45 % | 17.04 % |
| 67 | C | 42.21 % | 30.99 % |
| 68 | C | 81.44 % | 13.97 % |

| प्रश्न संख्या | उत्तर | सही उत्तर | छोड़ दिया |
|---|---|---|---|
| 69 | C | 83.28 % | 13.34 % |
| 70 | D | 13.06 % | 84.84 % |
| 71 | B | 83.67 % | 15.42 % |
| 72 | D | 43.77 % | 51.65 % |
| 73 | B | 18.29 % | 78.51 % |
| 74 | A | 25.9 % | 68.01 % |
| 75 | C | 79.94 % | 17.0 % |
| 76 | A | 76.81 % | 13.22 % |
| 77 | A | 32.21 % | 67.75 % |
| 78 | C | 84.45 % | 15.35 % |
| 79 | B | 44.69 % | 54.54 % |
| 80 | A | 77.95 % | 11.45 % |
| 81 | B | 62.31 % | 31.5 % |
| 82 | B | 22.93 % | 71.71 % |
| 83 | A | 54.69 % | 32.78 % |
| 84 | D | 88.37 % | 11.41 % |
| 85 | D | 69.19 % | 30.76 % |

| प्रश्न संख्या | उत्तर | सही उत्तर | छोड़ दिया |
|---|---|---|---|
| 86 | B | 86.35 % | 10.25 % |
| 87 | A | 52.78 % | 36.58 % |
| 88 | D | 78.73 % | 18.22 % |
| 89 | D | 28.65 % | 70.47 % |
| 90 | B | 52.11 % | 31.59 % |
| 91 | A | 87.26 % | 11.35 % |
| 92 | B | 62.49 % | 32.09 % |
| 93 | B | 53.35 % | 31.67 % |
| 94 | A | 28.84 % | 69.21 % |
| 95 | A | 66.01 % | 30.13 % |
| 96 | A | 40.01 % | 40.51 % |
| 97 | B | 32.35 % | 67.59 % |
| 98 | C | 10.76 % | 75.51 % |
| 99 | D | 40.86 % | 46.17 % |
| 100 | C | 81.34 % | 13.6 % |

# //संकेत और समाधान//

**1.** Different kinds of travellers – This option could be an appropriate title given that the passage tells us about two kinds of travellers, one who has to see as many objects of interest as he possibly can and the other who allow the spirit of the place to sink into their minds and only visit such monuments as the time they have at their disposal allows them to contemplate without irreverent haste.

Hence, the correct option is (A).

**2.** Irreverent - showing a lack of respect for people or things that are generally taken seriously.

Contemptuous – expressing the feeling that a person or a thing is worthless or beneath consideration.

Respectful – feeling or showing deference and respect.

Dire – extremely serious or urgent.

Difficult – needing much effort or skill to accomplish, deal with, or understand.

Hence, the correct option is (B).

**3.** In the given passage it has been mentioned that the effect produced on the mind by travelling depends entirely on the mind of the traveller and on the way in which he conducts himself.

Hence, the correct option is (C).

**4.** In the given passage it has been mentioned that the object of the travellers who travel with the mindset to not just see much are the ones who leave their native country with minds prepared by culture to feel intelligent admiration for all the beauties of nature and art to be found in a foreign land is to see well.

Hence, the correct option is (D).

**5.** Admiration - respect and warm approval.

Disgust – a feeling of revulsion or strong disapproval aroused by something unpleasant or offensive.

Veneration – great respect.

Adulation – excessive admiration or praise.

Sensation – a widespread reaction of interest and excitement.

Hence, the correct option is (A).

**6.** The corrected form of the given sentence "The small child does whatever his father was done." can be written as "The small child does whatever his father does."

- In the given sentence, the main subject is the child. It is carrying a verb in the present tense. The verb is 'does'.
- So, balancing with the subject, the predicate should contain a verb in the present tense.
- So, the verb 'was done' is incorrect in the given sentence. It should be replaced with the present form of the verb 'does'.

Hence, the correct option is (D).

**7.** Option (A) is the correct answer because according to the statement about ice as water, such a fact is stated in the present tense in general, hence it is correct to say that when they "exist together in" the same volume, as the substances can occur "in" a particular state of matter, and not "on".

Option (B) is incorrect because the statement is meant to be in the present, while the option is in the future tense.

Option (C) is incorrect because it is past tense while statement is a fact and so should be in present.

Hence, the correct option is (A).

**8.** We had completed our task before sunset.

- The given sentence is in the passive voice and it is in past perfect tense.
- To convert it into an active voice, we just remove been from the given sentence and the object (our) will be changed into the subject (We).

**Rule:-**

- Subject + had + $V^3$ + Other agents.

Hence, the correct option is (D).

**9.** The beggar was laughed at by the boy.

- Given sentence is in past indefinite (Past simple) tense and it is in the active voice. To change it into passive voice object (the boy) will become subject and subject (The beggar) will object. We also use helping verb of past simple tense was with $V^3$ form of the main verb. Keep it in mind that the preposition **at** must be retained with the verb.

**Rule:-**

- Subject + (was /were) + $V^3$ + Other Agents.

Hence, the correct option is (D).

**10.** The two ways of relating what a person has said are (1) direct and (2) indirect (reported).

Indirect speech, the exact words of the original speaker are repeated.

In the indirect speech (reported speech), the exact meaning of what the speaker told is expressed but not necessarily in the speaker's exact words.

Option A is correct as the sentence in the inverted commas is in the simple past tense, so, after transformation, the reported speech is in the past perfect tense.

Options B, C, and D are wrong 'I', 'saw' and 'been' cannot be used respectively.

Hence, the correct option is (A).

**11.** They asked who he was and what he wanted.

While converting from direct to indirect speech:

1. The simple present tense in the reported speech changes to the simple past tense.

2. The second person in the reported speech changes to the third person.

Applying these two rules in the conversion of the given sentence:

1. 'Who are you' and 'what do you want to change to 'who he was' and 'what he wanted'

2. The second person pronoun 'you' changes to 'he'. Alternatively, we could use 'she' since gender is not specified.

Hence, the correct option is (A).

**12.** The given word 'indict' in terms of a grand jury means 'to bring a formal accusation against, as a means of bringing to trial'.

From the options,

'Accuse' best expresses the meaning of the given word.

'Condemn' means 'to express strong disapproval of'.

'Reprimand' also means 'to express strong disapproval of'.

'Allege' means 'to declare something without proof or facts'.

Hence, the correct option is (C).

**13.** While dainty would mean delicate, the opposite would be rough, that is, coarse. Thus, option (B) is correct. The rest of the options do not express the antonym, thus, incorrect.

Hence, the correct option is (B).

**14.** The word "sanguine" means "optimistic or positive, especially in an apparently bad or difficult situation."

"Hopeful" means "feeling or inspiring optimism about a future event." This is closest to the meaning of "sanguine".

"Clever" means "quick to understand, learn, and devise or apply ideas; intelligent." This is a completely different meaning.

"Proud" means "feeling deep pleasure or satisfaction as a result of one's own achievements, qualities, or possessions or those of someone with whom one is closely associated." This is a completely different meaning.

"Modest" means "unassuming in the estimation of one's abilities or achievements." This is a completely different meaning.

Hence, the correct option is (C).

**15.** 'Cultivation' means the action of cultivating land, or the state of being cultivated.

Example - "The cultivation of arable crops".

In this context, cultivation means growing or cultivating. So, Gardening is the cultivation or growing of plants usually in or near home.

Hence, the correct option is (B).

**16.** 'Verdict' means a decision on an issue of fact in a civil or criminal case or an inquest.

Example - "The jury returned a verdict of not guilty".

'Decision' means a conclusion or resolution reached after consideration.

Example - "I cannot make a decision before I discuss this with my parents".

So, the synonym of "verdict" is "decision".

Hence, the correct option is (D).

**17.** 'playing' is the participle form of the verb and is a non-finite verb here, as it doesn't explain the tense of the sentence.

'play' is the original form (present tense) of the verb. However, 'play' is a finite verb. As explained above, non-finite verbs are usually infinitives, gerunds and participles, we can't use 'play' here.

'to be playing' can be used in the passive voice. As the sentence is in the active voice, we can't use 'to be playing' here. Also, it is grammatically incorrect to use.

'have been playing' is the present perfect continuous tense of the verb 'play'. It is a finite verb here. Also, as the sentence is in the simple present tense, we can't use 'have been playing'.

Hence, the correct option is (B).

**18.** The verbs that do not explain the tense of the sentence and do not agree with the subject are called non-finite verbs. Non-finite verbs are usually infinitives, gerunds and participles.

Though 'picked' is the past form of the verb, it is a non-finite verb as it doesn't explain the tense of the sentence and doesn't even agree with the subject.

'have' is a verb that explains to us that the sentence is in the present perfect tense. Hence, it is a finite verb.

'that' is a determiner and not a verb.

'freshly' is an adverb and not a verb.

Hence, the correct option is (C).

**19.** According to the general rule, a direct question takes a question mark at the end whereas, a period is used at the end of an indirect sentence. The given sentence is in the form of a direct question.

Options (A) and (C) are incorrect - The proper nouns in a sentence must always be capitalized.

Option (D) is incorrect - A period is used to mark an end to an indirect sentence.

Hence, the correct option is (B).

**20.** Option (D) is the correct answer because the sentence given is a question and requires a question mark at the end.

Option (A) is incorrect because the sentence given is a question and the question mark is not given at the end.

Option (B) is incorrect because the comma at the end of the sentence would indicate that the sentence is not complete and is thus grammatically incorrect.

Option (C) is incorrect because the sentence in question is not exclamatory in nature. An exclamation mark is used at the end of an exclamatory sentence that express surprise, astonishment, or any other such strong emotion.

Hence, the correct option is (D).

**21.** A preposition is a word which comes before a noun or a pronoun and establishes a relationship between the elements of a clause or words. Option (C) "to" is correct as it indicates a direction. The other options are wrong as by, in, and from indicating usage, inside something, and a source respectively. These uses don't fit in the given question.

Hence, the correct option is (C).

**22.** The preposition 'throughout' denotes a whole period of time', i.e. from beginning to the end. In the given context, the baby was crying the whole night and therefore everyone was unable to sleep.

The preposition 'for' in the given context would become a preposition of reason thereby meaning that the baby was crying because it was the night.

Whereas 'behind' here would mean something is at the back of something else, which is irrelevant in the given context.

On the other hand, 'until' is unsuitable because if the baby was crying only 'until' night then people could have slept at night. Since this is not the case in the given context.

Hence, the correct option is (A).

**23.** It is to be kept in mind that Either, Neither, Each, Everyone, Many a, must be followed by a singular verb.

'Either title' means each individual title. So, we are referring to a singular noun. By the general convention, a singular noun takes a singular verb.

Hence, the correct option is (A).

**24.** A possessive adjective is usually used to describe a noun, and it comes before the noun, like other adjectives. They describe who something belongs to.

The given sentence is a dialogue between two persons.

So, a second person pronoun must be used.

The possessive adjective for the second person singular 'you' is 'your'.

'my' is the possessive adjective for the first person.

'his' and 'her' are the possessive adjectives for third persons.

Hence, the correct option is (C).

**25.** The given sentence is an example of an adverb of time/frequency which indicates the times or frequency of the action in the sentence.

"before" is used to show earlier than a particular time, event, or action. "beyond" is used outside the range or limits of a subject, quality, or activity. and "behind" is used to show at the back of someone or something. "within" is used to denote during a particular point of time.

Hence, the correct option is (C).

**26.** न्यूटन की गति का पहला नियम: वस्तु पर जब तक बाहरी बल लागू नहीं होता है तब तक वह एक सीधी रेखा में या एक समान गति में रहती है। इसे जड़त्व का नियम कहा जाता है क्योंकि यह बताता है कि प्रत्येक भौतिक वस्तु में एक गुण होता है जिसके कारण वह अपने विराम की स्थिति में या अपनी गति की स्थिति में परिवर्तन का विरोध करता है। इस गुण को जड़त्व कहा जाता है।

अतः विकल्प (A) सही है।

**27.** नाभिकीय संलयन एक नाभिकीय प्रतिक्रिया है जिसमें दो या दो से अधिक परमाणु नाभिक बहुत तेज गति से परस्पर जुड़ते हैं और एक नए प्रकार के परमाणु नाभिक का निर्माण करते हैं। संलयन प्रतिक्रिया उच्च ऊर्जा प्रतिक्रियाएं होती हैं जिसमें दो हल्के परमाणु नाभिक एक भारी नाभिक बनाने के लिए संलयन करते हैं। यह संलयन प्रतिक्रिया सूर्य के अंदर हाइड्रोजन नाभिक के रूप में होती है।

इस प्रकार, ऊर्जा का निर्माण सूर्य पर नाभिकीय संलयन से होता है।

अतः विकल्प (B) सही है।

**28.** दोलनों की संख्या = 45

लिया गया कुल समय = 5 सेकेंड

समय सीमा = (लिया गया कुल समय)/(दोलनों की संख्या) $= \dfrac{5}{45} = \dfrac{1}{9}$

आवृत्ति = 1/(समय सीमा) $= \dfrac{1}{\frac{1}{9}} = 9 \; Hz$

अतः विकल्प (B) सही है।

**29.** किसी आदर्श गैस के लिए ध्वनि की गति केवल उसके तापमान पर निर्भर करती है। स्थिर तापमान पर, आदर्श गैस के दबाव और घनत्व का ध्वनि की गति पर कोई प्रभाव नहीं पड़ता है, क्योंकि दबाव और घनत्व (दबाव के समानुपाती) का ध्वनि की गति पर समान लेकिन विपरीत प्रभाव पड़ता है।

अतः विकल्प (D) सही है।

**30.** जब हम चलते हैं तो घर्षण हमारे पैरों और ज़मीन के बीच महसूस होता है और यह घर्षण सतह पर रुकने में मदद करता है और उस सतह पर पकड़ बनाने में भी मदद करता है, जिस पर हम चलते हैं। यह तथ्य कि बर्फ में घर्षण का गुणांक बहुत कम है इसलिए, बल लगाना कठिन है। इस प्रकार बर्फ पर चलना कठिन है।

अतः विकल्प (A) सही है।

**31.** ग्राफ से,

$$\dfrac{V_1}{I_1} = \tan\theta\alpha T_1$$

$$\dfrac{V_2}{I_2} = \tan(90-\theta) = \cot\theta\alpha T_2$$

$$T_2 - T_1\alpha(\cot\theta - \tan\theta) = \dfrac{\cos\theta}{\sin\theta} - \dfrac{\sin\theta}{\cos\theta} = \dfrac{\cos^2\theta - \sin^2\theta}{\sin\theta\cos\theta}$$

$$T_2 - T_1\alpha\dfrac{2\cos2\theta}{\sin2\theta} = 2\cot2\theta$$

इस प्रकार, $T_2 - T_1\alpha\cot2\theta$

अतः विकल्प (C) सही है।

**32.** रैखिक तापमान गुणांक,

$$\alpha = \dfrac{\Delta R}{R \times \Delta\theta}$$

$$\Delta R = 2\Omega - 1\Omega$$

$$\Delta\theta = T - 27$$

$\alpha = 0.00125$

$0.00125 = \dfrac{1}{1 \times (T-27)}$

$\Rightarrow T - 27 = \dfrac{1}{0.00125} = 800$

$\Rightarrow T = 800 + 27 = 827 C°$

$\Rightarrow T = 827 + 273 = 1100 k$

अतः विकल्प (B) सही है।

**33.** क्रीप एक ऐसी स्थिति है जिसमें एक घटक समय के साथ विरूपण का अनुभव करता है क्योंकि इसे उपयोग में लाया जाता है। इसका सबसे अच्छा उदाहरण यह है कि विद्युत तार तंग होते हैं जब वे स्थापित होते हैं लेकिन कुछ समय बाद वे आत्म-भार के कारण ढीले होने का अनुभव करते हैं।

अतः विकल्प (C) सही है।

**34.** किए गए कार्य को बल और विस्थापन के प्रकार के रूप में परिभाषित किया गया है।

गणितीय रूप से, कार्य = Fs Cos θ

जहाँ, F = बल, s = विस्थापन और θ विस्थापन कोण है।

इस प्रकार, किया गया कार्य पिण्ड के विस्थापन और उसके विस्थापन की दिशा में कार्य करने वाले बाह्य बल के घटको पर निर्भर करता है।

अतः विकल्प (C) सही है।

**35.** $\dfrac{P_1 V_1}{T_1} = \dfrac{P_2 V_2}{T_2}$

जब दबाव स्थिर होता है,

तो, $\dfrac{V_1}{T_1} = \dfrac{V_2}{T_2}$

अब, $V_2 = 3V_1$ (दिया गया)

तो, $\dfrac{V_1}{T_1} = \dfrac{3V_1}{T_2}$

$\Rightarrow T_2 = 3T_1$

$T_1 = 27 + 273 = 300 \ K$

$T_2 = 900 k = 627°C$

अतः विकल्प (B) सही है।

**36.** दिया है,

$B = 0.2 G = 0.2 \times 10^{-4} T$

$I = 30 \ A$

$\ell = 1 \ m$

जैसा $F = BI\ell$

$F = 0.2 \times 10^{-4} \times 30 \times 1$

$= 6 \times 10^{-4}$ पूर्व से पश्चिम (E to W)

अतः विकल्प (D) सही है।

**37.** डी-ब्रोगली समीकरण $\quad \lambda = \dfrac{h}{p}$ ......(i)

जहाँ $h$ and $p$ क्रमशः प्लांक की स्थिरांक और इलेक्ट्रॉन की गति है।

इलेक्ट्रॉन की गतिज ऊर्जा $\quad E = \dfrac{p^2}{2m}$

$\Rightarrow p = \sqrt{2mE}$

$\therefore \lambda = \dfrac{h}{\sqrt{2mE}} \qquad$ [समी (i) से]

$\Rightarrow \lambda \propto \dfrac{1}{\sqrt{E}}$

इस प्रकार, तरंग से जुड़ी तरंगदैर्ध्य इलेक्ट्रॉन की गतिज ऊर्जा में वृद्धि के साथ घट जाएगी।

अतः विकल्प (B) सही है।

**38.** पृथ्वी का द्रव्यमान, $M = 6 \times 10^{24} \ kg$

चंद्रमा का द्रव्यमान, $m = 7.4 \times 10^{22} \ kg$

पृथ्वी तथा चंद्रमा के बीच की दूरी,

$d = 3.84 \times 10^5 \ km$

$= 3.84 \times 10^5 \times 1000 \ m$

$= 3.84 \times 10^8 \ m$

$G = 6.7 \times 10^{-11} \ N \ m^2 \ kg^{-2}$

पृथ्वी द्वारा चंद्रमा पर लगाया गया बल,

$F = G \dfrac{M \times m}{d^2}$

$= \dfrac{6.7 \times 10^{-11} \ N \ m^2 \ kg^{-2} \times 6 \times 10^{24} \ kg \times 7.4 \times 10^{22} \ kg}{(3.84 \times 10^8 \ m)^2}$

$= 2.02 \times 10^{20} \ N$

इस प्रकार, पृथ्वी द्वारा चंद्रमा पर लगाया गया बल $2.02 \times 10^{20} \ N$ है।

अतः विकल्प (B) सही है।

**39.** सूर्य के चारों ओर एक ग्रह का क्षेत्रीय वेग निरंतर है और इसके द्वारा दिया है

$\dfrac{dA}{dt} = \dfrac{L}{2m}$

$\Rightarrow dA = \dfrac{L}{2m} dt$

दोनों पक्षों का समाकलन करने पर

$\int dA = \dfrac{L}{2m} \int dt$

$\Rightarrow A = \dfrac{L}{2m} \cdot T$

जहां $L = $ ग्रह की कोणीय गति, $m = $ ग्रह का द्रव्यमान

पृथ्वी अपनी परिक्रमा 365 दिनों में पूरी करती है।

इस प्रकार,

$$A = \frac{L}{2m} T$$

$$= \frac{1}{2} \times 4.4 \times 10^{15} \times 365 \times 24 \times 3600 \text{ से}^2$$

$$= 6.94 \times 10^{22} \text{ से}^2$$

अतः विकल्प (A) सही है।

**40.** $s(t) = \dfrac{V_0}{a}(1 - e^{at})$ ......(i)

$\Rightarrow s(t)$ का आयाम $M^0\, L^1\, T^0$ है।

$\dfrac{V_0}{a}$ का आयाम $M^0\, L^1\, T^0$ होना। [समीकरण (i) से]

$\Rightarrow M^0\, L^1\, T^0 = \dfrac{L^1\, T^{-1}}{a}$

$\Rightarrow \mathbf{a = T^{-1}}$

अतः विकल्प (B) सही है।

**41.** फ्लेमिंग के नियम में प्रेरित ई.एम.एफ. की दिशा पायी जाती है। यदि हम बायें हाथ के अंगूठे, मध्यिका और तर्जनी तीनों को एक दूसरे के लम्बवत समायोजित करे तथा तर्जनी द्वारा चुम्बकीय क्षेत्र की दिशा और मध्यिका द्वारा चालक में प्रवाहित धारा की दिशा व्यक्त होती है तो अंगूठे द्वारा चालक पर लगने वाले बल की दिशा व्यक्त होंगी।

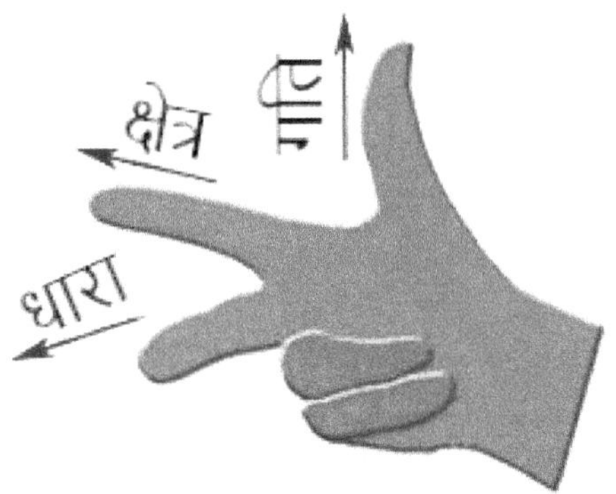


अतः विकल्प (C) सही है।

**42.** बिजली का पंखा विद्युत चुम्बकीय प्रेरण के सिद्धांत पर काम करता है। एक बिजली का पंखा एक विद्युत मोटर के माध्यम से काम करता है विद्युत मोटर के धातु में एक धातु के कोर के चारों ओर तार की कुंडली होती है। चूंकि विद्युत धारा तारों के कुंडली से गुजरती है, यह विद्युत चुम्बकीय प्रेरण के कारण घूर्णी गति उत्पन्न करती है।

अतः विकल्प (A) सही है।

**43.** चलती हवा में गतिज ऊर्जा होती है जो एक पवन चक्की के ब्लेड से टकराने पर उन्हें घुमाने लगती है।

पवन ऊर्जा उत्पन्न करने के लिए, हमें बहुत तेज़ गति से हवा की आवश्यकता होती है। इस गति के कारण, इसमें गतिज ऊर्जा होती है और जैसे, वे इसकी गति के आधार पर यांत्रिक कार्य करने में सक्षम होते हैं।

हवा के पास होने वाली ऊर्जा इसकी उच्च गति के कारण है। जब एक पवन चक्की के ब्लेड के पार तेज हवा चलती है, तो यह उन पर एक बल लगता है जिसके कारण पवन चक्की के ब्लेड घूमने लगते हैं। ब्लेड का यह घूर्णी गति एक विद्युत जनित्र के टर्बाइन को चलाने के लिए उपयोग किया जाता है।

अतः विकल्प (B) सही है।

**44.** परमाणु भट्टी में प्रयुक्त ईंधन पहले यूरेनियम ऑक्साइड है लेकिन 3 से 4 साल बाद यह यूरेनियम और प्लूटोनियम ऑक्साइड का मिश्रण है जो विखंडन सामग्री प्रदान करता है। तो, यूरेनियम-235 या प्लूटोनियम-239 का उपयोग किया जाता है।

अतः विकल्प (C) सही है।

**45.** हथौड़ा मारने पर, धातु को पतली चादरों में बदलने की प्रक्रिया आघातवर्धनीयता कहा जाता है। यह एक ठोस की क्षमता है जो बिना टूटे अन्य आकारों में परिवर्तित या अंकित होता है। आघातवर्धनीयता धातुओं के उदाहरण सोना, लोहा, एल्यूमीनियम, तांबा, चांदी और सीसा हैं। तो, आघातवर्धनीयता एक धातु की पतली शीट में अंकित होने की क्षमता है।

अतः विकल्प (B) सही है।

**46.** ऑर्थो और पैरा-नाइट्रोफेनोल्स को भाप आसवन द्वारा अलग किया जाता है क्योंकि ऑर्थो-नाइट्रोफेनोल भाप वाष्पशील है जबकि पैरा-नाइट्रोफेनोल नहीं है। चूंकि ऑर्थो नाइट्रोफेनोल में इंट्रामोल्युलर H-बन्ध होते हैं।

अतः विकल्प (A) सही है।

**47.** चेचक विषाणु के कारण होने वाला एक तीव्र संक्रामक रोग है, जो ऑर्थोपॉक्सविरस परिवार का एक सदस्य है। यह 1977 में भारत से लगभग समाप्त हो गई। 16 देशों के महामारी विज्ञान और संक्रामक रोगों के विशेषज्ञों सहित डब्ल्यूएचओ अंतरराष्ट्रीय आयोग ने आंकड़ों की सावधानीपूर्वक समीक्षा की। उन्होंने सूचनाओं की वैधता का आकलन करने के लिए राज्यों, जिला और स्वास्थ्य केंद्र स्तरों के साथ-साथ गांवों का भी दौरा किया।

अतः विकल्प (D) सही है।

**48.** ऑपरेटिंग सिस्टम विशेष प्रोग्राम का एक संग्रह है जो कंप्यूटर सिस्टम पर चलता है जो इसे ठीक से काम करने की अनुमति देता है। यह कीबोर्ड से इनपुट को पहचानने, डिस्क पर फ़ाइलों और निर्देशों पर नज़र रखने, डिस्प्ले स्क्रीन पर आउटपुट भेजने और परिधीय उपकरणों को नियंत्रित करने जैसे मुख्य कार्य करता है।

अतः विकल्प (C) सही है।

**49.** विभिन्न उपयोगकर्ताओं द्वारा प्रस्तुत प्रोसेसिंग प्रोग्रामो की एक प्रणाली को मल्टी-प्रोसेसिंग कहा जाता है।

मल्टी-प्रोग्रामिंग सिस्टम, में मुख्य मेमोरी में एक या अधिक प्रोग्राम लोड होते हैं जो निष्पादित करने के लिए तैयार होते हैं। एक समय में केवल एक कार्यक्रम अपने निर्देशों को निष्पादित करने के लिए सीपीयू प्राप्त करने में सक्षम है, जबकि अन्य सभी अपनी बारी की प्रतीक्षा कर रहे हैं। मल्टी-प्रोग्रामिंग का मुख्य विचार सीपीयू समय के उपयोग को अधिकतम करना है।

टाइम-शेयरिंग या मल्टी-टास्किंग, मल्टी-प्रोग्रामिंग का तार्किक विस्तार है। प्रोसेसर का समय जो एक साथ कई उपयोगकर्ताओं के बीच साझा किया जाता है, को समय-साझाकरण कहा जाता है।

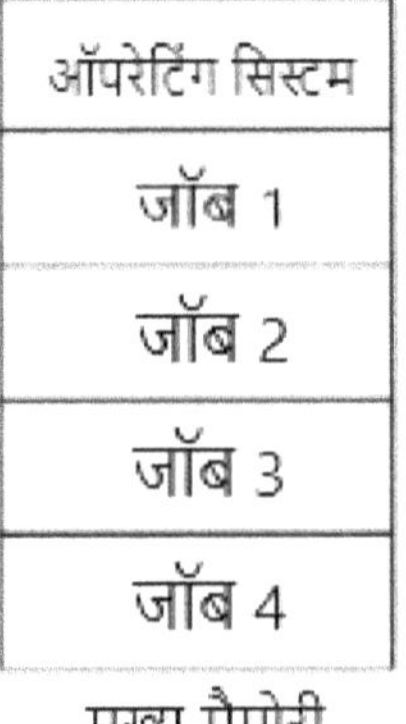

| ऑपरेटिंग सिस्टम |
| --- |
| जॉब 1 |
| जॉब 2 |
| जॉब 3 |
| जॉब 4 |

मुख्य मैमोरी

अतः विकल्प (A) सही है।

**50.** स्वास्थ्य का मतलब केवल बीमारी या शारीरिक स्वास्थ्य का अभाव नहीं है। इसे पूर्ण शारीरिक, मानसिक और सामाजिक कल्याण की स्थिति के रूप में परिभाषित किया जा सकता है, न कि केवल बीमारी के अभाव में। एक संतुलित आहार, व्यक्तिगत स्वच्छता, नियमित व्यायाम, अच्छे स्वास्थ्य को बनाए रखने के लिए दिमाग और अच्छी आदतों का सही दृष्टिकोण बहुत महत्वपूर्ण है।

अतः विकल्प (D) सही है।

**51.** दिया है, $A = \begin{bmatrix} 1 & 1 \\ 1 & 1 \end{bmatrix}$

$A^2 = \begin{bmatrix} 1 & 1 \\ 1 & 1 \end{bmatrix}\begin{bmatrix} 1 & 1 \\ 1 & 1 \end{bmatrix} = 2\begin{bmatrix} 1 & 1 \\ 1 & 1 \end{bmatrix} = 2A$

$A^3 = 2^2\begin{bmatrix} 1 & 1 \\ 1 & 1 \end{bmatrix}, A^4 = 2^3\begin{bmatrix} 1 & 1 \\ 1 & 1 \end{bmatrix}$

$\therefore A^n = 2^{n-1}\begin{bmatrix} 1 & 1 \\ 1 & 1 \end{bmatrix}$

$\Rightarrow A^{100} = 2^{100-1}A$

$\therefore A^{100} = 2^{99}A$

अतः विकल्प (B) सही है।

**52.** $A$ = छात्र प्रश्न का सही उत्तर देता है।

$E_1$ = छात्र सही उत्तर जानता है।

$E_2$ = विद्यार्थी सही उत्तर का अनुमान लगाता है।

$p(E_1) = \frac{2}{3}, p(E_2) = \frac{1}{3}$

$p(A) = p(E_1) \times p\left(\frac{A}{E_1}\right) + p(E_2) \times p\left(\frac{A}{E_2}\right)$

$p(A) = \frac{2}{3} \times 1 + \frac{1}{3} \times \frac{1}{4}$

$p(A) = \frac{3}{4}$

बेयस प्रमेय का उपयोग करने पर,

$P\left(\frac{E_1}{A}\right) = \frac{p(E_1) \times p\left(\frac{A}{E_1}\right)}{p(A)}$

$P\left(\frac{E_1}{A}\right) = \frac{\frac{2}{3} \times 1}{\frac{3}{4}}$

$P\left(\frac{E_1}{A}\right) = \frac{8}{9}$

अतः विकल्प (D) सही है।

**53.** $(1 + n)^{10}$ के विस्तार में $11$ पद होंगे,

$\therefore$ मध्य अवधि होगी $\frac{11+1}{2} = 6^{th}$ पद

$T_{r+1} = {}^n C_r a^{n-r} b^r$

$T_{r+1} = {}^{10} C_{5(10)}{}^{10-5} n^5$

गुणांक $= {}^{10} C_5$

$= \frac{10!}{5!5!}$

$= \frac{10!}{(5!)^2}$

अतः विकल्प (B) सही है।

**54.** जैसा कि हम सामान्य शब्द में जानते हैं $(a + b)^n$.

$T_{r+1} = {}^n C_r a^{n-r} b^r$

दिया है,

$\left(2x^2 - \frac{1}{3x^2}\right)^{10}$

जहाँ, $a = 2x^2, b = \frac{-1}{3x^2}$ और $r = 5$

6 वां गुणांक $\rightarrow$ 5 वां पद

$T_6 = {}^{10} C_5 (2x^2)^5 \left(\frac{-1}{3x^2}\right)^5$

$= {}^{10} C_5 \times 2^5 \times \frac{-1}{3^5}$

$= -\frac{252 \times 32}{243}$

$= -\frac{896}{27}$

अतः विकल्प (B) सही है।

**55.** भागों द्वारा समाकलन का उपयोग करें,

$\int \ln(x) dx$

माना,

$u = \ln(x), \quad dv = dx$

तो हम पाते हैं,

$du = \left(\frac{1}{x}\right) dx, \quad v = x$

प्रतिस्थापित करने पर

$\int \ln(x) dx = \int u dv$

और भागों द्वारा समाकलन का उपयोग करें,

$= uv - \int v du$

प्रतिस्थापित करने पर $u = \ln(x), v = x,$ और $du = \left(\frac{1}{x}\right) dx$

$= \ln(x) x - \int x \left(\frac{1}{x}\right) dx$

$= \ln(x) x - \int dx$

$= \ln(x) x - x + c$

$= x\ln(x) - x + c$

अतः विकल्प (C) सही है।

**56.** माना गुणोत्तर श्रेणी संख्या $a, ar, ar^2$ है।

तब, $2(2ar) = a + ar^2 \quad [\because a \neq 0]$

$\Rightarrow 4r = 1 + r^2$

$\Rightarrow r^2 - 4r + 1 = 0$

द्विघात समीकरण $ax^2 + bx + c = 0$ को हल करने का सूत्र है,

$x = \dfrac{-b \pm \sqrt{b^2 - 4ac}}{2a}$

$\Rightarrow r = 2 \pm \sqrt{3}$

$r = 2 + \sqrt{3}$

$(\because 2 - \sqrt{3} < 1,$ तो $r = 2 - \sqrt{3},$ गुणोत्तर श्रेणी नहीं बढ़ेगी)

अतः विकल्प (D) सही है।

**57.** केंद्र (a, b) के साथ वृत्त का मानक समीकरण,

$(x - a)^2 + (y - b)^2 = r \quad \ldots\ldots\ldots(i)$

तो,

$(x - 3)^2 + (y - 4)^2 = 25$

इस समीकरण की तुलना समीकरण (i) से करने पर,

हमें मिला,

$a = 3,$ और $b = 4$

$\therefore$ वृत्त का केंद्र $(3,4)$ है।

अतः विकल्प (A) सही है।

**58.** चूंकि ' $a$ ' और ' $b$ ' द्विघात समीकरण $x^2 - 2x + n = 0$ के मूल हैं।

$\therefore (a + b) = 2 \quad \ldots\ldots(1)$

दिया है,

$8b - 5a = 68 \quad \ldots\ldots(2)$

समीकरण (1) और (2) को हल करने पर,

$b = 6, a = -4$

$\therefore$ समीकरण $x^2 - 2x + n = 0$ का मूल $6$ और $-4$ हैं।

$\therefore$ मूल का गुणनफल $= n = 6 \times -4 = -24$

अब, समीकरण $7x^2 - (n + 1)x + b = 0$

$n = -24$ और $b = 6$ रखने पर,

$\Rightarrow 7x^2 + 23x + 6 = 0$

$\Rightarrow 7x^2 + 21x + 2x + 6 = 0$

$\Rightarrow 7x(x + 3) + 2(x + 3) = 0$

$\Rightarrow (7x + 2)(x + 3)$

$\Rightarrow x = -3, \dfrac{-2}{7}$

$\therefore$ द्विघात समीकरण का मूल $7x^2 - (n + 1)x + b = 0$ are -3 और $\dfrac{-2}{7}$ होगा।

अतः विकल्प (A) सही है।

**59.** प्रश्नानुसार, द्विघात समीकरण के परिमेय गुणांक हैं और यह एक मूल $5 - 2\sqrt{5}$ है।

हम जानते हैं कि द्विघात समीकरण में तर्कयुक्त गुणांक के साथ तर्कहीन मूल संयुग्म जोड़े में होती हैं।

चूंकि समीकरण में तर्कयुक्त गुणांक हैं, इसलिए दूसरा मूल $5 + 2\sqrt{5}$ है।

अब, मूल का योग $S = \left(5 - 2\sqrt{5}\right) + \left(5 + 2\sqrt{5}\right) = 10$

और मूल का गुणनफल

$P = (5 - 2\sqrt{5})(5 + 2\sqrt{5}) = 25 - (2\sqrt{5})^2 = 25 - 20 = 5$

तो, द्विघात समीकरण $x^2 - Sx + P = 0$ है।

अर्थात $x^2 - 10x + 5 = 0$

अतः विकल्प (C) सही है।

**60.** माना $y = x^{\sin x}$

दोनों पक्षों पर लघुगणक लगाने पर $\log y = \sin x \cdot \log x$

$x$ के सापेक्ष अवकलन करने पर,

$\dfrac{1}{y}\dfrac{dy}{dx} = \sin x \cdot \dfrac{d}{dx}(\log x) + \log x \cdot \dfrac{d}{dx}(\sin x)$

$\dfrac{1}{y}\dfrac{dy}{dx} = \sin x \cdot \dfrac{1}{x} + \log x \cdot \cos x$

$\dfrac{dy}{dx} = y\left[\dfrac{\sin x}{x} + \log x \cdot \cos x\right]$

$\therefore \dfrac{dy}{dx} = x^{\sin x}\left[\dfrac{\sin x}{x} + \log x \cdot \cos x\right]$

अतः विकल्प (D) सही है।

**61.** माना,

$\vec{a} = \left(5\vec{i} - x\vec{j} + 9\vec{k}\right)$ और $\vec{b} = \left(3\vec{i} - 7\vec{j} + 2y\vec{k}\right)$

हम जानते हैं कि, यदि दो सदिश का संरेख होता है, तो $\vec{a} \times \vec{b} = \vec{0}$

$a \times b = \begin{bmatrix} \vec{i} & \vec{j} & \vec{k} \\ 5 & -x & 9 \\ 3 & -7 & 2y \end{bmatrix}$

$= \vec{i}(-2xy + 63) - \vec{j}(10y - 27) + \vec{k}(-35 + 3x) = 0$

$= (-2xy + 63) = 0, (10y - 27) = 0$ और $(-35 + 3x) = 0$

$\Rightarrow -35 + 3x = 0$

$$\Rightarrow 3x = 35$$

$$\Rightarrow x = \frac{35}{3}$$

$$\Rightarrow 10y - 27 = 0$$

$$\Rightarrow 10y = 27$$

$$\Rightarrow y = \frac{27}{10}$$

इस प्रकार, $x$ और $y$ का मान $\frac{35}{3}$ और $\frac{27}{10}$ है।

अतः विकल्प (A) सही है।

62. $\begin{bmatrix} 1 \\ -1 \\ 2 \end{bmatrix} \begin{bmatrix} 2 & 1 & -1 \end{bmatrix}$

$$= \begin{bmatrix} 1 \times 2 & 1 \times 1 & 1 \times (-1) \\ -1(2) & -1(1) & -1(-1) \\ 2(2) & 2(1) & 2(-1) \end{bmatrix}$$

$$= \begin{bmatrix} 2 & 1 & -1 \\ -2 & -1 & 1 \\ 4 & 2 & -2 \end{bmatrix}$$

अतः विकल्प (C) सही है।

63. माना $P(x_1, y_1)$ वक्र पर एक बिंदु $\sqrt{x} + \sqrt{y} = \sqrt{a}$ है।

तो,

$$\sqrt{x_1} + \sqrt{y_1} = \sqrt{a} \quad \dots (i)$$

तब,

$$\sqrt{x} + \sqrt{y} = \sqrt{a}$$

$$\Rightarrow \frac{1}{2\sqrt{x}} + \frac{1}{2\sqrt{y}} \frac{dy}{dx} = 0$$

$$\Rightarrow \frac{dy}{dx} = -\frac{\sqrt{y}}{\sqrt{x}}$$

$$\Rightarrow \left(\frac{dy}{dx}\right)_P = -\sqrt{\frac{y_1}{x_1}}$$

बिंदु पर दिए गए वक्र के स्पर्शरेखा का समीकरण $P(x_1, y_1)$ है।

$$y - y_1 = -\sqrt{\frac{y_1}{x_1}}(x - x_1)$$

$$\Rightarrow \frac{x}{\sqrt{x_1}} + \frac{y}{\sqrt{y_1}} = \sqrt{x_1} + \sqrt{y_1}$$

$$\Rightarrow \frac{x}{\sqrt{x_1}} + \frac{y}{\sqrt{y_1}} = \sqrt{a} \quad [\text{समीकरण (i) से}]$$

यह निर्देशांक $A(\sqrt{ax_1}, 0)$ और $B(0, \sqrt{ay_1})$ अक्षों पर काटता है।

$$\therefore OA + OB = \sqrt{ax_1} + \sqrt{ay_1}$$
$$= \sqrt{a}\left(\sqrt{x_1} + \sqrt{y_1}\right)$$
$$= \sqrt{a} \times \sqrt{a} = a$$

अतः विकल्प (B) सही है।

64. दिए गए समतल के समीकरण $2x + 3y - z + 6 = 0$ और $x + y - 2z + 3 = 0$ है

जैसा कि हम जानते हैं कि

$a_1 x + b_1 y + c_1 z + d_1 = 0$ और $a_2 x + b_2 y + c_2 z + d_2 = 0$ समतल के प्रतिच्छेदन की रेखा से गुजरने वाले समतल का समीकरण $a_1 x + b_1 y + c_1 z + d_1 + \lambda(a_2 x + b_2 y + c_2 z + d_2) = 0$ है।

तो, समतल का समीकरण है

$$2x + 3y - z + 1 + \lambda(x + y - 2z + 3) = 0$$

$$\Rightarrow (2 + \lambda)x + (3 + \lambda)y + (-1 - 2\lambda)z + 1 + 3\lambda = 0 \quad \cdots (i)$$

यह सतह $3x - y - 2z - 4 = 0$ के लम्बवत है।

$$3(2 + \lambda) - (3 + \lambda) - 2(1 - 2\lambda) = 0$$
$$(\because a_1 a_2 + b_1 b_2 + c_1 c_2 = 0)$$

$$\Rightarrow \lambda = -\frac{5}{6}$$

$\lambda$ का मान समीकरण $(i)$ में रखने पर,

$$\left(2 - \tfrac{5}{6}\right)x + \left(3 - \tfrac{5}{6}\right)y + \left(-1 - 2\left(-\tfrac{5}{6}\right)\right)z + 1 + 3\left(\tfrac{-5}{6}\right) = 0$$

$$\Rightarrow 7x + 13y + 4z - 9 = 0$$

$\therefore$ समतल का समीकरण $7x + 13y + 4z - 9 = 0$ है।

अतः विकल्प (A) सही है।

65. दिया गया सामान्य जीवा $x^2 + y^2 - 4x - 4y = 0$ और $x^2 + y^2 = 16$ को मूल पर घटाता है।

माना, $S_1: x^2 + y^2 - 4x - 4y = 0$ and $S_2: x^2 + y^2 - 16 = 0$

पहला समीकरण वृत्त के समीकरण के रूप का है जिसका केंद्र किसी बिंदु पर है, लेकिन मूल में नहीं है। दूसरा समीकरण वृत्त के समीकरण के रूप का है जिसका केंद्र मूल पर है।

सामान्य जीवा का समीकरण $S_1 - S_2 = 0$ द्वारा दिया गया है।

वृत्त के समीकरण को प्रतिस्थापित करने पर,

$$\Rightarrow S_1 - S_2 = 0$$

$$\Rightarrow x^2 + y^2 - 4x - 4y - x^2 - y^2 + 16 = 0$$

$$\Rightarrow -4x - 4y + 16 = 0$$

चरों के संकेत बदलकर हम प्राप्त होता है,

$$\Rightarrow 4x + 4y - 16 = 0$$

दोनों पक्षों को 4 से विभाजित करने पर, हम प्राप्त होता है

$$\Rightarrow x + y - 4 = 0$$

उपरोक्त समीकरण से,

$$\Rightarrow x + y = 4$$

इस प्रकार एक रेखा का समीकरण अक्षों पर समान रूप से झुका होता है।

हम मूल पर एक जीवा के साथ वृत्त के दिए गए समीकरणों से दोनों वृत्तो को आरेखित करेंगे।

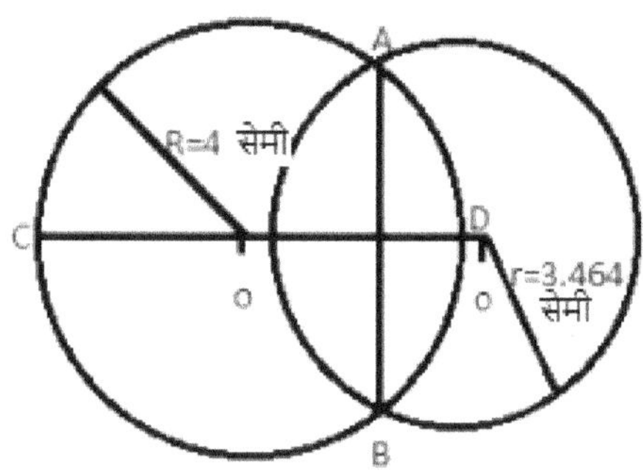

इस प्रकार, उत्पत्ति के समय सामान्य जीवा द्वारा घटा गया कोण $\frac{\pi}{2}$ है।

इसलिए, सामान्य जीवा $x^2 + y^2 - 4x - 4y = 0$ और $x^2 + y^2 = 16$ का अंत होता है $\frac{\pi}{2}$ के बराबर कोण पर उत्पत्ति।सामान्य जीवा $x^2 + y^2 - 4x - 4y = 0$ और $x^2 + y^2 = 16$ को मूल पर घटता है, $\frac{\pi}{2}$ के बराबर है।

अतः विकल्प (D) सही है।

**66.** दिया है, $\frac{(1+2i)}{(1-2i)}$

$(1 + 2i)$ का गुणा अंश और हर के साथ करने पर,

$$= \frac{(1+2i)(1+2i)}{(1-2i)(1+2i)}$$

$$= \frac{(1+4i-4)}{(1+4)}$$

$$= \frac{(-3+4i)}{5}$$

$$= -\left(\frac{3}{5}\right) + \left(\frac{4}{5}\right)i$$

यह द्वितीय चतुर्थांश में स्थित है।

अतः विकल्प (B) सही है।

**67.** दिया है,

$$\cot\theta = \frac{2xy}{x^2-y^2}$$

हम जानते हैं कि,

$$\tan\theta = \frac{1}{\cot\theta}$$

$$\tan\theta = \frac{x^2-y^2}{2xy}$$

हम जानते हैं कि,

$$1 + \tan^2\theta = \sec^2\theta$$

$$\therefore \sec^2\theta = 1 + \frac{(x^2-y^2)^2}{(2xy)^2}$$

$$\sec^2\theta = 1 + \frac{x^4+y^4-2x^2y^2}{4x^2y^2}$$

$$\sec^2\theta = \frac{4x^2y^2+x^4+y^4-2x^2y^2}{4x^2y^2}$$

$$\sec^2\theta = \frac{x^4+y^4+2x^2y^2}{4x^2y^2}$$

$$\sec^2\theta = \frac{(x^2+y^2)^2}{4x^2y^2}$$

हम जानते हैं कि,

$$\cos\theta = \frac{1}{\sec\theta}$$

$$\therefore \cos\theta = \frac{2xy}{x^2+y^2}$$

अतः विकल्प (C) सही है।

**68.** मान लें कि $S$ सतह क्षेत्र है, और $r$ गोले की त्रिज्या और समय $t$ है। तो,

$$S = 4\pi r^2$$

$$\Rightarrow \frac{dS}{dt} = 8\pi r \frac{dr}{dt}$$

$$\Rightarrow \frac{dS}{dt} = 8\pi r \times 2 \quad \left(\frac{dr}{dt} = 2 \text{ सेमी/सेकंड}\right)$$

$$\Rightarrow \frac{dS}{dt} = 16\pi r$$

$$\Rightarrow \frac{dS}{dt} \propto r$$

$\Rightarrow$ सतह क्षेत्र के परिवर्तन की दर $\propto$ क्षेत्र की त्रिज्या।

अतः विकल्प (C) सही है।

**69.** दिया है,

$$(x - 5)(x - 1) + (y - 7)(y - 4) = 0$$

$$\Rightarrow x^2 - 6x + 5 + y^2 - 11y + 28 = 0$$

$$\Rightarrow x^2 + y^2 - 6x - 11y + 33 = 0$$

वृत्त $x^2 + y^2 + 2gx + 2fy + c = 0$ के मानक रूप के साथ तुलना करने पर,

$$2gx = -6x$$

$$2fy = -11y$$

$$C = -33$$

$\Rightarrow g = -3$

$\Rightarrow f = \dfrac{-11}{2}$

केन्द्र $= (-g, f)$

त्रिज्या $= \sqrt{g^2 + f^2 - c}$

$= \sqrt{(-3)^2 + \left(\dfrac{-11}{2}\right)^2 - 33}$

$= \sqrt{9 + \dfrac{121}{4} - 33}$

$= \sqrt{\dfrac{25}{4}}$

$= \dfrac{5}{2}$

अतः विकल्प (C) सही है।

**70.** $f(x) = \begin{cases} 1 + |x|, & x < -1 \\ [x], & x \geq -1 \end{cases}$

$\begin{aligned} f(-2.3) &= 1 + |-2.3| \\ &= 3.3 \ldots (\because x < -1) \end{aligned}$

तो,

$f\big(f(-2.3)\big)$

$= f(3.3)$

$= [3.3]$

$= 3$

अतः विकल्प (D) सही है।

**71.** अनुभाग सूत्र का उपयोग करने पर, यदि एक बिंदु $(x, y)$ बिंदुओं को मिलाने वाली रेखा $(x_1, y_1)$ और $(x_2, y_2)$ अनुपात में $m : n$ तो,

$(x, y) = \left(\dfrac{mx_2 + nx_1}{m+n}, \dfrac{my_2 + ny_1}{m+n}\right)$

जहां, $m = 1$ और $n = 1$

दिए गए बिंदु $(2, 3)$ और $(-6, 5)$ हैं।

मध्यबिंदु $\left(\dfrac{x_1 + x_2}{2}, \dfrac{y_1 + y_2}{2}\right)$ के रूप में दिया गया है।

$= \left(\dfrac{2-6}{2}, \dfrac{3+5}{2}\right)$

$= (-2, 4)$

अतः विकल्प (B) सही है।

**72.** दिया है, $\begin{vmatrix} 6i & -3i & 1 \\ 4 & 3i & -1 \\ 20 & 3 & i \end{vmatrix} = x + iy$

$R_1 \rightarrow R_1 + R_2$ लागू करने पर,

$\Rightarrow \begin{vmatrix} 6i + 4 & 0 & 0 \\ 4 & 3i & -1 \\ 20 & 3 & i \end{vmatrix} = x + iy$

$\Rightarrow (6i + 4) \begin{vmatrix} 3i & -1 \\ 3 & i \end{vmatrix} = x + iy$

$\Rightarrow (6i + 4)(3i^2 + 3) = x + iy$

$\Rightarrow 0 + 0i = x + iy$

$\therefore x = 0$ और $y = 0$

अतः विकल्प (D) सही है।

**73.** $\displaystyle\int \dfrac{e^x}{x}(1 + x\ln x)\,dx$

$= \displaystyle\int \dfrac{e^x}{x}\,dx + \int \dfrac{e^x}{x}x\ln x\,dx$

$= \displaystyle\int \dfrac{e^z}{x}\,dx + \int e^x \ln x\,dx$

माना $\displaystyle\int \dfrac{e^x}{x}\,dx$

भागों द्वारा समाकलन करने पर,

माना $u = e^x \Rightarrow du = e^x dx$

$dv = \dfrac{1}{x}dx \Rightarrow v = \ln x$

$= e^x \ln x - \displaystyle\int \ln x\, e^x dx$

$\therefore \displaystyle\int \dfrac{e^x}{x}\,dx = e^x \ln x - \int \ln x\, e^x dx + c$

$\therefore \displaystyle\int \dfrac{e^z}{x}\,dx + \int e^x \ln x\,dx$

$= e^x \ln x - \displaystyle\int \ln x\, e^x dx + \int \ln x\, e^x dx + c$

$= e^x \ln x + c$ जहां $c$ समाकलन का नियतांक है।

अतः विकल्प (B) सही है।

**74.** दिया है, रेखा समन्वित अक्षों के साथ समान कोण बनाती है।

माना $\alpha$, $\beta$ और $\gamma$ समन्वित अक्षों के साथ रेखा द्वारा बनाए गए कोण होंगे।

तो, $\alpha = \beta = \gamma$, $\cos\alpha = \cos\beta = \cos\gamma$

या $\quad l = m = n \quad \ldots\ldots (i)$

$[\because l = \cos\alpha, m = \cos\beta, n = \cos\gamma]$

हग जानते है,

$l^2 + m^2 + n^2 = 1$

$\therefore l^2 + l^2 + l^2 = 1$ [समीकरण (i) से]

या $3l^2 = 1$ or $l^2 = \dfrac{1}{3}$

या $l = \pm\dfrac{1}{\sqrt{3}}$

समीकरण (i), एक रेखा की दिशा कोज्या होती हैं।

$$\left(\frac{1}{\sqrt{3}}, \frac{1}{\sqrt{3}}, \frac{1}{\sqrt{3}}\right) \text{ या } \left(\frac{-1}{\sqrt{3}}, \frac{-1}{\sqrt{3}}, \frac{-1}{\sqrt{3}}\right)$$

अतः विकल्प (A) सही है।

**75.** सूत्र से करने पर,

$$\frac{d}{dx}(x^n) = nx^{n-1}$$

पहला, $n = 5$

पहला पद, $5x^4$

तो $n = -3$

$$= -3x^{-4}$$

दूसरा पद, $-6x^{-4}$

इस प्रकार, अवकलन का मान $= 5x^4 - 6x^{-4}$

अतः विकल्प (C) सही है।

**76.** सुजॉय लाल थाओसेन को हाल ही में सशस्त्र सीमा बल का नया महानिदेशक नियुक्त किया गया है।

नई दिल्ली, जून 2022 (PTI) IPS अधिकारी सुजॉय लाल थाओसेन को सशस्त्र सीमा बल (SSB) के नए महानिदेशक (DG) के रूप में कार्यभार संभाला, जो नेपाल और भूटान के साथ भारतीय सीमाओं की रक्षा करता है। मध्य प्रदेश कैडर के एक 1988-बैच भारतीय पुलिस सेवा (IPS) अधिकारी थाओसेन को आर के पुरम में बल के मुख्यालय में DG और ITBP प्रमुख संजय अरोड़ा को कार्यवाहक सौंपकर बैटन सौंपा गया था।

अतः विकल्प (A) सही है।

**77.** विश्व प्रतिस्पर्धात्मक सूचकांक 2022 में भारत का स्थान 37वां है।

- इंस्टीट्यूट फॉर मैनेजमेंट डेवलपमेंट ने हाल ही में 15 जून, 2022 को वार्षिक विश्व प्रतिस्पर्धात्मक सूचकांक संकलित और जारी किया।
- आर्थिक प्रदर्शन में बढ़त के कारण, भारत ने 43वें से 37वें स्थान पर छह स्थान की वृद्धि देखी।
- शीर्ष 63 देशों की सूची में डेनमार्क को शीर्ष स्थान पर रखा गया है। इसे 2021 में तीसरे स्थान पर रखा गया था।
- स्विट्जरलैंड शीर्ष स्थान से गिरकर दूसरे स्थान पर आ गया है।

अतः विकल्प (A) सही है।

**78.** खिरगंगा राष्ट्रीय उद्यान हिमाचल प्रदेश का एक राष्ट्रीय उद्यान है, जिसे 2010 में स्थापित किया गया था।

खिरगंगा राष्ट्रीय उद्यान कुल्लू में स्थित है, और देश के सबसे खूबसूरत राष्ट्रीय उद्यानों में से एक माना जाता है। यह एक जगमगाता हुआ परिदृश्य, चमकदार हरी पहाड़ियां, घनी हरी झाड़ियां, ऊंचे ऊंचे पेड़ों और जंगलों से भरे पुराने विश्रामगृहों से समृद्ध, राष्ट्रीय उद्यान एक स्पष्ट दृश्य आनंद के अलावा कुछ भी नहीं है, और इसे देखना अपने आप में एक अनुभव है। यह उद्यान लगभग 710 वर्ग किलोमीटर (270 वर्ग मील) के क्षेत्र फैला हुआ है।

अतः विकल्प (C) सही है।

**79.** CAT कॉमन एडमिशन टेस्ट के लिए है। यह प्रतियोगी परीक्षा भारतीय प्रबंधन संस्थान द्वारा IIM और गैर-IIM संस्थानों के लिए विभिन्न प्रबंधन कार्यक्रमों के लिए प्रवेश प्रदान करने के लिए आयोजित की जाती है। यह भावी प्रबंधन छात्रों के बीच सबसे लोकप्रिय प्रबंधन योग्यता परीक्षा है क्योंकि इसे IIM के अलावा भारत के अधिकांश प्रसिद्ध प्रबंधन संस्थानों द्वारा स्वीकार किया जाता है।

अतः विकल्प (B) सही है।

**80.** माजुली या माजोली, असम के ब्रह्मपुत्र नदी के मध्य में बसा एक बड़ा नदी द्वीप है, और 2016 में यह भारत में जिला बनाने वाला पहला द्वीप बन गया। माजुली दुनिया का सबसे बड़ा नदी द्वीप है। 20 वीं सदी की शुरुआत में इसका क्षेत्रफल 880 वर्ग किलोमीटर (340 वर्ग मील) था, लेकिन कटाव में काफी कमी होने के कारण यह 2014 तक 352 वर्ग किलोमीटर (136 वर्ग मील) तक फैला हुआ है। माजुली सिकुड़ गई है क्योंकि उसके आसपास की नदी बड़ी हो गई है।

अतः विकल्प (A) सही है।

**81.** काली मिट्टी बेसाल्ट चट्टानों (ज्वालामुखीय चट्टानें) के टूटने और इसके लावा के बहने से बनती है। इस मिट्टी को रेगुर मिट्टी और कपास की मिट्टी भी कहा जाता है। इसमें लाइम, आयरन, मैग्नेशियम और पोटाश होते हैं लेकिन फॉस्फोरस, नाइट्रोजन और कार्बनिक पदार्थ इसमें कम होते हैं।

अतः विकल्प (B) सही है।

**82.** भारत में, "आपातकाल" 1975 से 1977 तक 21 महीने की अवधि को संदर्भित करता है जब प्रधान मंत्री इंदिरा गांधी के पास देश भर में आपातकाल की घोषणा की गई थी। राष्ट्रपति फखरुद्दीन अली अहमद द्वारा संविधान के अनुच्छेद 352 के तहत आधिकारिक तौर पर जारी किए गए "आंतरिक अशांति" के कारण, आपातकाल 25 जून 1975 से 21 मार्च 1977 को वापस लेने तक लागू था। इस आदेश ने प्रधानमंत्री को शासन करने का अधिकार दिया। डिक्री द्वारा, चुनावों को निलंबित करने और नागरिक स्वतंत्रता पर अंकुश लगाने की अनुमति दी जाती है। अधिकांश आपातकाल के लिए, इंदिरा गांधी के अधिकांश राजनीतिक विरोधियों को जेल में डाल दिया गया था और प्रेस को सेंसर कर दिया गया था। समय-समय पर कई अन्य मानवाधिकारों के उल्लंघन की सूचना मिली, जिसमें प्रधानमंत्री के बेटे संजय गांधी द्वारा जबरन नसबंदी अभियान चलाया गया। आपातकाल स्वतंत्र भारत के इतिहास के सबसे विवादास्पद अवधियों में से एक है।

अतः विकल्प (B) सही है।

**83.** साल्ट लेक स्टेडियम, आधिकारिक तौर पर विवेकानंद युवा भारती स्टेडियम, 85,000 की वर्तमान क्षमता के साथ कोलकाता में एक बहुउद्देशीय स्टेडियम है। साल्ट लेक स्टेडियम पूर्वी बंगाल के एटीके (ATK) मोहन बागान का मुख्य घर है। यह बैठने की क्षमता के अनुसार से भारत का दूसरा सबसे बड़ा स्टेडियम है।

अतः विकल्प (A) सही है।

**84.** केंद्रीय कपास अनुसंधान संस्थान (CICR) का मुख्यालय नागपुर, महाराष्ट्र में है। इसकी स्थापना अप्रैल 1976 को हुई थी। 15 मार्च को संस्थान के एक वैज्ञानिक ने दुनिया के सबसे कम अवधि के कपास के किस्मों का विकास किया है। केवल 100-120 दिनों में पाक जाने वाली ये किस्में विदर्भ और तेलंगाना जैसे सूखे क्षेत्रों के किसानों की समस्याओं के समाधान के रूप में उभर सकती हैं।

अतः विकल्प (D) सही है।

**85.** नागार्जुन सागर बांध नागार्जुन सागर में कृष्णा नदी के पार एक चिनाई वाला बांध है जो आंध्र प्रदेश में गुंटूर जिले और तेलंगाना में नलगोंडा जिले के बीच की सीमा का विस्तार करता है।

अतः विकल्प (D) सही है।

**86.** फतेहपुर सीकरी भारत के उत्तर प्रदेश के आगरा जिले का एक शहर है। सम्राट अकबर द्वारा 1571 में मुगल साम्राज्य की राजधानी के रूप में शहर की स्थापना की गई थी, 1571 से 1585 तक इस भूमिका को निभाते हुए, जब पंजाब में एक अभियान के कारण अकबर ने इसे छोड़ दिया और बाद में 1610 में पूरी तरह से छोड़ दिया गया।

अतः विकल्प (B) सही है।

**87.** पहला राष्ट्रमंडल खेल 1930 में हैमिल्टन, कनाडा में आयोजित किया गया था, जहाँ 11 देशों ने छह खेलों और 59 कार्यक्रमों में भाग लेने के लिए 400 एथलीटों को भेजा था। तब से, हर चार साल में खेलों का आयोजन किया गया है (द्वितीय विश्व युद्ध के कारण 1942 और 1946 को छोड़कर)।

अतः विकल्प (A) सही है।

**88.** भारतीय हाथी 22 अक्टूबर 2010 से भारत का राष्ट्रीय धरोहर पशु है। भारत के पर्यावरण मंत्रालय ने देश के लगभग 29,000 हाथियों के लिए सुरक्षात्मक उपाय बढ़ाने के लिए हाथी को राष्ट्रीय धरोहर पशु घोषित किया है। "इसे राष्ट्रीय धरोहर पशु घोषित करते हुए इसे पारिस्थितिक संवेदनशीलता के प्रतीक के रूप में स्थान दिया जाएगा। यह हमारी बहुवचन संस्कृतियों, परंपराओं और मौखिक विद्या में अपनी केंद्रीयता के लिए मान्यता को चिह्नित करेगा," टास्क फोर्स ने अपनी रिपोर्ट में लिखा है।

अतः विकल्प (D) सही है।

**89.** माउंटबेटन योजना उत्तर-पश्चिमी सीमांत प्रांत के जनमत संग्रह के लिए प्रदान की गई थी। भारतीय स्वतंत्रता अधिनियम 3 जून 1947 की माउंटबेटन योजना पर आधारित था और इसे 5 जुलाई 1947 को ब्रिटिश संसद द्वारा पारित किया गया था।

अतः विकल्प (D) सही है।

**90.** एक सुरक्षा लिफ्ट पुराने लिफ्ट का एक संशोधन था जिसमे केबल के टूटने की स्थिति में प्लेटफॉर्म के गिरने का खतरा नहीं था। इसका आविष्कार एलिशा ओटिस ने 1852 में किया था। 23 मार्च 1857 को, न्यूयॉर्क में 488 ब्रॉडवे पर पहला यात्री सुरक्षा लिफ्ट स्थापित किया गया था।

अतः विकल्प (B) सही है।

**91.** अभाज्य संख्याएँ वे संख्याएँ होती हैं जो '1' और और 'संख्या स्वयं' से विभाज्य होती हैं। ये 'संख्याएँ' "किसी अन्य संख्या" से विभाज्य नहीं हैं।

उदाहरण के लिए, 11 को 1 और 11 से विभाजित किया जाता है, अर्थात, संख्या स्वयं और कोई अन्य संख्या नहीं। इसी तरह, 13 को 1 और 13 से विभाज्य है, 17 और 19 क्रमशः 1 और 17 और 19 से विभाज्य हैं।

इस प्रकार, उपर्युक्त क्रम 11, 13, 17, 19 में 19 के बाद अगला अभाज्य संख्या 23 है।

अतः विकल्प (A) सही है।

**92.** श्रृंखला पिछली संख्या के साथ 2, 3, 4, 5 और 6 के क्रमिक गुणन का परिणाम है।

$$6 \times 2 = 12$$
$$12 \times 3 = 36$$
$$36 \times 4 = 144$$
$$144 \times 5 = 720$$
$$720 \times 6 = 4320$$

इस प्रकार, आवश्यक संख्या $4320 \times 7 = 30240$ होगी।

अतः विकल्प (B) सही है।

**93.** C= 3, B = 2, A = 1, Z = 26, (1 से घटाते हुए) इसलिए, अगला अक्षर 25 है, जो कि Y है।

N = 14, L = 12, J = 10, H = 8, (2 से घटते हुए) इसलिए, अगला अक्षर 6 है, जो कि F है।

L = 12, I = 9, F= 6, C = 3, (3 से घटते हुए) इसलिए, अगला अक्षर 26 है, जो कि Z है।

अतः विकल्प (B) सही है।

**94.** अक्षर के मान को ध्यान में रखते हुए,

DK → अंग्रेजी वर्णमाला में D और K का स्थान क्रमशः 4 और 11 है।

4 × 11 = 44

उसी प्रकार,

EM → अंग्रेजी वर्णमाला में E और M का स्थान क्रमशः 5 और 13 है।

5 × 13 = 65

YP → अंग्रेजी वर्णमाला में Y और P का स्थान क्रमशः 25 और 16 है।

25 × 16 = 400

ZX → अंग्रेजी वर्णमाला में Z और X का स्थान क्रमशः 26 और 24 है।

26 × 24 = 625

IW → अंग्रेजी वर्णमाला में I और W का स्थान क्रमशः 9 और 123 है।

9 × 23 = 207

इसलिए, "EM" सही विकल्प है।

अतः विकल्प (A) सही है।

**95.** पहला और आखिरी अक्षर एक ही रहता है। दूसरे दो की जोड़ी में अपने पदों को पस्पर बदलाव करते हैं। तो, NL LN बन गया, IN NI हो गया। इसलिए, ONLINE का कोड OLNNIE होगा।

अतः विकल्प (A) सही है।

**96.** प्रत्येक अक्षर +1, -1, .... वैकल्पिक रूप से चलता है, L को छोड़कर, जो -4 है। हमें कोड IFWJBP के लिए शब्द खोजना होगा। I में 4 को जोड़ें, फिर शेष अक्षरों के लिए वैकल्पिक रूप से -1, +1। यह शब्द MEXICO होगा।

इसलिए, सही विकल्प (A) है।

**97.** अक्षरों को डिजिटल योग जड़ों के अनुसार व्यवस्थित किया जाता है जिन्हें उदाहरण द्वारा समझाया गया है: A = 1, B = 2, ....., H = 8, I = 9, J = 10 = 1 + 0 = 1, M = 13 = 1 + 3 = 4 और इसी तरह, MATHEMATICS के लिए कोड 4 1 2 8 5 4 1 2 9 3 1 है।

अतः विकल्प (B) सही है।

**98.** माना धारा के विपरीत दिशा में आदमी की चाल x kmph है, और धारा के साथ y kmph है।

फिर, 8 घंटे 48 मिनट में धारा के विपरीत दिशा में तय की गई दूरी = 4 घंटे में धारा के साथ तय की गई दूरी।

$$\Rightarrow \left( x \times 8\frac{4}{5} \right) = (y \times 4)$$
$$\Rightarrow \frac{44}{5}x = 4y$$
$$\Rightarrow y = \frac{11}{5}x$$

$$\therefore \text{आवश्यक अनुपात} = \left( \frac{y+x}{2} \right) : \left( \frac{y-x}{2} \right)$$
$$= \left( \frac{16x}{5} \times \frac{1}{2} \right) : \left( \frac{6x}{5} \times \frac{1}{2} \right)$$
$$= \frac{8}{5} : \frac{3}{5}$$

$= 8:3$

अतः विकल्प (C) सही है।

**99.** हम तीन-चौथाई किलोमीटर को 750 मीटर और $11\frac{1}{4}$ मिनट को 675 सेकंड के रूप में लिख सकते हैं।

धारा के ओर दर $= \left(\frac{750}{675}\right) m/sec = \frac{10}{9}\ m/sec$

धारा के विपरीत दिशा में दर $= \left(\frac{750}{450}\right) m/sec = \frac{5}{3}\ m/sec$

$\therefore$ शांत जल में दर $= \frac{1}{2}\left(\frac{10}{9} + \frac{5}{3}\right) m/sec$

$= \frac{25}{18}\ m/sec$

$= \left(\frac{25}{18} \times \frac{18}{5}\right) km/hr$

$= 5\ km/hr$

अतः विकल्प (D) सही है।

**100.** विकल्पों के अनुसार:

PEELS $\Rightarrow$ SLEEP

UPJM $\Rightarrow$ JUMP

WKLA $\Rightarrow$ WALK

UNR $\Rightarrow$ RUN

हम देख सकते हैं कि PEELS या SLEEP को छोड़कर सभी विकल्प सक्रिय क्रिया हैं जबकि नींद एक निष्क्रिय गतिविधि है। तो, विकल्प (C) विषम शब्द है।

अतः विकल्प (C) सही है।

# English

**Ques (1-5):Direction**: Read the following passage carefully and answer the question that follow.

India's economic fortunes continue to be tied to the sharply fluctuating price of oil. At a gathering of prominent oil ministers in New Delhi on Monday, Prime Minister Narendra Modi urged oil-producing countries to reduce the cost of energy in order to aid the global economy in its path towards recovery. Mr. Modi also called for a review of payment terms, demanding the partial use of the rupee instead of the U.S. dollar to pay for oil, in order to ease the burden on oil-importing countries in the wake of the strengthening of the dollar. With well over 80% of its oil demand being met through imports, India clearly has a lot at stake as oil prices have risen by as much as 70% in rupee terms in the last one year. Notably, speaking at the same event, Saudi Arabian Energy Minister Khalid A. Al-Falih refused to openly commit to lower oil prices, opting instead to say that the price of oil could have been much higher but for the efforts taken by his country to boost supply. This is not surprising given the absence of significant rival suppliers in the global oil market willing to help out India.

India's policymakers now face the difficult task of safely steering the economy in the midst of multiple external headwinds. For one, the current account deficit widened to 2.4% of gross domestic product in the first quarter of 2018-19 and is expected to reach 3% for the full year. The rupee, which is down about 16% since the beginning of the year, doesn't seem to be showing any signs of recovery either. Further, the growth in the sales of petrol and diesel has already been affected adversely as their prices have shot through the roof. All this will likely weigh negatively on the prospects of the Indian economy, the world's fastest-growing, in the coming quarters. In this scenario, the decision to marginally cut taxes imposed on domestic fuels is unlikely to be of any significant help to consumers. What is required is a steep cut in Central and State taxes for the benefit to carry through to the consumers, which, of course, is unlikely given the government's fiscal needs. Another long-term solution to the oil problem will be to increasingly tap into domestic sources of energy supply while simultaneously encouraging consumers to switch to green alternatives. This will require a stronger policy framework and implementation. In the short term, the government could look to diversifying its international supplier base to manage shocks better. But such a choice carries geopolitical risks, such as in the case of Iran. Since it will take a length of time to wean the economy off oil imports, policymakers should also be willing to think beyond just the next election if India's over-reliance on oil is to come to an end for good.

**Q.1** Which among the following correctly explains the opinion of the Oil Minister of Saudi Arabia regarding the increasing oil prices in the international market?

**A.** The Oil Minister of Saudi Arabia is of the opinion that no other country is complaining regarding the increasing oil prices in the international market and India should not complain.

**B.** There is no other solution available to Saudi Arabia apart from increasing the prices of oil so that it can fund its war expenses.

**C.** There is the notion among US and its allies that Saudi Arabia can always cut down on the oil prices but it is not doing so.

**D.** There is no chance that oil prices will come down in the near future and actually, everybody should thank Saudi Arabia that the oil prices are not higher than the present rates.

**Q.2** Which among the following is the reason that India is very much concerned with the oil prices in the international market?

**A.** India is a leading producer of oil and also a leading economy in the country thereby it should have a stronghold over the dynamics of the global oil prices.

**B.** The global oil prices should not be more than that in India and that is why India must know the prices prevailing in the international market.

**C.** India imports the majority of its oil demand and that is why the prices in the international market affect the economy of the country.

**D.** There is always the option that India can opt to sell its oil blocks to the countries that want to come and do business in India.

**Q.3** Which among the following is correct regarding the requests made by the Prime Minister of India in the meeting of the Oil Ministers in New Delhi as described in the passage?

**A.** The Prime Minister requested that the Indian Oil Companies should be given proper training in order to produce more oil from domestic sources.

**B.** The Prime Minister requested that the suppliers of oil should allow India to make a part of its payment in the domestic currency in order to avert the fluctuations in the exchange rate.

**C.** The Prime Minister requested that the cost of oil should be reduced in order to make energy affordable in the world.

**D.** Both (B) and (C)

**Q.4** Which among the following is a long-term solution offered by the author in order to address the energy supply-related issues prevailing in India?

**A.** The government should open more oil exploration companies so that there is no competition and everybody should be able to make profits.

**B.** The government should focus on ensuring that there is no oil supply from foreign countries in order to ensure that nobody is making any loss.

**C.** India should focus on exploring the domestic resources for oil available in the country as imports are creating all the issues.

**D.** India should try to diversify its supply base since more countries should be added in the list of suppliers to the country.

**Q.5** Which among the following is a short-term step that should be taken by the government in order to address the issues regarding oil supply in the country?

**A.** There should be a separate ministry to address the issues pertaining to the oil and petroleum products in the country so that there is no burden on any other ministry.

**B.** The government should try to engage more countries for exports from the country so that it can strike deals for import of oil from all such countries.

**C.** It is important to note that the government has announced to cut down the taxes on valuable items so that price of oil can be increased.

**D.** The government should have more oil suppliers in the country so that there is no dearth of options In front of the government.

**Q.6 Direction:** Fill in the blank with a suitable preposition.

Jack and his wife decided to watch a movie _______ cooking.

**A.** at      **B.** by      **C.** within      **D.** after

**Q.7 Direction:** Fill in the blank with a suitable preposition.

Wear your goggles _______ you start doing the experiment, to avoid accidents.

**A.** at      **B.** until      **C.** after      **D.** before

**Q.8 Direction**: In the following question, some part of the sentence is highlighted. Which of the options given below the sentence should replace the part highlighted to make the sentence grammatically correct?

**Expeditiously completion** of the process will be appreciated by everyone involved.

**A.** Expeditiously complete
**B.** Expeditious complete
**C.** Expeditious complete
**D.** Expedite completion

**Q.9 Direction**: In the following question, some part of the sentence is highlighted. Which of the options given below the sentence should replace the part highlighted to make the sentence grammatically correct?

**If in case** you want to resign within one month, you will have to pay Rs 10,000.

**A.** If the case      **B.** If the case of
**C.** If at all in case      **D.** In case

**Q.10 Direction**: In the following question, a sentence has been given in Active/Passive voice. Out of four alternatives suggested, select the one, which best expresses the same sentence in Passive/Active voice.

Jayesh has sent the email.

**A.** The email has had been sent by Jayesh.
**B.** The email has been sent by Jayesh.
**C.** The email was sent by Jayesh.
**D.** The email was send by Jayesh.

**Q.11 Direction**: In the following question, a sentence has been given in Active/Passive voice. Out of four alternatives suggested, select the one, which best expresses the same sentence in Passive/Active voice.

Not a word was spoken by the criminal in self-defence.

**A.** The criminal spoke not a word in self-defence.
**B.** The criminal in self-defence spoke no word.
**C.** The criminal did not speak a word in self-defence.
**D.** The criminal spoke in self-defence, not a word.

**Q.12 Direction:** In the following question, a sentence has been given in direct/indirect speech. Out of the four alternatives suggested, select the one which best expresses the same sentence in indirect/direct speech.

He said, "The man was coming."

**A.** He said that the man had been coming.
**B.** He said that the man has been coming.
**C.** He said that the man was coming.
**D.** He said that the man would have been coming.

**Q.13 Directon:** In the following question, a sentence has been given in direct/indirect speech. Out of the four alternatives suggested, select the one which best expresses the same sentence in indirect/direct speech.

The girl said to her mother, "I have been reading since morning".

**A.** The girl said to her mother that she has been reading since morning.
**B.** The girl told her mother that she had been reading since morning.
**C.** The girl said to her mother that she is reading since morning.
**D.** The girl said to her mother that she was reading since morning.

**Q.14 Direction:** Fill in the blank with the most suitable verb and verb form:

The earth __ around the sun.

**A.** revolve      **B.** revolves
**C.** revolved      **D.** None of these

**Q.15 Direction:** Fill in the blank with the most appropriate modal verb:

I _____ afford to buy you such an expensive ring now.

**A.** should      **B.** cannot
**C.** could      **D.** could not

**Q.16** Choose the correctly punctuated sentence.

**A.** However, David did not achieve his goal.
**B.** However; David did not achieve his goal.
**C.** However: David did not achieve his goal.
**D.** However! David did not achieve his goal.

**Q.17 Direction**: Choose the appropriate synonym of the word.

Hoarse

**A.** Noisy      **B.** Harmful      **C.** Pleasant      **D.** Harsh

**Q.18 Direction**: Choose the appropriate antonym of the word.

Capitulate

**A.** Conquer      **B.** Venerate
**C.** Destroy      **D.** Surrender

**Q.19 Direction**: Choose the suitable pronoun.

Two gold jewellery sets were given to _______ by my grandmother.

A. them     **B.** our     **C.** me     **D.** I

**Q.20 Direction**: Choose the correctly punctuated sentence.
**A.** How do you prepare a burger,
**B.** How do you prepare a burger!
**C.** How do you prepare a burger?
**D.** How do you prepare a burger.

**Q.21 Direction**: Choose the correct alternative to correct the sentence.

In our country, women **have an opportunities to rise** to the top in every walk of life.
**A.** have been having opportunities
**B.** have had opportunities for a raise
**C.** have opportunities to rise
**D.** will be have opportunities to rise

**Q.22 Direction**: Choose the suitable adjective.
Sudha is wearing a _______ dress.
**A.** beautiful     **B.** tall
**C.** thin     **D.** None of the above

**Q.23 Direction**: Choose the suitable adjective.
He loves to eat ________ mangoes.
**A.** grey     **B.** tall     **C.** slim     **D.** sweet

**Q.24 Direction**: In the following question, a sentence has been given in Active/Passive voice. Out of four alternatives suggested, select the one, which best expresses the same sentence in Passive/Active voice.

Has the work been completed by you?
**A.** Has you completed the work?
**B.** Have you completed the work?
**C.** Have you been completing the work?
**D.** Is the work complete?

**Q.25 Direction**: A sentence has been given in Active/Passive Voice. Out of the four alternatives suggested, select the one which best expresses the same sentence in Active/Passive Voice.

Kritika had killed a snake.
**A.** A snake had been killed by Kritika.
**B.** The snake had been killed by Kritika.
**C.** A snake had killed by Kritika.
**D.** A snake was killed by Kritika.

# Science

**Q.26** इनमें से कौन सा रोग विटामिन 'C' की कमी से होता है?
**A.** गुर्दे खराब होना     **B.** गठिया
**C.** श्वास संबंधी रोग     **D.** स्कर्वी

**Q.27** चेन प्रिंटर एक _______ प्रिंटर है।
**A.** नॉन-इम्पैक्ट     **B.** डेजी व्हील
**C.** डॉट मैट्रिक्स     **D.** लाइन

**Q.28** बोमन कैप्सूल निम्नलिखित में से किस अंग प्रणाली से संबंधित है?
**A.** रक्तवह-तंत्र     **B.** पाचन तंत्र
**C.** उत्सर्जन तंत्र     **D.** प्रजनन तंत्र

**Q.29** निम्नलिखित में से किस अम्ल का प्रयोग धातु की सफाई और विरोधी जंग उद्देश्यों के लिए किया जाता है?
**A.** नाइट्रिक अम्ल     **B.** साइट्रिक अम्ल
**C.** बोरिक अम्ल     **D.** ऑक्सालिक अम्ल

**Q.30** निम्नलिखित में से किसका प्रयोग रबर के वल्कनीकरण में किया जाता है?
**A.** $CF_4$     **B.** $SF_6$     **C.** $Cl_2F_2$     **D.** $C_2F_2$

**Q.31** मेंडलीफ की आवर्त सारणी में, ऊर्ध्वाधर स्तंभों को _______ कहा जाता है।
**A.** आवर्त     **B.** वर्ग     **C.** इकाई     **D.** समूह

**Q.32** BIOS का पूर्ण रूप है-
**A.** Binary Interchange Operation System
**B.** Basic Input Output System
**C.** Beginner's Input Operation Symbol
**D.** Basic Interface Oriented service

**Q.33** 1 किलोवाटघंटा बराबर है-
**A.** $36 \times 10^{-6}$ जूल     **B.** $3.6 \times 10^{-6}$ जूल
**C.** $3.6 \times 10^6$ जूल     **D.** $36 \times 10^6$ जूल

**Q.34** निम्नलिखित में से किसका जड़त्व अधिकतम है?
**A.** एक परमाणु     **B.** एक अणु
**C.** एक रुपये का सिक्का     **D.** एक क्रिकेट की गेंद

**Q.35** तैराकी _______ के कारण संभव है।
**A.** न्यूटन के गति का पहला नियम
**B.** न्यूटन के गति का दूसरा नियम
**C.** न्यूटन के गति का तीसरा नियम
**D.** न्यूटन के गुरुत्वाकर्षण का नियम

**Q.36** निम्नलिखित में से कौन-सा ईंधन लाइटर में प्रयोग किया जाता है?
**A.** प्रोपेन     **B.** ब्यूटेन     **C.** पेंटेन     **D.** मीथेन

**Q.37** ओजोन के एक अणु में कितने परमाणु मौजूद होते हैं?
**A.** 1     **B.** 3     **C.** 2     **D.** 4

**Q.38** किस प्रकार के तरल पदार्थ का पृष्ठीय तनाव शून्य होता है?
**A.** वास्तविक तरल पदार्थ
**B.** आदर्श तरल पदार्थ
**C.** आदर्श और वास्तविक तरल पदार्थ दोनों
**D.** किसी भी तरल पदार्थ का पृष्ठीय तनाव शून्य नहीं होता है

**Q.39** प्रत्यास्थता के मापांक की SI इकाई क्या है?
**A.** पास्कल     **B.** न्यूटन
**C.** केल्विन     **D.** उपरोक्त में से कोई नहीं

**Q.40** कौन-सा संबंध S.H.M. के बल के नियम को दर्शाता है?
**A.** $F = -ky$     **B.** $F = k + y$     **C.** $F = ky^2$     **D.** $F = ky$

**Q.41** पराश्रव्य तरंगों का उपयोग तरल विलयन को क्रियाशील बनाने के लिए किया जाता है क्योंकि वे
**A.** पूर्णतः सजातीय विलयन बना सकते हैं
**B.** बनाने में आसान होते हैं
**C.** क्रिया के दौरान शोर उत्पन्न नहीं करते हैं
**D.** विलयन में रासायनिक प्रतिक्रिया उत्पन्न नहीं करते हैं

**Q.42** कार्नोट चक्र में_______होता हैं।
**A.** दो नियत आयतन और दो समस्थानिक प्रक्रम

**B.** दो नियत दाब और दो समस्थानिक प्रक्रम

**C.** दो समतापीय और समस्थानिक प्रक्रम

**D.** एक नियत आयतन, एक नियत दाब और दो समस्थानिक प्रक्रम

**Q.43** यदि एक मुक्त इलेक्ट्रॉन $1kV$ के विभव अंतर से गुजरता है, तो इलेक्ट्रॉन द्वारा प्राप्त ऊर्जा है

**A.** $1.6 \times 10^{-19} J$  **B.** $1.6 \times 10^{-16} J$

**C.** $1 \times 10^{-19} J$  **D.** $1 \times 10^{-16} J$

**Q.44** एक तापक को $620$ वाट से अंकित किया गया है। जब यह $310V$ के स्रोत से जुड़ा होता है तो ली गई विद्युत धारा का मान क्या होगा?

**A.** $2A$

**B.** $0.5A$

**C.** निर्धारित नहीं किया जा सकता

**D.** विद्युत धारा नहीं ली गई है

**Q.45** सूची दो के साथ सूची एक का मिलान करें और सूचियों के नीचे दिए गए कोड का प्रयोग करके सही उत्तरों का चयन करें।

| सूची एक (रोग) | | सूची दो (उपाय) | |
|---|---|---|---|
| A | दीर्घदृष्टि | 1 | अवतल लेंस |
| B | जरादूरदृष्टि | 2 | द्वि-फोकल लेंस |
| C | निकट दृष्टि | 3 | शल्य-चिकित्सा |
| D | मोतियाबिंद | 4 | उत्तल लेंस |

**A.** A-4, B-2, C-1, D-3  **B.** A-4, B-1, C-2, D-3

**C.** A-3, B-1, C-2, D-4  **D.** A-3, B-2, C-1, D-4

**Q.46** एक स्थिर तरंग में निकटतम नोड और प्रस्पंद के बीच की दूरी क्या है?

**A.** $\lambda$  **B.** $\frac{\lambda}{2}$  **C.** $\frac{\lambda}{4}$  **D.** $2\lambda$

**Q.47** स्थिर तरंगें कब बनती हैं?

**A.** बराबर आयाम और बराबर आवृत्ति वाले दो तरंग विपरीत दिशाओं में समान पथ में यात्रा करते हैं।

**B.** बराबर तरंगदैर्ध्य और बराबर आयाम वाले दो तरंग विपरीत दिशाओं में बराबर गतियों के साथ समान पथ में यात्रा करते हैं।

**C.** बराबर तरंगदैर्ध्य और बराबर फेज वाले दो तरंग बराबर गति से समान पथ में यात्रा करते हैं।

**D.** बराबर आयाम और बराबर गति वाले दो तरंग विपरीत दिशा में समान पथ में यात्रा करते हैं।

**Q.48** रडार प्रणाली में उपयोग की जाने वाली तरंगें _____ तरंगें हैं।

**A.** अवरक्त  **B.** सूक्ष्म  **C.** पराबैंगनी  **D.** रेडियो

**Q.49** चल कुंडली गैल्वेनोमीटर को _____ के साथ एक चल कुंडली गैल्वेनोमीटर के साथ संयोजित करके एमीटर में परिवर्तित किया जा सकता है।

**A.** श्रृंखला में निम्न प्रतिरोध

**B.** समानांतर में निम्न प्रतिरोध

**C.** समानांतर में उच्च प्रतिरोध

**D.** श्रृंखला में उच्च प्रतिरोध

**Q.50** विद्युतीय चुम्बक का कोर क्या होना चाहिए?

**A.** नर्म लोहा  **B.** कठोर लोहा

**C.** इस्पात  **D.** इनमें से कोई भी नहीं

# Mathematics

**Q.51** cos 4x का मान ज्ञात करें।

**A.** $1 + 8 \sin^2 x + 8 \sin^4 x$

**B.** $1 - 8 \sin^2 x + 8 \sin^4 x$

**C.** $8 \sin^2 x + 8 \sin^4 x - 1$

**D.** इनमें से कोई भी नहीं

**Q.52** यदि A + B + C = π है तो sin (A + B) + sin C किसके बराबर है?

**A.** 0  **B.** 2 sin C

**C.** cos C – sin C  **D.** इनमें से कोई भी नहीं

**Q.53** A = {x ∈ R: $x^2 - 12x + 35 = 0$} के लिए रोस्टर फॉर्म लिखें।

**A.** {5, 7}  **B.** {5}  **C.** {7}  **D.** φ

**Q.54** यदि aN = {ax : x∈N} है, तो 2N ∩ 5N का मान ज्ञात करें।

**A.** 10N  **B.** 7N  **C.** N  **D.** 21N

**Q.55** एक पंक्ति में छह समान सिक्कों को व्यवस्थित किया गया है। उन तरीकों की संख्या ज्ञात करें जिसमें पट्ट की संख्या चित की संख्या के बराबर है।

**A.** 20  **B.** 9  **C.** 120  **D.** 40

**Q.56** $\lim_{x \to 0} \frac{\sqrt{1+x} - \sqrt{1-x}}{x}$ का मान ज्ञात कीजिए।

**A.** 0  **B.** 1

**C.** $\infty$  **D.** लिमिट मौजूद नहीं है

**Q.57** एक साथ एक निष्पक्ष सिक्का उछाला जाता है और एक निष्पक्ष पासा रोल किया जाता है। चित के साथ $2$ या $4$ या $6$ प्राप्त होने की प्रायिकता क्या है?

*[UPSC NDA, 2019]*

**A.** $\frac{1}{2}$  **B.** $\frac{1}{3}$  **C.** $\frac{1}{4}$  **D.** $\frac{1}{6}$

**Q.58** $4$ से $296$ तक सभी सम पदों की श्रृंखला का माध्यक ज्ञात कीजिए।

**A.** 120  **B.** 154  **C.** 150  **D.** 160

**Q.59** निम्नलिखित में से कौन सा कारक सारणिक $\begin{vmatrix} x & y & 3 \\ x^2 & 5y^3 & 9 \\ x^3 & 10y^3 & 27 \end{vmatrix}$ का विस्तार करता है?

**A.** $x - 3$  **B.** $x - y$  **C.** $y - 3$  **D.** $x - 3y$

**Q.60** यदि A = {a, b, c} और B = {1, 2} तो (A × B) ∩ (B × A) का मान ज्ञात कीजिए।

**A.** {(a, 1), (a, 2), (b, 1), (b, 2), (c, 1), (c, 2)}

**B.** {(1, a), (1, b), (1, c), (2, a), (2, b), (2, c)}

**C.** {(1, a), (1, b), (1, c), (2, a), (2, b)}

**D.** φ

**Q.61** सदिश $\vec{a} = \hat{i} + \hat{j} + \hat{k}$ और $\vec{b} = \hat{i} - \hat{j} - \hat{k}$ के बीच कोण $\theta$ का पता लगाएं।

**A.** $\cos^{-1}\left(-\frac{1}{5}\right)$  **B.** $\cos^{-1}\left(-\frac{1}{4}\right)$

**C.** $\cos^{-1}\left(-\frac{1}{3}\right)$  **D.** $\cos^{-1}\left(\frac{1}{3}\right)$

**Q.62** $\frac{\log_{13} 625}{\log_{169} 25}$ का मूल्यांकन करें।

**A.** 4  **B.** 7  **C.** 2  **D.** 3

**Q.63** $\left(\frac{\cos\pi}{9} + \frac{i \sin\pi}{9}\right)^{18}$ का मूल्यांकन कीजिए।

A. 0
B. 1
C. $\frac{1}{2}$
D. इनमें से कोई नहीं

**Q.64** यदि $^9P_5 + 5 \cdot {}^9P_4 = {}^{10}P_r$, तो $r$ का मान ज्ञात कीजिए।
A. 4
B. 2
C. 3
D. 5

**Q.65** एक अतिपरवलय $\frac{x^2}{16} - \frac{y^2}{9} = 1$ है, तो इसके नियता का समीकरण क्या है?
A. $x = \frac{4}{5}$
B. $x = \frac{-4}{5}$
C. $x = \frac{16}{5}$
D. $x = \frac{17}{5}$

**Q.66** फोकस $(\pm 2, 0)$ वाले और उल्केंद्रता $\frac{1}{4}$ वाले दीर्घवृत्त का समीकरण क्या है?
A. $\frac{x^2}{64} + \frac{y^2}{60} = 1$
B. $\frac{x^2}{60} + \frac{y^2}{64} = 1$
C. $\frac{x^2}{20} + \frac{y^2}{24} = 1$
D. $\frac{x^2}{24} + \frac{y^2}{20} = 1$

**Q.67** एक सदिश समान रूप से क्रमशः $x$-अक्ष, $y$-अक्ष और $z$-अक्ष के प्रवृत्त है, तो इसकी कोसाइन दिशा क्या है?
A. $\left(\frac{-1}{\sqrt{3}}, \frac{-1}{\sqrt{3}}, \frac{-1}{\sqrt{3}}\right)$
B. $\left(\frac{1}{\sqrt{3}}, \frac{-1}{\sqrt{3}}, \frac{1}{\sqrt{3}}\right)$
C. $\left(\frac{1}{\sqrt{3}}, \frac{1}{\sqrt{3}}, \frac{-1}{\sqrt{3}}\right)$
D. उपरोक्त में से कोई नहीं

**Q.68** तल $x + 2y - 4z = 8$ द्वारा विच्छेदित अंतःखंड ज्ञात कीजिए।
A. $(1,2,4)$
B. $(1,2,-4)$
C. $(8,4,2)$
D. $(8,4,-2)$

**Q.69** यदि समीकरण $x^2 - nx + m = 0$, के मूल 1 से भिन्न हैं तो
A. $n^2 - 4m - 1 = 0$
B. $n^2 + 4m - 1 = 0$
C. $m^2 + 4n + 1 = 0$
D. $m^2 - 4n - 1 = 0$

**Q.70** अंकगणितीय श्रेणी का $n$वां पद $\frac{3+n}{4}$, है फिर पहले $105$ पदों का योग क्या है?
A. 270
B. 735
C. 1409
D. 1470

**Q.71** $4,6,10,5,10$ का मानक विचलन क्या है?
A. $\sqrt{5}$
B. $\sqrt{5.4}$
C. $\sqrt{7.4}$
D. $\sqrt{6.4}$

**Q.72** एक बॉक्स में, $7$ गुलाबी चिट, $8$ हरी चिट, $3$ पीली चिट और $2$ सफ़ेद चिट हैं। यादृच्छिक रूप से एक चिट निकाली जाती है। इसके गुलाबी, हरा, और पीला ना होने की प्रायिकता क्या है?
A. $\frac{1}{5}$
B. $\frac{1}{15}$
C. $\frac{1}{20}$
D. $\frac{1}{10}$

**Q.73** $\int_1^2 \frac{1}{x^2+x}\, dx$ किसके बराबर है?
A. $\log \frac{3}{4}$
B. $\log \frac{4}{3}$
C. $\log \frac{1}{3}$
D. $\log \frac{2}{3}$

**Q.74** यदि $A = \begin{bmatrix} 0 & 1 \\ 1 & 0 \end{bmatrix}$ है, तो $A^4$ का मान क्या है?
A. $\begin{bmatrix} 1 & 0 \\ 0 & 1 \end{bmatrix}$
B. $\begin{bmatrix} 1 & 1 \\ 0 & 0 \end{bmatrix}$
C. $\begin{bmatrix} 0 & 0 \\ 1 & 1 \end{bmatrix}$
D. $\begin{bmatrix} 0 & 1 \\ 1 & 0 \end{bmatrix}$

**Q.75** बिंदु $(2,4)$ से होकर गुजरने वाले और $x - y = 4$ और $2x + 3y + 7 = 0$ के प्रतिच्छेदन पर केंद्र होनेवाले वृत्त की त्रिज्या है?
A. 3 इकाइयाँ
B. 5 इकाइयाँ
C. $3\sqrt{3}$ इकाइयाँ
D. $5\sqrt{2}$ इकाइयाँ

## General Awareness

**Q.76** निम्नलिखित में से कौन मार्च 2021 में उत्तराखंड के मुख्यमंत्री बने?
*[SSC CGL, 2022]*
A. मदन कौशिक
B. धन सिंह रावत
C. बी. सी खंडूरी
D. तीरथ सिंह रावत

**Q.77** विशेष ASEAN-भारत विदेश मंत्रियों की बैठक (SAIFMM) 16 और 17 जून 2022 को _________ में आयोजित की जाएगी।
A. नई दिल्ली, भारत
B. इस्लामाबाद, पाकिस्तान
C. ढाका, बग्लादेश
D. कोलंबो, श्रीलंका

**Q.78** अभिजीत सेन, जिनका 29 अगस्त, 2022 को निधन हो गया, किस क्षेत्र से सम्बंधित थे?
A. भूगोल
B. मनोविज्ञान
C. जीव विज्ञान
D. अर्थशास्त्र

**Q.79** लोथल प्राचीन सिंधु घाटी सभ्यता का एक शहर है जो ______ में स्थित है।
A. गुजरात
B. मध्य प्रदेश
C. राजस्थान
D. उत्तर प्रदेश

**Q.80** प्रसिद्ध गायत्री मंत्र किसके द्वारा बनाया गया था?
A. मनु
B. कौशितक्य
C. विश्वामित्र
D. उद्दत्री

**Q.81** निम्नलिखित में से कौन एक खंड पर्वत है?
A. पूर्वांचल
B. सतपुड़ा
C. हिमालय
D. महाभारत सीमा

**Q.82** निम्नलिखित में से किस स्थान को 'पहाड़ियों की रानी' के नाम से जाना जाता है?
A. दार्जिलिंग
B. लेह
C. मैकलोड गंज
D. जोशीमठ

**Q.83** लावा __________ की लोक नृत्य शैली है।
A. लक्षद्वीप
B. जम्मू और कश्मीर
C. पंजाब
D. हरियाणा

**Q.84** रास लीला __________ का नाट्य नृत्य रूप है।
A. हरियाणा
B. उत्तर प्रदेश
C. महाराष्ट्र
D. राजस्थान

**Q.85** निम्नलिखित में से कौन 'ब्रुनेई' देश की राजधानी है?
A. अल मनामा
B. बंदर सेरी बेगवान
C. बिश्केक
D. रबात

**Q.86** मिस की मुद्रा क्या है?
A. यूरो
B. पाउंड
C. डॉलर
D. दिनार

**Q.87** मैकमोहन रेखा ______ के बीच की सीमा रेखा है।
A. भारत और पाकिस्तान
B. भारत और चीन
C. भारत और नेपाल
D. भारत और भूटान

**Q.88** माउंट एवरेस्ट को फतह करने वाली पहली भारतीय महिला कौन थीं?
A. बछेंद्री पाल
B. छुरिम
C. अंशु जामसेनपा
D. अनीता कुंड

**Q.89** 'ए सेंचुरी इज नॉट इनफ' किसकी आत्मकथा है?
A. अनिल कुंबले
B. राहुल द्रविड़
C. सौरव गांगुली
D. सचिन तेंदुलकर

**Q.90 निर्देश:** निम्नलिखित प्रश्न में, दी गयी श्रृंखला में से लुप्त संख्या का चयन कीजिये।

125, 136, 148, 161, 175, ?

**A.** 109     **B.** 190     **C.** 187     **D.** 167

**Q.91** एक कूट भाषा में, 'SOWING' को 'RMTEIA' के रूप में कूट किया जाता है, तो इसी कूट भाषा में 'PRIEST' को किस प्रकार लिखा जाएगा?

**A.** NPEANO     **B.** ORFCON

**C.** OPFANN     **D.** NRECNO

**Q.92** एक कूट भाषा में, 'PLEASE' को 'NRCGGU' के रूप में लिखा जाता है, तो इसी कूट भाषा में 'SUBTLE' को किस प्रकार लिखा जाएगा?

**A.** WVUGND     **B.** WUVDGN

**C.** VWUNGD     **D.** VUWGDN

**Q.93** टिटनेस________ के कारण होता है।

**A.** प्रोटोजोआ     **B.** जीवाणु     **C.** विषाणु     **D.** कवक

**Q.94** खसरा और रूबेला ________ के कारण होता है।

**A.** जीवाणु-संबंधी     **B.** विषाणु

**C.** प्रॉटिस्टा     **D.** कवक

**Q.95** निम्नलिखित में से कौन सी ट्रॉफी भारत में क्रिकेट से संबंधित नहीं है?

**A.** सैयद मुश्ताक अली ट्रॉफी

**B.** देवधर ट्रॉफी

**C.** संतोष ट्रॉफी

**D.** दिलीप ट्रॉफी

**Q.96** भारत में हिंदी के बगल में कौन सी भाषा सबसे अधिक लोगों द्वारा बोली जाती है?

**A.** बंगाली     **B.** मराठी     **C.** तामिल     **D.** तेलुगू

**Q.97** "CBI" का पूर्ण रूप क्या है?

**A.** Central Bureau of Investigation

**B.** Crime Bureau of Investigation

**C.** Central Board of Investigation

**D.** Central Bribe Investigation

**Q.98** ________द्वारा चार रक्त समूहों की खोज की गई थी।

**A.** रिचर्ड फेनमैन     **B.** कार्ल लैंडस्टीनर

**C.** अल्फ्रेड वेगेनर     **D.** स्टीफन हॉकिंग

**Q.99** "बंगाली" ____ की आधिकारिक भाषा है।

**A.** जापान     **B.** श्रीलंका

**C.** बांग्लादेश     **D.** यूनाइटेड किंगडम

**Q.100** "CID" का पूर्ण रूप क्या है?

**A.** Common Investigation Department

**B.** Central Investigation Department

**C.** Crime Investigation Data

**D.** Crime Investigation Department

# // स्मार्ट उत्तर पुस्तिका //

**सही उत्तर** — उन छात्रों का प्रतिशत जिन्होंने प्रश्नों का सही उत्तर दिया था।   **छोड़ दिया** — उन छात्रों का प्रतिशत जिन्होंने प्रश्नों को छोड़ दिया था।

| प्रश्न संख्या | उत्तर | सही उत्तर / छोड़ दिया | प्रश्न संख्या | उत्तर | सही उत्तर / छोड़ दिया | प्रश्न संख्या | उत्तर | सही उत्तर / छोड़ दिया | प्रश्न संख्या | उत्तर | सही उत्तर / छोड़ दिया | प्रश्न संख्या | उत्तर | सही उत्तर / छोड़ दिया | प्रश्न संख्या | उत्तर | सही उत्तर / छोड़ दिया |
|---|---|---|---|---|---|---|---|---|---|---|---|---|---|---|---|---|---|
| 1 | D | 83.8 % / 11.84 % | 18 | A | 64.78 % / 31.38 % | 35 | C | 81.39 % / 13.85 % | 52 | B | 76.35 % / 12.57 % | 69 | A | 58.4 % / 32.94 % | 86 | B | 89.46 % / 10.31 % |
| 2 | C | 80.58 % / 15.78 % | 19 | C | 76.84 % / 23.09 % | 36 | B | 84.32 % / 13.78 % | 53 | A | 83.1 % / 10.09 % | 70 | D | 41.18 % / 54.17 % | 87 | B | 46.69 % / 30.07 % |
| 3 | D | 69.81 % / 30.07 % | 20 | C | 79.75 % / 11.49 % | 37 | B | 42.67 % / 56.44 % | 54 | A | 84.05 % / 13.55 % | 71 | D | 40.29 % / 45.95 % | 88 | A | 82.45 % / 16.0 % |
| 4 | C | 67.45 % / 30.42 % | 21 | C | 84.38 % / 10.03 % | 38 | B | 83.18 % / 14.83 % | 55 | A | 84.87 % / 14.2 % | 72 | C | 50.61 % / 40.87 % | 89 | C | 82.31 % / 11.41 % |
| 5 | D | 82.03 % / 12.88 % | 22 | A | 79.38 % / 14.63 % | 39 | A | 84.48 % / 10.01 % | 56 | A | 78.76 % / 12.34 % | 73 | B | 16.69 % / 73.76 % | 90 | B | 65.22 % / 34.26 % |
| 6 | D | 80.28 % / 19.13 % | 23 | D | 76.44 % / 10.7 % | 40 | A | 65.55 % / 32.92 % | 57 | C | 88.18 % / 10.12 % | 74 | A | 42.38 % / 50.86 % | 91 | C | 55.81 % / 37.42 % |
| 7 | D | 78.42 % / 19.13 % | 24 | B | 89.9 % / 10.0 % | 41 | A | 76.84 % / 14.02 % | 58 | C | 77.84 % / 13.24 % | 75 | D | 29.41 % / 67.23 % | 92 | B | 47.66 % / 36.72 % |
| 8 | C | 86.23 % / 12.17 % | 25 | A | 89.67 % / 10.24 % | 42 | C | 68.36 % / 31.21 % | 59 | A | 49.31 % / 32.16 % | 76 | D | 41.55 % / 39.55 % | 93 | B | 65.77 % / 30.69 % |
| 9 | D | 82.02 % / 13.62 % | 26 | D | 79.8 % / 14.74 % | 43 | B | 53.33 % / 43.2 % | 60 | D | 51.25 % / 36.55 % | 77 | A | 85.64 % / 11.47 % | 94 | B | 64.26 % / 32.22 % |
| 10 | B | 51.89 % / 43.06 % | 27 | D | 86.49 % / 10.05 % | 44 | A | 51.64 % / 42.69 % | 61 | C | 60.88 % / 34.55 % | 78 | D | 80.85 % / 12.92 % | 95 | C | 68.13 % / 30.47 % |
| 11 | C | 78.92 % / 19.23 % | 28 | C | 40.68 % / 55.38 % | 45 | A | 45.11 % / 51.35 % | 62 | A | 68.6 % / 30.12 % | 79 | A | 89.05 % / 10.57 % | 96 | A | 54.18 % / 36.77 % |
| 12 | A | 82.35 % / 12.85 % | 29 | D | 80.61 % / 17.53 % | 46 | C | 79.08 % / 19.71 % | 63 | B | 80.94 % / 15.55 % | 80 | C | 85.29 % / 13.75 % | 97 | A | 84.17 % / 15.2 % |
| 13 | B | 57.2 % / 32.22 % | 30 | B | 56.79 % / 31.89 % | 47 | B | 76.47 % / 13.96 % | 64 | D | 44.24 % / 33.73 % | 81 | B | 62.7 % / 37.22 % | 98 | B | 51.0 % / 45.66 % |
| 14 | B | 52.84 % / 34.88 % | 31 | D | 79.67 % / 15.7 % | 48 | D | 80.33 % / 15.6 % | 65 | C | 64.09 % / 32.25 % | 82 | A | 61.15 % / 33.51 % | 99 | C | 83.43 % / 15.65 % |
| 15 | B | 43.73 % / 56.23 % | 32 | B | 77.94 % / 13.84 % | 49 | B | 66.94 % / 31.7 % | 66 | A | 88.0 % / 11.91 % | 83 | A | 68.37 % / 30.92 % | 100 | D | 85.75 % / 10.77 % |
| 16 | A | 81.52 % / 11.84 % | 33 | C | 53.43 % / 43.89 % | 50 | A | 59.16 % / 40.49 % | 67 | A | 43.56 % / 42.32 % | 84 | B | 87.19 % / 11.51 % | | | |
| 17 | D | 87.36 % / 11.1 % | 34 | D | 82.14 % / 15.02 % | 51 | B | 78.9 % / 15.39 % | 68 | D | 77.35 % / 12.73 % | 85 | B | 56.56 % / 33.23 % | | | |

# //संकेत और समाधान//

**1.** According to the passage, **"speaking at the same event, Saudi Arabian Energy Minister Khalid A. Al-Falih refused to openly commit to lower oil prices opting instead to say that the price of oil could have been much higher but for the efforts taken by his country to boost supply."**

It is clear from the above lines that Saudi Arabia is not going to do anything more to bring down the prices of oil in the international market whereas it is also said that because of Saudi Arabia only, the prices are not higher further in the international market.

Among the given options, option (A) is not correct since it is not there in the passage whereas options (B) and (C) can also be ruled out due to the same fact that these are also irrelevant in the context of the passage. Only option (D) is there that explains properly the opinion of the Oil Minister of Saudi Arabia.

Hence, the correct option is (D).

**2.** According to the passage, **"with well over 80% of its oil demand being met through imports, India clearly has a lot at stake as oil prices have risen by as much as 70% in rupee terms in the last one year."**

It is clear from the above lines that India is concerned since it imports the majority of its oil shares from other countries. That is why it matters to the country that the prices in the international market are going up or down.

Among the given options, only option (C) is there that perfectly explains the reason for the concern shown by India regarding the prices of the oil in the international market. Other options are either out of context or are not correct according to the information given in the passage.

Hence, the correct option is (C).

**3.** According to the passage, **"India's economic fortunes continue to be tied to the sharply fluctuating price of oil. At a gathering of prominent oil ministers in New Delhi on Monday, Prime Minister Narendra Modi urged oil-producing countries to reduce the cost of energy in order to aid the global economy in its path towards recovery. Mr. Modi also called for a review of payment terms, demanding the partial use of the rupee instead of the U.S. dollar to pay for oil, in order to ease the burden on oil-importing countries in the wake of the strengthening of the dollar."**

Now, it is true that Indian Prime Minister has requested to make sure that the cost of energy comes down in the world in order to make it easier for global economic recovery. He has also urged to revise the payment terms so that some of the payment could be made in Indian currency only.

Among the given options, both (B) and (C) are correct as they represent the requests made by the Prime Minister in the meeting whereas options (A) can be eliminated on the ground that they are irrelevant in the context of the information given in the passage.

Hence, the correct option is (D).

**4.** According to the passage, **"another long-term solution to the oil problem will be to increasingly tap into domestic sources of energy supply while simultaneously encouraging consumers to switch to green alternatives. This will require a stronger policy framework and implementation."**

It is clear from the above lines that it is required on the part of the government that domestic sources should be tapped in order to produce more energy in the country. There are also other options given such as making people use green sources of energy or cutting down on the central and state taxes in order to bring down the prices of oil.

Among the given options, options (A), (B), and (D) do not imply even one of the long-term solutions described in the passage in order to address the needs of the country and the issues being faced by the country regarding the supply of oil in the country. Only option (C) is there that implies the correct long-term solution given in the passage.

Hence, the correct option is (C).

**5.** According to the passage, **"in the short term, the government could look to diversifying its international supplier base to manage shocks better. But such a choice carries geopolitical risks, such as in the case of Iran."**

It is clear from the above lines that the government should diversify its supplier base from the international community so that it does not have to worry about the supply of oil to India at any time.

Among the given options, others are out of context and not even mentioned in the passage also except option (D). Option (D) correctly explains that India should include more countries in the international supplier base and that would mean no dearth of options in front of the country.

Hence, the correct option is (D).

**6.** Jack and his wife decided to watch a movie after cooking.

The preposition 'after' is used to speak about an action that follows another action. In the given context when we use the preposition 'after' it would mean that cooking is followed by watching a movie, which is appropriate.

Hence, the correct option is (D).

**7.** Wear your goggles before you start doing the experiment, to avoid accidents.

The preposition 'before' is used to denote the action that precedes a subsequent action. In the given context wearing goggles is followed by performing the experiment.

Hence, the correct option is (D).

**8.** As completion is a noun, the word before it has to be an adjective adding information to it. The adverb 'Expeditiously' so must be replaced with the adjective 'Expeditious' to make it a grammatically correct sentence.

Hence, the correct option is (C).

**9.** The idiom 'in case' means 'if it happens' and putting another 'if' before the idiom doesn't make sense.

The highlighted part 'If in case' hence must be replaced with 'In case' to make it a grammatically correct sentence.

Hence, the correct option is (D).

**10.** The email has been sent by Jayesh.

When we change from active to passive voice, there should be no change in the tense of the sentence. The given sentence is in the present perfect tense. So, on changing, it should continue to be in the present perfect tense. Thus, "has been sent" is the correct form of the verb.

Hence, the correct option is (B).

**11.** The criminal did not speak a word in self-defence.

The given sentence is in the passive voice. According to the given instruction change it into active voice.

The given sentence is in the past tense in the form of 'was not +V3 + by'.

To convert it into an active voice, change it in the form of 'did not +V1'.

Hence, the correct option is (C).

**12.** He said that the man had been coming.

When the reporting verb is in the past tense, the past continuous verb i.e. 'was coming' in the reported speech changes to past perfect continuous i.e. 'had been coming'.

Hence, the correct option is (A).

**13.** The girl told her mother that she had been reading since morning.

In the given direct speech statement, we see that the reporting verb is in past tense i.e. said. When the reporting verb is in the past tense, the tense of the verbs in the reported speech will be changed into their corresponding past tense. Also, said will be turned into the reporting verb 'told'.

Now since here, the verb 'have been reading' is in present perfect continuous, it changes to past perfect continuous i.e. 'had been reading' in the reported speech.

Hence, the correct option is (B).

**14.** The earth revolves around the sun.

A word used to describe an action, state, or occurrence, and forming the main part of the predicate of a sentence is a verb. Verbs with a third-person singular noun or pronoun (he, she, boat, courage) as a subject ever have an "-s" added on the end. Similarly, in this sentence, the earth is a third person. Thus, the answer would be "revolves" and not "revolve".

Hence, the correct option is (B).

**15.** I cannot afford to buy you such an expensive ring now.

A word used to describe an action, state, or occurrence, and forming the main part of the predicate of a sentence is a verb. This sentence is in the present form and seems to be in negative form.

"Cannot" is in the present tense and is also a negative word. This is the correct answer.

"Should" is the past tense of "shall". It is the wrong option as we need something at present.

"Could" is the past tense of "can". It is the wrong option.

"Could not" is the past tense of "cannot".

Hence, the correct option is (B).

**16.** However, David did not achieve his goal.

- The comma (,) is used to separate ideas or elements. Also, it is used after the salutation, or when a brief pause is required after a word or phrase. In the question, we require a brief pause after however as it is the introductory adverb.

- A semicolon (;) is used when we need to separate independent clauses and to show a close relationship between them.

- A colon (:) is used to provide a pause before introducing related information, or when we want to define or introduce something and join unequal parts of sentences.

- An exclamation mark (!) is used to denote a sudden outcry or emphasis.

Hence, the correct option is (A).

**17.** Hoarse means (of a person's voice) sounding rough and harsh, typically as the result of a sore throat or of shouting.

For example, I heard a hoarse whisper.

Noisy means making or given to making a lot of noise.

Harmful means causing or likely to cause harm.

Pleasant means giving a sense of happy satisfaction or enjoyment.

Harsh means unpleasantly rough or jarring to the senses.

For example, I cannot bear his harsh voice.

It is clear from the examples that hoarse and harsh are synonyms.

Hence, the correct option is (D).

**18.** Capitulate means cease to resist an opponent or an unwelcome demand, yield.

For example, The king had to capitulate to the enemy forces.

Conquer means overcome and take control of (a place or people) by military force.

For example, We need to conquer poverty.

Venerate means regard with great respect; revere.

Destroy means end the existence of (something) by damaging or attacking it.

Surrender means stop resisting an enemy or opponent and submit to their authority.

It is clear from the examples that the antonym of capitulate is conquer.

Hence, the correct option is (A).

**19.** Two gold jewellery sets were given to me by my grandmother.

Them is used in place of plural nouns in the third person.

For example, The kids are playing. I will not disturb them.

Our is a first-person plural possessive pronoun. It specifies ownership by the speaker.

For example, This is our school.

Me is used when the person speaking is receiving the action of the verb in some way.

For example, She smiled at me.

In the given question, me should be used as clearly the speaker of the statement which is identified by my grandmother as the object. Them can also be used but the most appropriate word is me.

I is used when the person speaking is doing the action.

For example, I am going to rest.

Hence, the correct option is (C).

**20.** How do you prepare a burger?

- Question mark (?) is used after asking a question. So, it is a correctly punctuated sentence.
- A comma is used when someone is directly addressed/to separate two clauses/to separate ideas, objects, names in a sentence. For example, I will go to Goa, Mumbai, and Pune.
- The exclamation mark is used to express wonder, surprise or to emphasize. For example, I have found the lost photo album!
- A full stop is used at the end of a sentence. For example, She is my sister.

Hence, the correct option is (C).

**21.** In our country, women have opportunities to rise to the top in every walk of life.

In the given question an cannot be used because an is used with singular and countable nouns.

In option (A), instead of have been having, have had should be used in order to make the sentence simple. Also, in general statements, we use the simple present tense or past tense form.

In option (B), raise is incorrect because we use raise when we talk about a transitive verb (it has a direct object).

In the given sentence, rise will be used because we do not have any direct object i.e we are talking about the top of every walk of life.

In option (D), have is incorrect. Whenever we use will be i.e the action is to be performed in the future, we use the ing form of the verb. In the present tense, have cannot be used with will be.

Hence, the correct option is (C).

**22.** A dress can only be described as beautiful, ugly, pretty etc.

Hence, the correct option is (A).

**23.** He loves to eat sweet mangoes.

A mango can only be sweet, not grey, tall, slim.

Hence, the correct option is (D).

**24.** Have you completed the work?

The subject of the sentence should be in agreement with the pronoun used. Usually, we use has with pronouns like he/she/it whereas we use have with pronouns like I/you/we. So, in the given sentence have should be used.

Also, the given question is in the past tense which is identified by the word completed so, the correct transformation of the sentence should also be in the past tense.

Hence, the correct option is (B).

**25.** The sentence is given in Active voice, thus we need to change it into Passive Voice.

We can see past perfect tense is used in the given sentence. Therefore, the form of tense will remain the same while changing into a Passive Voice. The following rule must be followed in such sentences:

Object + had been + by + Subject

Option (B) is wrong because the wrong article is used. Option (C) is wrong because 'been' is missing. Option (D) is wrong because the tense of the sentence is changed here.

Hence, the correct option is (A).

**26.** विटामिन C की कमी से स्कर्वी नामक रोग होता है। एस्कोर्बिक एसिड को आमतौर पर विटामिन C के रूप में जाना जाता है। विटामिन C शरीर के लिए एक आवश्यक पोषक तत्व है क्योंकि यह ऊतक की मरम्मत और एंजाइम संबंधी कार्यों में शामिल होता है। चोट लगना, मसूड़ों से खून आना, कमजोरी, थकावट और चकत्ते स्कर्वी के सामान्य लक्षण हैं। खट्टे फलों के सेवन से यह विटामिन प्राप्त किया जा सकता है

अत: विकल्प (D) सही है।

**27.** लाइन प्रिंटर एक इम्पैक्ट प्रिंटर है जो अन्य पंक्ति पर आगे बढ़ने से पहले एक समय में एक ही पंक्ति के टेक्स्ट को प्रिंट करता है। ड्रम प्रिंटर, चेन प्रिंटर, और डॉट मैट्रिक्स प्रिंटर लाइन प्रिंटर के प्रकार हैं। चेन प्रिंटर में, वर्ण सेट की एक चेन का उपयोग किया जाता है।

अत: विकल्प (D) सही है।

**28.** बोमन कैप्सूल उत्सर्जन प्रणाली से सम्बंधित है। यह स्तनधारी गुर्दे की कार्यात्मक इकाई यानी नेफ्रॉन में एक कप जैसी संरचना होती है। मूत्र के निर्माण के लिए रक्त निस्यंदन का पहला चरण यहां शुरू होता है। रक्तवह-तंत्र में हृदय और रक्त वाहिकाएं होती हैं। पाचन तंत्र मुंह से शुरू होता है और गुदा तक रहता है। इसमें अन्नप्रणाली, पेट का अग्न्याशय, पित्ताशय और आंत शामिल हैं। प्रजनन प्रणाली में गोनाड, नलिकाएं आदि शामिल हैं। यह पुरुषों और महिलाओं में भिन्न होता है।

अत: विकल्प (C) सही है

**29.** ऑक्सालिक अम्ल एक कार्बनिक यौगिक है जिसका सूत्र $C_2H_2O_4$ है। ऑक्सालिक अम्ल एसिटिक अम्ल की तुलना में एक मजबूत अम्ल है।

ऑक्सालिक अम्ल का उपयोग धातु के ऑक्साइड से जंग या स्याही के दाग को हटाने के लिए किया जाता है।

अत: विकल्प (D) सही है।

**30.** रबर का वल्कनीकरण एक रासायनिक प्रक्रिया है जिसके द्वारा प्राकृतिक या संश्लेषित रबर में सुधार किया जाता है। ऐसा करने का सबसे आम तरीका सल्फर की उपस्थिति में रबर को गर्म करना है। इसलिए, दिए गए विकल्पों में, रबर के वल्कनीकरण में $SF_6$ का प्रयोग किया जाता है।

अत: विकल्प (B) सही है।

**31.** 1869 से 1872 ईस्वी की अवधि के दौरान, रूसी वैज्ञानिक दिमित्री मेंडलीफ ने तत्वों की आवर्त सारणी विकसित की। मेंडलीफ की आवर्त सारणी में ऊर्ध्वाधर स्तंभों को समूह कहा जाता है जबकि क्षैतिज पंक्तियों को आवर्त कहा जाता है। मेंडलीफ ने तत्वों के मूलभूत गुण, अर्थात् परमाणु द्रव्यमान को मानक माना और उस समय ज्ञात 63 तत्वों को उनके परमाणु द्रव्यमान के बढ़ते क्रम में व्यवस्थित किया। तत्वों के वर्गीकरण में मेंडलीफ की आवर्त सारणी सबसे महत्वपूर्ण चरण है।

अत: विकल्प (D) सही है।

**32.** BIOS का पूर्ण रूप Basic Input Output System है।

BIOS वह प्रोग्राम है जो आपके द्वारा कम्प्यूटर को चालू करने के बाद कंप्यूटर सिस्टम को चालू करने के लिए पर्सनल कंप्यूटर का माइक्रोप्रोसेसर प्रयोग करता है। यह कंप्यूटर के ऑपरेटिंग सिस्टम और संलग्न उपकरणों जैसे हार्ड डिस्क, वीडियो एडैप्टर, कीबोर्ड, माउस और प्रिंटर के बीच डेटा प्रवाह का प्रबंधन भी करता है।

अत: विकल्प (B) सही है।

**33.** 1 किलोवाट-घंटा 1 घंटे में 1-किलोवाट बिजली स्रोत द्वारा उत्पादित ऊर्जा है।

चूँकि 1 किलोवाट = 1000 वाट और 1 घंटा = 3600 सेकंड

1 किलोवाटघंटा = 1000 किलोवाट × 3600 सेकंड (वाट = जूल/ सेकंड)

1 किलोवाटघंटा = $3.6 \times 10^6$ जूल

अत: विकल्प (C) सही है।

**34.** जितना भारी निकाय होगा उसको गति प्रदान करना उतना ही मुश्किल होगा अथवा उसको गतिमान करने के लिए अधिक बल की आवश्यकता होगी, इस प्रकार जड़त्व भी अधिक होगा। चूंकि उच्च द्रव्यमान में उच्च जड़त्व है। विकल्प (D) में क्रिकेट गेंद में अधिकतम द्रव्यमान होता है इसलिए इसमें अधिकतम जड़त्व होगा।

अत: विकल्प (D) सही है।

**35.** न्यूटन के गति के तीसरे नियम के कारण तैराकी संभव है।

न्यूटन के गति के तीसरे नियम में कहा गया है कि प्रत्येक क्रिया के लिए एक समान और विपरीत प्रतिक्रिया होती है। दूसरे शब्दों में, यदि वस्तु A वस्तु B पर बल लगाती है, तो वस्तु B, वस्तु A पर एक समान और विपरीत बल भी लगाती है।

तैरते समय, एक व्यक्ति अपने हाथों से पानी को पीछे की दिशा (क्रिया) में धकेलता है और बदले में पानी, प्रतिक्रिया बल के कारण उसे आगे की तरफ धकेलता है।

अत: विकल्प (C) सही है।

**36.** ब्यूटेन एक अत्यधिक ज्वलनशील, रंगहीन, आसानी से द्रवित होने वाली गैस है जो गैस के लाइटर और ब्यूटेन टॉर्च में इस्तेमाल किया जाता है। ब्यूटेन का रासायनिक सूत्र $C_4H_{10}$ है। यह प्रोपेन के साथ मिश्रित होता है और व्यावसायिक रूप से एलपीजी के रूप में बेचा जाता है।

अत: विकल्प (B) सही है।

**37.** ओजोन के एक अणु में 3 परमाणु मौजूद होते हैं। 'ट्राईऑक्सीजन' के रूप में प्रसिद्ध ओजोन का रासायनिक सूत्र $O_3$ है। सूत्र 1865 में जैक्स-लुईस सोरेट द्वारा दिया गया था। ओजोन शब्द ग्रीक शब्द 'ओजीन' से लिया गया है जिसका अर्थ है 'सूंघना'। यह ऑक्सीजन का एक अलॉट्रोप है और एक तीक्ष्ण गंध वाली एक नीली गैस है। यह द्विपरमाणुक ऑक्सीजन $O_2$ गैस की तुलना में कम स्थिर है। ओजोन एक उत्कृष्ट ऑक्सीकरण एजेंट है क्योंकि यह ऑक्सीजन गैस और नेसन्ट ऑक्सीजन में टूट जाता है।

अत: विकल्प (B) सही है।

**38.** वास्तविक तरल में पदार्थ पृष्ठीय तनाव के कुछ परिमित मूल्य होते हैं क्योंकि वास्तविक तरल पदार्थ के अणुओं के बीच अंतर-आण्विक बलों का महत्वपूर्ण मूल्य है। जबकि एक आदर्श तरल पदार्थ के मामले में, अंतराण्विक बलों को बहुत कम माना जाता है, इसीलिए आदर्श तरल पदार्थ में शून्य मान पृष्ठीय तनाव होता है। पृष्ठीय तनाव के कारण तेल और पानी का पृथक्करण होता है।

अत: विकल्प (B) सही है।

**39.** प्रत्यास्थता के इस मापांक का मान विभिन्न सामग्रियों के लिए अलग-अलग होता है। इसकी SI इकाई $Nm^{-2}$ या पास्कल होती है।

अत: विकल्प (A) सही है।

**40.** S.H.M या सरल आवर्त गति दोलन या आवधिक गति का एक विशेष प्रकार होता है जहाँ पुनर्स्थापन बल विस्थापन के विपरीत दिशा में कार्य करता है और इसके समानुपाती होती है।

न्यूटन के गति के दूसरे नियम और S.H.M. के तहत एक वस्तु के त्वरण के लिए अभिव्यक्ति को संयोजित करने से व्युत्पन्न, S.H.M. के लिए बल का नियम इस प्रकार दिया गया है

$F = -ky$

जहाँ,

F पुनर्स्थापन बल है।

k बल स्थिरांक है।

y, S.H.M. का विस्थापन है।

अत: विकल्प (A) सही है।

**41.** पराश्रव्य में पराश्रव्य वाइब्रेटर से उत्पन्न एक तरंग की आवृत्ति से अलग आवृत्ति होती है, नमूना तरल पदार्थ को क्रियाशील बनाने और मिश्रण करने के लिए चैनल के दोनों किनारों पर दीवारों पर सममित रूप से व्यवस्थित किया जाता है। पराश्रव्य वाइब्रेटर का उपयोग एक पूरी तरह से सजातीय विलयनों के उत्पादन के लिए किया जाता है क्योंकि ये कंपन नमूना तरल पदार्थ को क्रियाशील बनाने और मिश्रण करने के लिए चैनल के दोनों किनारों पर दीवारों पर सममित रूप से व्यवस्थित होते हैं।

अत: विकल्प (A) सही है।

**42.** कार्नोट चक्र: आदर्श उत्क्रमणीय चक्र जिसमें सभी ऊष्मा इंजनों के बीच उच्चतम संभव दक्षता होती है, कार्नोट चक्र कहलाता है। कार्नोट चक्र सबसे प्रसिद्ध उत्क्रमणीय चक्रों में से एक है। कार्नोट चक्र चार उत्क्रमणीय प्रक्रमों से बना है।

- उत्क्रमणीय समतापीय प्रसार
- उत्क्रमणीय रूद्धोष्म प्रसार
- उत्क्रमणीय समतापीय संपीडन
- उत्क्रमणीय रूद्धोष्म संपीडन

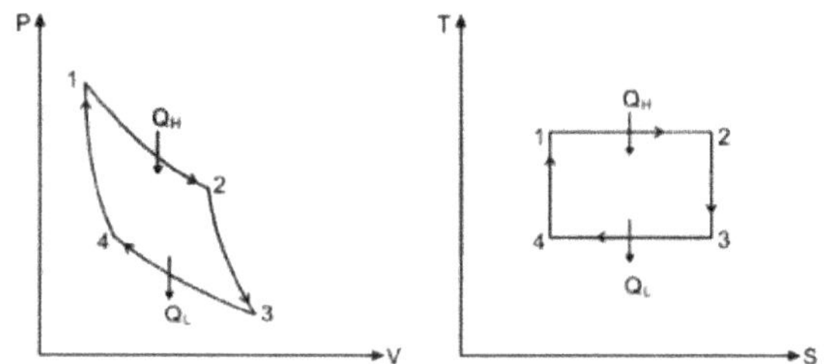

आकृति: P-V और T-S आरेख कारनोट चक्र

कारनोट चक्र में दो समतापीय और दो समस्थानिक प्रक्रम शामिल हैं।

अत: विकल्प (C) सही है।

**43.** जैसा कि हम जानते हैं,

विभवांतर $(V)$ = किया गया कार्य $(W)$ / आवेश $(q)$

किया गया कार्य $(W)$ = ऊर्जा प्राप्त = $qV$

दिया गया है,

एक इलेक्ट्रॉन पर आवेश $(q) = 1.6 \times 10^{-19} C$

विभव अंतर $(V) = 1 kV = 1000\ V$

इलेक्ट्रॉन द्वारा प्राप्त ऊर्जा = $qV = 1.6 \times 10^{-19} C \times 1000\ V = 1.6 \times 10^{-16}\ J$

अत: विकल्प (B) सही है।

**44.** विद्युत धारा द्वारा किए गए कार्य की दर को शक्ति कहते हैं। इसे $P$ द्वारा निरूपित किया गया है। शक्ति की SI इकाई वाट $(W)$ है।

$$\text{शक्ति } (P) = VI = \frac{V^2}{R} = I^2 R$$

जहाँ $V$ प्रतिरोध के पार विभवांतर है, $I$ प्रवाहित धारा है और $R$ प्रतिरोध है।

दिया हुआ,

$$P = 620W \text{ और } V = 310$$

शक्ति $P = VI$

$$\Rightarrow I = \frac{P}{V}$$

$$\Rightarrow I = \frac{620}{310}$$

$$\Rightarrow \text{धारा } (I) = 2A$$

अत: विकल्प (A) सही है।

**45.** नीचे दी गई तालिका से हम कह सकते हैं कि केवल विकल्प (A) सही है

| दृष्टि के दोष | विवरण | संशोधन |
|---|---|---|
| हाइपरमेट्रोपिया या दीर्घदृष्टि | मानव आँख दूर की वस्तुओं को स्पष्ट रूप से देख सकती है, लेकिन पास की वस्तुओं को स्पष्ट रूप से नहीं देख सकती है। | उत्तल लेंस |
| जरादूरदृष्टि | लोग निकट दृष्टिदोष के साथ-साथ दूरदर्शिता से भी पीड़ित होते हैं। | द्वि-फोकल लेंस |
| मायोपिया या निकट दृष्टि | आंख आस-पास की वस्तुओं को स्पष्ट रूप से देख सकती है लेकिन दूर की वस्तुएं अस्पष्ट दिखाई देती हैं। | अवतल लेंस |
| मोतियाबिंद | लोग लेंस के धुंधलेपन से पीड़ित होते हैं जो दृष्टि में कमी का कारण बनता है। | शल्य-चिकित्सा |

अत: विकल्प (A) सही है।

**46.** एक स्थिर तरंग में निकटतम नोड और प्रस्पंद के बीच की दूरी $\frac{\lambda}{4}$ है।

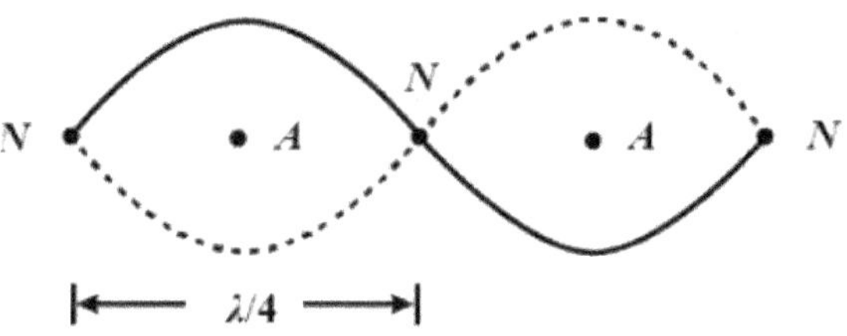

अत: विकल्प (C) सही है।

**47.** अप्रगामी तरंग या स्थिर तरंग: जब समान आयाम और समान समयावधि/आवृत्ति/तरंगदैर्ध्य वाले समान प्रकार (अनुदैर्ध्य या अनुप्रस्थ दोनों) के क्रमागत तरंग की श्रेणियों के दो समूह विपरीत दिशाओं में मिलने वाली समान सीधी रेखा के साथ समान गति से यात्रा करते हैं, तो तरंगों का एक नया समूह निर्मित होता है। इन्हें स्थिर तरंग या अप्रगामी तरंग कहा जाता है। स्थिर तरंग तब निर्मित होती है जब तरंग की श्रेणी किसी सीमा पर प्रतिबिंबित होती है। आपतित और प्रतिबिंबित तरंगें फिर स्थिर तरंग उत्पादित करने के लिए हस्तक्षेप करती है।

इसलिए उपरोक्त से यह स्पष्ट है कि स्थिर तरंगें तब निर्मित होती है जब बराबर तरंगदैर्ध्य और बराबर आयाम वाले दो तरंग विपरीत दिशाओं में बराबर गतियों से समान पथ में यात्रा करते हैं।

अत: विकल्प (B) सही है।

**48.** रडार रेडियो डिटेक्शन और रेंजिंग के लिए एक परिवर्णी शब्द है। "रेडियो" शब्द स्पेक्ट्रम के तथाकथित रेडियो तरंग भाग में तरंग दैर्ध्य के साथ विद्युतचुंबकीय तरंगों के उपयोग को संदर्भित करता है, जो $10^4$ किमी से 1 सेमी तक विस्तृत सीमा को कवर करता है। रडार सिस्टम विद्युत चुम्बकीय या रेडियो तरंगों को प्रसारित करते हैं। अधिकांश वस्तुएं रेडियो तरंगों को दर्शाती हैं, जिन्हें रडार सिस्टम द्वारा पता लगाया जा सकता है।

अत: विकल्प (D) सही है।

**49.** एक गैल्वेनोमीटर को समानांतर में एक शंट प्रतिरोध के साथ संयोजित करके एक एमीटर में परिवर्तित किया जा सकता है। शंट प्रतिरोध में बहुत निम्न प्रतिरोध होना चाहिए। तो, एमीटर (गैल्वेनोमीटर और शंट प्रतिरोध के समानांतर संयोजन) में निम्न प्रतिरोध होगा। गैल्वेनोमीटर को एमीटर में परिवर्तित करने के लिए धारा रेटिंग 'I', गैल्वेनोमीटर में समानांतर में एक निम्न प्रतिरोध 'S' (शंट प्रतिरोध) संयोजित किया जाता है। चल कुंडली गैल्वेनोमीटर को एक चल कुंडली गैल्वेनोमीटर के साथ समानांतर में निम्न प्रतिरोध के साथ संयोजित करके एमीटर में परिवर्तित किया जा सकता है।

अत: विकल्प (B) सही है।

**50.** नर्म लोहे का प्रयोग आमतौर पर विद्युतीय चुम्बक बनाने के लिए किया जाता है क्योंकि इसमें उच्च चुंबकीय पारगम्यता होती है, अर्थात जब कोर के चारों ओर धारा पारित होती है तो यह आसानी से चुंबकीय गुण प्राप्त कर सकता है और धारा बंद होने पर यह तुरंत चुम्बकत्व खो देता है तार के अंदर नर्म लोहा चुंबकीय क्षेत्र को मजबूत बनाता है क्योंकि धारा प्रवाहित होने पर यह चुंबक बन जाता है।

अत: विकल्प (A) सही है।

**51.** जैसा कि हम जानते हैं,

$\cos 2x = \cos^2 x - \sin^2 x = 2\cos^2 x - 1 = 1 - 2\sin^2 x$

दिया हुआ,

$\cos 4x$

$= \cos 2(2x)$

$= 2\cos^2 2x - 1$  $(\because \cos 2x = 2\cos^2 x - 1)$

$= 2 (1 - 2 \sin^2 x)^2 - 1 \quad (\because \cos 2x = 1 - 2 \sin^2 x)$

$= 2 [1 - 4 \sin^2 x + 4 \sin^4 x] - 1 \quad [\because (a - b)^2 = a^2 - 2ab + b^2]$

$= 2 - 8 \sin^2 x + 8 \sin^4 x - 1$

$= 1 - 8 \sin^2 x + 8 \sin^4 x$

अत: विकल्प (B) सही है ।

**52.** जैसा कि हम जानते हैं,

$\sin (\pi - \theta) = \sin \theta$

दिया हुआ,

$A + B + C = \pi$

$\Rightarrow A + B = \pi - C$

अब,

$\sin (A + B) + \sin C$

$= \sin (\pi - C) + \sin C$

$= \sin C + \sin C \ (\because \sin (\pi - \theta) = \sin \theta)$

$= 2 \sin C$

अत: विकल्प (B) सही है ।

**53.** दिया हुआ,

$A = \{x : x^2 - 12x + 35 = 0\}$

$x^2 - 12x + 35 = 0$

$\Rightarrow x^2 - 5x - 7x + 35 = 0$

$\Rightarrow x(x - 5) - 7(x - 5) = 0$

$\Rightarrow (x - 5)(x - 7) = 0$

$\Rightarrow x = 5$ या $7$

जैसा कि हम जानते हैं कि कॉमा द्वारा अलग किए गए, धनुकोष्ठक {} के भीतर होनेवाले सभी तत्वों को सूचीबद्ध करके एक सेट के रोस्टर फॉर्म का वर्णन किया जाता है।

इसलिए सेट A का आवश्यक रोस्टर फॉर्म = {5, 7} ।

अत: विकल्प (A) सही है ।

**54.** दिया हुआ,

$aN = \{ax : x \in N\}$

$a = 2$ और $5$ लेते हुए हम प्राप्त करते हैं

$\Rightarrow 2N = \{2, 4, 6, 8, 10, 12, 14, 16, 18, 20 \ldots\}$

$\Rightarrow 5N = \{5, 10, 15, 20, 25 \ldots\}$

इसलिए, $2N \cap 5N = \{10, 20 \ldots\}$

$\therefore 2N \cap 5N = 10N$

अत: विकल्प (A) सही है ।

**55.** एक पंक्ति में छह समान सिक्कों को व्यवस्थित किया गया है।

पट्टों की संख्या चित की संख्या के बराबर है, अर्थात हमें $3$ पट्ट और $3$ चित को व्यवस्थित करना होगा।

यदि हम $6$ स्थानों में $3$ चित रखने के लिए जगहों का चयन करते हैं, तो पट्ट को शेष तीन स्थानों में रखना होगा।

तरीकों की संख्या जिनमें हम $3$ चित के लिए स्थान का चयन कर सकते हैं $= 6_{C_3}$

हम जानते हैं कि,

$$n_{C_r} = \frac{n!}{r!(n-r)!}$$

तरीकों की आवश्यक संख्या $= 6_{C_3} = \frac{6!}{3!3!} = \frac{720}{6 \times 6} = 20$

अत: विकल्प (A) सही है ।

**56.** दिया हुआ,

$$\lim_{x \to 0} \frac{\sqrt{1+x} - \sqrt{1-x}}{x}$$

$x = 0$ पर, मान $\frac{0}{0}$ है, इस प्रकार लिमिट एक अनिधारित स्वरूप $\left( \frac{0}{0}, \frac{\infty}{\infty}, 0 \times \infty, 0^0, 1^\infty, \infty^0 \right)$ है।

अनिधारित स्वरूप से बचने के लिए, वर्ग मूल अर्थात् अंश वाले गुणक को युक्तिसंगत बनाने पर:

$$f(x) = \frac{\sqrt{1+x} - \sqrt{1-x}}{x} = \frac{\sqrt{1+x} - \sqrt{1-x}}{x} \times \frac{\sqrt{1+x} + \sqrt{1-x}}{\sqrt{1+x} + \sqrt{1-x}}$$

$$\Rightarrow f(x) = \frac{(\sqrt{1+x})^2 - (\sqrt{1-x})^2}{x(\sqrt{1+x} + \sqrt{1-x})} = \frac{(1+x) - (1-x)}{x(\sqrt{1+x} + \sqrt{1-x})} = \frac{2}{(\sqrt{1+x} + \sqrt{1-x})}$$

$$\therefore \lim_{x \to 0} \frac{\sqrt{1+x} - \sqrt{1-x}}{x} = \lim_{x \to 0} \frac{2}{(\sqrt{1+x} + \sqrt{1-x})} = \frac{2}{1+1} = 1$$

अत: विकल्प (A) सही है ।

**57.** जैसा कि हम जानते हैं,

जब एक साथ एक निष्पक्ष सिक्का उछाला जाता है और एक निष्पक्ष पासा रोल किया जाता है तब प्रतिचयन स्थान निम्न प्रकार है:

$(H, 1), (H, 2), (H, 3), (H, 4), (H, 5), (H, 6)$
$(T, 1), (T, 2), (T, 3), (T, 4), (T, 5), (T, 6)$

कुल परिणाम $= 12$

प्रश्न के अनुसार,

ऐसे जोड़े जिनमें हमें चित के साथ $2$ या $4$ या $6$ मिलते $(H, 2), (H, 4), (H, 6)$ हैं।

कुल अनुकूल परिणाम $= 3$

$\therefore$ आवश्यक प्रायिकता $= \frac{3}{12}$

$= \frac{1}{4}$

अत: विकल्प (C) सही है ।

**58.** जैसा कि हम जानते हैं,

माध्यक $=$ (पहला पद $+$ अंतिम पद)$/ \ 2$

प्रश्न के अनुसार,

अनुक्रम $4, 6, 8, 10 \ldots 296$ है।

यहाँ सार्व अंतर $= 8 - 6 = 6 - 4 = 2$ (जो स्थिरांक है)

दिया गया अनुक्रम एक AP है।

$\therefore$ माध्यक $=$ (पहला पद $+$ अंतिम पद)$/ \ 2 = \frac{(4+296)}{2} = 150$

अत: विकल्प (C) सही है।

**59.** जैसा कि हम जानते हैं,

प्राथमिक पंक्ति या स्तंभ रूपांतरण आव्यूह के सारणिक के मान को नहीं बदलते हैं।

दिया हुआ,

$$\begin{vmatrix} x & y & 3 \\ x^2 & 5y^3 & 9 \\ x^3 & 10y^3 & 27 \end{vmatrix}$$

$C_1 \to C_1 - C_3$ लागू करने पर

$$= \begin{vmatrix} x - 3 & y & 3 \\ x^2 - 9 & 5y^3 & 9 \\ x^3 - 27 & 10y^3 & 27 \end{vmatrix}$$

$$= \begin{vmatrix} x - 3 & y & 3 \\ (x-3)(x+3) & 5y^3 & 9 \\ (x-3)(x^2+9+3x) & 10y^3 & 27 \end{vmatrix}$$

$$= (x-3) \begin{vmatrix} 1 & y & 3 \\ (x+3) & 5y^3 & 9 \\ (x^2+9+3x) & 10y^3 & 27 \end{vmatrix}$$

$\therefore (x-3)$ सारणिक के विस्तार का एक कारक है।

अत: विकल्प (A) सही है।

**60.** दिया हुआ,

यहाँ A = {a, b, c} और B = {1, 2}

हम जानते हैं कि A $\times$ B = {(a, b) | a ∈ A और b ∈ B}

$\Rightarrow$ A $\times$ B = {(a, 1), (a, 2), (b, 1), (b, 2), (c, 1), (c, 2)}

हम जानते हैं कि B $\times$ A = {(b, a) | a ∈ A और b ∈ B}

$\Rightarrow$ B $\times$ A = {(1, a), (1, b), (1, c), (2, a), (2, b), (2, c)}

$\Rightarrow$ (A $\times$ B) ∩ (B $\times$ A) = φ

अत: विकल्प (D) सही है।

**61.** जैसा कि हम जानते हैं,

किसी भी दो सदिश $\vec{a}$ और $\vec{b}$ के लिए, हमारे पास है $\cos\theta = \dfrac{\vec{a} \cdot \vec{b}}{|\vec{a}| \times |\vec{b}|}$

यहां, हमारे पास दो सदिश $\vec{a} = \hat{i} + \hat{j} + \hat{k}$ और $\vec{b} = \hat{i} - \hat{j} - \hat{k}$ हैं।

$\Rightarrow |\vec{a}| = \sqrt{1^2 + 1^2 + 1^2} = \sqrt{3}$ और $|\vec{b}| = \sqrt{1^2 + (-1)^2 + (-1)^2} = \sqrt{3}$

$\therefore \vec{a} \cdot \vec{b} = (\hat{i} + \hat{j} + \hat{k}) \cdot (\hat{i} - \hat{j} - \hat{k}) = 1 - 1 - 1 = -1$

$|\vec{a}|$, $|\vec{b}|$ और $\vec{a} \cdot \vec{b}$ के मानों को $\cos\theta = \dfrac{\vec{a} \cdot \vec{b}}{|\vec{a}| \times |\vec{b}|}$ में प्रतिस्थापित

करके हमें मिलता है,

$$\cos\theta = \frac{-1}{\sqrt{3} \times \sqrt{3}} = -\frac{1}{3}$$

$$\Rightarrow \theta = \cos^{-1}\left(-\frac{1}{3}\right)$$

अत: विकल्प (C) सही है।

**62.** जैसा कि हम जानते हैं,

1. $\log_a b^c = c \times \log_a b$

2. $\log_a b = \dfrac{\log b}{\log a}$

दिया हुआ,

$$\dfrac{\log_{13} 625}{\log_{169} 25}$$

गुण 1 और 2 का प्रयोग करके, हम प्राप्त करते हैं

$$= \dfrac{\dfrac{\log 625}{\log 13}}{\dfrac{\log 25}{\log 169}}$$

$$= \dfrac{2 \times \log 25}{\log 13} \times \dfrac{2 \times \log 13}{\log 25}$$

$$= 4$$

अत: विकल्प (A) सही है।

**63.** जैसा कि हम जानते हैं,

$$e^{i \cdot \theta} = \cos\theta + i\sin\theta$$

दिया हुआ,

$$\left(\frac{\cos\pi}{9} + \frac{i\sin\pi}{9}\right)^{18}$$

$$= \left[e^{i \cdot \frac{\pi}{9}}\right]^{18} = e^{i \cdot 2\pi}$$

$$= \cos 2\pi + i\sin 2\pi = 1$$

अत: विकल्प (B) सही है।

**64.** जैसा कि हम जानते हैं,

$${}^n P_r + r \times {}^n P_{r-1} = {}^{n+1} P_r$$

प्रश्न के अनुसार,

$$\text{L.H.S} = {}^n P_r + r \times {}^n P_{r-1}$$

$$= \frac{n!}{(n-r)!} + r \times \frac{n!}{(n-r+1)!}$$

$$= \frac{n!}{(n-r)!} + r \times \frac{n!}{(n-r+1) \times (n-r)!}$$

$$= \frac{n!}{(n-r)!}\left(1 + \frac{r}{(n-r+1)}\right)$$

$$= \frac{n!}{(n-r)!}\left(\frac{n-r+1+r}{(n-r+1)}\right)$$

$$= \frac{(n+1)n!}{(n-r+1)(n-r)!} = \frac{(n+1)!}{(n-r+1)!} = n + {}^1 P_r$$

$$\therefore {}^n P_r + r \times {}^n P_{r-1} = {}^{n+1} P_r$$

अब, $^9 P_5 + 5 \cdot {}^9 P_4 = {}^{10} P_r$

उपरोक्त परिणामों के साथ तुलना करने पर, हम प्राप्त करते हैं

$n = 9$ और $r = 5$

अत: विकल्प (D) सही है।

**65.** जैसा कि हम जानते हैं,

एक अतिपरवलय के मानक समीकरण के लिए, $\frac{x^2}{a^2} - \frac{y^2}{b^2} = 1$

केंद्र-बिंदु का निर्देशांक $= (\pm ae, 0)$

शीर्ष का निर्देशांक $= (\pm a, 0)$

उत्केंद्रता, $e = \sqrt{1 + \frac{b^2}{a^2}}$

नियता का समीकरण, $x = \pm \frac{a}{e}$

दिया गया है,

$\frac{x^2}{16} - \frac{y^2}{9} = 1$

मानक समीकरण के साथ तुलना करने पर, हमें निम्न प्राप्त होता है

$a^2 = 16$ और $b^2 = 9$

उत्केंद्रता $e = \sqrt{1 + \frac{b^2}{a^2}} = \sqrt{1 + \frac{9}{16}} = \sqrt{\frac{16+9}{16}} = \sqrt{\frac{25}{16}} = \frac{5}{4}$

अब, नियता का समीकरण,

$x = \pm \frac{a}{e} = \pm \frac{4}{\left(\frac{5}{4}\right)} = \pm \frac{16}{5}$

अत: विकल्प (C) सही है।

**66.** जैसा कि हम जानते हैं,

एक दीर्घवृत्त का मानक समीकरण $= \frac{x^2}{a^2} + \frac{y^2}{b^2} = 1 (a > b)$

फोकस के निर्देशांक $= (\pm ae, 0)$

उत्केंद्रता $(e) = \sqrt{1 - \frac{b^2}{a^2}}$

दिया हुआ

फोकस $= (\pm 2, 0)$ और उत्केंद्रता $= \frac{1}{4}$

$\Rightarrow$ फोकस $= (\pm ae, 0) = (\pm 2, 0)$

$\Rightarrow ae = 2$

$\Rightarrow a \times \left(\frac{1}{4}\right) = 2$

$\therefore a = 8$

$\Rightarrow a^2 = 64$

अब,

$a^2 e^2 = a^2 - b^2$

$\Rightarrow 2^2 = 8^2 - b^2$

$\therefore b^2 = 60$

इसलिए, दीर्घवृत्त का समीकरण $= \frac{x^2}{64} + \frac{y^2}{60} = 1$

अत: विकल्प (A) सही है।

**67.** दिया हुआ,

एक सदिश समान रूप से क्रमशः $x$ - अक्ष, $y$ - अक्ष और $z$ - अक्ष के प्रवृत है।

जैसा कि हम जानते हैं,

दिशा कोण के कोसाइन रेखा के दिशा कोसाइन हैं।

इसलिए, $cos\alpha, cos\beta$ और $cos\gamma$ को दिशा कोसाइन कहा जाता है।

इसे $l$, $m$ और $n$ द्वारा दर्शाया जाता है।

$\Rightarrow l = cos\alpha, m = cos\beta$ और $n = cos\gamma$

एक रेखा के कोसाइन दिशा के वर्गों का योग एकल के बराबर है।

$l^2 + m^2 + n^2 = 1$ or $\cos^2\alpha + \cos^2\beta + \cos^2\gamma = 1$

$\cos^2\alpha + \cos^2\beta + \cos^2\gamma = 1$

$\Rightarrow \cos^2\alpha + \cos^2\alpha + \cos^2\alpha = 1$

$\Rightarrow 3\cos^2\alpha = 1$

$\Rightarrow \cos^2\alpha = \frac{1}{3}$

$\therefore \cos\alpha = \pm \left(\frac{1}{\sqrt{3}}\right)$

$\cos\alpha = \cos\beta = \cos\gamma = \pm \left(\frac{1}{\sqrt{3}}\right)$

इसलिए, $l = m = n = \pm \left(\frac{1}{\sqrt{3}}\right)$

अब, सदिश के दिशा कोसाइन $\left(\frac{\pm 1}{\sqrt{3}}, \frac{\pm 1}{\sqrt{3}}, \frac{\pm 1}{\sqrt{3}}\right)$ है।

अत: विकल्प (A) सही है।

**68.** जैसा कि हम जानते हैं,

तल $\frac{x}{a} + \frac{y}{h} + \frac{z}{c}$ का अंतःखंड $1$ है।

जहाँ $a, x$ का अंतःखंड है और $b, y$ का अंतःखंड है और $x, z$ का अंतःखंड है।

दिया गया है,

$x + 2y - 4z = 8$

$\Rightarrow \frac{x}{8} + \frac{2y}{8} - \frac{4z}{8} = 1$

$\Rightarrow \frac{x}{8} + \frac{y}{4} + \frac{z}{-2} = 1$

इसलिए, दिए गए तल द्वारा विच्छेदित अंतःखंड $(a, b, c) = (8, 4, -2)$ हैं।

अत: विकल्प (D) सही है।

**69.** दिया हुआ,

$x^2 - nx + m = 0$

माना कि α और β उपरोक्त द्विघात समीकरण के दो मूल हैं।

मूलों का योग $= α + β = n$

मूलों का गुणनफल $= αβ = m$

दिया हुआ, मूल 1 से भिन्न हैं

$\therefore α - β = 1$

हम जानते हैं कि,

$(\alpha + \beta)^2 = (\alpha - \beta)^2 + 4\alpha\beta$

$\Rightarrow n^2 = 1^2 + 4m$

$\therefore n^2 - 4m - 1 = 0$

अत: विकल्प (A) सही है ।

**70.** दिया हुआ,

अंकगणितीय श्रेणी का $n$वां पद $= a_n = \frac{3+n}{4}$

पहले पद के लिए $n = 1$ रखनें पर

$a_1 = a = \frac{(3+1)}{4} = \frac{4}{4} = 1$

दूसरे पद के लिए $n = 2$ रखनें पर

$a_2 = \frac{(3+2)}{4} = \frac{5}{4}$

सार्व अंतर $(d) = a_2 - a_1 = \left(\frac{5}{4}\right) - 1 = \frac{1}{4}$

जैसा कि हम जानते हैं,

$$S = \frac{n}{2}[2a + (n - 1) \times d]$$

$$\Rightarrow S_{105} = \frac{105}{2}\left[2 \times 1 + (105 - 1) \times \frac{1}{4}\right] = 1470$$

अत: विकल्प (D) सही है ।

**71.** हम जानते हैं कि,

माध्य $(\bar{x}) = \frac{\sum_{i=1}^{n} x_i}{n}$

भिन्नता $(\sigma^2) = \frac{\sum_{i=1}^{n}(x_i - \bar{x})^2}{n}$

मानक विचलन $(\sigma) = \sqrt{\text{भिन्नता}} = \sqrt{\sigma^2} = \sqrt{\frac{\sum_{i=1}^{n}(x_i - \bar{x})^2}{n}}$

यहाँ, $n = 5$

माध्य $(\bar{x}) = \frac{\sum_{i=1}^{5} x_i}{5} = \frac{4+6+10+5+10}{5} = \frac{35}{5} = 7$

भिन्नता

$(\sigma^2) = \frac{\sum_{i=1}^{n}(x_i - \bar{x})^2}{n} = \frac{(4-7)^2+(6-7)^2+(10-7)^2+(5-7)^2+(10-7)^2}{5}$

$= \frac{9+1+9+4+9}{5} = 6.4$

$\therefore$ मानक विचलन $(\sigma) = \sqrt{\sigma^2} = \sqrt{6.4}$

अत: विकल्प (D) सही है ।

**72.** दिया गया है,

यहाँ $7$ गुलाबी चिट, $8$ हरी चिट, $3$ पीली चिट और $2$ सफ़ेद चिट हैं।

जैसा कि हम जानते हैं,

$P(E) = $ अनुकूल परिणामों की संख्या/ कुल परिणामों की संख्या

माना $E$ प्रायिकता की घटना है।

$\therefore$ परिणामों की कुल संख्या $= (7 + 8 + 3 + 2) = 20$

$\Rightarrow$ अनुकूल परिणामों की संख्या $= 2$

$\therefore P(E) = \frac{2}{20}$

$= \frac{1}{10}$

अत: विकल्प (C) सही है ।

**73.** माना $I = \int_1^2 \frac{1}{x^2+x} dx$

$= \int_1^2 \frac{1}{x(x+1)} dx$

$= \int_1^2 \frac{(x+1)-x}{x(x+1)} dx$

$= \int_1^2 \left[\frac{(x+1)}{x(x+1)} - \frac{x}{x(x+1)}\right] dx$

$= \int_1^2 \left[\frac{1}{x} - \frac{1}{x+1}\right] dx$

$= [\log x - \log(x + 1)]_1^2$

$= (\log 2 - \log 3) - (\log 1 - \log 2)$

$= \log 2 - \log 3 - 0 + \log 2$

$= 2\log 2 - \log 3$

$= \log 2^2 - \log 3 \quad (\because n\log m = \log m^n)$

$= \log 4 - \log 3$

$= \log \frac{4}{3} \quad \left(\because \log m - \log n = \log\left(\frac{m}{n}\right)\right)$

अत: विकल्प (B) सही है ।

**74.** दिया गया है,

$A = \begin{bmatrix} 0 & 1 \\ 1 & 0 \end{bmatrix}$

$\therefore A^2 = AA = \begin{bmatrix} 0 & 1 \\ 1 & 0 \end{bmatrix}\begin{bmatrix} 0 & 1 \\ 1 & 0 \end{bmatrix}$

$\Rightarrow A^2 = \begin{bmatrix} 0+1 & 0+0 \\ 0+0 & 1+0 \end{bmatrix} = \begin{bmatrix} 1 & 0 \\ 0 & 1 \end{bmatrix}$

अब,

$\Rightarrow A^4 = A^2 A^2 = \begin{bmatrix} 1 & 0 \\ 0 & 1 \end{bmatrix}\begin{bmatrix} 1 & 0 \\ 0 & 1 \end{bmatrix} = \begin{bmatrix} 1 & 0 \\ 0 & 1 \end{bmatrix}$

अत: विकल्प (A) सही है ।

**75.** दिया हुआ,

वृत्त जो बिंदु $(2,4)$ से होकर गुजरता है तथा जिसका केंद्र $x - y = 4$ और $2x + 3y + 7 = 0$ रेखाओं के प्रतिच्छेदन पर है।

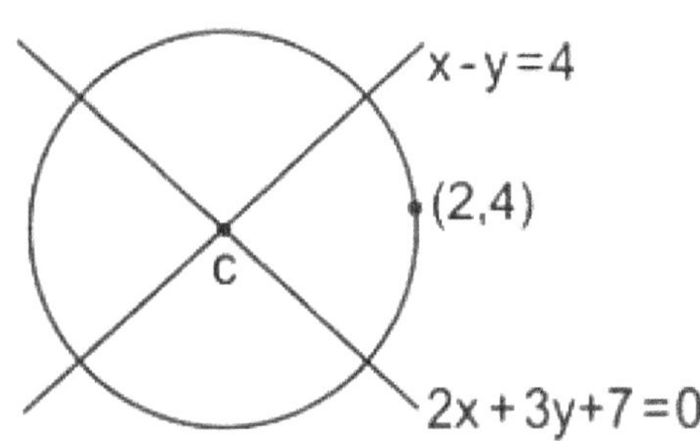


$x - y = 4$

$\Rightarrow x = y + 4$

अब रेखा के दूसरे समीकरण में $x$ के मान को प्रतिस्थापित करें, हम प्राप्त करते हैं

$\Rightarrow 2(y + 4) + 3y + 7 = 0$

$\Rightarrow 2y + 8 + 3y + 7 = 0$

$\Rightarrow 5y + 15 = 0$

$\therefore y = -3$

अब, $x = y + 4$

$\therefore x = -3 + 4 = 1$

केंद्र $= (1, -3)$

त्रिज्या $R = \sqrt{(2-1)^2 + (4-(-3^2))}$

$= R = \sqrt{50}$

$= 5\sqrt{2}$ इकाइयाँ

अत: विकल्प (D) सही है।

**76.** मार्च 2021 में तीरथ सिंह रावत उत्तराखंड के मुख्यमंत्री बने।

- वह उत्तराखंड के पूर्व मुख्यमंत्री और भारत में एक सेवारत संसद सदस्य हैं।

- 2019 के भारतीय आम चुनाव में वह भारतीय जनता पार्टी के सदस्य के रूप में गढ़वाल निर्वाचन क्षेत्र से 17 वीं लोकसभा के लिए चुने गए।

- 9 फरवरी 2013 से 31 दिसंबर 2015 तक वह भारतीय जनता पार्टी उत्तराखंड के दल प्रमुख और 2012 से 2017 तक चौबट्टाखाल निर्वाचन क्षेत्र से उत्तराखंड विधानसभा के पूर्व सदस्य थे।

- वे उत्तराखंड के पहले शिक्षा मंत्री भी थे।

अत: विकल्प (D) सही है।

**77.** ASEAN-भारत वार्ता संबंधों के 30 साल पूरे होने के उपलक्ष्य में विशेष ASEAN-भारत विदेश मंत्रियों की बैठक (एसएआईएफएमएम) 16 और 17 जून 2022 को नई दिल्ली, भारत में आयोजित की जाएगी। इस ऐतिहासिक मान्यता में, वर्ष 2022 को ASEAN-भारत मैत्री वर्ष के रूप में मनाया जा रहा है, जैसा कि अक्टूबर 2021 में 18वें आसियान-भारत शिखर सम्मेलन में आसियान और भारतीय नेताओं द्वारा घोषित किया गया था।

अत: विकल्प (A) सही है।

**78.** भारत के प्रमुख कृषि अर्थशास्त्रियों में से एक अभिजीत सेन का 72 वर्ष की आयु में 29 अगस्त, 2022 को निधन हो गया। पूर्व प्रधानमंत्री मनमोहन सिंह के कार्यकाल के दौरान अभिजीत सेन, 2004 से 2014 तक भारत के योजना आयोग के सदस्य थे।

अत: विकल्प (D) सही है।

**79.** लोथल प्राचीन सिंधु घाटी सभ्यता का एक शहर है जो गुजरात में स्थित है।

- यह गुजरात राज्य के भाल क्षेत्र में स्थित है और 1954 में खोजा गया था।

- भारतीय पुरातत्व सर्वेक्षण ने 13 फरवरी 1955 से 19 मई 1960 तक इसकी खुदाई की।

- प्राचीन समय में, यह अपने मोतियों और रत्नों के व्यापार सहित महत्वपूर्ण और समृद्ध व्यापारिक केंद्र था।

- इसे गूनेस्को द्वारा विश्व धरोहर स्थल के रूप में नामित किया गया।

अत: विकल्प (A) सही है।

**80.** गायत्री मंत्र सूर्य को संबोधित आध्यात्मिक उत्तेजना के लिए एक प्रार्थना है। इसे विश्वामित्र ने बनाया था। यह मंत्र ऋग्वेद में तीसरा मंडला से लिया गया है।

अत: विकल्प (C) सही है।

**81.** सतपुड़ा पर्वत श्रृंखला खंड पर्वत का एक उदाहरण है। जब तनाव या संपीड़न के कारण पृथ्वी की ऊपरी सतह में दरार आ जाती है, तो भ्रंश और खंड आ जाते हैं और पर्वत का रूप ले लेते हैं। चार प्रकार के पर्वत होते हैं वे - खंड पर्वत, अवशिष्ट पर्वत, संचित पर्वत और वलित पर्वत हैं। अरावली पर्वतमाला भारत का सबसे पुराना खंड पर्वत है। हिमालय युवा वलित पर्वत है।

अत: विकल्प (B) सही है।

**82.** दार्जिलिंग पश्चिम बंगाल राज्य में स्थित एक शहर है। इसके पृष्ठभूमि में माउंट कंचनजंगा है, जो दुनिया का तीसरा सबसे बड़ा पर्वत है। दार्जिलिंग को 'पहाड़ियों की रानी' के नाम से भी जाना जाता है।

अत: विकल्प (A) सही है।

**83.** लावा लक्षद्वीप की लोक नृत्य शैली है। यह मुख्य रूप से लक्षद्वीप के पुरुषों द्वारा किया जाने वाला एक लोक नृत्य, जो उत्सव के अवसरों पर नृत्य की एक प्रसिद्ध पारंपरिक शैली है। 'लावा' शब्द संगीत, गीत और लय के सुंदर भावों को दर्शाता है। लावा नृत्य लक्षद्वीप मिनिकॉय द्वीप का सबसे लोकप्रिय नृत्य है।

अत: विकल्प (A) सही है।

**84.** रास लीला उत्तर प्रदेश का नाट्य नृत्य है।

- यह भागवत पुराण जैसे हिंदू धर्मग्रंथों और गीता गोविंदा जैसे साहित्य में वर्णित पारंपरिक कृष्ण कहानी का हिस्सा है।

- कथक का विकास भारतीय शास्त्रीय नृत्य 'ब्रज की रासलीला और मणिपुरी शास्त्रीय नृत्य' (वृंदावन) से हुआ, जिसे नटवरी नृत्य के नाम से भी जाना जाता है।

- यह उत्तर प्रदेश में वृंदावन के मथुरा क्षेत्र में एक लोकप्रिय लोक रंगमंच है।

- इसे "प्रेम नृत्य" के रूप में भी जाना जाता है।

अत: विकल्प (B) सही है।

**85.** ब्रुनेई महाद्वीप एशिया और बोर्नियो द्वीप पर स्थित एक देश है। देश की राजधानी बंदर सेरी बेगवान है। ब्रुनेई की मुद्रा ब्रुनेई डॉलर है।

अत: विकल्प (B) सही है।

**86.** मिस्र की मुद्रा मिस्र पाउंड है जो 100 पियास्त्रे में विभाजित है। इसे LE के रूप में संक्षिप्त किया गया है जिसका अर्थ लिवरे ईजिप्टाइन (मिस्र के पाउंड के लिए फ्रेंच) है। काहिरा मिस्र की राजधानी है और अरबी इसकी आधिकारिक भाषा है।

अत: विकल्प (B) सही है।

**87.**

- मैकमोहन रेखा चीन (तिब्बती क्षेत्र) और भारत (उत्तर-पूर्व क्षेत्र) के बीच की सीमा रेखा है।

- यह रेखा ब्रिटिश औपनिवेशिक प्रशासक हेनरी मैकमोहन के द्वारा 1914 में शिमला सम्मेलन में प्रस्तावित किया गया था।

- इसे तिब्बती प्रतिनिधियों और अंग्रेजों के बीच हस्ताक्षरित किया गया था।

अत: विकल्प (B) सही है।

**88.** बछेंद्री पाल माउंट एवरेस्ट को फतह करने वाली भारतीय महिला थीं उन्होंने 1984 में फतह किया था। माउंट एवरेस्ट दुनिया का सबसे ऊंचा पर्वत है। यह हिमालय की महालंगुर हिमाल उप-श्रृंखला में स्थित है।

अत: विकल्प (A) सही है।

**89.**

- 'ए सेंचुरी इज़ नॉट इनफ' सौरव गांगुली की आत्मकथा है। पुस्तक वर्ष 2018 में प्रकाशित हुई थी।

- अनिल कुंबले, वाइड एंगल पुस्तक के लेखक हैं।

- राहुल द्रविड़: टाइमलेस स्टील राहुल द्रविड़ की जीवनी है।

- प्लेयिंग इट माय वे सचिन तेंदुलकर की आत्मकथा है।

अत: विकल्प (C) सही है।

**90.** इस पैटर्न का अनुसरण यहां किया गया है ,

125 + 11 = 136

136 + 12 = 148

148 + 13 = 161

161 + 14 = 175

175 + 15 = 190

अत: विकल्प (B) सही है।

**91.**

| Alphabets | A | B | C | D | E | F | G | H | I | J | K | L | M |
|---|---|---|---|---|---|---|---|---|---|---|---|---|---|
| Positional value | 1 | 2 | 3 | 4 | 5 | 6 | 7 | 8 | 9 | 10 | 11 | 12 | 13 |
| Positional value | 26 | 25 | 24 | 23 | 22 | 21 | 20 | 19 | 18 | 17 | 16 | 15 | 14 |
| Alphabets | Z | Y | X | W | V | U | T | S | R | Q | P | O | N |

यहाँ अनुसरित तर्क इस प्रकार है:

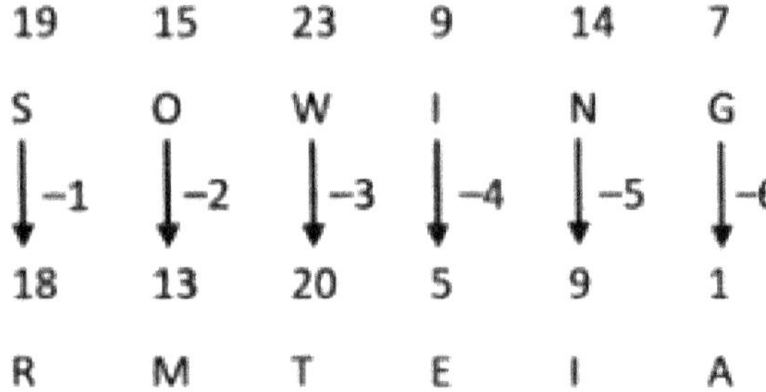

इसी प्रकार,

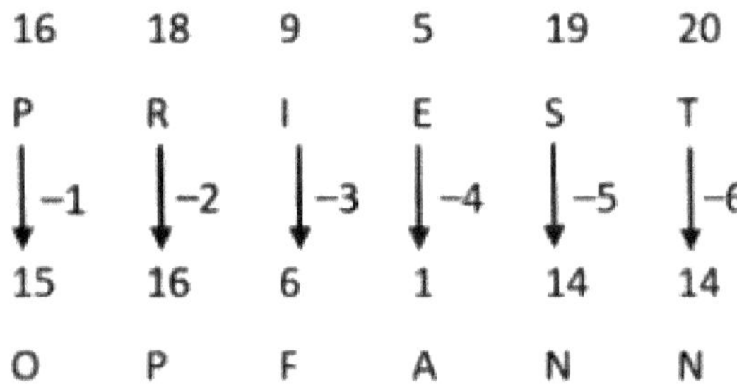

अत: विकल्प (C) सही है।

**92.** इस पैटर्न का अनुसरण यहां किया गया है,

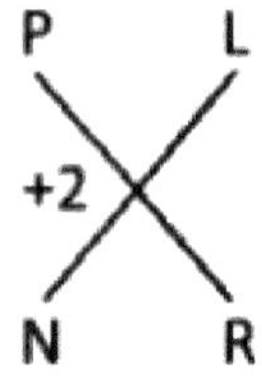 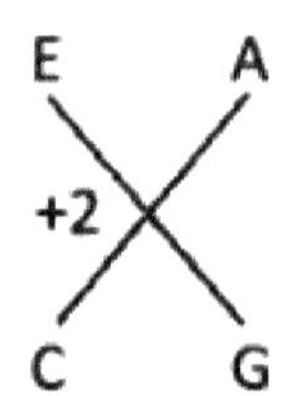 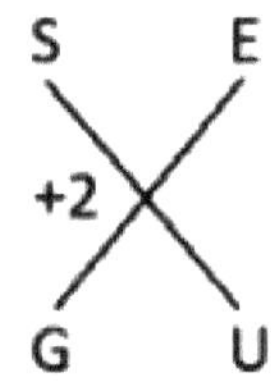

इसी प्रकार,

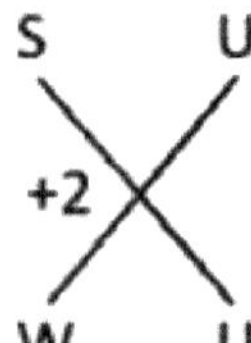 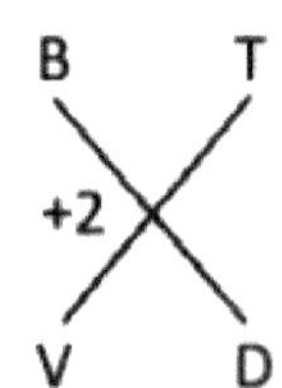 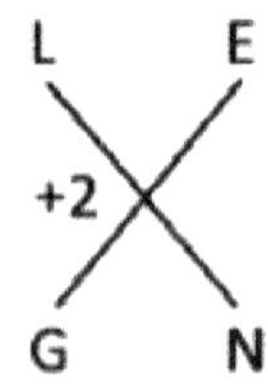

अत: विकल्प (B) सही है।

**93.** टिटनेस एक जीवाणु रोग है। इसे "लॉकजॉ" के रूप में भी जाना जाता है क्योंकि यह जबड़े की मांसपेशियों में कठोरता का कारण बनता है। इसका कारक एजेंट जीवाणु क्लोस्ट्रीडियम टिटेनी है।

अत: विकल्प (B) सही है।

**94.**

- खसरा को रुबेओला भी कहा जाता है और छोटे बच्चों के लिए गंभीर और घातक भी हो सकता है।

- रूबेला, जिसे जर्मन खसरा या तीन-दिन का खसरा भी कहा जाता है, एक संक्रामक वायरल संक्रमण है जिसे इसके विशिष्ट लाल चकत्ते द्वारा जाना जाता है।

- रूबेला खसरा (रुबेला) के समान नहीं है, हालांकि दो बीमारियां कुछ लक्षणों को साझा करती हैं, जिसमें लाल चकत्ते शामिल हैं।

- हालांकि, रूबेला खसरा की तुलना में एक अलग वायरस के कारण होता है और न तो संक्रामक होता है और न ही आमतौर पर खसरा जितना गंभीर होता है।

अत: विकल्प (B) सही है।

**95.** संतोष ट्रॉफी क्रिकेट से संबंधित नहीं है क्योंकि यह भारत में आयोजित एक फुटबॉल टूर्नामेंट है। इसकी स्थापना 1941 में हुई थी और इस टूर्नामेंट में 31 टीमें भाग लेती हैं।

अत: विकल्प (C) सही है।

**96.** हिंदी के बगल में बंगाली भाषा भारत में सबसे अधिक लोगों द्वारा बोली जाती है। बंगाली दूसरी सबसे अधिक बोली जाने वाली भाषा बनी हुई है जबकि मराठी ने तेलुगु को तीसरे स्थान पर प्रतिस्थापित कर दिया है।

अत: विकल्प (A) सही है।

**97.** "CBI" का पूर्ण रूप Central Bureau of Investigation है। केंद्रीय जांच ब्यूरो (CBI) भारत की प्रमुख जांच एजेंसी है। यह कार्मिक, लोक शिकायत और पेंशन मंत्रालय (भारत) के अधिकार क्षेत्र के तहत कार्य करता है। यह मूल रूप से रिश्वतखोरी और सरकारी भ्रष्टाचार की जांच के लिए स्थापित किया गया था।

अत: विकल्प (A) सही है।

**98.** चार रक्त समूहों की खोज कार्ल लैंडस्टीनर ने की थी।

ABO रक्त प्रकार पहली बार एक ऑस्ट्रियाई फिजिशियन कार्ल लैंडस्टीनर द्वारा वियना विश्वविद्यालय (अब मेडिकल यूनिवर्सिटी ऑफ वियना) के पैथोलॉजिकल-एनाटोमिकल इंस्टीट्यूट में काम कर रहे थे। 1900 में, उन्होंने पाया कि विभिन्न व्यक्तियों के सेरा के साथ टेस्ट ट्यूब में मिलाने पर लाल रक्त कोशिकाएं एक साथ (एग्लूटिनेट) टकराएंगी, और यह भी कि कुछ मानव रक्त में पशु रक्त भी मिला था।

अत: विकल्प (B) सही है।

**99.** "बंगाली" बांग्लादेश की आधिकारिक भाषा है। बंगाली, बांग्लादेश के संविधान के तीसरे अनुच्छेद के अनुसार बांग्लादेश की एकमात्र आधिकारिक भाषा है। बांग्लादेश सरकार ने सभी सरकारी मामलों में बंगाली के अनिवार्य उपयोग को सुनिश्चित करने के लिए बंगाली भाषा कार्यान्वयन अधिनियम, 1987 की शुरुआत की।

अत: विकल्प (C) सही है।

**100.** "CID" का पूर्ण रूप Crime Investigation Department है।

अपराध जांच विभाग (CID) भारत की राज्य पुलिस सेवाओं की एक शाखा है जो अपराध की जांच के लिए जिम्मेदार है, जो ब्रिटिश पुलिस बलों के आपराधिक जांच विभागों पर आधारित है।

अत: विकल्प (D) सही है।

# English

**Ques (1-5):Direction**: Read the following passage and answer the question that follows.

Tickling is caused by a light sensation across our skin. At times the light sensation can cause itching; however, most of the time it causes giggling. Yngve Zotterman from Karolinska Institute has found that tickling sensations involve signals from nerve fibres. These nerve fibres are associated with pain and touch. Also, Zotterman has discovered tickling sensations to be associated not only with nerve fibres but also with the sense of touch because people who have lost pain sensations still laugh when tickled. Research has shown that laughter is more than just a person's voice and movement and that it requires the coordination of many muscles throughout the body. Laughter also increases blood pressure and heart rate, changes breathing, reduces levels of certain neurochemicals (catecholamines, hormones), and provides a boost to the dying immune system. Can laughter improve health? It may be a good way for people to relax because muscle tension is reduced after laughing.  Even though we may know more about what parts of the brain are responsible for humour, it is still hard to explain why we don't laugh or giggle when we tickle ourselves. Darwin theorized within "The Expressions of the Emotions in Man and Animals" that there was a link between tickling and laughter because of the anticipation of pleasure. Because we cannot tickle ourselves and have caused laughter, Darwin speculated surprise from another person touching a sensitive spot must have caused laughter.

**Q.1** According to the author, tickling usually causes-
**A.** Laughter
**B.** Pain
**C.** Itching
**D.** Increased blood pressure

**Q.2** People who have lost pain sensations, laugh when tickled because-
**A.** Their sense of touch is related to tickling
**B.** Their nerve fibres are working well
**C.** They have the sense of touch
**D.** They can feel the humour

**Q.3** Laughter cannot
**A.** Boost immune system
**B.** Relax the body
**C.** Improve coordination of muscles
**D.** Increase heart rate

**Q.4** According to the passage, it is difficult to explain-
**A.** Why we laugh when tickled
**B.** Why tickling ourselves doesn't cause laughter
**C.** Why tickling causes itching
**D.** Why laughter improves health

**Q.5** The laughter caused when we are tickled by another person is a result of-
**A.** Surprise
**B.** Pleasure
**C.** Happiness
**D.** Sensitivity

**Q.6 Direction**: In the following question, out of the four alternatives, select the one which best expresses the meaning of the given word.
Extant
**A.** Oblique
**B.** Profuse
**C.** Enduring
**D.** Sanguine

**Q.7 Direction**: In the following question, out of the four alternatives, select the one which best expresses the meaning of the given word.
Constancy
**A.** Fidelity
**B.** Acquit
**C.** Juxtapose
**D.** Vilify

**Q.8 Direction**: Select the word which is closest to the opposite in the meaning of the given word.
Incumbent
**A.** Optional
**B.** Imperative
**C.** Mandatory
**D.** Obligatory

**Q.9 Direction**: Fill in the blank with the most suitable preposition.
They have been constructing their house ______ six months now.
**A.** for     **B.** from     **C.** by     **D.** since

**Q.10 Direction**: Fill in the blank with the most appropriate option.
The CM was pleased to announce that the elevated corridor ______ by the end of last year.
**A.** was building
**B.** has been building
**C.** had been built
**D.** is being built

**Q.11 Direction**: In the following question a sentence is given in Direct/Indirect speech. Out of the four alternatives choose the one which best expresses the sentence in Indirect/Direct Speech.
The master said," Trains are always late."
**A.** The master said that trains had been always late.
**B.** The master said that trains were always late.
**C.** The master said that trains were always being late.
**D.** The master said that trains are always late.

**Q.12 Direction**: In the following question, a sentence has been given in Direct/Indirect Speech. Out of the four alternatives suggested, select the one which best expresses the same sentence in Indirect/Direct Speech.
Rajiv wondered where his puppy had gone.
**A.** Rajiv said, "Wow! Where has the puppy gone?"

**B.** Rajiv said, "Ouch! Where has the puppy gone?"

**C.** Rajiv said, "Oh! Where had the puppy gone?"

**D.** Rajiv said, "Oh! Where has the puppy gone?"

**Q.13** Choose the correctly punctuated sentence.

**A.** What a beautiful house!

**B.** What a beautiful house?

**C.** What a beautiful house.

**D.** What a beautiful house,

**Q.14** Choose the correctly punctuated sentence.

**A.** You should listen to her? otherwise you will regret.

**B.** You should listen to her, otherwise you will regret.

**C.** You should listen to her. otherwise you will regret.

**D.** You should listen to her! otherwise you will regret.

**Q.15 Direction**: In the following question, a sentence has been given in Active/Passive voice. Out of the four alternatives suggested, select the one which best expresses the same sentence in Passive/Active voice.

Sam was reading a book.

**A.** A book is being read by Sam.

**B.** A book was being read by Sam.

**C.** A book had been read by Sam.

**D.** None of the above

**Q.16 Direction**: Choose the pronoun from the sentence.

Everything cannot be settled at once.

**A.** Once

**B.** Everything

**C.** Settled

**D.** At

**Q.17** Which of the following is a reflexive pronoun?

**A.** Himself

**B.** He

**C.** Who

**D.** Everyone

**Q.18 Direction**: Choose which part of speech the underlined word belongs to.

She will give you no <u>less</u> than sixty rupees for this thing.

**A.** Pronoun

**B.** Adjective

**C.** Adverb

**D.** Noun

**Q.19 Direction**: Choose the Adjective from the given sentence.

We were enjoying a lovely view from the window.

**A.** Lovely

**B.** View

**C.** Enjoying

**D.** From

**Q.20 Direction**: Choose the right part of speech for the word given below.

Slovenly

**A.** Adverb

**B.** Adjective

**C.** Noun

**D.** Preposition

**Q.21 Direction**: Identify the type of Pronoun underlined in the given sentence.

The museum has organised an exhibition which <u>everyone</u> must appreciate.

**A.** Personal Pronoun

**B.** Reflexive Pronoun

**C.** Indefinite Pronoun

**D.** Intensive Pronoun

**Q.22 Direction**: Select the word which is closest to the opposite in the meaning of the given word.

Clever

**A.** Intelligent

**B.** Brilliant

**C.** Wicked

**D.** Brainy

**Q.23 Direction**: In the following question, the sentence is given with a blank to be filled in with an appropriate word. Select the correct alternative out of the five and indicate it by selecting the appropriate option.

You cannot cover _________ a crime for long.

**A.** for

**B.** over

**C.** with

**D.** up

**Q.24 Direction**: Pick out the correct verb form.

She was walking along the road when she _______ him.

**A.** met

**B.** have met

**C.** was meeting

**D.** meet

**Q.25 Direction**: Choose the correct form of the verb in the following sentence.

She _________ a new dress last week.

**A.** has bought

**B.** has been buying

**C.** buys

**D.** bought

# Science

**Q.26** यदि पृथ्वी का द्रव्यमान $5.98 \times 10^{24}\ kg$ है, इसकी त्रिज्या $6.37 \times 10^{6}\ m$ है और $G = 6.67 \times 10^{-11}\ N-m^2/Kg^2$ है तो इसके पलायन वेग की गणना कीजिए।

**A.** $8.52 \times 10^4\ m/s$

**B.** $3.14 \times 10^4\ m/s$

**C.** $1.12 \times 10^4\ m/s$

**D.** $6.98 \times 10^4\ m/s$

**Q.27** 200 ग्रा द्रव्यमान के 10 जूल की गतिज ऊर्जा वाली वस्तु के संवेग का मान ज्ञात करें।

**A.** 3 किग्रा मी/से

**B.** 2 किग्रा मी/से

**C.** 5 किग्रा मी/से

**D.** 0.33 किग्रा मी/से

**Q.28** ज्योति तीव्रता की SI इकाई _______ है।

*[AFCAT, 2021]*

**A.** मोल

**B.** कैंडेला

**C.** केल्विन

**D.** एम्पीयर

**Q.29** जब एक गेंद को लम्बवत ऊपर की तरफ फेंका जाता है तो निम्न मात्राओं में से कौन गति के दौरान स्थिर रहती है?

**A.** त्वरण

**B.** विस्थापन

**C.** वेग

**D.** गतिज़ ऊर्जा

**Q.30** एक ग्लास स्लैब के माध्यम से प्रकाश के अपवर्तन के बाद निर्गत किरण कैसी होगी?

**A.** निर्गत किरण और आपतन किरणें यादृच्छिक होती हैं।

**B.** आपतन किरण से निर्गत किरण 90 डिग्री पर है।

**C.** आपतन किरण विक्षेपण के बिना जाती है और निर्गत किरण आपतन किरण के समान होती है।

**D.** निर्गत किरण आपतन किरण के समानांतर है।

**Q.31** जैसे ही सूरज की रोशनी वायुमंडल से गुज़रती है किरणों का धूल, पराग, कालिख और पदार्थों के अन्य छोटे कणों द्वारा प्रकीर्णन होता है। हालांकि, जब हम ऊपर देखते हैं मध्याह्न के समय आकाश नीला दिखाई देता है, क्योंकि-

**A.** नीले प्रकाश का सबसे अधिक प्रकीर्णन होता है।

**B.** नीला प्रकाश सबसे अधिक अवशोषित होता है।

**C.** नीला प्रकाश सबसे अधिक परावर्तित होता है।

**D.** सूरज की रोशनी के पराबैंगनी और पीले घटक का संयोजन होता है।

**Q.32** एक वास्तविक गैस _____ पर आदर्श गैस के रूप में कार्य कर सकती है।
**A.** उच्च दबाव और उच्च तापमान
**B.** निम्न दबाव और उच्च तापमान
**C.** निम्न तापमान और निम्न दबाव
**D.** निम्न तापमान और उच्च दबाव

**Q.33** निम्नलिखित में से किस खेल में खिलाड़ियों के पास पास्कल के नियम का ज्ञान होना चाहिए?
**A.** चढ़ाई
**B.** पैराग्लाइडिंग
**C.** राफ्टिंग
**D.** स्कूबा डाइविंग

**Q.34** दो बिंदु आवेशों के बीच विद्युतस्थैतिक बल सीधे किसके आनुपातिक होता है?
**A.** आवेशों का योग
**B.** आवेशों के बीच की दूरी
**C.** आवेशों के बीच की दूरी का वर्ग
**D.** आवेशों का गुणनफल

**Q.35** विद्युत विभव $V$ को $x$ (मी) की दूरी के फलन $V = (5x^2 + 10x - 4)$ वोल्ट के रूप में दिया गया है। $x = 1$ मी पर विद्युत क्षेत्र का परिमाण ज्ञात कीजिए?
**A.** 20 वोल्ट/मी
**B.** 40 वोल्ट/मी
**C.** 60 वोल्ट/मी
**D.** 10 वोल्ट/मी

**Q.36** 450 प्रति सेकंड चक्र की आवृत्ति का ध्वनि स्त्रोत 34 मी/से की गति के साथ एक स्थिर पर्यवेक्षक की ओर बढ़ रहा है।यदि ध्वनि की गति 340 मी/से है,तो आभासी आवृत्ति क्या होगी?
**A.** 410 प्रति सेकंड चक्र
**B.** 500 प्रति सेकंड चक्र
**C.** 550 प्रति सेकंड चक्र
**D.** 450 प्रति सेकंड चक्र

**Q.37** समान लंबाई, व्यास और पदार्थ के चार तार एक सोनोमीटर बॉक्स पर तनी हुई हैं। उनके तनाव का अनुपात $1:4:9:16$ है। उनकी मूलभूत आवृत्तियों का अनुपात क्या होगा?
**A.** 16:9:4:1
**B.** 4:3:2:1
**C.** 1:2:3:4
**D.** 1:4:9:16

**Q.38** निम्नलिखित में से कौन सा नियम चुंबकीय क्षेत्र में धारा प्रवाहित करने वाले चालक पर कार्य करनेवाले बल की दिशा को दर्शाता है?
**A.** फ्लेमिंग के दाएं हाथ का नियम
**B.** मैक्सवेल का कॉर्क स्क्रू का नियम
**C.** फ्लेमिंग के बाएं हाथ का नियम
**D.** उपरोक्त में से कोई नहीं

**Q.39** एक इलेक्ट्रॉन एकसमान चुंबकीय क्षेत्र $B$ में त्रिज्या $r$ वाले एक वृत्त में गतिमान है। अचानक क्षेत्र कम होकर $\frac{B}{2}$ हो जाता है। तो अब वृत्ताकार पथ की त्रिज्या कितनी हो जाती है?
**A.** $\frac{r}{2}$
**B.** $2r$
**C.** $\frac{r}{4}$
**D.** $\frac{4}{r}$

**Q.40** पीले रंग के प्रकाश का उपयोग किस कारण से फॉग प्रकाश के रूप में किया जाता है?
**A.** प्रकाश सबसे अधिक कोहरे द्वारा प्रसारित होता है
**B.** सभी रंगों में से सबसे लंबा तरंगदैर्ध्य होता है
**C.** लाल और नारंगी को छोड़कर सभी रंगों में से इसमें सबसे लंबा तरंगदैर्ध्य होता है लेकिन लाल रंग पहले से ही ब्रेक प्रकाश और स्टॉप प्रकाश के लिए प्रयोग किया जाता है जबकि नारंगी रंग को लाल के

साथ इसकी समरूपता के कारण नजरअंदाज किया जाता है
**D.** यह पहले से ही अन्य उद्देश्य के लिए आरक्षित नहीं होता है, सभी रंगों में सबसे कम तरंगदैर्ध्य होता है

**Q.41** जब प्रकाश की किरण एक माध्यम से दूसरे माध्यम में जाती है तो निम्न में से क्या होता है:
**A.** तरंगदैर्ध्य समान रहती है
**B.** आवृत्ति समान रहती है
**C.** आवृत्ति बढ़ती है
**D.** तरंगदैर्ध्य बढ़ती है

**Q.42** निम्नलिखित में से कौन सा एक असंतृप्त कार्बन यौगिक नहीं है?
**A.** पेंटीन
**B.** एसिटिलीन
**C.** बेंजीन
**D.** ब्यूटेन

**Q.43** सबसे आघातवर्धनीय धातु कौन सी है?
**A.** ताँबा
**B.** एल्मुनियम
**C.** चाँदी
**D.** सोना

**Q.44** विटामिन A की कमी के कौनसा रोग होता है?
**A.** बेरीबेरी
**B.** रतौंधी
**C.** सूखा रोग
**D.** घेंघा

**Q.45** चेचक _____ के कारण होता है।
**A.** कवक
**B.** विषाणु
**C.** जीवाणु
**D.** प्रोटोजोआ

**Q.46** निम्नलिखित में से कौन सा विकल्प संयोजन इनपुट उपकरणों का प्रतिनिधित्व करता है?
**A.** कीबोर्ड, जॉयस्टिक, माउस
**B.** माउस, जॉयस्टिक, ट्रैकबॉल, प्रिंटर
**C.** माउस, कीबोर्ड, प्लॉटर
**D.** कीबोर्ड, जॉयस्टिक, मॉनिटर

**Q.47** एसआईएम का पूर्ण रूप क्या है?
**A.** सब्सक्राइबर आइडेंटिटी माइक्रोप्रोसेसर
**B.** सब्सक्राइबर आइडेंटिटी मॉड्यूल
**C.** सिस्टम आइडेंटिटी मॉड्यूल
**D.** सब्सक्राइबर इंटेल मॉड्यूल

**Q.48** जब एक वस्तु गोलाकार पथ में घुमती है, बल के द्वारा कोई कार्य नहीं किया जाता है क्योंकि,
**A.** यहाँ कोई विस्थापन नहीं है
**B.** बल हमेशा केंद्र से बाहर की ओर होता है
**C.** यहाँ कोई शुद्ध बल नहीं है
**D.** बल और विस्थापन एक दूसरे के लंबवत हैं

**Q.49** सोल्डर _____ का एक मिश्र धातु है।

*[UPSC NDA, 2021]*

**A.** Cu और Sn
**B.** Ni, Cu और Zn
**C.** Cu और Zn
**D.** Pb और Sn

**Q.50** किस तत्व के ऊपर अष्टक सिद्धांत लागू पाया गया था?
**A.** पोटैशियम
**B.** कैल्शियम
**C.** कोबाल्ट
**D.** ऑक्सीजन

# Mathematics

**Q.51** $2\tan^2 45° + \cos^2 30° - \sin^2 60°$ का मूल्यांकन कीजिए।
**A.** $\frac{1}{2}$
**B.** 2
**C.** 0
**D.** 1

**Q.52** $\log_{0.1} 100$ का मान क्या है?
A. $-2$  B. $-1$  C. $0$  D. $1$

**Q.53** $x^2 + y^2 + 6y = 0$ का केंद्र और त्रिज्या ज्ञात करें।
A. $(0,3), 3$  B. $(-3,0), 3$
C. $(3,0), 3$  D. $(0,-3), 3$

**Q.54** यदि, $A(x,y)$, $P(-3,2)$ और $Q(2,-3)$ से समदूरस्थ है, तो-
A. $2x = y$  B. $x = -y$  C. $x = 2y$  D. $x = y$

**Q.55** $\lim\limits_{x \to 2} \dfrac{\sqrt{3-x}-1}{2-x}$ का मूल्यांकन करें।
A. $0$  B. $\infty$  C. $\dfrac{1}{2}$  D. $\dfrac{-1}{2}$

**Q.56** सारणिक $\Delta = \begin{vmatrix} a_{11} & a_{12} & a_{13} \\ a_{21} & a_{22} & a_{23} \\ a_{31} & a_{32} & a_{33} \end{vmatrix}$ में अवयव $a_{21}$ का सहखंड ज्ञात करें।
A. $a_{12}a_{33} + a_{13}a_{32}$  B. $-a_{12}a_{33} - a_{13}a_{32}$
C. $-a_{12}a_{33} + a_{13}a_{32}$  D. $a_{22}a_{33} - a_{23}a_{32}$

**Q.57** यदि $a, b, c$ समांतर श्रेणी तथा गुणोत्तर श्रेणी दोनों में हैं तो
A. $a = b \neq c$  B. $a \neq b = c$
C. $a \neq b \neq c$  D. $a = b = c$

**Q.58** $\cos^2 x + \cos^2\left(x + \dfrac{\pi}{6}\right) + \cos^2\left(x - \dfrac{\pi}{6}\right)$ का मान ज्ञात कीजिए।
A. $\dfrac{3 - 2\cos 2x}{2}$  B. $\dfrac{3 + 2\sin 2x}{2}$
C. $\dfrac{3 + 2\cos 2x}{2}$  D. इनमें से कोई भी नहीं

**Q.59** $\lim\limits_{y \to 0} \dfrac{\sqrt{2+y^2}-\sqrt{2}}{y^2}$ का मान ज्ञात करें।
A. $\dfrac{1}{2\sqrt{2}}$  B. $\dfrac{1}{\sqrt{2}}$
C. $\dfrac{1}{2}$  D. इनमें से कोई भी नहीं

**Q.60** $\int \dfrac{\sin x}{(\cos x)^3} dx$ का मूल्यांकन करें।
A. $\tan x - \sin x + c$  B. $\dfrac{\tan^2 x}{2} + C$
C. $\dfrac{\sin^2 x}{2} + C$  D. $\log(\cos^2 x) + c$

**Q.61** दीर्घवृत्त $4x^2 + 8y^2 = 24$ की उत्केंद्रता का पता लगाएं।
A. $\dfrac{2}{\sqrt{3}}$  B. $\dfrac{1}{\sqrt{5}}$  C. $\dfrac{1}{\sqrt{2}}$  D. $\dfrac{1}{\sqrt{3}}$

**Q.62** यदि ज्यामितीय श्रेणी $2, 4, 8, ..., n$ में संख्याओं का योग $2046$ है तो $n$ निर्धारित करें।
A. $9$  B. $10$  C. $6$  D. $7$

**Q.63** $6$ हरी गेंदों और $4$ लाल गेंदों वाले बॉक्स में तीन गेंदों का चयन इस तरह किया जाना चाहिए कि कम से कम दो गेंदें हरी हों। ऐसा करने के कितने तरीके हैं?
A. $90$  B. $80$  C. $100$  D. $120$

**Q.64** यह दिया गया है कि $x + iy = \dfrac{2+3i}{2-3i}$ तो $x^2 + y^2$ का मान क्या है?

A. $-1$  B. $5$  C. $-5$  D. $1$

**Q.65** माना कि $\alpha$ और $\beta$ द्विघात समीकरण $x^2 - 4x + 3 = 0$ के मूल हैं। $a^3 + \beta^3$ का मान ज्ञात कीजिए।
A. $27$  B. $-27$  C. $28$  D. $-28$

**Q.66** $7$ व्यंजक और $4$ स्वरों में से ऐसे कितने शब्दों का निर्माण किया जा सकता है जिससे इसमें $3$ व्यंजक और $2$ स्वर शामिल हों?
A. $36000$  B. $55000$  C. $25200$  D. $75000$

**Q.67** एक कूट में दो अलग-अलग अक्षर और उसके बाद $1$ से $9$ तक के अंकों का उपयोग करके दो अलग-अलग संख्याएं शामिल हैं, तो ऐसे कितने कूटों का बनाया जा सकता है?
A. $72900$  B. $67600$  C. $57500$  D. $46800$

**Q.68** निम्नलिखित में से कौन-सा रिक्त समुच्चय है?
A. $\{x : |x| < 1, x \in N\}$
B. $\{x : |x| = 5, x \in N\}$
C. $\{x : x^2 + 2x + 1 = 0, x \in R\}$
D. $\{x : x^2 = 1, x \in Z\}$

**Q.69** $(2 + 3x)^4$ के द्विपद विस्तार में मध्य पद का गुणांक क्या है?
A. $6$  B. $12$  C. $108$  D. $216$

**Q.70** $\dfrac{\log(324)}{\log(18)} = \log(x)$ से $x$ के मान की गणना करें।
A. $10$  B. $100$
C. $0$  D. इनमें से कोई नहीं

**Q.71** यदि $A = \{x \mid x^2 - 5x - 6 = 0\}$ और $B = \{y \mid y^2 - 7y - 8 = 0\}$ तो $A \cup (A \cap B)$ को ज्ञात कीजिए।
A. $\{-1, 6, 8\}$  B. $\{-1, 6\}$
C. $\{-1, 8\}$  D. इनमें से कोई नहीं

**Q.72** $\int_{-1}^{1} x|x| dx$ किसके बराबर है?
A. $0$  B. $\dfrac{2}{3}$  C. $2$  D. $-2$

**Q.73** $z\bar{z} + (3-i)z + (3+i)\bar{z} + 1 = 0$ निम्न में से किसके साथ एक वृत्त को दर्शाता है?
A. केंद्र $(-3,-1)$ और त्रिज्या $3$
B. केंद्र $(-3,1)$ और त्रिज्या $3$
C. केंद्र $(-3,-1)$ और त्रिज्या $4$
D. केंद्र $(-3,1)$ और त्रिज्या $4$

**Q.74** यदि $\left|\vec{a}\right| = 2$ और $\left|\vec{b}\right| = 3$ है, तो $\left|\vec{a} \times \vec{b}\right|^2 + \left|\vec{a} \cdot \vec{b}\right|^2$ किसके बराबर है?
A. $72$  B. $64$  C. $48$  D. $36$

**Q.75** $\dfrac{\sin A}{\sin(90°-A)} + \dfrac{\cos A}{\cos(90°-A)}$ का मूल्यांकन करें।
A. $\sin(90°-A)\cos(90°-A)$
B. $\sec(90°-A)\,cosec(90°-A)$
C. $\cot(90°-A)\,cosec(90°-A)$
D. इनमें से कोई भी नहीं

# General Awareness

**Q.76** वर्तमान में, UNO का महासचिव कौन है?

*[Haryana Police Constable Commando Wing, 2021]*

A. एन्टोनिओ गुटरेस
B. पॉल आर. मिल्ग्रोम
C. रॉबर्ट बी. विल्सन
D. इनमें से कोई नहीं

**Q.77** प्रतिकूल मौसम और प्राकृतिक आपदाओं के कारण फसलों को होने वाली नुकसान की भरपाई के लिए, किस राज्य ने अप्रैल 2022 में मुख्यमंत्री बागवानी बीमा योजना पोर्टल लॉन्च किया है?

A. उत्तर प्रदेश
B. तमिलनाडु
C. गुजरात
D. हरियाणा

**Q.78** द इंग्लिश टीचर" के लेखक कौन है?

A. आर के नारायण
B. खुशवंत सिंह
C. रस्किन बांड
D. विक्रम सेठ

**Q.79 निर्देश**: दी गयी श्रृंखला में एक संख्या लुप्त है। दिए गये विकल्पों में से वह सही विकल्प चुनिए, जो श्रृंखला को पूरा करेगा।

1, 2, 2, 4, 8, 11, 33, ?

A. 36
B. 37
C. 38
D. 40

**Q.80** एक निश्चित कूट में LBAEHC को BLEACH के रूप में लिखा गया है। तो उस कूट भाषा में NBOLZKMH को कैसे लिखा जायेगा?

A. BNLOKZHM
B. LOBNHMKZ
C. OCPMALNI
D. MANKYJLG

**Q.81** एक विशिष्ट कूट भाषा में, 'TEARING' को 'XJGREIA' के रूप में लिखा जाता है। इस कूट भाषा में 'PICTURE' को किस प्रकार लिखा जायेगा?

A. TNIAQMY
B. TNIAMQY
C. YMQTINT
D. TNITQMY

**Q.82** डॉक्ट्रिन ऑफ़ लैप्स लागू होने के समय भारत के गवर्नर जनरल कौन थे?

A. लॉर्ड डलहौजी
B. लॉर्ड कैनिंग
C. लॉर्ड ऑकलैंड
D. सर चार्ल्स मेटकाफ

**Q.83** ईस्ट इंडिया एसोसिएशन की स्थापना किसने की?

A. भीकाजी कामा
B. मदनलाल ढींगरा
C. श्यामजी कृष्ण वर्मा
D. दादाभाई नौरोजी

**Q.84** निम्नलिखित में से कौन एक लैंडलॉक देश है?

*[SSC Selection Post Phase IX, 2019]*

A. सीरिया
B. मंगोलिया
C. तुर्की
D. इरीट्रिया

**Q.85** निम्नलिखित में से किस महाद्वीप के माध्यम से दुनिया की सबसे बड़ी नदी बहती है?

A. एशिया
B. अफ्रीका
C. उत्तर अमेरिका
D. दक्षिण अमेरिका

**Q.86** निम्नलिखित में से नृत्य यामिनी कृष्णमूर्ति किस नृत्य से संबंधित है?

A. मणिपुरी
B. कुचिपुड़ी
C. कथकली
D. ओडिसी

**Q.87** लेडी लीला सोखी निम्नलिखित में से किस नृत्य से संबंधित है?

A. खट्टक
B. ओडिसी
C. मणिपुरी
D. कथक

**Q.88** इंडोनेशिया की मुद्रा को क्या कहा जाता है?

A. बहत
B. दीनार
C. रियाल
D. रूपया

**Q.89** इनमें से बैंकॉक की मुद्रा क्या है?

A. डॉलर
B. बात
C. येन
D. यूरो

**Q.90** उस वैज्ञानिक का नाम बताइए जिसने यह पाया था कि कुछ अणुओं में दर्पण के चित्र होते हैं?

A. लार्ड केल्विन
B. लुई पाश्चर
C. रॉबर्ट हुक
D. हेनरी मोसले

**Q.91** किस वैज्ञानिक ने रेडियोएक्टिव तत्व रेडियम की खोज की?

*[UPTET Science and Maths, 2018]*

A. आइज़क न्यूटन
B. अल्बर्ट आइंस्टीन
C. बेंजामिन फ्रैंकलिन
D. मैरी क्यूरी

**Q.92** भारत सरकार द्वारा राष्ट्रीय प्रतीक को कब अपनाया गया था?

A. 26 जनवरी, 1950
B. 15 अगस्त, 1947
C. 2 अगस्त, 1950
D. जुलाई 12, 1947

**Q.93** हमारे राष्ट्रीय ध्वज की लंबाई और चौड़ाई का अनुपात है-

A. 3:5
B. 2:3
C. 2:4
D. 3:4

**Q.94** HTTP का पूर्ण रूप क्या है?

A. Hyper text transfer protocol
B. Hyper text transfer package
C. Hyphenation text test program
D. उपरोक्त में से कोई नहीं

**Q.95** CPU का पूर्ण रूप क्या है?

A. Central Processing Unit
B. Control Processing Unit
C. Central Process Unit
D. Control Processed Unit

**Q.96** थायमिन की कमी से _______ होता है।

A. बेरीबेरी
B. सूखा रोग
C. स्कर्वी
D. घेंघा

**Q.97 निर्देश**: निम्नलिखित श्रृंखला एक लुप्त पद के साथ दी गई है। दिए गए विकल्पों में से सही विकल्प चुनें जो श्रृंखला को पूरा करेगा।

48, ?, 85, 114, 150

A. 64
B. 63
C. 84
D. 65

**Q.98** मड़ई त्यौहार निम्नलिखित में से किस राज्य का एक आदिवासी त्यौहार है?

A. असम
B. बिहार
C. छत्तीसगढ़
D. मणिपुर

**Q.99 निर्देश**: निम्नलिखित श्रृंखला में अगली आने वाली संख्या का चयन कीजिए।

98, 105, 119, 140, 168, ?

A. 203
B. 220
C. 200
D. 205

**Q.100 निर्देश**: दिए गए विकल्पों में से वह शब्द ज्ञात कीजिए जिसे दिए गए शब्द में प्रयोग किये गए अक्षरों से बनाया जा सकता है?

ADMINISTRATION

A. STATION
B. PASSION
C. LESSON
D. NATIONAL

# // स्मार्ट उत्तर पुस्तिका //

**सही उत्तर** — उन छात्रों का प्रतिशत जिन्होंने प्रश्नों का सही उत्तर दिया था।   **छोड़ दिया** — उन छात्रों का प्रतिशत जिन्होंने प्रश्नों को छोड़ दिया था।

| प्रश्न संख्या | उत्तर | सही उत्तर / छोड़ दिया |
|---|---|---|
| 1 | A | 76.21 % / 21.35 % |
| 2 | C | 84.2 % / 10.64 % |
| 3 | C | 86.75 % / 12.39 % |
| 4 | B | 42.36 % / 47.76 % |
| 5 | A | 58.11 % / 35.47 % |
| 6 | C | 83.04 % / 12.51 % |
| 7 | A | 50.32 % / 39.0 % |
| 8 | A | 56.0 % / 36.31 % |
| 9 | A | 53.37 % / 44.32 % |
| 10 | A | 65.64 % / 33.2 % |
| 11 | D | 56.24 % / 37.69 % |
| 12 | D | 56.93 % / 36.35 % |
| 13 | A | 87.65 % / 11.08 % |
| 14 | B | 78.85 % / 19.86 % |
| 15 | B | 43.16 % / 46.5 % |
| 16 | B | 62.11 % / 35.51 % |
| 17 | A | 53.03 % / 46.95 % |
| 18 | B | 62.43 % / 30.64 % |
| 19 | A | 83.42 % / 14.16 % |
| 20 | B | 81.74 % / 16.34 % |
| 21 | C | 59.73 % / 33.31 % |
| 22 | C | 86.99 % / 11.18 % |
| 23 | A | 40.85 % / 47.29 % |
| 24 | A | 56.83 % / 36.07 % |
| 25 | D | 83.39 % / 11.52 % |
| 26 | C | 48.46 % / 49.2 % |
| 27 | B | 64.51 % / 31.49 % |
| 28 | B | 76.45 % / 10.79 % |
| 29 | A | 88.78 % / 10.0 % |
| 30 | D | 60.7 % / 35.53 % |
| 31 | A | 54.67 % / 33.02 % |
| 32 | B | 81.28 % / 11.71 % |
| 33 | D | 89.13 % / 10.51 % |
| 34 | D | 43.37 % / 43.5 % |
| 35 | A | 55.34 % / 41.27 % |
| 36 | B | 40.43 % / 47.88 % |
| 37 | C | 76.67 % / 21.44 % |
| 38 | C | 52.65 % / 32.39 % |
| 39 | B | 46.95 % / 43.29 % |
| 40 | C | 49.23 % / 43.93 % |
| 41 | B | 58.86 % / 39.71 % |
| 42 | D | 82.59 % / 16.21 % |
| 43 | D | 49.85 % / 42.25 % |
| 44 | B | 57.31 % / 38.24 % |
| 45 | B | 84.3 % / 13.24 % |
| 46 | A | 46.75 % / 51.27 % |
| 47 | B | 78.11 % / 14.62 % |
| 48 | D | 46.72 % / 31.6 % |
| 49 | D | 88.12 % / 10.67 % |
| 50 | B | 62.61 % / 32.92 % |
| 51 | B | 66.91 % / 31.27 % |
| 52 | A | 40.03 % / 55.22 % |
| 53 | D | 43.38 % / 36.6 % |
| 54 | D | 47.71 % / 46.71 % |
| 55 | C | 46.57 % / 41.99 % |
| 56 | C | 47.47 % / 46.61 % |
| 57 | D | 56.93 % / 30.01 % |
| 58 | C | 41.1 % / 40.84 % |
| 59 | A | 79.9 % / 10.73 % |
| 60 | B | 80.34 % / 17.64 % |
| 61 | C | 77.77 % / 16.17 % |
| 62 | B | 82.76 % / 16.33 % |
| 63 | B | 88.18 % / 11.17 % |
| 64 | D | 86.1 % / 13.8 % |
| 65 | C | 64.49 % / 35.14 % |
| 66 | C | 80.63 % / 18.71 % |
| 67 | D | 85.02 % / 11.11 % |
| 68 | A | 57.75 % / 34.52 % |
| 69 | D | 85.87 % / 11.12 % |
| 70 | B | 54.14 % / 43.87 % |
| 71 | B | 52.74 % / 43.61 % |
| 72 | A | 47.05 % / 48.67 % |
| 73 | A | 67.94 % / 30.83 % |
| 74 | D | 63.08 % / 33.73 % |
| 75 | B | 47.14 % / 31.3 % |
| 76 | A | 63.43 % / 35.1 % |
| 77 | D | 78.32 % / 11.57 % |
| 78 | A | 49.3 % / 36.12 % |
| 79 | B | 78.79 % / 18.08 % |
| 80 | A | 63.38 % / 32.02 % |
| 81 | D | 59.79 % / 39.42 % |
| 82 | A | 80.34 % / 15.86 % |
| 83 | D | 55.12 % / 30.33 % |
| 84 | B | 49.41 % / 45.4 % |
| 85 | D | 52.98 % / 46.53 % |
| 86 | B | 80.95 % / 10.5 % |
| 87 | D | 68.0 % / 30.09 % |
| 88 | D | 47.58 % / 30.25 % |
| 89 | B | 81.52 % / 17.9 % |
| 90 | B | 88.91 % / 10.08 % |
| 91 | D | 56.0 % / 32.89 % |
| 92 | A | 50.13 % / 43.63 % |
| 93 | B | 46.51 % / 49.91 % |
| 94 | A | 89.23 % / 10.42 % |
| 95 | A | 42.21 % / 53.29 % |
| 96 | A | 55.68 % / 39.6 % |
| 97 | B | 83.22 % / 14.55 % |
| 98 | C | 62.64 % / 32.61 % |
| 99 | A | 78.54 % / 20.73 % |
| 100 | A | 62.49 % / 36.55 % |

## //संकेत और समाधान//

**1.** It is mentioned that "Tickling is caused by a light sensation across our skin. At times the light sensation can cause itching; however, most of the time it causes giggling."

'Giggling' means 'laughing softly'. So, the most appropriate answer is 'laughter'.

Hence, the correct option is (A).

**2.** It is mentioned that "Also, Zotterman has discovered tickling sensations to be associated not only with nerve fibers but also with the sense of touch because people who have lost pain sensations still laugh when tickled."

This statement means that the people who have lost pain sensations laugh when tickled because tickling is also associated with the sense of touch.

Hence, the correct option is (C).

**3.** It is mentioned that "Laughter also increases blood pressure and heart rate, changes breathing, reduces levels of certain neurochemicals (catecholamines, hormones) and provides a boost to the dying immune system. Can laughter improve health? It may be a good way for people to relax because muscle tension is reduced after laughing."

Hence, the correct option is (C).

**4.** It is mentioned that "Even though we may know more about what parts of the brain are responsible for humour, it is still hard to explain why we don't laugh or giggle when we tickle ourselves."

Clearly, only option (B) mentions the matter that is difficult to explain.

Hence, the correct option is (B).

**5.** It is mentioned that "Because we cannot tickle ourselves and have caused laughter, Darwin speculated surprise from another person touching a sensitive spot must have caused laughter."

We are surprised when another person touches a sensitive spot while tickling and that is what causes laughter.

Hence, the correct option is (A).

**6.** The meaning of the given words is:

**Extant:** still in existence, surviving

**Enduring:** lasting over a period of time

**Oblique:** neither parallel nor at right angles to a specified or implied line, slanting

**Profuse:** (especially of something offered or discharged) very plentiful, abundant

**Sanguine:** optimistic or positive, especially in an apparently bad or difficult situation

Hence, the correct option is (C).

**7.** The meaning of given words is:

**Constancy**: the quality of being faithful and dependable

**Fidelity**: faithfulness to a person, cause, or belief, demonstrated by continuing loyalty and support

**Acquit**: free (someone) from a criminal charge by a verdict of not guilty

**Juxtapose**: a place or deal with close together for contrasting effect

**Vilify**: speak or write about in an abusively disparaging manner

Hence, the correct option is (A).

**8. Incumbent** means necessary for (someone) as a duty or responsibility.

**Optional** means available to be chosen but not obligatory.

**Imperative** means of vital importance, crucial.

**Mandatory** means required by law or mandate, compulsory.

**Obligatory** means required by legal, moral, or other rules; compulsory.

Thus, we can see that the word optional is completely opposite in meaning to the word incumbent.

Hence, the correct option is (A).

**9.** They have been constructing their house for six months now.

The context suggests that the blank should contain a preposition, which shows the passage of six months continuously.

The only viable prepositions, given the time context here, would be 'for' and 'since'.

Since is used to describe something that has been happening from a fixed point in time. It is used when the reference point is more important than the action being taken.

For example- They have been building since 1994.

The preposition 'For' is used when the ongoing action is stressed, rather than the fixed point in the past when it began.

For example- They have been building for six years.

Here, only for is appropriate, as the time indicated here is six months, which suggests an ongoing action is stressed.

Hence, the correct option is (A).

**10.** The context of the sentence suggests that the blank should contain the second verb of the sentence.

Here, the first verb is the simple past tense 'was pleased'.

The sentence also mentions the time 'end of last year', which is also in the past.

Whenever the main verb is in the past and is referring to another action in further past, we need to use the past perfect tense for the second verb.

So, the correct verb here would be the past perfect tense verb 'had been built'.

Thus, the complete sentence is 'The CM was pleased to announce that the elevated corridor had been built by the end of last year'.

Hence, the correct option is (A).

**11.** The given statement is in Direct Speech and in the simple present tense and it is a routine or we can say a scheduled action. So there will be no change in the tense.

On conversion into Indirect Speech, the given sentence will become:

The master said that trains are always late.

Hence, the correct option is (D).

**12.** The sentence is in Indirect Speech we need to convert it into Direct Speech.

The word 'wondered' suggests that an exclamation is made here.

Rajiv said, "Oh! Where has the puppy gone?"

Option (A) is wrong because 'wow' shows excitement and joy. It does not go well with the context of the sentence.

Option (B) is wrong because 'ouch' shows sudden physical pain.

Option (C) is wrong because 'tense' is incorrect.

Option (D) is the correct answer.

Hence, the correct option is (D).

**13.** What a beautiful house!

Option (A) is a correctly punctuated sentence.

Option (B) is incorrect. The question mark is used after asking a question. Example: What is her name?

Option (C) is incorrect. A full stop is used at the end of a sentence. Example: She is my sister.

Option (D) is incorrect. A comma is used when someone is directly addressed/to separate two clauses/to separate ideas, objects, names in a sentence. Example: I will go to Goa, Mumbai and Pune.

Hence, the correct option is (A).

**14.** You should listen to her, otherwise you will regret.

Option (A) is incorrect. The question mark is used after asking a question. Example: What is her name?

Option (B) is a correctly punctuated sentence.

Option (C) is incorrect. A full stop is used at the end of a sentence. Example: She is my sister.

Option (D) is incorrect. The exclamation mark is used to express wonder, surprise or to emphasize. Example: I have found the lost photo album!

Hence, the correct option is (B).

**15.** The sentence is in the active voice, so the passive form of the sentence would be- A book was being read by Sam.

In active voice, the subject performs the action denoted by the verb. On the other hand, a verb is in the passive voice when the subject of the sentence is acted upon by the verb.

Hence, the correct option is (B).

**16.** A pronoun is a word that is used instead of a noun and it functions as a noun. Example: She is your teacher.

In the given sentence 'everything' is a pronoun. It means 'all things' and is used here instead of a noun. So, it is a pronoun.

Hence, the correct option is (B).

**17.** When the subject and the object of the verb is the same person or thing, we use a reflexive pronoun.

The reflexive pronoun for singular first person 'I' is 'myself'.

The reflexive pronoun for the singular second person is 'yourself'.

The reflexive pronoun for the singular third person is 'himself', 'herself' or 'itself' according to the gender of the noun.

Hence, the correct option is (A).

**18.** The underlined word is an adjective. An adjective is a word that is used to describe a noun or a pronoun. 'Less' is the comparative form of 'little'. The phrase 'no less than' means 'at least'.

Hence, the correct option is (B).

**19.** An adjective is a word that is used to describe a noun or a pronoun.

For example: I have a pink pencil.

In the given sentence the word 'lovely' is the adjective which is describing the noun 'view'. 'Lovely' means 'beautiful; pretty'.

Hence, the correct option is (A).

**20.** An adjective describes a noun or pronoun. Example: the black dress.

'Slovenly' means 'untidy' or 'messy' so it is an Adjective.

Example: He is slovenly dressed as he lives on the streets.

Hence, the correct option is (B).

**21.** Indefinite Pronoun: Words like ''Everybody', 'Nobody', 'Everyone', etc are used to denote some unspecified person, object or things. So these are called Indefinite Pronouns.

For example: I have nobody to talk to.

Hence, the correct option is (C).

**22.** Clever means quick to understand, learn and devise or apply ideas, intelligent.

Wicked means evil or morally wrong.

Intelligent means having or showing intelligence, especially of a high level.

Brilliant means very bright.

Brainy means having or showing intelligence.

Hence, the correct option is (C).

**23.** Option (A) 'for' does not fit the context and so it can be dismissed. 'Over' means to be above but since no such position has been mentioned it is not the right fit. 'With' cannot be used as 'cover with' does not fit the context of the sentence and thus can be dismissed. Cover 'on' does not make a logical sense in terms of the context and is not the appropriate fit. The term, 'up' fits the context as cover 'up' means to hide and thus, is contextually correct and the appropriate fit.

Hence, the correct option is (A).

**24.** She was walking along the road when she met him.

The given sentence is talking about a past event. Therefore, simple past tense should be used here. 'met' is the correct verb form.

Hence, the correct option is (A).

**25.** She bought a new dress last week.

The time of the action is mentioned here. Therefore, simple past tense should be used here. So, bought is the best fit.

Hence, the correct option is (D).

**26.** दिया हुआ,
पृथ्वी का द्रव्यमान $5.98 \times 10^{24}\ kg$, इसकी त्रिज्या $6.37 \times 10^6\ m$ है और
$G = 6.67 \times 10^{-11}\ N - m^2/Kg^2$ है।
हम जानते है कि पलायन वेग,

$$V = \sqrt{\frac{2GM}{r}}$$

जहाँ $G$ गुरुत्वाकर्षण है, $M$ द्रव्यमान है और $r$ त्रिज्या है।

$$\therefore V = \frac{\sqrt{2 \times 6.67 \times 10^{-11} \times 5.98 \times 10^{24}}}{\sqrt{6.37 \times 10^6}} \approx 1.12 \times 10^4\ m/s$$

अत: विकल्प (C) सही है।

**27.** दिया गया है
द्रव्यमान $(m) = 200$ ग्रा $= 0.2$ किग्रा
गतिज ऊर्जा $= 10\ J$

जैसा कि हम जानते हैं,

गतिज ऊर्जा $= \frac{1}{2}mv^2$

$$\Rightarrow \left(\frac{1}{2}\right)mv^2 = 10J$$
$$\Rightarrow \left(\frac{1}{2}\right) \times 0.2 \times v^2 = 10$$
$$\Rightarrow v^2 = \frac{(10 \times 2)}{0.2}$$
$$\Rightarrow v^2 = 100$$
$$\Rightarrow v = 10\ \text{मी/से}$$

संवेग $= mv = 0.2 \times 10$

$\therefore$ संवेग $= 2$ किग्रा मी/से
अत: विकल्प (B) सही है।

**28.**

- कैंडेला ज्योति तीव्रता की SI इकाई है।
- मोल पदार्थ की मात्रा की SI इकाई है।
- केल्विन तापमान की SI इकाई है।

- एम्पीयर विद्युत प्रवाह की SI इकाई है।

अत: विकल्प (B) सही है।

**29.** जब एक गेंद को लम्बवत ऊपर की तरफ फेंका जाता है तो इसका त्वरण स्थिर रहेगा।

जबकि इसकी गति अपने प्रक्षेपण के चरम पर शून्य हो जाएगी और इस प्रकार गतिज ऊर्जा में परिवर्तन होता है।

अत: विकल्प (A) सही है।

**30.** एक ग्लास स्लैब के माध्यम से अपवर्तन में पहले स्लैब पर पड़ने वाली किरण आपतन किरण होती है, जब यह स्लैब में प्रवेश करती है तो इसे अपवर्तित किरण कहा जाता है और बाहर आने वाली किरण को एक निर्गत किरण कहा जाता है।

निम्नलिखित चित्र एक ग्लास स्लैब के माध्यम से प्रकाश के अपवर्तन को दर्शाता है:

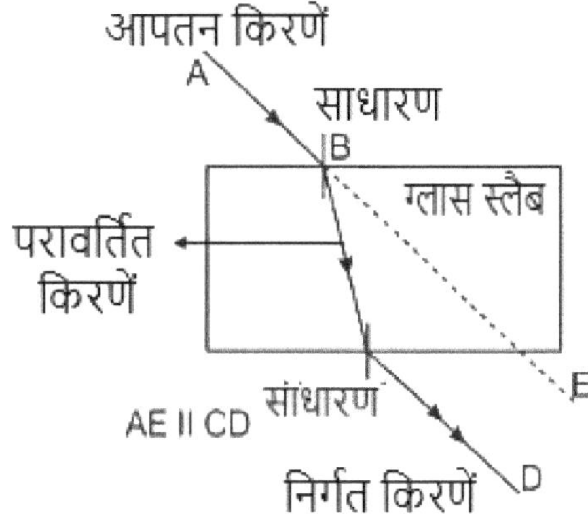


ऊपर दिए गए सिद्धांतों का प्रयोग करते हुए यह देखा जा सकता है कि निर्गत किरण आपतन किरण के समानांतर है (यहां AE, CD के समानांतर है)।

अत: विकल्प (D) सही है।

**31.** रैले प्रकीर्णन के अनुसार, प्रकीर्णन प्रकाश की तरंग दैर्ध्य की चौथी शक्ति के विपरीत आनुपातिक है।

प्रकीर्णन $\propto \frac{1}{\lambda^4}$

जहां $\lambda$ प्रकाश की तरंग दैर्ध्य है।

सफेद प्रकाश के लिए, तरंग दैर्ध्य का क्रम:

बैंगनी $<$ जामुनी $<$ नीला $<$ हरा $<$ पीला $<$ नारंगी $<$ लाल

उपरोक्त के अनुसार प्रकीर्णन प्रकाश की तरंग दैर्ध्य की चौथे घातांक के व्युक्रमानुपाती होता है।

जैसा कि हम जानते हैं कि प्राथमिक रंग (नीला, हरा, पीला, नारंगी और लाल) में नीले रंग का तरंग दैर्ध्य न्यूनतम होता है और इसलिए यह सबसे अधिक प्रकीर्णित होता है

प्रकीर्णित प्रकाश में आकाश में नीले रंग का प्रकाश अधिक होता है इसलिए आकाश नीला दिखाई देता है।

अत: विकल्प (A) सही है।

**32.** वास्तविक गैस कम दबाव और उच्च तापमान पर आदर्श गैस के रूप में सबसे अधिक निकटता से व्यवहार करती है।

इसके अलावा वास्तविक गैस को सबसे आसानी से तरलीकृत किया जा सकता है जो कम तापमान और उच्च दबाव पर आदर्श गैस व्यवहार से सबसे अधिक विचलन करता है।

अत: विकल्प (B) सही है।

**33.** पास्कल के सिद्धांत में कहा गया है कि तरल पदार्थ पर लागू दबाव तरल पदार्थ के सभी भागों और कंटेनर के सभी भागों में समान रूप से प्रसारित होता है।

स्कूबा डाइविंग को भी इस सिद्धांत के नियम का ज्ञान होना चाहिए क्योंकि पानी के नीचे 10 मीटर की गहराई के रूप में समुद्र की सतह पर दबाव वायुमंडलीय दबाव से दोगुना है और 10 मीटर गहराई के प्रत्येक वृद्धि के लिए लगभग 100 kPa से बढ़ता है।

अत: विकल्प (D) सही है।

**34.** कूलम्ब के नियम द्वारा $F = \dfrac{1}{4\pi\varepsilon_0} \cdot \dfrac{q_1 q_2}{r^2}$

तो, दो बिंदु आवेशों के बीच विद्युतस्थैतिक बल आवेश के गुणनफल के सीधे आनुपातिक होता है।

अत: विकल्प (D) सही है।

**35.** दिया गया है,

$$V = (5x^2 + 10x - 4)$$

विद्युत क्षेत्र $(E)$, विद्युत विभव $(V)$ और दूरी $(r)$ के बीच संबंध,

$$dE = -\frac{dV}{dr}$$

$$\therefore E = -\frac{dV}{dx} = -\frac{d}{dx}(5x^2 + 10x - 4) = -(10x + 10)$$

$x = 1$ मी पर

$$\therefore E = -(10 \times 1 + 10) = -20 \text{ वोल्ट/मी}$$

अत: विकल्प (A) सही है।

**36.** दिया गया है,

माध्यम में ध्वनि की गति $(v) = 340$ मी/से

स्त्रोत की गति $(u_s) = 34$ मी/से

स्त्रोत आवृत्ति $(f) = 450$ \ प्रति सेकंड चक्र

आभासी आवृत्ति $f' = f\left(\dfrac{v}{v - v_s}\right)$

$$= 450\left(\frac{340}{340 - 34}\right)$$

$$= 450 \times \frac{340}{306}$$

$$= 500 \text{ प्रति सेकंड चक्र}$$

अत: विकल्प (B) सही है।

**37.** दिया गया है,

तनाव में अनुपात $= 1:4:9:16$

हम जानते हैं कि,

$$v_0 = \frac{1}{2L}\sqrt{\frac{T}{\mu}}$$

$$\therefore v_0 \propto \sqrt{T}$$

$$\Rightarrow v_1 : v_2 : v_3 : v_4 = \sqrt{T_1} : \sqrt{T_2} : \sqrt{T_3} : \sqrt{T_4}$$

$$= 1:2:3:4$$

अत: विकल्प (C) सही है।

**38.** फ्लेमिंग के बाएं हाथ का नियम:

बाएं हाथ का अंगूठा और पहली दो उंगलियां एक दूसरे को परस्पर लंबवत रखकर फैलाएँ।

यदि तर्जनी चुंबकीय क्षेत्र की दिशा दर्शाती है मध्य उंगली धारा की दिशा को दर्शाती है तो अंगूठा आवेशित कण पर बल की दिशा को दर्शाता है।

अत: विकल्प (C) सही है।

**39.** इलेक्ट्रॉन का आवेश $(q) = -e$

चुंबकीय क्षेत्र $= B$

पथ की त्रिज्या $(r) = \dfrac{mV}{qB} = \dfrac{mV}{eB}$

अब चुंबकीय क्षेत्र कम होकर $\dfrac{B}{2}$ हो जाता है।

नया चुंबकीय क्षेत्र $(B') = \dfrac{B}{2}$

नए पथ की त्रिज्या $(r') = \dfrac{mV}{qB'} = \dfrac{mV}{e\frac{B}{2}} = 2 \times \dfrac{mV}{eB} = 2r$

अत: विकल्प (B) सही है।

**40.** रेले के प्रकीर्णन से विकिरण की तरंग दैर्घ्य जितनी अधिक होगी, उतना ही कम इसका प्रकीर्णन होगा।

प्रकाश की तरंग दैर्घ्य जितनी छोटी होगी उतना ही अधिक इसका प्रकीर्णन होगा, यही कारण है कि नीला या बैंगनी प्रकाश का सबसे अधिक प्रकीर्णन होता है और लाल रंग का सबसे कम है।

पीले रंग का प्रकाश कोहरे के दौरान सबसे अधिक पसंद किया जाता है क्योंकि इसमें बड़ा तरंगदैर्घ्य होता है इसलिए इसमें नीले या सफ़ेद प्रकाश की तुलना में अधिक प्रवेशन होगा।

जैसा विकल्प (C) में उल्लेखित है नारंगी और लाल रंगों का प्रयोग नहीं किया जाता है हालाँकि उनमें अधिक तरंगदैर्घ्य होता है क्योंकि लाल का उपयोग पहले से ही ब्रेकिंग लाइट के रूप में किया जाता है और नारंगी लाल की तरह अधिक प्रतीत होता है, इससे भ्रम पैदा होगा।

अत: विकल्प (C) सही है।

**41.** किसी तरंग की आवृत्ति इसका सबसे मौलिक गुण होता है क्योंकि यह स्थिर रहता है और माध्यम में परिवर्तन के साथ परिवर्तित नहीं होता है।

प्रकाश अनुप्रस्थ तरंग का एक उदाहरण है।

जब एक तरंग अलग-अलग माध्यम से गुजरती है, तो इसका वेग परिवर्तित होता है जिसके परिणामस्वरूप इसका तरंगदैर्घ्य भी परिवर्तित होता है लेकिन तरंग की आवृत्ति समान रहती है।

अत: विकल्प (B) सही है।

**42.** ब्यूटेन सूत्र $C_4H_{10}$ के साथ एक कार्बनिक यौगिक है जो चार कार्बन परमाणुओं वाला एक एल्केन है।

ब्यूटेन कमरे के तापमान और वायुमंडलीय दाब पर एक गैस है।

यह एक संतृप्त हाइड्रोकार्बन है।

ब्यूटेन पेट्रोलियम-व्युत्पन्न गैसीय द्रव है जो मुख्य रूप से शिविरण, खाना पकाने और सिगरेट लाइटर में उपयोग किया जाता है।

संतृप्त हाइड्रोकार्बन के अन्य उदाहरणों में मीथेन, ईथेन, प्रोपेन, पेंटेन, हेक्सेन, हेप्टेन, ऑक्टेन शामिल हैं।

अत: विकल्प (D) सही है।

**43.** सोना सबसे आघातवर्धनीय धातु है।

आघातवर्धनीयता धातुओं का एक भौतिक गुण है जो बिना पतले पत्रक में तोड़े बिना इसके पीटने, दबाने या लुढ़कने की क्षमता को तय करती है।

आवर्त सारणी में सोना समूह 11 का एक परिवर्ती तत्व है जिसकी परमाणु संख्या 79 और परमाणु द्रव्यमान 196.996 है। यह एक लाल पीले रंग की मिश्र धातु है और यह तीव्र ऊष्माधारक और विद्युत चालक भी है।

अत: विकल्प (D) सही है।

**44.** विटामिन A की कमी रतौंधी का कारण बनती है जो एक ऐसी स्थिति है जिसमें एक व्यक्ति रात में या खराब रोशनी में अच्छी तरह से देखने में असमर्थ होता है।

अत: विकल्प (B) सही है।

**45.**

- चेचक एक घातक और अत्यधिक संक्रामक विषाणु-जनित बीमारी है।
- यह अनुमान लगाया जाता है कि 20 वीं शताब्दी में लगभग 300 मिलियन लोग संक्रमित हुए थे।
- इथियोपिया में चेचक का आखिरी ज्ञात मामला 1977 में दर्ज किया गया था।
- 1980 में, इसे पूरी तरह से समाप्त करने की घोषणा की गई थी।

अत: विकल्प (B) सही है।

**46.** कीबोर्ड, जॉयस्टिक, माउस संयोजन इनपुट उपकरणों का प्रतिनिधित्व करता है।

कंप्यूटिंग में, एक इनपुट डिवाइस एक उपकरण का एक भाग है जिसका उपयोग सूचना प्रसंस्करण मशीन, जैसे कि कंप्यूटर या डेटाबेस इकाई में डेटा और नियंत्रण सिग्नल भेजने के लिए किया जाता है।

कीबोर्ड, माउस, स्कैनर, डिजिटल कैमरा, जॉयस्टिक और माइक्रोफोन इनपुट डिवाइस के उदाहरण हैं।

कीबोर्ड एक मानव इंटरफ़ेस डिवाइस है जिसे एक बटन लेआउट के रूप में दर्शाया गया है।

पॉइंटर डिवाइस (माउस) कोई भी मानव इंटरफ़ेस डिवाइस है जो उपयोगकर्ता को कंप्यूटर पर स्थानिक डेटा इनपुट करने की अनुमति देता है।

जॉयस्टिक एक इनपुट डिवाइस है जिसमें एक छड़ी होती है जो आधार पर घूमती है और जिस डिवाइस को नियंत्रित करती है उसके कोण या दिशा को रिपोर्ट करती है।

अत: विकल्प (A) सही है।

**47.** एसआईएम का पूर्ण रूप 'सब्सक्राइबर आइडेंटिटी मॉड्यूल' है।

एसआईएम एक प्रकार का इंटीग्रेटेड सर्किट है।

यह आईएमईआई नंबर के भंडारण का कार्य करता है जो मोबाइल ग्राहकों के प्रमाणीकरण और पहचान के लिए उपयोग किया जाता है।

आकार के अनुसार विभिन्न प्रकार के एसआईएम कार्ड जैसे कि नैनो - एसआईएम, माइक्रो एसआईएम, स्टैण्डर्ड -एसआईएम आदि होते हैं।

अत: विकल्प (B) सही है।

**48.**

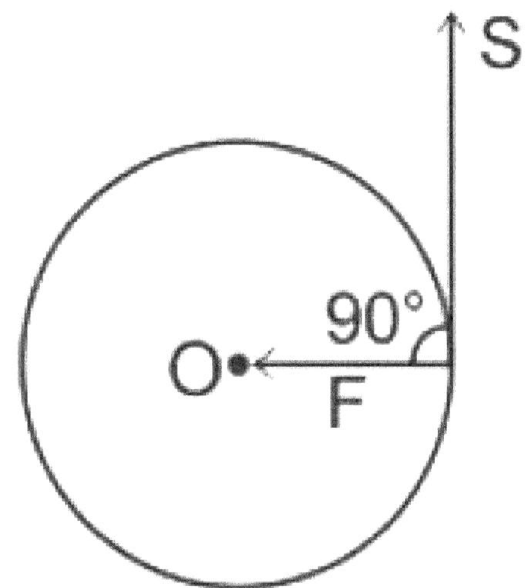


अभिकेंद्री बल द्वारा किया गया कार्य हमेशा शून्य होता है क्योंकि यह वेग के लंबवत होता है और इसलिए तात्कालिक विस्थापन होता है।

ऐसा इसलिए होता है क्योंकि अभिकेंद्री बल वक्रता की त्रिज्या के साथ और उसके केंद्र की ओर कार्य करता है लेकिन निकाय का विस्थापन परिधि (स्पर्शरेखा) के साथ होता है जो त्रिज्या के लंबवत होता है और इस प्रकार अभिकेंद्री बल और विस्थापन के बीच का कोण $90°$ है।

जैसा कि हम जानते हैं कि किया गया कार्य, बल और विस्थापन का गुणनफल है अर्थात

$$W = \vec{F} \cdot \vec{S} = FS\cos\theta$$

और $F$ और $S$ के बीच का कोण $90°$ है।

$$\therefore W = FS\cos 90° = 0$$

अत: विकल्प (D) सही है।

**49.** सोल्डर Pb और Sn का मिश्र धातु है।

सोल्डरन विभिन्न प्रकार की धातुओं को एक साथ मिलाने की एक प्रक्रिया है। सोल्डर एक मिश्र धातु है जिसे गर्म लोहे का उपयोग करके पिघलाया जाता है। लोहे को 600 डिग्री फ़ारेनहाइट से ऊपर के तापमान पर गर्म किया जाता है जो तब एक प्रबल बंध बनाने के लिए ठंडा किया जाता है।

कॉपर और जिंक कठोर सोल्डर बनाते हैं।

टिन और लीड नरम सोल्डर बनाते हैं।

अत: विकल्प (D) सही है।

**50.** कैल्शियम (Ca) तत्व के ऊपर अष्टक सिद्धांत लागू पाया गया था।

1866 में, एक अंग्रेजी वैज्ञानिक जॉन न्यूलैंड्स ने परमाणु द्रव्यमान के बढ़ते हुए क्रम में तत्कालीन ज्ञात तत्वों की व्यवस्था की।

उन्होंने सबसे कम परमाणु द्रव्यमान (हाइड्रोजन) वाले तत्व से शुरू किया और थोरियम पर समाप्त हुआ जो 56वां तत्व था।

उन्होंने पाया कि हर आठवें तत्व में पहले के समान गुण होते हैं।

उन्होंने इसकी तुलना संगीत में पाए जाने वाले अष्टक से की।

इसलिए, उन्होंने इसे 'अष्टक सिद्धांत' कहा और इसलिए इसे 'न्यूलैंड्स लॉ ऑफ ऑक्टेव्स' के रूप में जाना जाता है।

यह पाया गया कि अष्टक सिद्धांत केवल कैल्शियम तक ही लागू था, क्योंकि कैल्शियम के बाद हर आठवें तत्व में पहले के समान गुण नहीं थे।

अत: विकल्प (B) सही है।

**51.** जैसा कि हम जानते हैं,

$\tan 45° = 1$

$\cos 30° = \frac{\sqrt{3}}{2}$

$\sin 60° = \frac{\sqrt{3}}{2}$

$2\tan^2 45° + \cos^2 30° - \sin^2 60°$

$= 2 \times 1^2 + \left(\frac{\sqrt{3}}{2}\right)^2 - \left(\frac{\sqrt{3}}{2}\right)^2$

$= 2 + \frac{3}{4} - \frac{3}{4}$

$= 2$

अत: विकल्प (B) सही है।

**52.** दिया हुआ,

$\log_{0.1} 100$

स्पष्ट रूप से, हम $0.1$ को $\frac{1}{10}$ के रूप में लिख सकते हैं, तो

$\log_{0.1} 100 = \log_{10^{-1}} 100$

$= -\log_{10} 100 = -\log_{10} 10^2$

$= -2\log_{10} 10$

जैसा कि हम जानते हैं कि, $\log_{10} 10 = 1$

$\therefore \log_{0.1} 100 = -2$

अत: विकल्प (A) सही है।

**53.** दिया हुआ,

$x^2 + y^2 + 6y = 0$

$\Rightarrow x^2 + y^2 + 6y + 9 - 9 = x^2 + (y+3)^2 - 9 = 0$

$\Rightarrow x^2 + (y+3)^2 = 9$

त्रिज्या $r$ और केंद्र $(h, k)$ वाले वृत्त का मानक समीकरण दिया जाता है,

$(x - h)^2 + (y - k)^2 = r^2$

तुलना करने पर, हमें प्राप्त होता है

$h = 0, k = -3, r = 3$

$\therefore$ केंद्र $= (0, -3)$, त्रिज्या $= 3$

अत: विकल्प (D) सही है।

**54.** दिया गया है,

बिंदु $P(x_1, y_1)$ और $Q(x_2, y_2)$ के बीच का अंतर-

$PQ = \sqrt{(x_2 - x_1)^2 + (y_2 - y_1)^2}$

$PA = QA$

$\Rightarrow PA^2 = QA^2$

$\Rightarrow (x + 3)^2 + (y - 2)^2 = (x - 2)^2 + (y + 3)^2$

$\Rightarrow x^2 + 9 + 6x + y^2 + 4 - 4y = x^2 + 4 - 4x + y^2 + 9 + 6y$

$\Rightarrow 10x = 10y$

$\Rightarrow x = y$

अथवा,

$AB$ के मध्य-बिंदु के निर्देशांक, जहाँ $A(x_1, y_1)$ और $B(x_2, y_2)$ इस प्रकार से दिए गए हैं-

$\left(\frac{x_1 + x_2}{2}, \frac{y_1 + y_2}{2}\right)$

$\therefore (x, y) = \left(\frac{-3+2}{2}, \frac{2-3}{2}\right) = \left(-\frac{1}{2}, -\frac{1}{2}\right)$

$\Rightarrow x = y$

अत: विकल्प (D) सही है।

**55.** $\lim\limits_{x \to 2} \frac{\sqrt{3-x} - 1}{2 - x}$

$x = 2$ पर, मान $\frac{0}{0}$ है, इसलिए सीमा अनिश्चित रूप $\left(\frac{0}{0}, \frac{\infty}{\infty}, 0 \times \infty, 0^0, 1^\infty, \infty^0\right)$ है।

अनिश्चित रूप को टालने के लिए, अंश को युक्तिसंगत बनाते

$\frac{\sqrt{3-x} - 1}{2 - x} = \frac{\sqrt{3-x} - 1}{2 - x} \times \frac{\sqrt{3-x} + 1}{\sqrt{3-x} + 1}$

$= \frac{(\sqrt{3-x})^2 - 1}{(2-x)(\sqrt{3-x} + 1)} = \frac{3 - x - 1}{(2-x)(\sqrt{3-x} + 1)}$

$= \frac{1}{\sqrt{3-x} + 1}$

$\therefore \lim\limits_{x \to 2} \frac{\sqrt{3-x} - 1}{2 - x} = \lim\limits_{x \to 2} \frac{1}{\sqrt{3-x} + 1} = \frac{1}{1+1} = \frac{1}{2}$

अत: विकल्प (C) सही है।

**56.** सारणिक के अवयव $ij$ का उपसारणिक इसकी $i^{\text{th}}$ पंक्ति और $j^{\text{th}}$ स्तम्भ को हटा कर प्राप्त सारणिक होता है जिसमें अवयव $a_{ij}$ स्थित होता है।

अवयव $a_{ij}$ के उपसारणिक को $M_{ij}$ द्वारा दर्शाया जाता है।

$\therefore a_{21}$ का उपसारणिक $= M_{21}$

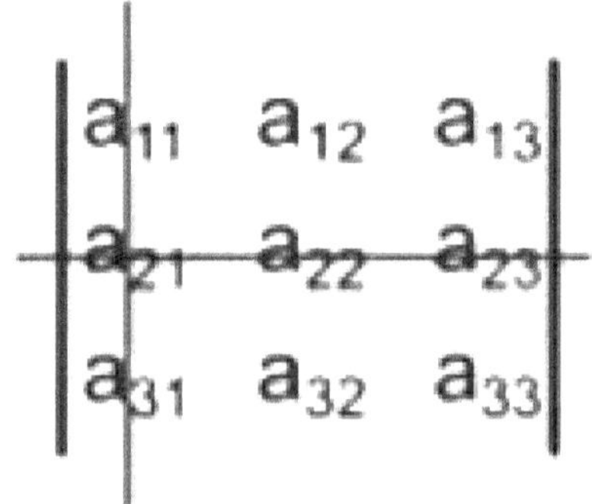

$M_{21} = \begin{vmatrix} a_{12} & a_{13} \\ a_{32} & a_{33} \end{vmatrix} = a_{12} a_{33} - a_{13} a_{32}$

अवयव $a_{ij}$ का सहखंड, जिसे $A_{ij}$ द्वारा दर्शाया जाता है, $A_{ij} = (-1)^{i+j} M_{jj}$, के रूप में परिभाषित किया जाता है जहाँ $a_i$ का उपसारणिक $M_{ij}$ है।

$\therefore a_{21}$ का सहखंड

$= \mathrm{A}_{21} = (-1)^{2+1}\mathrm{M}_{21} = (-1)(a_{12}a_{33} - a_{13}a_{32}) = -a_{12}a_{33} + a_{13}a_{32}$

अतः विकल्प (C) सही है।

**57.** दिया हुआ,

$a, b, c$ समांतर श्रेणी तथा गुणोत्तर श्रेणी दोनों में है।

$\because a, b, c$ समांतर श्रेणी में हैं।

$\Rightarrow b - a = c - b$

$\Rightarrow 2b = a + c \dots\dots(1)$

इसी तरह क्योंकि $a, b, c$ गुणोत्तर श्रेणी में है।

$\Rightarrow \dfrac{b}{a} = \dfrac{c}{b}$

$\Rightarrow b^2 = ac$

$\Rightarrow b = \sqrt{ac}\dots\dots(2)$

(1) और (2) को बराबर करके हम प्राप्त करते हैं

$\dfrac{a+c}{2} = \sqrt{ac}$

$\Rightarrow a + c = 2\sqrt{ac}$

दोनों पक्षों का वर्ग करके हम प्राप्त करते हैं

$a^2 + 2ac + c^2 = 4ac$

$\Rightarrow a^2 - 2ac + c^2 = 0 \Rightarrow (a - c)^2 = 0 \Rightarrow a - c = 0$

$\therefore a = c \dots\dots(3)$

(1) में (3) प्रतिस्थापित करके हम प्राप्त करते हैं

$2b = 2a$

$\Rightarrow a = b\dots\dots(4)$

(3) और (4) से हम प्राप्त करते है अब

$\Rightarrow a = b = c$

अतः विकल्प (D) सही है।

**58.** दिए गए व्यंजक को दोहरे कोण सूत्र का उपयोग करके,

$\cos^2 x + \cos^2\left(x + \dfrac{\pi}{6}\right) + \cos^2\left(x - \dfrac{\pi}{6}\right)$

$= \dfrac{1+\cos 2x}{2} + \dfrac{1+\cos\left(2x+\frac{\pi}{3}\right)}{2} + \dfrac{1+\cos\left(2x-\frac{\pi}{3}\right)}{2}$

$= \dfrac{1}{2} + \dfrac{1}{2} + \dfrac{1}{2} + \dfrac{1}{2}\left[\cos 2x + \cos\left(2x + \dfrac{\pi}{3}\right) + \cos\left(2x - \dfrac{\pi}{3}\right)\right]$

$= \dfrac{1}{2}\left[3 + \cos 2x + 2\cos 2x \cos\left(\dfrac{\pi}{3}\right)\right]$

$\left[\because \cos x + \cos y = 2\cos\left(\dfrac{x+y}{2}\right)\cos\left(\dfrac{x-y}{2}\right)\right]$

$= \dfrac{3 + 2\cos 2x}{2}$

अतः विकल्प (C) सही है।

**59.** दिया हुआ,

$\displaystyle\lim_{y \to 0} \dfrac{\sqrt{2+y^2} - \sqrt{2}}{y^2}$

अंश का परिमेयीकरण करें, हम प्राप्त करते हैं

$= \displaystyle\lim_{y \to 0} \dfrac{\sqrt{2+y^2} - \sqrt{2}}{y^2} \times \dfrac{\sqrt{2+y^2} + \sqrt{2}}{\sqrt{2+y^2} + \sqrt{2}}$

$= \displaystyle\lim_{y \to 0} \dfrac{2+y^2-2}{y^2\left(\sqrt{2+y^2}+\sqrt{2}\right)} = \displaystyle\lim_{y \to 0} \dfrac{y^2}{y^2\left(\sqrt{2+y^2}+\sqrt{2}\right)}$

$= \displaystyle\lim_{y \to 0} \dfrac{1}{\left(\sqrt{2+y^2}+\sqrt{2}\right)}$

$= \dfrac{1}{\left(\sqrt{2+0}+\sqrt{2}\right)}$

$= \dfrac{1}{2\sqrt{2}}$

इसलिए, $\displaystyle\lim_{y \to 0} \dfrac{\sqrt{2+y^2}-\sqrt{2}}{y^2} = \dfrac{1}{2\sqrt{2}}$

अतः विकल्प (B) सही है।

**60.** माना कि $I = \displaystyle\int \dfrac{\sin x}{(\cos x)^3} dx$

$= \displaystyle\int \tan x \sec^2 x \, dx$

$\tan x = t$ रखें

इस प्रकार $\sec^2 x \, dx = dt$

इसलिए समाकल बन जाता है $= \displaystyle\int t \, dt$

$= \dfrac{t^2}{2} + C$

पुनः प्रतिस्थापित करने पर $t = \tan x$, हम प्राप्त करते हैं

$= \dfrac{\tan^2 x}{2} + C$

अतः विकल्प (B) सही है।

**61.** दीर्घवृत्त का दिया गया समीकरण $4x^2 + 8y^2 = 24$ है।

अब, मानक रूप में समीकरण परिवर्तित करें।

$\dfrac{x^2}{6} + \dfrac{y^2}{3} = 1$

इसलिए, $a^2 = 6$ और $b^2 = 31$

अब किसी भी दीर्घवृत्त के लिए संबंध का उपयोग करते हुए हम लिख सकते हैं

$3 = 6(1 - e^2)$

$\Rightarrow e^2 = 1/2$

$\Rightarrow e = \dfrac{1}{\sqrt{2}}$

अतः विकल्प (C) सही है।

**62.** दी गई श्रृंखला $2, 4, 8, \dots$ का योग $2046$ हैं।

पहला पद $a = 2$

अब सार्व अनुपात $\dfrac{4}{2} = 2$

अब योग दिया गया है,

$S_n = \dfrac{2(2^n - 1)}{2 - 1}$

$\Rightarrow 2046 = \dfrac{2(2^n - 1)}{1}$

$\Rightarrow 1023 = 2^n$

$\Rightarrow 1024 = 2^n$

$\Rightarrow 2^{10} = 2^n$

$\Rightarrow 10 - n$

इसलिए, $n = 10$

अतः विकल्प (B) सही है।

**63.** हम दिए गए बॉक्स से दो हरी गेंदों और एक लाल गेंद का चयन कर सकते हैं।

तरीकों की संख्या $= {}^6C_2 \times {}^4C_1 = 15 \times 4$

$= 60$

हम तीनों हरी गेंदों का भी चयन कर सकते हैं।

ऐसा करने के तरीकों की संख्या $= {}^6C_3 = 20$

इसलिए, आवश्यक गेंदों के चयन के तरीकों की संख्या $= 60 + 20 = 80$

इसलिए, तीन गेंदों के चयन के तरीकों की संख्या जैसे कि, कम से कम दो हरी

गेंदें हों, $80$ हैं।
अत: विकल्प (B) सही है।

**64.** दिया है:

$$x + iy = \frac{2+3i}{2-3i}$$

दोनों अंश और हर को $2 + 3i$ से गुणा करने पर,

$$x + iy = \frac{2+3i}{2-3i} \times \frac{2+3i}{2+3i}$$

$$x + iy = \frac{(2+3i)^2}{4+9}$$

$$x + iy = \frac{-5}{13} + \frac{12i}{13} \quad \dots\dots(1)$$

अब,

$$x - iy = \frac{-5}{13} - \frac{12i}{13} \quad \dots\dots(2)$$

समीकरण (1) और (2) को गुणा करने पर,

$$(x + iy)(x - iy) = \frac{25}{169} + \frac{144}{169}$$

$$\Rightarrow x^2 + y^2 = 1$$

अत: विकल्प (D) सही है।

**65.** दिया गया समीकरण $x^2 - 4x + 3 = 0$ है।
माना कि $a$ और $\beta$ दिए गए समीकरण के मूल हैं तो

$$a + \beta = 4$$
$$a\beta = 3$$

अब

$$\alpha^3 + \beta^3 = (\alpha + \beta)^3 - 3\alpha\beta(\alpha + \beta)$$
$$= (4)^3 - 3(3)(4)$$
$$= 64 - 36$$
$$= 28$$

अत: विकल्प (C) सही है।

**66.** दिया गया है,

$7$ व्यंजक और $4$ स्वर हैं।
यहाँ, हमें यह ज्ञात करना है कि ऐसे कितने शब्दों का निर्माण किया जा सकता है जिससे इसमें $3$ व्यंजक और $2$ स्वर हैं।
$4$ स्वरों में से $2$ स्वरों का चयन करने के तरीकों की संख्या $= {}^4C_2$
$7$ व्यंजकों में से $3$ व्यंजकों का चयन करने के तरीकों की संख्या $= {}^7C_3$
$\therefore$ उन शब्दों की संख्या जिसे बनाया जा सकता है जिसमें $3$ व्यंजक और $2$ स्वर शामिल $= {}^4C_2 \times {}^7C_3$
चूँकि हम जानते हैं कि, ${}^nC_r = \frac{n!}{r! \times (n-r)!}$

$$\Rightarrow {}^4C_2 \times {}^7C_3 \, 6 \times 35 = 210$$

$3$ व्यंजक और $2$ स्वरों वाले शब्दों को व्यवस्थित करने के तरीकों की संख्या
$$= 210 \times 5! = 25200$$
अत: विकल्प (C) सही है।

**67.** दिया गया है,

एक कूट में दो अलग-अलग अक्षर और उसके बाद $1$ से $9$ तक के अंकों का उपयोग करके दो अलग-अलग संख्याएं शामिल हैं।
चूँकि हम जानते हैं कि, यहाँ $26$ अंग्रेजी वर्ण हैं।
इसलिए, उन तरीकों की संख्या जिसमें $2$ अक्षरों को $26$ अक्षरों में से चुना जा सकता है $= {}^{26}P_2 = 26 \times 25 = 650$
उसीप्रकार, उन तरीकों की संख्या जिसमें $2$ अंकों को $9$ अंकों से चुना जा सकता है $= {}^9P_2 = 9 \times 8 = 72$

$\therefore$ ऐसे कूटों की कुल संख्या जिसे बनाया जा सकता है $= 650 \times 72 = 46800$
अत: विकल्प (D) सही है।

**68.** विकल्प (A) $: \{x : |x| < 1, x \in N\}$
चूँकि हम जानते हैं कि यहाँ कोई $x \in N$ नहीं है जिससे $|x| < 1$ है
इसलिए, $\{x : |x| < 1, x \in N\}$ एक रिक्त समुच्चय है।
विकल्प (B) $: \{x : |x| = 5, x \in N\}$
चूँकि हम जानते हैं कि, $|5| = 5$ और $5 \in N$
$\Rightarrow 5 \in \{x : |x| = 5, x \in N\}$
इसलिए, $\{x : |x| = 5, x \in N\}$ एक रिक्त समुच्चय नहीं है।
विकल्प (C) $: \{x : x^2 + 2x + 1 = 0, x \in R\}$
$\Rightarrow x^2 + 2x + 1 = 0$
$\Rightarrow x = -1 \in R$
$\Rightarrow -1 \in \{x : x^2 + 2x + 1 = 0, x \in R\}$
इसलिए, $\{x : x^2 + 2x + 1 = 0, x \in R\}$ एक रिक्त समुच्चय नहीं है।
विकल्प (D) $: \{x : x^2 = 1, x \in Z\}$
$\Rightarrow x^2 = 1$
$\Rightarrow x = \pm 1 \in Z$
$\Rightarrow \pm 1 \in \{x : x^2 = 1, x \in Z\}$
इसलिए, $\{x : x^2 = 1, x \in Z\}$ एक रिक्त समुच्चय नहीं है।
अत: विकल्प (A) सही है।

**69.** $(x + y)^n$ के द्विपद विस्तार में सामान्य पद इसके द्वारा दिया जाता है

$$T_{(r+1)} = {}^nC_r \times x^{n-r} \times y^r$$

$(x + y)^n$ के विस्तार में मध्य पद $n$ के मान पर निर्भर करता है।
यदि $n$ सम है तो $(x + y)^n$ के विस्तार में कुल पदों की संख्या $n + 1$ है। इसलिए केवल एक मध्य पद है यानी $\left(\frac{n}{2} + 1\right)^{th}$ पद मध्य पद है।

$$T_{\left(\frac{n}{2}+1\right)} = {}^nC_{\frac{n}{2}} \times x^{\frac{n}{2}} \times y^{\frac{n}{2}}$$

यदि $n$ विषम है तो $(x + y)^n$ के विस्तार में कुल पदों की संख्या $n + 1$ है। इसलिए दो मध्य पद हैं यानी $\left(\frac{n+1}{2}\right)^{th}$ और $\left(\frac{n+3}{2}\right)^{th}$ दो मध्य पद हैं।
यहाँ हमें $(2 + 3x)^4$ के द्विपद विस्तार में मध्य पद के गुणांक को ज्ञात करना होगा।

यहाँ $n = 4$ (n सम संख्या है)

$$\therefore \text{मध्य पद} = \left(\frac{n}{2} + 1\right) = \left(\frac{4}{2} + 1\right) = 3rd \text{ पद}$$

$$\Rightarrow T_3 = T_{(2+1)} = {}^4C_2 \times (2)^{(4-2)} \times (3x)^2$$

$$\Rightarrow T_3 = 6 \times 4 \times 9x^2 = 216x^2$$

$\therefore$ मध्य पद का गुणांक $= 216$
अत: विकल्प (D) सही है।

**70.** दिया हुआ,

$$\frac{\log(324)}{\log(18)} = \log(x)$$

जैसा कि हम जानते हैं कि, $\frac{\log(324)}{\log(18)} = \frac{\log_{10}(324)}{\log_{10}(18)}$ and $\log(x) = \log_{10}(x)$

Now, $\dfrac{\log_{10}(324)}{\log_{10}(18)} = \log_{10}(x)$

$a^b = x \Rightarrow \log_a x = b$ नियम का उपयोग करते हुए हमारे पास है

$10^{\frac{\log_{10}(324)}{\log_{10}(18)}} = x$

$10^{\frac{\log_{10}(18^2)}{\log_{10}(18)}} = x$

घात नियम से,

$10^{\frac{2\log_{10}(18)}{\log_{10}(18)}} = x$

$\Rightarrow x = 10^2$

$\Rightarrow x = 100$

इसलिए, $x$ का मान $100$ है।

अत: विकल्प (B) सही है।

**71.** यहाँ $A = \{x \mid x^2 - 2x - 3 = 0\}$

$x^2 - 5x - 6 = 0$

$\Rightarrow x^2 - 6x + x - 6 = 0$

$\Rightarrow x(x - 6) + 1(x - 6) = 0$

$\Rightarrow (x + 1)(x - 6) = 0$

$\therefore x = -1, 6$

$A$ को रोस्टेड रूप में इस प्रकार $A = \{-1, 3\}$ दर्शाया जा सकता है।

उसी प्रकार $B = \{y \mid y^2 - 7y - 8 = 0\}$

$y^2 - 7y - 8 = 0$

$\Rightarrow y^2 - 8y + y - 8 = 0$

$\Rightarrow y(y - 8) + 1(y - 8) = 0$

$\Rightarrow (y + 1)(y - 8) = 0$

$\therefore y = -1, 8$

$B$ को रोस्टेड रूप में इस प्रकार $B = \{-1, 8\}$ दर्शाया जा सकता है।

माना कि $C = (A \cap B) = \{-1\}$

अब,

$\Rightarrow A \cup (A \cap B)$

$= A \cup C$

$= \{-1, 6\}$

अत: विकल्प (B) सही है।

**72.** माना $I = \int_{-1}^{1} x \, |x| \, dx$

$= \int_{-1}^{1} x \, |x| \, dx$

$= \int_{-1}^{0} x \, |x| \, dx + \int_{0}^{1} x \, |x| \, dx$

$\left( \because \int_a^b f(x) = \int_a^c f(x) + \int_c^b f(x) \right)$

$= \int_{-1}^{0} x \, (-x) \, dx + \int_{0}^{1} x \, (x) \, dx$

$= \int_{-1}^{0} -x^2 \, dx + \int_{0}^{1} x^2 \, dx$

$= -\left[ \dfrac{x^3}{3} \right]_{-1}^{0} + \left[ \dfrac{x^3}{3} \right]_{0}^{1}$

$= -\left[ 0 - \left( -\dfrac{1}{3} \right) \right] + \left[ \dfrac{1}{3} \right]$

$= -\dfrac{1}{3} + \dfrac{1}{3}$

$= 0$

अत: विकल्प (A) सही है।

**73.** दिया गया है,

$z\bar{z} + (3 - i)z + (3 + i)\bar{z} + 1 = 0$

माना कि $z = x + iy$ है, तो $\bar{z} = x - iy$ है।

$\therefore (x + iy)(x - iy) + (3 - i)(x + iy) + (3 + i)(x - iy) + 1 = 0$

$\Rightarrow x^2 - ixy + ixy - i^2y^2 + 3x + 3iy - ix - i^2y + 3x - 3iy + ix - i^2y + 1 = 0$

$\Rightarrow x^2 + y^2 + 6x + 2y + 1 = 0 \quad (\because i^2 = -1)$

$\Rightarrow (x^2 + 6x + 9) - 9 + (y^2 + 2y + 1) = 0$ ( 9 को जोड़िए और घटाइए)

$\Rightarrow (x + 3)^2 - 9 + (y + 1)^2 = 0$

$\Rightarrow (x + 3)^2 + (y + 1)^2 = 9$

$\Rightarrow \left( x - (-3) \right)^2 + \left( y - (-1) \right)^2 = 3^2$

वृत्त का समीकरण: $(x - h)^2 + (y - k)^2 = r^2$

जहाँ , $(h, k)$ = वृत्त का केंद्र और त्रिज्या $= r$ है।

$\therefore$ वृत्त का केंद्र $(-3, -1)$ और त्रिज्या $= 3$

अत: विकल्प (A) सही है।

**74.** दिया गया है,

$|\vec{a}| = 2$ और $|\vec{b}| = 3$

$|\bar{a} \times \bar{b}|^2 + |\bar{a} \cdot \bar{b}|^2$

$= \left( |\bar{a}||\bar{b}|\sin\theta \right)^2 + \left( |\bar{a}||\bar{b}|\cos\theta \right)^2$

$= a^2 b^2 \sin^2\theta + a^2 b^2 \cos^2\theta$

$= a^2 b^2 (\sin^2\theta + \cos^2\theta)$

$= (2)^2 (3)^2 (1)$

$= 36$

अत: विकल्प (D) सही है।

**75.** $\dfrac{\sin A}{\sin(90° - A)} + \dfrac{\cos A}{\cos(90° - A)}$

जैसा कि हम जानते हैं कि $\sin(90° - A) = \cos A$ और $\cos(90° - A) = \sin A$

$= \dfrac{\sin A}{\cos A} + \dfrac{\cos A}{\sin A}$

$= \dfrac{\sin^2 A + \cos^2 A}{\sin A \cos A}$

$= \dfrac{1}{\sin A \cos A} = cosec A \sec A$

$= \sec(90° - A) cosec(90° - A)$

अत: विकल्प (B) सही है।

**76.** संयुक्त राष्ट्र के नौवें महासचिव एंटोनियो गुटेरेस ने 1 जनवरी 2017 को पदभार ग्रहण किया।

एंटोनियो मैनुअल डी ओलिवेरा गुटेरेस एक पुर्तगाली राजनीतिज्ञ और राजनयिक हैं। 2017 से, उन्होंने संयुक्त राष्ट्र के महासचिव के रूप में कार्य किया है, जो इस उपाधि को धारण करने वाले नौवें व्यक्ति हैं। पुर्तगाली सोशलिस्ट पार्टी के सदस्य, गुटेरेस ने 1995 से 2002 तक पुर्तगाल के प्रधान मंत्री के रूप में कार्य किया। गुटेरेस ने 1992 से 2002 तक सोशलिस्ट पार्टी के

महासचिव के रूप में कार्य किया। वह 1995 में प्रधान मंत्री चुने गए और 2002 में उनकी पार्टी के बाद इस्तीफा दे दिया। 2001 के पुर्तगाली स्थानीय चुनावों में हार गए थे।

अतः विकल्प (A) सही है।

**77.** प्रतिकूल मौसम और प्राकृतिक आपदाओं के कारण फसलों को हुए नुकसान की भरपाई के लिए, हरियाणा ने अप्रैल 2022 में योजना के लिए 10 करोड़ रुपये के प्रारंभिक कोष के साथ मुख्यमंत्री बागवानी बीमा योजना पोर्टल लॉन्च किया है। यह योजना सब्जियों और मसालों के लिए 30,000 रुपये प्रति एकड़ और फलों के लिए 40,000 रुपये प्रति एकड़ की राशि की भरपाई करती है, जिसकी भरपाई किसानों को चार श्रेणियों जैसे 25 प्रतिशत, 50 प्रतिशत, 75 प्रतिशत और 100 प्रति एकड़ के माध्यम से की जाएगी। सर्वेक्षण के आधार पर शत-प्रतिशत किसान का अंशदान बीमित राशि का केवल 5 प्रतिशत यानी सब्जियों और मसालों के लिए 750 रुपये प्रति एकड़ और फलों के लिए 1000 रुपये प्रति एकड़ होगा।

अतः विकल्प (D) सही है।

**78.** "द इंग्लिश टीचर" आर के नारायण द्वारा लिखित 1945 का उपन्यास है। यह 'मालगुडी डेज़' श्रृंखला में तीसरा और अंतिम भाग है, जो कि स्वामी और मित्र (1935) और द बैचलर ऑफ आर्ट्स (1937) से पहले है।

नारायण की महत्वपूर्ण पुस्तकें, स्वामी और मित्र, द बैचलर ऑफ़ आर्ट्स और द इंग्लिश टीचर हैं।

2001 में, उन्हें भारत के दूसरे सबसे बड़े नागरिक सम्मान, पद्म विभूषण से सम्मानित किया गया।

अतः विकल्प (A) सही है।

**79.** श्रृंखला इस प्रकार है,

1 + 1 = 2
2 × 1 = 2
2 + 2 = 4
4 × 2 = 8
8 + 3 = 11
11 × 3 = 33
तो ,
33 + 4 = 37
इस प्रकार, लुप्त संख्या 37 है।
अतः विकल्प (B) सही है।

**80.** शब्द को अक्षरों के जोड़े में निर्मित किया गया है और प्रत्येक जोड़े में अक्षर उल्टे हैं।

अतः विकल्प (A) सही है।

**81.** अक्षरों के स्थानीय मान पर लेने पर,

अब, अनुसरित श्रृंखला है,

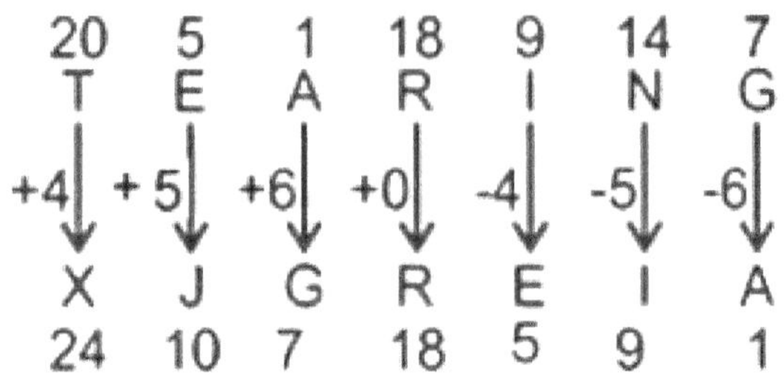

इसी प्रकार,

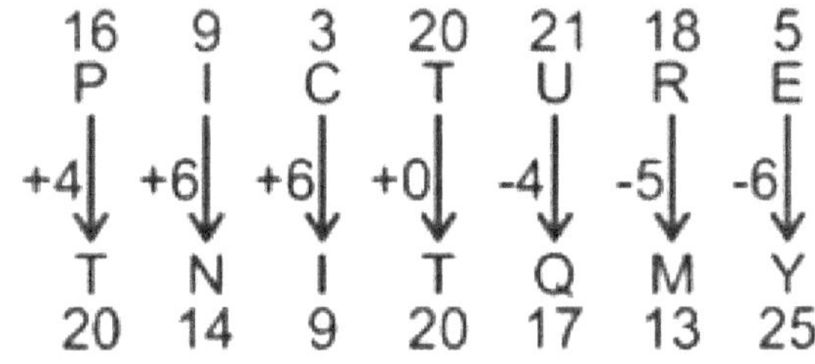

इसलिए 'PICTURE' को 'TNITQMY' के रूप में कूटबद्ध किया जाता है।

अतः विकल्प (D) सही है।

**82.** डॉक्ट्रिन ऑफ़ लैप्स लागू होने के समय भारत के गवर्नर जनरल लॉर्ड डलहौजी थे।

लॉर्ड डलहौजी 1848 से 1856 तक भारत के गवर्नर-जनरल थे।

उन्होंने केवल ब्रिटिश भारत के विस्तार पर ध्यान केंद्रित किया।

डॉक्ट्रिन ऑफ़ लैप्स द्वारा, उन्होंने सतारा, जयपुर, संबलपुर, उदयपुर, झाँसी और नागपुर जैसे कई प्रांतों पर कब्जा कर लिया।

उनके कार्यकाल के दौरान, दूसरा एंग्लो-सिख युद्ध (1849) लड़ा गया था और लॉर्ड डलहौजी ने पंजाब पर कब्जा कर लिया था।

अतः विकल्प (A) सही है।

**83.** दादाभाई नौरोजी ने 1 अक्टूबर 1866 को लंदन में ईस्ट इंडिया एसोसिएशन की स्थापना की।

यह भारतीय राष्ट्रीय कांग्रेस के पूर्व अधिकारी थे।

इसने 'जर्नल ऑफ़ द ईस्ट इंडिया एसोसिएशन' नामक अपनी पत्रिका का निर्माण किया।

नौरोजी ने 1867 में एसोसिएशन को अपना पहला व्याख्यान दिया।

1912 में महिलाओं को एसोसिएशन में स्वीकार किया गया।

अतः विकल्प (D) सही है।

**84.** मंगोलिया एक लैंडलॉक देश है।

मंगोलिया पूर्वी एशिया में उत्तर में रूस और दक्षिण में चीन, पूर्व में कज़ाकिस्तान में 1,564,100 वर्ग किमी के क्षेत्र में फैला एक लैंडलॉक देश है।

जब किसी देश को दूसरे देशों द्वारा चारों तरफ से घेर लिया जाता है, तो उसे एक लैंडलॉक देश माना जाता है।

दुनिया के सभी देशों में से 49 लैंडलॉक हैं।

अतः विकल्प (B) सही है।

**85.** दक्षिण अमेरिका में दुनिया की सबसे बड़ी नदी, अमेज़न है। दक्षिण अमेरिका अधिकतर दक्षिणी गोलार्ध में स्थित है। क्षिण अमेरिका में अमेज़न नदी

दुनिया में पानी की मात्रा का निर्वहन करके सबसे बड़ी नदी है, और दुनिया में दूसरी सबसे लंबी नदी है।

अत: विकल्प (D) सही है।

**86.** कुचिपुड़ी कुचिपुड़ी में पैर की विभिन्न गतिविधियाँ शामिल हैं और आम तौर पर एक समूह का प्रदर्शन होता है। कुचिपुड़ी का केंद्रीय भागवत पुराण है, लेकिन प्रकृति में धर्मनिरपेक्ष है। कुचिपुड़ी की नर्तकियों को भगवथालस कहा जाने लगा। यामिनी कृष्णमूर्ति कुचिपुड़ी से संबंधित हैं।

अत: विकल्प (B) सही है।

**87.** कथक मूल रूप से ब्रजभूमि की रास लीला से है, यह उत्तर प्रदेश का पारंपरिक नृत्य है।

कथक कथिया द्वारा प्रदर्शित किया जाता है जो हावभाव और संगीत के साथ महाकाव्य से छंदों का पाठ करता है।

लेडी लीला सोखी का संबंध कथक से है।

अत: विकल्प (D) सही है।

**88.**

| इंडोनेशिया की राजधानी | जकार्ता |
| --- | --- |
| मुद्रा | इंडोनेशियाई रुपिया |
| राष्ट्रपति | जोको विडोडो |
| आधिकारिक भाषाएँ | इंडोनेशियाई, मलय |

अत: विकल्प (D) सही है।

**89.** बैंकॉक थाईलैंड की राजधानी है।

बैंकाक में उपयोग की जाने वाली मुद्रा बात है।

10वीं मेकांग गंगा कार्पोरेशन (एमजीसी) मंत्रिस्तरीय बैठक अगस्त 2019 में बैंकॉक, थाईलैंड में आयोजित की गई थी।

भारत का प्रतिनिधित्व विदेश मंत्री एस जयशंकर ने किया।

इस बैठक के दौरान, नई एमजीसी योजना 2019-2022 को अपनाया गया।

अत: विकल्प (B) सही है।

**90.** लुई पाश्चर ने पाया कि कुछ अणुओं में दर्पण प्रतिबिंब होते हैं और उन्हें रासायनिक यौगिक के बाएँ हाथ और दाहिने हाथ के संस्करणों के रूप में समझाया जाता है।

अत: विकल्प (B) सही है।

**91.** रेडियम की खोज 1898 में मैरी क्यूरी और पियरे क्यूरी ने की थी। वे दस टन यूरेनियम से 1 मिलीग्राम रेडियम निकालने में कामयाब रहे।

अत: विकल्प (D) सही है।

**92.** 26 जनवरी, 1950 को भारत सरकार द्वारा राष्ट्रीय प्रतीक को अपनाया गया था। इसे विश्व शांति और सद्भावना के लिए अपनी प्राचीन प्रतिबद्धता की समकालीन भारत की पुन: पुष्टि के प्रतीक के रूप में चुना गया था।

अत: विकल्प (A) राही है।

**93.** भारत का राष्ट्रीय ध्वज गहरे भगवा [केसरिया] का एक क्षैतिज तिरंगा है, जो बीच में सफेद और समान अनुपात में सबसे नीचे गहरे हरे रंग में है। ध्वज की चौड़ाई की लंबाई का अनुपात 2 से 3 है। भारतीय राष्ट्रीय ध्वज के सफेद बैंड के केंद्र में, एक नीला चक्र है जो चक्र का प्रतिनिधित्व करता है। इसका डिज़ाइन उस पहिये का है जो अशोक के सारनाथ शेर राजधानी के अबेकस पर दिखाई देता है। इसका व्यास सफेद बैंड की चौड़ाई के करीब है और इसमें चौबीस तीलियां हैं। भारत के राष्ट्रीय ध्वज के डिजाइन को भारत की संविधान सभा ने 22 जुलाई 1947 को अपनाया था।

अत: विकल्प (B) सही है।

**94.** Hyper text transfer protocol सहयोगी, हाइपरमीडिया सूचना प्रणाली के लिए एक अनुप्रयोग प्रोटोकॉल है जो उपयोगकर्ताओं को वर्ल्ड वाइड वेब पर डेटा संचार करने की अनुमति देता है।

अत: विकल्प (A) सही है।

**95.** कंप्यूटर की Central Process Unit (CPU) एक कंप्यूटर का हिस्सा है जो निर्देशों को पुनर्प्राप्त और निष्पादित करता है। CPU अनिवार्य रूप से एक CAD प्रणाली का मस्तिष्क है। इसमें एक अंकगणित और तर्क इकाई (ALU), एक नियंत्रण इकाई और विभिन्न रजिस्टर शामिल हैं। सीपीयू को अक्सर प्रोसेसर के रूप में संदर्भित किया जाता है।

अत: विकल्प (A) सही है।

**96.** थायमिन (विटामिन B1) की कमी से बेरीबेरी होता है। बेरीबेरी दो प्रकार के होते हैं, गीला बेरीबेरी परिसंचरण तन्त्र और हृदय को प्रभावित करता है, जबकि सूखी बेरीबेरी मांसपेशियों और नसों को प्रभावित करती है और पक्षाघात का कारण बन सकती है।

अत: विकल्प (A) सही है।

**97.** यहाँ अनुसरित श्रृंखला निम्नप्रकार है:

48 + 15 = 63

63 + 22 = 85 (∵ 22 - 15 = 7)

85 + 29 = 114 (∵ 29 - 22 = 7)

114 + 36 = 150 (∵ 36 - 29 = 7)

इसलिए, सही उत्तर 63 है।

अत: विकल्प (B) सही है।

**98.** मड़ई त्यौहार छत्तीसगढ़ का एक लोकप्रिय त्यौहार है। त्योहार राज्य की समृद्ध संस्कृति और परंपरा को दर्शाता है। मड़ई महोत्सव गोंड जनजाति से संबंधित लोगों द्वारा मनाया जाता है।

अत: विकल्प (C) सही है।

**99.** यहाँ अनुसरित श्रृंखला निम्नप्रकार है:

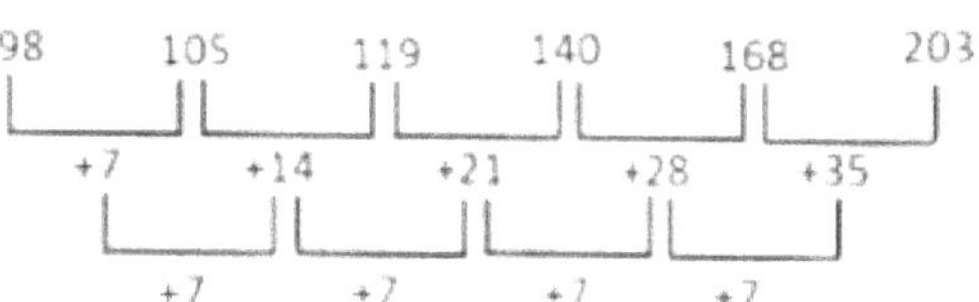


अत: विकल्प (A) सही है।

**100.** (1) STATION → इसे बनाया जा सकता है।

(2) PASSION → ADMINISTRATION में अक्षर P मौजूद नहीं है, इसलिए इसे नहीं बनाया जा सकता है।

(3) LESSON → ADMINISTRATION में अक्षर L मौजूद नहीं है, इसलिए इसे नहीं बनाया जा सकता है।

(4) NATIONAL → ADMINISTRATION में अक्षर L मौजूद नहीं है, इसलिए इसे नहीं बनाया जा सकता है।

इसलिए, STATION को ADMINISTRATION में प्रयोग किये गए अक्षरों से बनाया जा सकता है।

अत: विकल्प (A) सही है।

## Mathematics

**Q.1** $\sin^{-1}\sin\left(\frac{33\pi}{5}\right)$ का मान क्या है?

A. $\frac{33\pi}{5}$     B. $\frac{2\pi}{5}$

C. $\frac{\pi}{5}$     D. उपरोक्त में से कोई नहीं

**Q.2** दो पुरुष क्रमशः $\frac{1}{2}$ और $\frac{1}{3}$ प्रायिकता के साथ एक लक्ष्य का निशाना लगाते हैं। तो उनमें से एक पुरुष द्वारा सटीकता से निशाना लगाने की प्रायिकता क्या है?

A. $\frac{1}{2}$     B. $\frac{1}{3}$     C. $\frac{1}{6}$     D. $\frac{2}{3}$

**Q.3** 52 पत्तों के एक अच्छी तरह से पीसे हुए पैक से प्रतिस्थापन के साथ 4 पत्ते एक के बाद एक क्रमिक रूप से खींचे जाते हैं। कोई भी पत्ता एक चिड़ी न होने की प्रायिकता क्या है?

A. $\left(\frac{3}{13}\right)^4$     B. $\left(\frac{1}{13}\right)^4$     C. $\left(\frac{1}{4}\right)^4$     D. $\left(\frac{3}{4}\right)^4$

**Q.4** $\sin(2\cos^{-1}x + \sin^{-1}x)$ किसके बराबर है?

A. $x^2$     B. $x$     C. $-x$     D. $2x$

**Q.5** $\int \frac{1-\cos2x}{1-\sin^2x}dx$ का मूल्यांकन करें।

A. $\tan x - 2x + c$     B. $2\tan x - x + c$

C. $2\tan x - 2x + c$     D. $2\tan x + 2x + c$

**Q.6** यदि $(1+i)(x+iy) = 2+4i$ है, तो $5x$ का मान ज्ञात कीजिए।

A. 11     B. 13     C. 14     D. 15

**Q.7** $\begin{vmatrix} 2 & 4 \\ 5 & 1 \end{vmatrix} = \begin{vmatrix} 2x & 4 \\ 6 & x \end{vmatrix}$ के लिए $x$ का मान ज्ञात कीजिए।

A. $x = \pm\sqrt{3}$     B. $x = \pm\sqrt{2}$

C. $x = \pm\sqrt{4}$     D. $x = \pm\sqrt{5}$

**Q.8** $2(2\cos^2\theta - 1)\cos6\theta$ किसके बराबर है?

A. $\cos8\theta + \cos4\theta$     B. $\cos8\theta - \cos4\theta$

C. $\cos2\theta + \cos6\theta$     D. इनमे से कोई भी नहीं

**Q.9** $\int \frac{dx}{1+e^{-x}}$ किसके बराबर है जहाँ $c$ समाकलन का स्थिरांक है?

A. $1 + e^x + c$     B. $\ln(1 + e^{-x}) + c$

C. $\ln(1 + e^x) + c$     D. $2\ln(1 + e^{-x}) + c$

**Q.10** $k$ का मान क्या है जो $x = 0$ पर $f(x) = \begin{cases} \sin x, x \neq 0 \\ k, x = 0 \end{cases}$ को निरंतर बनाता है?

A. 2     B. 1     C. $-1$     D. 0

**Q.11** $\int e^{x\ln(a)}dx$ किसके बराबर है?

A. $\frac{a^x}{\ln(a)} + c$     B. $\frac{e^x}{\ln(a)} + c$

C. $\frac{e^x}{\ln(ae)} + c$     D. $\frac{ae^x}{\ln(a)} + c$

**Q.12** एक समस्या तीन छात्रों $A$, $B$ और $C$ को दी जाती है जिनकी समस्या को हल करने की प्रायिकताएं क्रमशः $\frac{1}{2}, \frac{3}{4}$ और $\frac{1}{4}$ हैं। क्या प्रायिकता है कि समस्या को हल किया जाएगा यदि वे सभी समस्या को स्वतंत्र रूप से हल करते हैं?

*[UPSC NDA, 2019]*

A. $\frac{29}{32}$     B. $\frac{27}{32}$     C. $\frac{25}{32}$     D. $\frac{23}{32}$

**Q.13** यदि $z = -2 + 5i$ है, तो $z^2 + 4z + 30$ का मान ज्ञात कीजिए।

A. 1     B. 0     C. 2     D. 4

**Q.14** यदि $x = \sin^2 t$ और $y = \cos^2 t$ तो $\frac{dy}{dx}$ का मान ज्ञात कीजिए।

A. 1     B. $\frac{1}{2}$

C. 1     D. इनमें से कोई नहीं

**Q.15** $\lim\limits_{x\to0}\left(\frac{\sin5x}{\tan3x}\right)$ का मूल्यांकन कीजिए।

A. $\frac{3}{5}$     B. $\frac{5}{3}$     C. $\frac{2}{5}$     D. $\frac{5}{2}$

**Q.16** बिंदु $(12, -5)$ पर वृत्त $x^2 + y^2 = 169$ के लिए लंब का समीकरण ज्ञात कीजिए।

A. $-5x + 12y = 0$     B. $x + 12y = 0$

C. $5x - 12y = 0$     D. $5x + 12y = 0$

**Q.17** $z_1$ और $z_2$ दो सम्मिश्र संख्याँ हैं, तो $Im(z_1z_2)$ का मान ज्ञात कीजिए।

A. $Re(z_1)Re(z_2) + Im(z_1)Im(z_2)$

B. $Re(z_1)Im(z_2) + Im(z_1)Re(z_2)$

C. $Re(z_1)Im(z_2) - Im(z_1)Re(z_2)$

D. $Re(z_1)Re(z_2) - Im(z_1)Im(z_2)$

**Q.18** निम्नलिखित युग्म के समुच्चय में से कौन-सा समुच्चय असंयुक्त है?

A. $\{2,6,8,9\}$ और $\{1,3,6,7,10\}$

B. $\{3,4,5,9\}$ और $\{2,6,7,10\}$

C. $\{a,b,c,d,e\}$ और $\{x,y,z,a,b\}$

D. इनमें से कोई नहीं

**Q.19** $C(n,r) + 2C(n,r-1) + C(n,r-2)$ किसके बराबर है?

A. $C(n+1,r)$     B. $C(n-1,r+1)$

C. $C(n,r+1)$     D. $C(n+2,r)$

**Q.20** $n$ पदों की $AP$ का पाँचवाँ पद क्या है जिसका योग $n^2 - 2n$ है?

A. 5     B. 7     C. 8     D. 15

**Q.21** यदि A.P के पहले दस पदों का योग उसके पहले पाँच पदों के योग का चार गुना है तो पहले पद के लिए सार्व अंतर का अनुपात क्या है?

A. $1:2$     B. $2:1$     C. $1:3$     D. $1:4$

**Q.22** यदि $\vec{i} - a\vec{j} + 5\vec{k}$ और $3\vec{i} - 6\vec{j} + b\vec{k}$ समानांतर सदिश हैं, तो $b$ किसके बराबर है?

**A.** 5 **B.** 10 **C.** 15 **D.** 20

**Q.23** यदि $A = \begin{bmatrix} -3 & 4 \\ 0 & 1 \end{bmatrix}$ है, तो $A - A^T$ किसके बराबर है?

**A.** $\begin{bmatrix} 0 & -4 \\ -4 & 0 \end{bmatrix}$ **B.** $\begin{bmatrix} 0 & 4 \\ 4 & 0 \end{bmatrix}$

**C.** $\begin{bmatrix} 0 & 4 \\ -4 & 0 \end{bmatrix}$ **D.** $\begin{bmatrix} 0 & -4 \\ 4 & 0 \end{bmatrix}$

**Q.24** अवकल समीकरण $\left(\frac{d^3y}{dx^3}\right)^{\frac{3}{2}} = \left(\frac{d^2y}{dx^2}\right)^2$ की डिग्री का घात क्या है?

**A.** 1 **B.** 2 **C.** 3 **D.** 4

**Q.25** $A$ और $B$ सामान्य में 3 तत्वों वाले दो समुच्चय हैं। यदि $n(A) = 5, n(B) = 4$ है, तो $n(A \times B)$ किसके बराबर है?

**A.** 0 **B.** 9 **C.** 15 **D.** 20

# Science

**Q.26** निम्नलिखित में से कौन केंद्रीय तंत्रिका तंत्र का हिस्सा है?

**A.** मस्तिष्क **B.** मेरुरज्जु

**C.** नस **D.** (A) और (B) दोनों

**Q.27** ______ ऊतक मानव शरीर के सभी वसा को संग्रहीत करता है।

**A.** वसीय ऊतक **B.** उपकला उत्तक

**C.** पेशीय उत्तक **D.** अवकाशी ऊतक

**Q.28** प्रतिजैविक आमतौर पर ______ पर कार्य करते हैं।

**A.** विषाणु **B.** जीवाणु

**C.** लक्षण **D.** मानव कोशिकाएं

**Q.29** निम्नलिखित में से कौन एक धातु खनिज है?

**A.** जिप्सम **B.** डामर

**C.** मैंगनीज **D.** चूना पत्थर

**Q.30** ऑयल विट्रियॉल को ______ के रूप में भी जाना जाता है।

**A.** नाइट्रिक अम्ल **B.** हाइड्रोक्लोरिक अम्ल

**C.** सल्फ्यूरिक अम्ल **D.** ऐसीटिक अम्ल

**Q.31** ______ में समान रासायनिक गुण हैं लेकिन विभिन्न परमाणु द्रव्यमान हैं।

**A.** समावयवी **B.** समस्थानिक

**C.** एक्टिनाइड्स **D.** समभारिक

**Q.32** इंटरनेट के संदर्भ में, MAN का पूर्ण रूप क्या है?

**A.** Makeshift Area Network
**B.** Metropolitan Area Network
**C.** Massive Area Network
**D.** Master Area Network

**Q.33** नाभिकीय विखंडन क्या होता है?

**A.** दो नाभिक का एकसाथ जुड़ना
**B.** एक छोटे नाभिकों में विभाजित भारी नाभिक
**C.** यह सूर्य में होता है
**D.** इनमें से कोई नहीं

**Q.34** $IA$ धारा ले जानेवाले एक $l$ मीटर लम्बाई की तार को एक वृत्त के रूप में मोड़ा गया है। चुंबकीय आघूर्ण का परिमाण कितना होगा?

**A.** $\frac{Il^2}{2\pi}$ **B.** $\frac{Il^2}{4\pi}$ **C.** $\frac{l^2I}{2\pi}$ **D.** $\frac{l^2I}{4\pi}$

**Q.35** ध्वनि किरणों की तुलना में प्रकाश किरणें कितना गुना छोटी होती हैं?

**A.** $5 \times 10^8$ गुना **B.** $5 \times 10^6$ गुना
**C.** $3 \times 10^5$ गुना **D.** कोई भी नहीं

**Q.36** पेरिस्कोप किस सिद्धांत पर कार्य करता है?

**A.** परावर्तन
**B.** अपवर्तन
**C.** परावर्तन और व्यतिकरण
**D.** परावर्तन और अपवर्तन

**Q.37** ओम के नियम को ______ के कथन के रूप में लिया जा सकता है।

**A.** ऊर्जा का संरक्षण
**B.** विद्युत आवेश का संरक्षण
**C.** कोणीय संवेग का संरक्षण
**D.** प्रवाहित आवेश के संवेग का गैर-संरक्षण

**Q.38** दो विद्युत आवेशों के बीच कार्य करने वाला बल ______ से संबंधित होता है।

**A.** एम्पीयर के सिद्धांत **B.** कूलम्ब के सिद्धांत
**C.** फैराडे के सिद्धांत **D.** ओम के सिद्धांत

**Q.39** निम्नलिखित में से कौन-सा कथन सही नहीं है?

**A.** दो पदार्थों के ताप की मात्रा के योग द्वारा उनके कुल ताप की गणना की जा सकती है
**B.** दो तापमानों के योग द्वारा हम मिश्रण के तापमान को ज्ञात कर सकते हैं
**C.** एक पदार्थ को गर्म करने पर तापमान में वृद्धि के बावजूद ताप की मात्रा बढ़ जाती है
**D.** दो पदार्थ समान तापमान का पाठ्यांक दे सकते हैं हालांकि उनमें ताप की अलग - अलग मात्रा हो सकती है

**Q.40** एक पूर्ण कंपन में SHM निष्पादित करनेवाले कण का औसत वेग क्या होता है?

**A.** $\frac{A\omega}{2}$ **B.** $A\omega$ **C.** $\frac{A\omega^2}{2}$ **D.** शून्य

**Q.41** 'गति के नियम' किस वैज्ञानिक द्वारा दिए गये थे?

**A.** गैलीलियो **B.** न्यूटन **C.** आइंस्टीन **D.** बॉयल

**Q.42** शक्ति का विमीय सूत्र है-

**A.** $ML^2T^{-2}$ **B.** $ML^2T^{-3}$
**C.** $M^2LT^{-3}$ **D.** $M^2LT^{-2}$

**Q.43** वह भौतिक स्थान जहाँ एक कंप्यूटर जानकारी स्टोर करता है, ______ कहलाता है।

**A.** मॉडेम **B.** हार्ड डिस्क
**C.** वाई - फाई **D.** पॉप

**Q.44** विद्युत चुम्बक की आकर्षण क्षमता बढ़ जाती है यदि ______।

**A.** कोर की लंबाई बढ़ती है
**B.** कोर का क्षेत्र बढ़ता है
**C.** फ्लक्स घनत्व कम हो जाता है
**D.** फ्लक्स घनत्व बढ़ जाता है

**Q.45** सूर्योदय या सूर्यास्त के समय सूर्य के लाल रंग का कारण ______ है।

**A.** प्रकाश का परिक्षेपण **B.** प्रकाश का प्रकीर्णन

**C.** प्रकाश का परावर्तन  **D.** प्रकाश का अपवर्तन

**Q.46** किरचॉफ के पहले नियम के संबंध में इनमें से कौन सा कथन सही नहीं है?

**A.** एक बिंदु पर मिलने वाली धाराओं का बीजगणितीय योग शून्य है।

**B.** इसे लूप नियम भी कहा जाता है।

**C.** जंक्शन की ओर बहने वाली धाराओं को धनात्मक रूप में और इससे दूर बहने वाली धाराओं को ऋणात्मक रूप में लिया जाता है।

**D.** इसे जंक्शन नियम भी कहा जाता है।

**Q.47** एक दोलन प्रणाली सरल हार्मोनिक निष्पादन को कब निष्पादित करता है?

**A.** त्वरण और विस्थापन एक-दूसरे के व्युत्क्रमानुपाती होते हैं और एक ही दिशा में कार्य करते हैं।

**B.** त्वरण और विस्थापन एक दूसरे के समानुपाती होते हैं और एक ही दिशा में कार्य करते हैं।

**C.** त्वरण और विस्थापन एक दूसरे के व्युत्क्रमानुपाती होते हैं और विपरीत दिशा में कार्य करते हैं।

**D.** त्वरण और विस्थापन एक दूसरे के समानुपाती होते हैं लेकिन विपरीत दिशाओं में कार्य करते हैं।

**Q.48** 30 न्यूटन का एक स्थिर बल 1 सेकेंड की अवधि के लिए 10 किलोग्राम द्रव्यमान की वस्तु पर कार्य करता है। यह वस्तु के वेग को 2 मीटर/सेकेंड से $V$ मीटर/सेकेंड तक बढ़ा देता है। अंतिम वेग $V$ का परिमाण ज्ञात करें।

**A.** 5 मीटर/सेकेंड  **B.** 8 मीटर/सेकेंड
**C.** 10 मीटर/सेकेंड  **D.** 12 मीटर/सेकेंड

**Q.49** अर्ध आयु $(T)$ और क्षय नियतांक $(\lambda)$ के बीच संबंध है:

**A.** $\lambda T = 1$  **B.** $\lambda T = \frac{1}{2}$
**C.** $\lambda T = \log_e 2$  **D.** $\lambda = \log 2T$

**Q.50** शुद्ध लुढ़कन के मामले में घर्षण द्वारा किया गया कार्य _____________ है।

**A.** धनात्मक  **B.** ऋणात्मक
**C.** शून्य  **D.** इनमें से कोई नही

# English

**Q.51** Choose the correctly punctuated sentence.

**A.** Rohan! you need to perform well.

**B.** Rohan, you need to perform well.

**C.** Rohan. you need to perform well.

**D.** Rohan; you need to perform well.

**Q.52** Which one of the following is the appropriate question tag in the sentence?

She can't perform, _____?

**A.** can't she  **B.** will she
**C.** can she  **D.** won't she

**Q.53 Direction**: Change the sentence given in the indirect speech to direct speech and mark the correct answer choice from the given options.

He said that he had given up on his son.

**A.** He said, "I had given up on my son".

**B.** He said, "I gave up on my son".

**C.** He said, "I give up on my son".

**D.** He said, "I have gave up on my son".

**Q.54 Direction**: Identify the indirect speech.

Shimu said to me, "I was making research to solve the problem".

**A.** Shimu pretends that she had been making a research to solve the problem.

**B.** Shimu told me that she had been making a research to solve the problem.

**C.** A research has been done to solve the problem said Shimu.

**D.** Shimu decided that she has been making a research to solve the problem.

**Q.55** Pick out the verb from the following:

**A.** Create  **B.** Creation
**C.** Creator  **D.** Creativity

**Q.56 Direction**: A sentence has been given in Active/Passive voice. Out of the four given alternatives, select the one which best expresses the same sentence in Passive/Active voice.

Who ate the last slice of pizza?

**A.** The last slice of pizza was eaten by whom?

**B.** By whom was the last slice of pizza eaten?

**C.** The last slice of pizza is eaten by whom?

**D.** The last slice of pizza is eaten by who?

**Q.57 Direction**: A sentence has been given in Active/Passive voice. Out of the four given alternatives, select the one which best expresses the same sentence in Passive/Active voice.

A movie is going to be watched by us tonight.

**A.** We are gone to watch a movie tonight.

**B.** We will going to watch a movie tonight.

**C.** We are going to watch a movie tonight.

**D.** We were going to watch a movie tonight.

**Ques (58-62):Direction**: Read the following passage and answer the question that follows.

It is common for supporters of road networks to reject the models of cities with good public transport by arguing that such systems would not work in their particular city. One objection is climate. Some people say their city could not make more use of public transport because it is either too hot or too cold. Newman rejects this, pointing out that public transport has been successful in both Toronto and Singapore and, in fact, he has checked the use of cars against climate and found 'zero correlation'.

When it comes to other physical features, road lobbies are on stronger ground. For example, Newman accepts it would be hard for a city as hilly as Auckland to develop a really good rail network. However, he points out that both Hong Kong and Zürich have managed to make a success of their rail systems, heavy and light respectively, though there are few cities in the world as hilly.

In fact, Newman believes the main reason for using one sort of transport over another is politics: 'The more democratic the process, the more public transport is favored.' He considers Portland, Oregon, a perfect example of this. Some years ago, federal money was granted to build a new road. However, local pressure groups forced a referendum over whether to spend the money on light rail instead. The rail proposal won and the railway worked spectacularly well. In the years that have followed, more and more rail systems have been put in, dramatically changing the nature of the city. Newman notes that Portland has about the same population as Perth and had a similar population density at the time.

**Q.58** The system that had worked well in Portland was-

**A.** Spending on building roads

**B.** Railway

**C.** Democracy

**D.** The work of pressure groups

**Q.59** Public transport is favoured when democracy is-

**A.** Terminated
**B.** Adopted
**C.** Excluded
**D.** Proposed

**Q.60** The author has given the example of Hong Kong to-

**A.** Show the success of rail systems there

**B.** Show how hilly these regions are

**C.** Show how they developed public transport

**D.** Show how developed the region is

**Q.61** The models that are rejected by supporters of road networks are related to-

**A.** Modern cities
**B.** Road networks
**C.** Public transport
**D.** Modern equipment

**Q.62** According to Newman-

**A.** Climate and the usage of cars have a direct relation

**B.** Climate and the usage of cars have an indirect relation

**C.** Climate and the usage of cars have no relation

**D.** Climate and the usage of cars are partially related to each other

**Q.63 Direction**: In the following question, out of the four alternatives, select the word opposite in meaning to the word given.

Captivity

**A.** Detention
**B.** Locker
**C.** Freedom
**D.** Refuge

**Q.64 Direction**: In the following question, out of the four alternatives, select the word similar in meaning to the word given.

Inception

**A.** End
**B.** Origin
**C.** Disclose
**D.** Verbalize

**Q.65 Direction**: In the following question, out of the four alternatives, choose the word which is opposite in meaning to the given word and click the button corresponding to it.

Berate

**A.** Doubt
**B.** Eat
**C.** Praise
**D.** Criticize

**Q.66** Choose the correctly punctuated sentence.

**A.** I have bought a rose, it is beautiful.

**B.** I have bought a rose; it is beautiful.

**C.** I have bought a rose! It is beautiful.

**D.** I have bought a rose? It is beautiful.

**Q.67 Direction**: Fill in the blanks with the most appropriate preposition choosing from the options given below.

For safety he keeps his ring locked _______ a safe.

**A.** in
**B.** on
**C.** around
**D.** for

**Q.68 Direction**: Fill in the blanks with the most appropriate word choosing from the options given below.

Suresh hurt his arm when he fell _______ his bike.

**A.** at
**B.** do
**C.** upon
**D.** off

**Q.69 Direction**: Fill in the blanks in the following sentences by choosing the right preposition out of the options given at the end of each sentence.

Someone broke _______ last night into my room.

**A.** up
**B.** in
**C.** over
**D.** with

**Q.70 Direction**: In this question, a part of the sentence is made bold. Below are given alternatives to the bold part at (A), (B), and (C) which may improve the sentence. Choose the correct alternative. In case no replacement is needed, mark (D) as your answer.

The **jury was divided in its opinions** with majority supporting the guilty verdict.

**A.** jury was divided in its opinion

**B.** jury were divided in their opinions

**C.** jury was dividing in its opinions

**D.** No correction required

**Q.71 Direction**: In this question, a part of the sentence is made bold. Below are given alternatives to the bold part at (A), (B), and (C) which may improve the sentence. Choose the correct alternative. In case no replacement is needed, mark (D) as your answer.

The study showed that members jeered **the most on ideological positions**, comments and questions.

**A.** the more on ideological positions

**B.** the most on ideology positions

**C.** most on ideological positions

**D.** No correction required

**Q.72 Direction**: Choose the correct adjective from the options given.

I like _______ pop music but not all.

**A.** little
**B.** less
**C.** some
**D.** any

**Q.73** Identify the adjective out of the given options.

**A.** Briskly
**B.** Costly
**C.** Family
**D.** Ruthlessly

**Q.74 Direction**: Choose the correct pronoun.

To _____ should I give the message?

**A.** who
**B.** which
**C.** whom
**D.** whose

**Q.75 Direction**: Fill in the blank with the correct pronoun.

I need to know ____ created this problem.

**A.** which
**B.** whom
**C.** who
**D.** whose

# General Awareness

**Q.76** GE एयरोस्पेस और टाटा एडवांस्ड सिस्टम्स लिमिटेड ने वाणिज्यिक विमान के इंजन के कई पुर्जों के उत्पादन और आपूर्ति के लिए _______ अमरीकी डालर के अपने दीर्घकालिक अनुबंध को विस्तारित किया है।

A. 1 बिलियन  
B. 1.5 बिलियन  
C. 2 बिलियन  
D. 2.5 बिलियन

**Q.77** 'भारत जल सप्ताह' 2019 कब मनाया गया था?

*[Haryana Primary Teacher (PRT), 2020]*

A. 15 जनवरी से 21 जनवरी  
B. 22 मार्च से 26 मार्च  
C. 2 अक्टूबर से 8 अक्टूबर  
D. 24 सितम्बर से 28 सितम्बर

**Q.78** विश्व पर्यावरण दिवस 2019 का विषय था:

*[Haryana Primary Teacher (PRT), 2020]*

A. जल प्रदूषण को हराना  
B. ध्वनि प्रदूषण को हराना  
C. वायु प्रदूषण को हराना  
D. मृदा संरक्षण

**Q.79** नारायण कार्तिकेयन निम्नलिखित में से किस खेल से संबंधित हैं?

A. बैडमिंटन  
B. स्काश  
C. कार रेसिंग  
D. टेबल टेनिस

**Q.80** हॉकी खिलाड़ी मेजर ध्यानचंद का उपनाम क्या है?

A. जेमी  
B. द वॉल  
C. फ्लायर (फ्लाइंग मैन)  
D. मैजिशियन (विजार्ड)

**Q.81** निम्नलिखित में से कौन व्यक्तिगत सत्याग्रह का तीसरा व्यक्तिगत सत्याग्रही था?

A. नेहरू  
B. ब्रह्म दत्त  
C. सी. राजगोपालाचारी  
D. आचार्य विनोबा भावे

**Q.82** निम्नलिखित में से कौन नकदी फसल का एक उदाहरण है?

A. कपास  
B. चावल  
C. गेहूँ  
D. मक्का

**Q.83** निम्नलिखित में से किसने नई पुस्तक "द इंडिया वे: स्ट्रेटेजीज़ फॉर ए अनसोल्ड वर्ल्ड" लिखी है?

A. अजीत डोभाल  
B. राजनाथ सिंह  
C. एस. जयशंकर  
D. रवीश कुमार

**Q.84** चार अक्षर समूह दिए गए हैं, जिनमें से तीन किसी तरह से एक समान हैं, जबकि एक अलग है। बेजोड़ अक्षर समूह का चयन कीजिए।

A. CEGI  
B. HJLN  
C. RTVX  
D. NPST

**Q.85 निर्देश:** निम्नलिखित प्रश्न में, दी गयी श्रृंखला में से लुप्त संख्या को ज्ञात कीजिए।

864, 432, 216, ?, 54

A. 104  
B. 128  
C. 57  
D. 108

**Q.86** दिए गए प्रश्न में विकल्पों में से वह कौन-सा शब्द है जिसे शब्द "OPERATION" से बनाया जा सकता है?

A. NOISE  
B. PERSON  
C. NATION  
D. RETINA

**Q.87** In a certain code language 'BOLK' is written as 9@7* and 'CHAT' is written as 25#4. How 'KOLTA' is written in the same code?

A. 425#%  
B. *@74#  
C. 98!#17  
D. *6#9@

**Q.88** चम्बल नदी का उद्गम कहाँ से होता है ?

A. नाग पहाड़  
B. कुम्भालगढ़  
C. जनापाव पहाडियाँ  
D. अलवर पहाडियों

**Q.89** 'सरस्वती सम्मान' किस क्षेत्र में दिया जाता है?

A. संगीत  
B. साहित्य  
C. पत्रकारिता  
D. नृत्य

**Q.90** इनमें से कौन अकबर का राजस्व मंत्री था?

A. बीरबल  
B. तानसेन  
C. टोडरमल  
D. अबुल फ़ज़ल

**Q.91** बेगम हजरत महल ट्रॉफी निम्नलिखित में से किस खेल से संबंधित है?

A. क्रिकेट  
B. फुटबॉल  
C. गोल्फ  
D. हॉकी

**Q.92** एक निश्चित कूट भाषा में PILLOW को LIPWOL के रूप में लिखा जाता है, तो उस कूट भाषा में TIFFIN किस प्रकार लिखा जायेगा?

A. FITINF  
B. FITNIE  
C. FINTIF  
D. FITNIF

**Q.93** दिए गए प्रश्न में विकल्पों में से वह कौन-सा शब्द है जिसे शब्द "PRODEGIOUS" से बनाया जा सकता है?

A. GENIOUS  
B. PURPOSE  
C. PSEUDO  
D. DUST

**Q.94** महात्मा गांधी _______ भारतीय राष्ट्रीय कांग्रेस के अध्यक्ष रहे हैं।

A. एक बार  
B. दो बार  
C. तीन बार  
D. तीन बार से अधिक

**Q.95** दक्षिण भारत की सबसे बड़ी नदी कौन सी है?

A. गंगा  
B. कृष्णा  
C. कावेरी  
D. गोदावरी

**Q.96** निम्नलिखित प्रसिद्ध स्मारकों मे से किसको पेलेस ऑफ विंड्स (खिड़कियों के महल) कहा जाता है?

A. ताजमहल  
B. लेह महल  
C. विक्टोरिया मेमोरयल  
D. हवामहल

**Q.97** पोंगल नामक त्योहार में चौथे दिन का उत्सव क्या है?

A. कन्नुम पोंगल  
B. थाई पोंगल  
C. सूर्य पोंगल  
D. मट्टू पोंगल

**Q.98** जापान की मुद्रा _______ है।

A. येन  
B. डॉलर  
C. रॅन्मिन्बी  
D. यूरो

**Q.99** घाना की राजधानी_______ है।

A. पोर्टो नोवो  
B. अक्रा  
C. ढाका  
D. ब्रसेल्स

**Q.100** एंडी मारे किस खेल और देश से संबंधित हैं?

A. टेनिस, रोमानिया  
B. बैडमिंटन, मलेशिया  
C. टेनिस, ब्रिटेन वांग  
D. टेबल टेनिस, जर्मनी

# // स्मार्ट उत्तर पुस्तिका //

**सही उत्तर** — उन छात्रों का प्रतिशत जिन्होंने प्रश्नों का सही उत्तर दिया था। **छोड़ दिया** — उन छात्रों का प्रतिशत जिन्होंने प्रश्नों को छोड़ दिया था।

| प्रश्न संख्या | उत्तर | सही उत्तर / छोड़ दिया | प्रश्न संख्या | उत्तर | सही उत्तर / छोड़ दिया | प्रश्न संख्या | उत्तर | सही उत्तर / छोड़ दिया | प्रश्न संख्या | उत्तर | सही उत्तर / छोड़ दिया | प्रश्न संख्या | उत्तर | सही उत्तर / छोड़ दिया | प्रश्न संख्या | उत्तर | सही उत्तर / छोड़ दिया |
|---|---|---|---|---|---|---|---|---|---|---|---|---|---|---|---|---|---|
| 1 | B | 67.35% / 30.4% | 18 | B | 42.31% / 53.71% | 35 | C | 78.29% / 13.9% | 52 | C | 83.87% / 15.71% | 69 | B | 76.67% / 16.4% | 86 | D | 83.01% / 12.26% |
| 2 | A | 67.76% / 30.09% | 19 | D | 83.96% / 15.86% | 36 | A | 80.24% / 10.34% | 53 | B | 59.79% / 39.25% | 70 | B | 61.81% / 32.81% | 87 | B | 48.45% / 36.83% |
| 3 | D | 77.38% / 19.99% | 20 | B | 67.1% / 31.1% | 37 | A | 68.34% / 30.79% | 54 | B | 87.34% / 11.54% | 71 | D | 43.15% / 33.5% | 88 | C | 88.24% / 10.19% |
| 4 | B | 80.37% / 10.95% | 21 | A | 42.56% / 41.0% | 38 | B | 48.17% / 35.22% | 55 | A | 83.63% / 13.57% | 72 | C | 86.62% / 10.51% | 89 | B | 78.33% / 18.8% |
| 5 | C | 79.86% / 12.09% | 22 | C | 57.74% / 34.23% | 39 | B | 62.68% / 31.63% | 56 | B | 51.58% / 41.43% | 73 | B | 46.79% / 30.74% | 90 | C | 62.2% / 32.11% |
| 6 | D | 61.23% / 35.1% | 23 | C | 81.57% / 15.19% | 40 | D | 43.89% / 32.06% | 57 | C | 42.42% / 34.66% | 74 | C | 63.97% / 35.15% | 91 | B | 43.89% / 48.0% |
| 7 | A | 87.54% / 12.19% | 24 | C | 59.76% / 31.23% | 41 | B | 49.11% / 40.5% | 58 | B | 68.0% / 31.35% | 75 | C | 54.16% / 40.64% | 92 | D | 56.31% / 40.96% |
| 8 | A | 77.81% / 13.87% | 25 | D | 84.63% / 14.03% | 42 | B | 85.66% / 12.63% | 59 | B | 80.14% / 18.7% | 76 | A | 57.3% / 34.45% | 93 | C | 87.47% / 10.2% |
| 9 | C | 58.77% / 40.41% | 26 | D | 83.24% / 10.47% | 43 | B | 76.18% / 11.9% | 60 | A | 53.16% / 40.56% | 77 | D | 85.19% / 10.7% | 94 | A | 58.74% / 40.08% |
| 10 | D | 80.43% / 14.45% | 27 | A | 88.21% / 10.82% | 44 | D | 57.8% / 34.75% | 61 | C | 67.23% / 30.62% | 78 | C | 76.13% / 11.44% | 95 | D | 56.95% / 39.96% |
| 11 | A | 79.82% / 15.31% | 28 | B | 87.24% / 11.31% | 45 | B | 56.2% / 31.3% | 62 | C | 82.45% / 15.25% | 79 | C | 61.22% / 36.2% | 96 | C | 55.95% / 31.37% |
| 12 | A | 49.96% / 48.76% | 29 | C | 56.81% / 41.65% | 46 | B | 43.36% / 42.11% | 63 | C | 45.1% / 38.0% | 80 | D | 41.78% / 37.73% | 97 | B | 77.04% / 15.54% |
| 13 | A | 68.59% / 31.32% | 30 | C | 87.66% / 11.9% | 47 | D | 84.27% / 13.4% | 64 | B | 79.24% / 14.3% | 81 | B | 47.6% / 45.49% | 98 | A | 49.05% / 50.87% |
| 14 | C | 65.2% / 31.4% | 31 | B | 68.96% / 30.06% | 48 | A | 48.11% / 32.06% | 65 | C | 79.87% / 10.2% | 82 | A | 87.66% / 11.85% | 99 | B | 55.99% / 32.58% |
| 15 | B | 65.28% / 33.72% | 32 | B | 62.83% / 33.13% | 49 | C | 62.26% / 34.31% | 66 | B | 81.23% / 13.34% | 83 | C | 78.19% / 11.07% | 100 | C | 53.59% / 43.97% |
| 16 | D | 50.17% / 47.39% | 33 | B | 88.3% / 11.28% | 50 | C | 82.78% / 13.93% | 67 | A | 78.67% / 18.16% | 84 | D | 41.72% / 33.84% | | | |
| 17 | B | 81.31% / 11.82% | 34 | C | 46.42% / 33.42% | 51 | B | 83.55% / 16.35% | 68 | D | 88.4% / 10.48% | 85 | D | 76.67% / 10.12% | | | |

## //संकेत और समाधान//

**1.** दिया हुआ,

$$\sin^{-1}\sin\left(\frac{33\pi}{5}\right) = \sin^{-1}\sin\left(6\pi + \frac{3\pi}{5}\right)$$

$$= \sin^{-1}\sin\left(\frac{3\pi}{5}\right) \quad (\because \sin(2n\pi + \theta) = \sin\theta)$$

$$= \sin^{-1}\sin\left(\pi - \frac{2\pi}{5}\right)$$

$$= \sin^{-1}\sin\left(\frac{2\pi}{5}\right) \quad (\because \sin(\pi - \theta) = \sin\theta)$$

यहाँ $\frac{2\pi}{5}$, $\frac{-\pi}{2}$ और $\frac{\pi}{2}$ के बीच में है।

$$\therefore \sin^{-1}\sin\left(\frac{2\pi}{5}\right) = \frac{2\pi}{5}$$

अत: विकल्प (B) सही है।

**2.** दिया हुआ,

यहाँ, माना कि एक पुरुष द्वारा लक्ष्य $P(A)$ का निशाना लगाने की प्रायिकता $= \frac{1}{2}$ और

दूसरे पुरुष द्वारा लक्ष्य $P(B)$ का निशाना लगाने की प्रायिकता $= \frac{1}{3}$

इसलिए, एक पुरुष द्वारा लक्ष्य का निशाना नहीं लगाने की प्रायिकता $=$

$$P\left(\overline{A}\right) = 1 - \frac{1}{2} = \frac{1}{2} \text{ और}$$

दूसरे पुरुष द्वारा लक्ष्य का निशाना नहीं लगाने की प्रायिकता $= P\left(\overline{B}\right) = 1 - \frac{1}{3} = \frac{2}{3}$

अब, आवश्यक प्रायिकता $= P(A)P\left(\overline{B}\right) + P(B)P\left(\overline{A}\right)$

$$= \left(\frac{1}{2}\right)\left(\frac{2}{3}\right) + \left(\frac{1}{3}\right)\left(\frac{1}{2}\right)$$

$$= \frac{2}{6} + \frac{1}{6}$$

$$= \frac{1}{2}$$

अत: विकल्प (B) सही है।

**3.** एक घटना के पूरक की प्रायिकता एक से घटना की प्रायिकता का घटाव है।

$$P(A^c) = 1 - P(A)$$

जैसा कि हम जानते हैं कि 52 पत्तों के पैक में 13 चिड़ी के पत्ते हैं।

प्रायिकता, जब एक पत्ता 52 पत्तों पैक से खींचा जाता है और यह एक चिड़ी है

$$= \frac{13}{52} = \frac{1}{4}$$

प्रायिकता जब एक पत्ता 52 पत्तों के पैक से खींचा जाता है और एक चिड़ी नहीं $= 1 - \frac{1}{4} = \frac{3}{4}$

इसलिए, जब हम एक पैक से 4 पत्ते खींचते हैं और कोई भी प्रतिस्थापन के साथ एक चिड़ी नहीं होता है $= \left(\frac{3}{4}\right)^4$

अत: विकल्प (D) सही है।

**4.** $\sin(2\cos^{-1}x + \sin^{-1}x)$

$$= \sin(\cos^{-1}x + \cos^{-1}x + \sin^{-1}x)$$

$$= \sin\left(\cos^{-1}x + \frac{\pi}{2}\right) \quad (\because \cos^{-1}x + \sin^{-1}x = \frac{\pi}{2})$$

$$= \cos(\cos^{-1}x) \quad (\because \sin(90 + \theta) = \cos\theta)$$

$$= x$$

अत: विकल्प (B) सही है।

**5.** माना $I = \int \frac{1-\cos 2x}{1-\sin^2 x} dx$

$$= \int \frac{2\sin^2 x}{\cos^2 x} dx$$

$$= 2\int \tan^2 x \, dx$$

$$= 2\int (\sec^2 x - 1) dx$$

$$= 2[\tan x - x] + c$$

$$= 2\tan x - 2x + c$$

अत: विकल्प (C) सही है।

**6.** दिया गया है,

$$(1 + i)(x + iy) = 2 + 4i$$

$$\Rightarrow x + iy + ix + i^2 y = 2 + 4i$$

$$\Rightarrow (x - y) + i(x + y) = 2 + 4i$$

वास्तविक और काल्पनिक भाग को बराबर करने पर,

$$x - y = 2 \quad ......(1)$$

$$x + y = 4 \quad ......(2)$$

समीकरण (1) और (2) को जोड़ने पर, हमें निम्न प्राप्त होता है

$$x = 3$$

$$\therefore 5x = 5 \times 3 = 15$$

अत: विकल्प (D) सही है।

**7.** माना $A = \begin{bmatrix} a_{11} & a_{12} \\ a_{21} & a_{22} \end{bmatrix}$ है, तो A की सारणिक निम्न दी गयी है,

$$|A| = a_{11} \times a_{22} - a_{12} \times a_2$$

दिया गया है,

$$\begin{vmatrix} 2 & 4 \\ 5 & 1 \end{vmatrix} = \begin{vmatrix} 2x & 4 \\ 6 & x \end{vmatrix}$$

$$\Rightarrow (2 - 20) = (2x^2 - 24)$$

$$\Rightarrow -18 + 24 = 2x^2$$

$$\Rightarrow 2x^2 = 6$$

$$\Rightarrow x^2 = 3$$

$$\Rightarrow x = \pm\sqrt{3}$$

अत: विकल्प (A) सही है।

**8.** दिया हुआ,

$$2(2\cos^2\theta - 1)\cos 6\theta$$

$$= 2\cos 2\theta \cos 6\theta \quad (\because \cos 2\theta = 2\cos^2\theta - 1)$$

$$= 2\cos 6\theta \cos 2\theta$$

जैसा कि हम जानते हैं,

$$2\cos x \cos y = \cos(x + y) + \cos(x - y)$$

$$\therefore 2\cos 6\theta \cos 2\theta = \cos(6\theta + 2\theta) + \cos(6\theta - 2\theta)$$

$$= \cos 8\theta + \cos 4\theta$$

अत: विकल्प (A) सही है।

**9.** माना $I = \int \frac{dx}{1+e^{-x}}$

$$= \int \frac{dx}{1+\frac{1}{e^x}}$$

$$= \int \frac{e^x dx}{e^x+1}$$

अब $1 + e^x = t$ रखने पर,

$e^x dx = dt$

$\therefore I = \int \dfrac{dt}{t}$

$\Rightarrow \ln t + c$

$\Rightarrow \ln(1 + e^x) + c \quad (\because t = 1 + e^x)$

अतः विकल्प (C) सही है।

**10.** $f(x) x = 0$ पर निरंतर है

$\Rightarrow \lim\limits_{x \to 0^+} f(x) = \lim\limits_{x \to 0^-} f(x) = f(0)$

$\Rightarrow \lim\limits_{x \to 0^+} \sin x = \lim\limits_{x \to 0^-} \sin x = k$

$\Rightarrow \lim\limits_{h \to 0} \sin(0 + h) = \lim\limits_{h \to 0} \sin(0 - h) = k$

$\Rightarrow k = 0$

$\Rightarrow k = 0$

अतः विकल्प (D) सही है।

**11.** दिया हुआ,

$\int e^{x \ln(a)} dx$

$= \int e^{\ln a^x} dx$

$= \int a^x dx$

$= \dfrac{a^x}{\ln a} + c$

अतः विकल्प (A) सही है।

**12.** दिया हुआ,

$P(A) = \dfrac{1}{2}, P(B) = \dfrac{3}{4}, P(C) = \dfrac{1}{4}$

सभी छात्र समस्या को स्वतंत्र रूप से हल करते हैं, इसलिए यदि उनमें से कम से कम कोई समस्या हल करता है तो समस्या को हल हुई माना जाता है

प्रायिकता है कि समस्या अनसुलझी है $= [1 - P(A)][1 - P(B)][1 - P(C)]$

$= \dfrac{3}{32}$

प्रायिकता है कि समस्या हल हो जाएगी $= 1 -$ प्रायिकता है कि समस्या अनसुलझी है

$= \dfrac{29}{32}$

अतः विकल्प (A) सही है।

**13.** दिया गया है,

$z = -2 + 5i$

$\Rightarrow z + 2 = 5i$

दोनों पक्षों का वर्ग करने पर, हमें प्राप्त होता है,

$(z + 2)^2 = (5i)^2$

$\Rightarrow z^2 + 4z + 4 = -25$

$\Rightarrow z^2 + 4z + 29 = 0$

अब, दोनों पक्षों में (1) जोड़ने पर

$\therefore z^2 + 4z + 30 = 1$

अतः विकल्प (A) सही है।

**14.** दिया हुआ,

$x = \sin^2 t$ और $y = \cos^2 t$

जैसा कि हम जानते हैं कि $x$ और $y$, $t$ के प्राचलिक फलन हैं इसलिए पहले हमें $t$ के संबंध में $x$ और $y$ के अवकलज का पता लगाना होगा।

जैसा कि हम जानते हैं कि , $\dfrac{d(\sin x)}{dx} = \cos x$ and $\dfrac{d(\cos x)}{dx} = -\sin x$

$\Rightarrow \dfrac{dx}{dt} = \dfrac{d(\sin^2 t)}{dt} = 2 \cdot \sin t \cdot \cos t$

$\Rightarrow \dfrac{dy}{dt} = \dfrac{d(\cos^2 t)}{dt} = 2 \cdot \cos t \cdot (-\sin t)$

जैसा कि हम जानते हैं कि,

$\dfrac{dy}{dx} = \dfrac{dy}{dt} \times \dfrac{dt}{dx}$

$\Rightarrow \dfrac{dy}{dx} = \dfrac{\frac{dy}{dt}}{\frac{dx}{dt}}$

$\Rightarrow \dfrac{dy}{dx} = \dfrac{\frac{dy}{dt}}{\frac{dx}{dt}} = \dfrac{-2 \cdot \cos t \cdot \sin t}{2 \cdot \sin t \cdot \cos t} = -1$

अतः विकल्प (C) सही है।

**15.** दिया हुआ,

$\lim\limits_{x \to 0} \left( \dfrac{\sin 5x}{\tan 3x} \right)$

माना कि $f(x) = \dfrac{\sin 5x}{\tan 3x}$ है, अब हम $f(x)$ को लिख सकते हैं

$\Rightarrow f(x) = \dfrac{5}{3} \cdot \dfrac{\left( \frac{\sin 5x}{5x} \right)}{\left( \frac{\tan 3x}{3x} \right)}$

$\Rightarrow \lim\limits_{x \to 0} f(x) = \dfrac{5}{3} \cdot \lim\limits_{x \to 0} \dfrac{\left( \frac{\sin 5x}{5x} \right)}{\left( \frac{\tan 3x}{3x} \right)}$

चूँकि हम जानते हैं कि, $\lim\limits_{x \to a} \left[ \dfrac{f(x)}{g(x)} \right] = \dfrac{\lim\limits_{x \to a} f(x)}{\lim\limits_{x \to a} g(x)}$, प्रदान की $\lim\limits_{x \to a} g(x) \neq 0$ और जब $x \to 0$ है, तो $5x \to 0$ व $3x \to 0$ भी है।

$\Rightarrow \lim\limits_{x \to 0} f(x) = \dfrac{5}{3} \cdot \dfrac{\lim\limits_{5x \to 0} \left( \frac{\sin 5x}{5x} \right)}{\lim\limits_{3x \to 0} \left( \frac{\tan 3x}{3x} \right)}$

चूँकि हम जानते हैं कि $\lim\limits_{x \to 0} \left[ \dfrac{\sin x}{x} \right] = 1$ और $\lim\limits_{x \to 0} \left[ \dfrac{\tan x}{x} \right] = 1$

$\Rightarrow \lim\limits_{x \to 0} f(x) = \dfrac{5}{3}$

अतः विकल्प (B) सही है।

**16.** दिया गया है,

$x^2 + y^2 = 169$

माना $P = (12, -5)$ है।

चूँकि हग जानते हैं कि, समीकरण $x^2 + y^2 = a^2$ द्वारा दर्शाये गए वृत्त के लिए बिंदु $P(x_1, y_1)$ पर एक स्पर्श रेखा का समीकरण दिया गया है,

$x \cdot x_1 + y \cdot y_1 = a^2$

यहाँ, $a = 13, x_1 = 12$ और $y_1 = -5$

वृत्त $x^2 + y^2 = 169$ के लिए बिंदु $P$ पर स्पर्श रेखा का समीकरण $12x - 5y = 169$ है।

समीकरण $12x - 5y = 169$ की तुलना $y = mx + c$ के साथ करने पर, हमें निम्न प्राप्त होता है स्पर्श रेखा का ढलान $m_1 = \dfrac{12}{5}$ है।

चूँकि हम जानते हैं कि, यदि $m_1$ और $m_2$ क्रमशः स्पर्श रेखा और लंब के ढलान हैं, तो $m_1 \cdot m_2 = -1$ हैं।

लंब का ढलान $m_2 = \dfrac{-5}{12}$ है।

चूँकि हम जानते हैं कि ढलान $m$ के साथ बिंदु $(x_1, y_1)$ से होकर गुजरने

वाली एक सीधी रेखा का समीकरण दिया गया है,

$(y - y_1) = m \cdot (x - x_1)$ अतः ढलान $m_2$ के साथ बिंदु P पर लंब का समीकरण दिया गया है,

$5x + 12y = 0$

अत: विकल्प (D) सही है।

**17.** माना कि दो सम्मिश्र संख्याएँ $z_1 = x_1 + iy_1$ और $z_2 = x_2 + iy_2$ हैं।

जहाँ $x_1 = Re(z_1), x_2 = Re(z_2)$ और $y_1 = Im(z_1), y_2 = Im(z_2)$

अब,

$z_1 z_2 = (x_1 + iy_1)(x_2 + iy_2)$

$z_1 z_2 = (x_1 x_2 - y_1 y_2) + i(x_1 y_2 + y_1 x_2)$

$\therefore Im(z_1 z_2) = (x_1 y_2 + y_1 x_2)$

$= Re(z_1)Im(z_2) + Im(z_1)Re(z_2)$

अत: विकल्प (B) सही है।

**18.** (A) माना कि, $A = \{2,6,8,9\}$ और $B = \{1,3,6,7,10\}$

$\therefore A \cap B = \{6\}$

(B) माना कि $A = \{3,4,5,9\}$ और $B = \{2,6,7,10\}$

यहाँ, कोई भी तत्व $A$ और $B$ के लिए सामान्य नहीं है।

अर्थात् $A \cap B = \phi$

(C) माना कि, $A = \{a,b,c,d,e\}$ और $B = \{x,y,z,a,b\}$

$\therefore A \cap B = \{a,b\}$

अत: विकल्प (B) सही है।

**19.** दिया हुआ,

$^nC_r + 2^nC_{(r-1)} + {}^nC_{r-2} = {}^nC_r + {}^nC_{(r-1)} + {}^nC_{(r-1)} + {}^nC_{(r-2)}$

$^nC_r + {}^nC_{(r-1)} = {}^{(n+1)}C_r$ का प्रयोग करने पर

$= (n+1)C_r + (n+1)C_{(r-1)}$

फिर से $^nC_r + {}^nC_{(r-1)} = {}^{(n+1)}C_T$ का प्रयोग करने पर

$= (n+2)C_r$

अत: विकल्प (D) सही है।

**20.** दिया हुआ,

$AP$ के $n$ पदों का योग $= n^2 - 2n$

$\therefore$ पहले 5 पदों का योग $(S_5) = 5^2 - 2 \cdot (5)$

$= 25 - 10 = 15$

उसी प्रकार,

अब, पहले 4 पदों का योग

$(S_4) = 4^2 - 2 \cdot (4)$

$= 16 - 8 = 8$

$\therefore$ AP का 5 वां पद $(T_5) = S_5 - S_4 (T_n = S_n - S_{n-1})$ का उपयोग करते हुए

$= 15 - 8$

$= 7$

अत: विकल्प (B) सही है।

**21.** दिया हुआ,

$S_{10} = 4 \times S_5$

हम जानते हैं $S_n = \frac{n}{2}[2a + (n-1)d]$ जहाँ $a = A.P.$ का पहला पद और $d = $ सार्व अंतर

$\Rightarrow S_{10} = \frac{10}{2}[2a + (10-1)d]$

$\Rightarrow S_5 = \frac{5}{2}[2a + (5-1)d]$

दिए गए समीकरण में रखने पर,

$S_{10} = 4 \times S_5$

$\Rightarrow \frac{10}{2}[2a + (10-1)d] = 4 \times \frac{5}{2}[2a + (5-1)d]$

$\Rightarrow \frac{10}{2}(2a + 9d) = 2 \times \left(\frac{10}{2}\right) \times [2a + 4d]$

$\Rightarrow (2a + 9d) = 2 \times (2a + 4d)$

$\Rightarrow 2a + 9d = 4a + 8d$

$\Rightarrow 9d - 8d = 4a - 2a$

$\Rightarrow d = 2a$

$\therefore \frac{a}{d} = \frac{1}{2}$

तो सार्व अंतर के लिए पहले पद का अनुपात $1:2$ है।

अत: विकल्प (A) सही है।

**22.** दिया गया है,

$\vec{i} - a\vec{j} + 5\vec{k}$ और $3\vec{i} - 6\vec{j} + b\vec{k}$ समानांतर सदिश हैं,

इसलिए, $\vec{i} - a\vec{j} + 5\vec{k} = \lambda\left(3\vec{i} - 6\vec{j} + b\vec{k}\right)$

$\vec{i}, \vec{i}$ and $\vec{k}$ के गुणांक को बराबर करने पर

$\Rightarrow 1 = 3\lambda, \therefore \lambda = \frac{1}{3}$

$\Rightarrow -a = -6\lambda$

$\Rightarrow 5 = b\lambda \ldots\ldots(1)$

समीकरण (1) में $\lambda$ का मान रखने पर, हमें निम्न प्राप्त होता है

$5 = b \times \left(\frac{1}{3}\right)$

इसलिए, $b = 15$

अत: विकल्प (C) सही है।

**23.** दिया गया है,

$A = \begin{bmatrix} -3 & 4 \\ 0 & 1 \end{bmatrix}$

अब आव्यूह $A$ का पक्षांतर ज्ञात करने के लिए,

$A^T = \begin{bmatrix} -3 & 0 \\ 4 & 1 \end{bmatrix}$

अब,

$A - A^T = \begin{bmatrix} -3 & 4 \\ 0 & 1 \end{bmatrix} - \begin{bmatrix} -3 & 0 \\ 4 & 1 \end{bmatrix}$

$= \begin{bmatrix} 0 & 4 \\ -4 & 0 \end{bmatrix}$

अत: विकल्प (C) सही है।

**24.** हमारे पास है,

$$\left(\frac{d^3y}{dx^3}\right)^{\frac{3}{2}} = \left(\frac{d^2y}{dx^2}\right)^2$$

दोनों पक्षों का वर्ग करने पर, हमें निम्न प्राप्त होता है

$$\left(\frac{d^3y}{dx^3}\right)^3 = \left(\frac{d^2y}{dx^2}\right)^4$$

यहाँ उच्चतम अवकलज $\left(\frac{d^3y}{dx^3}\right)^3$ है।

$$\therefore \text{डिग्री} = \left(\frac{d^3y}{dx^3}\right)^3 \text{ का घात} = 3$$

अत: विकल्प (C) सही है।

**25.** दिया गया है,

$n(A) = 5, n(B) = 4$ तथा $A$ और $B$ में सामान्य में $3$ तत्व हैं।

निम्न को ज्ञात करने के लिए: $n(A \times B)$

$$n(A \times B) = n(A)n(B)$$
$$= 5 \times 4$$
$$= 20$$

अत: विकल्प (B) सही है।

**26.** केंद्रीय तंत्रिका तंत्र को शरीर की केंद्रीय प्रसंस्करण इकाई के रूप में भी जाना जाता है। केंद्रीय तंत्रिका तंत्र में मस्तिष्क और मेरुरज्जु शामिल होती हैं और यह सूचना प्रसंस्करण और नियंत्रण का स्थल है। मस्तिष्क एक अंग है जो तंत्रिका ऊतक के बड़े समूह से बना है जो खोपड़ी के भीतर सुरक्षित है। इसके कुछ मुख्य कार्यों में शामिल हैं - संवेदी सूचना का संसाधन करना, रक्तचाप को नियंत्रित करना और सांस लेना, हार्मोन उत्सर्जित करना आदि।

अत: विकल्प (D) सही है।

**27.** मानव शरीर के सभी वसा को संग्रहित करने वाले ऊतक को 'वसीय ऊतक' कहा जाता है। यह एडिपोसाइट्स से बना एक ढीला संयोजी ऊतक है।

वसा ऊतक को आमतौर पर शरीर में वसा के रूप में जाना जाता है। यह पूरे शरीर में पाया जाता है। यह त्वचा के नीचे (चमड़े के नीचे का वसा), आंतरिक अंगों (आंत की चर्बी) के आसपास, मांसपेशियों के बीच, अस्थि मज्जा के भीतर और स्तन के ऊतकों में पाया जा सकता है।

अत: विकल्प (A) सही है।

**28.** प्रतिजैविक जीवाणु के विकास और एक जीवाणु की प्रतिकृति को बाधित करके या इसे मारकर कार्य करते हैं। प्रतिजैविक कई अलग-अलग प्रकार के जीवाणुजनित संक्रमणों के इलाज में मदद करता है, जिसमें परजीवी और कुछ फफूंदीय संक्रमण शामिल हैं। हालांकि, प्रतिजैविक विषाणु पर कार्य नहीं करते हैं क्योंकि विषाणु जीवित जीव नहीं हैं। अलेक्जेंडर फ्लेमिंग ने पहले प्रतिजैविक, पेनिसिलिन की खोज की थी।

अत: विकल्प (B) सही है।

**29.** तीन हजार से अधिक विभिन्न खनिज हैं। संरचना के आधार पर, खनिजों को मुख्य रूप से धातु और गैर-धातु खनिजों के रूप में वर्गीकृत किया जाता है। धातु खनिजों में धातु कच्चे रूप में उपस्थित होता है। धातु कठोर पदार्थ होते हैं जो ऊष्मा और बिजली का संचालन करते हैं और इनमें एक विशिष्ट आभा या चमक होती है। लौह अयस्क, बॉक्साइट, मैंगनीज अयस्क इसके कुछ उदाहरण हैं। धात्विक खनिज लौह या अलौह हो सकते हैं। धात्विक खनिज जैसे लौह अयस्क, मैंगनीज और क्रोमाइट में लौह होता है।

अत: विकल्प (C) सही है।

**30.** सल्फ्यूरिक अम्ल को ऑयल विट्रियॉल के रूप में भी जाना जाता है। सल्फ्यूरिक अम्ल $H_2SO_4$ सूत्र वाला एक खनिज अम्ल है और प्रकृति में अत्यधिक प्रतिक्रियाशील है। नाइट्रिक अम्ल के अन्य नाम 'एका फोर्टिस' और 'स्पिरिट ऑफ नाइटर' हैं। यह एक अत्यधिक अभिक्रियाशील खनिज अम्ल भी है। इसका रासायनिक सूत्र $HNO_3$ है।

अत: विकल्प (C) सही है।

**31.** समस्थानिक में समान रासायनिक गुण होते हैं लेकिन परमाणु द्रव्यमान भिन्न होते हैं। एक तत्व के समस्थानिक में न्यूट्रॉन की एक अलग संख्या होती है लेकिन प्रोटॉन की समान संख्या होती है। उदाहरण के लिए, हाइड्रोजन के समस्थानिक प्रोटियम, ड्यूटेरियम और ट्रिटियम हैं।

अत: विकल्प (B) सही है।

**32.** MAN (Metropolitan Area Network) है और आम भौगोलिक क्षेत्र में दो या अधिक LAN को जोड़ने के लिए उपयोग किया जाता है। शहर या इमारतों का समूह। MAN 5 से 50 किलोमीटर व्यास की सीमा में फैल सकता है।

अत: विकल्प (B) सही है।

**33.** भारी परमाणु (जैसे यूरेनियम, प्लूटोनियम या थोरियम) के नाभिक को, जब कम ऊर्जा वाले न्यूट्रॉन के साथ बमबारी की जाती है, हल्के नाभिकों में अलग किया जा सकता है। इस प्रक्रिया को परमाणु विखंडन कहा जाता है।

विखंडन तब होता है जब एक न्यूट्रॉन एक बड़े परमाणु पर प्रहार करता है, यह इसे उत्तेजित करके और दो हल्के परमाणुओं में विभाजित करता है - इन्हें विखंडन उत्पाद भी कहा जाता है। एक श्रृंखला अभिक्रिया उस प्रक्रिया को संदर्भित करती है जिसमें विखंडन अभिक्रिया में मुक्त न्यूट्रॉन कम से कम एक और नाभिक पर एक अतिरिक्त विखंडन अभिक्रिया करता है। परिणामस्वरूप यह नाभिक न्यूट्रॉन उत्पादित करता है और प्रक्रिया दोहराई जाती है।

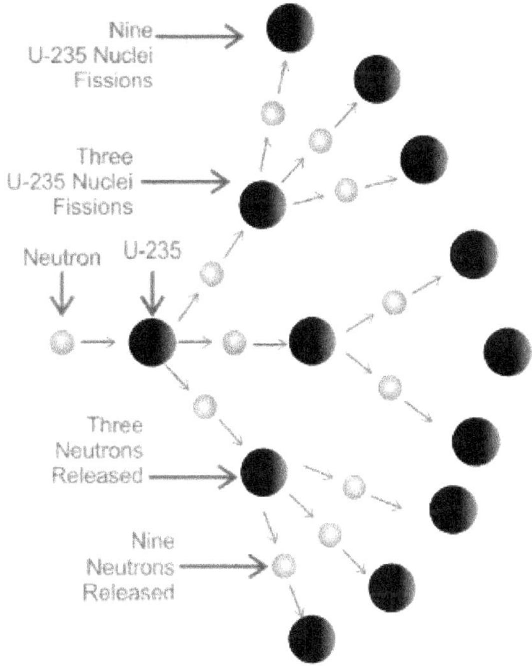


उपरोक्त से एक भारी नाभिक परमाणु विखंडन में छोटे नाभिक में विभाजित होता है।

अत: विकल्प (B) सही है।

**34.** दिया गया,

लम्बाई $= l$ और धारा $= I$

$$L = 2\pi r$$

$$r = \frac{L}{2\pi}$$

यहाँ मोड़ों की संख्या $(N) = 1$

चुंबकीय आघूर्ण, $M = IA$

$$M = I \times \pi r^2$$

$$M = I\pi \left(\frac{L}{2\pi}\right)^2$$

$$M = \frac{IL^2}{4\pi}$$

अत: विकल्प (C) सही है।

**35.** ध्वनि: कंपन का प्रकार जो ऊर्जा को एक स्थान से दूसरे स्थान पर स्थानांतरित करता है और कान द्वारा सुना जा सकता है ध्वनि कहलाता है।

ध्वनि के लिए आवृत्ति सीमा $20\ Hz$ से $20000\ Hz$ है।

आवृत्ति $(f) \times$ तरंगदैर्ध्य $(\lambda) =$ तरंग की गति $(v)$

प्रकाश किरणें: रंगीन दुनिया को देखने के लिए जिन विद्युत चुम्बकीय तरंगों का उपयोग किया जाता है उन्हें प्रकाश किरणें कहा जाता है।

दृश्य प्रकाश $400 - 700 nm$ की सीमा में होता है।

यह मानते हुए कि, दृश्य प्रकाश की औसत तरंग दैर्घ्य 500 nm है।

चूँकि ध्वनि की आवृत्ति सीमा $20Hz$ से $20000Hz$ के बीच है। मान लें कि औसत ध्वनि आवृत्ति $2000Hz$ है और हवा में गति $330m/s$ है।

$$\lambda_s = \text{चाल/आवृत्ति} = \frac{330\frac{m}{s}}{2000s^{-1}} = .165\ m$$

$$\frac{\lambda_s}{\lambda_l} = \frac{.165\ m}{500nm} = \frac{.165}{5(10)^{-7}} = 3,30,000 \approx 3 \times 10^5$$

अत: विकल्प (C) सही है।

**36.** पेरिस्कोप मूल रूप से एक उपकरण है जिसका उपयोग दीवारों, कोनों या अन्य बाधाओं के आसपास देखने के लिए किया जाता है। यह परावर्तन के नियमों पर कार्य करता है। उपकरण के अंदर दर्पण 45° के कोण पर रखे गए हैं, ताकि वस्तु से प्रकाश शीर्ष दर्पण से टकराए और उसी कोण पर वापस उछले। यह परावर्तित प्रकाश पहले निचले दर्पण पर फिर प्रेक्षक पर पड़ता है।

अत: विकल्प (A) सही है।

**37.** ओम का नियम मूल रूप से बताता है कि विद्युत परिपथ में कितनी विद्युत स्थितिज ऊर्जा प्रवाहित होगी। चूँकि एक परिपथ में कुल स्थितिज ऊर्जा स्थिर रहेगी, जो ऊर्जा का संरक्षण है। इसलिए ओम के नियम को ऊर्जा के संरक्षण के रूप में लिया जा सकता है।

अत: विकल्प (A) सही है।

**38.** विद्युत स्थैतिकी में कूलम्ब का नियम: कूलम्ब नियम के अनुसार दो स्थिर बिंदु आवेशों के बीच परस्पर क्रिया का बल आवेशों के गुणनफल के आनुपातिक है, और उनके बीच की दूरी के वर्ग के व्युत्क्रमानुपाती और दो आवेशों को मिलाने वाली सरल रेखा के साथ कार्य करता है।

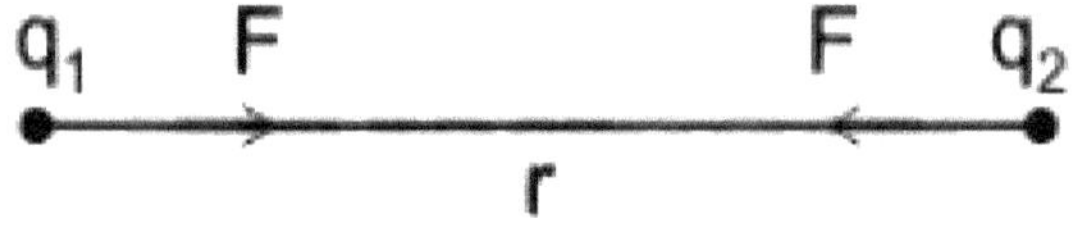


$$F = K\frac{q_1 \times q_2}{r^2}$$

जहां $K$ एक स्थिरांक है $= 9 \times 10^9 Nm^2/C^2$

उपर्युक्त से यह स्पष्ट है कि दो आवेशों के बीच बल कूलम्ब के नियम द्वारा दिया गया है।

अत: विकल्प (B) सही है।

**39.** ताप: ताप ऊर्जा का एक रूप है। ताप उष्ण निकाय से शीत निकाय में प्रवाहित होता है।

तापमान: तापमान वस्तु की उष्मीयता या शीतलता की डिग्री है।

ताप और तापमान के बीच अंतर:

| ताप | तापमान |
| --- | --- |
| यह ऊर्जा का एक रूप है | यह ताप की अवस्था को बताता है |
| इसकी इकाई कैलोरी है। SI इकाई जूल है। (1 कैलोरी = 4.186 J) | इसकी इकाई डिग्री है। SI इकाई केल्विन है। (0°C = 273 K) |
| ताप को कैलोरीमीटर द्वारा मापा जाता है। | तापमान को थर्मोमीटर द्वारा मापा जाता है। |
| दो पदार्थों के ताप की मात्रा के योग द्वारा उनके कुल ताप की गणना की जा सकती है। | **दो तापमानों के योग द्वारा हम मिश्रण के तापमान को ज्ञात नहीं कर सकते हैं।** |
| एक पदार्थ को गर्म करने से तापमान में वृद्धि के बावजूद ताप की मात्रा बढ़ जाती है। | दो पदार्थ समान तापमान का पाठ्यांक दे सकते हैं हालांकि उनमें ताप की अलग - अलग मात्रा हो सकती है। |

अत: विकल्प (B) सही है।

**40.** दिया गया है,

यदि एक कण SHM प्रदर्शित करता है, तो इसका अर्थ है कि एक पूर्ण दोलन के बाद यह वापस अपनी वास्तविक स्थिति में आ जायेगा इसलिए कुल विस्थापन शून्य है।

चूँकि विस्थापन एक सदिश राशि है और यह दो बिंदुओं के बीच की सबसे छोटी दूरी है

अब कण का औसत वेग निम्न द्वारा ज्ञात किया जाता है

$$\therefore \text{औसत वेग } = \text{कुल विस्थापन / कुल समय} = \frac{0}{T} = 0$$

अत: विकल्प (D) सही है।

**41.** 'गति के नियम' को पहली बार 1687 में आइजैक न्यूटन द्वारा संकलित किया गया था।

न्यूटन द्वारा दिए गये सिद्धांत में गति के तीन नियम शामिल हैं।

- न्यूटन के गति के पहले नियम के अनुसार जब तक कोई बाह्य बल द्वारा कार्य नहीं किया जाता तब तक कोई वस्तु एक सीधी रेखा में स्थिर या एकसमान गति में रहेगी।

- न्यूटन के गति का दूसरा नियम कहता है कि स्थिर द्रव्यमान के लिए, बल द्रव्यमान और त्वरण के गुणनफल के बराबर होता है।

- न्यूटन के गति का तीसरा नियम कहता है कि प्रत्येक क्रिया के लिए एक (परिमाण में) समान और (दिशा में) विपरीत प्रतिक्रिया होती है।

अत: विकल्प (B) सही है।

**42.** बल का विमीय सूत्र $MLT^{-2}$ है।

ऊर्जा या किया गया कार्य $=$ बल $\times$ दूरी

ऊर्जा का विमीय सूत्र $ML^2T^{-2}$ है।

शक्ति का आयाम $=$ कार्य का आयाम / समय का आयाम

$$= \frac{(ML^2T^{-2})}{T} = ML^2T^{-3}$$

अत: विकल्प (B) सही है।

**43.** वह भौतिक स्थान जहाँ कंप्यूटर की जानकारी स्टोर की जाती है, हार्ड डिस्क कहलाती है।

हार्ड डिस्क ड्राइव (एच डी डी) एक इलेक्ट्रोमैकेनिकल डेटा स्टोरेज डिवाइस है, जो स्टोर करने के लिए मैग्नेटिक स्टोरेज का उपयोग करता है।

चुंबकीय स्टोरेज, जिसे प्लाटर कहते हैं, जो जानकारी को रिकॉर्ड और स्टोर करता है।

1956 में आईबीएम ने हार्ड डिस्क की शुरुआत की।

हार्ड डिस्क सामान्य प्रयोजन के कंप्यूटरों के लिए एक सेकेंडरी स्टोरेज डिवाइस है।

अत: विकल्प (B) सही है।

**44.** यदि हम विद्युत धारा और घुमावों की संख्या बढ़ाते हैं तो आकर्षण क्षमता बढ़ जाएगी।

यदि या तो विद्युत धारा या घुमावों की संख्या या दोनों बढ़ जाती है तो चुंबकीय फ्लक्स घनत्व बढ़ जाता है और इसलिए विद्युत चुंबक की आकर्षण क्षमता भी बढ़ जाएगी।

अत: विकल्प (D) सही है।

**45.**

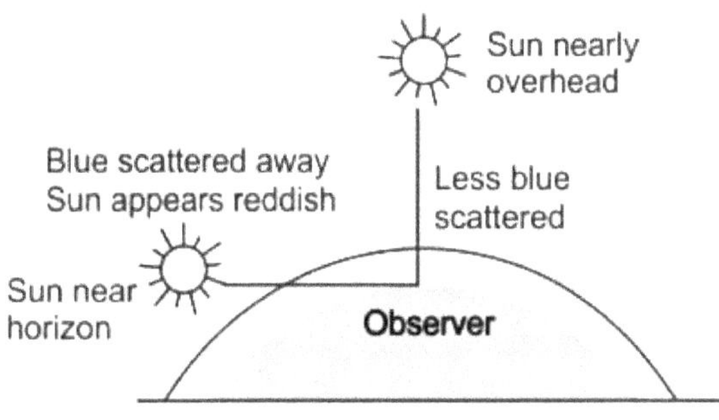


सूर्योदय और सूर्यास्त के समय सूरज लाल दिखता है:

सूर्योदय और सूर्यास्त के समय सूर्य क्षितिज के निकट होता है। सूर्य की किरणों को वायुमंडल में एक अधिक दूरी से गुज़रना पड़ता है।

चूंकि लाल रंग की तरंग दैर्घ्य नीले रंग $(\lambda_b \ll \lambda_r)$ से अधिक होती है और प्रकीर्णित प्रकाश की तीव्रता $\propto \frac{1}{\lambda^4}$, होती है, इसलिए, अधिकांश नीला प्रकाश दूर प्रकीर्णित होता है।

केवल एक लाल रंग, जो कम से कम प्रकीर्णित है, हमारी आंखों में प्रवेश करता है और सूर्य से आता हुआ लगता है। इसलिए सूर्य सूर्योदय और सूर्यास्त के समय लाल दिखता है।

सूर्यास्त और सूर्योदय के समय सूरज का लाल रंग सूरज की रोशनी के प्रकीर्णन के कारण होता है।

अत: विकल्प (B) सही है।

**46.** इस नियम के लिए अपनाए गए चिन्ह प्रथा के अनुसार जंक्शन की ओर बहने वाली धारा को धनात्मक रूप में लिया जाता है और जंक्शन को छोड़ने वाली धारा को ऋणात्मक रूप में लिया जाता है। इसलिए कथन (C) सही है।

पहले नियम को जंक्शन नियम भी कहा जाता है। इसलिए कथन (D) सही है।

दूसरा नियम लूप नियम कहलाता है। इसलिए कथन (B) गलत है।

अत: विकल्प (B) सही है।

**47.** बल $(F) = -kx$

त्वरण $(a) = -\left(\frac{k}{m}\right)x$

जहाँ $a$ त्वरण है, $x$ प्रणाली की साम्यावस्था स्थिति से इसका विस्थापन है, $m$ प्रणाली का द्रव्यमान है और $k$ प्रणाली से जुड़ा नियतांक है।

त्वरण के लिए उपरोक्त अभिव्यक्ति से त्वरण और विस्थापन एक दूसरे के सीधे आनुपातिक हैं और वे एक दूसरे के विपरीत दिशा में हैं।

अत: विकल्प (D) सही है।

**48.** दिया गया है.

निकाय पर लगाया गया बल, $F = 30$ न्यूटन

प्रारंभिक वेग $u = 2$ मीटर/सेकेंड

समय अवधि, $t = 1$ सेकेंड और निकाय का द्रव्यमान, $m = 10$ किलोग्राम

बल की परिभाषा के अनुसार,

द्रव्यमान निकाय पर लगाया गया बल, $F = m \times a = m \times \frac{v-u}{t}$

उपर्युक्त संबंध में दिए गए मान रखने पर-

$30$ न्यूटन $= 10$ किलोग्राम $\times V - 2$ मीटर/सेकेंड $/1$ सेकेंड

$\Rightarrow V - 2$ मीटर/सेकेंड $/1$ सेकेंड $= 30$ किलोग्राम $/10$ किलोग्राम

$\Rightarrow V - 2$ मीटर/सेकेंड $= 30$ न्यूटन $/10$ किलोग्राम $\times 1$ सेकेंड

$\Rightarrow V = 2$ मीटर/सेकेंड $+3$ मीटर/सेकेंड $= 5$ मीटर/सेकेंड

अत: विकल्प (A) सही है।

**49.** अर्ध आयु की परिभाषा से, समय $T$ (अर्ध आयु) में रेडियोधर्मी क्षय अपने प्रारंभिक मूल्य का आधा हो जाएगा

$$N = \frac{N_0}{2}$$

इसलिए समय $t = T$ पर, नाभिक की संख्या $N = \frac{N_0}{2}$

जहां $N_0$ नाभिक की प्रारंभिक संख्या है।
रेडियोधर्मी क्षय नियम से:
$$\Rightarrow N = N_0 e^{-\lambda t}$$
$$\Rightarrow \frac{N_0}{2} = N_0 e^{-\lambda T}$$
$$\Rightarrow \frac{1}{2} = e^{-\lambda T}$$
$$\Rightarrow e^{\lambda T} = 2$$
दोनों तरफ $log$ लेने पर
$$\Rightarrow \lambda T = \log_e 2$$
अत: विकल्प (C) सही है।

**50.** शुद्ध लुढ़कन द्वारा किया गया कार्य हमेशा शून्य होता है।

यह इसलिए है क्योंकि निकाय और सतह के संपर्क बिंदु के बीच कोई सापेक्ष गति नहीं है अर्थात निकाय के संपर्क बिंदु का विस्थापन शून्य है।

जैसा कि हम जानते हैं कि W = बल × विस्थापन = Fs

क्योंकि s = 0

$\therefore$ W = 0

केवल विसर्पण के साथ लुढ़कन के मामले में, घर्षण कार्य करता है।

अत: विकल्प (C) सही है।

**51.** Option (A) is incorrect. The exclamation mark is used to express strong feelings like sorrow, wonder, surprise, etc or to emphasize. Example: I have found the lost photo album!

Option (B) is the correctly punctuated sentence.

Option (C) is incorrect. The full stop is used at the end of a sentence. Example: She is my sister.

Option (D) is incorrect. The semicolon is used to join two complete sentences or independent clauses. Example: Your mother looks worried, she has checked your report card.

Hence, the correct option is (B).

**52.** The sentence and the question tag must have the same tense.

We always use a pronoun as the subject in question tags.

If there is an auxiliary verb in the statement, we use it to form the question tag. If the sentence does not have an auxiliary verb then 'to do' forms are used i.e. do, does, did. In the sentence, the auxiliary verb is 'can', so the question tag will also contain the same.

The question tag will contain the pronoun 'she', which is already mentioned in the sentence.

The sentence is negative so the tag will be positive i.e. 'can she?'.

Hence, the correct option is (C).

**53.** Since the indirect form is in the past perfect tense, the direct form will be in the simple past i.e I gave up on my son.

He said, "I gave up on my son".

Hence, the correct option is (B).

**54.** 'Shimu told me that she had been making research to solve the problem'.

Rule: If the reporting verb is in the past tense, and the verb in the reported speech is in the past continuous, it (the verb in the reported speech) is changed into the past perfect continuous tense.

Hence, the correct option is (B).

**55.** A part of speech is a word type that shares syntactic or morphological behavior. The parts of speech are nouns, pronouns, adjectives, adverbs, verbs, conjunction, preposition, determiner, interjection.

- A verb is a word that determines an action or an activity. In general, it is of two types: Main Verbs and Helping Verb.
- The main verb determines what exactly an action is that is going on in a sentence. On the other hand, the helping verb determines when that action is taking place.
- For example, They create a mess in class.

- Here, create is the main verb that determines the action is in the present indefinite tense.
- Whereas creation (something that is created), creativity (the ability to use imagination) and creator (one who creates) are the noun forms of the word create.

Hence, the correct option is (A).

**56.** The active voice describes a sentence where the subject performs the action stated by the verb.

The passive voice describes a sentence where the subject is acted upon by the verb.

Therefore the sentence here in question is framed in an active voice.

Option (B) is the correct conversion, as the subject and action have been interchanged correctly here.

The other alternatives are grammatically incorrect.

Hence, the correct option is (B).

**57.** The active voice describes a sentence where the subject performs the action stated by the verb.

The passive voice describes a sentence where the subject is acted upon by the verb.

Therefore the sentence here is framed in the passive voice. (Us is the subject. Watched is the action.)

Option (C) is the correct conversion, as the subject and action have been interchanged correctly here.

The other alternatives are grammatically incorrect.

Hence, the correct option is (C).

**58.** According to the passage, "However, local pressure groups forced a referendum over whether to spend the money on light rail instead. **The rail proposal won and the railway worked spectacularly well. In the years that have followed, more and more rail systems have been put in,** dramatically changing the nature of the city."

So, the given statement clearly states that option (B) is the most appropriate.

Hence, the correct option is (B).

**59.** According to the passage, "In fact, Newman believes the main reason for using one sort of transport over another is politics: **'The more democratic the process, the more public transport is favoured.'"**

Clearly, when democracy is adopted, public transport is favoured.

- Adopted means choose to take up follow or use.

Other options are incorrect because:

- Terminated means brought to an end.
- Excluded means denied (someone) access to a place, group, or privilege.
- Proposed means put forward (a plan or suggestion) for consideration by others.

Hence, the correct option is (B).

**60.** According to the passage, "However, he points out that **both Hong Kong and Zürich have managed to make a success of their rail systems**, heavy and light respectively, though there are few cities in the world as hilly."

Clearly, the author praises the development of rail networks in Hong Kong.

Hence, the correct option is (A).

**61.** According to the passage, **"It is common for supporters of road networks to reject the models of cities with good public transport** by arguing that such systems would not work in their particular city."

Therefore, models related to good public transport are rejected by supporters of road networks.

Hence, the correct option is (C).

**62.** According to the passage, "Newman rejects this, pointing out that public transport has been successful in both Toronto and Singapore and, in fact, **he has checked the use of cars against climate and found 'zero correlation'."**

'Correlation' means 'a mutual relationship or connection between two or more things'. Clearly, climate and cars are found to have zero relation with each other.

Hence, the correct option is (C).

**63.** 'Captivity' means 'the condition of being imprisoned or confined'.

On the other hand, 'freedom' means 'the state of not being imprisoned or enslaved'.

So, the two words have opposite meanings.

The other options,

Detention means 'the act of keeping someone detained in official custody'.

Locker means 'a small lockable cupboard or compartment, used for storing things, typically in a public place'.

Refuge means 'the state of being safe or sheltered from pursuit or difficulty'.

Hence, the correct option is (C).

**64. Origin** means the point or place where something begins or arises.

**Inception** means the establishment or starting point of an institution or activity.

So, the two words have similar meanings.

**End** means the final part of something or the termination.

**Disclose** means make secret information known.

**Verbalize** means to express something in words by speaking out loud.

Hence, the correct option is (B).

**65.** The meaning of the word berate is to scold or criticize someone in an angry manner. This eliminates option (D) as criticize is similar in meaning.

'When the customer dropped the scoop of ice-cream, the waiter berated him'.

Praise is a word that has the opposite meaning.

Hence, the correct option is (C).

**66.** Option (A) is incorrect. A comma is used when someone is directly addressed OR to separate two clauses/to separate ideas, objects, names in a sentence. Example: I will go to Goa, Mumbai and Pune.

Option (B) is the correctly punctuated sentence.

Option (C) is incorrect. The exclamation mark is used to express strong emotions like wonder, surprise or to emphasize. Example: I have found the lost photo album!

Option (D) is incorrect. The question mark is used after asking a question. Example: What is her name?

Hence, the correct option is (B).

**67.** The word 'in' is the most appropriate option in the context of the sentence since the word means expressing the situation of something that is or appears to be enclosed or surrounded by something else.

None of the other words can be used correctly in a grammatical aspect in the context of the sentence.

Hence, the correct option is (A).

**68.** In the context of the sentence, the word 'off' is the most appropriate in this regard.

Among the given options, only 'off' can be used in the sentence and be grammatically correct, none of the other options can be thus used.

Hence, the correct option is (D).

**69.** The correct preposition is 'in' as 'break in' means 'forced entry into a building. The other prepositions do not fit here.

Hence, the correct option is (B).

**70.** Collective nouns are used in the singular form and neuter gender(its). However, there is an exception. Collective nouns can be used in the plural form when there is a split of opinions or differences in views. In the given sentence, 'jury' refers to 'members of the jury'. So, 'were' should be used in place of 'was' and 'their' should be used in place of 'it's' in order to make the sentence grammatically correct.

Among the given choices, only option (B) replaces the given bold part most appropriately.

The sentence after replacement becomes:

The jury were divided in their opinions with the majority supporting the guilty verdict.

Hence, the correct option is (B).

**71.** The original sentence is absolutely correct and hence the bold part needs no replacement.

Hence, the correct option is (D).

**72.** Adjectives are words that modify nouns or pronouns to make them more specific.

There are 3 degrees of adjectives: Positive, comparative and superlative.

In the sentence given, the narrator says 'I like pop music" but 'not all'.

This means that the narrator likes an unspecified number of songs in pop music and so the correct word to use is 'some'.

Option (A) little is used in cases when the noun is uncountable but singular.

Option (B) less is used in comparative cases where the noun is uncountable but plural.

Option (D) any is used in a negative sentence.

Hence, the correct option is (C).

**73.** Adjectives are words that modify nouns or pronouns to make them more specific.

The given options are:

Option (A) briskly is an adverb that means 'in a quick or active way'.

Option (B) costly is an adjective that means 'costing a lot or expensive'.

Option (C) family is a noun used to describe a group of two parents and their children.

Option (D) Ruthlessly is an adverb that means 'without pity'.

Therefore, the correct answer to the given question is costly.

Hence, the correct option is (B).

**74.** A subject of a sentence is the person, place or thing we are talking about. Generally, if we can replace the subject with a subject pronoun (I, you, he, she, it, we, they), the correct choice to refer back to it is by using the relative pronoun who.

An object in a sentence is the person, thing or place who is on the receiving end of the action. If we can replace the object with an object pronoun (me, you, him, her, it, us, them), the correct choice to refer back to it is by using the relative pronoun whom.

Whose (the possessive from of who) is used in speaking of persons, animals and also things without life.

Which is used for things without life and for animals.

Here, Option (C) is correct. We use 'whom' as we are referring to the object of the preposition in the sentence. We can also write 'I should give the message to him.' So, to refer back to 'him', we need to use 'whom'.

Consequently, the other three options cancel out.

Hence, the correct option is (C).

**75.** A subject of a sentence is the person, place or thing we are talking about. Generally, if we can replace the subject with a subject pronoun (I, you, he, she, it, we, they), the correct choice to refer back to it is by using the relative pronoun who.

An object in a sentence is the person, thing or place who is on the receiving end of the action. If we can replace the object with an object pronoun (me, you, him, her, it, us, them), the correct choice to refer back to it is by using the relative pronoun whom.

Whose (the possessive from of who) is used in speaking of persons, animals and also things without life.

Which is used for things without life and for animals.

Here, Option (C) is correct. We use 'who'. It can also be written as 'They created this problem'. 'They' is in the nominative case, so to refer back to it we have to use 'who'.

Consequently, the other three options cancel out.

Hence, the correct option is (C).

**76.** GE एयरोस्पेस और टाटा एडवांस्ड सिस्टम्स लिमिटेड ने वाणिज्यिक विमान के इंजन के कई पुर्जों के उत्पादन और आपूर्ति के लिए 1 बिलियन अमरीकी डालर के अपने दीर्घकालिक अनुबंध को विस्तारित किया है।

इंजन के पुर्जे का निर्माण टाटा सेंटर ऑफ एक्सीलेंस फॉर एयरो इंजन (टाटा-TCoE) में किया जाएगा। विस्तारित समझौते के तहत TASL GE के 'इंजनों का निर्माण करने वाले वैश्विक कारखानों' को वाणिज्यिक विमान के इंजन के कई पुर्जों की आपूर्ति करेगा।

अतः विकल्प (A) सही है।

**77.** 6 वां भारत जल सप्ताह -2019 (IWW-2019) 24 से 28 सितंबर 2019 तक नई दिल्ली के विज्ञान भवन में आयोजित किया गया था।

- यह जल-मंत्रालय, जल संसाधन विभाग, नदी विकास और गंगा कायाकल्प, भारत सरकार द्वारा आयोजित किया जाता है।
- IWW-2019 का आयोजन "जल सहयोग - 21 वीं शताब्दी की चुनौतियों से निपटना" के विषय के साथ किया जा रहा है।
- प्रशासनिक सीमाओं के पार बेसिन की गतिशीलता को बदलने के संदर्भ में स्थायी जल प्रबंधन के लिए आपसी सहयोग के लिए नए विचारों को लाने का उद्देश्य।

अतः विकल्प (D) सही है।

**78.** विश्व पर्यावरण दिवस हर साल 5 जून को मनाया जाता है।

- यह पहली बार 1974 में (संयुक्त राष्ट्र द्वारा पहला विषय- "ओनली वन अर्थ") (1972 में मानव पर्यावरण पर स्टॉकहोम सम्मेलन के पहले दिन स्थापित) किया गया था।
- यह हर साल एक नए विषय और एक नए मेजबान देश के साथ मनाया जाता है।
- इसका उद्देश्य जागरूकता बढ़ाना और प्रकृति में अनियंत्रित मानव हस्तक्षेपों के नकारात्मक प्रभाव को कम करना है, जैसे कि ग्लोबल वार्मिंग, वन्यजीव अपराध, सतत खपत, समुद्री प्रदूषण, आदि।
- 2019 में थीम "वायु प्रदूषण को हराना" था, मेजबान देश चीन था। वायु प्रदूषण वर्तमान में प्रमुख पर्यावरणीय चिंताओं का कारण है, क्योंकि यह प्रति वर्ष 7 बिलियन से अधिक लोगों को मरने का कारण है, अस्थमा जैसी दीर्घकालिक बीमारियों का कारण बनता है, और बच्चों में संज्ञानात्मक विकास को कम करता है।

अतः विकल्प (C) सही है।

**79.** कुमार राम नारायण कार्तिकेयन (जन्म 14 जनवरी 1977) एक रेसिंग ड्राइवर हैं जो भारत के पहले फॉर्मूला वन ड्राइवर थे। उन्होंने पहले A1GP, और ले मैंस श्रृंखला में प्रतिस्पर्धा की है।

अत: विकल्प (C) सही है।

**80.**

- प्रसिद्ध मेजर ध्यानचंद एक भारतीय हॉकी खिलाड़ी थे।
- उन्हें अब तक का सबसे महान फील्ड हॉकी खिलाड़ी माना जाता है।
- मेजर ध्यानचंद को "द विजार्ड" के नाम से भी जाना जाता है।
- उन्हें हॉकी में तीन ओलंपिक स्वर्ण पदक (1928, 1932 और 1936) अर्जित करने के अलावा, उनके असाधारण गोल स्कोरिंग के लिए याद किया जाता है।
- राष्ट्रीय खेल दिवस अर्थात 29 अगस्त मेजर ध्यानचंद की जयंती को मनाने के लिए चुनी गई तिथि है।

अत: विकल्प (D) सही है।

**81.** महात्मा गांधी ने स्वतंत्र भाषण के अधिकार की पुष्टि के लिए व्यक्तिगत सत्याग्रह की शुरुआत की।

महात्मा गांधी ने आचार्य विनोबा भावे को व्यक्तिगत सत्याग्रह के रूप में प्रथम और जवाहरलाल नेहरू को दूसरे और ब्रह्म दत्त को तीसरे सत्याग्रही के रूप में चुना था।

ब्रह्म दत्त तीसरे व्यक्तिगत सत्याग्रही थे। वे गांधी के आश्रम के कैदियों में से एक थे।

अत: विकल्प (B) सही है।

**82.** नकदी फसल एक कृषि फसल होती है जो खपत के बजाय इसके व्यावसायिक मूल्य के लिए उगाई जाती है। लाभ प्राप्त करने के लिए नकदी फसलों को बिक्री के लिए उपजाया जाता है। प्रमुख नकदी फसलें गन्ना, कपास, तंबाकू, जूट और तिलहन आदि हैं।

अत: विकल्प (A) सही है।

**83.** भारत सरकार में वर्तमान विदेश मंत्री एस जयशंकर ने "द इंडिया वे: स्ट्रेटेजीज फॉर ए अनसोल्ड वर्ल्ड" शीर्षक से एक पुस्तक लिखी है।

पुस्तक हार्पर कॉलिन्स इंडिया प्रकाशन के तहत प्रकाशित हुई थी।

इस पुस्तक में, श्री एस जयशंकर ने भारत के समक्ष एक प्रमुख शक्ति बनने की राह में आने वाली विभिन्न चुनौतियों का विश्लेषण किया है और नीतिगत प्रतिक्रियाओं को भी बताया है।

अत: विकल्प (C) सही है।

**84.**

| Alphabets | A | B | C | D | E | F | G | H | I | J | K | L | M |
|---|---|---|---|---|---|---|---|---|---|---|---|---|---|
| Positional value | 1 | 2 | 3 | 4 | 5 | 6 | 7 | 8 | 9 | 10 | 11 | 12 | 13 |
| Positional value | 26 | 25 | 24 | 23 | 22 | 21 | 20 | 19 | 18 | 17 | 16 | 15 | 14 |
| Alphabets | Z | Y | X | W | V | U | T | S | R | Q | P | O | N |

यहाँ अनुसरित स्वरूप निम्न प्रकार है:

$$C \xrightarrow{+2} E \xrightarrow{+2} G \xrightarrow{+2} I$$
$$H \xrightarrow{+2} J \xrightarrow{+2} L \xrightarrow{+2} N$$
$$R \xrightarrow{+2} T \xrightarrow{+2} V \xrightarrow{+2} X$$
$$N \xrightarrow{+2} P \xrightarrow{+3} S \xrightarrow{+1} T$$

इसलिए, "NPST" सही उत्तर है।

अत: विकल्प (D) सही है।

**85.** 864 ÷ 2 = 432

432 ÷ 2 = 216

216 ÷ 2 = 108

**108** ÷ 2 = 54

अत: विकल्प (D) सही है।

**86.** (1) NOISE → OPERATION → इसे नहीं बनाया जा सकता है क्योंकि यहाँ कोई S नहीं है।

(2) PERSON → OPERATION → इसे नहीं बनाया जा सकता है क्योंकि यहाँ कोई S नहीं है।

(3) NATION → OPERATION → इसे नहीं बनाया जा सकता है क्योंकि यहाँ केवल एक N है।

(4) **RETINA** → OPERATION → इसे बनाया जा सकता है।

अत: विकल्प (D) सही है।

**87.**

| B | O | L | K |
|---|---|---|---|
| 9 | @ | 7 | * |

| C | H | A | T |
|---|---|---|---|
| 2 | 5 | # | 4 |

इसी प्रकार,

| K | O | L | T | A |
|---|---|---|---|---|
| * | @ | 7 | 4 | # |

इसलिए, KOLTA को *@74# कूटित किया जाता है।
अत: विकल्प (B) सही है।

**88.** चंबल की उत्पत्ति मध्य प्रदेश के महू इंदौर जिले में जनापाव पहाडियाँ पहाड़ियों के सिंगार चौरी चोटी से हुई है।

चंबल नदी मध्य भारत में यमुना नदी की एक सहायक नदी है, और इस प्रकार यह वृहद गंगा जल निकासी प्रणाली का हिस्सा बनती है।

राजस्थान में, यह चित्तौड़गढ़ जिले में मध्य प्रदेश में मन्दसौर जिले के चौरासीगढ़ के पास प्रवेश करती है।

अत: विकल्प (C) सही है।

**89.** साहित्य के क्षेत्र में सरस्वती सम्मान पुरस्कार दिया जाता है। सरस्वती सम्मान भारत के संविधान की अनुसूची VIII में सूचीबद्ध भारत की 22 भाषाओं

में से किसी में उत्कृष्ट गद्य या काव्य साहित्यिक कृतियों के लिए एक वार्षिक पुरस्कार है।

अत: विकल्प (B) सही है।

**90.** टोडर मल अकबर के राजस्व मंत्री थे।

उनके राजस्व संग्रह की व्यवस्था को टोडरमल का बंदोबस्त कहा जाता है।

बीरबल का वास्तविक नाम महेश दास था।

अबुल फ़ज़ल अकबर का वज़ीर था।

उन्होंने अकबरनामा लिखा।

अत: विकल्प (C) सही है।

**91.** बेगम हजरत महल ट्रॉफी फुटबॉल से संबंधित है।

फुटबॉल से संबंधित अन्य कप/ट्रॉफी - संजय गोल्ड कप, संतोष ट्रॉफी, कलिंग कप, स्टैफ़ोर्ड कप, सुब्रोतो कप, टॉड मेमोरियल ट्रॉफी, रोवर्स कप, आदि।

क्रिकेट से संबंधित अन्य कप/ट्रॉफी - देवधर ट्रॉफी, दलीप ट्रॉफी, रणजी ट्रॉफी, विजय हजारे ट्रॉफी, आदि।

गोल्फ से संबंधित अन्य कप/ट्रॉफी - राइडर कप, कनाडा कप, वॉकर कप, आदि।

हॉकी से संबंधित अन्य कप/ट्रॉफी - आगा खान कप, ध्यानचंद ट्रॉफी, आदि।

अत: विकल्प (B) सही है।

**92.**

| Alphabets | A | B | C | D | E | F | G | H | I | J | K | L | M |
|---|---|---|---|---|---|---|---|---|---|---|---|---|---|
| Positional value | 1 | 2 | 3 | 4 | 5 | 6 | 7 | 8 | 9 | 10 | 11 | 12 | 13 |
| Positional value | 26 | 25 | 24 | 23 | 22 | 21 | 20 | 19 | 18 | 17 | 16 | 15 | 14 |
| Alphabets | Z | Y | X | W | V | U | T | S | R | Q | P | O | N |

यहाँ अनुसरण किया गया स्वरूप निम्न प्रकार है:

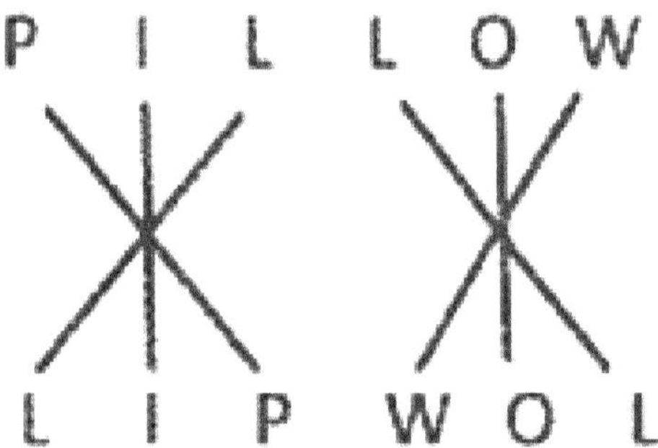


उसी प्रकार,

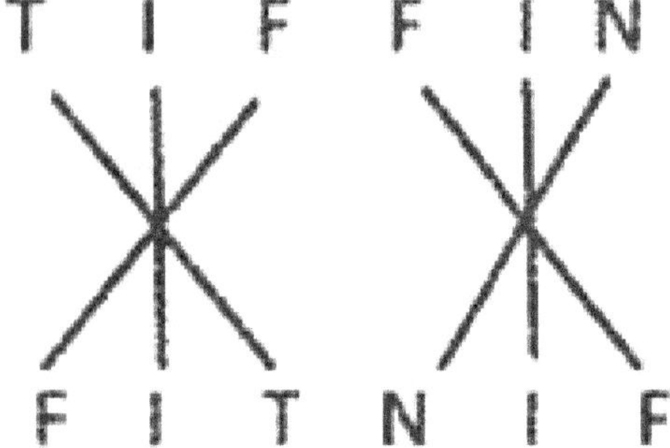


इसलिए, FITNIF सही उत्तर है।

अत: विकल्प (D) सही है।

**93.** PSEUDO → PRODEGIOUS → इसे बनाया जा सकता है।

GENIOUS → PRODEGIOUS → इसे नहीं बनाया जा सकता है क्योंकि यहाँ कोई N नहीं है।

PURPOSE → PRODEGIOUS → इसे नहीं बनाया जा सकता है क्योंकि यहाँ केवल एक P है।

DUST → PRODEGIOUS → इसे नहीं बनाया जा सकता है क्योंकि यहाँ कोई T नहीं है।

इसलिए, "PSEUDO" सही उत्तर है।

अत: विकल्प (C) सही है।

**94.** महात्मा गांधी ने 1924 में भारतीय राष्ट्रीय कांग्रेस के बेलगाम सत्र की अध्यक्षता की थी।

यह पहला और एकमात्र आईएनसी सत्र था, जिसकी अध्यक्षता उन्होंने की थी।

अत: विकल्प (A) सही है।

**95.** गोदावरी नदी दक्षिण भारत की सबसे बड़ी प्रायद्वीपीय नदी है। यह लगभग 1465 किलोमीटर की दूरी तय करती है। गंगा भारत की सबसे बड़ी नदी है। यह उत्तरी से भारत के पूर्वी हिस्से तक बहती है। यह लगभग 2525 किलोमीटर की दूरी तय करती है।

अत: विकल्प (D) सही है।

**96.** हवा महल को खिड़कियों का महल कहा जाता है। हवा महल 1799 में सवाई प्रताप सिंह द्वारा बनवाया गया था।

यह गुलाबी शहर अर्थत जयपुर में स्थित है और इसकी बाहरी दीवारों पर 953 खिड़कियां हैं। यह महल के माध्यम से ठंडी हवा को आने और गर्मियों में इसे ठंडा और हवादार रखने की अनुमति देता है।

अत: विकल्प (C) सही है।

**97.** पोंगल हिंदू सूर्य देवता, सूर्य को समर्पित है, और मकर संक्रांत से मेल खाता है।

पोंगल त्योहार के चार दिनों को भोगी पोंगल, सूर्य पोंगल, मट्टू पोंगल और कन्नुम पोंगल कहा जाता है।

इस प्रकार, कोंगम पोंगल पोंगल महोत्सव का चौथा दिन है।

अत: विकल्प (B) सही है।

**98.** येन जापान की आधिकारिक मुद्रा है। यह संयुक्त राज्य अमेरिका डॉलर और यूरो के बाद विदेशी मुद्रा बाजार में तीसरी सबसे अधिक कारोबार वाली मुद्रा है।

1 येन = 0.66 भारतीय रुपया

अत: विकल्प (A) सही है।

**99.** अक्रा घाना की राजधानी और सबसे अधिक आबादी वाला शहर है, जिसकी अनुमानित शहरी आबादी 2012 की 2.27 मिलियन है।

घाना पश्चिम अफ्रीका में स्थित एक देश है।

घानियन सेडी घाना की मुद्रा है।

घाना या घाना गणराज्य गिनी की खाड़ी और अटलांटिक महासागर के साथ स्थित है।

अत: विकल्प (B) सही है।

**100.** एंडी मरे, पूर्ण सर वर्ड बैरोन मरे में, (जन्म 15 मई, 1987, ग्लासगो, स्कॉटलैंड), एक स्कॉटिश टेनिस खिलाड़ी, जो 2010 के दौरान खेल के प्रमुख खिलाड़ियों में से एक थे, जिन्होंने तीन ग्रैंड स्लैम खिताब और दो पदक एकल ओलिंपिक जीते थे। जीते थे। जीते थे। स्वर्ण पदक विजेता थे। ।

अत: विकल्प (C) सही है।

**Q.1 In the following question, the sentence is given with a blank to be filled in with an appropriate word. Select the correct alternative out of the four and indicate it by selecting the appropriate option.**

Akansha is annoyed _______ me.

**A.** with　　　**B.** to　　　**C.** against　　　**D.** over

**Q.2 Direction**: In the following question, the sentence given with blank is to be filled in with an appropriate word. Select the correct alternative out of the four and indicate it by selecting the appropriate option.

He died _____ cancer.

**A.** from　　　**B.** with　　　**C.** of　　　**D.** by

**Q.3 Choose the correct sentence from the following:**

**A.** Each of the girl has a new phone.
**B.** I sing better than her.
**C.** I told him to avoid smoking.
**D.** Distribute those chocolates between he and I.

**Q.4 Choose the correct sentence from the following:**

**A.** Rita and me are eating pancakes.
**B.** You, she and I are very irresponsible.
**C.** She advised me to read this book.
**D.** Neither of these three girls is intelligent.

**Q.5 Choose the pronoun from the sentence:**

Everything cannot be settled at once.

**A.** Once　　　　　　**B.** Everything
**C.** Settled　　　　　**D.** At

**Q.6 Which type of pronoun is the underlined word?**

The boy <u>who</u> came here is her son.

**A.** Interrogative pronoun
**B.** Reflexive pronoun
**C.** Relative pronoun
**D.** Reciprocal pronoun

**Q.7 Direction:** Choose which part of speech the underlined word belongs to.

She will give you no <u>less</u> than sixty rupees for this thing.

**A.** Pronoun　　　　　**B.** Adjective
**C.** Adverb　　　　　　**D.** Noun

**Q.8 Choose the Adjective from the given sentence:**

We were enjoying a lovely view from the window.

**A.** Lovely　　　**B.** View　　　**C.** Enjoying　　　**D.** From

**Q.9 In the following question, a sentence is given in Direct/Indirect speech. Out of the four alternatives choose the one which best expresses the sentence in Indirect/Direct Speech.**

She said," Do you know to cook?".

**A.** She asked me if I knew to cook.
**B.** She said to me did I Know to cook.
**C.** She asked me did I know to cook.
**D.** She said to me if I knew to cook.

**Q.10 In the following question, a sentence is given in Direct/Indirect speech. Out of the four alternatives choose the one which best expresses the sentence in Indirect/Direct Speech.**

He says," I am never going back again".

**A.** He said that he was never going back again.
**B.** He said that he is never going back again.
**C.** He says that he is never going back again.
**D.** He says that I am never going back again.

**Q.11 In the following question, a sentence is given in Direct/Indirect speech. Out of the four alternatives choose the one which best expresses the sentence in Indirect/Direct Speech.**

She said, ''Let's work together."

**A.** She suggested that they should work together.
**B.** She suggested that we will work together.
**C.** She suggested that we would work together.
**D.** She suggested that we can work together.

**Q.12 Choose the correctly punctuated sentence.**

**A.** Bravo! You have recited the poem very well.
**B.** Bravo, You have recited the poem very well.
**C.** Bravo. You have recited the poem very well.
**D.** "Bravo" You have recited the poem very well.

**Q.13 Choose the most appropriate word from the options given below to complete the following sentence.**

A person suffering from Alzheimer's disease_____ short-term memory loss.

**A.** experienced　　　　　**B.** has experienced
**C.** is experiencing　　　　**D.** experiences

**Q.14 A sentence has been given in Active/Passive voice. Out of the four alternatives suggested, select the one which best expresses the same sentence in Passive/Active voice.**

Do not shout at them.

**A.** Stop shouting at them.
**B.** Let them not be shouted upon.
**C.** Let they not be shouted upon.
**D.** You are commanded not to shout at them.

**Q.15 A sentence has been given in Active/Passive voice. Out of the four alternatives suggested, select the one which best expresses the same sentence in Passive/Active voice.**

I don't like people telling me what to do.

**A.** I don't like it when people tell me what to do.
**B.** I don't like anyone telling me what to do.
**C.** I don't like people when they tell me what to do.
**D.** I don't like being told what to do.

**Q.16 Choose the word which is MOST OPPOSITE in meaning.**

Riveting

**A.** Bland      **B.** Contrast

**C.** Impetuous      **D.** Impudent

**Q.17 Choose the word which is MOST OPPOSITE in meaning.**

Impenitent

**A.** Impulsive      **B.** Colossal

**C.** Jaded      **D.** Repentant

**Q.18 In the following question, out of the four alternatives, select the one which best expresses the meaning of the given word.**

Pretension

**A.** Belt    **B.** Claim    **C.** Justify    **D.** Creation

**Q.19 Choose the option that best punctuates the given sentence:**

May I have a glass of juice instead of water asked the passenger

**A.** "May I have, a glass of juice instead of water, "asked the passenger.

**B.** "May I have a glass of juice instead of water?" asked the passenger.

**C.** "May I have a glass of juice, instead of water" asked the passenger.

**D.** "May I, have a glass of juice instead of water" asked the passenger.

**Q.20 Select the most appropriate synonym of the given word.**

Surreptitious

**A.** Illuminate      **B.** Fragile

**C.** Preclude      **D.** Covert

**Ques (21-25):Direction:** Read the following passage carefully and choose the most appropriate answer to the question out of the four alternatives.

The great white shark is larger, faster, and more dangerous than most sharks. It can reach a length of 20 feet and weigh 70,000 pounds. Though its preferred diet is seals and dolphins, this fearsome fish regularly attacks almost any type of warm-blooded animal. In its snout are small holes that lead to receptors. These receptors pick up electrical nerve signals in the prey. The shark also has other sensors that detect blood in the water. Very rare in tropical or polar regions, great whites patrol mainly in temperate ocean coastlines. Their body is designed for efficiency in the water. It is broad in the middle and tapered at the ends for streamlined movement. Wing-like pectoral fins provide lift and stability. Oil stored in the liver adds buoyancy. The tail fins are vertical and act as a rudder for fast turns. Amazingly, it never stops swimming. All sharks are fish and most are carnivores. The great white is the world's largest predatory shark. The whale shark is near twice as big, but like a Baleen whale, eats mainly plankton. The Blue Whale is the largest known mammal to ever live. Its size ranges from 70 to 100 feet in length and up to 125 tons (250,000 pounds) in weight.

**Q.21** The great white shark can mostly be found in _______.

**A.** polar      **B.** tropical

**C.** extreme      **D.** temperate

**Q.22** What helps the great white shark in making fast turns while swimming?

**A.** Snout      **B.** Tail fins

**C.** Pectoral fins      **D.** Streamlined body

**Q.23** The author of the passage uses the adjective 'amazing' with regard to what capability of the shark?

**A.** Its ability to be quick and deadly

**B.** Its ability to never cease from swimming

**C.** Its ability to detect blood in the water

**D.** Its perfectly streamlined body

**Q.24** What is the relevance of the blue whale as found in the given passage?

**A.** It is a mammal and not a fish.

**B.** It is prey for the great white shark.

**C.** It is smaller than the whale shark.

**D.** It is the largest creature on land and sea.

**Q.25** Why is the whale shark mentioned in the passage?

**A.** To show that though it is twice as big as the great white shark, it is not predatory, as it eats plankton

**B.** To highlight that it is twice as large as the great white shark

**C.** To emphasize that it is the world's largest predatory

**D.** To make a comparison with the blue whale

# // Smart Answer Sheet //

**Correct** — Percentage of students who answered correctly.  **Skipped** — Percentage of students who skipped.

| Q. | Ans. | Correct / Skipped | Q. | Ans. | Correct / Skipped | Q. | Ans. | Correct / Skipped | Q. | Ans. | Correct / Skipped | Q. | Ans. | Correct / Skipped | Q. | Ans. | Correct / Skipped |
|---|---|---|---|---|---|---|---|---|---|---|---|---|---|---|---|---|---|
| 1 | A | 45.74 % / 6.49 % | 6 | C | 25.74 % / 21.3 % | 11 | A | 30.05 % / 14.59 % | 16 | A | 3.56 % / 74.94 % | 21 | D | 9.62 % / 75.34 % | | | |
| 2 | C | 38.8 % / 7.34 % | 7 | B | 46.72 % / 11.48 % | 12 | A | 59.65 % / 7.29 % | 17 | D | 8.77 % / 74.74 % | 22 | B | 11.63 % / 75.11 % | | | |
| 3 | C | 52.58 % / 7.5 % | 8 | A | 33.28 % / 20.28 % | 13 | D | 48.1 % / 9.44 % | 18 | B | 7.29 % / 74.92 % | 23 | B | 10.58 % / 75.49 % | | | |
| 4 | C | 63.96 % / 3.03 % | 9 | A | 25.61 % / 15.52 % | 14 | D | 29.07 % / 15.49 % | 19 | B | 10.13 % / 75.96 % | 24 | D | 8.15 % / 74.83 % | | | |
| 5 | B | 26.69 % / 16.49 % | 10 | C | 25.76 % / 21.83 % | 15 | D | 40.03 % / 9.74 % | 20 | D | 3.56 % / 74.81 % | 25 | B | 6.02 % / 75.68 % | | | |

# //संकेत और समाधान//

**1.** Akansha is annoyed **with** me.

The correct preposition here is 'with' as someone gets annoyed 'with' someone.

Hence, the correct option is (A).

**2.** He died <u>of</u> cancer.

Traditionally, 'die of' refers to death as the result of a disease, and 'die from' refers to death as a result of an external cause such as an accident or a disaster.

Hence, the correct option is (C).

**3.** I told him to avoid smoking.

Option (C) is grammatically correct.

- Option (A) is incorrect. When 'each of' is used in a sentence the noun or pronoun written after that must be in the plural form. So,'girls' should replace 'girl'.

- Option (B) is incorrect. The pronouns of two nominative cases can be compared. 'Her' which is the pronoun of an objective case should be replaced with 'she' which is a pronoun of nominative case.

- Option (D) is incorrect. After the preposition 'between', the pronoun of the objective case is used. So, 'he' and 'I' should be replaced with 'him' and 'me' respectively.

Hence, the correct option is (C).

**4.** She advised me to read this book.

Option (C) is grammatically correct.

- Option (A) is incorrect because the sentence has two subjects and 'me' is used as an object. Example: She has told me to read books. Therefore, 'me' should be replaced with 'I' in order to make the sentence correct.

- Option (B) is incorrect. If the sentence is about accepting guilt or mistake, the order is First, Second, Third person[Rule 123]. The given sentence is expressing a flaw. So, the arrangement of the pronouns should be 'I', 'you' and 'she'.

- Option (D) is incorrect. 'Neither' should be replaced with 'none' because the sentence is talking about more than two girls.

Hence, the correct option is (C).

**5.** In the given sentence 'everything' is a pronoun. It means 'all things' and is used here instead of a noun. So, it is a pronoun.

A pronoun is a word that is used instead of a noun and it functions like a noun. Example: She is your teacher.

Hence, the correct option is (B).

**6.** The underlined word 'who' has introduced a relative clause, so, it is a relative pronoun.

Relative clauses are clauses starting with the relative pronouns who, that, which, whose, where, when. They are most often used to define or identify the noun that precedes them.

Hence, the correct option is (C).

**7.** The underlined word is an adjective. It is the comparative form of 'little'. The phrase 'no less than' means 'at least'.

Hence, the correct option is (B).

**8.** 'Lovely' can also be used as a noun. It can be used for an attractive woman or girl and can also be used as an affectionate form of address.

Hence, the correct option is (A).

**9.** She asked me if I knew to cook.

While changing the narration of an interrogative sentence, we need to follow the steps given below:

- Whenever the sentence is an interrogative 'That' is omitted.

- 'Said' in the sentence is replaced with words like 'asked' or 'enquired'.

- The above sentence is interrogative but it is a Yes/no question. When changing the narration of this type of question 'If/whether' is used.

- In an indirect speech, the pronoun changes according to the speaker whether he/she is referring to himself/herself or a third person. In the sentence, she was asking me the question so 'I' is used.

- Present tense changes to past tense when changing from direct to indirect tense. 'Knew' is the past tense of 'know'.

Hence, the correct option is (A).

**10.** He says that he is never going back again.

- While changing the narration of the sentence, we need to follow the steps given below

- Whenever we change the speech the conjunction 'that' is used in place of commas and inverted commas.

- In reported speech, always the third person is used.

- Here, reporting verb is 'says' which is in the present tense. If the reporting verb is in present or future tense the tense in the reported speech remains the same.

- In the sentence, The person is referring to himself as 'I' is there so the pronoun used must be 'he' and accordingly helping verb is used which in this case must be 'is'.

Hence, the correct option is (C).

**11.** She suggested that they should work together.

While changing the narration of an imperative sentence, we need to follow the steps given below-

- If the sentence is starting with "let us" and there is a proposal, we make the following changes-

- The reporting verb said is changed into suggested or proposed.

- The conjunction 'that' is used in place of commas and inverted commas.
- We will convert the Given sentence from imperative to Assertive then make changes like we do while changing the narration of an assertive sentence.
- The assertive sentence for the given Imperative sentence will be- "We shall work together."
- The first person 'We' will be changed into 'they' and 'shall' will be changed into 'should'.

Hence, the correct option is (A).

**12.**

- Option (A) is the correctly punctuated sentence.
- Option (B) is incorrect. A comma is used when someone is directly addressed OR to separate two clauses/to separate ideas, objects, names in a sentence. Example: I will go to Goa, Mumbai and Pune.
- Option (C) is incorrect. The full stop is used at the end of a sentence. Example: She is my sister.
- Option (D) is incorrect. A quotation mark is used to introduce a direct speech. Example: She said, "I love cats."

Hence, the correct option is (A).

**13.** A person suffering from Alzheimer's disease **experiences** short-term memory loss.

- As we know 'Present Indefinite Tense' is used to express habits, general truth, unchanging situations, emotions, etc
- Thus, the given sentence expresses a general truth or experience; hence 'Present Indefinite tense' will be used in the sentence
- As the subject is 'a person' i.e. singular; hence, the verb should be used in singular form only
- By adding s/es with the First form of verb we make the verb in singular form; i.e. experience + s = experiences

Hence, the correct option is (D).

**14.** You are commanded not to shout at them.

- The given is an imperative sentence and it is written in the active voice. In this sentence, a negative command is given.
- The object of the active voice is not mentioned. So the passive voice will begin with 'you are commanded'. 'commanded' is used because a negative command is given.

Hence, the correct option is (D).

**15.** I don't like being told what to do.

- Given sentence is in Present Indefinite/ Simple present tense.
- Passive is formed as 'being + past participle.

Hence, the correct option is (D).

**16.** Bland is MOST OPPOSITE in meaning to Riveting.

The word 'riveting' means 'absorbing; interesting.'

Bland means 'uninteresting'.

Hence, the correct option is (A).

**17.** Repentant is MOST OPPOSITE in meaning to Impenitent.

The word 'impenitent' means 'not showing any feeling'.

Repentant means expressing or feeling sincere regret and remorse.

Impulsive means acting or done without forethought.

Colossal means gigantic.

Jaded means tired.

Hence, the correct option is (D).

**18.** Claim best expresses the meaning of pretension.

The word 'pretension' means a claim or assertion of a claim to something.

The word 'claim' means to state or assert that something is the case, typically without providing evidence or proof.

The word 'belt' means a belt worn as a sign of rank or achievement.

The word 'justify' means show or prove to be right or reasonable.

The word 'creation' means the action or process of bringing something into existence.

Hence, the correct option is (B).

**19.** "May I have a glass of juice instead of water?" asked the passenger.

- The sentence always begins with a capital letter.
- To indicate a small pause after a word or a sentence, we use a comma. (,)
- Question mark (?) is used at the end of a sentence while asking a question.
- While stating a narration we use inverted commas (" ").
- Use a full stop at the end of the sentence.

Hence, the correct option is (B).

**20.** 'Surreptitious' and 'Covert' are similar words.

Surreptitious: Refers to something that is kept secret, especially since it is inappropriate.

Covert: Something that is not openly displayed, something that is hidden

Illuminate: To make something light up or to bring something to attention.

Fragile: Something that is delicate and can break easily.

Preclude: To prevent something from happening by making something impossible.

Hence, the correct option is (D).

**21.** The great white shark can mostly be found in **temperate**.

From the sentence of the passage "Very rare in tropical or polar regions, great whites patrol mainly in temperate ocean coastlines" we can say that the great white shark can mostly be found in temperate.

Hence, the correct option is (D).

**22.** Tail fins help the great white shark in making fast turns while swimming.

From the sentence of the passage "The tail fins are vertical and act as a rudder for fast turns." we can say that tail fins help the great white shark in making fast turns while swimming.

Hence, the correct option is (B).

**23.** The author of the passage uses the adjective 'amazing' with regard to its ability to never cease from swimming.

From the sentence of the passage "Amazingly, it never stops swimming" we can say that the author is amazed by the ability of the shark that it never stops swimming.

Hence, the correct option is (B).

**24.** The relevance of the blue whale as found in the given passage is that it is the largest creature on land and sea.

From the second last sentence of the passage "The Blue Whale is the largest known mammal to ever live" we can say that the Blue whale is the largest creature on land and sea.

Hence, the correct option is (D).

**25.** The whale shark is mentioned in the passage to highlight that it is twice as large as the great white shark.

From the third last sentence of the passage "The whale shark is near twice as big, but like a Baleen whale, eats mainly plankton" we can say that the whale shark is mentioned to highlight that it is twice as big as the great white shark.

Hence, the correct option is (B).

**Q.1 Choose the correct sentence from the following:**

**A.** She is wanting to eat ice cream.

**B.** The dark chocolate is tasting bitter.

**C.** She always goes to the market with her friend.

**D.** She reading the letter.

**Q.2 Choose the correctly punctuated sentence.**

**A.** I wanted to buy a new book, also I wanted to eat a cake.

**B.** I wanted to buy a new book. also I wanted to eat a cake.

**C.** I wanted to buy a new book; also I wanted to eat a cake.

**D.** I wanted to buy a new book! also I wanted to eat a cake.

**Q.3 Direction: Fill in the blanks with an appropriate preposition.**

Those who are interested _________ the latest developments always have become famous.

**A.** from  **B.** in  **C.** with  **D.** by

**Q.4 Direction: Fill in the blanks with the suitable tense of the verb.**

She informed him that he _________ exactly on the same date of the tragedy.

**A.** came  **B.** would come

**C.** will be coming  **D.** had come

**Q.5 Direction: Choose the appropriate word in the blank from the given alternatives.**

On entering the home , he found all jewels _________.

**A.** steal  **B.** steals  **C.** stealing  **D.** stolen

**Q.6 Mark the most appropriate substitute to fill the blanks in the given description.**

His habits are very similar _____ mine.

**A.** of  **B.** to  **C.** on  **D.** with

**Q.7 In the following question, a sentence is given in Direct/Indirect speech. Out of the four alternatives choose the one which best expresses the sentence in Indirect/Direct Speech.**

The Prince said that it gave him great pleasure to be there that evening.

**A.** The Prince said, "It gives me great pleasure to be here that evening."

**B.** The Prince said, "It gave me great pleasure to be here that evening."

**C.** The Prince said, "It gives me great pleasure to be here this evening."

**D.** The Prince says "It gave me great pleasure to be here that evening."

**Q.8 In the following question, a sentence is given in Direct/Indirect speech. Out of the four alternatives choose the one which best expresses the sentence in Indirect/Direct Speech.**

He said, "Isha arrived on Monday."

**A.** He said that Isha arrived on Monday.

**B.** He said that Isha had been arriving on Monday.

**C.** He said that Isha had arrived on Monday.

**D.** None of the above.

**Q.9 A sentence has been given in Active/Passive voice. Out of the four alternatives suggested, select the one which best expresses the same sentence in Passive/Active voice.**

The king declared the war over after 3 years.

**A.** The war is going to be declared over by the king after 3 years.

**B.** The war should have been declared over by the king after 3 years.

**C.** The war was declared over by the king after 3 years.

**D.** The war was going to be declared over by the king after 3 years.

**Q.10 A sentence has been given in Active/Passive voice. Out of the four alternatives suggested, select the one which best expresses the same sentence in Passive/Active voice.**

When Ram arrived home, police arrested him.

**A.** When Ram arrived home, he had been arrested by police.

**B.** When Ram arrived home, he is arrested by police.

**C.** When Ram arrived home, he was arrested by police.

**D.** When Ram arrived home, he was being arrested by police.

**Q.11 Select the most appropriate ANTONYM of the given word.**

INSIDIOUS

**A.** Treacherous  **B.** Sincere

**C.** Stealthy  **D.** Astute

**Q.12 Select the most appropriate synonym of the given word.**

SANCTION

**A.** Grace  **B.** Approval

**C.** Mercy  **D.** Denial

**Q.13 Select the most appropriate synonym of the given word.**

IGNOMINY

**A.** Morality  **B.** Virtue  **C.** Disgrace  **D.** Esteem

**Q.14 Which of the following is the correct sentence?**

**A.** I have no taste in painting.

**B.** I have no taste to painting.

**C.** I have no taste for painting.

**D.** All are correct

**Q.15 Choose the correctly punctuated sentence.**

**A.** Do you know where the mall is!

**B.** Do you know where the mall is.

**C.** Do you know where the mall is?

**D.** Do you know where the mall is,

**Q.16 Select the correct pronoun for the underlined word.**

The boy <u>who</u> stole your pen has been punished.

- **A.** Distributive pronoun
- **B.** Demonstrative pronoun
- **C.** Relative pronoun
- **D.** Possessive pronoun

**Q.17 Select the most appropriate synonym of the given word.**

Petulant

- **A.** Peevish
- **B.** Affable
- **C.** Applicable
- **D.** Opportune

**Q.18 Select the most appropriate ANTONYM of the given word.**

CHIVALROUS

- **A.** Indignant
- **B.** Valiant
- **C.** Cowardly
- **D.** Annoyed

**Q.19 Choose the correct form of the modal auxiliary verb for the given sentence:**

I wonder why she ignored me when we met in the hallway. Do you think she _____ have not recognized me?

- **A.** should
- **B.** might
- **C.** can
- **D.** will

**Q.20 Fill in the blanks in the following sentences with the help of options that follow.**

He murmured something, but I ______ the room by then.

- **A.** had left
- **B.** has left
- **C.** had leave
- **D.** have left

**Ques (21-25):Direction**: Read the following passage carefully and choose the most appropriate answer to the question out of the four alternatives.

William Henry Perkin was born on March 12, 1838, in London, England. As a boy, Perkin's curiosity prompted early interests in the arts, sciences, photography, and engineering. But it was a chance stumbling upon a run-down, yet functional, laboratory in his late grandfather's home that solidified the young man`s enthusiasm for chemistry.

As a student at the City of London School, Perkin became immersed in the study of chemistry. His talent and devotion to the subject were perceived by his teacher, Thomas Hall, who encouraged him to attend a series of lectures given by the eminent scientist Michael Faraday at the Royal Institution. Those speeches fired the young chemist`s enthusiasm further, and he later went on to attend the Royal College of Chemistry, which he succeeded in entering in 1853, at the age of 15.

At the time of Perkin's enrollment, the Royal College of Chemistry was headed by the noted German chemist August Wilhelm Hofmann. Perkin's scientific gifts soon caught Hofmann's attention and within two years, he became Hofmann's youngest assistant. Not long after that, Perkin made the scientific breakthrough that would bring him both fame and fortune.

At the time, quinine was the only viable medical treatment for malaria. The drug is derived from the bark of the cinchona tree, native to South America and by 1856 demand for the drug was surpassing the available supply. Thus, when Hofmann made some passing comments about the desirability of a synthetic substitute for quinine, it was unsurprising that his star pupil was moved to take up the challenge.

**Q.21** Perkin was not interested in:

- **A.** Arts
- **B.** Sciences
- **C.** Photography
- **D.** German

**Q.22** Perkin took up the challenge of:

- **A.** Making a synthetic substitute for quinine
- **B.** Supplying quinine
- **C.** Making treatment for malaria
- **D.** Making quinine desirable

**Q.23** Perkin made a life-changing scientific breakthrough when he was:

- **A.** Started studying chemistry
- **B.** Encouraged by Michael Faraday
- **C.** Student at the City of London School
- **D.** Hofmann's assistant

**Q.24** The person who first recognized Perkin's talent was:

- **A.** Thomas Hall
- **B.** His grandfather
- **C.** Michael Faraday
- **D.** August Wilhelm Hofmann

**Q.25** Perkin's enthusiasm for chemistry first grew because of:

- **A.** His grandfather's house
- **B.** His grandfather's laboratory
- **C.** His teachers
- **D.** His interest in engineering

# // Smart Answer Sheet //

**Correct**   Percentage of students who answered correctly.    **Skipped**   Percentage of students who skipped.

| Q. | Ans. | Correct / Skipped | Q. | Ans. | Correct / Skipped | Q. | Ans. | Correct / Skipped | Q. | Ans. | Correct / Skipped | Q. | Ans. | Correct / Skipped | Q. | Ans. | Correct / Skipped |
|---|---|---|---|---|---|---|---|---|---|---|---|---|---|---|---|---|---|
| 1 | C | 23.26 % / 13.95 % | 6 | B | 34.88 % / 17.45 % | 11 | B | 38.37 % / 16.28 % | 16 | C | 3.49 % / 95.35 % | 21 | D | 4.65 % / 95.35 % | | | |
| 2 | C | 72.09 % / 8.14 % | 7 | C | 56.98 % / 9.3 % | 12 | B | 36.05 % / 18.6 % | 17 | A | 2.33 % / 95.34 % | 22 | A | 2.33 % / 95.34 % | | | |
| 3 | B | 24.42 % / 25.58 % | 8 | C | 20.93 % / 50.0 % | 13 | C | 20.93 % / 30.23 % | 18 | C | 2.33 % / 95.34 % | 23 | D | 4.65 % / 95.35 % | | | |
| 4 | D | 34.88 % / 24.42 % | 9 | C | 26.74 % / 19.77 % | 14 | C | 44.19 % / 34.88 % | 19 | B | 4.65 % / 95.35 % | 24 | A | 3.49 % / 95.35 % | | | |
| 5 | D | 69.77 % / 12.79 % | 10 | C | 30.23 % / 17.44 % | 15 | C | 24.42 % / 51.16 % | 20 | A | 3.49 % / 95.35 % | 25 | B | 2.33 % / 95.34 % | | | |

## //संकेत और समाधान//

**1.** The correct sentence is:

She always goes to the market with her friend.

Option (A) is incorrect. 'Want' is a verb that cannot be used in the present continuous tense. So, the simple present tense should be used. Therefore 'wants' should replace 'is wanting'.

Option (B) is incorrect. 'Taste' is used here to express the flavour of the chocolate. So, the present continuous tense cannot be used. 'Is tasting' should be replaced with 'tastes'.

Option (D) is incorrect. Was/is should be added before 'reading' because the sentence is written in the continuous tense.

Hence, the correct option is (C).

**2.** The correctly punctuated sentence is:
I wanted to buy a new book; also I wanted to eat a cake.

Option (A) is incorrect. The comma is used when someone is directly addressed OR to separate two clauses/to separate ideas, objects, names in a sentence. Example: I will go to Goa, Mumbai, and Pune.

Option (B) is incorrect. The full stop is used at the end of a sentence. Example: She is my sister.

Option (D) is incorrect. The exclamation mark is used to express strong feelings like wonder, surprise or to emphasize.

Hence, the correct option is (C).

**3.** Those who are interested **in** the latest developments always have become famous.

There are some verbs/nouns/adjectives which are followed by fixed preposition given below:

- Exonerate from, interested in, inured to, accused of, predilection for, respite from, vexed at, etc.

Hence, the correct option is (B).

**4.** She informed him that he **had come** exactly on the same date of the tragedy.

The simple past is a verb tense that is used to talk about things that happened or existed before now.

- If two actions take place in succession in the past, the $1^{st}$ action will be in the past perfect and the subsequent action will be in the simple past tense.

- For example:
    - He had gone before I reached there.

- Since the given sentence is in the past tense, 'had come' will be the most appropriate choice as per the rule given above.

Hence, the correct option is (D).

**5.** On entering the home, he found all jewels **stolen**.

- As the given sentence is in Past Tense; hence the Verb must be used in 'Past Tense' to make a grammatically correct sentence.

- Thus, option D i.e. stolen is the correct choice.

Let's see the other options-

- Options A and B i.e. 'steal and steals' are the first form of Verb and they will be incorrect as per the context of the given sentence.

- Option C i.e. stealing is a Gerund/ Noun which cannot be used as a verb in the given sentence.

Hence, the correct option is (D).

**6.** His habits are very similar **to** mine.

- The use of the preposition 'To' is correct because it is used to show a relationship between one person or thing and another, here it is the habits of two persons.

- The use of the preposition 'Of' is incorrect because it implies belonging to somebody; relating to somebody.

- The use of the preposition 'On' is incorrect because it implies in or into a position covering, touching, or forming part of a surface.

- The use of the preposition 'With' is incorrect because it implies in the company or presence of somebody/something.

Hence, the correct option is (B).

**7.** The Prince said, "It gives me great pleasure to be here this evening."

The given sentence is in Indirect Speech and needs to be converted to Direct Speech.

There are several rules for doing the same:

1. It is important to use the correct tense of the reporting verb (said). Simple past is converted to Simple present.
2. The conjunctions 'that, to, if, whether' must be removed.
3. Quotation marks, question marks, exclamation marks, and full stops must be inserted wherever necessary.
4. A comma must be inserted before the statement.
5. The order of words must be carefully looked at.
6. Pay attention to the correct conjugation of the verbs in the given statement.
7. Words like 'that' is converted to 'this'.

Hence, the correct option is (C).

**8.** He said that Isha had arrived on Monday.

The sentence here is in direct speech, we have to convert it into indirect speech.

There are several rules for doing the same:

1. It is important to use the correct tense of the reporting verb (said). Simple past is converted to Simple present.
2. The conjunctions 'that, to, if, whether' must be removed.
3. Quotation marks, question marks, exclamation marks, and full stops must be inserted wherever necessary.

4.  A comma must be inserted before the statement.

5.  The order of words must be carefully looked at.

6.  Pay attention to the correct conjugation of the verbs in the given statement.

7.  Words like 'that' is converted to 'this'.

Hence, the correct option is (C).

**9.** The was war declared over by the king after 3 years.

- The sentence is in the assertive voice, it is declaring something.

- The original sentence is in the active voice, the format will be Subject + past tense of the Verb + Object.

- This needs to be converted to the passive voice, the format for that will be Object + was + past tense of the Verb + by + Subject.

Hence, the correct option is (C).

**10.** When Ram arrived home, he was arrested by police.

- An active voice in the simple past tense form is -- Subject + past tense form of the verb + object.

- The passive voice in the simple past tense form is - Object of the active sentence + was/were + past participle form of the verb + by + subject of the active sentence.

Hence, the correct option is (C).

**11.** The most appropriate antonym of insidious is sincere.

- Insidious means stealthily treacherous or deceitful, secretly causing harm.

- Sincere means free from pretense or deceit; not dishonest, genuine in feeling.

Hence, the correct option is (B).

**12.** The appropriate synonym of sanction is approval.

- Sanction: Official permission.

- Approval: Action of approving something.

- Grace: Smoothness and elegance of movement.

- Mercy: Compassion or forgiveness.

- Denial: Refusal to believe or accept something.

Hence, the correct option is (B).

**13.** The appropriate synonym of ignominy is disgrace.

- Ignominy: Public shame or disgrace.

- Disgrace: Bring shame or discredit.

- Morality: Distinction between good and evil or between right and wrong.

- Virtue: High moral standards.

- Esteem: Respect and admire.

Hence, the correct option is (C).

**14.** I have no taste for painting.

- "Taste for" means a liking for or affection for something.

- "Taste in" means the ability to distinguish the good from bad in some area of knowledge.

- In the second option, the usage of the preposition 'to' is incorrect in this context.

Hence, the correct option is (C).

**15.** Do you know where the mall is?

- Option (A) is incorrect. The exclamation mark is used to express strong feelings like sorrow, wonder, surprise or to emphasize. Example: I have found the lost photo album!

- Option (B) is incorrect. The full stop is used at the end of a sentence. Example: She is my sister.

- Option (D) is incorrect. The comma is used when someone is directly addressed OR to separate two clauses/to separate ideas, objects, names in a sentence.

Hence, the correct option is (C).

**16.** 'Who' is a relative pronoun.

- Distributive pronoun: A distributive pronoun considers members of a group separately, rather than collectively. They include each, any, either, neither, and others.

- Demonstrative pronoun: A demonstrative pronoun is a pronoun that is used to point to something specific within a sentence. These pronouns can indicate items in space or time, and they can be either singular or plural. These include "this (singular), that (singular), these (plural), those."

- Relative pronoun: A relative pronoun is a type of pronoun that often introduces dependent (or relative) clauses in sentences. They also can stand alone as the subject or object of a sentence. There is a specific list of relative pronouns, and here they are: who, whoever, whom, whomever, that, which, when, where, and whose.

- Possessive Pronoun: Possessive pronouns include my, mine, our, ours, its, his, her, hers, their, theirs, your, and yours. These are all words that demonstrate ownership. If the book belongs to me, then it is mine.

Hence, the correct option is (C).

**17.** Peevish is similar in meaning to the word petulant.

Petulant means (of a person or their manner) is childishly sulky or bad-tempered.

Peevish means having or showing an irritable disposition.

Affable means friendly, good-natured, or easy to talk to.

Applicable means relevant or appropriate.

Opportune means especially convenient or appropriate for a particular action or event.

Hence, the correct option is (A).

**18.** The appropriate antonym of chivalrous is cowardly.

Chivalrous means "courteous and gallant, especially towards women; courageous."

- Cowardly: Lacking courage
- Indignant: Feeling or showing anger or annoyance at what is perceived as unfair treatment
- Valiant: Possessing or showing courage or determination
- Annoyed: Slightly angry; irritated

Hence, the correct option is (C).

**19.** I wonder why she ignored me when we met in the hallway. Do you think she **might** have not recognized me?

- Might is a modal verb most commonly used to express possibility.
- Should is used to indicate obligation, duty, or correctness, typically when criticizing someone's actions.
- The phrase 'can have not' is incorrect.
- Will is used to talk about future.

Hence, the correct option is (B).

**20.** He murmured something, but I **had left** the room by then.

If two actions take place in the past in succession, the structure is given below:-

- 1$^{st}$ action- Past perfect tense i.e Subject + had + V3 + Object
- 2$^{nd}$ action- Simple past tense i.e Subject + V2 + Object

Hence, the correct option is (A).

**21.** Perkin was not interested in German.

The following is stated in the passage- "As a boy, Perkin's curiosity prompted early interests in the arts, sciences, photography, and engineering."

Hence, the correct option is (D).

**22.** Perkin took up the challenge of making a synthetic substitute for quinine.

The following is stated in the passage- "Thus, when Hofmann made some passing comments about the desirability of a synthetic substitute for quinine, it was unsurprising that his star pupil was moved to take up the challenge."

Hence, the correct option is (A).

**23.** Perkin made a life-changing scientific breakthrough when he was Hofmann's assistant.

The following is stated in the passage- "At the time of Perkin's enrollment, the Royal College of Chemistry was headed by the noted German chemist August Wilhelm Hofmann. Perkin's scientific gifts soon caught Hofmann's attention and within two years, he became Hofmann's youngest assistant. Not long after that, Perkin made the scientific breakthrough that would bring him both fame and fortune."

Hence, the correct option is (D).

**24.** The person who first recognized Perkin's talent was Thomas Hall.

The following is stated in the passage- "As a student at the City of London School, Perkin became immersed in the study of chemistry. His talent and devotion to the subject were perceived by his teacher, Thomas Hall, who encouraged him to attend a series of lectures given by the eminent scientist Michael Faraday at the Royal Institution."

Hence, the correct option is (A).

**25.** Perkin's enthusiasm for chemistry first grew because of his grandfather's laboratory.

The following is stated in the passage- "But it was a chance stumbling upon a run-down, yet functional, laboratory in his late grandfather's home that solidified the young man's enthusiasm for chemistry."

Hence, the correct option is (B).

**Q.1 Choose the correct sentence from the following.**

**A.** She said that, "Why are you going to the park?"

**B.** She asked why we are going to the park.

**C.** She asked why are you going to the park.

**D.** She said, "Why are you going to the park?"

**Q.2 Choose the correctly punctuated sentence.**

**A.** Neither I nor my cousins is coming to the party.

**B.** Neither me nor my cousins are coming to the party.

**C.** Neither me nor my cousins is coming to the party.

**D.** Neither I nor my cousins are coming to the party.

**Q.3 Choose the most appropriate word from the options given below to complete the following sentence.**

A yellow and a blue toy _______ desired by a kid who was all alone.

**A.** were     **B.** are     **C.** was     **D.** is

**Q.4 Fill in the blanks with the suitable option.**

When there is an epidemic like Ebola, inaccurate information __________ spread.

**A.** have     **B.** will be     **C.** was     **D.** were

**Q.5 In the following question, a sentence is given in Direct speech. Out of the four alternatives choose the one which best expresses the sentence in Indirect Speech.**

Soni said, "I am buying a new pen."

**A.** Soni said that she has a new pen.

**B.** Soni said that she was buying a new pen.

**C.** Soni said that she was going to buy a new pen.

**D.** Soni said that she had bought a new pen.

**Q.6 In the following question, a sentence is given in Direct/Indirect speech. Out of the four alternatives choose the one which best expresses the sentence in Indirect/Direct Speech.**

My mother said, "Earth is the only planet where life exists".

**A.** My mother told that Earth is the only planet where life exists.

**B.** I was told by my mother that Earth was the only planet where life exists.

**C.** My mother said that Earth is the only planet where life exists.

**D.** Earth is the only planet where life exists said my mother.

**Q.7 Change the voice of the sentence.**

Do not shout at them.

**A.** Stop shouting at them.

**B.** Let them not be shouted upon.

**C.** Let they not be shouted upon.

**D.** You are commanded not to shout at them.

**Q.8 In the following question, a question is given in Direct speech. Out of the four alternatives, choose the one which best expresses the sentence in Indirect speech.**

Khyati said to Praneet, "Are you playing?"

**A.** Khyati told Praneet if he was playing.

**B.** Khyati asked Praneet are you playing.

**C.** Khyati told Praneet that he was playing.

**D.** Khyati asked Praneet if he was playing.

**Q.9 In the question below, a sentence has been given in Direct/Indirect speech. From the given alternatives, choose the one which best expresses the given sentence in Indirect/Direct speech.**

He said to me, "You are a cheat."

**A.** He told me that I was a cheat.

**B.** He told to me that I was the cheat.

**C.** He said to me that you were a cheat.

**D.** He said to me that I was a cheat.

**Q.10 Choose which part of speech the underlined word belongs to.**

I am going to meet my teacher.

**A.** Verb     **B.** Pronoun

**C.** Preposition     **D.** Conjunction

**Q.11 Select the correct passive form of the given sentence.**

Do you play cricket?

**A.** Cricket is played by us.

**B.** Is cricket played by us?

**C.** Is cricket played by you?

**D.** Does cricket played by you?

**Q.12 A sentence has been given in Active/Passive voice. Out of the four alternatives suggested, select the one which best expresses the same sentence in Passive/Active voice.**

Nathan was called by the Principal for misbehaving in class.

**A.** The Principal has called Nathan for misbehaving in class.

**B.** The Principal calls Nathan for misbehaving in class.

**C.** The Principal have called Nathan for misbehaving in class.

**D.** The Principal called Nathan for misbehaving in class.

**Q.13 Select the word that has a similar or closest meaning to the given word.**

Vast

**A.** Tiny     **B.** Small

**C.** Massive     **D.** Miniature

**Q.14 Select the most appropriate synonym of the given word.FATIGUE**

**A.** Liveliness     **B.** Weariness

**C.** Freshness     **D.** Brightness

**Q.15 Select the most appropriate ANTONYM of the given word.ADEPT**

| | |
|---|---|
| **A.** Inept | **B.** Expert |
| **C.** Proficient | **D.** Deft |

**Q.16 Fill in the blanks with an appropriate preposition:**

Those who are interested __________ the latest developments always have become famous.

**A.** from     **B.** in     **C.** with     **D.** by

**Q.17 Fill in the blanks with the suitable tense of the verb:**

She informed him that he __________ exactly on the same date of the tragedy.

| | |
|---|---|
| **A.** came | **B.** would come |
| **C.** will be coming | **D.** had come |

**Q.18 Choose the appropriate word in the blank from the given alternatives.**

On entering the home , he found all jewels __________.

**A.** Steal     **B.** Steals     **C.** Stealing     **D.** Stolen

**Q.19 Choose which part of speech the underlined word belongs to.**

<u>Instead of</u> giving excuses tell him the truth.

| | |
|---|---|
| **A.** Pronoun | **B.** Adjective |
| **C.** Preposition | **D.** Noun |

**Q.20 Choose which part of speech the underlined word belongs to.**

Will you <u>prepare</u> lunch for us?

| | |
|---|---|
| **A.** Noun | **B.** Verb |
| **C.** Conjunction | **D.** Adjective |

**Ques (21-25):Direction**: Read the following passage carefully and choose the most appropriate answer to the question out of the four alternatives.

Someone once put forward an attractive though unlikely theory. Throughout the Earth's annual revolution around the sun, there is one point of space always hidden from our eyes. This point is the opposite part of the Earth's orbit, which is always hidden by the sun. Could there be another planet there, essentially similar to our own, but always invisible?

If a space probe today sent back evidence that such a world existed it would cause not much more sensation than Sir William Herschel's discovery of a new planet, Uranus, in 1781.

Herschel's care was the hallmark of a great observer; he was not prepared to jump any conclusions. Also, to be fair, the discovery of a new planet was the last thought in anybody's mind. But further observation by other astronomers besides Herschel revealed two curious facts. For a comet, it showed a remarkably sharp disc; furthermore, it was moving so slowly that it was thought to be a great distance from the sun, and comets are only normally visible in the immediate vicinity of the sun. As its orbit came to be worked out, the truth dawned that it was a new planet far beyond Saturn's realm and that the 'reviewer of the heavens' had stumbled across an unprecedented prize. Herschel wanted to call it Georgian sidus (Star of George) in honour of his royal patron King George III of Great Britain. The planet was later for a time called Herschel in honour of its discoverer. The name Uranus, which was first

proposed by the German astronomer Johann Elert Bode, was in use by the late 19th century.

**Q.21** The point in the opposite part of the earth's orbit is not visible because:

**A.**   Earth revolved around the sun.

**B.**   It is hidden by the sun.

**C.**   It is hidden by the Earth.

**D.**   The place is not visible from Earth.

**Q.22** Uranus was discovered by:

**A.**   King George III

**B.**   Johann Elert Bode

**C.**   Georgian Sidus

**D.**   Sir William Herschel

**Q.23** Uranus was not considered a comet because:

**A.**   It was not visible.

**B.**   It was near to the sun.

**C.**   It showed an extraordinarily sharp disc.

**D.**   There was not particular evidence.

**Q.24** Uranus was considered a new planet when:

**A.**   Its orbit was studied

**B.**   Many other astronomers became curious

**C.**   It was not considered a comet

**D.**   Some evidence was found

**Q.25** The name by which the planet was called before being named Uranus:

| | |
|---|---|
| **A.** Georgian sidus | **B.** Herschel |
| **C.** Johann | **D.** King George III |

# // Smart Answer Sheet //

**Correct** Percentage of students who answered correctly.   **Skipped** Percentage of students who skipped.

| Q. | Ans. | Correct / Skipped | Q. | Ans. | Correct / Skipped | Q. | Ans. | Correct / Skipped | Q. | Ans. | Correct / Skipped | Q. | Ans. | Correct / Skipped | Q. | Ans. | Correct / Skipped |
|---|---|---|---|---|---|---|---|---|---|---|---|---|---|---|---|---|---|
| 1 | D | 51.79 % / 10.71 % | 6 | C | 33.93 % / 42.86 % | 11 | C | 33.93 % / 23.21 % | 16 | B | 7.14 % / 92.86 % | 21 | B | 3.57 % / 92.86 % | | | |
| 2 | D | 30.36 % / 12.5 % | 7 | D | 26.79 % / 58.92 % | 12 | D | 55.36 % / 19.64 % | 17 | D | 1.79 % / 92.85 % | 22 | D | 7.14 % / 92.86 % | | | |
| 3 | A | 25.0 % / 25.0 % | 8 | D | 25.0 % / 64.29 % | 13 | C | 44.64 % / 21.43 % | 18 | D | 7.14 % / 92.86 % | 23 | C | 5.36 % / 92.85 % | | | |
| 4 | B | 26.79 % / 19.64 % | 9 | A | 51.79 % / 23.21 % | 14 | B | 39.29 % / 33.92 % | 19 | C | 5.36 % / 92.85 % | 24 | A | 5.36 % / 92.85 % | | | |
| 5 | B | 26.79 % / 48.21 % | 10 | A | 42.86 % / 16.07 % | 15 | A | 26.79 % / 32.14 % | 20 | B | 5.36 % / 92.85 % | 25 | B | 5.36 % / 92.85 % | | | |

## //संकेत और समाधान//

**1.** She said, "Why are you going to the park?"

- Option (A) is incorrect. In a direct speech 'that' is not used after the reporting verb(said). So, 'that' should be removed.
- Option (B) is incorrect. In the reported speech Verb2 should be used because the reporting verb in the past tense. So, 'are' should be replaced with 'were'.
- Option (C) is incorrect. The assertive form of the sentence should be used here. Therefore, 'are you' should be replaced with 'you are'.

Hence, the correct option is (D).

**2.** Neither I nor my cousins are coming to the party.

Since the person is the subject, we will use I. Me will be used when he/she is the object of the sentence.

Hence, the correct option is (D).

**3.** A yellow and a blue toy were desired by a kid who was all alone.

- In a sentence, the verb is used according to person and number.
- If an article is used before every subject, it denotes different people/things. So, a plural verb will be used.

Hence, the correct option is (A).

**4.** When there is an epidemic like Ebola, inaccurate information **will be** spread.

Hence, the correct option is (B).

**5.** Soni said that she was buying a new pen.

- The sentence is given in the direct form and we need to convert it into the indirect speech.
- According to the rules, inverted commas will be eliminated and substituted with the conjunction "that".
- Moreover, Ist form of pronoun ("I") will change into the third form of the pronoun ("she").
- Besides this, if the reporting verb(said) is in the past tense, the verbs in the reported speech will undergo a backshift in tense. Here, present continuous tense (is/am/are +ing) will change into past continuous tense (was/were +ing)

Hence, the correct option is (B).

**6.** My mother said that Earth is the only planet where life exists.

- The given is a declarative sentence and the reported speech is a universal truth. Therefore, in the indirect speech the tense of the reported speech would remain the same.
- In the indirect speech, the reporting verb should be said. 'told' cannot be chosen here because it is used when some information is given to some other person. Example: My father told me that he would eat a cake.

Hence, the correct option is (C).

**7.** You are commanded not to shout at them.

- The given is an imperative sentence and it is written in active voice. In this sentence a negative command is given.
- The object of the active voice is not mentioned. So the passive voice will begin with 'you are commanded'. 'commanded' is used because a negative command is given.

Hence, the correct option is (D).

**8.** Khyati asked Praneet if he was playing.

- This is an interrogative sentence, so said to will be changed into asked.
- Comma and inverted commas are not used in indirect speech as it becomes a single sentence.
- Conjunction'if' will be used.
- Indirect speech is always an assertive sentence, so helping verb will follow the subject.
- 'You' will be changed according to Praneet. So 'he' will be used.
- Present Continuous Tense changes into Past Continuous Tense, so helping verb 'was' will be used.

Hence, the correct option is (D).

**9.** He told me that I was a cheat.

The sentence is given in Direct speech. While changing the narration of an assertive sentence, we need to follow the steps given below-

- The reporting verb 'said' should change to 'told'.
- The conjunction 'that' is used in place of commas and inverted commas.
- The second person 'you' will be changed into 'I'.
- The given sentence is in the simple present tense(are a cheat) and it will change into simple past tense(was a cheat).

Hence, the correct option is (A).

**10.** The underlined word 'am' is a verb. It is the first-person singular present of 'be'.

Hence, the correct option is (A).

**11.** Is cricket played by you?

- This interrogative sentence starts with 'do verb'.
- Helping verb is/am/are needs to be used in its passive voice
- The subject of passive voice is a singular third person( cricket). So 'is' will be used.
- Always the third form of the verb is used in the passive voice.

- 'By' is used with the agent( Object of passive voice).

Hence, the correct option is (C).

**12.** The Principal called Nathan for misbehaving in class.

- The original sentence is in the passive voice and this needs to be converted to the active voice.
- The format for passive voice is Object (Nathan) + Verb in the past perfect tense (was called) + by + Subject (the Principal)
- The format for the same in the active voice will be: Subject (The Principal) + Past tense of the Verb (called) + Object (Nathan)

Hence, the correct option is (D).

**13.** The given word 'Vast' means something of very great extent or quantity; immense. So, the word that has a similar or closest meaning to the given word is 'massive'.

- Massive means something exceptionally large.
- Tiny means something very small.
- Small means something of a size that is less than normal or usual.
- Miniature means very small of its kind.

Hence, the correct option is (C).

**14.** 'Weariness' is the synonym of 'fatigue'.

- Fatigue means extreme tiredness.
- Weariness means extreme tiredness; fatigue.

Hence, the correct option is (B).

**15.** The antonym of 'adept' is 'inept.'

- Adept: A highly skilled or well-trained person.
- Inept: Having or showing no skill; clumsy.
- Expert: Person who is very skilled at doing something.
- Proficient: Competent or skilled in doing something.
- Deft: Quick in one's movements.

Hence, the correct option is (A).

**16.** Complete sentence is : Those who are interested **in** the latest developments always have become famous.

There are some verbs/nouns/adjectives which are followed by fixed preposition given below:

- Exonerate from, interested in, inured to, accused of, predilection for, respite from, vexed at, etc.

Hence, the correct option is (B).

**17.** She informed him that he **had come** exactly on the same date of the tragedy.

The simple past is a verb tense that is used to talk about things that happened or existed before now.

- If two actions take place in succession in the past, the 1st action will be in the past perfect and the subsequent action will be in the simple past tense.

- For example:
    - He had gone before I reached there.
- Since the given sentence is in the past tense, 'had come' will be the most appropriate choice as per the rule given above.

Hence, the correct option is (D).

**18.** On entering the home, he found all jewels stolen.

- As the given sentence is in Past Tense; hence the Verb must be use in 'Past Tense' to make a grammatically correct sentence.
- Thus, option (D) i.e. stolen is the correct choice.

Let's see the other options-

- Option (A) and (B) i.e. 'steal and steals' are the first form of Verb and they will be incorrect as per the context of the given sentence.
- Option (C) i.e. stealing is a Gerund/ Noun which cannot be used as a verb in the given sentence.

Hence, the correct option is (D).

**19.** The underlined word 'instead of' is a preposition. It means 'in place of'.

Hence, the correct option is (C).

**20.** The underlined word 'prepare' which means 'to make ready' is a verb.

Hence, the correct option is (B).

**21.** The point in the opposite part of the earth's orbit is not visible because it is hidden by the sun.

The following is stated in the passage- "Throughout the Earth's annual revolution around the sun, there is one point of space always hidden from our eyes. This point is the opposite part of the Earth's orbit, which is always hidden by the sun."

Hence, the correct option is (B).

**22.** Uranus was discovered by Sir William Herschel.

The following is stated in the passage- "If a space probe today sent back evidence that such a world existed it would cause not much more sensation than Sir William Herschel's discovery of a new planet, Uranus, in 1781."

Hence, the correct option is (D).

**23.** Uranus was not considered a comet because it showed an extraordinarily sharp disc.

The following is stated in the passage- "For a comet, it showed a remarkably sharp disc; furthermore, it was moving so slowly that it was thought to be a great distance from the sun, and comets are only normally visible in the immediate vicinity of the sun."

Hence, the correct option is (C).

**24.** Uranus was considered a new planet when its orbit was studied.

The following is stated in the passage- "As its orbit came to be worked out, the truth dawned that it was a new planet far beyond

Saturn's realm and that the 'reviewer of the heavens' had stumbled across an unprecedented prize."

Hence, the correct option is (A).

**25.** The name by which the planet was called before being named Uranus was Herchel.

The following is stated in the passage- "Herschel wanted to call it Georgian sidus (Star of George) in honour of his royal patron King George III of Great Britain. The planet was later for a time called Herschel in honour of its discoverer. The name Uranus, which was first proposed by the German astronomer Johann Elert Bode, was in use by the late 19th century."

Hence, the correct option is (B).

**Q.1** दाब का SI मात्रक क्या है?

**A.** न्यूटन      **B.** वेबर      **C.** हेनरी      **D.** पास्कल

**Q.2** निम्नलिखित में शक्ति का SI मात्रक क्या है?

**A.** जूल      **B.** वाट
**C.** न्यूटन- मीटर      **D.** किलोवाट घंटा

**Q.3** विद्युत धनात्मक परमाणु _______ बनाते हैं।

**A.** ऋणात्मक आयन      **B.** धनात्मक आयन
**C.** सहसंयोजक बंध      **D.** धात्विक बंध

**Q.4** द्रव्यमान संख्या और परमाणु संख्या के बीच समान अंतर वाले तत्वों के परमाणुओं को _____ कहा जाता है।

**A.** समताप-रेखा
**B.** समस्थानिक
**C.** समन्यूट्रोनिक
**D.** कोई विकल्प सही नहीं है।

**Q.5** निम्नलिखित में से कौन सा कथन घर्षण बल के बारे में सही नहीं है?

**A.** घर्षण वह बल है जो संपर्क में दो सतहों की सापेक्ष गति का विरोध करता है।
**B.** घर्षण की शक्ति जो तब कार्य करती है जब एक सतह पर एक बॉडी गतिमान (स्लाइडिंग) होती है, को स्लाइडिंग घर्षण कहा जाता है।
**C.** मशीनों में घर्षण ऊर्जा को बर्बाद करता है और उसके खराब होने का भी कारण बनता है।
**D.** रोलिंग घर्षण, घर्षण स्लाइडिंग से कहीं अधिक है, मशीन में बॉल बेयरिंग का उपयोग घर्षण को काफी कम करता है।

**Q.6** बल आघूर्ण किसका मापन करता है?

**A.** किसी भी अक्ष के सापेक्ष निकाय का जड़त्वाघूर्ण
**B.** एक धुरी के सापेक्ष निकाय की घूर्णन की प्रवृत्ति
**C.** निकाय पर बल द्वारा किया गया कार्य
**D.** इनमें से कोई नहीं

**Q.7** मेंडेलीव के आवर्त-नियम के अनुसार, तत्वों के भौतिक और रासायनिक गुण उनके आवधिक कार्य हैं:

**A.** परमाणु क्रमांक      **B.** परमाणु द्रव्यमान
**C.** परमाणु त्रिज्या      **D.** आयनीकरण क्षमता

**Q.8** क्यूरी पॉइंट वह तापमान है जिस पर _____________।

**A.** पदार्थ रेडियोसक्रियता बन जाता है।
**B.** एक धातु चुंबकीय गुण खो देता है।
**C.** एक धातु चालकता खो देता है।
**D.** धातु में रूपांतर हो जाता है।

**Q.9** पृथ्वी पर सबसे हल्का धातु कौन सा है?

**A.** चाँदी      **B.** गोल्ड      **C.** लिथियम      **D.** लीड

**Q.10** इलेक्ट्रॉन पर चार्ज की सही माप का निर्धारण किसने किया?

**A.** आर.ए. मिलिकन      **B.** जे. जे. थोमसन
**C.** चैडविक      **D.** रदरफोर्ड

**Q.11** जब कोई शरीर गुरुत्वाकर्षण के तहत स्वतंत्र रूप से गिरता है, तो गुरुत्वाकर्षण द्वारा किया गया कार्य _______ होता है।

**A.** सकारात्मक      **B.** नकारात्मक

**C.** शून्य      **D.** अनन्तता

**Q.12** जब कोई शरीर किसी खुरदरी क्षैतिज सतह से टकराता है, तो घर्षण द्वारा किया जाने वाला कार्य _______ है।

**A.** सकारात्मक      **B.** शून्य
**C.** नकारात्मक      **D.** स्थिर

**Q.13** यदि एक साधारण हार्मोनिक दोलक को किसी भी समय $2m/s^2$ के बराबर $0.02$ m और त्वरण का विस्थापन मिला है, तो दोलक की कोणीय आवृत्ति _______ के बराबर है।

**A.** 10 rad/s      **B.** 0.1 rad/s
**C.** 100 rad/s      **D.** 1 rad/s

**Q.14** किसी वस्तु को $(gr)^{\frac{1}{2}}$ वेग से ऊपर की ओर प्रक्षेपित किया जाता है। यदि $R$ पृथ्वी की त्रिज्या है, और $g$ गुरुत्वाकर्षण के कारण त्वरण है, तो वस्तु की अधिकतम ऊंचाई कितनी होगी?

**A.** $\frac{R}{2}$      **B.** $R$      **C.** $2R$      **D.** $4R$

**Q.15** चर द्रव्यमान प्रणाली का एक उदाहरण है:

**A.** कार चल रही है।
**B.** एक रॉकेट उड़ान भर रहा है।
**C.** एक साइकिल चलती है।
**D.** एक आदमी चल रहा है।

**Q.16** एक आदर्श द्रव के थोक मापांक का मान है:

**A.** शून्य
**B.** इकाई
**C.** अनन्तता
**D.** एक वास्तविक तरल पदार्थ से कम

**Q.17** गैल्वनाइजिंग एक ऐसी प्रक्रिया है जिसमें लोहे या स्टील को _______ की एक पतली परत के साथ लेपित किया जाता है ताकि उन्हें जंग से बचाया जा सके।

**A.** तांबा      **B.** एल्युमीनियम
**C.** ज़िंक      **D.** बाक्साइट

**Q.18** $200°C$ पर पानी का दबाव और $1.5\ m^3/$ किग्रा की विशिष्ट मात्रा का पता लगाएं।

**A.** 141.6 किलो पास्कल      **B.** 111.6 किलो पास्कल
**C.** 121.6 किलो पास्कल      **D.** 161.6 किलो पास्कल

**Q.19** कौन सी विफलता की स्थिति में है?

**A.** ठोस      **B.** तरल      **C.** गैस      **D.** द्रव

**Q.20** एक तत्व पर एक छोटा कतरनी बल लगाया जाता है और फिर हटा दिया जाता है। यदि तत्व इसे मूल स्थिति में रखता है, तो यह किस प्रकार का तत्व हो सकता है?

**A.** ठोस      **B.** तरल      **C.** द्रव      **D.** गैसीय

**Q.21** 5 किलो द्रव्यमान और 7 m/s² के त्वरण के साथ एक शरीर पर लागू बल क्या है?

**A.** 35 N      **B.** 5 N      **C.** 7 N      **D.** 0 N

**Q.22** पृथ्वी _____ के कारण अपने वातावरण को बनाए रखने में सक्षम है।

**A.** वायुमंडलीय गैस अणुओं का औसत वेग जो पृथ्वी के निर्गमी वेग से

कम है।

**B.** वायुमंडलीय गैस अणुओं का औसत वेग जो पृथ्वी के निर्गमी वेग से अधिक है।

**C.** चंद्रमा का गुरुत्वाकर्षण प्रभाव

**D.** पृथ्वी का चुंबकीय क्षेत्र

**Q.23** तात्कालिक वेग और सरल हार्मोनिक गति को निष्पादित करने वाले एक कण के त्वरण के बीच का अंतर है:

**A.** शून्य     **B.** $0.5\pi$     **C.** $\pi$     **D.** $0.707\pi$

**Q.24** निम्नलिखित में से कौन सा कथन गति v और सरल हार्मोनिक गति को निष्पादित करने वाले एक कण के त्वरण के लिए सही है?

**A.** जब c अधिकतम होता है, a अधिकतम होता है।

**B.** A का मान शून्य है, हालांकि v का मान कुछ भी हो।

**C.** जब v शून्य है, a शून्य है।

**D.** जब v अधिकतम होता है, तो a शून्य होता है।

**Q.25** एक व्यक्ति 10N का बल लगाकर बाल्टी पकड़ रहा है। वह 5 मीटर की क्षैतिज दूरी तय करता है और फिर 10 मीटर की खड़ी दूरी पर चढ़ जाता है। उसके द्वारा किया गया कुल कार्य ज्ञात कीजिये?

**A.** 50J     **B.** 150J     **C.** 100J     **D.** 200J

# // स्मार्ट उत्तर पुस्तिका //

| सही उत्तर | उन छात्रों का प्रतिशत जिन्होंने प्रश्नों का सही उत्तर दिया था। | छोड़ दिया | उन छात्रों का प्रतिशत जिन्होंने प्रश्नों को छोड़ दिया था। |
| --- | --- | --- | --- |

| प्रश्न संख्या | उत्तर | सही उत्तर / छोड़ दिया | प्रश्न संख्या | उत्तर | सही उत्तर / छोड़ दिया | प्रश्न संख्या | उत्तर | सही उत्तर / छोड़ दिया | प्रश्न संख्या | उत्तर | सही उत्तर / छोड़ दिया | प्रश्न संख्या | उत्तर | सही उत्तर / छोड़ दिया | प्रश्न संख्या | उत्तर | सही उत्तर / छोड़ दिया |
| --- | --- | --- | --- | --- | --- | --- | --- | --- | --- | --- | --- | --- | --- | --- | --- | --- | --- |
| 1 | D | 79.7 % / 1.91 % | 6 | B | 33.21 % / 10.51 % | 11 | A | 5.4 % / 85.12 % | 16 | C | 4.24 % / 84.96 % | 21 | A | 11.57 % / 85.28 % | | | |
| 2 | B | 73.27 % / 1.57 % | 7 | B | 43.49 % / 9.5 % | 12 | C | 5.17 % / 85.41 % | 17 | C | 7.88 % / 85.25 % | 22 | A | 5.14 % / 84.94 % | | | |
| 3 | B | 40.08 % / 7.72 % | 8 | B | 40.54 % / 12.01 % | 13 | A | 2.92 % / 85.3 % | 18 | D | 2.02 % / 84.93 % | 23 | B | 4.32 % / 85.51 % | | | |
| 4 | C | 46.02 % / 5.76 % | 9 | C | 71.17 % / 4.16 % | 14 | B | 3.28 % / 84.95 % | 19 | D | 6.79 % / 85.34 % | 24 | D | 3.82 % / 85.03 % | | | |
| 5 | D | 31.63 % / 12.71 % | 10 | A | 31.58 % / 6.49 % | 15 | B | 9.01 % / 85.07 % | 20 | A | 4.47 % / 85.45 % | 25 | C | 4.0 % / 85.21 % | | | |

## //संकेत और समाधान//

**1.** दाब का SI मात्रक पास्कल (Pa) है, जो एक न्यूटन प्रति वर्ग मीटर (N/m$^2$) के बराबर है।

पास्कल एक विशेष नाम और प्रतीक के साथ SI में एक तथाकथित सुसंगत व्युत्पन्न इकाई है।

अत: विकल्प (D) सही है।

**2.** • शक्ति कार्य करने की दर है, प्रति इकाई समय में स्थानांतरित ऊर्जा की मात्रा है।

• शक्ति का SI मात्रक वाट (W) है।

अत: विकल्प (B) सही है।

**3.** • विद्युत धनात्मक परमाणुओं में इलेक्ट्रॉनों को मुक्त करने के लिए और धनात्मक आयनों या ध्रुवीय बंधों के निर्माण के लिए एक धनात्मक विद्युत आवेश (एक परमाणु, समूह, अणु आदि का) होता है।

• विद्युत धनात्मक तत्व इलेक्ट्रॉनों को खो देते हैं और धनात्मक आयन बनाते हैं (जैसे एकसंयोजी धातुएं $Li^+, Na^+, K^+$ इत्यादि), और द्विसंयोजी क्षारीय-पृथ्वी धातुएं

अत: विकल्प (B) सही है।

**4.** द्रव्यमान संख्या और परमाणु संख्या के बीच समान अंतर वाले तत्वों के परमाणुओं को समन्यूट्रोनिक कहा जाता है। यदि वे समान न्यूट्रॉन संख्या है, लेकिन अलग-अलग प्रोटॉन संख्या है, तो दो न्यूक्लाइड्स समन्यूट्रोनिक होते हैं।

अत: विकल्प (C) सही है।

**5.** रोलिंग घर्षण, घर्षण स्लाइडिंग से कहीं अधिक है, मशीन में बॉल बेयरिंग का उपयोग घर्षण को काफी कम करता है, यह कथन घर्षण बल के बारे में सही नहीं है। घर्षण बल एक संपर्क बल है जो किसी वस्तु की गति के विपरीत दिशा में कार्य करता है। यह बल वस्तुओं के गति में आने का कारण बन सकता है, क्योंकि ये अपनी गति के विपरीत दिशा में कार्य करते हैं।

अत: विकल्प (D) सही है।

**6.** बल आघूर्ण किसी भी अक्ष के सापेक्ष घूर्णन की समानता (affinity) को मापता है, अक्ष केन्द्रक या निकाय के साथ कोई अन्य अक्ष हो सकता है।

अत: विकल्प (B) सही है।

**7.** मेंडेलीव के आवर्त-नियम के अनुसार, तत्वों के भौतिक और रासायनिक गुण उनके परमाणु द्रव्यमानों के आवधिक कार्य हैं। मेंडेलीव ने उस समय परमाणु द्रव्यमान के बढ़ते क्रम में ज्ञात सभी तत्वों की व्यवस्था की है और यह व्यवस्था आवधिक तालिका बनती है।

अत: विकल्प (B) सही है।

**8.** क्यूरी पॉइंट को क्यूरी तापमान भी कहा जाता है, यह वह तापमान है जिस पर कुछ चुंबकीय पदार्थों को उनके चुंबकीय गुणों में परिवर्तन होता है।

अत: विकल्प (B) सही है।

**9.** पृथ्वी पर सबसे हल्का धातु लिथियम है जो सभी धातुओं का सबसे कम घनत्व है, जो पानी की तुलना में लगभग दुगना कम है।

अत: विकल्प (C) सही है।

**10.** रॉबर्ट एंड्रयूज मिलिकन एक अमेरिकी प्रयोगात्मक भौतिक विज्ञानी थे जिनको इलेक्ट्रॉनिक चार्ज के माप के लिए और फोटोइलेक्ट्रिक प्रभाव पर उनके काम के लिए 1923 में भौतिकी में नोबेल पुरस्कार मिला।

अत: विकल्प (A) सही है।

**11.** यदि किसी निकाय पर कार्य करने वाला बल विस्थापन की दिशा में एक घटक है, तो बल द्वारा किया गया कार्य धनात्मक है। इसलिए जब कोई शरीर गुरुत्वाकर्षण के प्रभाव में स्वतंत्र रूप से गिरता है तो गुरुत्वाकर्षण द्वारा किया गया कार्य सकारात्मक होता है।

अत: विकल्प (A) सही है।

**12.** यदि किसी निकाय पर काम करने वाले बल में विस्थापन की विपरीत दिशा में एक घटक होता है, तो किया गया कार्य ऋणात्मक होता है, जब कोई शरीर किसी खुरदरी क्षैतिज सतह से टकराता है, तो उसका विस्थापन घर्षण बल के विपरीत होता है। वह घर्षण द्वारा किया गया कार्य नकारात्मक है।

अत: विकल्प (C) सही है।

**13.** हम जानते है कि,
$$a = \omega^2 y$$
सूत्र के अनुसार,
$$\frac{\omega^2 = a}{y}$$
$$= \frac{2}{0.02} = 100$$
$$\omega = 10 \text{ rad/s.}$$
अत: विकल्प \(A) सही है।

**14.** ऊर्जा के संरक्षण के अधिनियम के तहत, हमारे पास है;
$$\frac{(m \times v^2)}{2} - \frac{(G \times M \times m)}{R} = \frac{-(G \times M \times m)}{(R+h)}$$
$m = $ वस्तु का द्रव्यमान
$M = $ पृथ्वी का द्रव्यमान
$h = $ वस्तु की अधिकतम ऊँचाई
$v = $ प्रक्षेपण का वेग
$$\frac{(m \times v^2)}{2} - (g \times m \times R) = \frac{-(g \times m \times R^2)}{(R+h)}$$
$$\frac{(g \times R)}{2} = \frac{(g \times R \times h)}{(R+h)}$$
इसलिए, $h = R.$

अत: विकल्प (B) सही है।

**15.** रॉकेट के प्रक्षेपण के परिस्थिति में, ईंधन का द्रव्यमान बढ़ता है और इसे उपेक्षित नहीं किया जा सकता है। जैसे ही रॉकेट हिलना शुरू होता है, बड़ी मात्रा में ईंधन नोजल से जलने लगता है, इसलिए कुल द्रव्यमान कम हो जाता है। तो, यह एक चर द्रव्यमान प्रणाली है।

अत: विकल्प (B) सही है।

**16.** बल्क मापांक $k$, संपीडनीयता $fi$ का पारस्परिक है।
$$k = \frac{1}{fi}$$
आदर्श तरल पदार्थ असंगत हैं जिसका अर्थ है $fi = 0$। इस प्रकार, $k$ अनन्तता होगा।
अत: विकल्प (C) सही है।

**17.** गैल्वनाइजिंग एक ऐसी प्रक्रिया है जिसमें लोहे या स्टील को जंग से बचाने के लिए ज़िंक की एक पतली परत के साथ लेपित किया जाता है। गैल्वनाइजिंग जंग की रोकथाम की एक विधि है। लोहे या स्टील की वस्तु ज़िंक की एक पतली परत में लेपित होती है। यह विधि ऑक्सीजन और पानी को धातु के नीचे पहुंचने से रोकती है।

अत: विकल्प (C) सही है।

**18.** $v > vg$ ताकि यह अतितापित वाष्प हो।
$100 kPa$ और $200 kPa$ के बीच,

$$P = \frac{100+(200-100)(1.5-2.17226)}{(1.08034-2.17226)}$$

$$= 161.6kPa$$

अत: विकल्प (D) सही है।

**19.** एक द्रव पदार्थ एक ट्रासा सामग्री है जिसमें शून्य सामंजस्य होता है। द्रव शब्द में, द्रव विफलता की स्थिति में है।

अत: विकल्प (D) सही है।

**20.** तरल पदार्थ (तरल पदार्थ और गैस) एक छोटे कतरनी बल का भी विरोध नहीं कर सकते हैं और स्थायी रूप से विकृत हो जाते हैं। इसलिए, तत्व एक ठोस तत्व होना चाहिए।

अत: विकल्प (A) सही है।

**21.** गति के दूसरे नियम के अनुसार, किसी पिंड पर बल उसके संवेग के दर परिवर्तन के बराबर होता है। सरल करने पर हम प्राप्त करते हैं, F = ma

इसलिए, फोर्स = 5 x 7 = 35 N

अत: विकल्प (A) सही है।

**22.** पृथ्वी का पलायन वेग लगभग 11.2km/s है। यह वायुमंडलीय गैसों के मूल-मध्य-वर्ग वेग से अधिक है। इसलिए, गैसें अंतरिक्ष के शून्य निर्गामी में असमर्थ हैं।

अत: विकल्प (A) सही है।

**23.**  $= v_0\sin\omega t$ तब $a = a_0\cos\omega t$

$\Rightarrow$ चरण/अंतर $= \frac{\pi}{2} = 0.5\pi$

अत: विकल्प (B) सही है।

**24.** एक सरल हार्मोनिक गति में, त्वरण $\pi/2$ रेड द्वारा चरण में वेग से आगे है। इसलिए जब वेग अधिकतम होता है, तो त्वरण शून्य होता है या इसके विपरीत।

अत: विकल्प (D) सही है।

**25.** दिया हुआ,

F = 10N, s = 5m, θ = 90°

काम हुआ, $W_1 = Fs\cos\theta$

$= 10 \times 5 \times \cos 90° = 0$

ऊर्ध्वाधर गति के लिए, बल और विस्थापन के बीच का कोण 0° है।

यहाँ, F = 10N, s = 10m, θ = 0°

काम किया , $W_2 = 10 \times 10 \times \cos 0 = 100J$

कुल काम = $W_1 + W_2 = 100J$

अत: विकल्प (C) सही है।

**Q.1** पुराने तेल-चित्रों का रंग सुधारने के लिए निम्नलिखित में किसका प्रयोग किया जाता हैं?

**A.** ओजोन  
**B.** हाइड्रोजन पेरोक्साइड  
**C.** बेरियम पेरोक्साइड  
**D.** सोडियम पेरोक्साइड

**Q.2** गन धातु की संरचना क्या है?

**A.** तांबा (70%) + जस्ता (30%)  
**B.** तांबा (88%) + (8-10%) टिन + (2-4%) जस्ता  
**C.** तांबा (90%) + टिन (10%)  
**D.** तांबा (60%) + जस्ता (40%)

**Q.3** What is the escape velocity of the object, if the magnitude of the potential energy per unit mass of the object at the surface of earth is E?

**A.** $\sqrt{4E}$   **B.** $\sqrt{6E}$   **C.** $\sqrt{2E}$   **D.** $\sqrt{8E}$

**Q.4** निम्नलिखित में से किस पदार्थ के लिए, आंतरिक ऊर्जा और एन्थलापी केवल तापमान का कार्य है?

**A.** कोई भी गैस  
**B.** संतृप्त भाप  
**C.** पानी  
**D.** परफेक्ट गैस

**Q.5** एल्यूमीनियम का अयस्क है:

**A.** हेमेटाइट  
**B.** मैग्नेटाइट  
**C.** बॉक्साइट  
**D.** साइडराइट

**Q.6** समुद्र मील किसका माप है ?

**A.** सौर विकिरण  
**B.** गोलाकार वस्तुओं की वक्रता  
**C.** जहाज की गति  
**D.** भूकंप की तीव्रता

**Q.7** निम्नलिखित में से कौन सा ध्वनि की पिच निर्धारित करता है?

**A.** आयाम   **B.** आवृत्ति   **C.** प्रबलता   **D.** तरंगदैर्ध्य

**Q.8** यदि एक कृत्रिम उपग्रह पृथ्वी के चारों ओर एक गोलाकार कक्षा में घूम रहा है, जिसकी गति पृथ्वी से भागने के वेग के आधे परिमाण के बराबर है, तो पृथ्वी की सतह के ऊपर उपग्रह की ऊंचाई है:

**A.** $2R$   **B.** $R$   **C.** $\frac{R}{2}$   **D.** $3R$

**Q.9** न्यूटन का प्रथम नियम क्या कहलाता है?

**A.** घूर्णन का नियम  
**B.** जड़त्व का नियम  
**C.** ऊर्जा का नियम  
**D.** संवेग का नियम

**Q.10** निम्नलिखित में से कौन एक इकाई रहित और आयाम रहित मात्रा है?

**A.** कोण  
**B.** ठोस कोण  
**C.** ताप के बराबर यांत्रिक  
**D.** अपवर्तक सूचकांक

**Q.11** कोशिका में प्रवेश करने वाले बाहरी पदार्थ, जैसे जीवाणु या भोजन, साथ ही साथ पुराने ऑर्गेनल्स __________ में आकर नष्ट होते हैं।

**A.** रिक्तिकाएं  
**B.** माइटोकॉन्ड्रिया  
**C.** प्लास्टिड  
**D.** लाइसोसोम

**Q.12** रैखिक त्वरण की इकाई है:

**A.** m/s  
**B.** m/s$^2$  
**C.** rad/s$^2$  
**D.** इनमें से कोई नहीं

**Q.13** प्रारंभिक वेग $v$ के साथ एक रॉकेट पृथ्वी की सतह से लंबवत लॉन्च किया जाता है। यह पृथ्वी की सतह से कितनी ऊपर जाएगी?

**A.** $R\left(\frac{2\,gR}{v^2} - 1\right)^{-1/2}$   **B.** $R\left(\frac{2\,gR}{v^2} - 1\right)$  
**C.** $R\left(\frac{2\,gR}{v^2} - 1\right)^{-1}$   **D.** $R\left(\frac{2\,gR}{v^2} - 1\right)^{2}$

**Q.14** निम्नलिखित पर विचार करें :

1. पक्षी  
2. धूल का उड़ना  
3. वर्षा  
4. पवन का बहना

उपरोक्त में से कौन सा पौधों में रोग फैलाता है?

*[UPSC Prelims, 2018]*

**A.** केवल 1 और 3  
**B.** केवल 3 और 4  
**C.** केवल 1, 2 और 4  
**D.** 1, 2, 3 और 4

**Q.15** शॉर्ट सर्किट के समय, परिपथ में धारा में क्या है ?

**A.** नहीं बदलता  
**B.** निरंतर बढ़ता और घटता रहता है  
**C.** काफी घट जाती है  
**D.** भारी बढ़ जाती है

**Q.16** डाइनेमो एक उपकरण है जो __________ ।

**A.** यांत्रिक ऊर्जा बनाता है  
**B.** विद्युत ऊर्जा बनाता है  
**C.** यांत्रिक ऊर्जा को विद्युत ऊर्जा में रूपांतरित करता है  
**D.** विद्युत ऊर्जा को यांत्रिक ऊर्जा रूपांतरित करता है

**Q.17** पास्कल का नियम ______________ ऑटोमोबाइल में काम करने की व्याख्या करता है।

**A.** इंजन  
**B.** क्लच  
**C.** हाइड्रोलिक ब्रेक  
**D.** इनमें से कोई नहीं

**Q.18** निम्न में से कौन सा IP एड्रेस मान्य है?

**A.** 984.12.787.76  
**B.** 192.168.321.10  
**C.** 1.88.234.3456  
**D.** 192.168.56.115

**Q.19** यदि किसी माध्यम से निर्वात तक कुल आंतरिक परावर्तन के लिए महत्वपूर्ण कोण $30°$ है, तो माध्यम में प्रकाश का वेग क्या होगा ?

**A.** $3 \times 10^8$ $m/s$   **B.** $4.5 \times 10^8$ $m/s$  
**C.** $1.5 \times 10^8$ $m/s$   **D.** $2.5 \times 10^8$ $m/s$

**Q.20** रोम (ROM) में स्थायी रूप से लिखा हुआ प्रोग्राम जो स्वचालित रूप से कंप्यूटर के निर्देशों को निष्पादित करना शुरू करता है-

**A.** रोम (ROM)  
**B.** सीएमओएस (CMOS)  
**C.** रैम (RAM)  
**D.** बायोस (BIOS )

**Q.21** वृद्धि, ऊर्जा, सुधारना और रखरखाव के लिए शरीर द्वारा आवश्यक पदार्थ को __________ तत्व कहा जाता है।

**A.** पोषक  
**B.** कार्बोहाइड्रेट  
**C.** कैलोरी  
**D.** वसा अम्ल

**Q.22** फेफड़े किसके द्वारा संरक्षित हैं ?

**A.** उरास्थि  
**B.** रिब केज

**C.** रीड की हड्डी          **D.** ऊपर के सभी

**Q.23** विद्युत चुम्बकीय तरंगों किसके द्वारा उत्पादित कर रहे हैं?

**A.** एक स्थिर प्रभार          **B.** एक त्वरित प्रभार

**C.** एक चलती प्रभार          **D.** आवेशित कण

**Q.24** निम्नलिखित में से कौन सा प्रोटीन का अच्छा स्रोत है?

**A.** अंडा          **B.** चावल          **C.** पानी          **D.** आलू

**Q.25** emf क्या है?

**A.** बल          **B.** वोल्टेज          **C.** धारा          **D.** फ्लक्स

# // स्मार्ट उत्तर पुस्तिका //

**सही उत्तर** — उन छात्रों का प्रतिशत जिन्होंने प्रश्नों का सही उत्तर दिया था।

**छोड़ दिया** — उन छात्रों का प्रतिशत जिन्होंने प्रश्नों को छोड़ दिया था।

| प्रश्न संख्या | उत्तर | सही उत्तर / छोड़ दिया | प्रश्न संख्या | उत्तर | सही उत्तर / छोड़ दिया | प्रश्न संख्या | उत्तर | सही उत्तर / छोड़ दिया | प्रश्न संख्या | उत्तर | सही उत्तर / छोड़ दिया | प्रश्न संख्या | उत्तर | सही उत्तर / छोड़ दिया | प्रश्न संख्या | उत्तर | सही उत्तर / छोड़ दिया |
|---|---|---|---|---|---|---|---|---|---|---|---|---|---|---|---|---|---|
| 1 | B | 38.33 %<br>18.34 % | 6 | C | 52.5 %<br>25.83 % | 11 | D | 36.67 %<br>35.0 % | 16 | C | 3.33 %<br>95.84 % | 21 | A | 2.5 %<br>95.83 % | | | |
| 2 | B | 44.17 %<br>31.66 % | 7 | B | 50.0 %<br>15.0 % | 12 | C | 45.83 %<br>27.5 % | 17 | C | 3.33 %<br>95.84 % | 22 | B | 0.83 %<br>95.84 % | | | |
| 3 | C | 25.0 %<br>54.17 % | 8 | A | 71.67 %<br>14.16 % | 13 | C | 71.67 %<br>15.0 % | 18 | D | 0.83 %<br>95.84 % | 23 | B | 1.67 %<br>95.83 % | | | |
| 4 | D | 32.5 %<br>34.17 % | 9 | B | 82.5 %<br>12.5 % | 14 | D | 40.83 %<br>25.84 % | 19 | C | 2.5 %<br>95.83 % | 24 | A | 3.33 %<br>95.84 % | | | |
| 5 | C | 72.5 %<br>20.0 % | 10 | D | 40.83 %<br>25.84 % | 15 | D | 60.0 %<br>18.33 % | 20 | D | 2.5 %<br>95.83 % | 25 | B | 1.67 %<br>95.83 % | | | |

# //संकेत और समाधान//

**1.** PbS के गठन के कारण पुरानी पेंटिंग में सफेद वर्णक काला हो जाता है। हाइड्रोजन पेरोक्साइड का उपयोग करके इस सफेद वर्णक को बहाल किया जाता है। हाइड्रोजन पेरोक्साइड ($H_2O_2$) सबसे सरल पेरोक्साइड (ऑक्सीजन-ऑक्सीजन एकल बंधन वाला एक यौगिक है) है। यह एक मजबूत ऑक्सीडाइज़र भी है। हाइड्रोजन पेरोक्साइड एक स्पष्ट तरल है, जो पानी की तुलना में थोड़ा अधिक चिपचिपा है। तनु विलयन में, यह रंगहीन दिखाई देता है। इसके ऑक्सीकरण गुणों के कारण, हाइड्रोजन पेरोक्साइड को अक्सर ब्लीच या सफाई एजेंट के रूप में उपयोग किया जाता है। हाइड्रोजन पेरोक्साइड की ऑक्सीकरण क्षमता इतनी मजबूत है कि इसे अत्यधिक प्रतिक्रियाशील ऑक्सीजन प्रजाति माना जाता है। इसलिए हाइड्रोजन पेरोक्साइड का उपयोग रॉकेटरी में एक प्रणोदक के रूप में किया जाता है।

अत: विकल्प (B) सही है।

**2.** गनमेटल, जिसे संयुक्त राज्य में लाल पीतल के रूप में भी जाना जाता है, एक प्रकार का कांस्य है - तांबा, टिन और जस्ता का एक मिश्र धातु। अनुपात सन्निकटन द्वारा बढ़ता है लेकिन 88% तांबा, 8-10% टिन, और 2-4% जस्ता एक सन्निकटन है। मुख्य रूप से बंदूकें बनाने के लिए मुख्य रूप से उपयोग किया जाता है, इसे बड़े पैमाने पर स्टील द्वारा प्रतिस्थापित किया गया है।

अत: विकल्प (B) सही है।

**3.** स्थितिज ऊर्जा / मात्रक द्रव्यमान $= E$

कुल स्थितिज ऊर्जा $= mE$

$$\frac{1}{2}mv_e^2 = mE$$

$$v_e = \sqrt{2E}$$

अत: विकल्प (C) सही है।

**4.** एक परफेक्ट गैस की आंतरिक ऊर्जा स्थिर तापमान पर मात्रा से स्वतंत्र है। एक परफेक्ट गैस की एन्थलापी और आंतरिक ऊर्जा को केवल तापमान का कार्य करने के लिए कहा गया था। इस प्रकार, एन्थलापी निरंतर T पर दबाव पर निर्भर नहीं करता है और यह केवल तापमान का एक कार्य है।

अत: विकल्प (D) सही है।

**5.** पृथ्वी की पपड़ी में एल्युमिनियम सबसे प्रचुर धातु है। यह मुक्त अवस्था में नहीं होता है क्योंकि यह एक प्रतिक्रियाशील धातु है। एल्युमीनियम के अयस्क हैं: बॉक्साइट, क्रायोलाइट और कोरंडम। बॉक्साइट फार्मूला युक्त एल्यूमीनियम ऑक्साइड हाइड्रेटेड $Al_2O_3 . 2H_2O$ है।

अत: विकल्प (C) सही है।

**6.** एक समुद्री मील (1 समुद्री मील = 1.15 मील प्रति घंटे)। 17 वीं शताब्दी से गाँठ की अवधि, जब नाविकों ने एक "सामान्य लॉग" नामक एक उपकरण का उपयोग करके अपने जहाज की गति को मापा। यह उपकरण समान रूप से फैले हुए समुद्री मील के साथ रस्सी का एक कुंडल था, जो पाई के स्लाइस की तरह लकड़ी के टुकड़े से जुड़ा होता था।

अत: विकल्प (C) सही है।

**7.** पिच एक लहर की आवृत्ति द्वारा निर्धारित किया जाता है, और आवृत्ति तरंगदैर्ध्य और गति का संयोजन होता है जिस पर लहर यात्रा कर रही है। कंपन की आवृत्ति जितनी अधिक होगी, स्वर या पिच उतनी ही अधिक होगी।

अत: विकल्प (B) सही है।

**8.** पलायन वेग, $v_o = \sqrt{2gR}$

$$\frac{1}{2} \text{ of Escape velocity } \frac{1}{2}v_0 = \frac{\sqrt{2gR}}{2} = \sqrt{\frac{2gR}{4}} = \sqrt{\frac{gR}{2}} = \sqrt{\frac{GM}{2R}}$$

कक्षा गति, $v = \sqrt{\dfrac{GM}{r}}$

$\therefore$ अगर $v = \dfrac{v_0}{2}$

$$\sqrt{\frac{GM}{r}} = \sqrt{\frac{GM}{2R}} \Rightarrow r = 2R$$

अत: विकल्प (A) सही है।

**9.** न्यूटन के गति का पहला नियम - कभी-कभी जड़त्व के नियम के रूप भी जाना जाता है। विराम अवस्था में वस्तु विराम अवस्था रहती है तथा गतिमान अवस्था में एक वस्तु एक ही गति के साथ गतिमान अवस्था में रहती है जब तक उस पर एक असंतुलित बल नहीं लग जाता हैं।

अत: विकल्प (B) सही है।

**10.** एक भौतिक मात्रा के आयाम वे शक्तियां (या घातांक) हैं जिनसे उस मात्रा का प्रतिनिधित्व करने के लिए आधार मात्राओं को उठाया जाता है।
कोण और ठोस कोण में इकाई के रूप में रेडियन होते हैं। गर्मी के यांत्रिक समतुल्य इकाई के रूप में जूल होता है।
किसी पदार्थ का अपवर्तक सूचकांक एक आयाम रहित संख्या है।

$n = \dfrac{c}{v}$

$n = $ अपवर्तक सूचकांक

$c = $ निर्वात में प्रकाश की गति

$v = $ माध्यम में प्रकाश की गति

अत: विकल्प (D) सही है।

**11.** कोशिका में प्रवेश करने वाले बाहरी पदार्थ, जैसे जीवाणु या भोजन, साथ ही साथ पुराने ऑर्गेनेल्स लाइसोसोम में आकर नष्ट होते हैं।

लाइसोसोम मूल रूप से कोशिका की अपशिष्ट निपटान प्रणाली का एक वर्ग है जो कोशिका की शुद्धता को किसी भी बाहरी पदार्थ के साथ-साथ बेकार कोशिका ऑर्गेनेल्स को पचाने में मदद करता है।

अत: विकल्प (D) सही है।

**12.** रैखिक त्वरण को समय के संबंध में एक शरीर के रैखिक वेग के परिवर्तन की दर के रूप में परिभाषित किया गया है।

अर्थात., $a = \dfrac{v}{t}$ और वेग की इकाई है $m/s$.

तो, रैखिक त्वरण की इकाई $m/s^2$ हो जाती है

अत: विकल्प (C) सही है।

**13.** ऊर्जा के संरक्षण द्वारा,
प्रक्षेपित रॉकेट की गतिज ऊर्जा = अधिकतम ऊंचाई पर रॉकेट की संभावित ऊर्जा में परिवर्तन।

$$\frac{1}{2}mv^2 = mgh\left(\frac{R}{R+h}\right)$$

$$\Rightarrow \frac{R+h}{h} = \frac{2gR}{v^2}$$

$$\Rightarrow h = R\left(\frac{2gR}{v^2} - 1\right)^{-1}$$

अत: विकल्प (C) सही है।

**14.** पौधे की बीमारियां संक्रामक हो सकती हैं (पौधे से पौधे तक फैलती हैं) या गैर-संक्रमित। आम तौर पर पौधों के विकार पौधों में पोषक तत्वों की कमी, पानी से भरे या प्रदूषित मिट्टी, और प्रदूषित हवा द्वारा होते हैं। बहुत कम (या बहुत अधिक) पानी या अनुचित पोषण भी पौधों के खराब होने का कारण बन सकता है। बहुत गर्म या बहुत ठंडा मौसम तथा बहुत अधिक प्रकाश या भारी

हवाएं भी पौधों में रोगों के संचार का कारण बनते हैं। ऑटोमोबाइल और उद्योग से प्रदूषण, और जड़ी बूटी के अत्यधिक अनुप्रयोग (खरपतवार नियंत्रण के लिए) गैर-संक्रमित पौधों के विकार भी पैदा कर सकते हैं।

अत: विकल्प (D) सही है।

**15.** शॉर्ट सर्किट एक इलेक्ट्रिकल परिपथ है जो धारा को अनजाने रास्ते से यात्रा करने की अनुमति देता है, अक्सर जहां अनिवार्य रूप से नहीं (या बहुत कम) विद्युत प्रतिबाधा का सामना करना पड़ता है।

उदाहरण के लिए, एक सामान्य प्रकार का शॉर्ट सर्किट तब होता है जब बैटरी के सकारात्मक और नकारात्मक टर्मिनलों को एक तार की तरह, कम प्रतिरोध वाले कंडक्टर के साथ जोड़ा जाता है। कनेक्शन में कम प्रतिरोध के साथ, एक उच्च धारा मौजूद है, जिससे सेल कम समय में बड़ी मात्रा में ऊर्जा प्रदान करता है।

इसलिए, शॉर्ट सर्किट के दौरान, सर्किट में धारा भारी बढ़ जाती है।

अत: विकल्प (D) सही है।

**16.** डाइनेमो एक उपकरण है जो यांत्रिक ऊर्जा को विद्युत ऊर्जा में परिवर्तित करता है। डाइनेमो एक विद्युत जनरेटर है जो कम्प्यूटर के उपयोग के साथ प्रत्यक्ष प्रवाह उत्पन्न करता है। डाइनेमोस पहले विद्युत जनरेटर थे जो उद्योग के लिए बिजली देने में सक्षम थे, और जिस नींव पर कई अन्य इलेक्ट्रिक-पावर कनवर्जन डिवाइस आधारित थे, जिसमें इलेक्ट्रिक मोटर, वैकल्पिक-वर्तमान वैकल्पिक, और रोटरी कनवर्टर शामिल थे। आज, सरल वैकल्पिक क्षमता, विश्वसनीयता और लागत के कारणों के लिए, बड़े पैमाने पर बिजली उत्पादन पर हावी है। डाइनेमो में एक यांत्रिक कम्प्यूटर का नुकसान होता है।

अत: विकल्प (C) सही है।

**17.** हाइड्रोलिक जैक, ऑटोमोबाइल ब्रेक और यहाँ तक कि हवाई जहाज के पंखों पर उत्पन्न लिफ्ट को पास्कल के सिद्धांत का उपयोग करके समझाया जा सकता है। पास्कल का सिद्धांत इस विचार पर आधारित है कि बाकी तरल पदार्थ असंपीड़ित हैं, जिससे बहुत बड़ी ताकतों को एक छोटे बल के उपयोग से संचारित किया जा सकता है।

अत: विकल्प (C) सही है।

**18.** एक इंटरनेट प्रोटोकॉल एड्रेस (IP एड्रेस) कंप्यूटर नेटवर्क से जुड़े प्रत्येक डिवाइस को सौंपा गया एक संख्यात्मक लेबल होता है जो संचार के लिए इंटरनेट प्रोटोकॉल का उपयोग करता है। IP एड्रेस दो मुख्य कार्य करता है: होस्ट या नेटवर्क इंटरफ़ेस आइडेंटिफिकेशन और लोकेशन एड्रेसिंग। इंटरनेट प्रोटोकॉल 4 संस्करण (IPv4) IP एड्रेस को 32-बिट संख्या के रूप में परिभाषित करता है। यह 0-255 तक होता है।

अत: विकल्प (D) सही है।

**19.** कुल आंतरिक प्रतिबिंब के लिए महत्वपूर्ण कोण $\theta_c = 30°$

जैसा कि हम जानते हैं, वायु माध्यम का अपवर्तनांक $n_{air} = 1$

माध्यम का अपवर्तनांक $n = \dfrac{1}{\sin\theta_c}$

$\therefore n = \dfrac{1}{\sin 30°} = \dfrac{1}{0.5}$

$\Rightarrow n = 2$

माध्यम में प्रकाश का वेग $v = \dfrac{c}{n}$ है।

$\therefore v = \dfrac{3 \times 10^8}{2} = 1.5 \times 10^8 \; m/s$

अत: विकल्प (C) सही है।

**20.** BIOS (बेसिक इनपुट / आउटपुट सिस्टम के लिए एक संक्षिप्त शब्द और इसे सिस्टम BIOS, रोम BIOS या पीसी BIOS के रूप में भी जाना जाता है) नॉन-वोलेटाइल फर्मवेयर है। इसका उपयोग बूटिंग प्रक्रिया (पावर-ऑन स्टार्टअप) के दौरान हार्डवेयर प्रारंभ करने के लिए किया जाता है।

अत: विकल्प (D) सही है।

**21.** वृद्धि, ऊर्जा, सुधारना और रखरखाव के लिए शरीर द्वारा आवश्यक पदार्थ को पोषक तत्व कहा जाता है। पोषक तत्व विटामिन, खनिज, कार्बोहाइड्रेट, प्रोटीन, वसा और पानी हैं। ये छह आवश्यक पोषक तत्व कुछ हैं जो हम सभी को अपनी कोशिकाओं के विकास, ऊर्जा और रखरखाव और मरम्मत के लिए चाहिए।

अत: विकल्प (A) सही है।

**22.** रिब केज से फेफड़े सुरक्षित रहते हैं। रिब केज कशेरुक स्तंभ और सबसे कशेरुकाओं के वक्ष में उरोस्थि से जुड़ी पसलियों की व्यवस्था है, जो हृदय, फेफड़े और महान जहाजों जैसे महत्वपूर्ण अंगों को घेरता है और उनकी रक्षा करता है।

अत: विकल्प (B) सही है।

**23.** विद्युत चुम्बकीय तरंगों को दोलन आवेशों द्वारा निर्मित किया जाता है (जो कि जब भी त्वरण होता है) और दोलन के समान आवृत्ति होती है। चूंकि अधिकांश विद्युत चुम्बकीय तरंगों में विद्युत और चुंबकीय क्षेत्र उस दिशा में लंबवत होते हैं, जिसमें लहर चलती है, यह आमतौर पर एक अनुप्रस्थ लहर है।

अत: विकल्प (B) सही है।

**24.** प्रोटीन एक कोशिका का एक संरचनात्मक घटक है। प्रोटीन के समृद्ध स्रोत अंडे, दूध, दही, मछली और समुद्री भोजन, सोया, पिस्ता नट्स, पोर्क, चिकन और टर्की हैं।

चावल और आलू स्टार्चयुक्त खाद्य पदार्थ हैं और कार्बोहाइड्रेट के अच्छे स्रोत हैं। स्टार्चयुक्त खाद्य पदार्थ ऊर्जा का एक अच्छा स्रोत हैं और हमारे आहार में पोषक तत्वों की एक श्रृंखला का मुख्य स्रोत हैं।

पानी में मुख्य रूप से हाइड्रोजन और ऑक्सीजन होता है और यह प्रोटीन से रहित होता है।

अत: विकल्प (A) सही है।

**25.** इलेक्ट्रोमोटिव बल वास्तव में एक बल नहीं है। यह मूल रूप से एक वोल्टेज है। यह विद्युत ऊर्जा के किसी भी स्रोत द्वारा विकसित वोल्टेज है। इलेक्ट्रोमोटिव बल को इलेक्ट्रोकेमिकल सेल या चुंबकीय क्षेत्र को बदलकर उत्पादित बिजली की क्षमता के रूप में परिभाषित किया गया है। ईएमएफ (emf) इलेक्ट्रोमोटिव बल के लिए आमतौर पर इस्तेमाल किया जाने वाला संक्षिप्त नाम है।

अत: विकल्प (B) सही है।

**Q.1** एक वस्तु जो कि जडत्वीय फ्रेम में स्थिर वेग से घूम रहा है, आवश्यक रूप से:

**A.** उस पर एक नेट बल कार्य करता है
**B.** अंत में गुरुत्वाकर्षण के कारण रुक जाते हैं
**C.** उस पर गुरुत्वाकर्षण बल नहीं है
**D.** उस पर नेट बल शून्य है

**Q.2** निम्नलिखित में से कौन चन्द्रमा पर ले जाने पर अपनी काल-अवधि मे परिवर्तन नही दर्शाएगा?

**A.** एक सामान्य लोलक
**B.** एक भौतिकीय लोलक
**C.** एक टॉर्सनल लोलक
**D.** (A) और (B) दोनों

**Q.3** 10 cm की त्रिज्या वाली एक खोखली धातु के गोले को इस तरह से चार्ज किया जाता है कि इसकी सतह पर क्षमता 80 V हो। गोले के केंद्र में क्षमता है:

**A.** शून्य
**B.** 80 V
**C.** 800 V
**D.** 8 V

**Q.4** जब एक ठोस सीधे गैसीय अवस्था में बदल जाता है, तो उसे कहा जाता है:

**A.** मध्यवर्ती
**B.** संक्षेपण
**C.** बहुलकीकरण
**D.** विगलन

**Q.5** ध्वनि की तीव्रता निर्भर करती है:

**A.** धातु के तार का अनुप्रयोग
**B.** ध्वनि तरंग का आयाम
**C.** स्पंदन शरीर का क्षेत्र
**D.** उपरोक्त सभी

**Q.6** कॉफी युक्त थर्मस बोतल सख्खी से हिल जाती है। यदि कॉफी को एक प्रक्रिया के रूप में माना जाता है, तो कॉफी का तापमान होगा:

**A.** थोड़ा अधिक
**B.** कमी
**C.** समान
**D.** कुछ कह नहीं सकते

**Q.7** चंद्रमा पृथ्वी के चारों ओर घूमता है क्योंकि पृथ्वी चंद्रमा पर एक रेडियल बल लगाती है। क्या पृथ्वी चंद्रमा पर काम करती है?

**A.** नहीं
**B.** हाँ, कभी कभी
**C.** हाँ, हमेशा
**D.** कह नहीं सकते

**Q.8** एक वस्तु जिसका द्रव्मान 3 kg है। जो 1 m की ऊंचाई से गिरा दिया जाता है। वस्तु की गतिज ऊर्जा जमीन को छूने पर होगी:

**A.** 29.4 N
**B.** 150 N
**C.** 29.4 J
**D.** 150 J

**Q.9** विद्युत चुम्बकीय तरंगों की गति समान है:

**A.** सभी तरंग दैर्ध्य के लिए
**B.** सभी माध्यम में
**C.** सभी तीव्रता के लिए
**D.** सभी आवृत्तियों के लिए

**Q.10** एक LC परिपथ में 20 mH प्रारंभ करनेवाला होता है और 5 mC के प्रारंभिक आवेश के साथ 25 µF संधारित्र होता है। प्रारम्भ में परिपथ की संग्रहीत कुल ऊर्जा है:

**A.** 5 J
**B.** 0.5 J
**C.** 50 J
**D.** 500 J

**Q.11** एक 5 Ω स्थिरांक तार एक रिंग बनाने के लिए मुड़ा हुआ है। तार के व्यास के चारों ओर प्रतिरोध ज्ञात कीजिये।

**A.** 2.5 Ω
**B.** 1.25 Ω
**C.** 5 Ω
**D.** 0.625 Ω

**Q.12** विद्युत चुम्बकीय तरंगों द्वारा उत्पादित कर रहे हैं:

**A.** कम आवेशित कण
**B.** एक स्थिर आवेश
**C.** एक प्रवाहित आवेश
**D.** त्वरित आवेश

**Q.13** व्यतिकरण स्थिति दर्शायी जाती है:

**A.** केवल अनुप्रस्थ तरंगों में
**B.** केवल अनुदैर्ध्य तरंगों में
**C.** केवल अनुदैर्ध्य तरंगों में
**D.** इनमे से कोई नहीं

**Q.14** प्रकाश शून्य में गति कर सकता है लेकिन ध्वनि नहीं, क्योंकि:

**A.** ध्वनि की गति प्रकाश की तुलना में बहुत धीमी है
**B.** प्रकाश तरंगें प्रकृति में विद्युत चुम्बकीय हैं
**C.** ध्वनि तरंगें प्रकृति में विद्युत चुम्बकीय हैं
**D.** प्रकाश तरंगें प्रकृति में विद्युत चुम्बकीय नहीं होती हैं

**Q.15** एक पिण्ड का भार शून्य नहीं होगा:

**A.** पृथ्वी के केंद्र में
**B.** एक मुक्त अवरोह की अवधि में
**C.** अंतर-ग्रहीय अंतरिक्ष में
**D.** पृथ्वी की सतह पर

**Q.16** बल-विस्थापन वक्र के अधीन क्षेत्र का प्रतिनिधित्व करता है:

**A.** वेग
**B.** त्वरण
**C.** आवेग
**D.** किया गया कार्य

**Q.17** एक निकाय के रैखिक गति का विमीय सूत्र है:

**A.** $[M^1L^1\,T^{-1}]$
**B.** $[M^1L^1\,T^{-2}]$
**C.** $[MT^{-1}]$
**D.** $[M^3L^0\,T^{-2}]$

**Q.18** एक उपग्रह में, यदि परिक्रमण की समयावधि T है, तो गतिज ऊर्जा अनुक्रमानुपाती होगा:

**A.** $\frac{1}{T}$
**B.** $T^{-\frac{2}{3}}$
**C.** $\frac{1}{T^2}$
**D.** $\frac{1}{T^3}$

**Q.19** निम्नलिखित में से कौन सी सबसे मीठी चीनी है?

**A.** फ्रुक्टोज
**B.** ग्लूकोज़
**C.** गैलेक्टोज
**D.** सुक्रोज

**Q.20** फ़ारेनहाइट पैमाने पर, जल का क्वथनांक है:

**A.** $100°F$
**B.** $80°F$
**C.** $212°F$
**D.** $32°F$

**Q.21** सफेद फास्फोरस अंधेरे में किसके कारण चमकता है?

**A.** आकृतिहीन होने के कारण
**B.** धीमा ऑक्सीकरण
**C.** उच्च प्रज्वलन तापमान
**D.** बिजली के अच्छे संचालन गुण

**Q.22** ______ के बनने से संग्रहित रक्त भूरा हो जाता है।

**A.** हेमेरिथ्रीन
**B.** मेटहीमोग्लोबिन
**C.** हीमोग्लोबिन
**D.** आक्सीहीमोग्लोबिन

**Q.23** एक तत्व X जो कि कोमल है और इसे चाकू की सहायता से काटा जा सकता है। यह वायु के लिए बहुत प्रतिक्रियाशील है और इसे वायु में खुला नहीं रखा जा सकता है। यह जल के साथ तेज़ी से अभिक्रिया करता है। निम्नलिखित में से तत्व को पहचानें:

**A.** Mg
**B.** Na
**C.** P
**D.** Ca

**Q.24** एक कंप्यूटर पर स्लॉट्स कवर की अनुपस्थिति से हो सकता है:

**A.** प्रभाव में तेजी से वृद्धि
**B.** ESD का अधूरा पथ
**C.** ओवर हीट
**D.** EMI

**Q.25** RAM को इस रूप में भी जाना जाता है:

A. रीड-ओनली मेमोरी

B. प्रोग्रामेबल रीड-ओनली मेमोरी

C. रीड/राइट मेमोरी

D. इरेज़ेबल प्रोग्रामेबल रीड-ओनली मेमोरी

# // स्मार्ट उत्तर पुस्तिका //

**सही उत्तर** — उन छात्रों का प्रतिशत जिन्होंने प्रश्नों का सही उत्तर दिया था।   **छोड़ दिया** — उन छात्रों का प्रतिशत जिन्होंने प्रश्नों को छोड़ दिया था।

| प्रश्न संख्या | उत्तर | सही उत्तर / छोड़ दिया | प्रश्न संख्या | उत्तर | सही उत्तर / छोड़ दिया | प्रश्न संख्या | उत्तर | सही उत्तर / छोड़ दिया | प्रश्न संख्या | उत्तर | सही उत्तर / छोड़ दिया | प्रश्न संख्या | उत्तर | सही उत्तर / छोड़ दिया | प्रश्न संख्या | उत्तर | सही उत्तर / छोड़ दिया |
|---|---|---|---|---|---|---|---|---|---|---|---|---|---|---|---|---|---|
| 1 | D | 1.18 % / 90.58 % | 6 | A | 0 % / 100 % | 11 | B | 0 % / 100 % | 16 | D | 1.18 % / 96.47 % | 21 | B | 0 % / 100 % | | | |
| 2 | D | 1.18 % / 96.47 % | 7 | A | 2.35 % / 96.47 % | 12 | D | 1.18 % / 96.47 % | 17 | A | 1.18 % / 96.47 % | 22 | B | 0 % / 100 % | | | |
| 3 | B | 1.18 % / 96.47 % | 8 | C | 2.35 % / 96.47 % | 13 | C | 1.18 % / 96.47 % | 18 | B | 2.35 % / 96.47 % | 23 | B | 1.18 % / 96.47 % | | | |
| 4 | A | 1.18 % / 96.47 % | 9 | C | 0 % / 100 % | 14 | B | 1.18 % / 96.47 % | 19 | A | 1.18 % / 96.47 % | 24 | C | 1.18 % / 96.47 % | | | |
| 5 | B | 0 % / 100 % | 10 | B | 0 % / 100 % | 15 | D | 2.35 % / 96.47 % | 20 | C | 2.35 % / 96.47 % | 25 | C | 1.18 % / 96.47 % | | | |

## //संकेत और समाधान//

**1.** निरंतर वेग के साथ गति करने वाली वस्तु में शून्य त्वरण होगा अर्थात

$$a_{net} = 0$$

न्यूटन के तृतीय नियम से शून्य बाह्य त्वरण की स्थिति में, शुद्ध बाह्य बल शून्य होगा।

वस्तु पर कार्य करने वाला शुद्ध बाह्य बल $F_{net} = ma_{net} = 0$

अतः विकल्प (D) सही है।

**2.** चूँकि चन्द्रमा पर गुरुत्वाकर्षण परिवर्तित होता है, केवल उस समय अवधि में परिवर्तन होगा जो गुरुत्वाकर्षण के मान पर निर्भर करता है। एक साधारण लोलक और भौतिकीय लोलक की समयावधि गुरुत्वाकर्षण का एक कार्य है, तो चंद्रमा पर उनकी समय अवधि परिवर्तित हो जाएगी। इसलिए, (A) और (B) सत्य हैं। एक टॉर्सनल लोलक की समय अवधि गुरुत्वाकर्षण के मान पर निर्भर नहीं है, इसलिए, वह चंद्रमा पर नहीं परिवर्तित होगा। इस प्रकार, (C) सत्य नहीं है।

अतः विकल्प (D) सही है।

**3.** एक खोखले धातु क्षेत्र के अंदर विद्युत क्षेत्र शून्य है। इसलिए, किया गया कार्य भी शून्य है। मान लें कि Va अंदर की तरफ संभावित है और Vb सतह पर मौजूद क्षमता है, तो Vb = Va होगा। इस प्रकार, क्षमता सतह पर अंदर की तरह ही है।

अतः विकल्प (B) सही है।

**4.** सामान्यतः ठोस पदार्थों को गर्म करने पर वे द्रव अवस्था में परिवर्तित होता हैं और उसके पश्चात् गैसीय अवस्था में, लेकिन कुछ ठोस पदार्थ ऐसे होते हैं; जिन्हें गर्म किये जाने पर वे द्रव अवस्था में आने के बदले सीधे भाप में बदल जाते हैं और भाप को ठंडा किये जाने पर पुनः ठोस अवस्था में हो जाते हैं। ऐसे पदार्थों को ऊर्ध्वपातक कहा जाता है व इस प्रकार की क्रिया ऊर्ध्वपातन कहलाती है।

अतः विकल्प (A) सही है।

**5.** ध्वनि की तीव्रता ध्वनि तरंग के आयाम पर निर्भर करती है। तीव्रता की इकाई डेसीबल (db) है। जैसे-जैसे डेसीबल का स्तर उच्च होता है, वैसे-वैसे ध्वनि तरंगों की तीव्रता अधिक होती है और ध्वनि तीव्र होती है।

अतः विकल्प (B) सही है।

**6.** चूंकि थर्मस फ्लास्क अछूता रहता है, इसलिए सिस्टम में कोई ऊष्मा ऊर्जा के रूप में नहीं जोड़ी जाती है, $\triangle Q = 0$

श्यानता बल के विपरीत इसे हिलाकर सिस्टम पर काम किया जाता है। इसलिये $\Delta w = -ve$

आंतरिक ऊर्जा $= \Delta U = \Delta Q - \Delta w = 0 - (-\Delta w)$

$$\Rightarrow \Delta U = +\Delta w$$

$$\Delta U = + ve$$

तो, आंतरिक ऊर्जा में वृद्धि के कारण सिस्टम का तापमान बढ़ जाएगा।

अतः विकल्प (A) सही है।

**7.** किया गया कार्य शून्य है।

किए गए कार्य को बल और विस्थापन के अदिश परिणाम के रूप में परिभाषित किया गया है अर्थात, W = F.s. Cos $\theta$ जहां बल और विस्थापन सदिश के बीच का कोण है।

पृथ्वी द्वारा चन्द्रमा पर उत्सर्जित रेडियल बल दिशा में लंबवत है तथा, θ, 90° पर है।

W = F.s.Cos 90° = 0 (क्योंकि Cos 90° = 0)

अतः विकल्प (A) सही है।

**8.** दिया है- एक वस्तु का द्रव्यमान (m) = 3 kg और ऊँचाई (h) = 1 m

वस्तु की संभावित ऊर्जा:

⇒ PE = mgh

⇒ PE = 3 $\times$ 9.8 $\times$ 1

⇒ PE = 29.4 J

जैसे ही वस्तु गिरती है, इसकी गतिज ऊर्जा संभावित ऊर्जा से बढ़ जाती है।

जब वस्तु जमीन को छूता है, तो इसकी संभावित ऊर्जा शून्य हो जाती है और ऊर्जा के संरक्षण के कारण, संभावित ऊर्जा गतिज ऊर्जा में परिवर्तित हो जाती है।

तो, जमीन पर वस्तु की गतिज ऊर्जा = 1 m पर वस्तु की संभावित ऊर्जा 29.4 J है।

अतः विकल्प (C) सही है।

**9.** विद्युतचुम्बकीय तरंगों की तीव्रता मूल रूप से स्रोत से निकलने वाले फोटॉन की संख्या है। एक असंवाहक माध्यम में विद्युतचुम्बकीय तरंग की गति माध्यम की पारगम्यता और पारगम्यता का एक कार्य है। इसलिए, एक फोटॉन की ऊर्जा के बावजूद, अगर इसे माध्यम से गुजरना पड़ता है, तो इसके प्रसार की गति स्रोत के बजाय माध्यम का एक कार्य है, स्थिर रहता है।

अतः विकल्प (C) सही है।

**10.** यहाँ, $C = 25\mu F = 25 \times 10^{-6}F$

$$L = 20mH = 20 \times 10^{-3}H, q_0 = 5mC = 5 \times 10^{-3}C$$

∴ परिपथ में प्रारम्भ की संग्रहीत कुल ऊर्जा:

$$U = \frac{q_0^2}{2C} = \frac{\left(5\times10^{-3}\right)^2}{2\times25\times10^{-6}} = \frac{25\times10^{-6}}{2\times25\times10^{-6}} = \frac{1}{2} = 0.5\,J$$

अतः विकल्प (B) सही है।

**11.** समान्तर संयोजन में शुद्ध प्रतिरोध का पारस्परिक संयोजन समान्तर संयोजन में उपस्थित विशिष्ट प्रतिरोधों के पारस्परिक प्रतिरोध के सामान है।

अर्थात, $\dfrac{1}{R_{net}} = \dfrac{1}{R_1} + \dfrac{1}{R_2} + \dfrac{1}{R_3} \ldots\ldots$

व्यास के चारो ओर, अगर हम देखते हैं कि दो अर्धवृत्त हैं एक ऊपर है और दूसरा व्यास कम है। ऊपरी अर्धवृत्त और निचले अर्धवृत्त में 2.5 Ω का प्रतिरोध होता है क्योंकि अर्धवृत्त की लंबाई समान होती है और तार का कुल प्रतिरोध 5 Ω होता है।

दोनों प्रतिरोध समान्तर हैं।

इस प्रकार, $\dfrac{1}{R_{eq}} = \dfrac{1}{R_1} + \dfrac{1}{R_2}$

$$R_{eq} = \frac{R_1 R_2}{R_1 + R_2} = \frac{2.5 \times 2.5}{2.5 + 2.5} = 1.25\Omega$$

अतः विकल्प (B) सही है।

**12.** विद्युत चुम्बकीय तरंगें विद्युत आवेशित कण दोलनों (त्वरित आवेशों) द्वारा उत्पन्न होती हैं। त्वरित आवेश से जुड़ा विद्युत क्षेत्र कंपन करता है जो कंपन चुंबकीय क्षेत्र उत्पन्न करता है। अधिकांश विद्युत चुम्बकीय तरंगों में विद्युत और चुंबकीय क्षेत्र उस दिशा में लंबवत होते हैं, जिसमें लहर चलती है, यह आमतौर पर एक अनुप्रस्थ लहर है।

अतः विकल्प (D) सही है।

**13.** एक तरंग की व्यतिकरण स्थिति वह है जो सामान्तया तब होती है जब एक ही माध्यम में चलते समय दो तरंगें सुदृढ़ होती हैं। तरंगों की व्यतिकरण से

माध्यम को एक आकार में ले जाने का कारण बनता है जो दो अलग-अलग तरंगों के शुद्ध प्रभाव के परिणामस्वरूप होता है जो एक साथ माध्यम के कणों पर कार्य करता है।

यह दो प्रकार का होता है, संपोषी और विनाशकारी व्यतिकरण।

यह अनुदैर्ध्य और अनुप्रस्थ तरंगों में दोनों होता है।
अतः विकल्प (C) सही है।

**14.** प्रकाश तरंगें प्रकृति में विद्युत चुम्बकीय हैं। इसलिए उन्हें संचार के लिए एक माध्यम की आवश्यकता नहीं होती है। इस प्रकार प्रकाश एक निर्वात में गति कर सकता है। दूसरी ओर, ध्वनि तरंगों को उनके प्रसार के लिए एक माध्यम की आवश्यकता होती है। वे यांत्रिक तरंगें हैं और एक निर्वात में गति नहीं कर सकते हैं।
अतः विकल्प (B) सही है।

**15.** एक पिण्ड का भार पिण्ड पर दिया गया गुरुत्वाकर्षण बल है। पृथ्वी की सतह पर, गुरुत्वाकर्षण ऊर्जा का मान 9.8 N है। इस प्रकार पृथ्वी की सतह पर 1kg वजन वाले एक पिंड का वजन 9.8 N के बराबर है जो इसकी गति की स्थिति से स्वतंत्र है। इसलिए पृथ्वी की सतह पर एक पिण्ड शून्य नहीं हो सकता है क्योंकि पृथ्वी की सतह पर g का मान 9.8 N है।
अतः विकल्प (D) सही है।

**16.** बल-विस्थापन वक्र के अधीन क्षेत्र किए गए कार्य का प्रतिनिधित्व करता है। यह बल (f) के अनुप्रयोग द्वारा विस्थापित की गई वस्तु की दूरी (s) है। इस स्थिति में x- अक्ष पर y- अक्ष और विस्थापन (s) पर बल (f) प्रस्तुत किया जाता है। किया गया कार्य (w) एक अदिश राशि है।

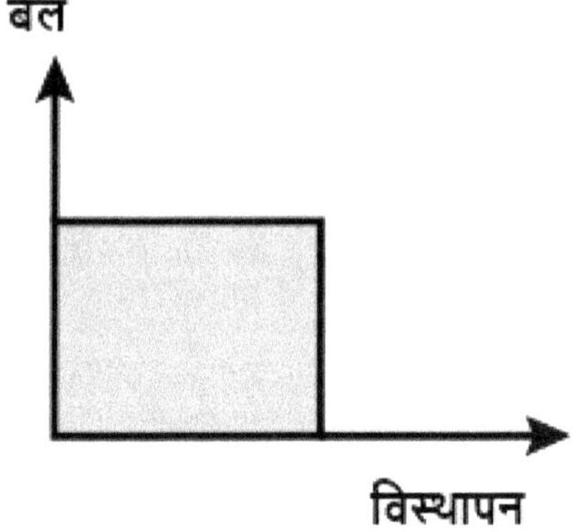


अतः विकल्प (D) सही है।

**17.** रेखीय संवेग = [द्रव्यमान] × [वेग].....(1)

रैखिक गति का विमीय सूत्र,

द्रव्यमान $= [M^1 L^0 T^0]$....(2)

वेग $= [M^0\ L^1\ T^{-1}]$......(3)

समीकरण (2) और (3) को समीकरण (1) में प्रतिस्थापित करने पर हमें मिलता है,

रेखीय संवेग = [द्रव्यमान] × [वेग]

$$= [M^1 L^0 T^0] \times [M^0 L^1 T^{-1}] = [M^1 L^1\ T^{-1}]$$

इसलिए, रेखीय गति मंद रूप से दर्शायी जाती है $[M^1 L^1\ T^{-1}]$.
अतः विकल्प (A) सही है।

**18.** उपग्रह को एक गोलाकार कक्षा में घूमने के लिए गतिज ऊर्जा = स्थितिज ऊर्जा,

$$K = \frac{GM_e m}{2R}$$

या $K \propto \frac{1}{R}$ .....(i)

अब केप्लर के नियम के अनुसार, हमारे पास है

$$T^2 \propto R^3$$

या $R \propto T^{\frac{2}{3}}$ .....(ii)

इसलिए, गतिज ऊर्जा

$$K \propto \frac{1}{T^{\frac{2}{3}}} \quad [\text{समीकरण (i) और (ii) से }]$$

$$K \propto T^{\frac{-2}{3}}$$

अतः विकल्प (B) सही है।

**19.** फ्रुक्टोज सभी दी गई चीनी में सबसे मीठी चीनी है। चीनी की सांद्रता के अनुमान से ज्ञात होता है कि अगर सूक्रोज में एक की मिठास है, तो ग्लूकोज 0.74 और फ्रुक्टोज 1.7 तक लिया जा सकता है।
अतः विकल्प (A) सही है।

**20.** फारेनहाइट पैमाने पर, जल का हिमांक 32° F और क्वथनांक 212° F (मानक वायुमंडलीय दबाव पर) होता है।

फ़ारेनहाइट से सेल्सियस तक: $(F - 32) \times 1.8 = C$

जल का क्वथनांक $100°C$ है।

फिर, $F = (100 \times 1.8) + 32 = 212°F$
अतः विकल्प (C) सही है।

**21.** सफेद फास्फोरस के गुण:

- यह सफेद फास्फोरस ऑक्सीजन के संपर्क में आने के कारण धीमी चमक का उत्सर्जन करता है (यदि सफेद फॉस्फोरस की मात्रा ऑक्सीकरण हो), तो केवल धीमी गति से ऑक्सीकरण होता है।

- यह सफेद मोम ठोस की तरह दिखने में पारभासी होता है।

- यह प्रकृति में जहरीला होता है।

- यह कम स्थिर और अधिक प्रतिक्रियाशील होता है।

- यह पानी में नहीं घुलता है। जब कार्बन डाइसल्फाइड के साथ मिलाया जाता है, तो यह घुल जाता है।

- यह अंधेरे में चमकता है।

अतः विकल्प (B) सही है।

**22.** जब रक्त को लंबे समय तक संग्रहित किया जाता है, तो हीमोग्लोबिन $(fe^{2+})$ के हेम समूह को फेरिक स्थिति $(fe^{3+})$ में ऑक्सीकरण हो जाता है, और हीमोग्लोबिन मेटहेमोग्लोबिन में परिवर्तित हो जाता है जो एक भूरे रंग का वर्णक है (यह भूरा रंग रक्त देता है)। मेटहेमोग्लोबिन भी $O_2$ अणुओं के परिवहन के लिए सक्षम है।
अतः विकल्प (B) सही है।

**23.** Na एक धातु है जिसकी कोमलता चाकू से काटे जाने के लिए पर्याप्त होती है। यह इतना प्रतिक्रियाशील है कि वायु या नमी के साथ तेज़ी से अभिक्रिया करता है और खुला रखने पर आग पकड़ लेता है। इसलिए इसे ऑक्सीजन और नमी के संपर्क में आने से रोकने के लिए इसे मिट्टी के तेल में रखा जाता है।
अतः विकल्प (B) सही है।

**24.** कंप्यूटर पर स्लॉट कवर कंप्यूटर के अंदर धूल निर्माण को कम करता है। तो स्लॉट कवर उचित स्थान पर उपस्थित होना चाहिए। स्लॉट्स कवर के अनुपस्थिति के कारण वायु प्रवाह रचना को बाधित कर सकते हैं और ओवर हीट समस्याओं का कारण बन सकते हैं।

अतः विकल्प (C) सही है।

**25.** मेमोरी को एक प्रकार की रीड/राइट मेमोरी भी कहा जाता है। जो सामान्य सिद्धांतो में, उपयोगकर्ता को उपकरण के भीतर व्यक्तिगत संग्रहण स्थानों तक पहुंचने (रीड) या बदलने (राइट) की अनुमति देता है। रीड या राइट के संचालन का विकल्प आमतौर पर उपकरण पर लागू रीड/राइट सिग्नल द्वारा निर्धारित किया जाता है। रैम डिवाइस विशिष्ट रीड/राइट वाली मेमोरी हैं। इसे रीड/राइट मेमोरी भी कहा जाता है।
अतः विकल्प (C) सही है।

**Q.1** $\sin\theta \cdot \cos(90° - \theta) + \cos\theta \cdot \sin(90° - \theta)$ का मान है:

A. 1      B. 0      C. 2      D. -1

**Q.2** अभिव्यक्ति $[cosec(75° + \theta) - sec(15° - \theta) - \tan(55° + \theta) + \cot(35° - \theta)]$ का मूल्य है:

A. 1      B. -1      C. 0      D. $\frac{1}{2}$

**Q.3** यदि $^{15}P_{r-1}{:}^{16}P_{r-2} = 3:4$, तब, $r$:

A. 10      B. 14      C. 6      D. 8

**Q.4** 600 बल्बों के एक बॉक्स में 12 दोषपूर्ण बल्ब हैं। इस बॉक्स से यदृच्छया एक बल्ब निकाला जाता है। तब इसके गैर-दोषपूर्ण होने की संभावना होगी:

A. $\frac{143}{150}$      B. $\frac{147}{150}$      C. $\frac{1}{25}$      D. $\frac{1}{50}$

**Q.5** यदि दो इकाई वैक्टर का योग भी एक इकाई वेक्टर है, तो दो दिए गए इकाई वैक्टर के बीच अंतर और कोण का परिमाण है:

A. $\sqrt{3}, 60°$      B. $\sqrt{3}, 120°$

C. $\sqrt{2}, 60°$      D. $\sqrt{2}, 120°$

**Q.6** यदि $A, B$ और $C$ कोई तीन सेट हैं, तो $A \cap (B \triangle C)$:

A. $(A \cap B)\triangle(A \cap C)$      B. $(A \cup B) \triangle (A \cup C)$

C. $(A \cap B) \triangle (A \cup C)$      D. $(A \cup B) \triangle (A \cap C)$

**Q.7** $\frac{6\log_{10}1000}{3\log_{10}100}$ का मान बराबर है:

A. 0      B. 1      C. 2      D. 3

**Q.8** यदि $\omega$ इकाई का एक काल्पनिक घनमूल है, तो $(1 + \omega - \omega^2)^7$ बराबर है:

A. $128\,\omega$      B. $-128\,\omega$      C. $128\,\omega^2$      D. $-128\,\omega^2$

**Q.9** तीन नंबर एक बढ़ती GP बनाते हैं। यदि मध्य पद दोगुनी है, तो नए पद AP में हैं। GP का सामान्य अनुपात है:

A. $2 + \sqrt{3}$      B. $2 - \sqrt{3}$

C. $2 \pm \sqrt{3}$      D. इनमें से कोई नहीं

**Q.10** दीर्घवृत्त $\frac{(x+y-2)^2}{9} + \frac{(x-y)^2}{16} = 1$ का केंद्र है:

A. $(0, 0)$      B. $(0, 1)$      C. $(1, 0)$      D. $(1, 1)$

**Q.11** जब 5 बल्बों के जीवन का परीक्षण (घंटे में) निम्नानुसार किया गया: $1357, 1090, 1666, 1494, 1623$। 5 बल्बों के जीवन का माध्य है:

A. 1445      B. 1446      C. 1447      D. 1448

**Q.12** यदि $(1 + x)^m$ के द्विपद विस्तार में तीसरा पद $\left(\frac{-1}{8}\right)x^2$ है तो, $m$ का तर्कसंगत मूल्य है:

A. 2      B. $\frac{1}{2}$      C. 3      D. 4

**Q.13** बिंदु $(1,2)$ और रेखा $y = 3x - 1$ से लंबवत होकर गुजरने वाली रेखा का समीकरण है:

A. $x + 3y + 7 = 0$      B. $x + 3y - 7 = 0$

C. $x + 3y = 0$      D. $x - 3y = 0$

**Q.14** मान ले $A$ वर्ग मैट्रिक्स है। फिर निम्नलिखित में से कौन सा सममित मैट्रिक्स नहीं है।

A. $A + A'$      B. $AA'$      C. $A'A$      D. $A - A'$

**Q.15** AB वृत्त की एक जीवा है और AOC इसका व्यास है जैसे कि कोण ACB = 50°। यदि AT बिंदु A के वृत्त की स्पर्शरेखा है, तो $\angle$BAT इसके बराबर है:

A. 65°      B. 60°      C. 50°      D. 40°

**Q.16** दो सदिशों $\left(\vec{a} = 2\hat{i} + \hat{j} - 3\hat{k}\right)$ और $\left(\vec{b} = 3\hat{i} - 2\hat{j} - \hat{k}\right)$ के बीच का कोण ज्ञात कीजिये।

A. $\theta = 60°$      B. $\theta = 50°$      C. $\theta = 40°$      D. $\theta = 30°$

**Q.17** $x(\log x)^2$ फलन को समाकलित करें।

A. $\frac{x^2}{2}(\log x)^2 - \frac{x^2}{2}\log x + \frac{x^2}{4} + C$

B. $\frac{x^2}{2}(\log x)^3 - \frac{x^2}{2}\log x + \frac{x^2}{4} + C$

C. $\frac{x^2}{2}(\log x)^2 - \frac{x^2}{4}\log x + \frac{x^2}{4} + C$

D. $\frac{x^2}{5}(\log x)^2 - \frac{x^2}{2}\log x + \frac{x^2}{4} + C$

**Q.18** वक्र $3x^2 - y^2 = 8$ के लिए लम्ब रेखाओं के समीकरण का पता लगाएं जो रेखा $x + 3y = 4$ के समानांतर हैं।

A. $x + 2y + 8 = 0$      B. $x + 3y + 8 = 0$

C. $x + 4y + 8 = 0$      D. $y + 3x + 8 = 0$

**Q.19** यदि TP और TQ केंद्र O वाले वृत्त की दो स्पर्शरेखाएँ हैं, ताकि $\angle$POQ = 110° हो, तो $\angle$PTQ बराबर है:

A. 60°      B. 70°      C. 80°      D. 90°

**Q.20** कार्टेसियन गुणन $A = \{1,2\}$ और $B = \{a, b\}$ क्या है?

A. $\{(1, a), (1, b), (2, a), (b, b)\}$

B. $\{(1,1), (2,2), (a, a), (b, b)\}$

C. $\{(1, a), (2, a), (1, b), (2, b)\}$

D. $\{(1,1), (a, a), (2, a), (1, b)\}$

**Q.21** दिया है, $P(A) = 0.4, P(B) = 0.7$ और $P\left(\frac{B}{A}\right) = 0.6$. $P(A \cup B)$ का मान ज्ञात कीजिए।

A. 0.86      B. 0.87      C. 0.90      D. 0.80

**Q.22** यदि $f(x) = \frac{x+1}{x-1}$ दिखाता है कि, $f(f(x))$ एक एकल फलन है।

A. 1      B. $-1$      C. $x$      D. $-x$

**Q.23** सारणिक

$$\begin{vmatrix} \sin\theta & \cos\theta & \sin2\theta \\ \sin\left(\theta + \frac{2\pi}{3}\right) & \cos\left(\theta + \frac{2\pi}{3}\right) & \sin\left(2\theta + \frac{4\pi}{3}\right) \\ \sin\left(\theta - \frac{2\pi}{3}\right) & \cos\left(\theta - \frac{2\pi}{3}\right) & \sin\left(2\theta - \frac{4\pi}{3}\right) \end{vmatrix}$$ का

मान क्या है?

**A.** $\sin\theta$

**B.** $\cos\theta$

**C.** $\sin\theta\cos\theta$

**D.** इनमें से कोई नहीं

**Q.24** यदि $A.P$ का $(p+q)^{th}$ पद $m$ है और $(p-q)^{th}$ पद $n$ है, तो $p^{th}$ पद है:

**A.** $mn$

**B.** $\sqrt{mn}$

**C.** $\frac{1}{2}(m-n)$

**D.** $\frac{1}{2}(m+n)$

**Q.25** परवलय $(y-2)^2 = 8(x-2)$ की पैरामीट्रिक समीकरण लिखिए।

**A.** $x = 2t^2 + 2$ और $y = 4t + 2$

**B.** $x = 2t^2 + 3$ और $y = 4t + 2$

**C.** $x = 2t^4 + 2$ और $y = 4t + 1$

**D.** $x = 2t^2 + 3$ और $y = 4t + 1$

# // स्मार्ट उत्तर पुस्तिका //



| प्रश्न संख्या | उत्तर | सही उत्तर / छोड़ दिया | प्रश्न संख्या | उत्तर | सही उत्तर / छोड़ दिया | प्रश्न संख्या | उत्तर | सही उत्तर / छोड़ दिया | प्रश्न संख्या | उत्तर | सही उत्तर / छोड़ दिया | प्रश्न संख्या | उत्तर | सही उत्तर / छोड़ दिया | प्रश्न संख्या | उत्तर | सही उत्तर / छोड़ दिया |
|---|---|---|---|---|---|---|---|---|---|---|---|---|---|---|---|---|---|
| 1 | A | 16.57 % / 76.91 % | 6 | A | 9.62 % / 78.26 % | 11 | B | 10.93 % / 78.02 % | 16 | A | 10.96 % / 77.99 % | 21 | A | 7.31 % / 77.8 % | | | |
| 2 | C | 7.67 % / 78.29 % | 7 | D | 9.17 % / 78.74 % | 12 | B | 6.73 % / 78.59 % | 17 | A | 6.39 % / 78.99 % | 22 | C | 7.52 % / 78.62 % | | | |
| 3 | B | 7.76 % / 77.99 % | 8 | D | 7.28 % / 78.47 % | 13 | B | 11.18 % / 77.92 % | 18 | B | 7.37 % / 78.59 % | 23 | D | 2.92 % / 77.62 % | | | |
| 4 | B | 8.83 % / 78.65 % | 9 | A | 3.14 % / 78.86 % | 14 | D | 7.52 % / 78.5 % | 19 | B | 12.58 % / 77.71 % | 24 | D | 4.78 % / 78.78 % | | | |
| 5 | B | 6.03 % / 78.93 % | 10 | D | 5.09 % / 78.44 % | 15 | C | 4.75 % / 78.23 % | 20 | C | 13.64 % / 77.89 % | 25 | A | 4.14 % / 78.87 % | | | |

## //संकेत और समाधान//

**1.** हमें मूल्य ज्ञात करना है,
$\sin\theta \cdot \cos(90° - \theta) + \cos\theta\sin(90° - \theta)$, $\because$
$[\sin(90° - \theta) = \cos\theta]$ $[\cos(90° - \theta) = \sin\theta]$
$= \sin\theta \cdot \sin\theta + \cos\theta\cos\theta$
$= \sin^2\theta + \cos^2\theta$
$= 1$
अतः विकल्प (A) सही है।

**2.** हमें मूल्य ज्ञात करना है,
$\operatorname{cosec}(75° + \theta) - \sec(15° - \theta) - \tan(55° + \theta) + \cot(35° - \theta)$
$= \operatorname{cosec}(75° + \theta) - \operatorname{cosec}[90° - (15° - \theta)] - \tan(55° + \theta) + \tan[90° - (35° - \theta)]$
$= \operatorname{cosec}(75° + \theta) - \operatorname{cosec}(75° + \theta) - \tan(55° + \theta) + \tan(55° + \theta)$
$= 0$
अतः विकल्प (C) सही है।

**3.** दिया हुआ:
$^{15}P_{r-1} : {}^{16}P_{r-2} = 3:4$
$\dfrac{15!}{(16-r)!} : \dfrac{16!}{(18-r)!} = \dfrac{3}{4}$ $\quad \because {}^nP_r = \dfrac{n!}{(n-r)!}$
$\dfrac{15!}{(16-r)!} \times \dfrac{(18-r)(17-r)(16-r)!}{16 \times 15!} = \dfrac{3}{4}$
$\dfrac{(18-r)(17-r)}{16} = \dfrac{3}{4}$
$\dfrac{(18-r)(17-r)}{4} = 3$
$r^2 - 35r + 306 = 12$
$r^2 - 35r + 294 = 0$
$(r - 21)(r - 14) = 0$
$\therefore r = 14$
अतः विकल्प (B) सही है।

**4.** दिया है:
कुल बल्ब = 600
दोषपूर्ण बल्ब = 12
तब,
गैर-दोषपूर्ण बल्ब होने की संभावना ,
$P$ (गैर-दोषपूर्ण बल्ब) $= 1 - P$ (दोषपूर्ण बल्ब)
$= 1 - \left(\dfrac{12}{600}\right)$
$= \dfrac{(600-12)}{600}$
$= \dfrac{588}{600}$
$= \dfrac{147}{150}$
अतः विकल्प (B) सही है।

**5.** दिया हुआ:
$\left|\vec{a}\right| = 1$ और $\left|\vec{b}\right| = 1$
$\left|\vec{a} + \vec{b}\right| = 1$

$\left|\vec{a} + \vec{b}\right| = \sqrt{\left|\vec{a}\right|^2 + \left|\vec{b}\right|^2 + 2\left|\vec{a}\right|\left|\vec{b}\right|\cos\theta}$ ..........(i)

(i) में मान डालते हुए,
$\sqrt{\left|\vec{a}\right|^2 + \left|\vec{b}\right|^2 + 2\left|\vec{a}\right|\left|\vec{b}\right|\cos\theta} = 1$
$\Rightarrow 2(1 + \cos\theta) = 1$
$\Rightarrow \cos\theta = \dfrac{-1}{2}, \quad \theta = 120°$
और,
$\left|\vec{a} - \vec{b}\right| = \sqrt{\left|\vec{a}\right| + \left|\vec{b}\right|^2 - 2\left|\vec{a}\right|\left|\vec{b}\right|\cos\theta}$
$= \sqrt{1 + 1 - 2\cos 120°}$
$= \sqrt{2 + 2 \times \dfrac{1}{2}}$
$= \sqrt{3}$
$\sqrt{3}, 120°$
अतः विकल्प (B) सही है।

**6.** हमें $A \cap (B\Delta C)$ का मान ज्ञात करना होगा।
$A \cap (B\Delta C) = A \cap [(B \cup C) - (B \cap C)]$
$\Rightarrow A \cap (B \cup C) - A \cap (B \cap C)$
$\Rightarrow (A \cap B) \cup (A \cap C) - (A \cap B) \cap (A \cap C)$
(वितरण नियम का उपयोग करके)
$\Rightarrow (A \cap B)\Delta(A \cap C)$
अतः विकल्प (A) सही है।

**7.** हमें $\dfrac{6\log_{10} 1000}{3\log_{10} 100}$ का मान ज्ञात करना होगा,
$\Rightarrow \dfrac{6\log_{10} 10^3}{3\log_{10} 10^2}$
$\Rightarrow \dfrac{6 \times 3\log_{10} 10}{3 \times 2\log_{10} 10}$ $\quad (\because \log a^n = n\log a), (\log_{10} 10 = 1)$
$\Rightarrow \dfrac{18}{6}$
$\Rightarrow 3$
अतः विकल्प (D) सही है।

**8.** दिया है:
$\omega$ इकाई का एक काल्पनिक घनमूल है।
इसलिए, $1 + \omega + \omega^2 = 0$ और $\omega^3 = 1$
$1 + \omega = -\omega^2$
अब,
$(1 + \omega - \omega^2)^7 = (-\omega^2 - \omega^2)^7$
$\Rightarrow (-2\omega^2)^7$
$\Rightarrow -128\,\omega^{14}$
$\Rightarrow -128\,\omega^{12} \times \omega^2$
$\Rightarrow -128(\omega^3)^4\,\omega^2$
$\Rightarrow -128\,\omega^2$
अतः विकल्प (D) सही है।

**9.** मान लेते है तीन संख्याएँ $\frac{a}{r}, a, ar$ है

चूंकि संख्या $GP$ बढ़ते क्रम मे है,

इसलिए, $r > 1$

अब, यह दिया गया है कि, $\frac{a}{r}, 2a, ar$ $AP$ में हैं, $(\because 2b = a + c)$

$\Rightarrow 4a = \frac{a}{r} + ar$

$\Rightarrow r^2 - 4r + 1 = 0$

$\Rightarrow r = 2 \pm \sqrt{3}$

$\Rightarrow r = 2 + \sqrt{3}\{$ चूंकि $r > 1\}$

अतः विकल्प (A) सही है।

**10.** दिए गए दीर्घवृत्त का केंद्र रेखाओं के प्रतिच्छेदन का बिंदु है

$x + y - 2 = 0$ and $x - y = 0$

हल करने के बाद, हम प्राप्त करते हैं,

$x = 1, y = 1$

तो, दीर्घवृत्त का केंद्र $(1,1)$ है

अतः विकल्प (D) सही है।

**11.** दिए गए, $5$ बल्बों के जीवन (घंटों में) निम्नानुसार थे:

$1357, 1090, 1666, 1494, 1623$

अब, माध्य है $= \frac{(1357 + 1090 + 1666 + 1494 + 1623)}{5}$

$= \frac{7230}{5}$

$= 1446$

अतः विकल्प (B) सही है।

**12.** $(1 + x)^m = 1 + mx + \{m\frac{(m-1)}{2}\}x^2 + \cdots\ldots$

अब,

$\{m\frac{(m-1)}{2}\}x^2 = \left(\frac{-1}{8}\right)x^2$

$\Rightarrow m\frac{(m-1)}{2} = \frac{-1}{8}$

$\Rightarrow 4m^2 - 4m = -1$

$\Rightarrow 4m^2 - 4m + 1 = 0$

$\Rightarrow (2m - 1)^2 = 0$

$\Rightarrow 2m - 1 = 0$

$\Rightarrow m = \frac{1}{2}$

अतः विकल्प (B) सही है।

**13.** दिया हुआ:

रेखा का समीकरण $y = 3x - 1$

रेखा का सामान्य समीकरण है, $y = m_1 x + c$

$\therefore m_1 = 3$

यदि दो रेखाएँ लंबवत हैं, तो $m_1 \cdot m_2 = -1$

रेखा $y = 3x - 1$ पर लंबवत रेखा का ढलान $\frac{-1}{3}$ होगा

$\left(\because 3 . m_2 = -1, m_2 = \frac{-1}{3}\right)$

$\therefore$ रेखा का समीकरण $y = m_2 x + c$

$y = \frac{-1}{3}x + c$

$3y + x = c$

यह रेखा बिंदु $(1,2)$ से होकर गुजरती है।

$\therefore 3(2) + 1 = c$

$c = 7$

रेखा का समीकरण $x + 3y = 7$ या $x + 3y - 7 = 0$ से हो कर जाता है।

अतः विकल्प (B) सही है।

**14.** यदि $A$ एक वर्ग मैट्रिक्स है, और $A'$ इसके स्थानान्तरण का प्रतिनिधित्व करता है, तो,

$A + A'$ सममित है और $A - A'$ 'तिरछा सममित है।

इसलिए, मैट्रिक्स $A$ को इस प्रकार लिखा जा सकता है,

$A = \left(\frac{A+A'}{2}\right) + \left(\frac{A-A'}{2}\right)$

उपरोक्त सभी मैट्रिक्स में,

$A - A'$ सममित नहीं है।

अतः विकल्प (D) सही है।

**15.** दिए गए प्रश्न के अनुसार:

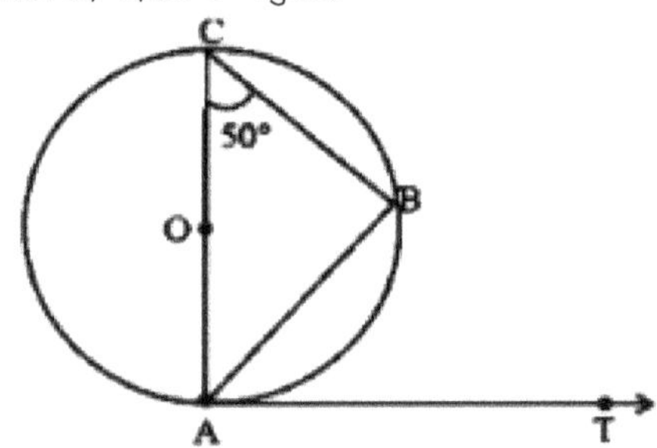


∠ABC = 90 (अर्धवृत्त में कोण)

ΔACB में

∠A + ∠B + ∠C = 180°

∠A = 180° − (90° + 50°)

∠A = 40°

Or ∠OAB = 40°

इसलिये, ∠BAT = 90° − 40° = 50°

अतः विकल्प (C) सही है।

**16.** $\vec{a} \cdot \vec{b} = (2\hat{i} + \hat{j} - 3\hat{k}) \cdot (3\hat{i} - 2\hat{j} - \hat{k}) = 6 - 2 + 3 = 7$

$|\vec{a}| = \sqrt{2^2 + 1^2 + (-3)^2} = \sqrt{14}$

$|\vec{b}| = \sqrt{3^2 + (-2)^2 + (-1)^2} = \sqrt{14}$

$\cos\theta = \frac{\vec{a} \cdot \vec{b}}{|\vec{a}| \cdot |\vec{b}|} = \frac{7}{\sqrt{14}\sqrt{14}} = \frac{1}{2}$

$\cos\theta = \cos 60°$

$\theta = 60°$

तो, इसलिए अभीष्ट कोण $60°$ है।

अतः विकल्प (A) सही है।

**17.** दिया गया है,

$I = (\log x)^2 \int x\, dx - \int \left[\left\{\left(\frac{d}{dx}\log x\right)^2\right\} \int x\, dx\right] dx$

$$= \frac{x^2}{2}(\log x)^2 - \left[\int 2\log x \cdot \frac{1}{x} \cdot \frac{x^2}{2} dx\right]$$

$$= \frac{x^2}{2}(\log x)^2 - \int x\log x dx$$

फिर से भागों द्वारा समाकलित करने पर हम प्राप्त करते हैं,

$$I = \frac{x^2}{2}(\log x)^2 -$$
$$\left[\log x \int x dx - \int \left\{\left(\frac{d}{dx}\log x\right) \int x dx\right\} dx\right]$$

$$= \frac{x^2}{2}(\log x)^2 - \left[\frac{x^2}{2} - \log x - \int \frac{1}{x} \cdot \frac{x^2}{x} dx\right]$$

$$= \frac{x^2}{2}(\log x)^2 - \frac{x^2}{2}\log x + \frac{1}{2}\int x dx$$

$$= \frac{x^2}{2}(\log x)^2 - \frac{x^2}{2}\log x + \frac{x^2}{4} + C$$

अतः विकल्प (A) सही है।

**18.** समीकरण पर विचार करें $3x^2 - y^2 = 8 \quad \ldots\ldots(1)$

$x$ के सापेक्ष अवकलन करने पर

$$\Rightarrow 6x - 2y\frac{dy}{dx} = 0$$

$$\Rightarrow \frac{dy}{dx} = \frac{3x}{y}$$

यह वक्र की स्पर्शरेखा का ढलान है

इसलिए, लम्ब $= \frac{-y}{3x}$ का ढलान

दी गई लाइन $x + 3y = 4$ है

इस रेखा का ढलान $= \frac{-1}{3}$

चूंकि लम्ब दी गई रेखा के समानांतर है,

$$\Rightarrow \frac{-y}{3x} = \frac{-1}{3}$$

$$\Rightarrow y = x$$

समीकरण (i) में रखने पर

$$\Rightarrow 3x^2 - x^2 = 8$$

$$\Rightarrow 2x^2 = 8$$

$$\Rightarrow x^2 = 4$$

$$\Rightarrow x = y = \pm 4$$

इसलिए प्रतिच्छेदन के बिंदु $(\pm 2, \pm 2)$ हैं

लम्ब का समीकरण समीकरण जब $(x, y) = (2,2)$

$$\Rightarrow y - y_1 = \frac{-1}{m}(x - x_1)$$

$$\Rightarrow y - 2 = \frac{-1}{3}(x - 2)$$

हल करने पर, हम प्राप्त करते हैं,

$$x + 3y - 8 = 0$$

लम्ब का समीकरण समीकरण जब $(x, y) = (-2, -2)$

$$\Rightarrow y - y_1 = \frac{-1}{m}(x - x_1)$$

$$\Rightarrow y + 2 = \frac{-1}{3}(x + 2)$$

हल करने पर, हम प्राप्त करते हैं,

$$x + 3y + 8 = 0$$

तो, सामान्य के समीकरण हैं:

$$\Rightarrow x + 3y \pm 8 = 0$$

अतः विकल्प (B) सही है।

**19.** दिए गए प्रश्न के अनुसार:

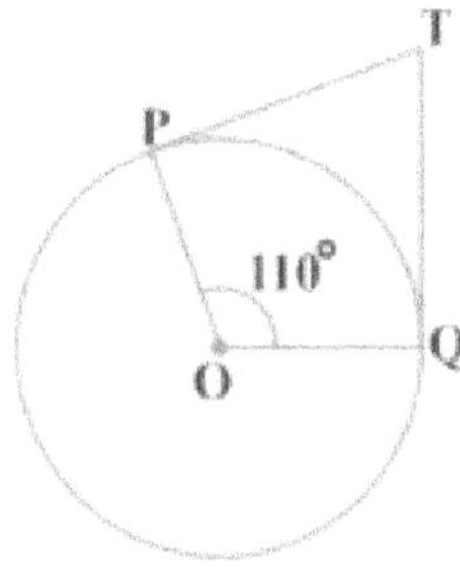

हम देख सकते हैं, OP, स्पर्शरेखा PT के वृत की त्रिज्या है और OQ, स्पर्शरेखा TQ के वृत की त्रिज्या है।

इसलिए, OP ⊥ PT और TQ ⊥ OQ

∴ ∠OPT = ∠OQT = 90°

अब, चतुर्भुज POQT में, हम जानते हैं कि आंतरिक कोणों का योग 360° है।

इसलिए, ∠PTQ + ∠POQ + ∠OPT + ∠OQT = 360°

अब, संबंधित मान रखने पर, हम प्राप्त करते हैं,

$$\Rightarrow \angle PTQ + 90° + 110° + 90° = 360°$$

$$\Rightarrow \angle PTQ = 70°$$

अतः विकल्प (B) सही है।

**20.** यदि $A$ और $B$ दो भरे सेट हैं, तो कार्टेशियन गुणन $A \times B$ सभी ऑर्डर के जोड़े (a,b) के सेट है जैसे कि $a \in A$ और $b \in B$।

दिया गया, $A = \{1,2\}$ और $B = \{a, b\}$

इसलिए, $A \times B = \{(1, a), (1, b), (2, a), (2, b)\}$

अतः विकल्प (C) सही है।

**21.** दिया है:

$$P(A) = 0.4, P(B) = 0.7 \text{ और } P\left(\frac{B}{A}\right) = 0.6$$

$$P\left(\frac{B}{A}\right) = \frac{P(A \cap B)}{P(A)} \ldots (i),$$

(i) में मान रखने पर,

$$\Rightarrow 0.6 \times 0.4 = P(A \cap B)$$

$$\Rightarrow P(A \cap B) = 0.24$$

अब,

$$P(A \cup B) = P(A) + P(B) - P(A \cap B)$$

$$= 0.4 + 0.7 - 0.24$$

$$= 0.86$$

अतः विकल्प (A) सही है।

**22.** $f(x) = \frac{x+1}{x-1}$

$$f(f(x)) = \frac{f(x)+1}{f(x)-1}$$

$$= \frac{\left(\frac{x+1}{x-1}\right)+1}{\left(\frac{x+1}{x-1}\right)-1}$$

$$= \frac{\frac{x+1+x-1}{x-1}}{\frac{x+1-x+1}{x-1}}$$

$$= \frac{\frac{2x}{x-1}}{\frac{2}{x-1}}$$

$$= \frac{2x}{2}$$

$= x$

अब, $f\big(f(x)\big) = x$, एक एकल फलन है।

अतः विकल्प (C) सही है।

**23.** $D =$

$$\begin{vmatrix} \sin\theta & \cos\theta & \sin2\theta \\ \sin\left(\theta + \frac{2\pi}{3}\right) & \cos\left(\theta + \frac{2\pi}{3}\right) & \sin\left(2\theta + \frac{4\pi}{3}\right) \\ \sin\left(\theta - \frac{2\pi}{3}\right) & \cos\left(\theta - \frac{2\pi}{3}\right) & \sin\left(2\theta - \frac{4\pi}{3}\right) \end{vmatrix}$$

$C_3 \leftrightarrow C_3 - 2 \times C_1 \times C_2$

हम जानते हैं,

$\sin2\theta = 2 \times \sin\theta \times \cos\theta$

$\sin\left(2\theta + \frac{4\pi}{3}\right) = 2 \times \sin\left(\theta + \frac{2\pi}{3}\right) \times \cos\left(\theta + \frac{2\pi}{3}\right)$

$\sin\left(2\theta - \frac{4\pi}{3}\right) = 2 \times \sin\left(\theta - \frac{2\pi}{3}\right) \times \cos\left(\theta - \frac{2\pi}{3}\right)$

$$D = \begin{vmatrix} \sin\theta & \cos\theta & 0 \\ \sin\left(\theta + \frac{2\pi}{3}\right) & \cos\left(\theta + \frac{2\pi}{3}\right) & 0 \\ \sin\left(\theta - \frac{2\pi}{3}\right) & \cos\left(\theta - \frac{2\pi}{3}\right) & 0 \end{vmatrix} = 0 (\because C_3 \text{ की}$$

सभी प्रविष्टियां $0$ है।)

अत: विकल्प (D) सही है।

**24.** मान लेते है, $a$ पहला पद है और $d$ सामान्य अंतर है,

$\therefore a_{p+q} = m$

$a_{p-q} = n$

$\Rightarrow a + (p + q - 1)d = m \dots$ (i)

$\Rightarrow a + (p - q - 1)d = n \dots$ (ii)

(i) और (ii), को जोड़ने पर हम प्राप्त करते हैं,

$2a + (2p - 2)d = m + n$

$\Rightarrow a + (p - 1)d = \frac{m+n}{2} \dots [\ 2$ द्वारा विभाजित]

$\therefore a_n = \frac{1}{2}\, m + n$

अतः विकल्प (D) सही है।

**25.** दिया गया समीकरण $(y - 2)^2 = 8(x - 2)$, $(y - k)^2 = 4a(x - h)$ का रूप है।

समीकरण $(y - 2)^2 = 8(x - 2)$, की तुलना समीकरण $(y - k)^2 = 4a(x - h)$ के साथ करने पर हमें मिलता है,

$4a = 8 \Rightarrow a = 2, h = 2$ और $k = 2$

इसलिए, दिए गए परवलय की पैरामीट्रिक समीकरण $x = 2t^2 + 2$ और $y = 4t + 2$ हैं।

अतः विकल्प (A) सही है।

**Q.1** $\dfrac{tan60°}{cot30°}$ मूल्य के बराबर है:

A. 0    B. 1    C. 2    D. 3

**Q.2** यदि $\cos X = \dfrac{2}{3}$ तो $\tan X$ बराबर है:

A. $\dfrac{5}{2}$    B. $\sqrt{\dfrac{5}{4}}$    C. $\sqrt{\dfrac{5}{2}}$    D. $\dfrac{2}{\sqrt5}$

**Q.3** एक प्लेन में 20 बिंदु हैं, इन बिंदु से कितने त्रिकोण बन सकते हैं यदि 5 बिंदु समरेख हैं?

A. 1130    B. 550    C. 1129    D. 1140

**Q.4** हम 10 में से 6 लोगों को कितने तरीकों से चुन सकते हैं, जिनमें से एक विशेष व्यक्ति शामिल नहीं है?

A. $^{10}C_3$    B. $^{9}C_5$    C. $^{9}C_6$    D. $^{9}C_4$

**Q.5** एक सिक्का 4 बार उछाला जाता है। 3 बार में टेल आने की संभावना _____ है।

A. $\dfrac{1}{2}$    B. $\dfrac{1}{3}$    C. $\dfrac{1}{4}$    D. $\dfrac{1}{6}$

**Q.6** यादृच्छिक चर X और Y का विचरण क्रमशः 0.2 और 0.5 हैं। तो Z = 5X-2Y, Z का विचरण है?

A. 3    B. 4    C. 5    D. 7

**Q.7** बल $F_1$ और $F_2$ दो परस्पर लंबवत दिशाओं में एक बिंदु द्रव्यमान पर कार्य करते हैं। बिंदु द्रव्यमान पर परिणामी बल होगा:

A. $F_1 + F_2$    B. $F_1 - F_2$
C. $\sqrt{F_1^2 + F_2^2}$    D. $F_1^2 + F_2^2$

**Q.8** यदि वैक्टरों $\vec{A}, \vec{B}$ और $\vec{C}$ का परिमाण क्रमशः 12,5 और 13 हैं, और $\vec{C} = \vec{A} + \vec{B}$ फिर वैक्टर $\vec{A}$ और $\vec{B}$ के बीच का कोण है:

A. $\dfrac{\pi}{4}$    B. $\dfrac{\pi}{3}$    C. $\dfrac{\pi}{2}$    D. शून्य

**Q.9** $A$ और $B$ दो परिमित समुच्चय हैं $n(A) = 20, n(B) = 28$ और $n(A \cup B) = 36$, $n(A \cap B)$ ज्ञात करे:

A. 12    B. 13    C. 14    D. 15

**Q.10** यदि $\times$ एक द्विआधारी संचालन, $a \times b = \dfrac{ab}{5}$ परिमेय संख्या के समूह $Q$ पर परिभाषित है तो $\times$ के लिए पहचान लिखिए।

A. 1
B. 0
C. 5
D. उपरोक्त में से कोई नहीं

**Q.11** यदि $\log 2 = 0.30103$, $2^{64}$ में अंकों की संख्या है:

A. 18    B. 19    C. 20    D. 21

**Q.12** यदि $\log_{10} 7 = a$, तो $\log_{10}\left(\dfrac{1}{70}\right)$ बराबर है:

A. $-(1 + a)$    B. $(1 + a)^{-1}$
C. $\dfrac{a}{10}$    D. $\dfrac{1}{10a}$

**Q.13**
यदि $\log_{10} 2 = 0.3010$, $\log_{10} 80$ का मान है:

A. 1.6020    B. 1.9030
C. 3.9030    D. इनमें से कोई नहीं

**Q.14** मान लीजिये $z$ एक जटिल संख्या है $|z| = 4$ और $\arg(z) = \dfrac{5\pi}{6}$ तो, $z$:

A. $-2\sqrt3 + 2i$    B. $2\sqrt3 + 2i$
C. $2\sqrt3 - 2i$    D. $-\sqrt3 + i$

**Q.15** बता दें कि $z_1$ और $z_2$ समीकरण $z^2 + az + b = 0$, के दो गुणक हैं $z$ जटिल संख्या है। इसके अलावा $z_1$ और $z_2$ मूल अच्छ के साथ एक समबाहु त्रिभुज बनाते हैं। तो:

A. $a^2 = b$    B. $a^2 = b$    C. $a^2 = 3b$    D. $a^2 = 4b$

**Q.16** द्विघात समीकरण जिसका एक परिमेय मूल है $3 + \sqrt2$ है:

A. $x^2 - 7x + 5 = 0$    B. $x^2 + 7x + 6 = 0$
C. $x^2 - 7x + 6 = 0$    D. $x^2 - 6x + 7 = 0$

**Q.17** समीकरण $2x^2 + kx + 3 = 0$ के दो समान मूल हैं, तो $k$ का मान है:

A. $\pm\sqrt6$    B. $\pm$    C. $\pm3\sqrt2$    D. $\pm2\sqrt6$

**Q.18** $20,25,30 \dots \dots 140$ में कितने पद हैं?

A. 22    B. 25    C. 23    D. 24

**Q.19** GP $5,20,80,320 \dots \dots \dots 20480$ में कितने पद हैं?

A. 5    B. 6    C. 8    D. 7

**Q.20** $K$ का मान ज्ञात कीजिए। यदि निम्नलिखित समीकरण रेखाओं की एक जोड़ी का प्रतिनिधित्व करते हैं। $3x^2 + 10xy + 3y^2 + 16y + k = 0$

A. $-12$    B. $-13$    C. 12    D. 13

**Q.21** यदि रेखा $x - 1 = 0$ परवलय $y^2 - kx + 8 = 0$ की नियता है, तो $k$ का मान है:

A. $\dfrac{1}{8}$    B. 8    C. 4    D. $\dfrac{1}{4}$

**Q.22** परवलय का समीकरण जिसका शीर्ष और फ़ोकस $x$ की धुरी पर स्थित है और मूल से क्रमशः $a$ और $a_1$ दुरी पर स्तिथ है:

A. $y^2 = 4(a_1 - a)x$
B. $y^2 = 4(a_1 - a)(x - a)$
C. $y^2 = 4(a_1 - a)(x - a_1)$
D. इनमें से कोई नहीं

**Q.23** यदि $f(x) = 1 - 4x$ और $f^{-1}(x)$ $f(x)$ का व्युत्क्रम है, तो $f(-3) . f^{-1}(-3)$ का मान है:

A. 1    B. 3    C. 4    D. 13

**Q.24** कम्प्यूटरी बाइनरी ऑपरेशंस की संख्या जिसे 2 तत्वों के सेट पर परिभाषित किया जा सकता है, वह है:

A. 1.8    B. 2.6    C. 3.4    D. 4.2

**Q.25** $(2x + 3y)^8$ के विस्तार में मध्यम पद ज्ञात करे।

**A.** $^8C_3(2x)^4(3y)^4$
**B.** $^8C_4(2x)^4(3y)^4$
**C.** $^8C_5(2x)^4(3y)^1$
**D.** $^8C_4(2x)^2(3y)^6$

**A.** $^8C_3(2x)^4(3y)^4$
**B.** $^8C_4(2x)^4(3y)^4$
**C.** $^8C_5(2x)^4(3y)^1$
**D.** $^8C_4(2x)^2(3y)^6$

# // स्मार्ट उत्तर पुस्तिका //

**सही उत्तर** उन छात्रों का प्रतिशत जिन्होंने प्रश्नों का सही उत्तर दिया था।    **छोड़ दिया** उन छात्रों का प्रतिशत जिन्होंने प्रश्नों को छोड़ दिया था।

| प्रश्न संख्या | उत्तर | सही उत्तर / छोड़ दिया | प्रश्न संख्या | उत्तर | सही उत्तर / छोड़ दिया | प्रश्न संख्या | उत्तर | सही उत्तर / छोड़ दिया | प्रश्न संख्या | उत्तर | सही उत्तर / छोड़ दिया | प्रश्न संख्या | उत्तर | सही उत्तर / छोड़ दिया | प्रश्न संख्या | उत्तर | सही उत्तर / छोड़ दिया |
|---|---|---|---|---|---|---|---|---|---|---|---|---|---|---|---|---|---|
| 1 | B | 86.56 % / 11.2 % | 6 | D | 45.34 % / 33.74 % | 11 | C | 45.82 % / 53.69 % | 16 | D | 42.1 % / 41.93 % | 21 | C | 31.71 % / 67.95 % | | | |
| 2 | B | 89.45 % / 10.21 % | 7 | C | 67.41 % / 32.58 % | 12 | A | 77.88 % / 15.33 % | 17 | D | 66.83 % / 30.8 % | 22 | B | 45.55 % / 50.09 % | | | |
| 3 | A | 47.81 % / 44.78 % | 8 | C | 19.62 % / 75.22 % | 13 | B | 52.05 % / 45.69 % | 18 | B | 47.45 % / 41.53 % | 23 | D | 63.23 % / 36.54 % | | | |
| 4 | C | 76.08 % / 13.27 % | 9 | A | 50.02 % / 36.3 % | 14 | A | 49.92 % / 40.35 % | 19 | D | 46.87 % / 37.07 % | 24 | D | 78.46 % / 16.01 % | | | |
| 5 | A | 56.69 % / 32.96 % | 10 | C | 69.47 % / 30.51 % | 15 | C | 30.59 % / 67.33 % | 20 | A | 14.95 % / 84.3 % | 25 | B | 57.16 % / 35.39 % | | | |

## //संकेत और समाधान//

**1.** हमें मूल्य ज्ञात करना है,

$$\frac{tan60°}{cot30°}$$

$\because tan60° = \sqrt{3}$ और $cot30° = \sqrt{3}$

इसलिए,

$$\frac{tan60°}{cot30°} = \frac{\sqrt{3}}{\sqrt{3}} = 1$$

अतः विकल्प (B) सही है।

**2.** दिया है:

$$cosX = \frac{2}{3}$$

त्रिकोणमिति पहचानों द्वारा, हम जानते हैं:

$$1 + \tan^2 X = \sec^2 X \dots \dots (i)$$

$$secX = \frac{1}{cosX} = \frac{1}{\left(\frac{2}{3}\right)} = \frac{3}{2}$$

$$secX = \frac{3}{2}$$

समीकरण (i) में मान रखने पर,

$$1 + \tan^2 X = \left(\frac{3}{2}\right)^2$$

$$1 + \tan^2 X = \frac{9}{4}$$

$$\tan^2 X = \frac{9}{4} - 1$$

$$\tan^2 X = \frac{5}{4}$$

$$\tan X = \sqrt{\frac{5}{4}}$$

अतः विकल्प (B) सही है।

**3.** दिया हुआ:

समतल में बिंदुओं की संख्या $n = 20$.

समरेख बिंदुओं की संख्या $m = 5$.

$n$ के 3 बिंदुओं में शामिल होने से त्रिकोणों की संख्या, जिनमें $m$ समरेख है,

$$= {}^n C_3 - {}^m C_3$$

इसलिए त्रिकोणों की संख्या $= {}^{20} C_3 - {}^5 C_3$

अतः विकल्प (A) सही है।

**4.** एक विशेष व्यक्ति को शामिल नहीं किया गया है,

हमें 9 में से 6 व्यक्तियों का चयन करना है जो ${}^9C_6$ तरीकों से किया जा सकता है।

अतः विकल्प (C) सही है।

**5.** टेल की संभावना $p = \frac{1}{2} = 0.5$

$$p = 0.5$$

टेल नहीं होने की संभावना $q = 1 - 0.5 = 0.5$

उछाल की संख्या $n = 4$

$$P(x) = {}^n C_x p^x q^{n-x} \ (\ x \text{ द्विपद चर है})$$

$$P(3) = {}^4 C_3 (0.5)^3$$

$$P(3) = \frac{1}{2}$$

अतः विकल्प (A) सही है।

**6.** दिया है:

Var(X) = 0.2,

Var(Y) = 0.5

Z = 5X – 2Y

Var(Z) = Var(5X-2Y)

= Var(5X) + Var(2Y)

= 25Var(X) + 4Var(Y)

=25.(0.2)+4.(0.5)

=5+2=7

Var(Z) = 7.

अतः विकल्प (D) सही है।

**7.** हम जानते हैं कि परिणामी बल,

$$R = \sqrt{A^2 + B^2 + 2AB cos\theta}$$

बल $F_1$ और $F_2$ लंबवत हैं,

इसलिए,

$$\theta = 90°, \ cos90° = 0$$

$$\therefore R = \sqrt{F_1^2 + F_2^2 + 2F_1F_2 cos90°}$$

$$R = \sqrt{F_1^2 + F_2^2}$$

अतः विकल्प (C) सही है।

**8.** दिया है:

$$\vec{C} = \vec{A} + \vec{B}$$

$$\vec{C} \cdot \vec{C} = \left(\vec{A} + \vec{B}\right) \cdot \left(\vec{A} + \vec{B}\right)$$

$$C^2 = A^2 + B^2 + 2AB cos\theta$$

$$13^2 = 12^2 + 5^2 + 2(12)(5) cos\theta$$

$$cos\theta = 0$$

$$\Rightarrow \theta = \frac{\pi}{2}$$

अतः विकल्प (C) सही है।

**9.** $A \cup B = 36$ दिया है:

$$n(A) = 20, \ n(B) = 28, \ n(A \cup B) = 36$$

सूत्र का उपयोग करके,

$$n(A \cup B) = n(A) + n(B) - n(A \cap B).$$

तब,

$$n(A \cap B) = n(A) + n(B) - n(A \cup B)$$

$$= 20 + 28 - 36$$

$$= 48 - 36$$

$$n(A \cap B) = 12$$

अतः विकल्प (A) सही है।

**10.** हम जानते हैं कि , $q \in Q$ को एक तत्समक अवयव है, यदि

$$a \times q = a = q \times a \ \forall \ a \in Q$$

$$a \times q = \frac{aq}{5} \left(\because a \times b = \frac{ab}{5}\right)$$

$$a \times q = a \dots \dots (i) (\because q \text{ तत्समक अवयव है})$$

समीकरण $(1)$ में $a \times q$ का मान रखने पर, हमें प्राप्त होता है,

$$\frac{aq}{5} = a$$

$$q = 5$$

इसलिए, 5 दिए गए संचालन $\times$ के लिए तत्समक अवयव है।

अतः विकल्प (C) सही है।

**11.** दिया है:

$$log2 = 0.30103$$

हमें मूल्य ज्ञात करना है,
$\log 2^{64}$
$\log(2^{64}) = 64 \times \log 2$ ( $\because \log m^n = n\log m$)
$= (64 \times 0.30103)$
$= 19.26592$
इसकी विशेषता $19$ है।
तो फिर $2^{64}$ में अंकों की संख्या $20$ है।
अतः विकल्प (C) सही है।

**12.** दिया है:
$\log_{10} 7 = a$
हमें मान ज्ञात करना होगा,
$\log\left(\frac{1}{70}\right)$
$\log_{10}\left(\frac{1}{70}\right) = \log_{10} 1 - \log_{10} 70$ ( $\because \frac{\log}{m} n = \log m - n$)
$= -\log_{10}(7 \times 10)$ [ $\because \log(m + n) = \log(mn)$]
$= -(\log_{10} 7 + \log_{10} 10)$
$\log\left(\frac{1}{70}\right) = -(a + 1)$
अतः विकल्प (A) सही है।

**13.** दिया हुआ:
$\log_{10} 2 = 0.3010$
हमें मूल्य ज्ञात करना है,
$\log_{10} 80$
$= \log_{10} 80 = \log_{10}(8 \times 10)$
$= \log_{10} 8 + \log_{10} 10$
$= \log_{10}(2^3) + 1$ ( $\because \log_{10} 10 = 1$)
$= 3\log_{10} 2 + 1$
$= (3 \times 0.3010) + 1$
$\log_{10} 80 = 1.9030$
अतः विकल्प (B) सही है।

**14.** दिया है:
$|z| = 4$ और $arg(z) = \frac{5\pi}{6}$
हमें $z$ का मान ज्ञात करना होगा,
$z = r(\cos\theta + i\sin\theta)$ ( $\because |z| = r$)
$r = 4$ और $\theta = \frac{5\pi}{6}$
इसलिए,
$z = 4\left(\cos\frac{5\pi}{6} + i\sin\frac{5\pi}{6}\right)$
$z = 4\left(\frac{-\sqrt{3}}{2} + \frac{i}{2}\right)$
$z = -2\sqrt{3} + 2i$
अतः विकल्प (A) सही है।

**15.** दिया है,
$z_1$ और $z_2$ समीकरण $z^2 + az + b = 0$ के दो गुणक है
इसलिए,
$= z_1 + z_2 = -a$ और $z_1 \times z_2 = b$
$z_1, z_2$ और $z_3$ एक समबाह त्रिभुज बनाते है,
$z_1^2 + z_2^2 + z_3^2 = z_1 \times z_2 + z_2 \times z_3 + z_1 \times z_3$
$z_1^2 + z_2^2 = z_1 \times z_2 \{$ चूकि $z_3 = 0\}$

$(z_1 + z_2)^2 - 2z_1 \times z_2 = z_1 \times z_2$
$(z_1 + z_2)^2 = 2z_1 \times z_2 + z_1 \times z_2$
$(z_1 + z_2)^2 = 3z_1 \times z_2$
$(-a)^2 = 3b$ ( $\because z_1 + z_2 = -a, z_1 \times z_2 = b$)
$a^2 = 3b$
अतः विकल्प (C) सही है।

**16.** $\because$ एक मूल, $3 + \sqrt{2}$ हैं
$\therefore$ अन्य मूल $3 - \sqrt{2}$ होगा
$\therefore$ मूलो का योग $= 3 + \sqrt{2} + 3 - \sqrt{2}$
$= 6$
मूलो का गुरण $= \left(3 + \sqrt{2}\right)\left(3 - \sqrt{2}\right)$
$= (3)^2 - \left(\sqrt{2}\right)^2$
$= 9 - 2$
$= 7$
आवश्यक द्विघातीय समीकरण है,
$x^2 - ($मूलो का योग$)\ x + ($मूलो का गुरण$) = 0$
$\therefore$ आवश्यक द्विघात समीकरण $x^2 - 6x + 7 = 0$ है
अतः विकल्प (D) सही है।

**17.** दिया गया समीकरण $2x^2 + kx + 3 = 0$ है,
यहाँ, $a = 2, b = k, c = 3$
चूंकि समीकरण में दो समान मूल हैं,
$\therefore b^2 - 4ac = 0$
$(k)^2 - 4 \times 2 \times 3 = 0$
$k^2 = 24$
$k = \pm\sqrt{24}$
$k = \pm\sqrt{4 \times 6}$
$k = \pm 2\sqrt{6}$
अतः विकल्प (D) सही है।

**18.** दी गई श्रृंखला है:
$20, 25, 30 \ldots \ldots 140$
पहला पद $= 20$, सामान अंतर $= 25 - 20 = 5$
पदों की संख्या,
$= \frac{1^{st} \text{ term - last term}}{\text{common difference}} + 1$
$= \frac{140 - 20}{5} + 1$
$= \frac{120}{5} + 1$
$= 24 + 1$
$= 25$
अतः विकल्प (B) सही है।

**19.** $5, 20, 80, 320 \ldots \ldots \ldots 20480$
सामान्य अनुपात $r = \frac{20}{5} = 4$, $a = 5$
अंतिम पद या $GP$ का $n^{th}$ पद $= ar^{n-1}$
$20480 = 5 \times (4^{n-1})$
या,
$4^{n-1} = \frac{20480}{5} = 4096$
$4^{n-1} = 4^8$

घातो की तुलना करने पर,
$n - 1 = 8$
$n = 7$
पदों की संख्या $= 7$

**20.** दिया गया समीकरण है, $3x^2 + 10xy + 3y^2 + 16y + k = 0$

इससे तुलना $ax^2 + 2hxy + by^2 + 2gx + 2fy + c = 0$ करने पर,

हम प्राप्त करते है, $a = 3, h = 5, b = 3, g = 0, f = 8, c = k$

समीकरण सीधी रेखाओं के युग्म को दर्शाता है।
$\therefore abc + 2fgh - af^2 - bg^2 - ch^2 = 0$
$\Rightarrow 3 \times 3 \times k + 2 \times 8 \times 0 \times 5 - 3(8)^2 - 3(0)^2 - k(5)^2 = 0$
$\Rightarrow 9k + 0 - 192 - 0 - 25k = 0$
$\Rightarrow -16k - 192 = 0$
$\Rightarrow -16k = 192$
$\therefore k = -12$
अतः विकल्प (A) सही है।

**21.** परवलय का समीकरण दिया गया है:
$y^2 - kx + 8 = 0$
$y^2 = k\left(x - \frac{8}{k}\right)$
$(y - 0)^2 = k\left(x - \frac{8}{k}\right)$
इस परवलय के नियता का समीकरण है:
$x - \frac{8}{k} = -\frac{k}{4} \quad [\because x = -a]$
$x = \frac{8}{k} - \frac{k}{4}$

लेकिन नियता का समीकरण $x - 1 = 0, x = 1$ दिया गया है।
$\therefore \frac{8}{k} - \frac{k}{4} = 1$
$k^2 + 4k - 32 = 0$
$(k - 4)(k + 8) = 0$
$\therefore k = -8, 4$
अतः विकल्प (C) सही है।

**22.** शीर्ष $A \ (a, 0)$ है,
फोकस $S \ (a_1, 0)$ है,
शीर्ष और फोकस $A$ के बीच की दूरी $S = a_1 - a = A$
तो, $(a, 0)$ पर शीर्ष के साथ परवलय का समीकरण है। $(y - 0)^2 = 4A(x - a)$
$(y - 0)^2 = 4(a_1 - a)(x - a)$
$y^2 = 4(a_1 - a)(x - a)$
अतः विकल्प (B) सही है।

**23.** मान लेते है,
$f(x) = 1 - 4x = y$
$\therefore x = \frac{(1 - y)}{4}$ और $x = f^{-1}(y)$
तो,
$x = f^{-1}(y) = \frac{(1 - y)}{4}$
इसलिए,

$f(-3).f^{-1}(-3)$
$= \frac{(1 + 12)(1 + 3)}{4}$
$f(-3).f^{-1}(-3) = 13$
अतः विकल्प (D) सही है।

**24.** $n$ तत्वों के समूह पर कम्यूटेटिव बाइनरी ऑपरेशन की संख्या $n^{\frac{n(n-1)}{2}}$ है, इसलिए

$2$ तत्वों के एक सेट पर कम्यूटेटिव बाइनरी ऑपरेशन की संख्या, $= 2^{\frac{2(2-1)}{2}}$
$= 2^1$
$= 2$
अतः विकल्प (D) सही है।

**25.** चूँकि $n$ सम संख्या है, $\left(\frac{8}{2} + 1\right)^{th}$ पद अर्थात,
$5^{वाँ}$ पद $(2x + 3y)^8$ में मध्य पद है।
$T_5 = T_{4+1}$
$= {}^8C_4 (2x)^{8-4}(3y)^4$
$= {}^8C_4 (2x)^4 (3y)^4$
अतः विकल्प (B) सही है।

**Q.1** एक सम संख्या प्राप्त करने की संभावना क्या है जब पासा एक बार फेका जाता है?

A. $\frac{1}{2}$    B. $\frac{1}{3}$    C. $\frac{1}{6}$    D. $\frac{5}{6}$

**Q.2** यदि $a, \vec{a} \times (\hat{\imath} + 2\hat{\jmath} + \hat{k}) = \hat{\imath} - \hat{k}$, को संतुष्ट करता है। $\vec{a}$ बराबर है:

A. $\lambda\hat{\imath} + (2\lambda - 1)\hat{\jmath} + \lambda\hat{k}, \lambda \in R$
B. $\lambda\hat{\imath} + (1 - 2\lambda)\hat{\jmath} + \lambda\hat{k}, \lambda \in R$
C. $\lambda\hat{\imath} + (2\lambda + 1)\hat{\jmath} + \lambda\hat{k}, \lambda \in R$
D. $\lambda\hat{\imath} - (1 + 2\lambda)\hat{\jmath} + \lambda\hat{k}, \lambda \in R$

**Q.3** यदि $X$ और $Y$ दो सेट हैं। $n(X) = 17, n(Y) = 23$ और $n(X \cup Y) = 38$ है। तो $n(X \cap Y)$ ज्ञात कीजिए।

A. 1    B. 2    C. 3    D. 4

**Q.4** यदि $\log_x \left(\frac{9}{16}\right) = -\frac{1}{2}$ है तब $x$ बराबर है:

A. $-\frac{3}{4}$    B. $\frac{3}{4}$    C. $\frac{81}{256}$    D. $\frac{256}{81}$

**Q.5** यदि 2 समीकरण $x^2 + bx + 12 = 0$ की घात है और समीकरण $x^2 + bx + q = 0$ की घातें बराबर हैं, तो $q =$?

A. 8    B. -8    C. 16    D. -16

**Q.6** क्या 51 समान्तर श्रेणी $5, 8, 11, 14, \ldots$ का पद है?

A. हाँ
B. नहीं
C. अस्पष्ट
D. डेटा अपर्याप्त है

**Q.7** दीर्घवृत्त $\frac{(x+y-2)^2}{9} + \frac{(x-y)^2}{16} = 1$ का केंद्र होगा:

A. (0,0)    B. (1,0)    C. (0,1)    D. (1,1)

**Q.8** बहुलक और माध्य क्रमशः 7 और 8 दिया गया है, तो माध्यिका का मान ज्ञात कीजिए।

A. $\frac{1}{13}$    B. $\frac{13}{3}$    C. $\frac{23}{3}$    D. 33

**Q.9** यदि पहले $n$ प्राकृतिक संख्याओं का मान $\frac{3n}{5}$ है, तो $n$ का मान है:

A. 3    B. 4    C. 5    D. 6

**Q.10** एक बिंदु का बिन्दुपथ, जिसका भुजांक और कोटि अक्ष हमेशा समान होता है:

A. x + y + 1 = 0
B. x − y = 0
C. x + y = 1
D. इनमें से कोई नहीं

**Q.11** यदि $\begin{bmatrix} x & -5 & -1 \end{bmatrix} \begin{bmatrix} 1 & 0 & 2 \\ 0 & 2 & 1 \\ 2 & 0 & 3 \end{bmatrix} \begin{bmatrix} x \\ 4 \\ 1 \end{bmatrix} = 0$ है। $x$ का मान ज्ञात करें।

A. $\pm\sqrt{48}$    B. $\pm\sqrt{49}$    C. $\pm\sqrt{50}$    D. $\pm\sqrt{51}$

**Q.12** $(1 + x)^m$ के द्विपद विस्तार में तीसरा पद $-\frac{1}{8}x^2$ है तब $m$ का परिमेय मान है?

A. 2    B. 12    C. 3    D. 4

**Q.13** यदि $a, b, c$ तीन क्रमागत धनात्मक पूर्णांक है, तो $(1 + ca)$ का मान क्या है?

A. $\log b$    B. $\log\frac{b}{2}$    C. $\log 2b$    D. $2\log b$

**Q.14** गुणन का उपयोग करके द्विधाती समीकरण $x^2 - 11x + 30 = 0$ का मूल ज्ञात कीजिए।

A. मूल 5 और 6 हैं
B. मूल -5 और -6 हैं
C. मूल -5 और 6 हैं
D. इनमें से कोई नहीं

**Q.15** यदि आपके पास 6 नए वर्ष के ग्रीटिंग कार्ड हैं और आप उन्हें अपने 4 दोस्तों को भेजना चाहते हैं, तो इसे कितने तरीकों से भेजा जा सकता है?

A. 360    B. 420
C. 630    D. इनमें से कोई नहीं

**Q.16** वह सदिश क्या कहलाता है जिसका मापांक एकल होता है?

A. शून्य सदिश
B. इकाई सदिश
C. समरूप सदिश
D. इनमें से कोई नहीं

**Q.17** $e$ का मान कितना होता है?

A. $e < 2$
B. $e > 3$
C. $2 < e < 3$
D. इनमें से कोई नहीं

**Q.18** निम्नलिखित को सूची रूप C = {$x : x \in N$ और $50 \le x \le 60$} में लिखिए।

A. C = {50, 51, 52, 53, 54, 55, 56, 57, 58, 59, 60}
B. C = {51, 52, 53, 54, 55, 56, 57, 58, 59}
C. C = {51, 52, 53, 54, 55, 56, 57, 58, 59, 60}
D. इनमें से कोई नहीं

**Q.19** $\frac{d(e^x)}{dx} =$ का मान है:

A. $e^x$    B. $e^{2x}$
C. $2e^x$    D. इनमें से कोई नहीं

**Q.20** एक शांकु के आधार की त्रिज्या $3 \, cm/min$ की दर से बढ़ती है और ऊंचाई $4 \, cm/min$ की दर से कम होती है। जब त्रिज्या = $7 cm$ और ऊंचाई = $24 \, cm$ है, तो पार्श्व सतह के परिवर्तन की दर क्या है?

A. $54\pi \, cm^2/min$    B. $7\pi \, cm^2/min$
C. $27\pi \, cm^2/min$    D. इनमें से कोई नहीं

**Q.21** $\int \frac{(\sin^{-1}x)^3}{\sqrt{1-x^2}} dx$ किसके बराबर है?

A. $\frac{(\sin^{-1}x)^2}{2} + C$    B. $\frac{(\sin^{-1}x)^3}{3} + C$
C. $\frac{(\sin^{-1}x)}{x} + C$    D. $\frac{(\sin^{-1}x)^4}{4} + C$

**Q.22** $1 + (1 + x) + (1 + x)^2 + (1 + x)^3 + \cdots (1 + x)^n$ के विस्तार में $x^r$ का गुणांक क्या है, जहाँ $0 \le r \le n$ है?

A. $^nC_r$    B. $^{n+1}C_r$
C. $n + 2C_r$    D. इनमें से कोई नहीं

**Q.23** यदि AB = A और BA = B है, जहाँ A और B वर्ग आव्यूह हैं, तो निम्न में से कौन-सा सही है?

**A.** $B^2 = B$ और $A^2 = A$

**B.** $B^2 \neq B$ और $A^2 = A$

**C.** $B^2 = B$ और $A^2 \neq A$

**D.** $B^2 \neq B$ और $A^2 \neq A$

**Q.24** $I = \int_0^{\frac{\pi}{2}} \frac{(\sin x + \cos x)^2}{\sqrt{1+\sin 2x}} dx$ का मान क्या है?

**A.** 3     **B.** 1     **C.** 2     **D.** 0

**Q.25** $\sin 30 \cdot \cos 60 + \cos 30 \cdot \sin 60$ का मान है:

**A.** 1     **B.** 2     **C.** 3     **D.** 4

# // स्मार्ट उत्तर पुस्तिका //

**सही उत्तर** — उन छात्रों का प्रतिशत जिन्होंने प्रश्नों का सही उत्तर दिया था।  **छोड़ दिया** — उन छात्रों का प्रतिशत जिन्होंने प्रश्नों को छोड़ दिया था।

| प्रश्न संख्या | उत्तर | सही उत्तर | छोड़ दिया | प्रश्न संख्या | उत्तर | सही उत्तर | छोड़ दिया | प्रश्न संख्या | उत्तर | सही उत्तर | छोड़ दिया | प्रश्न संख्या | उत्तर | सही उत्तर | छोड़ दिया | प्रश्न संख्या | उत्तर | सही उत्तर | छोड़ दिया | प्रश्न संख्या | उत्तर | सही उत्तर | छोड़ दिया |
|---|---|---|---|---|---|---|---|---|---|---|---|---|---|---|---|---|---|---|---|---|---|---|---|
| 1 | A | 43.67 % | 39.95 % | 6 | B | 83.67 % | 13.19 % | 11 | A | 45.53 % | 40.09 % | 16 | B | 77.83 % | 20.81 % | 21 | D | 26.25 % | 72.16 % |  |  |  |  |
| 2 | C | 49.51 % | 50.32 % | 7 | D | 83.23 % | 13.76 % | 12 | B | 14.99 % | 81.93 % | 17 | C | 47.05 % | 32.36 % | 22 | D | 26.2 % | 72.04 % |  |  |  |  |
| 3 | B | 68.54 % | 30.15 % | 8 | C | 60.67 % | 38.05 % | 13 | D | 59.26 % | 40.6 % | 18 | A | 76.3 % | 11.4 % | 23 | A | 67.92 % | 31.12 % |  |  |  |  |
| 4 | D | 87.44 % | 11.57 % | 9 | C | 77.82 % | 16.31 % | 14 | A | 80.72 % | 16.86 % | 19 | A | 43.41 % | 44.01 % | 24 | C | 69.36 % | 30.57 % |  |  |  |  |
| 5 | C | 61.15 % | 34.7 % | 10 | B | 85.8 % | 11.16 % | 15 | A | 45.15 % | 34.8 % | 20 | A | 16.55 % | 71.89 % | 25 | A | 31.47 % | 67.92 % |  |  |  |  |

## //संकेत और समाधान//

**1.** नमूना के $6$ संभावित परिणाम $S = \{1,2,3,4,5,6\}$
सभी परिणामों को समान रूप से होने की संभावना (निष्पक्ष पासा) है।
तो, किसी एक परिणाम के होने की संभावना $= \frac{1}{6}$
हमें जो परिणाम मिलता है वह पासा को उछालने पर एक सम संख्या $3$ संभावित तरीकों से हो सकती है।
माना $E$ इस घटना को निरूपित करता है। तो $E = \{2,4,6\}$
अब,
$$P(E) = 3 \times \frac{1}{6} = \frac{1}{2}$$
अत: विकल्प (A) सही है।

**2.** दिया हुआ है,
$$\vec{a} \times (\hat{i} + 2\hat{j} + \hat{k}) = \hat{i} - \hat{k} = \left(\hat{j} \times (\hat{i} + 2\hat{j} + \hat{k})\right)$$
जैसा कि हम $\hat{j}$ गुणा करके देख सकते हैं हम $\hat{i} + 2\hat{j} + \hat{k}$ वेक्टर प्राप्त करते हैं,
$$\left(\vec{a} - \hat{j}\right) \times (\hat{i} + 2\hat{j} + \hat{k}) = \vec{0}$$
$$\vec{a} - \hat{j} = \lambda(\hat{i} + 2\hat{j} + \hat{k})$$
$$\vec{a} = \lambda\hat{i} + (2\lambda + 1)\hat{j} + \lambda\hat{k}, \lambda \in R$$
अत: विकल्प (C) सही है।

**3.** दिया हुआ है,
$$n(X) = 17, n(Y) = 23, n(X \cup Y) = 38$$
हम जानते हैं कि,
$$\Rightarrow n(X \cup Y) = n(X) + n(Y) - n(X \cap Y)$$
$$\therefore 38 = 17 + 23 - n(X \cap Y)$$
$$\Rightarrow n(X \cap Y) = 40 - 38 = 2$$
$$\Rightarrow n(X \cap Y) = 2$$
अत: विकल्प (B) सही है।

**4.** दिया हुआ,
$$\log_x \left(\frac{9}{16}\right) = -\frac{1}{2} \ (\because \log_x m = n, x^n = m)$$
$$\Rightarrow x^{-\frac{1}{2}} = \frac{9}{16}$$
$$\Rightarrow \frac{1}{\sqrt{x}} = \frac{9}{16}$$
$$\Rightarrow \sqrt{x} = \frac{16}{9}$$
$$\Rightarrow x = \left(\frac{16}{9}\right)^2$$
$$\Rightarrow x = \frac{256}{81}$$
अत: विकल्प (D) सही है।

**5.** दिया गया समीकरण $x^2 + bx + 12 = 0$ है।
एक मूल $2$ है
तो, $x = 2$ रखने पर,
$$\Rightarrow 4 + 2b + 12 = 0$$
$$\Rightarrow 2b = -16$$
$$\Rightarrow b = -8$$
अब, समीकरण $x^2 + bx + q = 0$ की घातें बराबर हैं,
इसलिए, $D = 0$
$$\Rightarrow b^2 - 4q = 0$$
$$\Rightarrow (-8)^2 - 4q = 0$$
$$\Rightarrow 4q = 64$$
$$\Rightarrow q = 16$$
अत: विकल्प (C) सही है।

**6.** दी गई श्रेणी $5,8,11,14, \ldots$ है।
माना $51$ $n$ वां पद है।
$$\therefore a_n = 51$$
$$\Rightarrow a = 5, d = 3$$
हम जानते है, $a_n = a + (n-1)d$
$$\therefore 51 = a + (n-1)d$$
$$\Rightarrow 51 = 5 + (n-1)3$$
$$\Rightarrow \frac{46}{3} = n - 1$$
$$\Rightarrow \frac{46+3}{3} = n$$
$$\Rightarrow n = \frac{49}{3}$$
चूंकि $n$ एक प्राकृतिक संख्या नहीं है
इसलिए, $51$ समान्तर श्रेणी का पद नहीं है।
अत: विकल्प (B) सही है।

**7.** दीर्घवृत्त का केंद्र प्रतिच्छेदन बिंदु है,
$$x + y - 2 = 0 \ldots (1)$$
$$x - y = 0 \ldots (2)$$
समीकरण (2) से समीकरण (1) में $x$ का मान रखने पर,
$$2y = 2$$
$$y = 1$$
$y = 1$ (2) में रखने पर,
$$x = 1$$
$$\therefore (1,1) \text{ केंद्र है।}$$
अत: विकल्प (D) सही है।

**8.** मूलानुपाती सूत्र का प्रयोग करते हुए,
बहुलक = 3 माध्यिका - 2 माध्य
3 माध्यिका = बहुलक +2 माध्य
माध्यिका = (बहुलक +2 माध्य)/3
$$\text{माध्यिका} = \frac{(7+2(8))}{3}$$
$$= \frac{(7+16)}{3}$$
$$\text{माध्यिका} = \frac{23}{3}$$
अत: विकल्प (C) सही है।

**9.** प्राकृतिक संख्याओं का योग $= \frac{n(n+1)}{2}$
दिया हुआ माध्य $= \frac{3n}{5}$
माध्य = प्राकृतिक संख्याओं का योग/ $n$
$$\frac{3n}{5} = \frac{n(n+1)}{2n}$$

$\Rightarrow \frac{3n}{5} = \frac{(n+1)}{2}$

$\Rightarrow 6n = 5n + 5$

$\Rightarrow n = 5$

अत: विकल्प (C) सही है।

**10.** माना चर बिंदु P का (x, y) निर्देशांक है।

अब, इस बिंदु की भुजांक = x

और इसकी कोटि = y

दिया हुआ है,

भुजांक = कोटि

$\Rightarrow$ x = y

$\Rightarrow$ x – y = 0

तो, बिंदु का बिन्दुपथ  x - y = 0  है

अत: विकल्प (B) सही है।

**11.** $\begin{bmatrix} x & -5 & -1 \end{bmatrix} \begin{bmatrix} x+2 \\ 8+1 \\ 2x+3 \end{bmatrix}$ [ ∵ आव्यूह का गुणनफल सहचर्य है।]

$\begin{bmatrix} x & -5 & -1 \end{bmatrix} \times \begin{bmatrix} x+2 \\ 9 \\ 2x+3 \end{bmatrix} = 0$

$[x(x+2) + 9(-5) + (2x+3)(-1)] = 0$

$\Rightarrow x^2 + 2x - 45 - 2x - 3 = 0$

$\Rightarrow x^2 - 48 = 0$

$\Rightarrow x = \pm\sqrt{48}$

अत: विकल्प (A) सही है।

**12.** दिया हुआ है,

$(1 + x)^m$ का तीसरा पद $\frac{-1}{8}x^2$ है

$(1 + x)^m$ के लिए विस्तार,

$(1 + x)^m = 1 + mx + \frac{m(m-1)}{2!}x^2 + \cdots$

$(1 + x)^m$ में तीसरा पद $\frac{m(m-1)}{2!}x^2$ है।

$\Rightarrow \frac{m(m-1)}{2!}x^2 = \frac{-1}{8}x^2$

$\Rightarrow \frac{m(m-1)}{2!} = \frac{-1}{8}$

$\Rightarrow (m-1) = \frac{-1}{4}$

$\Rightarrow m^2 - m + \frac{1}{4} = 0$

$\Rightarrow 4m^2 - 4m + 1 = 0$

$\Rightarrow (2m - 1)^2 = 0$

$\therefore m = \frac{1}{2}$

अत: विकल्प (B) सही है।

**13.** ∵ $a, b$ और $c$ क्रमागत पूर्णांक हैं और $a$ को पहला पद लीजिए। हम अन्य धनात्मक पूर्णांक को निम्न रूप में व्यक्त कर सकते हैं:

$b = a + 1$ और $c = a + 2$

$\Rightarrow \log(1 + ca) = \log(1 + (a + 2)a)$ ($a$ के संदर्भ में $c$ का मान रखने पर)

$\Rightarrow \log(1 + ca) = \log(1 + a^2 + 2a)$

$\Rightarrow \log(1 + ca) = \log\left[(a + 1)^2\right]$
$\left(\because (a + 1)^2 = a^2 + 1 + 2a\right)$

$\Rightarrow \log(1 + ca) = 2 \times \log(a + 1)$
$\left(\because \log(x^m) = m \times \log(x)\right)$

$\Rightarrow \log(1 + ca) = 2\log b (\because b = a + 1)$

अत: विकल्प (D) सही है।

**14.** दिया गया द्विघातीय समीकरण: $x^2 - 11x + 30 = 0$ है।

दिए गए द्विघातीय बहुपद $x^2 - 11x + 30$ को रेखिक बहुपद में निम्न रूप से खंडित किया जा सकता है:

$= x^2 - 11x + 30$

$= x^2 - 5x - 6x + 30$

$= x \times (x - 5) - 6 \times (x - 5)$

$= (x - 6) \times (x - 5)$

रेखिक बहुपद को शून्य के बराबर करने पर, हमें द्विघातीय समीकरण का मूल प्राप्त होता है:

$= (x - 6) \times (x - 5) = 0$

$\Rightarrow x = 6, 5$

अत: विकल्प (A) सही है।

**15.** प्रश्नानुसार, हमारे पास नए वर्ष के  6 ग्रीटिंग कार्ड हैं जिसे  4 दोस्तों को भेजा जाना है।

$\Rightarrow n = 6$ और $r = 4$

∴ 4 दोस्तों को नए वर्ष के  6 कार्डों को भेजने के तरीकों की संख्या निम्न दी गयी है:

$^{n}P_r = \frac{n!}{(n-r)!}$

$\Rightarrow {}^{6}P_4 = \frac{61}{2!}$

$= 360$

अत: विकल्प (A) सही है।

**16.** इकाई परिमाण के एक सदिश को इकाई सदिश के रूप में जाना जाता है।

अत: विकल्प (B) सही है।

**17.** संख्या e, जिसे यूलर संख्या कहा जाता है, एक महत्वपूर्ण गणितीय स्थिरांक है जो लगभग 2.71828 के बराबर है।

e का अनुमानित मूल्य 2.71828 है।

∴ 2 < e < 3

अत: विकल्प (C) सही है।

**18.** दिया गया है: C = {x : x ∈ N और 50 ≤ x ≤ 60}

समूह का आवश्यक सूची रूप = {51, 52, 53, 54, 55, 56, 57, 58, 59, 60}.

अत: विकल्प (A) सही है।

**19.** यहाँ, हमें $\frac{d(e^x)}{dx}$ ज्ञात करना है।

हम जानते हैं,

$\frac{d(e^{at})}{dx} = e^{ax} \times \frac{d(ax)}{dx}$

$$\frac{d(e^{at})}{dx} = a \times e^{ax}$$

चूंकि, हम देख सकते हैं कि यहाँ $a = 1$ है।

$$\Rightarrow \frac{d(e^{1 \times z})}{dx} = e^{1 \times x} \times \frac{d(1 \times x)}{dx}$$
$$= 1 \times e^{1 \times x}$$
$$= e^x$$

अत: विकल्प (A) सही है।

**20.** माना कि $C = $ शंकु का पार्श्व पृष्ठीय क्षेत्रफल $= \pi \times r \times l$

जब $r = 7, h = 24$ है, तो $l = 25$ है। $(\because r^2 + h^2 = l^2)$

$$\frac{dr}{dt} = 3 \text{ और } \frac{dh}{dt} = -4 (\text{दिया गया है})$$
$$C^2 = \pi^2 \times r^2 \times l^2$$
$$C^2 = \pi^2 \times r^2 \times (r^2 + h^2)$$
$$C^2 = \pi^2 \times r^4 + \pi^2 \times r^2 \times h^2$$

$t$ के संबंध में दोनों पक्षों का अवकलन करने पर, हमें प्राप्त होता है,

$$2 \times C \times \frac{dC}{dt} = 2\pi^2 rh \left( \frac{2r^2}{h} \frac{dr}{dt} + r \frac{dh}{dt} + h \frac{dr}{dt} \right)$$
$$2 \times \pi rl \times \frac{dC}{dt} = 2\pi^2 rh \left( \frac{2r^2}{h} \frac{dr}{dt} + r \frac{dh}{dt} + h \frac{dr}{dt} \right)$$

उपरोक्त समीकरण में $r, h, l, \frac{dr}{dt}$ और $\frac{dh}{dt}$ का मान रखने पर हमें निम्न प्राप्त होता है,

$$\frac{dC}{dt} = 54\pi \, cm^2/min$$

अत: विकल्प (A) सही है

**21.** $I = \int \frac{(\sin^{-1}x)^4}{\sqrt{1-x^2}} dx$

माना कि $\sin^{-1}x = t$ का अवकलन $x$ द्वारा दोनों पक्षों से करने पर, हमें निम्न प्राप्त होता है:

$$\frac{d}{dx}(\sin^{-1}x) = \frac{dt}{dx}$$
$$\Rightarrow \frac{dx}{\sqrt{(1-x^2)}} = dt$$
$$\Rightarrow I = \int t^3 dt = \frac{t^4}{4} + C$$

$t$ को $\sin^{-1}x$ से प्रतिस्थापित करने पर,

$$\Rightarrow I = \frac{(\sin^{-1}x)^4}{4} + C$$

अत: विकल्प (D) सही है।

**22.** माना कि,

$$S = 1 + (1+x) + (1+x)^2 + (1+x)^3 + \ldots + (1+x)^n$$

यहाँ, हम देख सकते हैं कि श्रृंखला $S$ के पद $G.P$ में हैं।

पहला पद $a = 1$ है, श्रृंखला में पदों की संख्या $d = n + 1$ और सार्वानुपात $r = (1 + x)$ है।

$$S = \frac{ar^d - 1}{d - 1}$$
$$S = \frac{1 \times ((1+x)^d - 1)}{(1+x) - 1}$$
$$= \frac{(1+x)^{n+1} - 1}{x}$$
$$= \frac{(1+x)^{n+1}}{x} - \frac{1}{x}$$

$(x + a)^n$ के द्विपद विस्तार में $x^r$ का गुणांक $= {}^nC_r \times a^{n-r}$ है।

$S$ में $x^r$ का गुणांक ज्ञात करने के लिए हमें $S$ में $x^{r+1}$ का गुणांक ज्ञात

करना है जो ${}^{n+1}C_{r+1}$ है।

अत: विकल्प (D) सही है।

**23.** $B^2 = B \times B$

$B^2 = (B \times A) \times B \ (\because B = B \times A)$

$B^2 = B \times (A \times B) \ (\because \text{आव्यूह गुणा साहचर्य होता है})$

$B^2 = B \times A \ (\because A = A \times B)$

$B^2 = B \times A = B \ (\because B = B \times A)$

तो, $B^2 = B$.

$A^2 = A \times A$

$A^2 = (A \times B) \times A \ (\because A = A \times B)$

$A^2 = A \times (B \times A) \ (\because \text{आव्यूह गुणा साहचर्य होता है})$

$A^2 = A \times B \ (\because B = B \times A)$

$A^2 = A \times B = A \ (\because A = A \times B)$

तो, $A^2 = A$.

अत: विकल्प (A) सही है।

**24.** $I = \int_0^{\frac{\pi}{2}} \frac{(\sin x + \cos x)^2}{\sqrt{1 + \sin 2x}} dx$

$$= \int_0^{\frac{\pi}{2}} \frac{(\sin x + \cos x)^2}{\sqrt{(\sin x + \cos x)^2}} dx, \ (\sin 2x =$$
$$2 \sin x \cdot \cos x, \sin^2 x + \cos^2 x = 1)$$
$$= \int_0^{\frac{\pi}{2}} \frac{(\sin x + \cos x)^2}{\sin x + \cos x} dx$$
$$= \int_0^{\frac{\pi}{2}} (\sin x + \cos x) \, dx$$
$$= \int_0^{\frac{\pi}{2}} \sin x \, dx + \int_0^{\frac{\pi}{2}} \cos x \, dx$$
$$= \cos x \Big|_0^{\frac{\pi}{2}} - \sin x \Big|_0^{\frac{\pi}{2}}$$
$$= \left( \cos(0) - \cos\left(\frac{\pi}{2}\right) \right) + \left( \sin\left(\frac{\pi}{2}\right) - \sin(0) \right)$$
$$= 2$$

अत: विकल्प (C) सही है।

**25.** $\sin(90° - \theta) = \cos\theta$ और $\cos(90° - \theta) = \sin\theta$ और $\cos^2\theta + \sin^2\theta = 1$ का प्रयोग करें

अब, $\sin 30° \cdot \cos 60° + \cos 30° \cdot \sin 60°$

$\Rightarrow \sin(90° - 60°) \cdot \cos 60° + \cos(90° - 60°) \cdot \sin 60°$

$\Rightarrow \cos 60° \cdot \cos 60° + \sin 60° \cdot \sin 60°$

$\Rightarrow \cos^2 60° + \sin^2 60° = 1$

अत: विकल्प (A) सही है।

**Q.1** 2008 में पुलेला गोपीचंद बैडमिंटन अकादमी की स्थापना कहाँ की गई थी?

**A.** नई दिल्ली **B.** हैदराबाद **C.** बैंगलोर **D.** मुंबई

**Q.2** महाबलीपुरम स्थित एकाश्मीय शैल मन्दिरों का प्रसिद्ध नाम क्या है?

**A.** रथ **B.** प्रसाद **C.** मठिका **D.** गंधकुटी

**Q.3** जैन धर्म में कितने तीर्थंकर हैं?

**A.** 20 **B.** 22 **C.** 24 **D.** 28

**Q.4** कश्मीर के "अकबर" के नाम से कौन जाना जाता था?

**A.** ज़फर खान **B.** सुल्तान मुज्ज़फ़र शाह
**C.** जैन-उल-अबेदीन **D.** अहमद शाह वली

**Q.5** तराईन की दूसरी लड़ाई किसके के बीच लड़ी गई?

**A.** अलेक्जेंडर और पोरस
**B.** जय चंद और मोहम्मद ग़ौरी
**C.** अकबर और हेमू
**D.** मोहम्मद ग़ौरी और पृथ्वीराज चौहान

**Q.6** लॉर्ड विलियम बेंटिक किस अधिनियम के माध्यम से भारत के पहले गवर्नर जनरल बने?

**A.** रेगुलेटिंग अधिनियम 1773
**B.** चार्टर अधिनियम 1833
**C.** भारत सरकार अधिनियम 1858
**D.** पिट्स इंडिया अधिनियम 1784

**Q.7** महात्मा गांधी _______ के लेखन से काफी हद तक प्रभावित थे।

**A.** बर्नार्ड शॉ **B.** कार्ल मार्क्स
**C.** लेनिन **D.** लियो टॉल्स्टॉय

**Q.8** बंगाल के पहले गवर्नर जनरल कौन थे?

**A.** रॉबर्ट क्लाइव **B.** विलियम बेंटिक
**C.** वॉरेन हेस्टिंग्स **D.** चार्ल्स कॉर्नवालिस

**Q.9** तहरी बांध किस नदी पर बनाया गया है?

**A.** अलकनंदा **B.** भागीरथी **C.** गंगा **D.** हुगली

**Q.10** भारत के किस राज्य में बहुतायत में सोना पाया जाता है?

**A.** मध्य प्रदेश **B.** कर्नाटक **C.** आंध्र प्रदेश **D.** महाराष्ट्र

**Q.11** भारत में किस राज्य का सबसे लम्बा समुद्र तटीय क्षेत्र है?

**A.** आंध्र प्रदेश **B.** गुजरात **C.** तमिलनाडु **D.** महाराष्ट्र

**Q.12** इनमें से किसे भारत का जैविक-विविध आकर्षण का केंद्र कहा जाता है?

**A.** पश्चिमी घाट **B.** पूर्वी घाट
**C.** पश्चिमी हिमालय **D.** पूर्वी हिमालय

**Q.13** निम्नलिखित में से कौन-सी भारत में प्राचीनतम चट्टान है?

**A.** शिवालिक
**B.** भारत-गंगा का मैदानी क्षेत्र
**C.** अरावली
**D.** हिमालय

**Q.14** दक्षिण अमेरिका के शीतोष्ण चरागाहों (घासस्थल) को क्या कहते हैं?

**A.** पंपास **B.** डाउन्स **C.** स्टैपीज **D.** प्रेयरीज

**Q.15** निम्नलिखित में से किसने साहित्य अकादमी फैलोशिप पुरस्कार जीता?

**A.** शशि थरूर **B.** कुशवंत सिंह
**C.** चिन्मय गुहा **D.** धर्मन

**Q.16** 'बेदारा वेशा' किस राज्य का लोकप्रिय लोक नृत्य है?

**A.** महाराष्ट्र **B.** तमिलनाडु **C.** कर्नाटक **D.** ओडिशा

**Q.17** 'नबाकलेबारा उत्सव' किस राज्य से संबंधित है?

**A.** उड़ीसा **B.** अरुणाचल प्रदेश
**C.** मध्य प्रदेश **D.** आंध्र प्रदेश

**Q.18** निम्नलिखित में से कौन सी 'साइप्रस' देश की राजधानी है?

**A.** निकोसिया **B.** साराजेवो **C.** बेरूत **D.** रिकिविक

**Q.19** अजंता की गुफाओं की पेंटिंग और मूर्तियां किस कथा से संबंधित हैं?

**A.** पंचतंत्र की कथाएँ **B.** पेंटामेरोन कथाएँ
**C.** जातक कथाएँ **D.** हितोपदेश कथाएँ

**Q.20** तिमोर - लेस्ते की राजधानी निम्नलिखित में से कौन सी है?

**A.** दिली **B.** ट्यूनिस **C.** ताइपे **D.** डोडोमा

**Q.21** निम्नलिखित प्रश्न में, दिए गए विकल्पों में से संबंधित शब्द का चयन कीजिए।

भारत : हॉकी :: श्रीलंका : ?

**A.** वॉलीबॉल **B.** रग्बी यूनियन
**C.** बास्केटबॉल **D.** टेनिस

**Q.22** निम्नलिखित प्रश्न में, दिए गए विकल्पों में से संबंधित शब्द का चयन कीजिए।

कानून : कानूनी :: प्रसिद्धि : ?

**A.** विदेशी **B.** प्रसिद्ध **C.** परिचित **D.** राजकोषीय

**Q.23** निम्नलिखित प्रश्न में, दी गयी श्रृंखला में से लुप्त संख्या को ज्ञात कीजिये।

7, 35, 175, 875, ?

**A.** 3375 **B.** 2375 **C.** 4375 **D.** 5375

**Q.24** उस एक शब्द को चुनिए जिसे निम्नलिखित शब्दों में उपसर्ग के रूप में जोड़ कर नवीन शब्द बनाए जा सकते हैं।

Tidy, Able, Less, Do

**A.** Re **B.** Dis **C.** Un **D.** Non

**Q.25 निर्देश**: निम्न प्रश्न में, श्रृंखला में गलत संख्या को ढूँढिये।

9, 19, 40, 83, 170, 340

**A.** 83 **B.** 40 **C.** 340 **D.** 170

# // स्मार्ट उत्तर पुस्तिका //

| सही उत्तर | उन छात्रों का प्रतिशत जिन्होंने प्रश्नों का सही उत्तर दिया था। | छोड़ दिया | उन छात्रों का प्रतिशत जिन्होंने प्रश्नों को छोड़ दिया था। |
| --- | --- | --- | --- |

| प्रश्न संख्या | उत्तर | सही उत्तर / छोड़ दिया | प्रश्न संख्या | उत्तर | सही उत्तर / छोड़ दिया | प्रश्न संख्या | उत्तर | सही उत्तर / छोड़ दिया | प्रश्न संख्या | उत्तर | सही उत्तर / छोड़ दिया | प्रश्न संख्या | उत्तर | सही उत्तर / छोड़ दिया |
| --- | --- | --- | --- | --- | --- | --- | --- | --- | --- | --- | --- | --- | --- | --- |
| 1 | B | 29.75 % / 70.0 % | 6 | B | 56.61 % / 35.88 % | 11 | B | 57.27 % / 39.86 % | 16 | C | 27.54 % / 70.64 % | 21 | A | 20.09 % / 76.24 % |
| 2 | A | 17.3 % / 68.15 % | 7 | D | 21.56 % / 69.52 % | 12 | A | 55.67 % / 43.43 % | 17 | A | 45.06 % / 39.12 % | 22 | B | 52.3 % / 41.0 % |
| 3 | C | 56.07 % / 30.59 % | 8 | C | 59.86 % / 30.14 % | 13 | C | 57.36 % / 42.5 % | 18 | A | 62.88 % / 34.43 % | 23 | C | 44.76 % / 33.9 % |
| 4 | C | 27.34 % / 67.39 % | 9 | B | 40.64 % / 58.97 % | 14 | A | 87.4 % / 12.52 % | 19 | C | 76.84 % / 17.05 % | 24 | C | 12.45 % / 71.26 % |
| 5 | D | 52.4 % / 30.83 % | 10 | B | 55.72 % / 35.45 % | 15 | B | 26.91 % / 70.86 % | 20 | A | 31.54 % / 68.13 % | 25 | C | 51.41 % / 38.25 % |

# //संकेत और समाधान//

**1.** 2006 में बैडमिंटन एसोसिएशन ऑफ़ इंडिया ने गोपीचंद को भारतीय राष्ट्रीय बैडमिंटन टीम का कोच नामित किया, और 2008 में उन्होंने हैदराबाद में एक बैडमिंटन अकादमी खोली। स्पोर्ट्ज़लाइव ने ग्रेटर नोएडा में शहीद विजय सिंह पथिक स्पोर्ट्स कॉम्प्लेक्स में एक गोपीचंद अकादमी विकसित करने की पहल के साथ गोपीचंद बैडमिंटन अकादमी के साथ भागीदारी की है।

अत: विकल्प (B) सही है।

**2.** पांच रथ या पंच रथ, 7 वीं शताब्दी के पूर्व में पल्लवों द्वारा निर्मित पांच अखंड मंदिर संरचनाएं हैं। महाबलीपुरम के शोर मंदिर के पश्चिम में एक आम परिसर में स्थित, पंच रथ एक विशाल कंकड़ से तैयार की गयी उत्कृष्ट नक्काशी का प्रदर्शन करते हैं।

अत: विकल्प (A) सही है।

**3.** जैन धर्म में, तीर्थंकर धर्म का एक उद्धारकर्ता और आध्यात्मिक शिक्षक है (धार्मिक मार्ग)। जैन धर्म में 24 तीर्थंकर हैं, पहले भगवान ऋषभ देव थे और आखिरी तीर्थंकर भगवान महावीर थे।

अत: विकल्प (C) सही है।

**4.** ज़ैन-उल-अब्दीन को कश्मीर का अकबर कहा जाता था। वह कश्मीर का सबसे बड़ा शासक था उन्होंने ज़ैनुल झील और वूलर झील में कृत्रिम द्वीप बनाया।

अत: विकल्प (C) सही है।

**5.** तराइन का युद्ध अथवा तरावड़ी का युद्ध युद्धों (1191 और 1192) की एक ऐसी शृंखला है, जिसने पूरे उत्तर भारत को मुस्लिम नियंत्रण के लिए खोल दिया। ये युद्ध मोहम्मद गौरी और अजमेर तथा दिल्ली के चौहान (चहमान) राजपूत शासक पृथ्वी राज तृतीय के बीच हुये। तराईन भारत के वर्तमान राज्य हरियाणा के करनाल जिले में करनाल और थानेश्वर (कुरुक्षेत्र) के बीच है, जो दिल्ली से एक सौ पचास किमी उत्तर में स्थित है।

अत: विकल्प (D) सही है।

**6.** लॉर्ड विलियम बेंटिक चार्टर अधिनियम 1833 के माध्यम से भारत के पहले गवर्नर जनरल बने।

| ब्रिटिश अधिनियम | अधिनियम के प्रावधान |
|---|---|
| भारत सरकार अधिनियम 1858 | • इस अधिनियम को भारत की बेहतरी के लिए अधिनियम के रूप में भी जाना जाता है।<br>• निदेशक मंडल और निदेशक परिषद को समाप्त कर दिया गया, इस प्रकार भारतीय प्रशासन में द्वैतवाद समाप्त हो गया।<br>• इसने ब्रिटिश मंत्रिमंडल का सदस्य के रूप में भारत के लिए राज्य सचिव का प्रावधान किया।<br>• रानी का प्रतिनिधित्व करने वाले भारत के गवर्नर-जनरल को भारत के वायसराय के रूप में जाना जाने लगा।<br>• इस अधिनियम ने शासकों के अधिकार और गरिमा को बनाए रखने और भविष्य के व्यपगत और लड़ाईयों को समाप्त कर दिया गया। |
| चार्टर अधिनियम 1833 | • इस अधिनियम को संत हेलेना अधिनियम 1833 के रूप में भी जाना जाता है।<br>• बंगाल के गवर्नर-जनरल भारत के गवर्नर-जनरल बन गए।<br>• लॉर्ड विलियम बेंटिक भारत के पहले गवर्नर-जनरल बने।<br>• गवर्नर-जनरल की परिषद में 4 सदस्य को कानून सदस्य के रूप में जोड़ा गया था, लेकिन कानून के उद्देश्य के लिएकेवल अस्थायी सदस्य के रूप में।(लॉर्ड मैकाले पहले कानून सदस्य थे)<br>• बॉम्बे और मद्रास कानून बनाने की अपनी शक्ति से वंचित थे।<br>• अधिनियम ने देश में ब्रिटिश उपनिवेश को वैधता प्रदान की।<br>• सभी भारतीय कानूनों को संहिताबद्ध करने के लिए लॉर्ड मैकाले के तहत विधि आयोग को गठित किया गया था।<br>• कंपनी के चाय और चीन व्यापार के संदर्भ में एकाधिकार का पूर्ण उन्मूलन हुआ। |
| पिट्स इंडिया अधिनियम 1784 | • इसने कंपनी के मामलों की निगरानी के लिए इंग्लैंड में एक प्राधिकरण की स्थापना की। यह नियंत्रण बोर्ड के रूप में जाना जाता था जिसमें 6 सदस्य होते थे।<br>• परिषद के गवर्नर-जनरल के पास युद्ध, राजस्व और कूटनीति से संबंधित मामलों में बॉम्बे और मद्रास के गवर्नर से अधिक अधिकार प्राप्त था।<br>• भारत में, कार्यकारी परिषद की क्षमता चार से घटाकर तीन कर दी गई थी।<br>• इस अधिनियम में 'भारत में ब्रिटिश संपत्ति' शब्द का पहली बार प्रयोग किया गया था। |
| रेगुलेटिंग अधिनियम 1773 | • भारत में, बंगाल के गवर्नर को बंगाल के गवर्नर-जनरल के रूप में नामित किया गया था।<br>• वारेन हेस्टिंग्स बंगाल के पहले गवर्नर-जनरल बने।<br>• इसने बंगाल में द्वैत शासन व्यवस्था को समाप्त कर दिया<br>• बंगाल के गवर्नर-जनरल को चार सदस्यों की एक परिषद द्वारा सहयोग प्रदान किया जाता था।<br>• कलकत्ता (1774) में एक सर्वोच्च न्यायालय की स्थापना की गयी। |

अत: विकल्प (B) सही है।

**7.** गांधीजी, लियो टॉल्स्टॉय की पुस्तक 'द किंगडम ऑफ़ गॉड इज विदइन यू' तथा 'ईसाई धर्म और देशभक्ति' पर उनके निबंध से काफी प्रभावित हुए। टॉल्स्टॉय के "जीवन की सादगी और उद्देश्य की शुद्धता" के आदर्श ने गांधी को गहराई से प्रभावित किया।

अत: विकल्प (D) सही है।

**8.** वॉरेन हेस्टिंग्स फोर्ट विलियम (बंगाल) के प्रेसीडेंसी के पहले गवर्नर थे, जो कि बंगाल की सुप्रीम काउंसिल के प्रमुख थे, और इस प्रकार 1772 से 1785 तक भारत के पहले तात्त्विक गवर्नर जनरल थे। 1787 में उनका भ्रष्टाचार का आरोप था और उनका महाभियोग किया गया, लेकिन एक लंबे परीक्षण के बाद उन्हें 1795 में बरी कर दिया गया।

अत: विकल्प (C) सही है।

**9.** यह भारत में उत्तराखंड में टिहरी के पास भागीरथी नदी पर एक बहुउद्देश्यीय चट्टान और मिट्टी से भरा तटबंध बांध है। यह टीएचडीसी इंडिया लिमिटेड और टिहरी पनबिजली परिसर का प्राथमिक बांध है।

अत: विकल्प (B) सही है।

**10.** सोना भारत के कर्नाटक राज्य में बहुतायत में पाया जाता है। कोलार सोने की खदानें कर्नाटक राज्य के कोलार जिले में है, और सोने के खनन के लिए प्रसिद्ध है।

अत: विकल्प (B) सही है।

**11.**

- गुजरात में भारत की सबसे लंबी तटीय रेखा है।
- भारत के समुद्र तट की कुल लंबाई 7516.6 किलोमीटर है।
- अरब सागर गुजरात राज्य को इसकी विस्तृत तटरेखा देता है।
- आंध्र प्रदेश में 974 किलोमीटर की कुल लंबाई के साथ दूसरी सबसे लंबी मुख्य भूमि है।

अत: विकल्प (B) सही है।

**12.** पश्चिमघाट जो कि भारत मे 6 राज्यों में फैले हैं जैविक-विविध आकर्षण का केंद्र हैं तथा स्थानिकता का सबसे अमीर केंन्द्र हैं।

अत: विकल्प (A) सही है।

**13.** अरावली भारत के पश्चिमी भाग राजस्थान में स्थित एक पर्वतमाला है। भारत की भौगोलिक संरचना में अरावली प्राचीनतम चट्टान है। यह संसार की सबसे प्राचीन पर्वत श्रृंखला है जो राजस्थान को उत्तर से दक्षिण दो भागों में बांटती है। अरावली का सर्वोच्च पर्वत शिखर सिरोही जिले में गुरुशिखर (1722 /1727 मी.) है, जो माउंट आबू में है।

अत: विकल्प (C) सही है।

**14.** दक्षिण अमेरिका के शीतोष्ण चरागाहों (घासस्थल) को पंपास कहते हैं।

उत्तरी अमेरिका में प्रेयरी, दक्षिण अमेरिका में पंपास, दक्षिणी अफ्रीका में स्थित वेल्डेड और एशिया में स्टेप; टेंपरेट ग्रसलैंड्स, सवाना और श्रूबलैंड वार्षिक तापमान शासन में उष्णकटिबंधीय घास के मैदानों से और साथ ही वहां पाए जाने वाली प्रजातियों के प्रकार में भी काफी भिन्न होते हैं।

अत: विकल्प (A) सही है।

**15.** कुशवंत सिंह ने वर्ष 2010 में साहित्य अकादमी फैलोशिप पुरस्कार जीता।

- साहित्य अकादमी फैलोशिप किसी लेखक को साहित्य अकादमी द्वारा सम्मानित किया जाने वाला सर्वोच्च साहित्यिक सम्मान है, जिसमे उन्हें उसके फेलो के रूप में चुना जाता है।
- इसकी स्थापना 1968 में हुई थी।
- पहले निर्वाचित फेलो डॉ.सर्वपल्ली राधाकृष्णन थे।

अत: विकल्प (B) सही है।

**16.** कर्नाटक के सिरसी शहर में होली की रात से पहले 'बेदारा वेशा' एक लोक नृत्य किया जाता है। इसे 'हंटर डांस' भी कहा जाता है। सिरसी के लोग हर वैकल्पिक वर्ष में इस अद्वितीय लोक नृत्य के साथ होली मनाते हैं। होली के पूरे पांच दिन राज्य के विभिन्न हिस्सों से बड़ी तादाद में लोगों इसे देखने आते हैं।

अत: विकल्प (C) सही है।

**17.** नबाकलेबारा उत्सव उड़ीसा के पुरी में जगन्नाथ मंदिर से जुड़ा है। उसकी कुछ विशेषताएं निम्न हैं:

- यह एक प्राचीन अनुष्ठान है। यह अधिकांश जगन्नाथ मंदिरों से संबंधित है। इस उत्सव में भगवान जगन्नाथ, बलभद्र, सुभद्रा और सुदर्शन की मूर्तियों को नए मूर्तियों से बदल दिया जाता है।
- देवताओं की मूर्तियां बनाने के लिए एक विशेष प्रकार की नीम की लकड़ी का उपयोग किया जाता है जिसे दारु ब्रम्हा के रूप में जाना जाता है।

- हिंदू कैलेंडर के अनुसार जिस वर्ष अतिरिक्त आषाढ़ मास होता है, वह वर्ष समारोह आयोजित करने के लिए शुभ माना जाता है। यह आमतौर पर बारह से उन्नीस वर्षों में होता है।
- सबसे हालिया समारोह 2015 में हुआ था और इससे पहले यह 1996 में मनाया गया था।

अत: विकल्प (A) सही है।

**18.** निकोसिया 'साइप्रस' देश की राजधानी है।

साइप्रस पूर्वी भूमध्य सागर में एक द्वीप देश है जो भूमध्य सागर में तीसरा सबसे बड़ा और तीसरा आबादी वाला देश है।

यह तुर्की के दक्षिण में, सीरिया के पश्चिम में और लेबनान, इसराइल के उत्तर में और ग्रीस के दक्षिण-पूर्व में स्थित है।

साइप्रस की मुद्रा यूरो है।

अत: विकल्प (A) सही है।

**19.**

- अजंता की गुफाओं के चित्र मुख्य रूप से जातक कथाओं का वर्णन करते हैं।
- जातक, बौद्ध कला और साहित्य का एक महत्वपूर्ण हिस्सा हैं।
- गुफाएं, एक पहाड़ के चेहरे में कटी हुई, वांगोराह नदी के चारों ओर एक घोड़े की नाल का आकार बनाती हैं।
- वे रॉक कट मंदिरों का उदाहरण हैं।

अत: विकल्प (C) सही है।

**20.**

- दिली तिमोर - लेस्ते की राजधानी है
- यह एक दक्षिण पूर्व एशियाई देश है जो आधे तिमोर द्वीप पर कब्जा करता है।
- मुद्राएँ: संयुक्त राज्य अमेरिका डॉलर, इंडोनेशियाई रुपिया
- आधिकारिक भाषा: पुर्तगाली, टेटुन।
- ट्यूनिस - ट्यूनीशिया की राजधानी।
- ताइपे - ताइवान की राजधानी
- डोडोमा - तंजानिया की राजधानी।

अत: विकल्प (A) सही है।

**21.** यहाँ, भारत और हॉकी संबंधित हैं चूँकि हॉकी, भारत का राष्ट्रीय खेल है।

समान रूप से, श्रीलंका अपने राष्ट्रीय खेल यानी वॉलीबॉल से संबंधित है।

अत: विकल्प (A) सही है।

**22.** कानून संज्ञा है और कानूनी कानून का विशेषण रूप है।

इसी प्रकार, प्रसिद्धि संज्ञा है और प्रसिद्ध प्रसिद्धि का विशेषण रूप है।

इसलिए, "प्रसिद्ध" सही उत्तर है।

अत: विकल्प (B) सही है।

**23.** $\Rightarrow 7 \times 5 = 35$

$\Rightarrow 35 \times 5 = 175$

$\Rightarrow 175 \times 5 = 875$

$\Rightarrow 875 \times 5 = 4375$

इसलिए, 4375 सही उत्तर है।

अत: विकल्प (C) सही है।

**24.** निम्नलिखित नवीन शब्दों को बनाने में 'un' उपसर्ग का प्रयोग किया जा सकता है।

Un + Tidy = Untidy

Un + Able = Unable

Un + Less = Unless

Un + Do = Undo

इसलिए, सही उत्तर 'Un' है।

अत: विकल्प (C) सही है।

**25.**  $\Rightarrow 9 \times 2 + 1$

$= 18 + 1$

$= 19$

$\Rightarrow 19 \times 2 + 2$

$= 38 + 2$

$= 40$

$\Rightarrow 40 \times 2 + 3$

$= 80 + 3$

$= 83$

$\Rightarrow 83 \times 2 + 4$

$= 166 + 4$

$= 170$

$\Rightarrow 170 \times 2 + 5$

$= 340 + 5$

$= 345$

इसलिए, 340 गलत है।

अत: विकल्प (C) सही है।

**Q.1** किस संस्थान ने 'महिलाएं और लड़कियां पीछे छूट गईं: महामारी प्रतिक्रियाओं में स्पष्ट अंतराल' रिपोर्ट जारी की?

*[Delhi Forest Guard, 2021]*

**A.** विश्व आर्थिक मंच
**B.** विश्व बैंक
**C.** यूएन वुमैन
**D.** नीति आयोग

**Q.2** कॉमनवेल्थ खेलों में स्वर्ण पदक विजेता को हरियाणा सरकार द्वारा दी जाने वाली पुरस्कृत राशि है :

*[HTET PGT - Computer Science, 2020]*

**A.** तीन करोड़
**B.** दो करोड़
**C.** पचहत्तर लाख
**D.** डेढ़ करोड़

**Q.3** यू एस० ओपन टेनिस टूर्नमेंट, 2018 (महिला एकल) की विजेता थी:

*[Delhi Forest Guard, 2020], [Super TET Paper - I, 2019]*

**A.** कैरोलीन वोज्रियाकी
**B.** सिमोना हालेप
**C.** नाओमी ओसाका
**D.** सेरेना विलियम्स

**Q.4** सिद्धू और कान्हू के नेतृत्व में कौन सा आदिवासी विद्रोह हुआ?

**A.** संथाल विद्रोह
**B.** कोल विद्रोह
**C.** रामपा विद्रोह
**D.** भील विद्रोह

**Q.5** सरस्वती सम्मान पुरस्कार साहित्यिक कार्यों के लिए कितनी भाषाओं में दिया जाता है?

**A.** 17
**B.** 18
**C.** 20
**D.** 22

**Q.6** प्रसिद्ध जी.डी. बिड़ला ट्रॉफी निम्नलिखित में से किस खेल से संबंधित है?

**A.** हॉकी
**B.** क्रिकेट
**C.** फुटबॉल
**D.** बैडमिंटन

**Q.7 निर्देश:** निम्नलिखित विकल्पों में से वह शब्द चुनिए, जिसे दिए गए शब्द के अक्षरों का प्रयोग करके बनाया जा सकता है।

MECHANIZABLE

**A.** ETHOLOGY
**B.** ETIOLIZE
**C.** IODIZED
**D.** ENABLE

**Q.8** यदि POLAND को 1615121144 के रूप में लिखा जा सकता है, तो SPAIN किस प्रकार लिखा जा सकता है?

**A.** 16191425
**B.** 19161914
**C.** 16191419
**D.** 19202516

**Q.9** एक श्रृंखला दी गई है, जिसमें से एक पद लुप्त है। दिए गये विकल्पों में से वह विकल्प चुनिए, जो श्रृंखला को पूरा करे।

26, 19, 17, 13, 11, ?, 8, 7

**A.** 23
**B.** 7
**C.** 9
**D.** 3

**Q.10** गोविंद बल्लभ पंत सागर (कृत्रिम झील) _______ में स्थित है।

**A.** सोनभद्र
**B.** कोशाम्बी
**C.** वाराणसी
**D.** सुल्तानपुर

**Q.11** इनमें से किस भारतीय राज्य की कोई अंतर्राष्ट्रीय सीमा नहीं है?

*[Indian Military Academy (IMA), 2019], [Officers Training Academy (OTA), 2019]*

**A.** बिहार
**B.** छत्तीसगढ़
**C.** उत्तराखंड
**D.** मेघालय

**Q.12** वारंगल के प्रसिद्ध काकतीय साम्राज्य का सबसे शक्तिशाली शासक कौन था?

**A.** गणपतिदेव
**B.** विजयालय
**C.** विष्णुवर्धन
**D.** भिल्लम

**Q.13** निम्नलिखित में से किस राजवंश के तहत, महाबलीपुरम मंदिर बनाया गया था?

**A.** पल्लव
**B.** चोल
**C.** चेरस
**D.** चालुक्य

**Q.14** बिहू _______ की लोक नृत्य शैली है।

**A.** केरल
**B.** अरुणाचल प्रदेश
**C.** असम
**D.** मेघालय

**Q.15** प्रसिद्ध लिंगराज मंदिर किस शहर में स्थित है?

**A.** भुवनेश्वर
**B.** भोपाल
**C.** उज्जैन
**D.** कोलकाता

**Q.16** क्रोन निम्नलिखित देशों में से किसकी आधिकारिक मुद्रा है?

**A.** डेनमार्क
**B.** तुर्की
**C.** चिली
**D.** परागुआ

**Q.17** इंडोनेशिया की मुद्रा को क्या कहा जाता है?

**A.** बहत
**B.** दीनार
**C.** रियाल
**D.** रुपिया

**Q.18** निम्नलिखित में से कौन सा जीव गोनोरिया का कारण बनता है?

**A.** विषाणु
**B.** कवक
**C.** जीवाणु
**D.** प्रोटोजोआ

**Q.19** टेटनस _______ के कारण होता है।

**A.** प्रोटोजोआ
**B.** जीवाणु
**C.** विषाणु
**D.** कवक

**Q.20** उस खेल/समारोह का नाम बताइए जिसके साथ संजीता चानु सम्बन्धित हैं जिन्होनें इसमें 21वें राष्ट्रमंडल खेलों में भारत के लिए दूसरा स्वर्ण पदक जीता?

**A.** भारोत्तोलन
**B.** सायक्लिंग
**C.** निशानेबाजी
**D.** मुक्केबाजी

**Q.21** आईओसी (IOC) किसका संक्षिप्त नाम है?

**A.** International Olympic Committee
**B.** International Olympiad committee
**C.** International Organisation of Criminal Court
**D.** International Organisation of Children

**Q.22** यदि CHAIR को FKDLU लिखते हैं तब RAID को किस प्रकार लिखा जायेगा?

**A.** ULGD
**B.** ULKG
**C.** ULDG
**D.** UDLG

**Q.23** यदि CONDEMN को CNODMEN लिखते हैं, तब TEACHER को किस प्रकार लिखा जायेगा?

**A.** TEACHER
**B.** TAEECHR
**C.** TCAEEEHR
**D.** TAECEHR

**Q.24** बैंकिंग में ATM का पूर्ण रूप क्या है?

**A.** Automated Tallying Machine
**B.** Automated Teller Machine
**C.** Automated Totalling Machine
**D.** Automated Transaction of Money

**Q.25** इरिडियम परत की खोज किसने की और नोबेल पुरस्कार भी जीता?

**A.** हेनरी मोस्ले
**B.** पियरे क्यूरी
**C.** सैंटियागो रेमन
**D.** लुइस अल्वारेज़

# // स्मार्ट उत्तर पुस्तिका //

**सही उत्तर** उन छात्रों का प्रतिशत जिन्होंने प्रश्नों का सही उत्तर दिया था।    **छोड़ दिया** उन छात्रों का प्रतिशत जिन्होंने प्रश्नों को छोड़ दिया था।

| प्रश्न संख्या | उत्तर | सही उत्तर / छोड़ दिया | प्रश्न संख्या | उत्तर | सही उत्तर / छोड़ दिया | प्रश्न संख्या | उत्तर | सही उत्तर / छोड़ दिया | प्रश्न संख्या | उत्तर | सही उत्तर / छोड़ दिया | प्रश्न संख्या | उत्तर | सही उत्तर / छोड़ दिया | प्रश्न संख्या | उत्तर | सही उत्तर / छोड़ दिया |
|---|---|---|---|---|---|---|---|---|---|---|---|---|---|---|---|---|---|
| 1 | C | 47.08 % / 30.02 % | 6 | B | 67.16 % / 31.66 % | 11 | B | 86.15 % / 10.06 % | 16 | A | 82.46 % / 15.52 % | 21 | A | 82.67 % / 13.66 % | | | |
| 2 | D | 54.9 % / 31.26 % | 7 | D | 88.2 % / 10.91 % | 12 | A | 45.11 % / 35.78 % | 17 | D | 82.24 % / 15.6 % | 22 | D | 76.14 % / 23.78 % | | | |
| 3 | C | 57.14 % / 40.44 % | 8 | B | 43.86 % / 45.25 % | 13 | A | 61.04 % / 38.55 % | 18 | C | 76.95 % / 22.27 % | 23 | D | 85.15 % / 13.92 % | | | |
| 4 | A | 69.09 % / 30.04 % | 9 | C | 79.63 % / 14.51 % | 14 | C | 77.28 % / 21.32 % | 19 | B | 88.09 % / 10.54 % | 24 | B | 88.72 % / 10.99 % | | | |
| 5 | D | 57.54 % / 31.02 % | 10 | A | 42.79 % / 37.15 % | 15 | A | 61.16 % / 35.01 % | 20 | A | 52.94 % / 34.1 % | 25 | D | 47.73 % / 47.76 % | | | |

# //संकेत और समाधान//

**1.** यूएन वुमैन ने हाल ही में 'महिलाएं और लड़कियां पीछे छूट गईं: महामारी प्रतिक्रियाओं में स्पष्ट अंतराल' शीर्षक से एक नई रिपोर्ट जारी की।

रिपोर्ट के अनुसार, महिलाओं को सरकार से कोविड 19 राहत मिलने की संभावना कम थी। बच्चों के साथ रहने वाले 20 प्रतिशत कामकाजी पुरुष की तुलना में बच्चों के साथ रहने वाली 29 प्रतिशत कामकाजी माताओं ने अपनी नौकरी खो दी। रिपोर्ट के अनुसार, बच्चों के साथ रहने वाली एकल महिलाओं को अधिक पीछे छोड़ दिया गया।

अतः विकल्प (C) सही है।

**2.** कॉमनवेल्थ खेलों में स्वर्ण पदक विजेता को हरियाणा सरकार द्वारा दी जाने वाली पुरस्कृत राशि डेढ़ करोड़ है।

हरियाणा सरकार की खेल नीति है कि राष्ट्रमंडल खेलों में हरियाणा के खिलाड़ियों ने सर्वाधिक स्वर्ण पदक जीते हैं। इन खेलों के स्वर्ण पदक विजेताओं को 1.50 करोड़ रुपये का पुरस्कार दिया जाएगा। 1.50 करोड़।

अतः विकल्प (D) सही है।

**3.** यू० एस० ओपन टेनिस टूर्नमेंट, 2018 (महिला एकल) की विजेता नाओमी ओसाका थी।

- नाओमी ओसाका ने नाटकीय अमेरिकी ओपन फाइनल में सेरेना विलियम्स को हराया।
- वह ग्रैंड स्लैम खिताब जीतने वाली पहली जापानी महिला बनीं।
- उन्होंने फाइनल में सेरेना विलियम्स पर 6-2, 6-4 की जीत दर्ज की।

अतः विकल्प (C) सही है।

**4.** संथाल विद्रोह 1855-56 में हुआ। संथाल झारखंड राज्य में केंद्रित एक आदिवासी समूह है। वे दमनकारी ब्रिटिश जमींदारी व्यवस्था के खिलाफ थे। इस विद्रोह का नेतृत्व वर्तमान में झारखंड के सिद्धू और कान्हू ने किया था।

अतः विकल्प (A) सही है।

**5.** सरस्वती सम्मान भारत के संविधान की अनुसूची VIII में सूचीबद्ध भारत की 22 भाषाओं में से किसी में उत्कृष्ट साहित्यिक कार्यों के लिए दिया जाने वाला एक वार्षिक पुरस्कार है। 2018 का सरस्वती सम्मान पुरस्कार के. सिवा रेड्डी को दिया गया था।

अतः विकल्प (D) सही है।

**6.** प्रसिद्ध जी.डी. बिड़ला ट्रॉफी क्रिकेट खेल से संबंधित है।

**क्रिकेट:** जी.डी. बिड़ला ट्रॉफी, एशेज कप, देवधर ट्रॉफी, दलीप ट्रॉफी, जिलेट कप, जवाहरलाल नेहरू कप, आदि।

**हॉकी:** सुल्तान अजलान शाह कप, आगा खान कप, महाराजा रणजीत सिंह गोल्ड कप, ध्यानचंद ट्रॉफी, आदि।

**फुटबॉल:** रोवर्स कप, बंदोदकर ट्रॉफी, मर्डेका कप, कलिंग कप, संतोष ट्रॉफी, आदि।

**बैडमिंटन:** अमृत दीवान कप, एशिया कप, चड्ढा कप, थॉमस कप, उबर कप, सोफिया कप, आदि।

अतः विकल्प (B) सही है।

**7.** ENABLE → MECHANIZABLE; बनाया जा सकता है।

ETHOLOGY → MECHANIZABLE में कोई भी O नहीं है। इसलिए, ETHOLOGY नहीं बनाया जा सकता।

ETIOLIZE → MECHANIZABLE में केवल एक I है। इसलिए, ETIOLIZE नहीं बनाया जा सकता।

IODIZED → MECHANIZABLE में कोई भी D नहीं है। इसलिए, IODIZED नहीं बनाया जा सकता।

अतः विकल्प (D) सही है।

**8.** तर्क:

| Alpha bets | A | B | C | D | E | F | G | H | I | J | K | L | M |
|---|---|---|---|---|---|---|---|---|---|---|---|---|---|
| Position value | 1 | 2 | 3 | 4 | 5 | 6 | 7 | 8 | 9 | 10 | 11 | 12 | 13 |
| Positional value | 26 | 25 | 24 | 23 | 22 | 21 | 20 | 19 | 18 | 17 | 16 | 15 | 14 |
| Alpha bets | Z | Y | X | W | V | U | T | S | R | Q | P | O | N |

अक्षरों को उनके स्थानिय मान से बदल दिया जाता है।

| P | O | L | A | N | D |
|---|---|---|---|---|---|
| 16 | 15 | 12 | 1 | 14 | 4 |

इसी तरह से,

| S | P | A | I | N |
|---|---|---|---|---|
| 19 | 16 | 1 | 9 | 14 |

अतः विकल्प (B) सही है।

**9.**

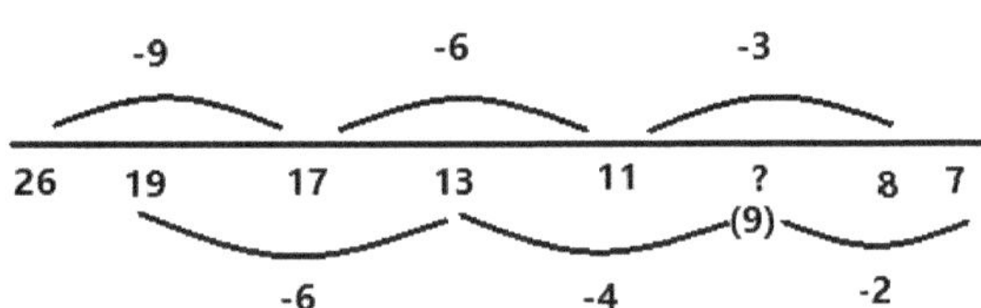


इसलिए, "9" वह पद है जो श्रृंखला को पूरा करेगा।

अतः विकल्प (C) सही है।

**10.** गोविंद बल्लभ पंत सागर सोनभद्र में स्थित है। रिहंद बाँध के जलाशय को गोविंद बल्लभ पंत सागर कहा जाता है। गोविंद बल्लभ पंत सागर भारत की सबसे बड़ी कृत्रिम झील है। इसका जलाशय क्षेत्र मध्य प्रदेश और उत्तर प्रदेश की सीमा पर है।

अतः विकल्प (A) सही है।

**11.** छत्तीसगढ़ की अंतरराष्ट्रीय सीमा नहीं है।

अन्य राज्यों में कोई अंतर्राष्ट्रीय सीमा नहीं है, जिसमें तेलंगाना, हरियाणा, झारखंड और मध्य प्रदेश शामिल हैं।

बिहार नेपाल के साथ अपनी सीमाएँ साझा करता है।

उत्तराखंड नेपाल और चीन के साथ अपनी सीमाएँ साझा करता है।

मेघालय बांग्लादेश के साथ अपनी सीमाएँ साझा करता है।

अतः विकल्प (B) सही है।

**12.** अनुमाकोंडा शिलालेख में, यह वर्णित है कि रुद्रदेव प्रथम, वारंगल के काकतीय साम्राज्य के पहले स्वतंत्र शासक थे।

इस राज्य का सबसे शक्तिशाली शासक गणपतिदेव था, और उसने लगभग 63 वर्षों तक शासन किया।

इस राज्य का अंतिम शासक प्रतापरुद्र था।

अत: विकल्प (A) सही है।

**13.** महाबलीपुरम या शोर मंदिर पल्लवों द्वारा निर्मित एक द्रविड़ मंदिर है।

- यह 8वीं शताब्दी में निर्मित मंदिर है।
- तमिलनाडु के कांचीपुरम जिले में स्थित है।
- नरसिंहवर्मन द्वितीय के शासनकाल में निर्मित।
- यह यूनेस्को की विश्व धरोहर स्थल है।

अत: विकल्प (A) सही है।

**14.** बिहू असम का लोक नृत्य है।

- यह बिहू के त्यौहार और असमिया इतिहास के एक महत्वपूर्ण हिस्से से जुड़ा हुआ है।
- यह त्यौहार अप्रैल के मध्य में आयोजित किया जाता है और बिहू नृत्य का उद्देश्य मौसम की भावना का जश्न और नकल करना है, जो उपजाऊ क्षमता और जुनून को गले लगाते हैं।
- 1962 में बिहू नृत्य की पहली उपस्थिति गुवाहाटी में हुई एक सांस्कृतिक कार्यक्रम के हिस्सा के रूप में हुई थी।
- यह एक पेशेवर नृत्य समूह द्वारा वर्ष 2012 में लंदन ओलंपिक में प्रस्तुत किया गया था।

अत: विकल्प (C) सही है।

**15.** प्रसिद्ध लिंगराज मंदिर 11वीं शताब्दी के दौरान सोमा वंश के राजा जाजति केशरी द्वारा बनाया गया था।

यह मंदिर भुवनेश्वर शहर में स्थित है।

यह मंदिर भगवान शिव को समर्पित है।

भगवान शिव के लिंग की पूजा की जाती है जिसे स्वयंभू (स्वयंभू) माना जाता है।

साथ ही, इस मंदिर की एक विशिष्ट पूजा में "हरि-हारा" रूप में शिव और विष्णु की संयुक्त पूजा शामिल है।

भगवान शिव का एक अन्य प्रसिद्ध मंदिर उज्जैन में स्थित है और इसे महाकालेश्वर मंदिर के रूप में जाना जाता है।

अत: विकल्प (A) सही है।

**16.** क्रोन डेनमार्क की आधिकारिक मुद्रा है।

तुर्की की आधिकारिक मुद्रा लीरा है।

चिली की आधिकारिक मुद्रा पेसो है।

परागुआ की आधिकारिक मुद्रा गूरानी है।

अत: विकल्प (A) सही है।

**17.** रुपिया (आर.पी.) इंडोनेशिया की आधिकारिक मुद्रा है जो बैंक इंडोनेशिया द्वारा जारी और नियंत्रित है। " रूपया " नाम संस्कृत शब्द सिल्वर, रूपकम् ( रूप्यम् ) से लिया गया है। कभी-कभी, इंडोनेशियन भी सिक्कों में रूपया के संदर्भ में अनौपचारिक रूप से "पेरक" ( इंडोनेशियाई में "चांदी" ) शब्द का उपयोग करते हैं।

अत: विकल्प (D) सही है।

**18.** गोनोरिया एक जीवाणु रोग है। यह पुरुषों और महिलाओं दोनों को प्रभावित करता है लेकिन पुरुषों में अधिक सामान्य है।

गोनोरिया का प्रेरक एजेंट नीसेरिया गोनोरिया है।

अत: विकल्प (C) सही है।

**19.** टेटनस एक जीवाणु रोग है। इसे "लॉकजॉ" के रूप में भी जाना जाता है क्योंकि यह जबड़े की मांसपेशियों में कठोरता का कारण बनता है।

जीवाणु क्लोस्ट्रीडियम टिटेनी टेटनस का कारक घटक है।

अत: विकल्प (B) सही है।

**20.** भारोत्तोलक खुमुकचम संजीता चानू ने महिलाओं के 53 किलोग्राम वर्ग के आयोजन में स्वर्ण पदक जीतकर भारत को गोल्ड कोस्ट राष्ट्रमंडल खेलों में अपना दूसरा स्वर्ण पदक दिलाया।

उन्होंने कुल 192 किलोग्राम भार उठाकर खेल में एक नया कीर्तिमान स्थापित किया, जिसमें एक स्नैच में 84 किलोग्राम और क्लीन एंड जर्क में 108 किलोग्राम शामिल हैं।

पापुआ न्यू गिनी को रजत पदक मिला जबकि कनाडा ने कांस्य पदक जीता।

अत: विकल्प (A) सही है।

**21.** International Olympic Committee या आईओसी, 23 जून 1894 को पियरे डी कॉउबर्टिन द्वारा निर्मित स्विट्जरलैंड के लॉज़ेन, में स्थित एक अंतरराष्ट्रीय, गैर-लाभकारी, गैर-सरकारी संगठन है।

यह आधुनिक ग्रीष्मकालीन और शीतकालीन ओलंपिक खेलों के आयोजन के लिए जिम्मेदार प्राधिकरण है।

अत: विकल्प (A) सही है।

**22.** अनुसरण किया गया स्वरूप निम्न प्रकार है:

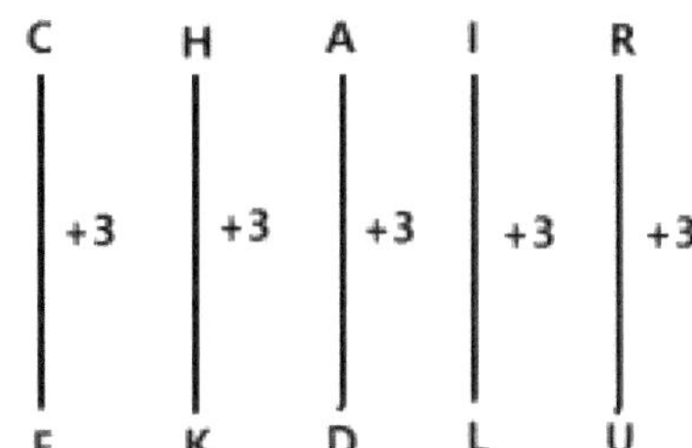


इसी प्रकार,

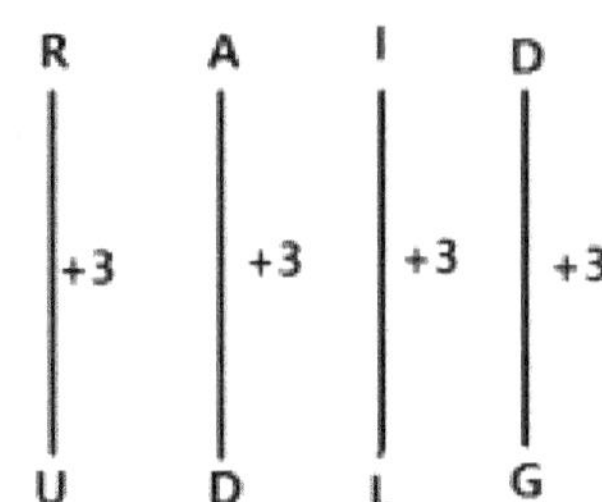


इसलिए, UDLG सही उत्तर है।

अत: विकल्प (D) सही है।

**23.** अनुसरण किया गया स्वरूप निम्न प्रकार है:

इसी प्रकार,

इसलिए, TAECEHR सही उत्तर है।

अत: विकल्प (D) सही है।

**24.** ATM (Automated Teller Machine) एक कम्प्यूटरीकृत मशीन है जो स्थानीय बैंकों द्वारा किसी शहर या कस्बे के विभिन्न स्थानों में ग्राहकों को उनके बैंक खातों तक पहुंचने और बैलेंस पूछताछ और नकदी निकासी जैसे कुछ बैंकिंग कार्यों को करने में सक्षम बनाने के लिए रखी जाती है।

अत: विकल्प (B) सही है।

**25.** लुइस अल्वारेज़ ने इरिडियम परत की खोज की और उन्होंने यह भी एक सिद्धांत दिया था कि डायनासोर पृथ्वी पर एक बड़े उल्कापिंड के प्रभाव के बाद विलुप्त हो गए। 1968 में, उन्होंने भौतिकी में नोबेल पुरस्कार जीता।

अत: विकल्प (D) सही है।

**Q.1** निम्नलिखित में से किस क्षेत्र में नोबेल पुरस्कार, 2018 की घोषणा नहीं की गई?

*[Super TET Paper - I, 2019]*

A. चिकिल्सा
B. साहित्य
C. भौतिक विज्ञान
D. रसायन विज्ञान

**Q.2** किस देश ने 2 अगस्त 2022 को बर्मिंघम में राष्ट्रमंडल खेलों में पुरुषों की टेबल टेनिस स्पर्धा में स्वर्ण पदक जीता है?

A. मलेशिया
B. कनाडा
C. भारत
D. दक्षिण अफ्रीका

**Q.3** निम्नलिखित में से किस शहर में, इंडिया ग्लोबल फोरम (IGF) का पहला संस्करण मार्च 2022 में आयोजित किया गया था?

*[Delhi Forest Guard, 2021]*

A. बेंगलुरू
B. पणजी
C. मुंबई
D. चेन्नई

**Q.4 निर्देश:** स्वदेशी आंदोलन के संदर्भ में, निम्नलिखित कथनों पर विचार कीजिए।

1. इसने स्वदेशी कारीगरों के शिल्प और उद्योगों के पुनरुद्धार में योगदान दिया।

2. राष्ट्रीय शिक्षा परिषद की स्थापना स्वदेशी आंदोलन के एक भाग के रूप में की गई थी।

ऊपर दिए गए कथनों में से कौन सा/से सही है/हैं?

A. केवल 1
B. केवल 2
C. 1 और 2 दोनों
D. न तो 1 और न ही 2

**Q.5** आज़मगढ़ उद्घोषणा आम तौर पर किससे संबंधित है?

A. रौलट सत्याग्रह
B. चंपारण आंदोलन
C. स्वदेशी आंदोलन
D. सिपाही विद्रोह 1857

**Q.6** 'पृथ्वी की जुड़वां' के नाम से जाना जाने वाला ग्रह कौनसा है?

*[MPTET Paper I - Varg 3, 2012]*

A. बृहस्पति ग्रह
B. शनि ग्रह
C. शुक्र ग्रह
D. मंगल ग्रह

**Q.7** निम्नलिखित में से किस महासागर की धारा प्रशांत महासागर में नहीं बहती है?

A. अलास्का धारा
B. कुरोशियो धारा
C. गल्फ धारा
D. उत्तर भूमध्यरेखा

**Q.8** निम्नलिखित में से कौन सबसे व्यस्त नौगम्य नदी है?

A. डैन्यूब
B. राइन
C. थेम्स
D. वोल्गा

**Q.9** मड़ई त्यौहार किस राज्य में मनाया जाता है?

A. झारखण्ड
B. छत्तीसगढ
C. जम्मू और कश्मीर
D. ओडिशा

**Q.10** मधुबनी चित्रकला क्या दर्शाती हैं?

A. भगवान बुद्ध का जीवन
B. पश्चिमी संस्कृति
C. प्रकृति और हिंदू धार्मिक मूर्ति
D. बिरसा मुंडा का जीवन

**Q.11** हिमा दास किस खेल से संबंधित हैं?

A. जिमनास्टिक्स
B. धावक (दौड़)
C. टेबल टेनिस
D. हॉकी

**Q.12** गुरदेव सिंह गिल किस खेल से संबंधित हैं?

A. मुक्केबाज़ी
B. कुश्ती
C. हॉकी
D. फुटबॉल

**Q.13** 'वाय आई एम ए हिंदू' पुस्तक के लेखक कौन हैं?

A. शिव खेड़ा
B. शशि थरूर
C. खुशवंत सिंह
D. अनीता देसाई

**Q.14** निम्नलिखित में से किसे रेमन मैग्सेसे पुरस्कार, 2019 से सम्मानित किया गया?

A. अरविंद केजरीवाल
B. नीलिमा मिश्रा
C. संजीव चतुर्वेदी
D. रवीश कुमार

**Q.15** किस भारत रत्न प्राप्तकर्ता के जन्मदिन को अभियंता दिवस के रूप में मनाया जाता है?

A. अब्दुल कलाम आज़ाद
B. जे.आर.डी. टाटा
C. एम विश्वेश्वरैया
D. सी.वी.रमन

**Q.16** भाषा "डोगरी के जनक" के रूप में किसे जाना जाता है?

A. राम नाथ शास्त्री
B. पद्म सचदेव
C. प्रेम नाथ डोगरा
D. गुलाम नबी ख्याल

**Q.17** रॉबर्ट ब्राउन अपनी किस खोज के लिए जाना जाता है?

A. क्लोरोप्लास्ट
B. नाभिक
C. माइटोकॉन्ड्रिया
D. गॉल्गी कॉम्प्लेक्स

**Q.18** चेचक के टीके की खोज किसने की?

A. रोनाल्ड रॉस
B. रॉबर्ट कोच
C. एडवर्ड जेनर
D. एलेक्ज़ेंडर फ्लेमिंग

**Q.19** नागालैंड की राजधानी क्या है?

A. दिसपुर
B. कोहिमा
C. गंगटोक
D. इंफाल

**Q.20** जर्मनी की मुद्रा क्या है?

A. दीनार
B. यूरो
C. डॉलर
D. फ्रैंक

**Q.21** एक निश्चित कूट भाषा में, MOMENT को NNNDOS के रुप में लिखा गया है। तो उस कूट भाषा में शब्द HAPPY को किस प्रकार लिखा जाएगा?

A. IBSSZ
B. GZRSA
C. IZQOZ
D. IBQQX

**Q.22** एक विशिष्ट कूट भाषा में, "C" को "24" लिखा जाता है और "EYE" को "46" लिखा जाता है। "THE" को इसी कूट भाषा में कैसे लिखा जा सकता है?

A. 45
B. 44
C. 48
D. 47

**Q.23 निर्देश:** दिए गए स्वरूप का ध्यानपूर्वक अध्ययन कीजिए और उस संख्या का चयन कीजिए जो इसमें प्रश्न चिह्न (?) को बदल सकती है।

| 54 | 40 | 56 |
| 68 | 57 | 44 |
| 47 | 39 | ? |

*[SSC Sub Inspector (CPO), 2020]*

A. 39
B. 22
C. 30
D. 32

**Q.24** निम्नलिखित में लुप्त पद ज्ञात कीजिए।

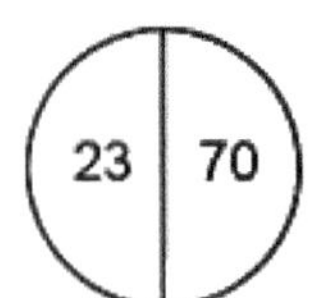 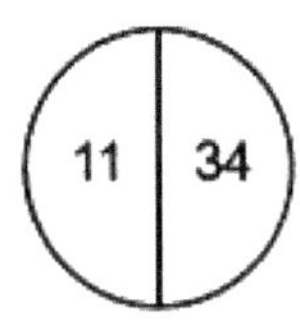 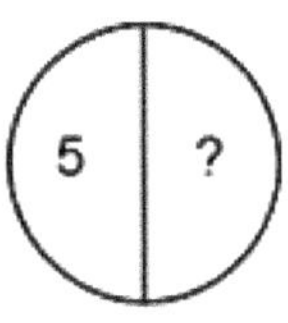



**A.** 34     **B.** 11     **C.** 20     **D.** 16

**Q.25 निर्देश:** निम्नलिखित विकल्पों में से वह शब्द चुनिए, जिसे दिए गए शब्द के अक्षरों का प्रयोग करके नहीं बनाया जा सकता है।

ADAPTATION

**A.** PANIC     **B.** ATTAIN     **C.** POINT     **D.** TAINT

# // स्मार्ट उत्तर पुस्तिका //

| सही उत्तर | उन छात्रों का प्रतिशत जिन्होंने प्रश्नों का सही उत्तर दिया था। | छोड़ दिया | उन छात्रों का प्रतिशत जिन्होंने प्रश्नों को छोड़ दिया था। |
|---|---|---|---|

| प्रश्न संख्या | उत्तर | सही उत्तर / छोड़ दिया | प्रश्न संख्या | उत्तर | सही उत्तर / छोड़ दिया | प्रश्न संख्या | उत्तर | सही उत्तर / छोड़ दिया | प्रश्न संख्या | उत्तर | सही उत्तर / छोड़ दिया | प्रश्न संख्या | उत्तर | सही उत्तर / छोड़ दिया |
|---|---|---|---|---|---|---|---|---|---|---|---|---|---|---|
| 1 | B | 47.71 % / 39.53 % | 6 | C | 87.88 % / 10.46 % | 11 | B | 85.53 % / 13.75 % | 16 | A | 40.55 % / 47.71 % | 21 | C | 54.14 % / 44.87 % |
| 2 | C | 76.31 % / 10.19 % | 7 | C | 84.01 % / 11.86 % | 12 | D | 69.41 % / 30.57 % | 17 | B | 63.09 % / 30.13 % | 22 | C | 44.84 % / 36.22 % |
| 3 | A | 42.28 % / 49.63 % | 8 | B | 56.77 % / 38.5 % | 13 | B | 45.66 % / 53.02 % | 18 | C | 78.45 % / 21.38 % | 23 | D | 49.04 % / 34.94 % |
| 4 | C | 86.9 % / 11.66 % | 9 | B | 56.16 % / 38.62 % | 14 | D | 52.99 % / 33.77 % | 19 | B | 54.48 % / 33.25 % | 24 | D | 79.73 % / 19.75 % |
| 5 | D | 49.83 % / 40.0 % | 10 | C | 40.49 % / 49.54 % | 15 | C | 44.2 % / 41.56 % | 20 | B | 67.77 % / 31.52 % | 25 | A | 55.08 % / 37.47 % |

# //संकेत और समाधान//

**1.** साहित्य क्षेत्र में नोबेल पुरस्कार, 2018 की घोषणा नहीं की गई।

स्वीडिश अकादमी ने कहा है कि #MeToo घोटाले के कारण 70 वर्षों में पहली बार 2018 में साहित्य के लिए कोई नोबेल पुरस्कार नहीं दिया जाएगा।

पोलिश उपन्यासकार ओल्गा टोकार्शुक और ऑस्ट्रियाई लेखक पीटर हैंडके, दो लेखक जिनके काम यूरोप की धार्मिक, जातीय और सामाजिक गलत रेखा में गहराई से जुड़े हुए हैं, ने क्रमशः साहित्य के लिए 2018 और 2019 के नोबेल पुरस्कार जीते।

अतः विकल्प (B) सही है।

**2.** भारतीय पुरुष टेबल टेनिस टीम ने 2022 बर्मिंघम में 2 अगस्त 2022 राष्ट्रमंडल खेलों में स्वर्ण पदक जीता।

- भारत ने फाइनल में सिंगापुर को 3-1 से हराया।
- पुरुषों की टीम स्पर्धा में राष्ट्रमंडल खेलों में भारत का यह तीसरा स्वर्ण पदक है, जो इससे पहले 2010 और 2018 में जीता था।
- 2 अगस्त 2022 को, भारतीय महिला लॉन बॉल टीम ने भी राष्ट्रमंडल खेलों में अपना पहला स्वर्ण पदक जीता।

अतः विकल्प (C) सही है।

**3.** बेंगलुरु में इंडिया ग्लोबल फोरम (IGF) 7 और 8 मार्च 2022 को आयोजित किया किया गया था। IGF अंतर्राष्ट्रीय व्यापार और वैश्विक नेताओं के लिए एजेंडा-सेटिंग फोरम है।

इसमें कौशल विकास एवं उद्यमिता राज्य मंत्री श्री. राजीव चंद्रशेखर भाग लेंगे। यह बेंगलुरु में IGF का पहला संस्करण है। पिछले संस्करणों की मेजबानी दुबई और UK में की गई थी।

अतः विकल्प (A) सही है।

**4.** स्वदेशी आंदोलन 1905 में शुरू किया गया था क्योंकि बंगाल के विभाजन के खिलाफ देश भर में विरोध हुआ था। स्वदेशी आंदोलन में बाल गंगाधर तिलक, बिपिन चंद्र पाल, लाला लाजपत राय प्रमुख लोग हैं। जब भारत के वायसराय लॉर्ड कर्जन ने जुलाई 1905 में बंगाल के विभाजन की घोषणा की, तो भारतीय राष्ट्रीय कांग्रेस ने बंगाल में स्वदेशी आंदोलन की शुरुआत की।

- स्वदेशी वस्त्र मिलों, साबुन, तंबाकू और माचिस कारखानों, चमड़े के कारखानों, बैंकों, आदि की स्थापना स्वदेशी आंदोलन के सकारात्मक पहलू पर जोर देने के लिए की गई थी। इसलिए, इसने स्वदेशी कारीगरों के शिल्प और उद्योगों के पुनरुद्धार में योगदान दिया।
- भारत में तकनीकी शिक्षा को बढ़ावा देने के लिए 1906 में बंगाल में राष्ट्रीय शिक्षा परिषद की स्थापना एक स्वदेशी औद्योगीकरण आंदोलन के हिस्से के रूप में की गई थी।

अत: विकल्प (C) सही है।

**5.** आजमगढ़ उद्घोषणा 1857 के "महान विद्रोह" के बीच में दिल्ली राज-पत्र में प्रकाशित हुई थी।

लेखक संभवत: मुगल सम्राट बहादुर शाह ज़फ़र के पोते फिरोज शाह थे, जिनकी पूरी शक्ति को बहाल करना विद्रोहियों का मुख्य उद्देश्य था।

इसने ब्रिटिश शासन से पूरी तरह से मोहभंग कर दिया और इस आशंका को व्यक्त किया कि ब्रिटिश मिशनरियां, सरकार की मिलीभगत के साथ, भारत को ईसाई बनाने का प्रयास ब्रिटिश ईस्ट इंडिया कंपनी के सिपाही सैनिकों में से एक के लिए आया था।

यह विद्रोहियों के उद्देश्य के बारे में जानकारी के सबसे महत्वपूर्ण स्रोतों में से एक है।

अत: विकल्प (D) सही है।

**6.** शुक्र ग्रह हमारे सौर मंडल का सबसे चमकीला ग्रह है। अपनी उज्ज्वल, सुसंगत उपस्थिति के कारण शुक्र ग्रह को शाम का सितारा और सुबह का सितारा दिया गया। इसे अक्सर पृथ्वी की जुड़वां कहा जाता है क्योंकि यह हमारे अपने ग्रह के आकार और आकृति के समान है।

अत: विकल्प (C) सही है।

**7.** गल्फ धारा प्रशांत महासागर में नहीं बहती है। यह एक गर्म अटलांटिक महासागर का प्रवाह है, जो मैक्सिको की खाड़ी में उत्पन्न होता है।

समुद्री धारा एक निरंतर, निर्देशित समुद्री जल है जो हवा, कोरिओलिस प्रभाव, लहरों और तापमान और लवणता के अंतर सहित पानी पर पड़ने वाले कई बलों द्वारा उत्पन्न होता है।

अत: विकल्प (C) सही है।

**8.** यूरोप में सबसे महत्वपूर्ण और सबसे व्यस्त जलमार्ग राइन है, जो स्विट्जरलैंड, लिकटेंस्टीन, ऑस्ट्रिया, जर्मनी, फ्रांस और नीदरलैंड में बहती है।

नदियां जो गहरी, चौड़ी, बारहमासी और किसी भी बाधा से मुक्त होती हैं, उन्हें नौगम्य नदियों के रूप में जाना जाता है।

नौगम्य नदियों में, नावें भारी वस्तुओं को एक स्थान से दूसरे स्थान तक ले जा सकती हैं और उनका परिवहन कर सकती हैं।

अन्य व्यस्त जलमार्गों में फ्रेंच सीन और लॉयर नदियां, पूर्वी यूरोपीय डेन्यूब नदी और रूस की वोल्गा नदी शामिल हैं।

अत: विकल्प (B) सही है।

**9.** मड़ई छत्तीसगढ़ का एक महत्वपूर्ण आदिवासी त्यौहार है।

आदिवासी समुदाय देवी दंतेश्वरी की पूजा करते हैं और मार्च में आसपास के विभिन्न गांवों के स्थानीय देवताओं के साथ जुटते हैं।

वे रीलो, चीतल, और नकाबपोश नृत्य करते हैं और महुआ के पेड़ों के फूलों से बने काढ़े के साथ फलों और स्थानीय विशिष्टताओं के एक विशाल भोज के साथ उत्सव का समापन करते हैं।

अत: विकल्प (B) सही है।

**10.** मधुबनी चित्रकला कई प्रसिद्ध भारतीय कला रूपों में से एक है।

चूंकि बिहार और नेपाल के मिथिला क्षेत्र में प्रचलित है, इसे मिथिला या मधुबनी कला कहा जाता है।

मधुबनी चित्रों में प्रयुक्त रंग आमतौर पर पौधों और अन्य प्राकृतिक स्रोतों से प्राप्त होते हैं।

त्योहारों को मनाने के लिए महिलाएं आमतौर पर अपने घरों को रंगती हैं और चित्रकला का विषय प्रकृति से लेकर मिथकों तक भिन्न हो सकता है।

अत: विकल्प (A) सही है।

**11.** हिमा दास एक महिला भारतीय धावक हैं जो असम से हैं।

उन्होंने IAAF विश्व U -20 एथलेटिक्स चैंपियनशिप में स्वर्ण पदक जीता।

वह असम की पहली खेल एम्बेसडर भी बनी।

अत: विकल्प B) सही है।

**12.** गुरदेव सिंह गिल फुटबॉल के खेल से संबंधित हैं। उन्हें फुटबॉल खिलाड़ी के रूप में उनकी उपलब्धियों के लिए वर्ष 1978 में भारत में तत्कालीन सर्वोच्च खेल पुरस्कार अर्जुन पुरस्कार से सम्मानित किया गया था। गिल ने 1978 के बैंकाक एशियाई खेलों में भारतीय टीम की कप्तानी की थी। उन्होंने एशिया कप 1970, एशियाई खेल तेहरान (ईरान), एशियाई खेल बैंकॉक (थाईलैंड), आगा खान गोल्ड कप 1977 में भी खेला।

अत: विकल्प (D) सही है।

**13.** शशि थरूर 'वाय आई एम ए हिंदू' पुस्तक के लेखक हैं। 'वाय आई एम ए हिंदू' भारतीय राजनीतिज्ञ शशि थरूर की 2018 की पुस्तक है। पुस्तक में थरूर ने हिंदू धर्म के इतिहास के बारे में लिखा है। अपने स्वयं के धार्मिक विश्वासों को स्पष्ट करते हुए इसके मूल सिद्धांत, साथ ही भारत में सामाजिक-सांस्कृतिक विकास के बारे में लिखा है जो धर्म से संबंधित हैं।

पुस्तक को दो भागों में विभाजित किया गया है-

- पहले भाग में, थरूर ने हिंदू धर्म का संक्षिप्त इतिहास और अपने निजी विश्वास के विकास को प्रस्तुत किया है।
- दूसरे भाग में, उन्होंने हिंदुत्व आंदोलन के रूप में आधुनिक हिंदू राष्ट्रवाद के उदय के बारे में बताया है।

अत: विकल्प (B) सही है।

**14.** रवीश कुमार को रेमन मैग्सेसे पुरस्कार, 2019 से सम्मानित किया गया। रवीश कुमार को "पत्रकारिता का उपयोग करके बेआवाजों की आवाज बनने" के लिए सम्मानित किया गया है।

अत: विकल्प (D) सही है।

**15.** एम विश्वेश्वरैया की जयंती के उपलक्ष्य में 15 सितंबर को अभियंता दिवस मनाया जाता है। उनकी सक्षम दीवानी के तहत, मैसूर राज्य ने कृषि, सिंचाई, औद्योगिकीकरण, शिक्षा, बैंकिंग और वाणिज्य के क्षेत्र में एक बड़ा परिवर्तन देखा।

अत: विकल्प (C) सही है।

**16.** राम नाथ शास्त्री को डोगरी भाषा के पिता के रूप में जाना जाता है। उनका जन्म 15 अप्रैल 1914 हुआ था। उन्हें जम्मू और कश्मीर में डोगरी भाषा के पुनरुत्थान में उनकी महत्वपूर्ण भूमिका के लिए "फादर ऑफ डोगरी" के रूप में जाना जाता है। उन्हें पद्म श्री से सम्मानित किया गया था।

अत: विकल्प (A) सही है।

**17.** एक ब्रिटिश जीवविज्ञानी रॉबर्ट ब्राउन ने वर्ष 1831 में नाभिक की खोज की थी। इस सेल ऑर्गेनेल को लैटिन शब्द न्यूक्लियस / न्यूक्लियस के अनुसार न्यूक्लियस नाम दिया गया था। नाभिक के अध्ययन को कैरियोलॉजी कहा जाता है। नाभिक एक डबल झिल्ली-बाउंड घने प्रोटोप्लाज्मिक शरीर है, जो सभी सेलुलर चयापचय को नियंत्रित करता है और सेल की आनुवंशिक जानकारी को संलग्न करता है। नाभिक को कोशिका का नियंत्रक या निदेशक माना जाता है।

अत: विकल्प (B) सही है।

**18.** चेचक का टीका, 1796 में एडवर्ड जेनर द्वारा पेश किया गया, यह सफलतापूर्वक विकसित किया गया पहला टीका था।

अत: विकल्प (C) सही है।

**19.** कोहिमा नागालैंड की राजधानी है।

- दिसपुर भारतीय राज्य असम की राजधानी है। गुवाहाटी का एक मोहल्ला दिसपुर 1973 में असम की राजधानी बना।
- गंगटोक सिक्किम के पर्वतीय उत्तरी भारतीय राज्य की राजधानी है।
- इंफाल भारतीय राज्य मणिपुर की राजधानी है।

अत: विकल्प (B) सही है।

**20.**

- जर्मनी की मुद्रा यूरो है।यह उत्तर-मध्य यूरोप का एक देश है।
- दीनार कुवैत, जॉर्डन, इराक, लीबिया, सर्बिया, आदि की मुद्रा है।
- डॉलर संयुक्त राज्य अमेरिका और उसके क्षेत्रों की मुद्रा है।
- फ्रैंक स्विट्जरलैंड, मध्य अफ्रीकी गणराज्य, चाड, गैबॉन आदि की मुद्रा है।

अत: विकल्प (B) सही है।

**21.** कूट के लिए अनुसरित स्वरुप निम्न प्रकार है,

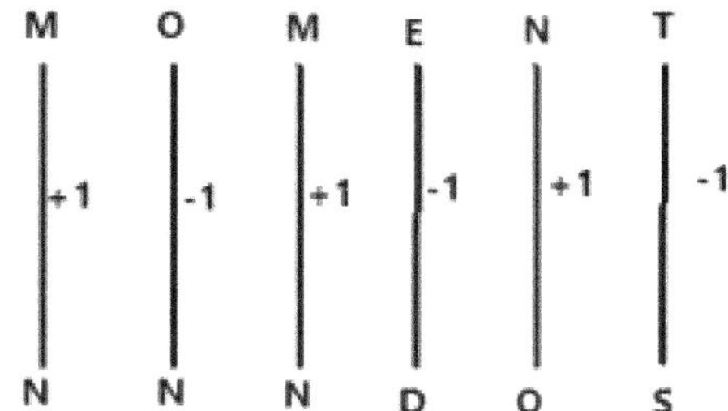


उसी प्रकार,

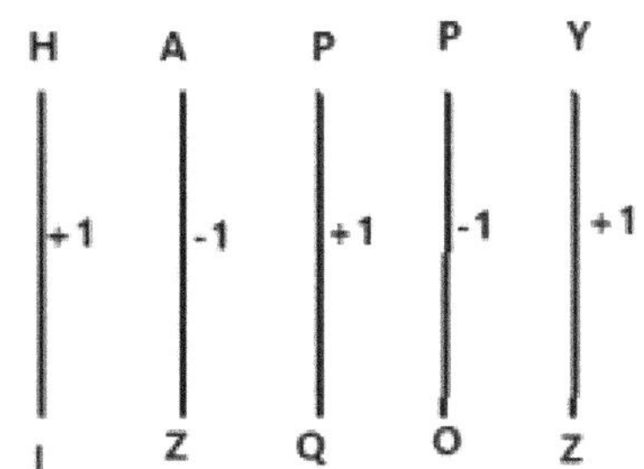


इसलिए, HAPPY को IZQOZ के रुप में लिखा जाएगा।

अत: विकल्प (C) सही है।

**22.** यदि हम वर्णमाला के अक्षरों के स्थानीय मानों को लेते हैं और उनका योग करते हैं तो हमें प्राप्त होता है,

| A | B | C | D | E | F | G | H | I | J | K | L | M | N | O | P | Q | R | S | T | U | V | W | X | Y |
|---|---|---|---|---|---|---|---|---|---|---|---|---|---|---|---|---|---|---|---|---|---|---|---|---|
| 1 | 2 | 3 | 4 | 5 | 6 | 7 | 8 | 9 | 10 | 11 | 12 | 13 | 14 | 15 | 16 | 17 | 18 | 19 | 20 | 21 | 22 | 23 | 24 | 25 |
| 26 | 25 | 24 | 23 | 22 | 21 | 20 | 19 | 18 | 17 | 16 | 15 | 14 | 13 | 12 | 11 | 10 | 9 | 8 | 7 | 6 | 5 | 4 | 3 | 2 |

C = 24

E + Y + E = 22 + 2 + 22 = 46

उसी प्रकार,

T + H + E = 7 + 19 + 22 = 48

इसलिए, 'THE' को '48' के रूप में कूटबद्ध किया जा सकता है।

अत: विकल्प (C) राही है।

**23.** पहली पंक्ति में:

(54 - 40) × 4 = 14 × 4 = 56

दूसरी पंक्ति में:

(68 - 57) × 4 = 11 × 4 = 44

इसी प्रकार,

तीसरी पंक्ति में:

(47 - 39) × 4 = 8 × 4 = 32

अत: विकल्प (D) सही है।

**24.** अनुसरित स्वरूप है:

23 × 3 = 69 + 1 = 70

11 × 3 = 33 + 1 = 34

इसी तरह,

5 × 3 = 15 + 1 = 16

अत: विकल्प (D) सही है।

**25.** PANIC – ADAPTATION (नहीं बनाई जा सकती है क्योंकि C लुप्त है)

ATTAIN – ADAPTATION (बनाई जा सकती है)

POINT – ADAPTATION (बनाई जा सकती है)

TAINT – ADAPTATION (बनाई जा सकती है)

अत: विकल्प (A) सही है।

// टिप्पणियाँ //

// टिप्पणियाँ //